헌법실무강의

신미용

신 조 사

머리말

이 책은 법률사무에 종사하기를 꿈꾸는 사람들 및 이미 법률사무의 직에 들어서서 헌법재판실무의 법리와 최근의 결정을 보다 정확하고 쉽게 이해하길 원하는 사람들을 위해 쓰여졌다.

저자는 헌법재판소에서 2002년부터 10여 년 동안 헌법연구관(보)으로 직무를 수행한 후에 2015년부터는 변호사로 일하면서 법학전문대학원에서 변호사시험을 준비하는 학생들을 4년에 걸쳐서 가르쳐왔다.

현행의 법학전문대학원 체계 아래에서 학생들은 3년이라는 짧은 수학기간에 엄청나게 많은 양의 학업과 실무준비를 해야 하는 험난한 도정 앞에 서게 된다. 저자가 만나본 법학전문대학원 학생들은 대부분 교과서를 읽고 싶어도 읽을 여유가 없어 보였다.

그리하여 헌법재판의 실무 및 강의 경험을 활용하여, 법률실무를 준비하는 사람들이 헌법소송에 관한 체계적 이해 속에서 그 필수적인 개념과 실무적 사항들의 의미를 파악하고, 이를 토대로 헌법재판 수행의 준비에 응용력을 가질 수 있도록 하는데 도움이 되는 자료를 제공하고 싶다는 다소 의욕적인 희망으로 집필에 착수하게 되었다.

이제 헌법재판제도는 우리 사법제도의 일환으로 국민의 법 생활에서 낯설지 않은 시스템이 되었다. 이러한 법 환경의 발전 속에서 태어나고 성장하며 법률실무의 길을 선택한 사람들은 헌법재판에 친숙하여 자연스럽고 신속하게 그 법리를 터득한다. 때로 이들은 오랜 법조 선배가 별 의심 없이 적용해왔던 법률조항에 대해 생각지도 못한 논점을 드러내어 법원의 소송 진행 중 위헌법률심판의 제청을 신청하는 등 적극적으로 헌법재판에 관여한다. 이들이 앞으로의 우리 헌법재판의 발전에 기여할 역할이 큰 만큼 헌법소송에 대한 올바른 이해가 중요하다.

이 책은 헌법재판소의 축적된 판례집, 헌법재판실무제요 및 각종 발간물 및 헌법소송법 교과서들을 기초로 하고 있다. 이 책에서는 헌법재판소의 재판실무에서 채택되는 법리들을 능력이 되는 대로 좀 더 명료하게 소개하려고 하였다. 또한 쏟아지는 헌법재판소 결정들도 헌법재판소의 법리를 확립하는 데 기여한 지도적인 결정과 논점 소개에 적합한 과거의 결정 이외에는 최근 5년 간의 결정 사례와 결정 내용 및 그 의미를 드러내려고 하였다. 또한 헌법을 둘러싼 해석적 관점이 크게 논란되지 않는 부분들에서는 헌법재판소의 확립된 판례와 법리를 정확히 소개하고 전달하려고 함과 아울러 이들 판례와 법리에 관한 다른 해설이 가져오는 차이점을 드러내서 정확히 이해할 수 있도록 노력하였다.

이 책의 [생각해보기]는 헌법재판소의 실제 결정을 모델로 해당 항목의 핵심적 개념 요소를 설명하기 위한 것으로 만들어진 만큼, 해당 항목으로 들어가기 전에 미리 그 사안을 보고 각자 나름대로의 답안을 상정하고 본문을 읽어나가면 해당 항목의 핵심 요소를 보다 확실히 파악할 수 있을 것이다. 또한 우리나라 현행 헌법소원심판제도에는 서로 다른 두 가지 유형이 공존하고 있어서 그 차이점과 적용례를 명확히 하는 것이 매우 중요하여 헌법소원심판의 본격적 내용에 들어가기 전에 두 가지 헌법소원심판을 소송의 절차에 맞춰 구체적으로 비교해보려고 하였으므로 모쪼록 해당 부분을 꼭 읽길 바란다. 우리나라 헌법소원심판에 대한 전체적인 상을 입체적으로 파악하는 데 도움이 될 수 있을 것이다.

이 책에서는 2019. 12. 31.까지의 헌법재판소 결정을 포괄하였다. 이 책을 서술함에 있어서는 법률용어 이외의 경우에는 가능한 한 쉽게 읽힐 수 있는 구어적 설명이나 서술을 하려고 노력하였으나 앞으로도 계속해서 발전시켜야 할 것이라는 점은 인정하지 않을 수 없다.

이 책을 준비함에 있어 무엇보다도 한국의 헌법재판의 일선에서 미력이나마 기여할 수 있도록 재판의 법리를 가르쳐주신 일일이 특정할 수 없이 많은 재판관님들과 선후배, 동료 전·현직 헌법연구관님들, 뒤늦게 뛰어든 헌법학 수학의 길을 이끌어주시는 서울대학교 법과대학의 전종익 교수님을 비롯한 헌법학 교수님들께 감사드린다. 또한 '교학상장(教學相長)'이라고 그 이전까지와는 다른 시각으로 우리 헌법재판을 성찰할 수 있는 계기를 제공해준 전북대학교 법학전문대학원에서 만났던 학생들에게 감사를 드리고 그들 각자가 꿈꾸던 법률 실무가의 길을 만족하면서 갈 수 있기를 기원한다.

또한 부족한 원고를 아름답게 편집해주시고 친절하게 오타와 오식을 바로잡아준 신조사의 송일근 주간님, 이종은 부장님 및 편집부원분들께 진심으로 감사드린다.

마지막으로 가족의 이해와 지원을 진심으로 감사한다. 특히 엄마의 사법시험 공부를 위하여 젖먹이 때부터 당시에 흔하지 않던 어린이집과 유치원 종일반을 다니며 힘들게 유아기를 보내야만 했던 딸과 아들은 20여 년이 지난 후 각자의 일로 바쁜 와중에도 여전히 적극적인 협조와 응원을 보내주었다. 모쪼록 이 책의 출간이 그들에게도 조금이나마 위안이 되길 기원한다.

2020년 2월

신 미 용

차 례

제 1 장 총론

제 2 장 위헌법률심판

제 3 장 헌법소원심판

제 4 장 권한쟁의심판

제 5 장 탄핵심판

제 6 장 정당해산심판

부록

헌법실무강의

제1장 총론

제1절 헌법재판의 의의와 성격

헌법재판은 헌법적 분쟁 또는 헌법 침해의 문제를 헌법규범을 기준으로 유권적으로 심판함으로써 헌법질서를 유지·수호하는 국가작용을 일컫는다.[1)]

오늘날 자유민주국가에서 헌법재판제도는 국민의 기본권을 국가권력의 남용으로부터 보호하고, 정치권력을 헌법의 틀 안에서 작용하게 만듦으로써 헌법을 실현하는 헌법보호의 중요한 수단이다.[2)]

재판이란 인적·물적으로 독립된 법원이 법률이 정한 절차에 따라 구체적인 분쟁에 법규범을 적용하여 유권적으로 판단하는 작용이다. 그렇다면 헌법재판이란 헌법적 분쟁을 인적·물적으로 독립된 기관이 헌법이 정한 절차에 따라 헌법규범을 적용하여 유권적으로 판단하는 작용이라 할 것이다. 헌법재판은 절차적으로 통상적인 민·형사 재판과 다른 성질을 갖지만, 무엇보다도 헌법적 분쟁을 다루는 절차라는 점에서 기본적인 특성을 갖게 된다.

헌법재판은 헌법규범의 실효성을 담보하는 헌법보장제도로서의 가치가 있다. 즉 헌법재판을 통하여 헌법의 규범력을 실질화하고, 궁극적으로 입헌주의를 규범적으로 실현하는 것이다.[3)]

헌법은 국민의 기본권을 보장하고 기본권적 가치질서에 입각하여 주권적인 국가를 창설하며 민주적 정당성에 기초한 국가기관의 권한이 견제와 균형의 통제시스템을 통하여 행사되도록 하는 통치질서에 관한 근본법이다.[4)] 따라서 헌법적 분쟁은 국민의 기본권과 관계된 분쟁, 국가기관의 권한 행사와 관련된 분쟁 등으로 쉽게 상정될 수 있다. 기본권의 성질상 기본권에 관한 분쟁은 국가기관 등의 공권력 작용이 관련된다. 또한 기본권은 국민의 다양한 생활국면에 접하기 때문에 기본권 관련 헌법적 분쟁이 국

---

1) 헌법재판소, 헌법재판실무제요 제2개정판, 2015(이하, 이 책의 전 장에서 '실무제요'라고 한다), 1면

2) 실무제요, 1면

3) 성낙인, 헌법학 제19판, 법문사, 2019, 719면

4) 헌법재판소, 헌법재판소 30년사, 2018(이하, 이 책의 전 장에서 '30년사'라고 한다), 51면

민의 실제 생활과 유리된 추상적 규범 속에만 있는 것이라거나 매우 희귀하여 조우하기 어려운 종류의 것은 아니다. 이런 측면에서 보면 헌법재판은 규범으로서의 헌법이 구체적인 현실 속에서 작동할 수 있게 하는 재판을 의미한다고 할 수 있고 헌법의 규범력을 구체화·현실화하는 기제로서 기능하게 된다.

헌법재판은 헌법의 최고규범성을 전제로 한다. 그것은 헌법이 국가의 조직과 구성원리를 정한 근본규범으로서 국가의 최고법이므로 헌법에 위반되는 국가작용들은 '위헌'으로서 교정되어야 한다는 사상을 바탕으로 하는 것이다.[5]

최고규범에 의한 공동체의 형성 및 유지·존속은 인간공동체의 공통적 요구로서 그 연원은 매우 깊다고 할 수 있고, 서구에서는 고대의 고차법(the higher law) 사상으로까지 거슬러 올라갈 수 있다.[6] 한편, 최고규범에 의거한 하위규범의 심사, 특히 헌법에 의거한 법률의 심사가 제도화된 것은 1803년 미국의 마버리 판결(Marbury v. Madison)에서 비롯되었다.

근대 입헌주의 초기에는 헌법규범의 최고성을 담보할 수 있는 제도적 장치를 갖추지 못하고 있었다.[7] 1789년 프랑스 인권선언 제16조는 "권리의 보장이 확보되지 않고 권력의 분립이 정해지지 않은 사회는 헌법을 가지지 않는다"라고 입헌주의의 내용을 가진 헌법을 정의하고 있지만, 이러한 헌법을 현실적인 규범으로 만들 제도적 장치는 구비되지 않았었다.

그러나 미국의 마버리 판결 이후 약 100년이 지나면서, 대륙법계 특히 독일에서 1920년대 후반에 국사재판권(Staatsgerichtsbarkeit) 논의와 그 제도화로 이어지고, 제2차 세계대전이 끝난 후에는 헌법재판권(Verfassungsgerichtsbarkeit)에 관한 논의 및 그 제도화로 이어지면서, 헌법재판제도는 20세기에 가히 현대국가의 중심이라 할 정도로 받아들여지게 되면서 입헌주의의 구체적인 규범이 되었다.[8]

---

5) 30년사, 53면

6) 이헌환, "헌법재판제도의 도입배경과 정착 및 발전방향에 관한 연구", 헌법재판연구 창간호, 헌법재판연구원, 2014, 5면 참조

7) 성낙인, 앞의 책, 719면

8) 이헌환, 앞의 글, 5면 참조

제2절 헌법재판제도의 유형

미국 연방대법원은 1803년 마버리 사건(Marbury v. Madison)에서 헌법은 최고의 법규범이고 헌법에 위반되는 국가작용은 효력이 없다는 것을 전제로 헌법을 해석할 사법권의 권한에 기하여 의회가 제정한 법률을 위헌이라고 선언하였다. 미국의 위헌법률심사제도는 헌법에 명문의 근거를 둔 것은 아니었지만 판례법의 전통으로 확립되었다. 그러나 국민주권과 대표제의 이념이 강력하였던 유럽 각국에서는 의회가 제정한 법률을 대상으로 일반 법원이 그 위헌 여부를 심사하는 것은 적절하지 않은 것으로 여기는 경향이 강했다. 미국 헌법의 영향을 받은 포르투갈은 1911년 헌법에서 일반법원에 의한 사법심사제도를 채택한 일이 있었으나 성공을 거두지 못하였다.[9)]

1919년의 독일 바이마르공화국 헌법은 국사재판소를 따로 설치하여 탄핵심판 및 연방정부와 주정부 간의 헌법적 분쟁 사건 등을 심판하게 하였으나, 연방법률의 위헌법률심사와 연방헌법기관 상호 간의 권한쟁의 심판에 관한 규정은 두지 않았다.[10)] 이에 반해 한스켈젠의 영향을 받은 오스트리아의 1920년 연방헌법은 헌법재판소를 설치하면서 연방법률에 대한 위헌심사권을 부여하였다.

헌법재판제도가 본격적으로 일반화되기 시작한 것은 제2차 세계대전 이후였다. 독일 기본법은 기본권이 모든 국가기관을 기속한다고 명시하는 한편, 일반 법원과 별도로 헌법재판의 특별한 관할권을 가진 연방헌법재판소를 설립하였다. 독일의 연방헌법재판소는 설립 이래 헌법의 수호자로서의 역할을 훌륭히 수행하여 왔고, 헌법소원제도를 통하여 기본권의 최종적 구제자로서의 역할을 하고 있다.[11)]

독립된 헌법재판소제도가 헌법의 규범력을 수호하고 기본권을 보호하는 제도로 자리잡게 되자 이 제도는 세계적으로 파급되었다. 이탈리아·스페인·포르투갈·폴란드 등 유럽의 많은 국가들이 독립된 헌법재판소를 설치하였고, 구 소련연방이 해체된 뒤 동유럽 국가들도 새로 헌법을 제정하면서 거의 예외 없이 독립된 헌법재판소 제도를 채택하였다.[12)]

오늘날 헌법재판제도는 크게 분산형과 집중형으로 구분된다. 미국식의 제도는 분

9) 30년사, 53면
10) 30년사, 54면
11) 30년사, 54면
12) 30년사, 54면

산형 또는 비집중형 헌법재판제도로서 사법심사권이 일반 법원들에 분산되어 있다. 집중형 헌법재판제도는 유럽형 모델로서 헌법재판권한을 일반 법원이 아닌 독립된 헌법재판기관이 담당하는 것을 말하고, 오스트리아·독일 이탈리아·스페인 등과 같이 헌법재판소를 두는 재판소형과 사전적·예방적 규범통제를 특징으로 하는 프랑스 등과 같이 헌법위원회를 두는 위원회형이 있다.[13)]

미국형 사법심사제도는 그 법체계가 유사한 캐나다·호주·인도·일본 등에서 채택되고 있고, 우리나라에서도 제3공화국 헌법(1962년 헌법)이 이러한 유형의 헌법재판제도를 채택한 바 있다. 미국의 위헌심사제도는 기존의 사법기관에서 구체적 사건과 관련하여 하나의 절차 내에서 법률의 위헌심사를 할 수 있는 장점이 있지만, 이는 법원이 의회 기타 정치세력에 대하여 독립성을 확보하고 국민들로부터 신뢰를 받을 것을 전제로 한다. 미국식 제도는 법원이 주로 민사·형사·행정사건을 처리하면서 법률의 위헌 여부를 선결문제로 다루게 되므로 위헌결정의 효력이 원칙적으로 개별사건에 한정된다. 영국은 과거에 따로 헌법재판기관을 두지 않았지만 2005년 헌법개혁법(Constitutitonal Reform Act 2005)을 제정하여 의회로부터 독립된 최고법원으로 하여금 사법심사를 할 수 있도록 하는 미국식과 유사한 대법원을 창설하였다. 영국의 대법원(Supreme Court of the United Kingdom)은 2009년 10월 출범하였다.[14)]

유럽형의 집중형 헌법재판제도는 독립된 기관으로 하여금 전문적으로 헌법문제만을 다루게 함으로써 헌법의 규범력을 효과적으로 관철시킬 수 있는 장점이 있다. 집중형 헌법재판제도는 중대한 인권 침해를 경험한 전통적 대륙법계 국가에서 헌법재판에 대한 기능성과 전문성을 강화하고자 기존의 법원과는 다른 독립된 헌법재판기관을 설립하면서 확산되었다.[15)]

우리는 1948년 헌법의 헌법위원회를 비롯하여 1960년 헌법의 헌법재판소, 1962년 헌법의 대법원 등 다양한 유형의 헌법재판제도를 운영해 보았다. 현재의 헌법재판소는 1987년 민주화운동의 결과인 1987년 헌법에 의하여 탄생된 것으로 유럽형의 집중형 헌법재판제도에 해당된다고 볼 수 있다.[16)]

---

13) 30년사, 55면 참조

14) 30년사, 55면

15) 30년사, 55면

16) 30년사, 55면 참조

제3절 우리나라 헌법재판의 역사

1. 입헌주의적 헌법의 성립

가. 서

우리의 현행 헌법이 권력의 분립에 기초하여 법에 의한 지배를 통한 국민의 자유와 권리의 보장을 주된 내용으로 하는 국가의 조직법으로서 입헌주의적 헌법임은 물론이다. 그렇다면 우리 헌법의 이러한 입헌주의적 성격은 헌법적으로는 언제부터 시작되었다고 볼 수 있을까?

우리 대한민국헌법의 전사(前史)에 관하여, 현행 헌법의 전문에서 이 헌법이 대한민국 임시정부의 법통을 계승한다고 명시하고 있는 점에 비추어, 적어도 대한민국 임시정부 헌법부터 그 전사로 삼는 것이 적절하다는 견해가 일찍부터 제시되었다.[17]

나. 3·1운동의 헌법적 의미

(1) 민주공화국의 법적 뿌리

우리 헌법의 전문과 본문 전체에 담겨 있는 최고 이념은 국민주권주의와 자유민주주의에 입각한 입헌민주헌법의 본질적 기본원리에 기초하고 있다. 기타 헌법상의 여러 원칙도 여기에서 연유되는 것이므로 이는 헌법전을 비롯한 모든 법령해석의 기준이 되고, 입법형성권 행사의 한계와 정책결정의 방향을 제시하며, 나아가 모든 국가기관과 국민이 존중하고 지켜가야 하는 최고의 가치규범이다(헌재 1989.9.8. 88헌가6; 헌재 2013.3.21. 2010헌바70 등).

헌법전문을 통해서 볼 때 처음부터 지금까지 일관되게 인정되고 있는 현행 헌법의 뿌리는 3·1운동이다. 우리나라는 조선 말기부터 갑신정변·동학혁명·갑오개혁·대한제국의 성립 등 근대화의 단초가 나타났다.[18] 1895년 1월에 선포된 홍범(洪範)14조는 갑오경장을 계기로 민주주의 정신을 반영한 조선의 국정개혁법으로 최초의 근대적 헌법이라고 하기도 한다.[19] 그 후 1899년에 공포된 대한국국제(大韓國國制) 9개조는 국호를 조선에서 대한제국으로 개칭하고 국가형태로서 전제군주국을 천명한 흠정헌법적 성격을 가진 성문헌법이었다.[20] 대한제국은 러일전쟁 이후 일본의 침략으로 1905년 외교

17) 양건, “대한민국헌법의 연혁과 개요”, 헌법 주석서I(제2판), 법제처, 2010, 2-3면 참조
18) 강경선, 헌법의 기초, 한국방송통신대학교출판문화원, 2017, 89면
19) 30년사, 55면 참조
20) 30년사, 56면 참조

권 상실과 통감부 설치, 1907년 고종의 퇴위와 군대해산 등을 거치며 대내외적인 통치권을 상실하여 국가권력을 행사할 수 없었고 마침내 1910년 강제병합으로 모든 국권을 상실하게 되었다.[21]

이에 독립운동 진영은 국권회복을 위해 새로운 상황에 대응하는 구체적인 운동이념과 방향으로 국민주권론을 받아들이기도 하고, 국민주권론을 받아들이면서도 군주제를 용인하여 고종황제를 중심으로 한 망명정부수립을 추진하였다가 무위로 돌아가기도 하였다. 또한 미국의 한인회를 중심으로 공화제 정부 수립의 주장이 시작되었고, 중국혁명의 영향으로 공화주의를 지향하는 독립운동단체들이 국내외에서 생겨났다. 이러한 공화제의 흐름은 해외 각지의 독립운동 세력의 대동단결을 호소하는 대동단결선언에서 이론적, 정치적으로 정립되기에 이른다.[22] 이 선언문에서 순종이 토지와 국민과 주권을 포기한 그 날이 민권 발생의 날이라고 선언하고 있다.[23]

독립된 대한에서 공화제 정치체제를 건설해야 한다는 주장을 하기 위해서는 단순한 국권회복을 넘어 주권의 소재가 군주에서 국민으로 변경되는 새로운 이론이 수용되어야 하는데, 1919년 대한민국 임시정부의 수립 이전에 이미 각 지역 독립운동 진영의 다수가 공화제 정치체제를 받아들이고 주권소재변경의 이론적 변화에 대하여 일반적으로 동의하였기 때문에 임시정부 정치체제가 민주공화제로 형성되고 줄곧 유지되는 것이 가능했다고 볼 수 있다.[24]

이와 같이 주권소재의 변경과 공화제 건설에 대한 동의에 기초한 민주공화국의 성립은 3·1운동을 계기로 확고해졌다.[25] 민주공화국이라 함은 국민주권을 뜻한다. 주권개념이 성립되기 위해서는 자주성, 즉 대외적 독립성과 대내적 최고결정권, 즉 자결권의 두 요소를 갖추어야 하는데, 3·1운동은 전국적인 범위에 걸쳐 반외세 자주독립이 가장 뚜렷이 나타났고, 동시에 민족의 일체감을 표현한 최초의 사건이었다고 할 수 있다.[26]

3·1운동 이후 성립된 임시정부에서 임시헌법을 만들었는데, 이때 '대한민국은 민주공화국이다'라고 하여 국호와 국가형태가 정해졌다. 조선이나 대한제국으로의 회귀를 추구하는 복벽(復辟)주의는 사실상 단절되었고, 그 결과 해방 이후 헌법제정 당시에도

21) 전종익, "대한민국임시정부 이전 정치체제 구상 - 1910년대 군주제와 공화제를 중심으로 -", 법사학연구 제56호, 한국법사학회, 2017. 10, 243면 참조

22) 위의 글, 243-244면 참조

23) 박찬승, 대한민국은 민주공화국이다. 돌베개, 2013, 127-132면 참조; 강경선, 앞의 책, 91면 참조

24) 전종익, 앞의 글, 244면 참조

25) 박찬승, 앞의 책, 102-127면 참조

26) 강경선, 앞의 책 89-90면 참조

민주공화국은 당연한 것으로 전제되어 왕조체제로의 복귀 움직임이 득세하지 못하였다. 이는 서구 각국의 근대화 과정에서 왕당파 즉 왕조복귀세력이 정치적 영향력을 가졌던 것과 다른 특징이라 할 수 있다.[27)]

요컨대, 3·1운동은, 헌정사의 관점에서 볼 때 대한민국이 민주공화국으로 확립되는 토대가 되었고, 헌법전의 문언을 통해서 볼 때 오늘날 우리 헌법의 직접적인 뿌리가 되었다. 헌법은 3·1운동을 대한민국 건립의 시점으로 보고 있었다.[28)]

(2) 제헌헌법 전문의 '기미 삼·일운동'

우리의 현행 헌법 전문에는 그 마지막 부분에 " … 1948년 7월 12일에 제정되고 8차에 걸쳐 개정된 헌법을 이제 국회의 의결을 거쳐 국민투표에 의하여 개정한다."라고 현행 헌법이 1948년에 제정되었던 헌법에서 비롯된 것임을 명확히 하였다.

그리고 제헌헌법(1948. 7. 17.)은 전문에서 " … 우리들 대한국민은 기미 삼·일운동으로 대한민국을 건립하여 세계에 선포한 위대한 독립정신을 계승하여 이제 민주독립국가를 재건함에 있어서 …" 라고 하여 '기미 삼·일운동으로 건립된 대한민국'을 1948년 헌법 제정 시에 민주독립국가로 '재건'하고 있음을 천명하고 있다.

제헌과정에서 심의의 기초가 된 헌법 초안 가운데 유진오 안에만 전문이 있었는데, 유진오는 대한민국의 성립은 자유와 평등을 원하는 우리 민족의 민주적 정신이 성장 발전한 결과라고 하면서 그 연원을 실학파에 두고 홍범14조, 독립협회운동, 대한제국의 대한국국제, 3·1독립선언서, 대한민국임시정부의 임시헌장(1919) 등을 민주주의 발전이라는 관점에서 평가하였다.[29)]

제헌헌법 전문의 '기미 삼·일운동으로 대한민국을 건립하여'라는 표현은 임시정부 헌법은 3·1운동의 결정체이며 임시정부 헌법과 제헌헌법은 동일한 사상적 기초 위에서 제정된 헌법임을 의미한다고 하겠다.[30)]

헌법 전문의 위 문언에 대하여, 헌법재판소는 헌법이 "3·1운동으로 건립된 대한민국임시정부의 법통을 계승"한다고 선언하고 있는 것은 대한민국이 일제에 항거한 독립운동가의 공헌과 희생을 바탕으로 이룩된 것임을 선언한 것이고, 그렇다면 국가는 일

27) 위의 책, 89-90면 참조
28) 위의 책, 92면
29) 유진오, 신고 헌법해의, 1953, 일조각, 8-18면
30) 김영수, "대한민국 임시정부의 헌법에 관한 연구 -개헌과정을 중심으로 -". 공법연구 제4집, 1976. 7, 154면

제로부터 조국의 자주독립대한민국 을 위하여 공헌한 독립유공자와 그 유족에 대하여는 응분의 예우를 하여야 할 헌법적 의무를 지닌다고 판시하였다(헌재 2005.6.30. 2004헌마859). 이와 관련하여 3·1운동으로 건립된 임시정부의 법통계승이 사법적 판단에서 원용될 때에는 현재까지는 일제강점기의 잔재 청산과 관련된 경우에 국한된다고 보는 견해가 있다.[31]

(3) 헌법 전문 변천사

잠깐, 여기에서 제헌헌법 전문의 이 문구가 9차례의 개정과정에서 어떻게 변화되었는지 살펴보자. 우리 헌법이 9차례 개정되는 동안 전문의 개정은 4차례 있었다. 제헌헌법 전문의 이 문구는 1960년 헌법에서 그대로 존속되었다가, 1962년 헌법에서 "3·1운동의 숭고한 독립정신을 계승하고 4·19의거와 5·16혁명의 이념에 입각하여 새로운 민주공화국을 건설함에 있어서"라고 변경되어, 1972년 유신헌법에 이르기까지 유사한 내용으로 유지되었다. 이후 1980년 헌법에서 "3·1운동의 숭고한 독립정신을 계승하고 조국의 평화적 통일과 민족중흥의 역사적 사명에 입각한 제5민주공화국의 출발에 즈음하여"로 바뀌고 현행 1987년 헌법에서 "3·1운동으로 건립된 대한민국임시정부의 법통과 … 계승하고"라고 하여 제헌헌법 당시의 취지로 돌아갔다.

	제(개)정일	전문의 해당 부분	비고
제헌헌법	1948. 7. 17.	유구한 역사와 전통에 빛나는 우리들 대한국민은 기미 삼·일운동으로 대한민국을 건립하여 세계에 선포한 위대한 독립정신을 계승하여 이제 민주독립국가를 재건함에 있어서	
5차 개정 (3공화국)	1962. 12. 26. (1963. 12. 17. 시행)	유구한 역사와 전통에 빛나는 우리 대한국민은 3·1운동의 숭고한 독립정신을 계승하고 4·19의거와 5·16혁명의 이념에 입각하여 새로운 민주공화국을 건설함에 있어서	제2공화국까지 유지되었던 부분을 처음으로 개정함. 3·1운동의 정신 계승은 채택하면서 새로이 4·19의거와 5·16혁명이념에 입각. [부칙] 제1조 ① 이 헌법은 이 헌법에 의한 국회가 처음으로 집회한 날로

31) 이영록, "헌법에서 본 3·1운동과 임시정부 법령", 법학논총 제24집 제1호, 2017.4, 20면 참조

			부터 시행한다. 다만, 이 헌법을 시행하기 위하여 필요한 법률의 제정과 이 헌법에 의한 대통령·국회의원의 선거 기타 준비는 이 헌법 시행 전에 할 수 있다. ② 국가재건비상조치법은 이 헌법의 시행과 동시에 그 효력을 상실한다. **제3조** 국가재건비상조치법에 의거한 법령과 조약은 이 헌법에 위배되지 아니하는 한 그 효력을 지속한다. **제4조** ① 특수범죄처벌에 관한 특별법·부정선거관련자처벌법·정치활동정화법 및 부정축재처리법과 이에 관련되는 법률은 그 효력을 지속하며 이에 대하여 이의를 할 수 없다. ② 정치활동정화법 및 부정축재처리법과 이에 관련되는 법률은 이를 개폐할 수 없다. **제5조** 국가재건비상조치법 또는 이에 의거한 법령에 의하여 행하여진 재판·예산 또는 처분은 그 효력을 지속하며 이 헌법을 이유로 제소할 수 없다.
7차 개정 (유신)	1972. 12. 27.	유구한 역사와 전통에 빛나는 우리 대한국민은 3·1운동의 숭고한 독립정신과 4·19의거 및 5·16혁명의 이념을 계승하고 조국의 평화적 통일의 역사적 사명에 입각하여 자유민주적 기본질서를 더욱 공고히 하는 새로운 민주공화국을 건설함에 있어서	3공화국 헌법의 내용에 조국의 평화적 통일의 사명에 입각하여 자유민주적 기본질서를 공고히 하는 새로운 민주공화국의 건설을 추가

8차 개정 (5공화국)	1980. 10. 27.	유구한 민족사, 빛나는 문화, 그리고 평화애호의 전통을 자랑하는 우리 대한국민은 3·1운동의 숭고한 독립정신을 계승하고 조국의 평화적 통일과 민족중흥의 역사적 사명에 입각한 제5민주공화국의 출발에 즈음하여	우리 대한국민 앞에 수식어구. 4·19, 5·16 모두 빠지고 3·1운동의 정신 계승만 유지
9차 개정 (현행)	1987. 10. 29. (1988. 2. 25. 시행)	유구한 역사와 전통에 빛나는 우리 대한국민은 3·1운동으로 건립된 대한민국임시정부의 법통과 불의에 항거한 4·19민주이념을 계승하고, 조국의 민주개혁과 평화적 통일의 사명에 입각하여	대한민국 임시정부의 법통 계승이 처음으로 채택되고, 5공화국에서 빠졌던 4·19, 5·16 중 4·19만 다시 불러오며, 민주개혁에 입각함을 명시함으로써 종전의 군사정부나 권위주의 정부 하에서 민주 정착이 부족하였음을 지양. [부칙] 제1조 이 헌법은 1988년 2월 25일부터 시행한다. 다만, 이 헌법을 시행하기 위하여 필요한 법률의 제정·개정과 이 헌법에 의한 대통령 및 국회의원의 선거 기타 이 헌법시행에 관한 준비는 이 헌법시행 전에 할 수 있다. 제2조 ②이 헌법에 의한 최초의 대통령의 임기는 이 헌법 시행일로부터 개시한다.

다. 헌법재판 역사의 시작

이상에서 보는 바와 같이 우리 헌법의 입헌주의적 뿌리가 3·1운동까지 거슬러 올라간다 하더라도 임시정부 시대의 헌법들이 제헌헌법과 현행헌법으로 곧바로 이어진 것은 아니다.

헌법의 규범적 의미를 명백히 선언하여 헌법을 실현시켜 나가기 위한 헌법재판의 역사는 대한민국정부가 수립된 이후부터 시작되었다고 보는 것이 옳을 것이다.[32]

---

32) 30년사, 56면

다만 상해임시정부헌법 등은 단편적으로나마 탄핵규정, 국사재판 등 헌법재판에 관한 규정을 두고 있고, 헌법재판의 사례도 전혀 없지는 않으므로 아래에서는 이 부분을 포함하여 살펴본다.

2. 임시정부 하의 헌법과 헌법재판

가. 서

1919년 3·1운동 이후 제정된 대한민국임시정부의 헌법은 5차례 개정되고 명칭도 대한민국임시 '헌장(憲章)' - '헌법(憲法)' - '약헌(約憲)' - '헌장(憲章)'으로 변경되었으나 국민주권의 원리·의회주의·권력분립의 원리·기본권의 존중·법치주의 등을 기본원리로 채택한 입헌주의적 헌법이었다.[33]

나. 임시정부 하의 헌법들

(1) 대한민국임시헌장(1919. 4. 11.)

3·1운동 이후 조직된 상해임시정부는 1919년 4월 11일 각 지방의 대표들로 '임시의정원'을 구성하였고, 여기에서 국호를 '대한민국'으로 정하여 대한민국임시헌장을 선포하였는데, 그 제1조가 '대한민국은 민주공화국제로 함'이었다.[34] 이러한 의미에서 '임시의정원'은 시원적 주권대표회의의 역할을 했다고 할 수 있다.[35] 이 임시의정원은 임시정부를 수립하고 1945년 일제 패망 후 환국 시까지 존속하면서 독립운동의 중심축으로 활동하였다.[36]

대한민국임시헌장(1919. 4. 11.)은 전문 형식의 선서문과 본문 10개조로 된 간략한 것이지만, 민주주의에 입각한 한국 최초의 기본법이다. 그 내용은 민주공화제 채택, 통치기구로서 임시정부와 임시의정원, 남녀·귀천·빈부의 계급이 없는 인민의 일체 평등, 기본권, 선거권 및 피선거권, 교육·납세·병역의 의무, 국제연맹 가입, 구황실 우대, 생명형·신체형 및 공창제 전폐, 국토회복 후 1년 내에 정식 국회소집으로 되어 있다.

이 1919년 4월의 임시헌장에는 통치기구로 행정부와 의정원만을 규정하고 사법부

33) 30년사, 56면

34) 강경선, 위의 책, 91면

35) 이영록, "임시의정원과 제헌국회의 관계 -역사적 연속성에 관한 세 관점에서-", 공법연구 제48집 제1호, 2019, 7면 참조

36) 이병규, "대한민국 임시의정원 성립의 헌법적 의의 -근대 의회제도 성립을 중심으로", 공법연구 제48집 제1호, 2019, 22면 참조

에 관한 규정은 없으며, 임시의정원이 국정의 최고정책결정기관이 되고 있어 내각책임제정부의 모습을 갖추었다고 할 수 있다. 특히 제4조의 기본권 규정은 근대헌법의 권리장전으로서 본 헌장의 중심이 된다고 볼 수 있으며 선거권·피선거권, 국민의 3대 의무, 사형제도 폐지, 국제연맹 가입 등의 제 조항들은 그 당시의 헌장제정자들의 진보된 민주정치의 사상적 표현이라 하지 않을 수 없다.[37]

다만 8조의 구 황실 우대 규정은 이러한 방향과 조화롭지 못하다고 볼 수도 있으나, 바로 다음의 1919년 9월의 대한민국임시헌법까지만 등장하고 그 이후의 임시정부 헌법들에서는 다시는 언급되지 않는다. 1919년 4월의 대한민국임시헌장 본문 10개조의 내용은 다음과 같다.

대한민국임시헌장(1919. 4. 11.)[38]

제1조 대한민국은 민주공화제로 함.
제2조 대한민국은 임시정부가 임시의정원의 결의에 의하야 차를 통치함.
제3조 대한민국의 인민은 남녀 귀천 급 빈부의 계급이 무하고 일절 평등임.
제4조 대한민국의 인민은 신교 언론 저작 출판 결사 집회 신서 주소 이전 신체 급 소유의 자유를 향유함.
제5조 대한민국의 인민으로 공민 자격이 유한 자는 선거권 급 피선거권이 유함.
제6조 대한민국의 인민은 교육 납세 급 병역의 의무가 유함.
제7조 대한민국은 신의 의사에 의하여 건국한 정신을 세계에 발휘하며 진하야 인류의 문화 급 평화에 공헌하기 위하야 국제연맹에 가입함.
제8조 대한민국은 구황실을 우대함.
제9조 생명형 신체형 급 공창제를 전폐함.
제10조 임시정부는 국토회복후 만일개년내에 국회를 소집함.

(2) 대한민국임시헌법(1919. 9. 11.)

3·1운동의 물결 속에 국내·외에서 임시정부들, 대표적으로 상해의 임시정부, 노령의 대한국민의회, 서울의 한성정부가 수립되었다. 이들 임시정부들은 공통적으로 민주공화제를 채택하였고, 약식으로나마 상해의 임시정부는 임시헌장을, 한성정부는 약법을 제정하였다.[39] 곧이어 상해임시정부, 대한국민의회, 한성정부와 이승만이라는 정치

37) 김영수, 앞의 글, 157면 참조
38) 정종섭, 한국헌법사문류, 박영사, 2002, 29면 참조
39) 김영수, 앞의 글, 156면

세력들이 하나로 통합되는 과정에서 상해 임시정부의 주도로 임시헌장을 대한민국임시헌법으로 개정하게 된다.[40] 특히 이승만의 '프레시덴트' 칭호 자칭을 합법화하기 위하여 대통령제를 채택하면서도 세 임시정부 정치세력을 제도적으로 통합하기 위해 의원내각제를 절충하였다. 특이한 것은 임시대통령의 임기 규정이 없다는 것인데, 실은 독립운동 기간 중 대통령과 국무총리는 갱신되지 않아야 한다는 뜻이었다고 한다.[41]

대통령제로의 정부통합이라는 정치적 필요에 의하여 개정된 1919년 9월의 임시헌법은 전문과 8장에 걸친 본문 59개조의 근대 헌법의 체제를 구비하였고, '제6장 법원'은 법원의 편제 및 사법부의 자격, 사법권의 독립, 사법관의 신분보장과 재판의 공개 등의 규정을 하고 있으나, 법원조직은 임시정부 하에서는 실효를 거두지 못한 유명무실한 면이 있었다. 대한민국임시헌장(1919.4.11) 중 인민의 일체 평등 규정에서 '남녀 귀천 빈부'의 어구와 국제연맹에의 가입, 생명형·신체형·공창제 폐지의 2개 조항이 삭제되었다.[42] 핵심적인 내용은 아래와 같다.

대한민국임시헌법(1919. 9. 11.)

제1장 총령

제4조 대한민국의 인민은 일체 평등함.
제5조 대한민국의 입법권은 의정원이 행정권은 국무원이 사법권은 법원이 행사함.
제6조 대한민국의 주권행사는 헌법규범내에서 임시대통령에게 전임함.

제2장 인민의 권리와 의무

제3장 임시대통령

제11조 임시대통령은 국가를 대표하고 정무를 총감하며 법률을 공포함.
제12조 임시대통령은 임시의정원에서 기명단기식 투표로 선거하되 투표총수의 3분의 2 이상을 득한 자로 당선케 함. 단, 2회투표에도 결정치 못하는 시는 3회 투표에는 다수를 득한 자로 당선케 함.
제13조 임시대통령의 자격은 대한인민으로 공권상 제한이 무하고 연령 만40세 이상된 자로 함.
제14조 임시대통령은 취임할 시에 임시의정원에서 좌와 여히 선서함을 요함. 여는 일반 인민의 전에서 성실한 심력으로 대한민국 임시대통령의 의무를 이행하여 민국의 독립 급 내치 외교를

40) 진영재, 최선, "한국적 권력구조의 기원적 형태", 한국정치학회보, 한국정치학회, 43(2), 2009. 6, 35면
41) 김영수, 앞의 글, 161-163면 참조
42) 위의 글, 161-163면 참조

완성하여 국리민복을 증진케하며 헌법과 법률을 준수하고 또한 인민으로 하여금 준수케 하기를 선서하나 이다.

제4장 임시의정원

제21조 임시의정원의 직권은 좌와 여함.

14. 임시대통령의 위법 또는 범죄행위가 유함을 인할 시는 총원 5분의 4이상의 출석, 출석원 4분의 3 이상의 가결로 탄핵 또는 심판함을 득함.

제5장 국무원

제35조 국무원은 국무원을 조직하여 행정사무를 일체 처변하고 그 책임을 부함.

제39조 국무원은 임시대통령이 법률안을 제출하거나 법률을 공포하거나 혹은 명령을 발포할 시에 반드시 차에 부서함.

제6장 법원

제44조 법원은 법률에 의하여 민사소송 급 형사소송을 재판함. 행정소송과 기타 특별소송은 법률로써 차를 정함.

제45조 사법관은 독립하여 재판을 행하고 상급관청의 간섭을 수치 아니함.

제7장 재정

제8장 보칙

(3) 대한민국임시헌법(1925. 4 .7. 개정, 1925. 7. 7. 시행)

1925년 3월 30일 정부 제안의 국무령제헌법의 개헌안이 임시의정원을 통과하여 4월 7일 공포되었다. 새로 개정된 임시헌법은 전문 없이 본문 35개조로 구성되어 동일 헌법전 보다 규모가 작으나 광복운동을 위한 규범으로 더욱 현실화시켰다고 본다. 그 특징은 대통령제를 없애고 국무령 중심의 완전한 내각책임제로 바꾼 것이다. 그리고 국무령의 임기를 정하고 재선을 허용하며, 종래의 대통령의 무임기와 독주를 제한하고 있다. 법원 장이 없어지고 국무회의가 행정과 사법을 통변하고 행정과 사법의 부서조직에 관한 규정도 국무회의에서 정하도록 한 것인데 이 또한 전시내각행정과 같은 현실적인 조항이다.[43]

(4) 대한민국임시약헌(1927. 3 .5. 개정, 1927. 4. 11. 시행)

1926년 12월에 김구가 국무령에 취임한 후, 임시정부의 심각한 재정난 상황에서

43) 위의 글, 165-166면 참조

운영개선책으로 의정원과 함께 개헌에 착수했다. 임시약헌은 1927년 2월 15일에 통과되어 3월 5일 공포되었다. 이때에 공포된 헌법은 이른바 국무위원제, 즉 집단지도제 헌법으로서 그 후 14년 간 계속되었다. 이 임시약헌은 전문이 없고 모두 50개조로 되어 있으며 정부체제를 회의체의 집단지도제를 채택하였다. 임시정부의 활동은 재정곤란으로 저조하였다. 만주사변(1931년)이 일어나자 임시정부는 상해에서 남경, 항주, 장사, 광동, 중경 등지로 피난하면서 항일운동을 계속하였다. 김구는 임시정부가 위협을 받게 되자 민족주의세력의 집중화를 위해 새로이 한국독립당을 결성하여 임시정부의 유일당이 되게 하였고, 이러한 정치상황에서 1940년 9월 중경으로 옮겨간 임시정부는 행정부의 내부를 확충강화하고 동년 10월에 개최된 임시의정원은 광복군에 대한 중국정부와의 조약체결촉구 등의 결의와 함께 임시약헌을 다시 개정하였다.[44]

(5) 대한민국임시약헌(1940. 10. 9.)

1940년 10월 8일 중경에서 정부가 전 약헌을 일부 수정하여 제32회 임시의정원에 제출·심의하여, 10월 8일에 통과되고 10월 9일에 공표된 대한민국임시약헌은 전문이 없다. 새로운 임시약헌보다 8개조가 줄었지만 체제상 거의 달라진 것이 없다. 새로운 임시약헌의 특징은 국무위원회의 주석은 임시의정원에서 선거하고, 국군의 통감을 비롯하여 대내외로 임시정부를 대표하게 하여 국무위원회의 주석의 자리를 고정화시키고 국무회의는 국무위원회로 명칭을 바꾸었다. 사실 개헌의 동기도 여기에 있으며, 현실적으로 김구의 주도력을 제도화하기 위한 것이다. 1941년 12월 8일 태평양전쟁이 발발하자 임시정부는 바로 다음 날 대일선전성명서를 선포하였으며, 세계대전이 치열해지자 중국 국민정부는 외교부장 곽태기를 통하여 임시정부의 사실상의 승인을 통고하였다. 1942년 7월 광복군에 대한 중국정부와의 협정이 성립되었으며, 10월에 의정원의원을 확충보선하였고 재정도 호전되어 임시정부는 성황을 이루었다. 이러한 독립운동자들의 합류와 재결합은 그러한 정치적 상황에 대응할 수 있도록 하는 개헌을 불가피하게 했다.[45]

(6) 대한민국임시헌장(1944. 4. 22.)

1944년 제36회 임시의정원에서 개정된 대한민국임시헌장은 전문과 7장, 62개조로 이루어졌다. 특히 인민의 권리의무 규정을 상세히 하면서 자유와 권리의 제한의 한계에 대한 규정을 두었으며, 사법부(심판원)의 조직을 구체화하여 그때까지의 임시정부의 헌법

44) 위의 글, 166-169면 참조
45) 위의 글, 169-172면 참조

어느 것 보다도 근대헌법전으로서 면모를 갖추었다. 특히 각급 심판기관의 관할로 민사, 형사 심판을 정하면서 아울러 "국사심판, 행정심판, 군사심판 등 특별기관의 그 조직 및 권한은 법률로 정함"이라고 하여(제49조) 통상의 재판과는 다른 국사심판을 언급하고 있다. 이 임시헌장의 핵심 내용은 아래와 같다.

대한민국임시헌장(1944. 4. 22.)

제1장 총강

제1조 대한민국은 민주공화국임

제2조 대한민국의 강토는 대한의 고유한 판도로 함

제3조 대한민국의 인민은 원칙상 한국민족으로 함

제4조 대한민국의 주권은 인민전체에 있음. 국가가 광복되기 전에는 주권이 광복운동자전체에 있음

제2장 인민의 권리와 의무

제5조 대한민국의 인민은 좌렬 각항의 자유와 권리를 향유함.

1. 언론, 출판, 집회, 결사, 파업급 신앙의 자유
2. 거주, 여행 급 통신, 비밀의 자유
3. 법률에 이하여 취학, 취직 급 부양을 요구하는 권리
4. 선거급 피선거의 권리
5. 공소, 사소급 청원을 제출하는 권리
6. 법률에 의치 않으면 신체의 수색, 체포, 감금, 심문 혹 처벌을 받지 않는 권리
7. 법률에 의치 않으면 가댁의 침입, 수색, 출입제한 혹 봉폐를 받지 않는 권리
8. 법률에 의치 않으면 패산의 징발, 몰수 혹 추세를 받지 않는 권리

제7조 인민의 자유와 권리를 제한 혹 박탈하는 법률은 국가의 안전을 보위하거나 사회의 질서를 유지하거나 혹은 공공리익을 보장하는데 필요한 것이 아니면 제정하지 못함.

제8조 광복운동자는 조국광복을 유일한 직업으로 인하고 간단없이 노력하거나 우는 간접이라도 광복사업에 정력 혹 물력의 실천공헌이 있는 자로 함. 단 광복운동에 위해를 가하는 행위가 있을 시에는 광복운동자의 자격을 상실함.

제3장 임시의정원

제11조 대한민국의 인민은 연령 18세 되고 완전한 공권이 있는 자는 선거권이 있고, 년세 만 25세 되고 선거권이 있는 자는 피선거권이 있음. 국가가 광복되기 전에는 제8조 원항에 해당한 자는 선거권이 있고 제8조 원항 상일단에 해당한 만 3년 이상의 역사가 있는 자는 피선거권이 있음.

제18조 임시의정원은 국무위원회 주석 부주석급 국무위원이 실직위법 또는 내란 외환 등 범죄행

위가 있거나 혹은 신임할 수 없다고 인정할 때에는 탄핵안 혹은 불신임안을 제출하여 탄핵안이 통과되면 그를 면직하고 불신임안이 통과되면 그가 자행사직함.

제4장 임시정부

제5장 심판원

제45조 대한민국의 사법권은 중앙심판원 지방심판소 급 기타 특종심판위원회 등 기관에서 집행함.

제46조 중앙심판원은 심판위원장 1인 급 심판위원 2인 내지 5인과 및 보조직원 약간인으로 조직함.

제47조 각급 심판기관의 조직은 법률로 정함.

제48조 각급 심판기관은 법률에 의하여 민사, 형사의 심판과 혁명자 징계처분에 관한 사항을 장려함.

민법, 형법, 혁명기률급 혁명자 징계조례는 법률로 정함.

제49조 국사심판, 행정심판, 군사심판 등 특별기관의 그 조직 및 권한은 법률로 정함.

제56조 본장 각조의 규정을 실시할 가능이 있기 전까지는 심판안건의 발생을 따라 국무위원회에서 임시로 심판위원 약간인을 선출하여 관리함.

제6장 회계

제7장 보치

제61조 본헌장은 임시의정원에서 총 재적의원 3분지 1 이상이나 정부의 제안으로 총 재적의원 4분지 3의 출석과 출석의원 3분지 2의 찬동으로 개정함을 득함.

제62조 본헌장은 공포일로부터 시행하고 대한민국 22년 10월 9일부터 시행한 임시약헌은 폐지함.

다. 임시대통령 이승만 탄핵

1925년(대한민국 7년) 3월 13일 대통령탄핵안이 임시의정원에 상정되었다. 그 이유는 ① 헌법 제14조에 정한 바대로 “일반 인민의 전(前)에서 심력(心力)으로 대한민국 임시대통령의 의무를 이행하야 민국독립 급(及) 내치외교를 완성하야 국리민복(國利民福)을 증진케 하며 헌법과 법률을 준수하고 또한 인민으로 하여곰 준수케 하기를 선서하나니다”라고 서약하였음에도 불구하고, 임시대통령이 법률을 공포하거나 명령을 발포할 시 국무원이 부서를 하도록 한 헌법 제39조에 위반되게 국무원의 부서 없이 독단적으로 인민에게 납세중지명령을 발포하여 인민으로 하여금 헌법 제10조 제1항이 정한 납세의 의무를 준수하지 않도록 하였고, ② 헌법 제11조가 정한 바대로 정무를 총람(總攬)하여야 함에도 오히려 이와는 반대로 정무를 분파(分破)하며 인민으로 하여금 피청구인의 사견에 복종하게 하고, ③ 한성조직의 계통을 보유치 못하게 되는 경우에는 의정원의 법률과 결의를 결코 준행(遵行)치 않는다고 함으로써 대통령을 선출한 헌법 및 의정원을 부인하였다는 것이다. 대한민국 임시헌법(1919. 9. 11.) 제21조 제14항에 의하여 임시대통령 이승만을 탄핵의 심판에 부할 것이 결의되었고, 같은 해 3월 18일 '임시대통령 이승만을 면직함'이라는 주문으로 심판되었다.[46] 이 의결안과 심판서의 주요 내용은 아래와 같다.[47]

임시대통령 이승만 탄핵소추

의결안

본원은 임시헌법 제21조 제14항[48]에 의하야 임시대통령 이승만을 탄핵하고 심판에 부하기를 결의함.

이유: 1. 헌법 제14조에 부기한 서약과 동 제39조를 위반하였다.

"여(余)는 일반 인민의 전(前)에서 심력(心力)으로 대한민국 임시대통령의 의무를 이행하야 민국독립 급(及) 내치외교를 완성하야 국리민복(國利民福)을 증진케 하며 헌법과 법률을 준수하고 또한 인민으로 하여곰 준수케 하기를 선서하나니다". 이러한 법적 서약에도 불구하고 인민으로 하여금 헌법 제10조 제1항을 범(犯)하도록 지휘하였으며 헌법 제39조에 위반되게 국무원의 부서 없이 독단적으로 인민에게 납세중지 명령을 발포하였다. 이와 같이 대통령으로써 정부로 상납하는 인민의 납세를 중간에서 중지케 한다 함은 고금에 없는 집정자의 행동이며 사복(私腹)을 채우려는 필부심(匹夫心)의 행위라 할 것이다.

2. 헌법 제11조[49]를 범(犯)하였다.

임시대통령은 정무를 총람(總攬)한다 함에도 오히려 이와는 반대로 정무를 분파(分破)하며 인민으로 하여금 정무와 분리케 하야 자기의 사견에 복종케 하였는바, 국무를 떠나 일개 당파의 수령으로서 정부 당국자를 반박하고 반항하는 언론에 지내지 못하나니 차(此)는 그가 대통령의 명의로 사복을 도보하는 첩적(疊積)된 야심적 관념에 출(出)한 것임.

---

46)헌법재판연구원, "헌법재판소 창설 이전의 헌법재판 관련 판례", 헌법재판연구 창간호(2014. 11.), 356면

47) 대한민국임시정부공보 제42호, 대한민국임시정부자료집1, 헌법·공보, 국사편찬위원회, 2005, 155-160면 참조

48) 제21조 임시의정원의 직권은 좌와 여함.

14. 임시대통령의 위법 또는 범죄행위가 유함을 인할 시는 총원 5분의 4이상의 출석, 출석원 4분의 3 이상의 가결로 탄핵 또는 심판함을 득함.

49) 앞의 헌법재판연구원 자료(각주 46)에는 '제10조'라고 되어 있으나, 이는 제11조의 오기이다. 제10조는 국민의 의무를 정한 조항이고, 임시대통령이 정무를 총람한다는 규정은 제11조이다.

3. 의정원에서 어떠한 법률로 어떠한 의안을 통과하던지 방임하되 '정식 국회를 소집하여 헌법을 반포하기까지 이를 적용함'이라는 한성정부 약법의 규정에 반하는 일로써 한성조직의 계통을 보유치 못하게 되는 경우에는 의정원의 법률과 결의를 결코 준행(遵行)치 않는다고 함으로써 헌법과 임시의정원을 부인하였는바, 의정원법 제84조에 의하여 본 의결안을 제출함. 대한민국 7년 3월 13일

심판서

주문: 임시대통령 이승만을 면직함.

사실 및 이유 : 대한민국 7년 3월 18일 임시의정원에서 통과된 임시대통령 이승만 탄핵안에 의하여 그 위법된 사실을 조사한 바 그 증거를 거시하면 …

이승만은 외교를 한다면서 멋대로 직무지를 떠난 지 5년에 멀리 바다 건너 떨어진 곳에서 난국수습과 대업진행에 하등 성의를 다하지 않을 뿐 아니라 허황된 사실을 퍼뜨려 정부의 위신을 손상하고 민심을 분산시킴과 아울러 정부의 행정을 저해하고 국고수입을 방애(妨礙)하였고 의정원의 신성을 모독하고 공결을 부인하였으며 심지어 정부까지 부인한 사실이 인정된다. 생각컨대 정무를 총람하는 국가 총책임자로서 정부의 행정과 재무를 방해하고 임시헌법에 의하여 의정원의 선거를 받아 취임한 임시대통령이 자기 지위에 불리한 결의라 하야 의정원의 결의를 부인하고 심지어 한성조직의 계통 운운함과 같음은 대한민국의 임시헌법을 근본적으로 부인하는 행위인바, 이와 같이 국정을 방해하고 국헌을 부인하는 자를 1일이라도 국가 원수의 직에 둠은 대업의 진행을 기(期)키 불능하고 국법의 신성을 보기 어려울 뿐더러 순국제현이 편히 눈을 감지 못할 바이며 살아있는 충용의 소망이 아니라. 고로 주문과 같이 심판함. 대한민국 7년 3월 18일

라. 소결

임시정부 하의 대한민국 임시헌법들은 다섯 차례 개정되고 그 명칭도 임시헌장(1919. 4.) → 임시헌법(1919. 9.) → 임시헌법(1925.) → 임시약헌(1927.) → 임시약헌(1940.) → 임시헌장(1944.)으로 변경되었다.

맨 처음 만들어진 1919년 4월의 임시헌장은 불과 10조로 만들어진 간략한 것이었다. 하지만 맨 마지막의 1944 임시헌장은 전문과 7장 90조로 이루어진 상당히 상세한 것이었고 그만큼 임시헌법은 발전하고 있었다.[50)]

50) 박찬승, "대한민국 헌법의 임시정부 계승성", 한국독립운동사연구 43, 2012. 12, 독립기념관 한국독립운동사연구소, 376면

그에 따라 정부도 임시의정원/집정관총재, 대통령제, 국무령제, 국무위원제, 주석제, 주석·부주석제로 변경하면서 27년 동안 국내외 동포들에게 독립운동의 구심점이 되어 왔다.[51] 즉 기미 3·1운동으로 대한민국을 건립하여 세계에 선포함으로써 독립정신을 천명하고 있고, 대한민국임시정부가 오늘날 대한민국정부의 기원임을 입증하는 것이라 하겠다.

명칭[52]	기본구조		비고
임시헌장 (1919. 4.)	선서문 - 정강 - 본문 10조	임시의정원의 결의에 의하여 통치함(제2조)	한성정부의 약법에서는 독립이 회복될 때까지 내정과 외교에 대한 전권을 집정관총재에게 일임함[53]
임시헌법 (1919. 9.)	전문 강령 - 인민의 권리와 의무 - 임시대통령 - 임시의정원 - 국무원 - 법원 - 재정 - 보칙의 8개장, 59조	대통령제	임시대통령이 임시의정원보다 앞서 나옴
임시헌법 (1925.)	대한민국 - 임시정부 - 임시의정원 - 광복운동자 - 회계-보칙의 6개장, 35조	국무령제	전문 없음 전문, 강령, 인민의 권리와 의무, 법원 등의 장을 뺌 광복운동 중에 광복운동자가 전 인민을 대한다는 광복운동자 규정을 신설하여 임시헌법의 적용범위를 잠정적으로 현실화함
임시약헌 (1927.)	총강 - 임시의정원-임시정부 - 회계 - 보칙의 5개장, 50조	국무위원 집단지도제	전문 없음, 본문 편제는 5장으로 직전보다 축약되었으나 조항수는 늘어남 이때부터 임시의정원이 임시정부보다 앞서 나옴 국권은 인민에게 있으며 광복완성 전에는 국권이 전 광복운동자에 있다고 개정

51) 김영수, 앞의 글, 153면

52) 위 표의 임시헌법 명칭의 앞부분에 공통적으로 들어가는 '대한민국'을 생략함

53) 고정휴, 대한민국 임시정부 임시대통령으로서의 이승만(이승만대통령의 역사적 재평가), 한국논단, 2005. 1, 150면 참조

임시약헌 (1940.)	총강 - 임시의정원-임시정부 - 회계 - 보칙의 5개장, 42조	주석제	전문 없음 대한민국의 주권은 전인민에게 있되, 광복 완성 전에는 광복운동자 전체에게 있다는 규정으로 개정
임시헌장 (1944.)	전문 총강 - 인민의 권리 의무 - 임시의정원 - 임시정부 - 심판원-회계 - 보칙의 7개장, 90조	주석·부주석제	1925. 임시헌법 이후 사라졌던 인민의 권리 의무 , 심판원(법원)의 조항이 다시 살아남. 광복의 날이 다가왔다는 것을 의식하고 이러한 조항들을 부활시킴[54)] 주권 소재 규정 유지

임시정부 시대의 헌법들 가운데 헌법재판과 관련되는 규정을 정리해보면 다음과 같다. 대한민국임시정부의 헌법규범에서는 헌법재판의 핵심이라 할 수 있는 위헌법률심사제도는 아니지만, 오늘날 헌법재판사항에 속하는 것으로 인식되는 탄핵에 대한 규정이 들어 있었고, 통상적인 민·형사, 행정재판과 다른 국사심판을 명시적으로 언급한 바 있다. 다만, 이 당시의 탄핵관련규정들은 고위공직자에 대한 탄핵 혹은 불신임의 방법을 정한 것일 뿐, 헌법의 규범력을 전제로 하는 헌법재판제도에 대한 인식에 기초하여 규정되었다고 보기는 어렵다는 견해가 있다.[55)]

명칭[56)]	헌법재판 관련 규정	비고
임시헌장 (1919. 4.)		특별한 규정이 발견되지 않음.
임시헌법 (1919. 9.)	제17조 임시대통령이 유고한 시는 임시의정원에서 임시대통령 대리 1인을 선거하여 대리케 함. 제21조 임시의정원의 직권은 좌와 여함. 14. 임시대통령의 위법 또는 범죄행위가 유함을 인할 시는 총원 5분의 4 이상의 출석, 출석원 4분의 3 이상의 가결로 탄핵 또는 심판함을 득함.	대통령 이승만 탄핵사건에서 면직 선고됨.

54) 박찬승, 앞의 글, 380면 참조
55) 이헌환, 앞의 글, 6면 참조
56) 위 표의 임시헌법 명칭의 앞부분에 공통적으로 들어가는 '대한민국'을 생략함

<table>
<tr><td></td><td>15. 국무원 실직 혹 위법이 유함을 인할 시는 총원 4분의 3 이상의 출석, 출석원 3분의 2 이상의 가결로 탄핵함을 득함.
제44조 법원은 법률에 의하여 민사소송 급 형사소송을 재판함. 행정소송과 기타 특별소송은 법률로써 차를 정함.</td><td></td></tr>
<tr><td>임시헌법
(1925.)</td><td>제26조 임시의정원은 별조의 규정이 유한 이외에 좌의 직권을 유함.
4. 국무령 급 국무원(員)의 실직 혹 위법 우는 범법행위에 대하여 심판처벌함.</td><td></td></tr>
<tr><td>임시약헌
(1927.)</td><td>제19조 임시의정원은 국무위원과 국사(國使)의 실직이나 위법 또는 범죄행위가 있는 줄로 인할 때는 출석과 출석원 3분의 2 가결로 심판 또는 면직함</td><td></td></tr>
<tr><td>임시약헌
(1940.)</td><td>제14조 임시의정원은 국무위원회 및 국무위원 또는 주외사절이 독직 또는 위법 그리고 내란외환등의 범죄행위가 있다고 총의원 과반수의 출석과 출석원 3분의 2의 가결로써 심판하여 면직하게 할 수 있다.</td><td></td></tr>
<tr><td>임시헌장
(1944.)</td><td>제7조 인민의 자유와 권리를 제한 혹 박탈하는 법률은 국가의 안전을 보위하거나 사회의 질서를 유지하거나 혹은 공리익을 보장하는 데 필요한 것이 아니면 제정하지 못함.
제18조 림시의정원은 국무위원회 주석 부주석급 국무위원이 실직 위법 또는 내란 외환 등 범죄행위가 있거나 혹은 신임할 수 없다고 인정할 때에는 탄핵안 혹은 불신임안을 제출하여 탄핵안이 통과되면 그를 면직하고 불신임안이 통과되면 그가 자행사직함.
제48조 각급 심판기관은 법률에 의하여 민사, 형사의 심판과 혁명자 징계처분에 관한 사항을 장리함.
민법, 형법, 혁명기률 급 혁명자 징계조례는 법률로 정함.
제49조 <u>국사심판</u>, 행정심판, 군사심판 등 특별기관의 그 조직급 권한은 법률로 정함.</td><td>기본권을 상세하게 규정하고 있는 데서 더 나아가 제한의 한계를 정하고 있음.

행정심판과는 다른 국사심판을 언급함으로써 유럽의 헌법소원심판에 대한 인식이 있었음을 추정케 함.</td></tr>
</table>

임시정부의 헌법이 해방 이후 미군정 시기와 제헌국회에 미친 영향의 정도에 대해서는 의견을 달리할 수 있으나 영향을 미친 사실 그 자체는 부정하기 힘들다. 우선 해방 이후 헌법 논의과정에서 임시정부 인사들은 제헌국회 헌법기초위원회 전형위원 및 헌법기초위원으로 참여하였다. 그리고 1948년 6월 23일 국회 본회의 제17차 회의에 대한민국헌법안이 상정되었을 때 서상일 헌법기초위원장이 헌법안의 취지를 설명하는 과정에서 '대한민국임시정부헌장', '임시헌장', '조선임시약헌'을 비롯하여 구미 각국에

현재하는 헌법을 종합하여 기초하였음을 밝히고 있는 데에서 보듯이 헌법 제정을 논의하는 과정에서 임시정부 헌법문서들이 참고되었고, 여러 차례 임시정부 헌법의 정신을 계승하고 있음을 밝히고 있다.[57]

3. 해방 이후 헌법 제정까지의 헌법재판

가. 미군정의 체제 정비

1943년 11월 27일 미·영·중 3국의 수뇌는 카이로회담에서 일본의 무조건 항복을 촉구하는 선언을 발표하였다. 이 선언에는 전후 한국 문제의 처리에 관한 언급이 있었는데, "현재 한국민이 노예상태에 놓여있음을 유의하여 적절한 과정에 따라 한국을 자유독립국가로 할 것을 결의한다."라고 하였다.[58]

1945년 9월 2일 연합군 최고사령부는 한반도를 미·소 양국군이 분할하여 점령하기로 결정하고, 9월 7일 태평양미국육군총사령관 맥아더는 포고 제1호로써 북위 38도선 이남에 미군정을 실시한다고 선포하였다.[59] 이제 한반도의 장래에 대한 결정은 카이로 회담과 달리 미·소 양국의 합의에 따르게 되었다.[60]

1945년 9월 9일 남한에 진주한 미군은 조선총독을 파면하고 군정장관에 아놀드 소장을 임명한 후 조선총독부를 답습한 각 부서의 국장에 미군장교를 임명한 다음 9월 19일 군정청을 발족하였다. 미군정은 9월 21일과 10월 9일에 일제의 군국주의적 잔재를 없애기 위하여 일제의 조선인 차별 법률을 폐지하고(일반명령 제5호, 군정법령 제11호), 10월 30일에는 해방 후의 혼란과 무질서를 수습하고 군정에 의한 질서 구축을 위해 국가비상사태를 선포하여(Declaration of National Emergency) 공공질서를 회복하기 위한 일련의 조치를 강구하면서(군정법령 제19호) 정부조직을 정비해 나갔다.[61]

그리고 1945년 10월 11일 이후 수일간에 걸쳐 일제 강점기에 있던 사법기구를 그대로 수용하여 일본인 판사를 전원 면직하고, 같은 날에 한국인 판사와 변호사 그리고 장기간 근무하던 일반 직원 중에서 각급 법원장 및 판사를 임명하였는데, 이때 조선고등법원이라는 식민통치 시대 사법기관의 명칭이 대법원으로 변경되었다.[62] 1945년 11

57) 대한민국국회, 제헌국회속기록1, 선인문화사 영인, 1999, 203-208면
58) 강경선, 앞의 책, 79면
59) 30년사, 57면 참조
60) 강경선, 앞의 책, 79면
61) 30년사, 57면 참조
62) 이헌환, 앞의 글, 8면 참조

월 2일 군정법령 제21호에 의하여 북위 38도 이남의 모든 법원이 군정재판소 또는 육군점령재판소(Military Occupation Courts)로 재편되어 조선의 법령, 미국태평양육군총사령관의 포고, 군정장관의 명령 또는 법령을 적용하게 되었다.[63)]

군정청의 행정기구를 보면 이미 1945년 12월부터 한미양국장제가 실시되어 한인 국장이 임용되었으며, 1946년 3월 29일에는 국이 부로 개칭되었다(군정법령 제64호). 1947년 2월 5일에는 한인 각 부처장을 통할하는 민정장관에 안재홍이 임명됨으로써 군정청의 한인행정체계는 제 모습을 갖추었다.[64)]

1946년 8월 24일 군정법령 제118호로 조선과도입법의원이 설치되고, 그에 따라 12월 12일 좌우합작운동을 주도한 좌우익인사 45명의 관선의원과 새로 선출된 45명의 민선의원으로 입법의원이 구성되어 입법기관의 기능을 수행하게 되었다.[65)]

이와 같이 입법, 사법 및 행정기구가 완비되자 미군정은 1947년 6월 3일 법령 제141호로써 위 각 부문의 조선인기관을 남조선과도정부라 칭하고 정권이양의 준비를 진행하였다.[66)]

나. 미군정 하의 주목할 만한 판결

비록 미군정 하이기는 하였지만, 우리나라의 대법원은 중요한 몇 가지 사건에 관하여 획기적인 판결을 하였다. 그것은 1947년 9월 2일의 (구)민법 제14조에 대한 판결과 1948년 5월 21일의 신문지법의 효력에 관한 판결이었다.[67)]

(1) 대법원 1947.9.2. 선고 민상88 판결

상고인은 가옥명도청구 사건의 피고로서 원고가 민법 제14조 제1항에 의하여 능력이 제한되는 사람(妻)이고 여자인 원고의 소송능력은 직권조사사항인데 원심에서 이에 대하여 만연히 넘어갔다고 주장하였다.

대법원은 당시에 시행되던 의용민법규정이 남녀평등을 부인하던 구 제도 하에서의 가장 현저한 남녀차별조항이므로 민주주의 이념에 기초해서 국가를 건설하려는 우리의 사회상태에서는 그 적용에 변화를 주는 것이 자연스런 일이어서 처의 능력을 제한한 민법 제14조를 적용하지 않는다고 하였는데, 민주주의 일반이념에 대한 법적인 위상이

---

63) 30년사, 58면 참조

64) 30년사, 57면 참조

65) 30년사, 58면 참조

66) 30년사, 58면 참조

67) 이헌환, 앞의 글, 8면 참조

나 의미 부여는 없었다. 이것은 헌법에 의거하지 않고 민주주의의 일반 이념에 의거하여 평등원칙에 따라 민법 조항을 적용하지 않은 것이었다.

당시 조선과도입법의원에 의해 의결된 조선임시약헌이 있었지만 군정장관의 인준 보류로 효력이 발생하지 않았고, 1948년 헌법은 아직 존재하지 않은 상황이었기 때문에 위 판결의 기초가 무엇인지, 이른바 민주주의의 이념이 법률조항의 적용을 배제할 기준이 될 수 있는지에 대하여 의문이 제기되었다.[68)]

판결의 요지는 아래와 같다.

> "안(按)컨대, 처에 대하여는 민법 제14조 제1항에 의하야 그에 해당한 행위에는 부의 허가를 수(受)함을 요하여 그 능력을 제한한바, 이는 부부 간의 화합을 위한 이유도 없지 않으나 주로 부에 대하야 우월적 지배권을 부여한 취지라고 인정치 않을 수 없다. 그런데 서기 1945년 8월 15일로 아방은 일본의 기반(羈絆: 굴레)으로부터 해방되었고 우리는 민주주의를 기초사마 국가를 건설할 것이고 법률, 정치, 경제문화 등 모든 제도를 민주주의 이념으로써 건설할 것은 현하 우리의 국시라 할 것이다. 그러므로 만민은 모름지기 평등할 것이고 성의 구별로 인하야 생한 차별적 제도는 이미 민주주의 추세에 적응한 변화를 본 바로서 현하 여성에 대하여 선거권과 피선기권을 인정하고 기타 관공리에 임명되는 자격도 남성과 구별이 무하야 남자와 동등한 공권을 향유함에 이르른 바인즉 여성의 사권에 대하여도 또한 동연할 것이매 남녀평등을 부인하던 구 제도로서 그 차별을 가장 현저히 한 민법 제14조는 우리 사회 상태에 적합지 아니하므로 그 적용에 있어서 적당한 변경을 가할 것은 자연의 사세(事勢)이다. 자에 본원은 사회의 진전과 법률의 해석을 조정함에 의하야 비로소 심판의 타당을 기할 수 있음에 감하야 동조에 의한 처에 능력제한을 인정치 아니하는 바이다. 현행 소송능력에 대하야는 민사소송법 제45조에 본법에 별반 규정이 없는 한 민법 기타의 법령에 의할 것이라 하였고 민법 제14조 제1항, 동법 제12조 제1항 제4호, 민사소송법 제50조 법령 제2항에 의하야 처의 소송행위에 대하야 부의 허가를 수(受)케 되었으나 이는 전단설시에 의하야 적용치 아니할 것이니 본건에 관하야 피고대리인으로부터 본원에 제출한 호적등본에 징(徵)하면 원고가 처임을 인정할 수 있고 원심의 소송행위가 부의 허가를 수치 않았음이 기록상 명백하나 그는 이상 설시와 같이 위법이 아니다. 그러므로 원심이 차점에 대하여 조사 않았다 할지라도 심리부진이라 할 수 없으니 논지는 이유 없다."[69)]

---

68) 30년사, 58-59면 참조

69) 헌법재판연구원, 앞의 글, 358-359면 참조

(2) 대법원 1948.5.21. 선고 민상1 판결

미군정은 1945년 10월 9일 군정법령 제11호에서 "종전의 일반법령으로서 그 사법적 또는 행정적 적용으로 인한 종족 국적 신조 또는 정치사상을 이유로 차별을 생케하는 것은 전부 폐지한다"고 선언하였고, 위 법령과 1948년 4월 8일 공포된 군정법령 제183호는 일제의 사상통제법규 등 수 종을 폐지될 법률로 열거하였으나 신문지법(1907. 7. 27. 대한제국 법률 제1호)은 그에 포함되지 않았기 때문에 그 효력의 존속 여부가 문제되고 있었는데,[70] 서울고등심리원이 1947년 4월 7일 형상 제369호 포고 제2호 및 신문지법위반 피고사건에서 신문지법의 실효를 선언하자 검찰이 상고하였다.

대법원은 군정법령 제11호 제2조에 의하여 광무신문지법이 폐지되었느냐의 여부는 1개 법률 전부를 일괄적으로 판단할 수는 없고 개개의 조항마다 그 적용 시 차별적인 효과를 발생케 하느냐를 판단하여 폐지 여부를 결정하여야 한다는 전제 아래, 문제된 광무신문지법 제26조의 형사처벌조항은 일본인에게 적용되던 신문규칙의 처벌조항에 비하여 오히려 가벼운 형량을 규정하고 있으므로 차별적인 규정이 아니며, 따라서 해당 조항의 효력은 존속한다고 판시하였다(1948. 5. 21. 선고 1948년 비상 제1호).[71]

판결의 요지는 아래와 같다.

> "안(按)컨대 … 신문지법의 실효 여부는 동법이 법령 제11호 제2호의 소위 차별법에 해당하는가 아니하는가에 의하여 결정할 것인 바, … 동조의 취지는 일제에 의하여 형성되었던 조선인의 법률상 억압 내지 불이익한 지위를 철폐하므로써 조선인에게 정의와 정치와 법률상 균등을 회복시키려 함에 있다 할 것이므로 동일한 사항에 관하여 조선인을 대상으로 하는 법령과 일본인을 대상으로 하는 법령이 각 별개의 법령으로서 때를 같이 하여 병존하였다는 그 사실 자체가 즉 동조에 소위 차별이라 할 수 없음은 자명한 바일 뿐만 아니라 동시에 동조의 차별은 이를 각 법규의 적용 자체가 종교 등을 이유로 하는 불이익 또는 불균등을 초래하는 경우를 말하는 것으로 해석하는 것이 타당하다 할 것이다. 이제 신문지법 제26조 제37조를 보건대 동조 등은 사회의 질서 또는 풍속을 괴란하는 사항을 기재한 경우에 발행인 편집인 및 기사에 서명한 자를 처벌하는 규정으로서 동일한 취지의 규정은 신문지규칙에서도 이를 볼 수 있을 뿐 아니라 그 형에 있어서는 도리어 전자가 후자에 비하여 경하매 신문지법 제26조 제37조는 그 적용으로 인하여 조선인에 종족 국적 신조 또는 정치사상을 이유로

70) 30년사, 59면 참조

71) 30년사, 59면 참조

> 차별을 생기게 하는 규정이라 논단할 수 없음은 전 설시에 의하여 명백하므로 동 규정은 법령 제11호 제2조에 의하여 폐지된 것이 아니다."[72)]

이에 대하여는, 첫째로 신문지법은 비록 한국법이기는 하나 그 법은 일본의 뜻에 따라 제정된 법이며, 또한 한일합병 이후 30여년이나 조선인의 언론과 정치운동을 억압봉쇄하는 데에 이용되었고, 둘째로 일본이 신문지규칙을 따로 만들어 일본인에게 적용하고, 조선인 에게 적용되는 법령을 그대로 둔 것은 일본인과 조선인을 차별취급하려는 간계임이 분명하고, 이는 신문지법과 신문지규칙의 다른 규정에서도 명백하므로, 신문지법의 실효 여부는 각개의 규정마다 가분적으로 정할 것이 아니라 법 전체를 통하여 불가분적으로 결정되어야 하는 것이므로, 민법 제14조를 무효선언한 대법원은 응당 신문지법의 폐지를 선언하였어야 했다는 반론이 당시에도 제기되었다.[73)]

다. 소결

미군정은 엄밀히 말하여 미국의 법질서의 일부분이었다. 미군정의 점령정책은 점령 후 혼란기의 치안질서유지가 일차적인 목적이었다. 우리나라의 입장에서 보면, 대한민국임시정부가 배제된 상황에서 국가부재의 상황이자 국가형성과정의 상황이었다.[74)]

위의 대법원의 두 판결은, 이견이 있기는 하지만, 실정 법률의 효력 여부에 관하여 최고법원이 판단하고자 한 것이었다고 할 수 있는데, 강점기 권력을 대체한 미군정 하에서 대한민국 임시정부의 이념과 규범체계에 대한 인식이 전무하였다는 점에서 한계를 가진 판결이었다.[75)]

4. 헌법 제정 이후 현행 헌법 전까지의 헌법과 헌법재판

가. 제1공화국 헌법의 제정과 개정 및 헌법재판

(1) 5·10 선거와 제헌국회 구성

1945년 12월에 열린 모스크바 삼상회의에서는 한국의 완전한 독립을 위하여 민주적인 임시정부를 수립하고 그 임시정부를 돕기 위해 미소공동위원회를 설치하며, 임시

72) 이헌환, 앞의 글, 10면 참조

73) 김갑수, 판례비평 신문지법의 실효 여부, 법정 제3권 제6호(통권 제20호); 이헌환, 위의 글, 10-11면에서 재인용

74) 이헌환, 위의 글, 8면 참조

75) 위의 글, 11면 참조

정부와 미소공동위원회의 협의 아래 미국, 영국, 중국, 소련 4개국 공동으로 5년 동안 신탁통치를 행한 후 완전한 독립국가로 이행한다고 하였다. 이후 신탁통치 찬반을 둘러싼 격렬한 시위가 일어나면서 이 결정은 무위로 돌아갔고 미소공동위원회도 결렬되었다. 1946년 6월 이승만의 정읍 발언을 계기로 남한만의 단독정부 수립운동이 강해지자 미국은 1947년 9월 17일 한반도 문제를 유엔으로 넘겼다. 유엔은 그해 11월 14일 총회를 열어 인구비례에 따른 남북한 총선거를 실시할 것과 이를 감시할 유엔한국임시위원단 구성을 결의하였다. 소련이 위원단의 입북을 거절하자 유엔은 1948년 2월 26일 소총회를 열어 선거가 가능한 남한만의 총선거를 결의하게 되었다.[76)]

1948년 3월 1일 하지 사령관은 조선인민대표의 선거에 관한 포고를 발표하고 국회선거위원회를 발족시키고, 3월 17일에는 국회의원선거법을 공포하였다. 단독정부에 대한 반대가 거셌고, 그 과정에서 제주도 4·3사태가 발생하였다. 선거는 총유권자(21세 이상) 중 96.4%가 등록하고, 그 중 95.5%가 투표에 참여하였다. 북한지역을 위해 남겨둔 100석을 제외하고 총 200석의 정원에 902명이 입후보하여, 북제주군 2개 선거구를 제외한 198개 선거구에서 당선자가 배출되었다. 무소속 85명, 독립촉성국민회 54명, 한국민주당('한민당') 29명, 대동청년당 12명, 기타 정당 및 사회단체 18명이었다. 무소속 당선자가 많은 것이 특징이었다. 숫자와 상관없이 제1당의 위치를 가진 정당은 한민당이었다.[77)]

국회의원선거법에서는 5·10선거에 의해 선출된 국회의원의 임기를 2년으로 규정하고 있었다. 이것은 헌법을 제정한 후 헌법에 따라 정부를 수립한 후에도 5·10선거로 구성되는 국회가 존속할 것을 예정한 규정이었다.[78)] 제헌헌법은 부칙 제102조에서 헌법을 제정한 국회는 제헌헌법에 의한 국회로서의 권한을 행하며, 그 의원의 임기는 국회개회일로부터 2년으로 한다고 정하였다.

당시 헌법제정회의에 해당하는 제헌국회에서 헌법이 제정되면 그 헌법에 따라 국회를 새로이 구성할 시간이 없었던 것은 사실이다. 그러나 바로 이 점에서 제헌국회에 참여한 인사들이 정파적 이해득실의 계산에 빠질 위험성이 크게 작용한 것도 사실이다.[79)]

---

76) 강경선, 앞의 책, 79면

77) 위의 책, 79-80면

78) 위의 책, 80면

79) 위의 책, 80면

(2) 헌법제정 작업 착수

제헌국회는 선거 후인 5월 31일에 소집된 다음 국회 조직에 들어가 국회의장에 이승만, 부의장에 신익희와 김동원을 선출하였다.[80] 또 곧바로 대한민국의 법적 기초가 될 헌법제정작업에 착수하였다. 헌법의 기초안을 마련할 헌법기초위원회의 위원으로 신익희, 조봉암, 서상일 등 30명이 선출되었으며, 전문위원으로 유진오, 권승열, 윤길중 등 10명이 위촉되었다.[81]

기초위원회는 본회의로부터 6월 7일까지 기초안을 제출하라는 통보를 받았으나 세 번이나 연기한 끝에 6월 22일에 가서야 안을 확정지었는데, 유진오 위원의 헌법초안을 원안으로 하고 권승렬 위원의 헌법초안을 참고안으로 하여 토의를 진행하였다. 유진오안과 권승렬 안은 공히 정부형태를 의원내각제로 하고 국회의 구성을 양원제로 하는 것이었고, 다만 위헌법률심사에 관하여는 의견을 달리하고 있었다.[82]

그러나 헌법기초위원회에서 토의를 마친 초안이 국회 본회의에 상정될 단계에 이르자 이승만 국회의장이 정부형태를 대통령제로 하고 국회를 단원제로 하며 위헌법률심사권을 헌법위원회에 부여하여야 한다고 강력히 주장하여, 대통령제와 단원제를 채택하는 대신에 한국민주당의 주장을 반영하여 의원내각제적 요소인 국무원과 국무총리를 두었고, 위헌법률심사권은 헌법위원회에 부여하는 헌법안으로 정하여졌다.[83]

헌법기초위원회에서 작성된 헌법안은 1948년 6월 23일 제16차 국회 본회의에 상정되어 7월 12일 제3독회를 마친 다음 국회를 통과하였다. 헌법기초위원회가 구성된 지 40일, 본회의에 상정된 지 20일 만에 헌법이 통과된 것이다.[84]

새롭게 제정된 헌법은 1948년 7월 17일 이승만 국회의장이 서명한 후 공포 시행되었다. 그리고 7월 20일에는 새로 제정된 헌법에 따라 국회에서의 간접선거로 대통령에 이승만, 부통령에 이시영이 선출되어 7월 24일 그 취임식이 있었고, 광복기념일인 8월 15일에 역사적인 대한민국 정부수립 선포식이 거행되었다.[85]

---

80) 30년사, 60면

81) 30년사, 60면 참조

82) 30년사, 60면 참조

83) 30년사, 60면 참조

84) 강경선, 앞의 책, 81면

85) 30년사, 61면 참조

(3) 1948년 헌법과 1, 2차 개정

1948년 헌법은 입헌민주국가에 필수적인 기본권을 다양하게 보장하고 법치주의를 구현할 수 있는 제도를 마련한 한편, 사기업에서 이익의 분배를 균점할 권리를 보장하는 등의 조항도 둔 점에 특색이 있다. 이는 짧은 기간 동안에 이념적 기반을 달리하는 사회 각계각층의 다양한 요구를 수렴하여 헌법을 제정하여야 했기 때문인 것으로 보인다.[86]

그러나 1948년 헌법은 1950년 6월 25일 한국전쟁이 발발함에 따라 그 실질적인 규범력을 상실하게 되었으며, 특히 효율적인 전쟁수행을 위하여 대통령에게 권한이 집중되었다. 이후 제1공화국 시기에 국민의 의사가 충분히 반영되지 아니한 채 특정 정치세력에 의하여 2차례에 걸쳐 헌법의 개정이 이루어졌다.[87]

제헌헌법 이후 최초의 개헌은 국회에서 2차례에 걸쳐 개헌안이 부결된 다음인 1952년 7월 7일 발췌개헌의 형태로 이루어졌다. 원내 다수의석을 차지하고 있던 야당(한민당) 의원들은 이승만 대통령의 독주를 견제하기 위하여 1952년 4월 17일 123명의 명의로 이미 부결된 제1차 개헌안의 내용과 비슷한 의원내각제 개헌안을 제출하였다. 이에 반해 이승만 정부 측은 국회에서의 간선으로 재집권하는 것이 불가능하게 되자 같은 해 5월 14일에 이미 부결된 제2차 개헌안과 거의 동일한 내용의 정·부통령 직선제 개헌안을 제출하였다. 두 개헌안의 제출을 계기로 정치파동이라고 하는 정치적 비상국면이 전개되자 그 수습책으로 양 개헌안의 내용을 절충하여 대통령과 부통령의 직선제, 국회의 양원제, 국회의 국무원불신임제를 도입하고 국무위원의 임명에 국무총리의 제청권 등을 신설하는 이른바 발췌개헌안이 마련되었다.[88]

제헌헌법의 헌법개정조항에 따르면 헌법 개정의 제의는 대통령이 30일 이상 공고하여야 하는데,[89] 이 개헌안은 1952년 7월 7일 적법한 공고와 충분한 토론과정을 거치지 아니한 채 강압적인 분위기 속에서 재적의원 166명 중 찬성 163명, 기권 3명으로 국회를 통과하여 확정되었다.[90]

그 후 1954년 5월 20일 실시된 제3대 민의원 총선거에서 여당인 자유당이 다수의석을 차지하게 되자 8월 6일 소속의원 136명의 찬성을 얻어 초대 대통령에 한하여 중

86) 30년사, 62면 참조
87) 30년사, 62면 참조
88) 30년사, 62-63면 참조
89) 제헌헌법 제98조 제2문, 제3문
90) 30년사, 63면 참조

임제한 규정을 철폐하고, 국무총리제를 폐지하며, 대통령 궐위 시에는 부통령이 그 지위를 승계하고, 경제체제를 자유시장 경제체제로 수정하는 것 등을 내용으로 하는 새로운 개헌안을 제출하였다. 1954년 11월 27일 위 개헌안이 표결되었으나 그 결과는 재적의원 203명 중 찬성 135명, 반대 60명, 기권 7명이었다. 당시 헌법개정에 필요한 의결정족수는 136명이었기 때문에 표결은 부결된 것으로 선언되었으나, 11월 29일 여당 측은 사사오입하면 203의 3분의2는 135라고 주장하면서 위 부결선언을 취소하고 그 통과를 표결로써 결정한 다음 그 개헌안을 공포하여, 이른바 사사오입 개헌으로 불리게 되었다.[91]

(4) 제헌헌법의 헌법재판 규정

(가) 헌법재판 규정

제헌헌법에서는 위헌법률심판을 법원의 제청으로 헌법위원회에서 하도록 하였고, 명령, 규칙, 처분에 대한 위헌심사는 대법원이 최종적으로 심사하도록 하였으며(제헌헌법 제81조[92]), 탄핵심판절차는 탄핵재판소에서 관장하도록 하였다(제헌헌법 제46조, 제47조[93]).

헌법위원회는 법원 편에 탄핵재판소는 국회 편에 규정되고, 둘 다 부통령이 장이 되고 대법관 5인 국회의원 5인으로 구성되나 대법관 5인의 선출방식은 서로 달랐다.

위헌제청 절차와 관련해서는 3인 법관의 합의부에서 위헌제청결정을 하는데, 위헌제청결정에 항고할 수 있고, 위헌제청 시 당사자 또는 담당 판사의 제청신청서와 제청

---

91) 30년사, 63면 참조

92) 제81조

대법원은 법률의 정하는 바에 의하여 명령, 규칙과 처분이 헌법과 법률에 위반되는 여부를 최종적으로 심사할 권한이 있다. 법률이 헌법에 위반되는 여부가 재판의 전제가 되는 때에는 법원은 헌법위원회에 제청하여 그 결정에 의하여 재판한다. 헌법위원회는 부통령을 위원장으로 하고 대법관 5인과 국회의원 5인의 위원으로 구성한다. 헌법위원회에서 위헌결정을 할 때에는 위원 3분지 2 이상의 찬성이 있어야 한다. 헌법위원회의 조직과 절차는 법률로써 정한다.

93) 제47조

탄핵사건을 심판하기 위하여 법률로써 탄핵재판소를 설치한다. 탄핵재판소는 부통령이 재판장의 직무를 행하고 대법관 5인과 국회의원 5인이 심판관이 된다. 단, 대통령과 부통령을 심판할 때에는 대법원장이 재판장의 직무를 행한다. 탄핵판결은 심판관 3분지 2이상의 찬성이 있어야 한다. 탄핵판결은 공직으로부터 파면함에 그친다. 단, 이에 의하여 민사상이나 형사상의 책임이 면제되는 것은 아니다.

제46조

대통령, 부통령, 국무총리, 국무위원, 심계원장, 법관 기타 법률이 정하는 공무원의 그 직무수행에 관하여 헌법 또는 법률에 위배한 때에는 국회는 탄핵의 소추를 결의할 수 있다. 국회의 탄핵소추의 발의는 의원 50인 이상의 연서가 있어야 하며 그 결의는 재적의원 3분지 2 이상의 출석과 출석의원 3분지 2이상의 찬성이 있어야 한다.

결정서 모두를 제출하도록 하고 있는 점 등이 현재의 제청절차와 다르다.

탄핵재판에서도 3인의 소추위원을 국회에서 선출하도록 하고 있으며, 현행 제도와 달리 소추되는 것만으로 피소추자의 직무집행이 정지되는 것이 아니라 탄핵재판소에서 피소추자의 직무집행을 정지할 수 있도록 하고, 파면 결정에는 증거를 거시하도록 하였다.

가장 두드러진 특징은 당시 헌법위원회와 탄핵재판소는 모두 별개의 기관으로 설립된 상설적 기구가 아니었다는 점이다.[94]

㈏ 헌법위원회제도의 도입 경위

법률에 대한 위헌심사를 법원의 권한으로 할 것인지 아니면 독립 기관을 설치하여 거기에서 하도록 할 것인지에 대하여는 헌법제정 당시부터 많은 논란이 있었다.

헌법초안 작성에 참여한 헌법기초위원회의 유진오 위원은, 위헌법률심사권을 법원에 맡기는 데에는 당시의 우리나라 법원관계자들이 공법학의 지식을 너무나 결여하고 있고 더 기본적으로 법사상의 변천에 대한 인식이 부족하다는 불안감이 있었고, 미국식 제도는 대통령제와 함께 몬테스큐적 권력분립사상의 산물이며, 각인의 자유와 권리를 확보하기 위하여 국가권력을 상호 견제시키고 강화하려는 18세기적 개인주의사상의 표현이므로 국가권력의 개입으로 경제조정이나 사회보장을 위해 노력할 필요가 없었던 시대에는 적합하였을지라도 오늘날에 있어서는 도저히 그대로 유지될 수 없다는 것이 나의 신념이었다고 하였다.[95] 또한 당시의 우리 법원은 국회를 견제하는 권한을

---

94) 헌법위원회법 (1950.2.21. 법률 제100호로 제정되고 시행된 것)

제7조 헌법위원회에 그 사무를 처리하기 위하여 서기국을 둔다. 서기국에 서기국장 1인, 서기관, 주사와 서기 각 약간인을 둔다. 서기국장과 서기관은 국회, 정부 또는 법원공무원중에서 위원장의 추천에 의하여 대통령이 임명한다. 주사와 서기는 국회, 정부 또는 법원공무원중에서 위원장이 위촉한다. 서기국장은 위원장의 명을 받어 국의 서무를 장리하며 소속직원을 지휘감독한다. 서기관과 주사는 상사의 명을 받어 기록의 작성과 보관에 관한 사무에 종사한다.

제8조 위원, 예비위원과 서기국직원은 명예직으로 한다. 그러나 일비와 직무수행에 필요한 실비를 받을 수 있다.

제16조 헌법위원회는 법원의 제청을 수리한 후 20일 이내에 위원회를 열어야 한다.

탄핵재판소법(1950.2.21. 법률 제101호로 제정되고 시행된 것)

제10조 탄핵재판소에 서기국을 둔다. 서기국에 서기국장 1인, 서기관, 주사, 서기 각 약간인을 둔다 서기국장과 서기관은 국회, 정부 또는 법원의 공무원 중에서 재판장의 추천에 의하여 대통령이 임명하고 주사와 서기는 재판장이 위촉한다. 서기국장은 재판장의 명을 받어 국에 서무를 장리하며 소속직원을 지휘감독한다. 서기관, 주사와 서기는 상사의 명을 받어 탄핵사건에 관한 기록 기타 서류의 작성과 보관에 관한 사무에 종사한다.

제11조 심판관과 서기국직원은 명예직으로 한다. 단, 일비와 직무수행상 필요한 실비를 받는다.

95) 유진오, 헌법기초회의록, 일조각, 1980, 41-43면 참조

수임받을 만큼 신뢰와 권위를 확립하지 못하고 있었을 뿐만 아니라 일제 때부터 재직하던 상당수의 법관과 행정관들은 친일파로 규탄받는 액운은 면했을망정 사법부 전체가 자숙하고 있던 때인 만큼 위헌법률의 심사권을 법원에 주자는 주장은 도저히 통하기 어려운 형편이었다고 하였다.[96] 유진오 위원이 작성한 헌법초안의 초고에는 "법률이 헌법에 위반되는 여부가 재판의 전제가 되는 때에는 법원은 헌법위원회에 제청하여 그 결정에 의하여 판결한다. 헌법위원회는 부통령을 의장으로 하고 대법원장, 국회 양원 의장과 참의원의 동의로써 대통령이 임명하는 3명의 위원으로 구성된다. 헌법위원회의 심사절차는 법률로써 정한다."라고 되어 있었다.[97]

(5) 제1공화국 헌법위원회 결정

㈎ 개요

헌법위원회는 국회가 1950년 2월 21일 법률 제100호로서 헌법위원회법을 제정한 후, 약 10년 간 운영되었지만, 그 활동은 그다지 왕성하였다고는 볼 수 없을 것이다. 6건을 심사하여 그 가운데 2건의 위헌 결정을 하였는바, 농지개혁법 제18조 제1항 후단 및 제24조 제1항 후단, '비상사태하의 범죄처벌에 관한 특별조치령' 제9조 제1항에 대한 결정이었다.[98] 아래에서 확인되는 바와 같이 2건의 위헌결정은 모두 헌법상 보장된 재판청구권의 침해를 이유로 한 것이다.

㈏ 사례

① **귀속재산처리법 제35조 등 위헌제청사건**(단기 4284년 헌위 제1,2호 귀속재산처리법 제35조, 동법 시행령 제44조)[99]

이 사건은 서울고등법원이 귀속재산처리법 조항에 대하여 제청을 한 사건과 같은 법 시행령 조항에 대하여 제청한 사안을 병합한 것으로 '귀속재산처리법 제35조[100]의

96) 위의 책, 53-54면 참조

97) 30년사, 63면

98) 실무제요, 3면 참조

99) 헌법재판연구원, 앞의 글, 360-361면 참조; 헌법재판소 판례편찬과, 헌법위원회 및 대법원 헌법판례집(상), 1990, 16-17면 참조

100) 귀속재산처리법 (1949.12.19.법률 제74호로 제정된 것)

제35조 좌의 각 호의 1에 해당하는 경우에는 그 임대차 또는 관리계약을 취소하며 그 귀속재산의 반환을 명할 수 있다.

1. 본법에 규정하는 결격조건에 해당하게 될 때
2. 본법에 규정하는 임차인 또는 관리인의 의무에 위반하였을 때
3. 재산의 관리운영에 관한 정부의 지시명령을 준수하지 아니하였을 때

제43조 본법을 시행하기 위하여 필요한 규정은 대통령령으로 정한다.

규정은 위헌이 아니고, 귀속재산처리법 시행령 제44조[101] 제청은 기각한다'고 결정되었다.

서울고등법원은, 귀속재산처리법 제43조에 본법을 시행하기 위하여 필요한 규정은 대통령령으로 정한다고 규정하였으므로, 동법 시행령은 위 법에 규정된 권한 이외에 창설 또는 증대한 권한의 제정은 불허되는데, 위 법 시행령 제44조는 법률에 규정하지 아니한 강제집행권한을 관재청장에 부여함으로써 경찰에 그 집행을 의뢰하게 하여 사법권행사를 침해하고 3권 분립의 원칙에 배치되는 위헌적인 것이며, 이와 같이 위법한 대통령령을 집행한 처분도 위법처분이고, 법률의 위임에 의거한 대통령령도 헌법 제81조 제2항의 법률에 해당하므로 위헌여부 결정의 대상이 될 것이라는 이유로 위헌제청을 하였다.

헌법위원회는 귀속재산처리법 제35조의 취지는 관재청이 그 임대차계약 또는 관리계약의 취소 및 그 재산반환청구의 권리가 있음을 규정한 것이오, 결코 그 청구권의 채무명의나 강제집행에 관한 사항을 대통령령에 위임한 것이 아님은 동 법문 자체에 의하여 명백하여 헌법 제58조 전단의 위임사항을 규정한 것이라고 해석할 수 없으므로 하등 위헌이라고 인정할 수 없고, 동 시행령은 법률을 실시키 위한 필요사항을 규정하여야 할 것임에도 불구하고 만연히 법률에 규정 없는 강제집행에 관한 사항을 규정한 것이므로, 동 시행령의 규정이 헌법 제58조 및 귀속재산처리법 제35조, 동 제43조에 위반됨은 물론이나 이는 헌법 제81조 제1항에 의하여 대법원이 최종적으로 심사할 바이오, 헌법위원회에서 심의할 것이 아니라는 이유로 기각결정을 하였다.

이 결정에서는 제청법원이 시행령을 법률과 같이 보아서 위헌제청을 하였으나 헌법위원회에서 시행령에 대한 위헌 여부의 심판은 대법원의 관할이고 헌법위원회의 관할이 아니어서 부적법하다고 본 것인데, 이를 각하결정을 하지 않고 기각결정은 한 점이 현재의 헌법재판소의 결정 실무와 다르다.

② 농지개혁법 제18조 제1항 후단 등 위헌제청사건(단기4285년 헌위 제1호 농지개혁법 제18조 제1항 후단 및 동법 제24조 제1항 후단)[102]

이 사건은 대법원이 농지개혁법 제18조 제1항 후단에 대하여 위헌제청을 한 데 대하여 위헌결정을 한 사례이다.

---

101) 귀속재산처리법시행령 (1950.3.30.대통령령 제298호로 제정된 것)

제44조 법 제35조의 규정에 의하여 귀속재산의 반환의 명을 받은 자가 그 반환을 거부할 경우에는 관재청장은 각부장관의 회의를 얻어 그 재산의 명도 또는 인도를 경찰기관에 의뢰할 수 있다.

102) 헌법재판연구원, 앞의 글, 363-364면 참조; 헌법재판소 판례편찬과, 앞의 책, 6-9면 참조

대법원은, 헌법 제22조에 의하면 국민의 기본권으로서 모든 국민은 법률이 정한 법관에 의하여 법률에 의한 재판을 받을 권리가 있음을 규정하였고, 헌법 제76조 제2항에 의하면 최고법원인 대법원과 하급법원의 조직은 법률로써 정한다고 규정하였는바, 법원조직법에 의하면 민사나 형사임을 막론하고 원칙으로 3심제도를 채용하여(행정소송은 예외로 2심제도) 여하한 경우라도 국민의 최종법원인 대법원의 심판을 받는 권리를 박탈하지 못할지며, 또 법률로써 하급법원인 특별법원을 조직할지라도 최종심은 대법원에 통합귀일하여야 할 것인데, 농지개혁법의 심판대상조항은 그 최종심을 고등법원으로 하고 있어 헌법에 위반된다는 이유로 제청하였다.

이에 대하여 헌법위원회는 위 제청의 이유와 동일한 이유로 농지개혁법의 대상조항을 헌법 제22조와 제76조의 정신에 위반된다고 하였다.

③ 비상사태 하의 범죄처벌에 관한 특별조치령 제9조 위헌제청사건(단기 4285년 헌위 제2호 비상사태 하의 범죄처벌에 관한 특별조치령 제9조)[103]

이 사건은 제청된 법률조항에 대하여 재판청구권(대법원의 재판을 받을 권리)의 침해로 헌법에 위반된다고 결정한 사례이다.

서울고등법원[104]은, 위 조치령 제9조 제1항에 의하면 동령에 규정한 죄의 심판은 단심으로 하고 지방법원 또는 동 지원의 단독판사가 행한다고 규정되어 있는데, 이는 헌법상 모든 국민은 법률에 정한 절차에 의하여 재판을 받을 권리가 보장되어 있어서 원칙으로 3심제도의 재판절차에 의한 재판을 청구할 수 있고, 특별한 경우에 심급을 단축할 수 있을지라도 최종심의 재판을 받을 권익은 엄연히 존재함에도 불구하고 이를 박탈한 것이라 할 수 있고, 동조 제2항, 제3항에 의하면 동령에 규정한 죄에 관하여 사형, 무기 또는 10년 이상의 징역형의 언도를 받은 피고인 또는 관할 재판소의 검사, 피고인의 법정대리인 등[105]은 피고인의 이익을 위하여 지방법원 및 지방법원 지원합의부에 재심판을 청구할 수 있는데, 재심판에 관한 절차는 본령에 규정한 외에는 형사소송법 중 항소에 관한 규정을 준용한다고 규정하였는바 이것 또한 상고심에 대한 재판청구권이 부여되어 있지 아니하므로, 결국 동 조치령 제9조는 헌법정신에 위배되는 법령이고 재판의 전제성이 있다는 이유로 위 조치령 조항에 대하여 위헌제청을 하였다.

---

103) 위의 글, 365-366면 참조; 위의 책, 12-13면 참조

104) 헌법재판연구원의 위의 글에는 제청법원의 표시가 없다.

105) 피고인 또는 관할 재판소의 검사, 피고인의 법정대리인, 보좌인, 직계존속, 직계비속, 배우자 및 피고인이 속하는 가(家)의 호주.

이에 대하여 헌법위원회는 위와 같은 제청의 이유와 동일한 이유로 심판대상조항이 최고법원인 대법원의 심판을 받을 헌법상 기본권을 박탈하여 헌법 제22조, 제76조의 정신에 위반된다는 결정을 하였다.

④ **계엄법 제13조의 규정 위헌제청사건**(단기 4286년 헌위 제2호 계엄법 제13조의 규정)106)

이 사건에서는 제청된 법률조항에 대하여 헌법에 위반되지 않는다고 결정되었다.

이 사건은 서울지방법원이, 헌법 제9조는 국민의 기본권리의 가장 중요한 신체의 자유를 보장하는 규정으로서 그 내용에 의하면 동조 제1항에 법률에 의하지 아니하고는 체포, 구금, 수색, 심문, 처벌과 강제노역을 받지 아니함을 규정하였으며, 제2항에는 체포, 구금, 수색에는 법관의 영장이 있어야 할 것을 규정하고 다만 예외적으로 범죄 후의 현행 범인의 도피 또는 증거인멸의 염려가 있을 때에는 수사기관은 법률의 정한 바에 의하여 사후에 영장의 교부를 청구할 수 있음을 규정하였을 뿐이므로, 이러한 예외규정에 해당한 경우를 제외하고는 여하한 경우를 물론하고 법률로서도 법관의 영장 없이 체포, 구금, 수색할 수 있음을 규정할 수 없는데도 불구하고, 계엄법 제13조는 비상계엄지역 내에서 계엄사령관이 군사상 필요한 때에는 체포, 구금, 수색, 거주, 이전, 언론, 출판, 집회 또는 단체행동에 관하여 특별한 조치를 할 수 있도록 하고 있고 이는 명백히 법관의 영장 없이 체포, 구금, 수색할 수 있도록 하는 것이므로 위 예외적 내용이 아님에도 헌법 제9조 제3항의 규정에 위반되는 사항을 규정하였으므로 헌법에 위반된다는 이유로 제청을 하였다.

이에 대하여 헌법위원회는, 계엄법 제13조에는 계엄지역 내에서 군사상 필요한 때에 한하여 체포, 구금, 수색, 거주, 이전, 언론, 출판, 집회 또는 단체행동에 관하여 특별한 조치를 할 수 있음을 규정하였을 뿐이고, 법관의 영장에 관하여는 하등 규정한 바 없으므로 동조에 규정한 특별조치의 의의는 헌법의 규정에 위반되지 아니한 범위에 속한 사항에 관한 것이라고 해석함이 정당하고, 동조에 법관의 영장에 관한 하등 규정이 없음에도 불구하고 헌법 제9조 제2항에 명시한 규정에 위반하여 법관의 영장 없이 체포, 구금, 수색할 수 있음을 포함한 것이라고 논의할 근거는 없으며, 도리어 위 계엄법 규정은 헌법 제9조 제2항에 위반되지 아니한 사항에 관한 특별조치를 의미한 것으로 해석하는 것이 헌법의 기본정신에 적합할 뿐 아니라 법률의 정상적 해석이라 할 것이라는 이유로 계엄법 제13조의 규정은 헌법 제9조 제2항에 위반되는 법률이라고 논할 수 없다고 결정하였다.

---

106) 헌법재판연구원, 앞의 글, 368-370면 참조; 헌법재판소 판례편찬과, 앞의 책, 4-5면 참조

이 사건은 합헌적 법률해석의 기법을 활용한 것으로 보이는데, 헌법재판소가 합헌적 법률해서의 법리를 제시하였던 때를 생각해보면 오래전에 이미 이런 법리가 활용되었었다는 것이 자못 놀랄 만하다.

⑤ 남조선과도정부 행정명령 제9호 위헌제청사건(단기 4286년 헌위 제1호 남조선과도정부 행정명령 제9호)[107]

이 사건에서도 제청된 법률조항에 대하여 헌법에 위반되지 아니한다고 결정되었다.

청주지방법원은, 헌법 제31조에는 입법권은 국회가 행한다 하였고, 제88조에는 국방상 또는 국민생활상 긴절한 필요에 의하여 사영기업을 국유 또는 공유로 이전하거나 또는 그 경영을 통제관리함은 법률의 정한 바에 의하여 행한다고 하였으며, 제22조에는 모든 국민은 법률이 정한 법관에 의하여 법률에 의한 재판을 받을 권리가 있다고 규정하였음에도 불구하고, 남조선과도정부 행정명령 제9호에는 재조선미육군사령관의 지령에 의하여 비상시기 중 전력의 사용 및 분배를 관리할 권한이 있는 비상시전력위원회를 설치하고 동 위원회의 명령은 법의 효력이 있다고 하였고, 동 제 10항에는 위명령 또는 지령에 위반한 자는 법원이 정한 형벌에 처한다고 하여, 국회의 입법권 규정에 위배되고, 사유재산 등을 행정관청의 자의로 통제할 수 있게 하며, 행정관청의 명령으로 국민을 처벌케 하므로 헌법에 위반된다는 이유로 제청하였다.

이에 대하여 헌법위원회는 동 행정명령이 그 규정에서 명시한 바와 같이 비상시 전력대책에 관한 것으로 그 내용이 소론 헌법 각조의 입법사항에 관한 것임은 틀림없으나 당시(단기 4280년 12월 15일)는 우리 헌법 제정 전이므로 행정기관인 과도정부의 행정명령으로 법률사항을 유효하게 규정할 수 있었고, 또 헌법의 입법사항을 규정한 해당 명령은 헌법 제100조에 의하여 동법 시행 후에도 법률로써 개정할 때까지는 법률적 효력을 보유한 것이라 할 것이어서 이에 의해 법률과 동일한 효력을 부여된 것인 이상 이를 헌법에 위반된 것이라 할 수 없다고 하였다.

⑥ 법률 제120호 위헌제청사건(단기 4287년 헌위 제1호 법률 제120호)[108]

이 사건도 제청된 법률조항에 대하여 헌법에 위반되지 아니한다고 결정된 사례이다.

서울지방법원은, 동 법원에 계속된 토지 소유권확인, 명도 및 금전지급청구의 소에서 원고가 매수한 동 대지 및 가옥은 소외인이 다른 일본인으로부터 매수하여 소유권 확인을 받은 것임에도 불구하고 '법률 제120호 간이소청절차에 의한 귀속해제결정의

107) 위의 글, 371-372면 참조; 위의 책, 14-15면 참조
108) 위의 글, 373-375면 참조; 위의 책, 1면 참조

확인에 관한 법률'에 의하여 이미 소청절차에 의하여 소유권의 확인을 받은 위 부동산에 대하여 다시 확인을 받게 되어 있고, 당해 소송의 피고들은 이를 이유로 원고의 소유권을 부인하고 건물을 불법점유하고 있어 문제되는데, 소외인의 본건 부동산에 대한 소유권은 남조선과도정부 중앙관재청으로부터 귀속재산에 대한 간이소송절차에 의하여 확인을 받은 재산이며, 위 관재청의 처리는 한미간 재정 및 재산에 관한 최초협정 제1호 제5조에 의하여 이미 승인하고 인준을 경한 것이고, 동 협정은 헌법 제7조[109]에 의하여 국내법과 동일한 효력을 가지고 있는 것이므로, 소외인으로부터 본건 부동산을 매수하여 등록한 원고의 재산권도 헌법 제15조에 의하여 보장된 것이라고 하겠는바, 위 법률 제120호는 위 한미협정 제1호 제5조, 헌법 제7조, 동법 제15조에 각 위반되는 것이라고 해석된다는 이유로 위 '법률 제120호 간이소청절차에 의한 귀속해제결정의 확인에 관한 법률'에 대하여 위헌제청을 하였다.

이에 대하여 헌법위원회는, 법률 제120호 간이소청절차에 의한 귀속해제결정의 확인에 관한 법률의 성질은 동법 제2조 제1항에 의하여 법무부장관이 위 관재청의 행정결정을 정당하다고 인정하더라도 그 효과는 적산으로부터 해제된 것을 다시 인정함에 불과한 것이오, 하등 실질적 권리의 변동이 생기는 것이 아니며, 또 위 관재청의 행정결정이 부당하다고 그 신청을 각하한 경우에도 그 신청의 목적물이 적산으로부터 해제되지 아니한 상태로 복귀될 뿐이므로, 그 소청사건은 서기 1948년 7월 28일 군정장관지령에 의하여 당연히 관할법원에 계속되는 것이오, 실질적 권리의 변동이 생기는 것이 아니고, 확인신청기한이 경과된 경우에도 전기 신청 각하의 경우와 동일한 결과에 귀착됨은 이론상 당연하므로 동법에 의거한 행정결정의 확인 여하에 불구하고 이해관계인은 그 목적물에 대한 권리의 존부 확인 또는 급부의 소송을 법원에 제기할 수 있고, 또는 그 행정결정에 대하여도 행정소송을 제기할 수 있는 것이다. 즉 법률 제120호는 단순한 행정적 조치로서 단기 4278년 8월 9일 현재 일본인 명의의 재산에 대하여 일응 귀속재산에서 해제한 관재청의 행정결정을 규정함에 불과하므로 동법의 규정이 헌법상 보장된 국민의 재산권을 침해하거나 국내법과 동일한 효력이 있는 국제협정에 위반하거나 또는 사법권을 침해한 것이라고 인정할 근거가 없으므로 이를 헌법에 위반한 법이라고 할 수 없다고 결정하였다.

---

109) 제7조 비준공포된 국제조약과 일반적으로 승인된 국제법규는 국내법과 동일한 효력을 가진다. 외국인의 법적 지위는 국제법과 국제조약의 범위 내에서 보장된다.

나. 제2공화국의 헌법과 헌법재판

1960년 헌법은 별도의 장을 두어 헌법재판소를 규정하면서 헌법재판소를 상설기구로 하였고, 법률의 위헌여부심사, 헌법에 관한 최종적 해석, 국가기관 간의 권한쟁의, 정당의 해산, 탄핵재판, 대통령 대법원장과 대법관의 선거에 관한 소송 등을 그 관할로 하였다.[110] 현재의 헌법재판소의 관할과 유사하지만, 헌법소원심판이 없는 반면 헌법에 관한 최종적 해석, 대통령 대법원장과 대법관 선거소송 등을 관장하고 있는 점이 다르다.

다. 제3공화국의 헌법과 헌법재판

(1) 개요

1962년 헌법은 위헌법률심사와 정당해산심판은 대법원이, 탄핵심판에 대해서는 탄핵심판위원회가 이를 담당하게 하고, 권한쟁의심판제도는 두지 아니하였다.[111] 선거소

---

110) 제8장 헌법재판소

제83조의3 헌법재판소는 다음 각 호의 사항을 관장한다.

1. 법률의 위헌여부 심사
2. 헌법에 관한 최종적 해석
3. 국가기관간의 권한쟁의
4. 정당의 해산
5. 탄핵재판
6. 대통령, 대법원장과 대법관의 선거에 관한 소송

111) 제61조 ① 대통령·국무총리·국무위원·행정각부의 장·법관·중앙선거관리위원회위원·감사위원 기타 법률에 정한 공무원이 그 직무집행에 있어서 헌법이나 법률을 위배한 때에는 국회는 탄핵의 소추를 의결할 수 있다.

② 전항의 탄핵소추는 국회의원 30인 이상의 발의가 있어야 하며, 그 의결은 재적의원 과반수의 찬성이 있어야 한다.

③ 탄핵소추의 의결을 받은 자는 탄핵결정이 있을 때까지 그 권한행사가 정지된다.

제62조 ① 탄핵사건을 심판하기 위하여 탄핵심판위원회를 둔다.

② 탄핵심판위원회는 대법원장을 위원장으로 하고 대법원판사 3인과 국회의원 5인의 위원으로 구성한다. 다만, 대법원장을 심판할 경우에는 국회의장이 위원장이 된다.

③ 탄핵결정에는 구성원 6인 이상의 찬성이 있어야 한다.

④ 탄핵결정은 공직으로부터 파면함에 그친다. 그러나, 이에 의하여 민사상이나 형사상의 책임이 면제되지는 아니한다.

⑤ 탄핵심판에 관한 사항은 법률로 정한다.

제102조 ① 법률이 헌법에 위반되는 여부가 재판의 전제가 된 때에는 대법원은 이를 최종적으로 심사할 권한을 가진다.

② 명령·규칙·처분이 헌법이나 법률에 위반되는 여부가 재판의 전제가 된 때에는 대법원은 이를 최

송에 관하여는 헌법상 명문의 규정은 없으나 대법원 이외의 재판기구가 없으므로 대법원의 관할로 될 수밖에 없다고 할 수 있다.

대법원은 국가배상법 제2조 제1항 단서 및 법원조직법 제59조 제1항에 대하여 위헌판결을 하였고, 군형법 제47조, 국가배상법 제3조, 반공법 제4조 제1항, 형법상의 사형제도와 강간죄의 객체를 여자에 한정하는 규정 등에 대해서는 합헌판결을 하였다.[112]

(2) 사례: 대법원 1971.6.22. 선고 70다1010 전원합의체 판결[113]

이 사건은 서울고등법원이 국가배상법 제2조 제1항 단행에 대하여 헌법에 위반된다고 선고하자(1970.3.13. 선고 69나1631 판결) 상고가 제기되었고 이에 따라 대법원에 계속된 국가배상 사건에서, 국가배상법 제2조 제1항 단행과 법원조직법(1970. 8. 9. 법률 제2222호로 개정된 것) 제59조 제1항[114]에 대하여, 국가배상법조항에 대하여는 대법관 9:7의 의견으로, 법원조직법 조항에 대하여는 대법관 11:5의 의견으로 그 위헌성을 확인하고 상고를 기각한다고 판결한 사례이다.

(가) 국가배상법 조항

이에 대한 법정의견의 내용은 다음과 같다. 헌법 제26조의 규정에 의하여 보장된 국민의 손해배상청구권은 헌법 제32조 제2항[115]에 의하여 질서 유지 또는 공공복리를 위하여 필요한 경우에 한하여 그 배상청구권의 본질적 내용을 침해하지 않는 범위 안에서 법률로써 제한할 수 있으나 법률로써 제한하는 경우에도 다시 헌법 제9조[116]에 위반되지 않아야 하며 또 헌법 제8조[117]에도 적합하여야 한다. 또한 헌법 제26조에 의하여 보장된 손해배상청구권에 대한 제한은 국민평등의 원칙에 적합하게 모든 피해국

종적으로 심사할 권한을 가진다.

제103조 정당해산을 명하는 판결은 대법원 법관 정수의 5분의 3이상의 찬성을 얻어야 한다.

112) 실무제요, 4면

113) 헌법재판연구원, 앞의 글, 377면; 헌법재판소 판례편찬과, 앞의 책, 978면. 이 판결의 제1심은 서울민사지방법원임

114) '합의심판은 헌법 및 법률에 다른 규정이 없으면 과반수로서 결정한다. 다만 대법원이 제7조 제1항 제1호의 규정에 의한 합의심판을 하는 때에는 대법원 판사 전원의 3분의 2 이상의 출석과 출석인원 3분의 2 이상의 찬성으로 결정한다'

115) 국민의 모든 자유와 권리는 질서유지 또는 공공복리를 위하여 필요한 경우에 한하여 법률로써 제한할 수 있으며 제한하는 경우에도 자유와 권리의 본질적인 내용을 침해할 수 없다.

116) 모든 국민은 법 앞에 평등하다. 누구든지 성별, 종교 또는 사회적 신분에 의하여 정치적·경제적·사회적·문화적 생활의 모든 영역에 있어서 차별을 받지 아니한다.

117) 모든 국민은 인간으로서의 존엄과 가치를 가지며 이를 위하여 국가는 국민의 기본적 인권을 최대한으로 보장할 의무를 진다.

민에게 평등하게 제한하여야 하며 일부 국민 특히 군인 군속에 대하여서만 제한하는 경우에는 헌법 제9조의 평등의 원칙에 반하지 않는 합리적인 이유와 범위 안에서만 할 수 있다 할 것이요, 이 제한의 범주를 넘은 손해배상청구권의 부인은 위 헌법이 보장한 기본권 자체의 박탈이므로 어떠한 이유로도 헌법의 규정상 불가능하다 할 것이다. 국가배상법 제2조 제1항 단행의 입법취지 중 하나는 군인 군속이 공무수행 중에 신체 또는 생명에 피해를 입은 경우에는 군사원호보상법, 군사원호보상급여금법, 군인연금법, 군인재해보상규정, 군인사망급여금규정 등에 의하여 손해배상도 받게 하면 이중이 된다는 것이나, 위 법들의 규정에 의한 재해보상금 등은 군인 군속 등의 복무 중의 봉사 및 희생에 대하여 이를 보상하고 퇴직 후의 생활 또는 유족의 생활을 부조함에 그 사회보장적 목적이 있고 손해배상제도는 불법행위로 인한 손해를 전보하는 데 그 목적이 있으므로 양자는 그 제도의 목적이 다르다. 또한 군인연금법 제41조 등에는 타 법률에 의한 급여금에 상당하는 액에 대하여는 같은 법에 의한 급여를 지급하지 않도록 규정하는 등 같은 성질의 돈이 이중으로 지급되지 않도록 하고 있고 또 이러한 재해보상 등은 군인 군속뿐만 아니라 경찰관(상이 또는 전몰경찰관)에 대하여도 지급되며 일반 공무원에 대하여도 공무원연금법(군속인사법 제21조에 의하여 군속에도 이 법이 준용된다) 등에 의하여 같은 보상제도가 마련되어 있는데 군인 군속에 대하여서만 별도로 다루어 손해배상청구권을 제한할 이유가 되지 못한다. 다음 위 입법 취지 중 또 하나는 군인 군속이 피해자가 된 불법행위 사고가 많아서 국고손실이 많으므로 이를 최소한으로 감소 내지 방지함에 있다는 것인바, 군인 군속에 대하여서만 배상청구권을 부인하여 그들의 희생위에 국고손실을 방지하여야 할 이유가 되지 못하며, 이른바 특별권력관계에 있으므로 그러한 근무 임무의 성질상 공무 중의 피해에 대하여는 일반 국민과는 달리 이를 스스로 부담하고 수인할 의무가 있다고 주장하나 그것은 어디까지나 군인 또는 군속으로 근무함에 있어서 전투 또는 훈련 등의 각 직무상 불가피하고 정당한 것으로 인정되는 행위로 인한 피해로서 불법행위의 결과가 아닌 경우의 희생에 한하여 수긍할 수 있는 이론이라 할 수 있을 뿐이고, 다른 공무원의 고의 또는 과실 있는 직무상의 위법행위로 인하여 입은 손해는 특별권력관계를 이유로 그 배상청구권을 부인할 수 없다. 나아가 위험근무 임무에 당하거나 특별권력관계에 있음은 비단 군인 또는 군속에 국한되지 않고 경찰공무원이나 다른 위험근무에 당하는 기타 공무원도 다를 바 없다 할 것이므로 유독 군인 또는 군속에 대하여서만 차별을 할 하등의 합리적 이유도 없다. 따라서 국가배상법 제2조 제1항 단행은 헌법 제26조, 같은 법 제8조, 같은 법 제9조 및 같은 법

제32조 제2항에 위반한다 할 것이니 원심이 이 점에 관하여 이와 같은 취지로 판단하여 피해자가 군인인 이 사건에 국가배상법 제2조 제1항 단행을 적용하지 아니한 것은 정당하고 이를 논란하는 상고논지는 채용할 수 없다.

이에 대한 반대의견의 이유는, 헌법 제20조는 재산권의 보장을 선언하고 있으나 그 내용과 한계는 법률에 유보되어 있으며 법률에 유보되어 있는 이상 재산권을 전적으로 부인하는 것과 같은 입법의 침해는 허용될 수 없다 하여도 개개의 재산권에 일종의 제약을 정할 수 있다. 국가배상법 제2조 제1항 단항은 그 규정이 인정하는 범위 내에서만 손해배상청구권을 인정하게 되는 결과를 가져온다고 하여 법률로써 그 재산권의 내용이 정해진 이것을 가지고 손해배상청구권의 전적인 박탈이 될 수 없을 뿐만 아니라 개인에 대한 재산권의 전적인 부인이라 할 수 없고 재산권의 본질적인 내용의 침해하고도 할 수 없으며 위 국가배상법의 규정이 완전보상을 제약한 것이 된다 하여도 군인 군속은 전체에 대한 봉사자로서 군사원호보상급여금법이나 군인연금법 등이 정한 바에 따른 보상으로 만족케 하려는 합목적성이 인정되는 바이다. 헌법 제9조 소정 법 앞에 평등이라 함은 기계적 평등을 의미하는 것이 결코 아니며 합목적성이 요청되는 경우에는 구체적으로 적당한 제약을 가할 수 있으며 국가공무원이라는 특별권력관계의 합목적성이 있기 때문에 위 국가배상법 제2조 제1항 단항 소정 제약의 합리성이 수긍된다 할 것이므로, 헌법에 위반되지 않는다.

㈏ 법원조직법 조항

이에 대한 법정의견의 요지를 본다. 법원의 법률, 명령, 규칙 또는 그 법률 등의 조항의 위헌결정의 효력은 그 법률 등을 무효화하는 것이 아니고 다만 구체적 사건에 그 법률, 명령, 규칙 또는 그 일부 조항의 적용을 거부함에 그치는 것이고, 이 위헌심사와 사건의 재판이 불가분의 관계에 있고 법관의 과반수로써 재판하여야 함은 재판의 근본원칙이기 때문에 헌법 제102조는 합의정족수의 제한 등과 같은 규정을 두지 아니하고, "⑴ 법률이 헌법에 위반되는 여부가 재판의 전제가 된 때에는 대법원은 이를 최종적으로 심사할 권한을 가진다." "⑵ 명령, 규칙, 처분이 헌법이나 법률에 위반되는 여부가 재판의 전제가 된 때에는 대법원은 이를 최종적으로 심사할 권한을 가진다"라고만 규정하고 있다. 이에 비하여 특별한 제한이 필요한 경우에는 헌법 제103조와 같이 '정당해산을 명하는 판결은 대법원 법관정수의 5분의 3 이상의 찬성을 얻어야 한다'고 정하고 있다. 그러므로 이 합의정족수는 삼권분립 제도를 채택한 헌법의 근본정신으로 보나, 이 합의정족수를 제한하는 경우에는 반드시 헌법 자체에서 규정하여 온 경위에 비추어 일반법률에 의해서는 제한할 수 없다고 보아야 할 것이고, 특히 법원의 위헌심사권은 사법권에 의하여 입법부가 제정한 헌법에 위반된 법률의 적용을 거부하므로써 위헌입법을 억제하여 헌법을 수호하고 사법권과 입법권이 균형을 갖도록 하자는 것이므로 헌법의 근거 없이 법원의 위헌심사권을 제한할 수 없다 할 것이다.

그런데 1970년 8월 7일 법률 제2222호로 개정한 현행 법원조직법 제59조 제1항은 '합의심판은 헌법 및 법률에 다른 규정이 없으면 과반수로서 결정한다. 다만 대법원이 제7조 제1항 제1호의 규정에 의한 합의심판을 하는 때에는 대법원 판사 전원의 3분의 2 이상의 출석과 출석인원 3분의 2 이상의 찬성으로 결정한다.'라고 합의정족수를 제한하여 위헌심사권을 제한하고, 동법 부칙 제3항에서 '이 법 시행 당시 대법원이 법률, 명령, 또는 규칙이 헌법에 위반한다고 재판한 종전의 판결에 따라 재판하는 경우에도 제59조 제1항 단서를 적용한다'고 규정하였는바, 위 개정 법원조직법 및 같은 법 부칙의 규정은 위에서 본 바와 같이 일반원칙에 따라 법률 등의 위헌심사를 할 수 있는 권한을 대법원에 부여한 헌법 제102조에 위반하여 헌법의 근거 없이 과반수 법관의 의견으로 재판할 수 없게 하는바, 법원조직법 제59조 제1항 단항 및 같은 법 부칙 제3항은 헌법 제102조에 위반됨이 명백하다.

이에 대한 반대의견은, 헌법 제102조에는 그 심사에 있어서 평결방법을 규정한 바 없을 뿐만 아니라 헌법은 그 제103조에서 정당해산을 명하는 판결을 구하는 경우의 평결정족수를 규정한 외에는 법원의 심판에 있어서의 평결방법이나 합의 및 의결정족수를 스스로 규정한 바 없이 그 제98조에 '법관은 이 헌법과 법률에 의하여 그 양심에 따라 독립하여 심판한다'라고 규정하고 있으므로 법원이 심판을 함에 있어서 의거하여야 할 법률을 제정함에 있어서는 소송절차 뿐만 아니라 그 평결방법이나 그 정족수에 관하여도 규정을 둘 수 있는 것이라고 하여야 할 것이고, 개정된 규정의 취지는 법원이 법률, 명령 또는 규칙이 헌법에 위반함을 인정하는 경우에는 직접 국민이 선출한 국회에서 제정되고 따라서 합헌이 추정되는 법률이나 그에 의거하여 제정된 명령 또는 규칙의 적용을 배제하는 것이므로 그 평결방법을 신중히 하자는 데에 있다 할 것이고 위 규정이 사법권의 행사를 유명무실하게 하는 정도의 제한이 된다고 단정할 수는 없는 것이다.

라. 유신헌법 및 제5공화국의 헌법과 헌법재판

1972년 유신헌법에서는 제8장에 헌법위원회를 정하여, 위헌법률심사, 탄핵심판, 정당해산심판을 관할케 하였으나, 위헌여부제청서를 헌법위원회에 송부하지 않을 수 있는 불송부결정권을 대법원에 부여함으로써[118] 헌법재판이 유명무실하게 되도록 하였고, 실제로 위헌법률심판이 단 한 건도 행해지지 않았다.[119]

1980년 헌법은 유신헌법의 헌법위원회제도를 그대로 가져왔지만, 법원이 법률을 헌법에 위반되는 것으로 인정할 때에만 헌법위원회에 그 심사를 제청할 수 있도록 하여[120] 위헌심사를 유신헌법에서보다 절차적으로 더 어렵게 만들었다.

이를 구체화한 개정 헌법위원회법에서는 대법원의 불송부결정권을 '대법원장을 재판장으로 하는 합의부'가 행사하던 것을 '대법원판사 전원의 3분의 2 이상으로 구성되는 합의체'에서 당해 법률이 헌법에 위반되는 것으로 인정할 때에만 위헌제청서를 송부하도록 하여[121] 거의 위헌제청을 저지할 의도가 아닌가 의심스러울 정도로 위헌법률심사를 한층 더 어렵게 했고, 이러한 방어벽 때문인지 위헌법률심판이 단 한 건도 행해지지 않았다.[122]

---

118) 헌법위원회법 (1973.2.16. 법률 제2530호로 제정, 시행된 것)

제15조 (대법원의 의견서의 첨부등) ① 하급법원(軍法會議를 포함한다. 이하 같다)에서 제14조의 제청서를 송부할 때에는 대법원을 경유하여야 한다. ② 대법원은 제1항의 제청서를 받아 헌법위원회에 송부할 때에는 대법원의 의견서를 첨부하여야 한다. ③ 대법원은 하급법원의 위헌여부제청에 대하여 대법원장을 재판장으로 하여 구성하는 합의부에서 불필요하다고 인정할 때에는 결정으로 그 제청서를 헌법위원회에 송부하지 아니한다. 대법원에서 위헌여부를 제청하는 경우에도 또한 같다.

④ 대법원에서 제3항의 결정을 한 때에는 즉시 이를 제청한 법원에 통고하여야 한다.

제12조 (위헌여부제청) ① 법률이 헌법에 위반되는 여부가 재판의 전제가 된 때에는 당해 사건의 담당판사 또는 소송당사자의 신청에 의하여 당해 사건이 계속중인 각급법원의 합의부의 결정을 거쳐 당해 법원이 위헌여부를 제청한다. 군법회의에서 위헌여부를 제청할 때에도 또한 같다.

② 제1항의 결정에 대하여 담당판사 또는 소송당사자가 이의가 있을 때에는 항고할 수 있다.

③ 제2항의 항고에 관하여는 민사소송법의 규정을 준용한다.

119) 실무제요, 4-5면 참조

120) 헌법(1980.10.27. 헌법 제9호로 전부 개정 시행된 것)

제108조 ① 법률이 헌법에 위반되는 여부가 재판의 전제가 된 경우에 법원은 법률이 헌법에 위반되는 것으로 인정할 때에는 헌법위원회에 제청하여 그 결정에 의하여 재판한다.

121) 헌법위원회법(1982.4.2. 법률 제3551호로 개정된 것)

제15조 (대법원의 의견서의 첨부등) ① 하급법원(軍法會議를 포함한다. 이하 같다)에서 제14조의 제청서를 송부할 때에는 대법원을 경유하여야 한다.

② 대법원은 제1항의 제청서를 받아 헌법위원회에 송부할 때에는 대법원의 의견서를 첨부하여야 한다.

③ 대법원은 하급법원의 위헌여부제청에 대하여 대법원판사 전원의 3분의 2이상으로 구성되는 합의체에서 당해 법률의 헌법위반여부를 결정하고 헌법에 위반되는 것으로 인정될 때에는 그 제청서를 헌법위원회에 송부하여야 한다. 대법원에서 위헌여부를 제청하는 경우에도 또한 같다.

④ 대법원에서 제3항의 결정을 한 때에는 즉시 이를 제청한 법원에 통고하여야 한다.

122) 실무제요, 5면 참조

제4절 우리나라 현행 헌법재판제도

1. 헌법재판소의 출범, 관장사항 및 구성

가. 헌법재판소의 출범

1987년 민주화에 대한 국민의 열망으로 탄생한 현행 헌법은 1960년 헌법에서 끝내 산출하지 못했던 헌법재판소를 설치하였다. 개헌과정에서 헌법재판권의 소재와 형태가 주된 정치적 쟁점이 되지는 않았지만, 기본적 인권과 자유를 지키는 제도로서 헌법소원이 필요하고 이를 담당하는 기관으로 헌법재판소가 적합하다는 데 정치적 합의가 이루어졌다.[123)]

이와 같이 우리 헌법재판의 역사는 우리 민주주의의 역사와 밀접한 관련을 맺고 있다. 민주주의가 질식되었던 시대에 헌법과 헌법재판은 명목적 존재에 그쳤고, 정치적 자유와 민주주의가 적어도 제도적으로나마 제 모습을 갖추기 시작하자 헌법재판 또한 제 기능을 다하면서 활성화되었다.[124)]

현행 헌법은 제6장 제111조부터 제113조까지 헌법재판소의 관장사항, 재판관의 자격, 재판관 및 재판소장의 임명 절차, 재판관의 임기, 연임 여부 및 신분보장, 재판관의 정치적 중립 의무, 헌법재판의 정족수, 헌법재판소의 규칙제정권 등을 정하고 있다. 헌법 규정 상 대법원장이 대법관의 제청권을 갖지만 헌법재판소장은 헌법재판관의 제청권을 갖는 것이 아니며, 헌법은 대법원장의 임기를 정하고 있지만 헌법재판소장의 임기를 정하고 있지는 않다.

현행 헌법은 제101조에서 '사법권은 법관으로 구성된 법원에 속한다'라고 하여, 사법작용을 기능적으로 어떤 기관이 담당하는가라는 관점에서가 아니라 어느 기관에 속하는가라는 관점에서 정하고 있다. 그러나 이것이 법원이 아닌 기관의 재판작용이 모두 사법작용이 아니라는 뜻은 아니다. 사법권이 오로지 법원에만 속한다고 규정한 것도 아니다. 이와 달리 기능 중심으로 편제한다면 사법 또는 사법부라는 타이틀 하에서 법원과 헌법재판소를 규정하는 방법이 가능하다. 우리는 법원, 헌법재판소라는 기관을 타이틀로 하다보니 사법권이 어디에 속하는지를 정하게 되고 헌법재판 담당기관은 전통적인 사법작용에서 배제되어 헌법재판권의 행사도 사법권의 행사라는 점이 간과되고 있다.[125)]

---

123) 김하열, 헌법소송법 제3판, 박영사, 2018, 73면 참조; 30년사, 137면 참조

124) 김하열, 위의 책, 73면

125) 이헌환, "사법제도 개헌에 관한 관견", 헌법학연구 제14권 제4호, 2008, 396면 참조

우리 헌법의 연혁을 보면 '사법권은 법관으로 구성된 법원에 속한다.'라는 규정은 법원편에 늘 정해져있었고, 헌법재판을 법원에서 담당하든 별도의 기관에서 담당하든 이 규정은 변함이 없었다.[126] 그런데 오늘날의 적극적인 사법개념에 비추어 보면, 사법권력은 헌법재판권을 통하여 실직적인 국가권력의 한 축으로 자리잡게 되었고, 따라서 헌법재판권은 당연히 사법권의 개념 속에 포함되는 것으로 이해되고 있다.[127] 따라서 헌법재판의 성질이 사법작용을 가진다고 보면 헌법재판소도 사법권을 행사하는 기관임을 헌법에 명시하는 것이 바람직할 것이다.

현재와 같은 기관별 규정 편제를 고수한다면 헌법재판소 편에 '헌법재판소는 다음 사항을 관장함으로써 사법권을 행사한다.'라고 규정하는 방안도 생각할 수 있을 것이다.

나. 헌법재판소의 관장사항

헌법 제111조 제1항과 헌법재판소법(이하, '법'이라 한다)은 다음과 같다.

	헌법 제111조 제1항, 헌법재판소법 제2조	법률에 의한 구체화
1 (헌가)	법원의 제청에 의한 법률의 위헌 여부 심판 헌법 제107조 제1항 : 법률이 헌법에 위반되는 여부가 재판의 전제가 된 경우에는 법원은 헌법재판소에 제청하여 그 심판에 의하여 재판한다.	헌법재판소법 제41조-제47조 법률이 헌법에 위반되는지 여부가 재판의 전제가 된 경우에는 당해 사건을 담당하는 법원(군사법원을 포함한다. 이하 같다)은 직권 또는 당사자의 신청에 의한 결정으로 헌법재판소에 위헌 여부 심판을 제청한다(제41조 제1항).
2 (헌나)	탄핵의 심판	헌법재판소법 제48조-제54조 **제48조(탄핵소추)** 다음 각 호의 어느 하나에 해당하는 공무원이 그 직무집행에서 헌

126) 1960년 헌법은 제8장에서 헌법재판소를 별도로 규정하였으나, 이 때에도 제7장 법원 편 제76조에서 '사법권은 법관으로서 조직된 법원이 행한다.'라고 정하고 있었다.

1962년 헌법에서는 제96조에서 '사법권은 법관으로 조직된 법원에 속한다.'라고 정하면서 제102조 제1항에서 '법률이 헌법에 위반되는 여부가 재판의 전제가 된 때에는 대법원은 이를 최종적으로 심사할 권한을 가진다.'라고 정하여 위헌법률심사를 대법원의 관장사항으로 하였다.

1972년 유신헌법에서는 제100조 제1항에서 '사법권은 법관으로 구성된 법원에 속한다.'라고 정하고 헌법위원회는 제8장에서 정하였다.

1980년 헌법에서도 제102조 제1항에서 '사법권은 법관으로 구성된 법원에 속한다.'라고 하면서 제6장에서 헌법위원회를 정하고 있다.

127) 이헌환, 위의 글, 399면 참조

		법이나 법률을 위반한 경우에는 국회는 헌법 및 「국회법」에 따라 탄핵의 소추를 의결할 수 있다. 1. 대통령, 국무총리, 국무위원 및 행정각부(行政各部)의 장 2. 헌법재판소 재판관, 법관 및 중앙선거관리위원회 위원 3. 감사원장 및 감사위원 4. 그 밖에 법률에서 정한 공무원 : 검사(검찰청법 제37조), 경찰청장(경찰법 제11조 제6항), 특별검사 및 특별검사보(특별검사의 임명등에 관한 법률 제16조; 드루킹특검법 제16조; 박근혜 최순실 등 특검법 제16조), 방송통신위원회위원장(방송통신위원회의 설치 및 운영에 관한 법률 제6조 제5항), 원자력안전위원회위원장(원자력안전위원회 설치 및 운영에 관한 법률 제6조 제5항)
3 (헌다)	정당의 해산 심판	헌법재판소법 제55조-제60조 **제55조(정당해산심판의 청구)** 정당의 목적이나 활동이 민주적 기본질서에 위배될 때에는 정부는 국무회의의 심의를 거쳐 헌법재판소에 정당해산심판을 청구할 수 있다.
4 (헌라)	국가기관 상호간, 국가기관과 지방자치단체 간 및 지방자치단체 상호간의 권한쟁의에 관한 심판	헌법재판소법 제61조-제67조 **제61조(청구 사유)** ① 국가기관 상호간, 국가기관과 지방자치단체 간 및 지방자치단체 상호간에 권한의 유무 또는 범위에 관하여 다툼이 있을 때에는 해당 국가기관 또는 지방자치단체는 헌법재판소에 권한쟁의심판을 청구할 수 있다. **제62조(권한쟁의심판의 종류)** ① 권한쟁의심판의 종류는 다음 각 호와 같다. 1. 국가기관 상호간의 권한쟁의심판 국회, 정부, 법원 및 중앙선거관리위원회

		상호간의 권한쟁의심판 2. 국가기관과 지방자치단체 간의 권한쟁의심판 가. 정부와 특별시·광역시·특별자치시·도 또는 특별자치도 간의 권한쟁의심판 나. 정부와 시·군 또는 지방자치단체인 구(이하 "자치구"라 한다) 간의 권한쟁의심판 3. 지방자치단체 상호간의 권한쟁의심판 가. 특별시·광역시·특별자치시·도 또는 특별자치도 상호간의 권한쟁의심판 나. 시·군 또는 자치구 상호간의 권한쟁의심판 다. 특별시·광역시·특별자치시·도 또는 특별자치도와 시·군 또는 자치구 간의 권한쟁의심판 ② 권한쟁의가 「지방교육자치에 관한 법률」 제2조에 따른 교육·학예에 관한 지방자치단체의 사무에 관한 것인 경우에는 교육감이 제1항 제2호 및 제3호의 당사자가 된다.
5 (헌마, 헌바)	법률이 정하는 헌법소원에 관한 심판	헌법재판소법 제68조-제75조 **제68조(청구 사유)** ① 공권력의 행사 또는 불행사(不行使)로 인하여 헌법상 보장된 기본권을 침해받은 자는 법원의 재판을 제외하고는 헌법재판소에 헌법소원심판을 청구할 수 있다. 다만, 다른 법률에 구제절차가 있는 경우에는 그 절차를 모두 거친 후에 청구할 수 있다. ② 제41조제1항에 따른 법률의 위헌 여부 심판의 제청신청이 기각된 때에는 그 신청을 한 당사자는 헌법재판소에 헌법소원심판을 청구할 수 있다. 이 경우 그 당사자는 당해 사건의 소송절차에서 동일한 사유를 이유로 다시 위헌 여부 심판의 제청을 신청할 수 없다.

현행 헌법상의 위헌법률심판제도는 구체적 사건에서 법률의 위헌 여부가 재판의 전제가 되는 경우에만 허용되는 구체적 규범통제를 그 내용으로 한다. 법률에 대한 위헌제청은 법원이, 법률의 위헌 여부에 대한 결정은 헌법재판소가 담당한다.[128]

탄핵심판은 대통령을 비롯한 고위직 공직자를 대상으로 헌법이 정하는 특별한 소추절차에 따라 그 법적 책임을 추궁하여 헌법을 보호한다. 헌법에서 명시하지 않고 법률에서 탄핵의 대상이 된다고 정한 고위공무원은 검사, 경찰청장, 방송통신위원회 위원장, 원자력안전위원회 위원장, 특별검사 및 특별검사보 등이 있다. 국회가 탄핵을 소추하면 헌법재판소가 심판한다.

정당해산심판제도는 자유민주주의의 적으로부터 자유민주주의를 수호하면서 동시에 정당의 강제해산은 오직 헌법재판소의 결정에 의해서만 가능하게 하여 정당을 특별히 보호한다.[129]

우리 헌정사에서 1960년 헌법에 이어 두 번째로 권한쟁의심판제도를 채택하였는데, 1960년 헌법에서는 국가기관 간의 권한쟁의만을 그 대상으로 했던 것과 달리 현행 헌법은 국가기관과 지방자치단체 간 및 지방자치단체 상호간의 권한쟁의로 확대하였다.

헌법소원제도는 현행 헌법이 우리 헌정사에서 처음으로 채택하였다. 헌법소원제도는 공권력의 남용과 악용으로부터 헌법상 보장된 국민의 기본권을 보호하는 헌법재판제도이기 때문에 통치권의 기본권 기속성을 실현하는 가장 실효적인 권력통제장치이다. 우리 헌법에서는 헌법소원의 본질적 요소 등을 헌법 자체가 정하지 않고 법률이 정하는 헌법소원이라고 법률에 위임하였기 때문에 우리의 헌법소원제도는 헌법재판소법이 정하는 바에 따라 구성되고, 이후에 보게 될 것처럼 서로 성질이 다른 두 가지 헌법소원심판제도로 구체화되었다.

다. 헌법재판소의 구성

헌법재판소는 대통령이 임명하는 법관의 자격을 가진 9명의 재판관으로 구성되는데, 그 가운데 3명은 국회에서 선출하고 3명은 대법원장이 지명한다.

(1) 헌법재판관 및 헌법재판소장

(가) 헌법재판관

국회가 선출하는 3명, 대법원장이 지명하는 3명의 재판관을 대통령이 임명하는데,

---

128) 실무제요, 6면 참조

129) 실무제요, 7면 참조

이 경우의 임명권은 형식적이다. 재판관 임명의 구체적인 절차는 대통령이 지명하는 3인과 대법원장이 지명하는 3인은 국회 상임위원회, 구체적으로 법사위원회에서 인사청문절차를 거치게 된다(국회법 제65조의2 제2항 제1호, 제3호). 다만 국회에서 선출하는 3인은 인사청문특별위원회의 인사청문절차를 거쳐야 된다(국회법 제46조의3 제1항). 국회 선출의 재판관 3인은 인사청문특별위원회에서의 논의에 따라서는 '선출'을 위한 표결절차까지 거치게 될 수도 있다. 일반적으로 보면 대통령과 대법원장이 지명하는 재판관에 대한 국회에서의 심사절차가 국회 자신이 선출하는 재판관에 대한 심사절차보다 완화되어 있다고 할 수 있다.

헌법재판관에게 민주적 정당성을 담보하기 위한 하나의 절차로서 국회에서의 청문을 거치는 것인데 국회 이외의 기관, 즉 대통령과 대법원장이 지명한 후보자에 대한 청문이 국회 스스로 내세운 후보자에 대한 인사청문보다 더욱 가볍게 진행된다는 것은 민주적 정당성 담보를 위한 절차로서의 청문의 의미를 충분히 실현하지 못한다는 뜻일 수도 있다.

㈏ 헌법재판소장

헌법재판소장은 국회의 동의를 얻어 재판관 중에서 대통령이 임명한다(헌법 제111조 제4항, 헌법재판소법 제12조 제2항). 여기의 '재판관 중에서'의 규정을 재판소장으로 임명될 때 현직의 재판관이어야 한다는 것으로 새겨야 한다고 주장되던 때가 있었다. 2006년에 헌법재판소의 제3대 윤영철 소장의 후임으로 현직의 A 재판관이 노무현 대통령에 의해 재판소장으로 지명될 때, 우선 재판관직을 사임한 후 재판소장의 피지명자가 되자 사임한 재판관은 일반 사인이기 때문에 '재판관 중에서' 임명한다는 규정에 반한다는 논리가 일부 국회의원에 의해 제기되었고 야당에 의해 지지를 받고 언론에 의한 여론몰이로 지명에 대한 반대가 거세지자 재판소장 지명이 철회된 경험이 있다.

생각해보면, '재판관 중에서'라는 구절은 재판소장이 재판관의 지위를 갖는다는 뜻이지, 반드시 현직의 재판관 가운데에서 재판소장을 지명하여야 한다는 것으로 보아야 할 아무런 법리적 이유가 없다. 똑같은 구조의 규정이 행정각부의 장에도 나온다. 우리 헌법은 '행정각부의 장은 국무위원 중에서 국무총리의 제청으로 대통령이 임명한다.'(제94조)라고 정하고 있는데, '재판관 중에서'라는 구절을 현직 재판관 중에서만 재판소장으로 지명되어야 한다고 보면, 행정각부의 장의 경우에도 장관이 되기 전에 국무위원이 먼저 되어야 한다는 뜻이 되어버리는데, 이와 같은 해석은 취하기 어렵기 때문이다.[130)]

130) 김하열, 앞의 책, 76면 참조

또한 헌법재판소장 임명의 실제로 보아도 그와 같이 볼 수 없다. 앞서 말한 지명 사태 이전의 제2대 김용준 헌법재판소장, 제3대 윤영철 헌법재판소장 모두 재판관이 되면서 동시에 헌법재판소장의 지위를 가졌었다. 제4대 헌법재판소장에 대한 앞서 말한 지명 사태 직후에 국회는 국회법에 "헌법재판소 재판관 후보자가 헌법재판소장 후보자를 겸하는 경우 인사청문특별위원회의 인사청문회를 연다. 이 경우 소관 상임위원회의 인사청문회를 겸하는 것으로 본다."라는 규정을 추가하는 개정을 하여(2006. 12. 30. 법률 제8134호로 개정) 재판관이 아닌 상태에서 헌법재판소장의 후보자가 되는 경우를 명시하였으며 현재 이 조항은 국회법 제65조의2 제5항에 자리잡고 있다. 또한 앞서 말한 지명 사태 직후에 헌법재판소장의 장기간의 공백을 깨고 취임한 제4대 이강국 헌법재판소장 또한 위와 같은 국회법 개정 이전인 2006. 12. 21. 재판관이 아닌 상태에서 지명되었고 국회는 그 동의절차에서 '재판관 중에서' 임명되어야 하는데 '현직 재판관이 아닌 자를 지명한 것이 문제라고 비판하는 대신 국회법을 개정하였다.

요컨대 '재판관' 중에서 헌법재판소장을 임명한다는 규정을 현직 재판관 중에서만 재판소장으로 지명되어야 한다고 보는 문제제기는 법리적으로도 실무적으로도 타당하지 못했던 것이다.

(2) 헌법연구관 등

헌법연구관은 헌법재판소장의 명을 받아 사건의 심리 및 심판에 관한 조사 연구에 종사하는데(법 제19조 제3항), 그 정원은 헌법재판소의 규칙으로 정하고 특정직 국가공무원이다(법 제19조 제1항, 제2항). 헌법연구관을 신규임용하는 경우에는 별정직 국가공무원인 헌법연구관보로 임용하여 3년 간 근무하게 한 후, 그 근무성적을 고려하여 헌법연구관으로 임용한다.

그 밖에 헌법재판소는 사건의 심리 및 심판에 관한 전문적인 조사 연구에 종사하는 헌법연구위원을 둘 수 있으며(법 제19조의3), 공법분야의 박사학위 소지자 등을 전문임기제 공무원으로 채용하여 헌법재판을 위한 조사·연구를 수행하도록 하고 있다(헌법재판소 공무원규칙 제4조의3 제3항).

이상의 헌법연구관(보), 헌법연구위원, 그 밖의 연구업무담당자로 구성되는 연구부는 각 재판관에 배속되는 전속부와 모든 재판관에 공통으로 배속되면서 분야별로 구성되는 공동부로 조직되어 있다(헌법재판소 연구부 직제 제1조-제4조).

(3) 사무처

헌법재판소의 행정사무를 처리한다(법 제17조 제1항). 사무처장은 헌법재판소장의 지휘를 받아 사무처의 사무를 관장하며, 국회 또는 국무회의에 출석하여 헌법재판소의 행정에 관하여 발언할 수 있다(법 제17조 제3항, 제4항). 사무처의 하부조직 가운데 헌법재판에 관한 행정사무를 직접 담당하는 부서는 심판사무국이다. 심판사무국의 업무로는 심판사건의 접수, 심판사건에 관한 서류의 작성·보관, 심판사건 송달에 관한 사항 등이 대표적이다.[131)]

라. 헌법재판소의 규칙제정권

헌법 제113조 제2항은 "헌법재판소는 법률에 저촉되지 아니하는 범위 안에서 심판에 관한 절차, 내부규율과 사무처리에 관한 규칙을 제정할 수 있다"라고 하여 헌법재판소에게 규칙제정권을 부여하고 있다. 이렇게 규칙제정권을 부여하는 취지는 헌법재판소의 자주성과 독립성을 보장하고, 전문적 기술적인 사항은 헌법재판소로 하여금 스스로 정하게 함으로써 헌법재판의 현실에 적합한 규칙 등을 제정하게 하려는 데에 있다. 따라서 따로 법률에 정함이 없더라도 헌법재판소는 필요한 범위 안에서 규칙을 제정할 수 있다고 할 것이다.[132)]

2. 일반심판절차

가. 재판부 및 심판정족수

법에 특별한 규정이 있는 경우가 아니면 헌법재판소의 심판은 재판관 전원으로 구성되는 전원재판부에서 관장하며, 전원재판부의 재판장은 헌법재판소장이 된다(법 제22조).

여기서 말하는 법에 특별한 규정이 있는 경우는 재판관 3명으로 구성되는 지정재판부에서 헌법소원의 사전심사를 담당하는 것을 말하는데, 이 지정재판부는 3인 재판관의 일치된 의견으로 법정의 요건에 해당하는 경우에 헌법소원심판청구를 각하할 수 있다. 이렇게 각하되지 않는 모든 헌법소원심판청구는 전원재판부에서 심리하게 된다(법 제72조 제1항, 제3항, 제4항).

따라서 헌법소원심판 사건은 그것이 무엇이든 일단 3인 재판관으로 구성된 지정부를 거쳐서 전원재판부로 가고, 헌법소원심판 사건 이외의 다른 모든 사건, 즉 위헌법률

131) 실무제요, 10-11면 참조

132) 실무제요, 13면

제청사건, 탄핵심판사건, 정당해산사건, 권한쟁의심판사건은 지정재판부를 경유함이 없이 바로 전원재판부로 가서 심리된다. 이 점이 '소부'에서 주로 재판을 관장하고 특별한 경우에만 전원합의체에서 심판하는 대법원과 다른 점이다.

재판부는 재판관 7명 이상의 출석으로 사건을 심리하고(법 제23조 제1항), 종국심리에 관여한 재판관 과반수의 찬성으로 사건에 관한 결정을 한다. 다만 법률의 위헌결정, 탄핵의 결정, 정당해산의 결정 또는 헌법소원에 관한 인용결정을 하는 경우에는 재판관 6명 이상의 찬성이 있어야 한다(법 제23조 제2항 제1호). 여기의 정족수의 충족 여부는 어느 재판관이 '심리에 관여하였는지'를 기준으로 판단되어야 하기 때문에 선고 당시의 재판관의 임직 여부 등을 기준으로 보는 것은 아니고, 실무상으로는 재판관들이 사건을 논의하고 협의를 해나가는 평의에 참석하였는지 여부에 의해 판단된다.

또한 법은 종전에 헌법재판소가 판시한 헌법 또는 법률의 해석·적용에 관한 의견을 변경하는 경우에도 재판관 6명 이상의 찬성이 있어야 한다고 규정하고 있다(법 제23조 제2항 제2호). 종전의 합헌결정을 위헌결정으로 변경하는 경우라면 위헌결정이 되기 위해 당연히 6명 이상의 재판관의 찬성이 있어야 하고, 종전에 위헌결정이 있었다면 그 결정으로 심판대상 법률조항은 효력이 상실되었기 때문에 같은 법률조항에 대하여 다시 심판할 수 없고, 종전에 위헌결정이 있었는데 국회가 동일한 내용의 법률조항을 새로 입법한 규정에 대하여 다른 내용의 선고를 하려고 하는 경우라 하더라도 이는 어디까지나 종전 결정과 다른 심판대상조항에 대한 판단이기 때문에 의견의 변경이라고 볼 수 없다. 이러한 맥락에서는 이 법률조항의 의미는 그다지 크지 않다. 그러나 권한쟁의심판과 같이 단순다수결을 정족수로 하는 경우나 적법요건 등에 대한 의견이 달라질 때는 위 규정이 준수되어야 하므로 재판관 6명 이상의 찬성이 있어야 할 것이다.

나. 심판절차 진행의 개요

제청서 또는 헌법소원심판청구서가 접수되면 헌법재판소는 사건번호를 부여하고 주심재판관에게 배당한다.

헌법소원심판사건은 지정재판부에 배당되어 지정재판부에서 각하할 것은 각하하고 전원재판부로 회부한다. 전원재판부에 회부되면 헌법재판소는 청구인 및 이해관계인에게 전원재판부에 회부되었음과 의견서를 제출할 수 있음을 통지해준다. <아래 헌법소원심판회부통지 서식례 참조>

위헌법률심판과 헌법소원심판 진행의 개요를 그려보면 아래와 같다.

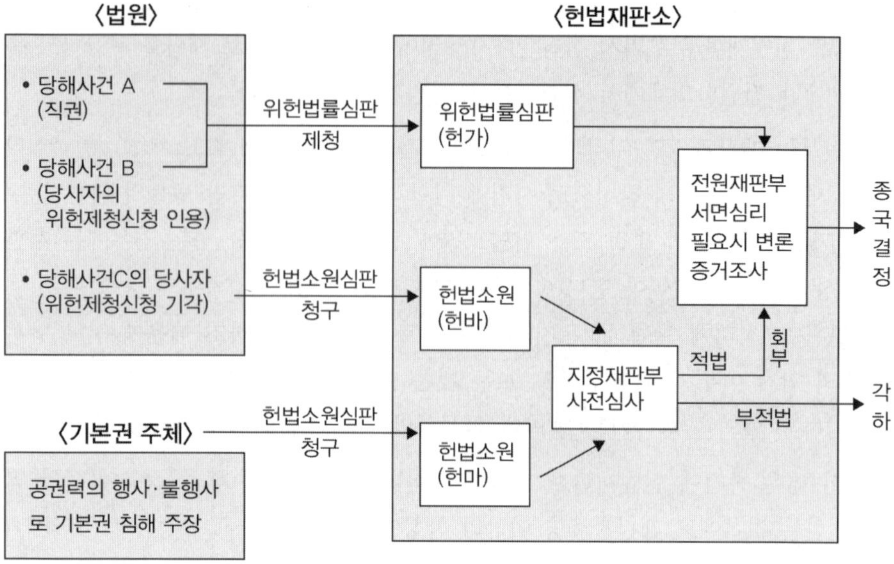

다. 헌법소송의 당사자 및 대리인

헌법재판절차에 있어서 자기 이름으로 심판을 청구하는 자를 청구인이라 하고, 그 상대방인 당사자를 피청구인이라 한다.[133] 우리의 헌법재판 유형 가운데 정당해산심판과 권한쟁의심판의 당사자는 청구인과 피청구인으로 이론이 없다. 또한 소송구조가 대립당사자구조를 취하는 탄핵심판의 경우에도 청구인과 피청구인으로 나눠는 점에서는 정당해산심판과 동일하나 다만 탄핵심판의 경우에는 청구인을 국회로 보는 것이 대체적인 견해이고 실무적으로도 그러하다.

(1) 위헌법률심판

위헌법률심판절차에서는 딱히 당사자를 지목하기가 곤란하다. 우선 위헌법률심판을 제청하는 법원은 심판절차를 개시하였다는 점에서 당사자와 유사하지만, 적극적으로 심판절차에 참여하지는 않기 때문에 통상적인 당사자와는 다르다. 또한 당해사건에서 위헌법률심판제청을 신청하였던 당해사건 당사자는 위헌법률심판이라는 헌법재판소의 사건에서는 당사자가 아닌 이해관계인일 뿐이다. 그렇다고 제청의 상대방을 당사자로 보기도 어렵다. 왜냐하면 제청의 대상이 된 법률조항은 국회의 입법행위의 결과물이고 국회의 행위 자체가 아니어서 국회를 상대방으로 하는 것도 부적절하다.

133) 실무제요, 27면 참조

<헌법재판소 서식례>

헌 법 재 판 소

수신자 수신자 참조
(경유)
제목 헌법소원심판회부통지

---

1. 아래 사건이 헌법재판소법 제72조 제4항 전문의 규정에 의하여 재판부의 심판에 회부되었음을 통지합니다.

사 건	2018헌마××× □□□□□법 위헌확인
청 구 인	○○○○○
	대리인 변호사 ○○○

2. 이 사건 헌법소원심판청구에 대하여 의견이 있으면 통지서를 받은 날부터 30일 안에 의견서와 이에 관한 증거자료 또는 참고자료를 제출하여주시기 바라며, 의견이 없을 경우 '의견없음'을 회신해주시기 바랍니다.(※ 용량 제한 등으로 전자문서 시행이 곤란하여 우편 송부 시에는 15통)

붙임 : 청구서 등본 1통. 끝.

헌법재판소장

수신자 법무부장관, ○○○장관

법원사무관 ○○○ 재판관 ○○○
협조자
시행 심판사무- 128×× (2018.00.00.) 접수
우 03060 서울특별시 종로구 북촌로 15 (재동 83) /http://www.ccourt.go.kr
전화 02)708-3476 전송 02)708-3596 /abcdefg@ccourt.go.kr /비공개(4,6)

다만 법무부장관이나 해당 법률을 주관 집행하는 행정각부 등 이해관계가 있는 국가기관이나 공공기관 및 당해사건의 제청신청인은 의견서를 제출할 수 있다{법 제44조, 헌법재판소 심판규칙(이하, '심판규칙'이라 한다) 제10조 제1항}.

(2) 헌법소원심판

법 제68조 제2항에 의거한 헌법소원심판에서 심판청구인이 적극적 당사자가 되는 것은 분명하지만 피청구인에 해당되는 당사자는 위헌법률심판의 경우와 같은 이유로 당사자를 지목하기가 적절하지 않다.

법 제68조 제1항에 의거한 헌법소원심판 중 법령을 심판대상조항으로 하는 경우에는 위헌법률심판과 마찬가지로 청구의 상대방이 되는 당사자를 상정하기 어렵지만, 그 밖의 공권력의 행사·불행사의 경우에는 해당 공권력 행사·불행사의 주체를 피청구인으로 상정한다.[134)]

(3) 탄핵심판

탄핵심판에서는 소극적 당사자는 탄핵소추 대상자로서 피청구인이 된다(법 제49조). 다만 적극적 당사자가 국회인지, 소추위원인지 견해가 나뉠 수 있다.[135)] 헌법재판소는 청구인으로 '국회'라고 표시하고 국회 밑에 '소추위원'으로 표시하였는데, 이는 당사자는 국회이고 소추위원인 국회의 법제사법위원회위원장은 탄핵심판에서 국회를 대표하는 자의 지위에 있음을 표시하는 것이라고 할 수 있다(헌재 2004.5.14. 2004헌나1; 헌재 2017.3.10. 2016헌나1).

(4) 헌법재판의 대리인

각종 심판절차에서 정부가 당사자인 때에는 법무부장관이 이를 대표하는데(법 제25조 제1항), 당사자인 국가기관 또는 지방자치단체는 변호사 또는 변호사의 자격이 있는 소속 직원을 대리인으로 선임하여 심판을 수행하게 할 수 있다(법 제25조 제2항).

각종 심판절차에서 당사자인 사인(私人)은 변호사를 대리인으로 선임하지 아니하면 심판청구를 하거나 심판수행을 하지 못한다. 다만, 그가 변호사의 자격이 있는 때에는 그러하지 아니하다(법 제25조 제3항). 이를 통상 '변호사 강제주의'라 한다.

헌법재판소는 법 제25조 제3항에 대하여, 변호사 강제주의를 채택한 취지는 재판의 본질을 이해하지 못하고 재판자료를 제대로 정리하여 제출할 능력이 없는 당사자를 보호해 주며 사법적 정의의 실현에 기여하려는 데 있고(헌재 1992.4.14. 91헌마156), 국가기

134) 실무제요, 30면 참조

135) 실무제요, 29면 참조

관과 국민에 미치는 영향력이 큰 헌법재판에 있어서는 법률전문가인 변호사에게 소송을 수행하게 함으로써 얻을 수 있는 공익이 현저히 크다는 점에서 변호사에게만 대리인 자격을 부여하는 것이 합리적이며, 무자력자에 대한 국선대리인 선임제도가 있으므로 재판청구권의 본질적 내용의 침해라고 볼 수 없어 헌법에 위반되지 않는다고 여러 번 판시하였다(헌재 1990.9.3. 89헌마120; 헌재 2001.9.27. 201헌마152; 헌재 2004.4.29. 2003헌마783; 헌재 2010.3.25. 2008헌마439 등 참조).

변호사 강제주의는 실무상으로는 헌법소원심판에서 특히 문제가 된다. 우선 대리인 없이 헌법소원심판을 청구하는 경우에 헌법재판소의 실무는 일단 지정재판부의 사전심사 단계에서 일정 기간을 정하여 대리인을 선임하도록 보정명령을 내리지만 이 보정명령에 따르지 않을 경우에는 각하될 수밖에 없다(법 제72조 제3항 제3호).

또한 대리인과 청구인이 심판청구에 대하여 다른 내용을 기술할 때 문제가 되는데, 당사자인 청구인의 심판청구 내용을 변호사인 대리인이 추인하였다고 볼 사정이 없는데 그 내용이 대리인인 변호사의 심판청구 내용과 다른 경우에는 대리인의 심판청구 내용을 기준으로 심판대상을 확정하여야 한다(헌재 2016.2.25. 2013헌바260; 헌재 2016.2.25. 2015헌마846; 헌재 2016.5.26. 2014헌바68등; 헌재 2016.7.28. 2016헌마109등 참조).

(5) 이해관계인 및 참가인

헌법재판은 공동체의 기본질서에 관한 개방적이고 추상적인 헌법규범을 해석하는 것이므로 당사자 외에도 여러 관계자의 참여를 통하여 다양한 헌법적 논거가 개진되는 것이 바람직하다.[136]

법 제30조 제2항은 위헌법률심판 및 헌법소원심판에서 '재판부는 필요하다고 인정하는 경우에는 변론을 열어 당사자 이해관계인 그 밖의 참고인의 진술을 들을 수 있다'고 하여 이해관계인 참고인을 변론참여자로 규정하고 있다. 한편 위헌법률심판의 경우에는 당해 소송사건의 당사자 및 법무부장관이, 헌법소원에서는 이해관계가 있는 국가기관 또는 공공단체와 법무부장관이 의견서를 제출할 수 있다고 규정하고 있다.[137]

심판규칙은 이러한 법의 취지를 살려 모든 심판절차에 이해관계인이 참여할 수 있는 길을 열어두고 있다. 헌법재판소의 심판에 이해관계가 있는 국가기관 또는 공공단체와 법무부장관은 헌법재판소에 의견서를 제출할 수 있고, 헌법재판소는 이들에게 의견서를 제출할 것을 요청할 수 있으며 헌법재판소는 필요하다고 인정하면 당해 심판에

136) 실무제요, 34면; 김하열, 앞의 책, 127면 참조

137) 실무제요, 34-35면

이해관계가 있는 사람에게 의견서를 제출할 수 있음을 통지할 수 있다(심판규칙 제10조 제1항). 헌법재판소는 그러한 경우에 당해 심판의 제청서 또는 청구서의 등본을 송달한다(심판규칙 제10조 제3항).[138]

헌법재판소의 심판절차에 관하여 법에 특별한 규정이 있는 경우를 제외하고는 민사소송에 관한 법령이 준용되므로 심판결과에 이해관계를 가진 제3자는 보조참가 등 소송참가를 할 수 있다[139](헌재 2000.12.14. 2000헌마308; 헌재 2003. 9. 25. 2001헌마143).

행정소송법 제16조(제3자의 소송참가) 제1항은 "법원은 소송의 결과에 따라 권리 또는 이익의 침해를 받을 제3자가 있는 경우에는 당사자 또는 제3자의 신청 또는 직권에 의하여 결정으로써 그 제3자를 소송에 참가시킬 수 있다."라고 규정하고 있고, 제17조(행정청의 소송참가) 제1항은 '법원은 다른 행정청을 소송에 참가시킬 필요가 있다고 인정할 때에는 당사자 또는 당해 행정청의 신청 또는 직권에 의하여 결정으로써 그 행정청을 소송에 참가시킬 수 있다.'라고 규정하고 있으므로 행정소송법이 우선적으로 준용되는 권한쟁의심판 및 헌법소원심판의 경우에는 제3자 또는 피청구인이 아닌 다른 행정청의 소송참가도 가능하다.[140]

다만 위 행정소송법 제16조는 소송의 결과에 따라 권리 또는 이익의 침해를 받을 제3자가 관련 행정소송에 참가하는 것인데 법령에 의하여 헌법상 보장된 기본권이 침해되었음을 이유로 헌법소원이 청구된 경우 기존 청구인과 법적 지위를 같이 하는 제3자의 입장에서는 헌법소원이 인용되면 기본권의 구제를 받고, 설령 헌법소원이 각하 기각되더라도 그로 인하여 권리 또는 이익의 침해를 받는 것이 아니라고 할 것이므로 계속 중인 헌법소원심판에 청구인과 법적 지위를 같이 하는 제3자가 자기의 이익을 옹호하기 위하여 관여하는 경우 행정소송법은 준용될 여지가 없고 민사소송법에 따라 소송참가를 할 수 있다[141](헌재 2008.2.28. 2005헌마872등).

소송계속 중 권리 의무의 전부나 일부를 승계한 제3자가 독립당사자 참가 신청의 규정에 따라 소송에 참가하는 승계참가도 가능하다(헌재 2003.2.11. 2001헌마386).

법령에 대한 헌법소원심판에서 그 목적이 청구인과 제3자에게 합일적으로 확정되어야 할 경우 제3자는 공동청구인으로 심판에 참가할 수 있다. 다만 공동심판참가인은

138) 실무제요, 34-35면
139) 실무제요, 34-35면
140) 실무제요, 34-35면
141) 실무제요, 36-37면 참조

별도로 헌법소원을 제기하는 대신에 계속 중인 심판에 참가하는 것이므로 그 참가신청은 청구기간 내에 이루어져야 하며(헌재 1993.9.27. 89헌마248; 헌재 2009.4.30. 2007헌마106), 피참가인인 당사자와 마찬가지로 공동참가인도 당사자적격을 구비하여야 한다(헌재 1991.9.16. 89헌마163). 그러나 요건에 흠이 있는 공동심판참가 신청이 있더라도 보조참가 신청의 요건을 갖추었다면 이를 보조참가 신청으로 취급하는 것이 국민의 기본권 보호를 목적으로 하는 헌법소원제도의 취지에도 부합하고(헌재 2008.2.28. 2005헌마872), 따라서 위와 같은 경우 심판의 결과에 이해관계가 있으면 보조참가신청인으로 본다.[142]

라. 심판청구 및 진행 절차

(1) 심판청구

헌법재판의 심판청구는 심판절차별로 정해진 청구서를 헌법재판소에 제출함으로써 한다. 탄핵심판에서는 국회의 소추의결서의 정본으로 청구서에 갈음한다(법 제26조 제1항).

헌법재판소에 심판이 청구되면 그 사건에 관하여 헌법재판소에 심판절차가 현실적으로 존재하는 상태, 즉 소송계속이 발생한다. 소송계속의 효과로 중복제소가 금지되는데(민사소송법 제259조), 중복제소의 금지는 헌법재판에도 준용된다. 따라서 이미 헌법재판소에 소송계속이 생긴 사건에 대해 동일한 당사자는 동일한 심판청구를 다시 할 수 없다. 당사자가 동일하고 위헌 여부가 문제되는 법률조항이 동일하다 하더라도 심판의 유형이 다르다면 동일한 심판청구라 할 수 없어 중복제소에 해당하지 않는다 할 것이다(헌재 1994.4.28. 89헌마221).[143] 다만 행정작용에 대하여 법원에 계속된 행정소송과 헌법소원심판 사이에는 중복제소의 법리가 적용될 여지가 없다.

(2) 심판대상의 확정

㈎ 심판의 대상

헌법재판에서 심판의 대상(Streitgegenstand)은 심판의 유형별로 다르게 파악된다. 위헌법률심판이나 헌법재판소법 제68조 제2항에 의거한 헌법소원심판이라면 제청되거나 심판청구된 법률조항의 위헌 여부, 헌법소원심판이라면 특정 공권력의 행사·불행사로 청구인의 기본권이 침해되었는지 여부, 권한쟁의심판이라면 피청구인의 처분으로 청구인의 권한이 침해되었는지 여부가 각 심판대상이 된다.[144]

---

142) 실무제요, 37면 참조

143) 김하열, 앞의 책, 140-141면

144) 위의 책, 144면

헌법재판에 있어서 심판대상의 특정은 중요한 의미를 갖는다. 헌법재판의 심리는 심판대상을 중심으로 전개되고 종국결정 또한 심판대상에서 설정한 목적에 대응한 해답을 주는 것에 초점이 맞춰져 있으며, 기판력과 같은 재판의 효력이 미치는 범위 또한 심판대상과 조응한다. 그러므로 심판대상을 특정한다는 것은 헌법재판의 심리·효력을 관통하는, 심판절차의 궁극적인 목적을 설정한다는 의미를 갖는다.[145]

심판의 대상을 소송물이라고 한다면, 헌법재판에 있어서 각 소송물의 핵심적인 요소 또는 청구의 성질은 이와 같이 심판의 유형에 따라 '위헌 여부', '기본권 침해 여부' 및 '권한의 존부 확인 및 침해 여부' 등으로 정해지는 것이다. 어떤 법률조항이나 공권력의 행사·불행사 그 자체가 소송물이 되는 것은 아니다.

예를 들어 갑(甲)이 컴퓨터를 반환받기 위해 민사소송을 하는 경우에 소송의 객체가 컴퓨터라고 오해하기 쉽다. 여기서 컴퓨터는 갑이 소로써 주장하는 실체법상 청구권의 목적물이지 그 자체가 소송의 객체는 아니다.[146] 이와 같은 실체법상 청구권의 목적물을 계쟁물이라고도 한다. 헌법소송에서는 소송물, 소송의 대상이 위와 같이 특정한 법률조항의 위헌 여부, 공권력의 행사·불행사의 기본권 침해 여부이고, 이때 심판대상 법률조항이나 공권력의 행사·불행사를 계쟁물이라고 하지는 않지만 그렇다고 심판대상조항과 심판대상이 같은 것은 아니다. 헌법재판소도 심판대상과 심판대상조항을 구별해서 기술한다.

소송절차의 개시라는 점에서 헌법소송이 민사소송과 어떻게 다른지 간략히 살펴보자. 민사소송에 있어서는 가령 매매계약이라는 법률관계의 당사자가 그 계약의 효력으로서 매매대금 지급청구권을 갖게 되고 이에 기초하여 금전 지급청구를 하게 된다. 아니면 매매계약을 해제하고 대금 반환청구권과 원상회복청구권으로서 물건지급청구권을 갖게 되고 이를 주장하게 된다. 민사소송에 있어서도 원고가 법률관계나 권리관계를 특정하여 주장하여야 한다. 여기서는 이미 제시된 매매계약이라는 법률관계의 효력 유무를 전제로 소송상 권리관계를 주장하는 것이다. 그러나 헌법소송에서는 문제된 사실관계에 적용되는 법률조항이나 관련된 공권력의 행사·불행사를 찾아내서 특정하여 심판청구를 하여야 하고 이 점이 헌법소송을 처음 접하는 사람들에게는 꽤 어려운 문제가 된다. 헌법소원심판을 청구하는 등으로 심판절차를 개시하려는 사람은 어떠한 법률조항의 어느 부분이 헌법에 위반된다고 할 것인지, 어떤 공권력의 행사·불행사가 청

145) 위의 책, 144-145면

146) 호문혁, 민사소송법 제4판, 법문사, 2005, 105면

구인의 기본권을 침해한다고 할 것인지 등을 특정하는 것부터 시작하게 된다.

(나) 심판대상 공권력작용의 확정

헌법재판소의 심판절차는 다른 소송절차에서와 마찬가지로 심판유형별로 정해진 청구서를 제출하는 것으로 개시된다. 따라서 청구서를 제출할 때에는 헌법재판소에 누가, 무엇에 대해, 어떤 심판을 구하는지를 분명히 기재하여야 하며, 이로써 일차적으로 심판대상이 특정된다. 이는 주관적 권리구제를 우선적인 목적으로 하는 모든 사법작용에 일반적으로 적용되는 신청주의(Antragsprinzip)의 요청이다.[147]

그러나 헌법재판은 단순히 제청신청인이나 청구인의 권리구제에만 목적이 있는 것이 아니라, 헌법질서의 수호와 헌법문제의 해명이라는 성격도 아울러 가지고 있다. 그리고 법적 명확성과 통일성의 확보, 소송경제의 관점에서 신청주의를 그대로 관철할 수는 없을 것이다. 따라서 헌법재판소는 헌법재판의 이와 같은 특수성을 반영하여 직권으로 심판대상을 제한하거나 확장하며 필요한 경우 이를 변경하기도 한다.[148] 헌법재판소의 심리가 심판대상을 중심으로 이루어지고, 종국결정의 효력이 미치는 범위도 심판대상이 원칙적인 기준이 되기 때문이다.[149]

(다) 심판대상조항 확정의 원칙

헌법재판소는 원칙적으로 제정법원에 의하여 제정된 법률 또는 법률조항의 위헌여부를 심판대상으로 삼을 수 있다.

이것은 법 제68조 제2항에 따른 헌법소원심판의 경우에도 그대로 적용된다. 청구인은 위헌법률심판제청신청을 하였다가 제청신청이 기각된 부분에 한하여 헌법소원심판을 청구할 수 있고, 헌법재판소의 심판범위도 여기에 한정된다. 제청법원이나 청구인이 심판대상을 당해 사건에 적용되어 재판의 전제성이 인정되는 부분으로 세분하지 않고 해당 법률조항 전체나 심지어는 해당 법률 전부에 대하여 위헌법률심판제청신청이나 헌법소원심판청구를 하는 경우가 있다. 이때 헌법재판소의 실무는 결정의 이유에서 재판의 전제성이 있는 부분으로 심판의 대상을 확정하고 판단한다(헌재 2007.5.31. 2005헌마1139).

청구인이 헌법소원심판을 청구하는 목적과 관련해서 심판대상조항을 정해야 한다는 원칙은 헌법재판소의 실무법리, 특히 최근의 형벌조항과 관련한 심판대상조항을 특정하는 것과 관련해서 보다 분명하게 확인될 수 있다.

---

147) 실무제요, 46면 참조

148) 실무제요, 46면 참조

149) 실무제요, 45면 참조

헌법재판소는 한동안 형벌조항과 구성요건조항이 분리되어 규정된 경우, 헌가 사건에서와 달리 헌바 사건에서는 심판대상조항을 '처벌 조항 중 구성요건 부분'으로 확정한 경우가 있었는데, 최근에 다시 실무관행을 변경하여, 특별한 이유가 없는 한 구성요건조항과 처벌조항을 같이 심판대상조항으로 확정하고 있다(헌재 2015.7.30. 2015헌바70; 헌재 2015.9.24. 2013헌바102; 헌재 2015.9.24. 2014헌바291; 헌재 2016.7.28. 2014헌바206등). 청구인이 실제로 다투는 부분은 대부분 구성요건규정이고 헌법재판소 역시 주로 금지규정의 위헌 여부에 대해 논증하고 있으므로 주문에서 구성요건 부분을 제외하고 '처벌조항 중 구성요건 부분'으로만 하는 것은 주문과 이유 사이의 정합성을 떨어뜨리는 문제가 있다고 하였다.[150)]

그 결과 청구인이 금지규정이 아니라 오로지 처벌규정만을 다투고자 함이 분명하다면 '처벌 규정 중 금지규정' 부분으로 심판대상조항을 확정하고, 그렇지 않고 금지규정만을 다투거나 금지규정과 아울러 처벌규정의 위헌성도 함께 다투는 경우에는 금지규정 또는 '금지규정 및 처벌규정 중 금지규정' 부분으로 심판대상조항을 확정하게 되었는데, 이로써 심판대상조항을 확정함에 있어서 제1차적으로는 청구인이 다투고자 하는 취지를 기준으로 한다는 원칙이 관철되게 되었다.

㈑ 심판대상조항의 조정

① 심판대상조항의 한정

헌법재판소는 위헌법률심판이나 헌법소원심판 절차에서, 제청되거나 청구된 법률조항 가운데 당해사건에서 재판의 전제성이 인정될 수 있는 부분 또는 실제로 그 위헌(기본권 침해) 여부가 문제되는 부분으로 한정하여 심판한다.

② 심판대상조항의 확장

헌법재판소는 위헌법률심판이나 헌법소원의 성격을 충실히 구현하면서 청구인의 목적을 달성하고 효율적인 소송의 진행을 위하여 심판대상조항을 직권으로 확장하기도 한다.

헌법재판소는 법적 명확성, 법적 안정성, 법의 통일성, 소송경제 등의 관점에서 동일한 심사척도가 적용되는 경우나, 체계적으로 밀접한 경우 등에 직권으로 심판대상조항을 확장한다.[151)]

---

150) 실무제요, 50면 참조

151) 실무제요, 58면 참조

헌법재판소는, 제청법원이 법률조항 전부를 위헌제청하고 그 전부에 같은 심사척도가 적용될 경우에 법률조항 중 당해사건의 재판에서 적용되지 않는 내용이 들어 있다 하더라도 그 내용을 분리하여 따로 판단하는 것이 적절하지 아니하다고 판시한 바 있다(헌재 1996.11.28. 96헌가13). 호주제의 위헌성을 다투는 위헌제청신청 사건에서도 처의 부가(夫家) 입적을 규정한 민법 제826조 제3항 후단은 위헌제청신청되지 않았으나, 법원이 위헌제청한 제778조, 제789조와 밀접한 관계에 있을 뿐 아니라, 위 규정들과 결합하여 호주제의 골격을 이루고 있으므로 호주제의 위헌 여부라는 중요한 헌법문제의 보다 완전한 해명을 위하여 그 조항의 위헌 여부도 심판의 대상으로 삼아 한꺼번에 심리 판단하는 것이 상당하다고 하였다(헌재 2005.2.3. 2001헌가9).

권리구제형 헌법소원사건에서 헌법재판소가 직권으로 대상조항을 확장한 사례에는 다음의 것들이 포함된다. 보건복지부장관의 최저생계비 고시가 헌법에 위반되는지 여부가 문제된 사건에서 청구인들에게는 그 고시 중 3인 가구 최저생계비가 적용되나 그 고시 전체에 동일한 심사척도가 적용될 수 있으므로 위 고시 전체로 심판대상을 확장하였다(헌재 2004.10.28. 2002헌마328).

특히 권리구제형 헌법소원사건 중 법령에 대한 헌법소원사건에서는 법률조항에 더하여 시행령조항으로 심판대상을 확장하거나 심판대상조항으로 제시된 하위법령에 상위법령조항까지 확대하기도 한다. '재외동포의 출입국과 법적 지위에 관한 법률(재외동포법)'에 관한 사건에서는 재외동포법 시행령 제3조는 외국국적동포에 관한 재외동포법 제2조 제2호의 규정을 구체화하는 것으로서 양자가 일체를 이루어 동일한 법률관계를 규율대상으로 하고 있다 하여 심판대상조항을 시행령 규정에까지 확장하였고(헌재 2001.11.29. 99헌마494), 청구인들은 '고등법원 부의 지방법원 소재지에서의 사무처리에 관한 규칙' 제4조 제1항 제1호, 제2호에 대하여만 심판을 청구하였는데, 이 조항들이 수권조항인 법원조직법 제27조 제4항의 위임에 따라 고등법원 원외재판부 제도를 구체화하는 것으로서 양자는 불가분의 관계를 이루면서 전체적으로 하나의 규율 내용을 형성하고 있다는 이유로 심판대상조항을 법원조직법 제27조 제4항까지 확장하여 함께 판단하였다(헌재 2013.6.27. 2012헌마1015).

이외에 개정 법률조항 등 유사법률조항까지로 심판대상조항을 확대하기도 한다. 헌법재판소는 국적법에 관한 사건에서 제청신청인은 부계혈통주의를 채택한 구법조항을 대상으로 하여 법원에 위헌법률심판제청신청을 하고 법원이 이 제청을 받아들여 구법조항에 대하여 위헌법률심판제청을 하였는데, 심판계속 중 구법조항이 부모양계혈통주의로 개정되면서 신법 시행 이전 10년 동안에 대한민국 국민을 모로 하여 출생한 모에 대하여 대한민국 국적을 취득할 수 있도록 하는 부칙이 두어졌는데, 이 부칙조항에 의하여도 개정되기 10년 전 출생한 사람에 대하여는 여전히 부계혈통주의가 적용되므로, 이 부칙조항도 같이 위헌여부심판을 해주는 것이 법질서의 정합성과 소송경제 측면에서도 바람직하다고 하면서 부칙조항을 심판대상조항에 포함시켰다(헌재 2000.8.31. 97헌가12). 또한 공중보건의사 편입이 취소된 이후 병역의무의 복무기간산정에 관한 병역법에 관한 사건에서 위헌제청이 된 법률조항은 공중보건의사의 편입이 취소된 사람은 편입되기 전의 신분으로 복귀하여 현역병으로 입영하게 하거나 공익근무요원으로 소집하여야 한다는 구 병역법 조항인데, 심판 청구 후 병역법이 개정되면서 일부 자구상의 표현만 다를 뿐 그 내용은 동일하게 되었고 이에 대하여 법질서의 정합성과 소송경제 측면에서도 바람직하다고 하면서 개정된 조항을 심판대상조항에 포함시켰다(헌재 2010.7.29. 2008헌가28).

헌법재판소는 2019년 11월 28일 인터넷언론사에 대해 선거일 전 90일부터 선거일까지 후보자 명의의 칼럼 등을 게재하는 것을 제한하는 구 '인터넷선거보도 심의기준 등에 관한 규정'(2011. 12. 23. 인터넷선거보도심의위원회 훈령 제9호로 제정되고, 2017. 12. 8. 인터넷선거보도심의위원회 훈령 제10호로 개정되기 전의 것) 제8조 제2항 본문의 기본권 침해 여부를 심사하면서 개정 규정도 종전과 실질적으로 동일하다고 하여 심판대상조항을 확장하여 함께 판단하였고, 참고로 청구인의 표현의 자유 침해를 확인하였다(헌재 2019. 11. 28. 2016헌마90).

③ 심판대상조항의 변경

헌법재판소는 당사자가 청구 취지 등에서 위헌확인을 구하고 있는 대상법률조항에 대하여, 심판청구의 이유, 법원에서의 위헌제청신청사건의 경과, 당해사건 재판과의 관련성의 정도, 이해관계기관의 의견 등 여러 사정을 종합하여 직권으로 청구인이 구한 심판대상조항을 변경하여 확정하는 경우가 있다.

헌법재판소는 금융감독원의 4급 이상 직원에 대해 공직자윤리법상 재산등록의무를 부과하는 공직자윤리법 시행령 제3조 제4항 제15호와 제31조의 위헌확인을 구한 사건에서 청구인들이 다투고자 하는 금융감독원의 4급 이상 직원에 대해 직접 재산등록의무를 부과하고 퇴직 후 재취업에 일정한 제한을 가하는 규정은 위 시행령 조항들이라기보다 그 근거규정인 공직자윤리법 제3조와 제17조라는 이유로 그 심판대상조항을 변경하였다(헌재 2014.6.26. 2012헌마331).

(3) 의견서의 제출

법은 위헌법률심판과 헌법소원심판절차에서 의견서 제출제도를 규정하고, 심판규칙은 이를 확대하여 모든 심판절차에서 이해관계인에게 의견서 제출의 기회를 부여하고 있다. 어느 기관이 이해관계인에게 해당하는가는 구체적 사건에 따라 개별적으로 판단하여야 할 것이지만, 법령에 대한 위헌 여부심판의 경우 일반적으로는 해당 법령을 집행하는 주무관청이 이해관계인이 된다.[152)]

헌법소원심판을 포함한 헌법재판은 헌법을 보호하고 국민의 기본권을 보장하는 역할을 한다. 따라서 일반적인 법원의 민·형사재판과는 달리 헌법규범의 해석과 이를 통한 헌법질서의 보장이 헌법재판에서는 중요한 의미를 가진다. 헌법재판이 이러한 기능을 다하기 위해서는 헌법재판소의 직권에 의한 심리가 강하게 요청되고 또한 바람직하다. 당사자의 변론이나 주장은 헌법재판소의 직권탐지를 촉구하고 보완하는 것에 그치며, 당사자가 주장하지 않은 사실도 직권으로 수집하여 재판의 기초로 삼을 수 있다. 그러나 정당해산심판이나 탄핵심판의 경우 형사재판과 유사하게 대심 당사자 구조가 이루어지므로 피청구인의 절차적 권리를 보장하기 위하여 변론에서 최대한의 공격과 방어가 이루어지도록 하는 것도 매우 중요하다.[153)]

(4) 심리 및 평의

심리의 최종 단계에서 재판의 결론을 내리기 위해 재판관들이 합의(각자의 의견을 내고 이에 관해 토의하는 것)하고 표결하는 과정을 평의(評議)라고 한다.[154)] 평의는 공개하지 않는다. 그 취지는 재판의 독립성을 보장하는 데 있다. 재판에 관한 합의와 표결은 비밀리에 이루어져야 하며 합의와 표결에 참여한 자는 그 이후에 제3자에게 평의와 표결의 내용을 밝혀서는 안 된다.[155)]

마. 종국결정

(1) 결정서의 작성과 의견의 표시

재판부가 심리를 마치면 종국결정을 한다(법 제36조 제1항). 종국결정을 할 때에는 결정서를 작성하고, 심판에 관여한 재판관 전원이 서명·날인하여야 한다. 결정서에는 사

---

152) 실무제요, 66면 참조

153) 실무제요, 67면

154) 김하열, 앞의 책, 208면

155) 위의 책, 211면

건번호와 사건명, 당사자와 심판수행자 또는 대리인의 표시, 주문, 이유, 결정일을 반드시 기재하여야 한다(법 제36조 제2항).

심판에 관여한 재판관은 결정서에 의견을 표시하여야 한다(법 제36조 제3항). 헌법재판소의 결정으로 되는 주문을 이끌어내는 의견을 법정의견, 법정의견과 결론이 다른 반대의견, 어느 의견이든 결론은 같지만 결론에 대한 이유가 다른 보충의견, 즉 법정의견에 대한 보충의견 또는 반대의견에 대한 보충의견 등이 표시된다.

국회는 2005년 7월 29일 헌법재판소법 제36조 제3항을 "심판에 관여한 재판관은 결정서에 의견을 표시하여야 한다"라고 개정하였다. 이에 따라 이제 탄핵심판을 비롯하여 헌법재판소의 모든 심판절차에서 재판부의 견해와 의견을 달리 하는 개별 재판관들은 결정서에 그 의견을 표시할 의무를 부담하게 되었다.156)

개정 전의 법 제36조 제3항은 "법률의 위헌심판, 권한쟁의심판 및 헌법소원심판에 관여한 재판관은 결정에서 의견을 표시하여야 한다."라고 규정하고 있었다. 이에 따라 헌법재판소는 대통령 노무현 탄핵사건에서 심판청구를 기각하면서, 위 구 법 조항에 따라 재판관들의 개별적 의견 및 그 의견의 수를 결정문에 표시할 수 없다고 하였고, 단지 위 조항의 해석에 관하여 소수 의견의 재량적 표시를 막는 것으로 볼 수 없다는 견해도 있었음을 밝혔다.157)

(2) 종국결정의 선고

헌법재판소의 실무는 전원재판부 심판사건의 종국결정에 한하여 선고를 하고 있다. 따라서 지정재판부의 결정이나 신청사건의 결정은 선고에 의하지 않고 결정문 정본을 송달하여 고지한다.158)

종국결정의 선고는 공개하고(법 제34조 제1항), 선고기일은 기일통지서 또는 출석요구서를 송달하여 통지한다(심판규칙 제21조 제1항).

종국결정의 선고는 재판장이 결정서 원본에 따라 주문을 읽고 이유의 요지를 설명하는 방식으로 하는데, 필요한 때에는 다른 재판관으로 하여금 이유의 요지를 설명하게 할 수 있다(심판규칙 제48조 본문). 다만, 법정의견과 다른 의견이 제출된 경우에는 재판장은 선고 시 이를 공개하고 그 의견을 제출한 재판관으로 하여금 이유의 요지를 설명하게 할 수 있다(심판규칙 제48조 단서).

156) 위의 책, 212면
157) 위의 책, 212면
158) 실무제요, 93-94면

(3) 종국결정의 송달과 공시

종국결정이 선고되면 서기는 지체 없이 결정서 정본을 작성하여 당사자에게 송달하여야 한다(법 제36조 제4항). 종국결정이 법률의 제정 또는 개정과 관련이 있으면 그 결정서 등본을 국회 및 이해관계가 있는 국가기관에게 송부하여야 한다(심판규칙 제49조). 실무상으로는 법무부장관 등 이해관계인에게도 결정서의 등본을 송달하고 있다.[159] 종국결정은 헌법재판소규칙으로 정하는 바에 따라 관보에 게재하거나 그 밖의 방법으로 공시한다(법 제36조 제5항).

(4) 결정의 효력

헌법재판 역시 사법작용에 해당하므로 법적 안정성을 위하여 일반 재판의 판결과 같이 확정력이 인정되고, 주관적 권리보호에 더하여 법질서를 보호하는 헌법재판의 특수성 때문에 다른 국가기관의 행위에는 인정되지 아니하는 특수한 효력으로서 모든 국가기관을 기속하는 기속력이 인정된다.[160]

㈎ 확정력

법은 확정력에 대한 명문의 규정을 두고 있지 않고 다만 일사부재리의 원칙을 규정하고 있다. 법 제39조에서 “헌법재판소는 이미 심판을 거친 동일한 사건에 대해서는 다시 심판할 수 없다.”라고 정하고 있다. 헌법재판소의 심판절차에 대하여 민사소송에 관한 법리가 준용되는 점을 감안하면 헌법재판소의 결정에도 확정력이 인정된다.

일반적으로 확정력은 소송법상 불가변력, 불가쟁력(형식적 확정력) 및 기판력(실체적 확정력)으로 나누어 설명된다.

① 불가변력(자기구속력)

헌법재판소는 결정이 선고되면 동일한 심판에서 자신이 내린 결정을 더 이상 취소하거나 변경할 수 없다(헌재 1989.7.24. 89헌마141). 불가변력은 동일한 심판에서 헌법재판소 스스로 내린 결정에 자기구속된다는 것이라는 점에서 후행 심판과의 관계에서 문제되는 기판력과는 구별된다.

② 불가쟁력(형식적 확정력)

헌법재판소는 상급심이 없으므로 헌법재판소의 결정이 일단 내려지면 당사자는 그 결정에 불복할 수 없다. 이를 형식적 확정력이라고 한다. 따라서 당사자는 이의신청,

---

159) 실무제요, 94면

160) 실무제요, 96면

즉시항고, 헌법소원 등 어떤 명목으로도 헌법재판소의 결정에 대하여 불복할 수 없다(헌재 1990.10.12. 90헌마170).

③ 기판력(실체적 확정력)

기판력이란 결정에 형식적 확정력이 발생하면 당사자는 후행 심판에서 동일한 사항에 대하여 다시 심판을 청구하지 못하고, 헌법재판소도 확정된 선행 결정의 판단내용에 구속되는 것을 의미한다.

심판청구가 적법성을 갖추지 못하여 이를 각하하는 결정은 적법요건의 흠결로 인하여 부적법하다는 판단에 기판력에 인정된다. 따라서 심판청구가 부적법하다는 이유로 각하결정을 받은 경우에는 판시된 요건의 흠결을 보정하여 다시 심판청구하지 않는 한 동일한 내용의 심판청구를 되풀이하는 것은 허용되지 않는다(헌재 1993.6.29. 93헌마123).

㈏ 기속력

① 의의 및 근거

기판력은 원칙적으로 당사자 사이에만 미치는 데 반하여, 기속력은 모든 국가기관을 구속한다는 점에서 헌법재판의 기속력은 일반법원의 재판에서는 통상적으로 볼 수 없는 헌법소송의 특별한 효력이다.[161]

법 제47조 제1항은, "법률의 위헌결정은 법원 그 밖의 국가기관 및 지방자치단체를 기속한다."라고 하여 위헌법률심판에서 위헌결정의 기속력을 규정하고, 이를 규범통제형 헌법소원심판에도 준용하고 있다(법 제75조 제6항). 또한 법 제75조 제1항은 헌법소원과 관련하여 "헌법소원의 인용결정은 모든 국가기관과 지방자치단체를 기속한다."라고 규정하고 있으며, 법 제67조 제1항은 "헌법재판소의 권한쟁의심판의 결정은 모든 국가기관과 지방자치단체를 기속한다."라고 규정함으로써 헌법소원심판 및 권한쟁의심판에서 결정의 기속력에 대한 법적 근거를 명시하고 있다.

헌법재판소 결정에 기속력을 부여하는 것은 헌법의 우위를 확보하기 위함이다. 헌법의 우위는 헌법재판을 통해 관철되는데, 헌법재판소의 결정을 다른 국가기관이 따르지 않는다면 헌법의 우위는 실효적으로 보장될 수 없기 때문이다. 기속력은 헌법재판소가 그 기능과 과제를 제대로 수행하도록 하기 위해 인정되는 것이다. 따라서 헌법재판소가 위헌으로 결정하여 효력을 상실한 법률을 적용한 법원의 재판은 헌법재판소 결정의 기속력에 반하는 것일 뿐 아니라, 법률에 대한 위헌심사권을 헌법재판소에 부여한 헌법에 정면으로 위배된다(헌재 1997.12.24. 96헌마172등).

161) 실무제요, 98-99면

② 기속력의 내용

헌법재판소 결정이 기속력을 가지므로, 모든 국가기관은 헌법재판소의 결정에 따라야 하며 어떤 처분이나 조치를 이를 실현하는 방향으로 이행할 것을 요청한다.

법에 의하면 부작위에 대한 권한쟁의심판청구나 공권력 불행사에 대한 헌법소원심판청구를 인용하는 결정을 한 때에는 피청구인은 결정취지에 따른 처분을 하여야 한다(법 제66조 제2항, 제75조 제4항).

한편, 기속력은 모든 국가기관이 헌법재판소의 결정에서 문제된 심판대상뿐만 아니라 동일하거나 유사한 사안에서 헌법재판소 결정의 취지에 저촉되는 행위의 반복을 금지한다.[162]

③ 기속력의 범위

기속력이 심판대상에 관한 결정인 주문에 미친다는 데에는 이견이 없으나, 결정의 주문을 넘어 결정의 이유에까지 기속력이 미치는가에 대하여는 의견이 나뉜다.

특히 심판대상에 대한 헌법적 판단의 핵심적 이유에 대하여 기속력을 인정할 것인지 여부에 대하여 논의가 제기되고 있는데, 심판대상의 헌법판단과 관계가 없는 이유에 대하여까지 기속력이 미친다고 보는 견해는 발견되지 않는다.

또한, 헌법재판소 결정의 기속력이 미치는 수범자의 범위는, 법 제47조 제1항, 제67조 제1항 및 제75조 제1항에 의하면 "법원과 그 밖의 국가기관 및 지방자치단체"이다.

여기서 많이 논의되는 문제가 헌법재판소 결정의 기속력이 입법부에도 미치는가이다. 입법부에도 기속력이 미친다면 입법자는 종전의 법률조항과 같거나 유사한 내용의 입법을 다시 할 수 없게 되는데, 입법자는 사회변화에 맞추어 법질서를 형성할 권한과 책임을 가지고 있으므로 헌법재판소 결정에 구속되지 않고 사회변화에 따라 새로운 입법을 하여야 한다는 것이다. 헌법재판소는 입법자에게 위헌결정의 기속력이 미치는지 여부에 관해 명시적으로 판단하지는 않았지만, 과거 위헌으로 선언된 법률조항과 심판대상이 된 개정 법률조항이 반복입법에 해당하는지 여부를 판단하면서, 반복입법인지 여부는 입법목적이나 입법동기, 입법 당시의 시대적 배경 및 관련조항들의 체계 등을 종합적으로 고려하여 판단하여야 한다고 하였다(헌재 2010.12.28. 2008헌바89).

결정의 주체인 헌법재판소에는 기속력이 미치지 않는다. 헌법재판소는 기판력에 반하지 않는 한 종전의 헌법 또는 법률의 해석·적용에 관한 의견을 변경할 수 있기 때문이다.

162) 실무제요, 99면

3. 재심

가. 개요

재심은 이미 확정력이 발생한 헌법재판소 결정의 취소와 사건의 재심판을 구하는 비상의 불복신청방법을 말한다.[163] 그런데 법은 이러한 비상의 불복절차를 규정하고 있지 않기 때문에 확정력이 발생한 헌법재판소 결정에 대하여 재심이 허용되는지의 여부는 논의가 있을 수 있으나 실제로 그다지 왕성한 논의가 형성되지는 않고 있다.

헌법재판소는 헌법재판이 그 심판의 종류에 따라 그 절차의 내용과 효과가 한결같지 아니하기 때문에 재심의 허용 여부 내지 허용 정도 등은 심판절차의 종류에 따라서 개별적으로 판단될 수밖에 없을 것이라고 하였고(헌재 1995.1.20. 93헌아1), 위헌법률심판절차와 규범통제형 헌법소원심판절차(법 제68조 제2항의 헌법소원)는 재심이 허용되지 않고(헌재 2004.9.23. 2003헌아61; 헌재 1992.6.26. 90헌아1), 권리구제형 헌법소원(법 제68조 제1항에 의한 헌법소원) 가운데 법령에 대한 헌법소원 이외의 경우에는 일정한 경우, 즉 '헌법재판소의 결정에 영향을 미칠 중대한 사항에 관하여 판단을 유탈한 때' 재심이 허용된다고 하였다(헌재 2002.3.28. 2001헌아22).

나. 위헌법률심판 및 규범통제형 헌법소원심판절차에서의 재심의 허용 여부

위헌법률심판의 제청은 법원이 헌법재판소에 대하여 하는 것이기 때문에 당해사건에서 법원에 위헌법률심판 제청을 신청한 사람은 위헌법률심판사건의 당사자라고 할 수 없다. 원래 재심은 재판을 받은 당사자에게 이를 인정하는 특별한 불복절차이므로 위헌법률심판제청신청인처럼 위헌법률심판이라는 재판의 당사자가 아닌 사람은 그 재판에 대하여 재심을 청구할 수 있는 지위 내지 적격을 갖지 못한다(헌재 2004.9.23. 2003헌아61).

규범통제형 헌법소원에서의 인용결정의 효력은 위헌법률심판의 경우와 같고, 위헌법률심판을 구하는 헌법소원에 대한 헌법재판소의 결정에 대하여는 재심을 허용하지 아니함으로써 얻을 수 있는 법적 안정성의 이익이 재심을 허용함으로써 얻을 수 있는 구체적 타당성의 이익보다 훨씬 높을 것으로 쉽사리 예상할 수 있고, 따라서 헌법재판소의 이러한 결정에는 재심에 의한 불복방법이 그 성질상 허용될 수 없다고 보는 것이 상당하다고 할 것이다(헌재 1992.6.26. 90헌아1).

---

163) 실무제요, 105면

다. 권리구제형 헌법소원절차에서의 재심의 허용 여부

헌법재판소는, 초창기에 법령에 대한 헌법소원이 아닌 경우의 권리구제형 헌법소원의 경우에 재판부의 구성이 위법한 경우 등 절차상 중대하고도 명백한 위법이 있어서 재심을 허용하지 아니하면 현저히 정의에 반하는 경우에 한하여 제한적으로 재심이 허용될 수 있다고 하였으나(헌재 1995.1.20. 93헌아1), 이후 명시적으로 판례를 변경하여 법령이 아닌 공권력의 작용에 대한 권리구제형 헌법소원심판절차에 있어서 '헌법재판소의 결정에 영향을 미칠 중대한 사항에 관하여 판단을 유탈한 때' 재심을 허용하는 것이 헌법재판의 성질에 반하지 않는다고 보아 재심이 허용된다고 하였다(헌재 2001.9.27. 2001헌아3).

라. 재심의 청구와 심판절차

재심청구서에는 '재심청구인 및 대리인의 표시', '재심할 결정의 표시와 그 결정에 대하여 재심을 청구하는 취지', '재심의 이유'를 기재 하여야 하고, 재심의 대상이 되는 결정의 사본을 붙여야 한다(심판규칙 제53조). 그리고 재심의 심판절차에는 그 성질에 어긋나지 아니하는 범위 내에서 재심 전 심판절차에 관한 규정을 준용한다(심판규칙 제52조). 재심기간에 대해서는 민사소송법을 준용하여 결정이 확정된 후 재심의 사유를 안 날부터 30일 내에 제기하여야 하고, 결정이 있은 날부터 5년이 지나면 재심을 청구하지 못한다(법 제40조, 민소 제456조).

4. 결정의 경정

가. 의의

결정의 경정이란, 결정서에 잘못된 계산이나, 기재, 그 밖에 이와 비슷한 잘못이 있음이 분명한 때에 헌법재판소가 직권으로 또는 당사자의 신청에 따라 그 오류를 정정하는 것을 말하고(법 제40조, 민사소송법 제211조), 이러한 결정을 경정결정이라 한다. 경정결정은 원래의 결정과 일체를 이루어 결정선고 시로 소급하여 효력을 발생한다.[164]

나. 요건 및 절차

결정서에 잘못된 계산이나 기재, 그 밖에 이와 비슷한 잘못이 있고, 또 그러한 잘못이 분명한 경우이어야 한다. 따라서 결정에 표현상의 분명한 오류가 아니고, 판단내용의 오류나 판단유탈은 경정사유로 되지 않는다. 결정의 경정이 가능한 오류에는 그것

---

164) 실무제요, 107면

이 헌법재판소의 과실로 인하여 생긴 경우뿐만 아니라 당사자의 청구에 잘못이 있어 생긴 경우도 포함된다.[165)]

경정결정은 직권으로 또는 당사자의 신청에 따라 어느 때라도 할 수 있다(법 제40조, 민사소송법 제211조 제1항). 전원재판부에서 뿐만 아니라 지정재판부에서도 가능하다. 당사자의 경정결정신청에 의한 경우는 물론 직권에 의한 경우, 그리고 당사자가 아닌 제3자의 신청에 의한 경우에도 경정결정을 한 사례가 있다(헌재 1999.11.17. 99헌사350; 헌재 2007.8.21. 2005헌사717: 헌재 2015.1.29. 2013헌다1; 헌재 2000.11.23. 2000헌사464).

5. 가처분

가. 가처분의 의의

가처분은 본안 결정의 실효성을 확보하고 잠정적인 권리보호를 위해 사전조치가 필요한 경우 행해지는 잠정적인 조치이다.

본안결정이 있기까지 상황이 변화되는 경우 본안결정에서 청구가 받아들여지더라도 심판청구의 목적을 달성할 수 없게 될 수도 있고, 특히 본안결정 전에 사실관계가 완결되어 더 이상 돌이킬 수 없는 단계에 이르면 심판청구의 당사자에게나 헌법질서에 회복하기 어려운 손해가 발생할 수 있으므로 잠정적으로 임시의 법적 관계를 정하는 가처분 절차가 필요하다. 가처분제도는 긴급한 상황에서 헌법질서에 응급조치를 하여 본안심판 시까지 정치적 충돌을 방지하거나 완화시키는 완충적 역할을 한다.[166)]

나. 현행법상 가처분의 허용 여부

법은 정당해산심판(제57조), 권한쟁의심판(제65조)에 대해서만 가처분에 관한 명문의 규정을 두고 있다.

따라서 헌법소원 등 다른 심판절차에서도 가처분이 허용되는지 의문이 있을 수 있는데, 법 제40조에 따르면 법에 특별한 규정이 있는 경우를 제외하고 헌법재판의 성질에 반하지 아니하는 한도에서 심판절차에 관하여 민사소송에 관한 법령을 준용하고, 특히 권한쟁의심판 및 헌법소원심판의 경우에는 행정소송법을 함께 준용하여 행정소송법이 민사소송에 관한 법령에 저촉될 때에는 민사소송에 관한 법령은 준용되지 아니하도록 규정되어 있다.

그런데 권한쟁의심판 외에 헌법소원심판 등에도 가처분의 필요성은 얼마든지 인정

165) 실무제요, 107면

166) 실무제요, 76면 참조

될 수 있고, 달리 이들 심판절차에서 가처분을 금지할 이유가 발견되지 않으므로, 정당해산, 권한쟁의심판 외에 다른 심판절차에서도 가처분은 허용된다고 할 수 있고, 헌법재판소의 실무도 그러하다.

다. 가처분신청

이미 계속 중이거나 앞으로 계속될 본안소송의 청구인적격이 있는 사람은 가처분신청을 할 수 있다. 헌법재판소도 본안절차가 헌법재판소에 계속 중이면 직권으로 가처분을 명할 수 있다(법 제57조, 제65조, 제40조, 행소 제23조 제2항).

가처분의 신청 및 가처분신청의 취하는 서면으로 하여야 하고, 다만 가처분신청이 취하는 변론기일 또는 심문기일에서 말로 할 수 있다(심판규칙 제50조 제1항). 가처분신청서에는 신청의 취지와 이유를 기재하여야 하며, 주장을 소명하기 위한 증거나 자료를 첨부하여야 한다(같은 조 제2항). <아래 가처분신청서 서식례 참조>

라. 가처분의 적법요건

(1) 당사자

이미 계속 중이거나 장래 계속될 본안사건의 당사자는 가처분 신청을 할 수 있다. 이때 당사자능력이 있어야 함은 물론 본안사건에서 당사자적격이 있어야 한다. 이때 신청권자에는 본안사건의 참가인이 포함되지만 이해관계인은 포함되지 아니한다.[167]

(2) 본안심판과의 관계

가처분을 하기 위해서는 본안사건이 헌법재판소의 관할에 속하여야 한다. 그리고 가처분은 본안심판이 헌법재판소에 계속 중일 때 신청할 수 있음이 원칙이지만, 본안심판이 계속되기 전이라 하더라도 신청할 수 있다.[168]

(3) 권리보호이익

본안결정이 적시에 선고될 수 있는 경우에는 그것으로 가처분의 목적이 이미 해소되기 때문에 권리보호이익이 인정되지 않고, 본안사건이 법적으로 아직 성숙되지 아니하였거나 다른 방법으로 가처분의 신청목적을 달성할 수 있는 경우에도 마찬가지로 권리보호이익이 없다. 그러나 권리보호이익이 없더라도 사정변경이 있으면 권리보호이익이 다시 생길 수 있음은 물론이다.[169]

---

167) 실무제요, 81면
168) 실무제요, 81면
169) 실무제요, 81-82면

<가처분신청서 서식례>170)

가 처 분 신 청 서

신 청 인 ○ ○ ○
피신청인 ○ ○ ○
본안사건

신 청 취 지

"피신청인의 20 . . .자 ○○○처분은 헌법재판소 2013헌라00 ○○○사건의 종국결정 선고 시까지 그 효력을 정지한다."라는 결정을 구합니다.

신 청 이 유

1. 본안사건의 개요
2. 보전처분의 필요성

20 . . .

신청인 대리인 변호사 ○ ○ ○ (인)

헌법재판소 귀중

170) 실무제요, 80면

마. 가처분의 실체적 요건

(1) 본안심판의 승소가능성

본안심판의 승소가능성은 원칙적으로 고려의 대상이 되지 않는다. 우선은 가처분 단계에서는 쉽게 해결되기 어려운 헌법적 문제가 내포된 본안사건의 승소가능성을 판단하기 어렵기 때문이다. 그리고 가처분 결정에서 중요한 것은 본안사건의 승소 여부가 아니라 중대한 불이익을 방지할 필요성의 유무이기 때문이다.

그렇다면, 본안사건이 명백히 부적법하거나 명백히 이유 없는 경우에는 가처분을 발하는 결정을 할 수 없다(헌재 1999.3.25. 98헌사98).

(2) 가처분의 실체적 요건

가처분 신청이 적법하더라도 가처분의 실체적 요건이 충족될 때 비로소 가처분 결정이 이루어진다. 법 제40조에 의하여 헌법재판에 준용되는 행정소송법 제23조 제2항과 민사집행법 제300조 제2항을 고려하면 가처분의 요건은 다음과 같다.

㈎ 중대한 불이익의 방지

중대한 불이익은 침해행위가 위헌으로 판명될 경우 신청인이나 공공복리에 발생하게 될 회복하기 어려운 현저한 손해 또는 중대한 손해를 말한다. 헌법재판에서 가처분은 본안결정의 실효성을 확보하고 신청인의 침해된 권리를 사전에 구제하기 위한 것이므로 여기의 손해에는 공공복리에 관한 것뿐만 아니라 개인적인 이해관계에 관한 것도 포함한다.[171]

㈏ 긴급성의 존재

가처분신청은 본안 심판의 결정이 중대한 손실을 방지하기에 적절한 시간 내에 이루어질 것을 기대할 수 없을 때, 즉 가처분으로 규율하고자 하는 현상이 이미 발생하였거나 시간적으로 매우 근접해 있어 필요한 조치를 본안결정 때까지 더 이상 미룰 수 없을 때에 인정된다.[172]

㈐ 가처분의 필요성

가처분결정을 위해서는 가처분신청을 인용하였다가 나중에 본안심판이 기각되었을 때 발생하게 될 불이익과 가처분신청을 기각하였다가 나중에 본안 심판이 인용되었을 때 발생하게 될 불이익을 형량하여 그 불이익이 적은 쪽을 선택하여야 한다. 따라서

171) 실무제요, 81-82면

172) 실무제요, 83면 참조

가처분의 필요성은 가처분을 기각하였을 때 발생하는 불이익이 본안심판이 기각되었을 때 생기는 불이익보다 더 큰 경우에 인정된다.

(3) 가처분 인용 사례

헌법재판소는 다음의 사례에서 가처분의 필요성을 인정하였다.

> 신청인(성남시)이 피신청인(경기도지사)이 내린 공원 내의 골프연습장 설치와 관련한 공원구역 외의 진입도로에 관한 지정 인가처분이 자신의 권한을 침해하였다고 청구한 권한쟁의심판의 가처분사건에서, 처분의 효력정지 가처분 결정을 하였다가 신청인에게 불리한 본안결정을 하였을 경우에는 위 처분 상대방에게는 공사 지연을 인한 손해가 발생하고 또 골프연습장을 이용하려는 잠재적 수요자의 불평의 예상된다는 점 외에 다른 불이익이 없는 반면, 가처분신청을 기각하였다가 신청인의 청구를 인용하는 종국결정을 하였을 경우 피청구인의 처분 상대방의 공사 진행으로 공공용지를 훼손함과 아울러 이의 원상회복을 위한 비용이 소요되는 등의 불이익이 생기게 되는데, 가처분을 기각하는 경우의 불이익이 더 크므로 가처분을 인용함이 상당하다고 결정하였다(헌재 1999.3.25. 98헌사98).
>
> 군사법원법에 따라 재판을 받는 미결수용자의 면회횟수를 주 2회로 정하고 있는 군행형법 시행령 제43조 제2항에 대한 효력정지가처분 신청사건에서, 행형법 시행령의 적용을 받아 매일 1회 면회할 수 있는 피구속자와 비교하면, 군행형법 시행령의 적용을 받는 자들은 인간으로서의 행복추구권이나 피고인으로서의 방어권 행사에 회복하기 어려운 손상을 입게 되는 반면, 가처분신청이 인용된다 하여 공공복리에 중대한 영향을 미칠 우려는 없다고 보아 가처분을 인용하였다(헌재 2002.4.25. 2002헌사129).
>
> 난민인정심사불회부결정 및 입국불허결정을 받은 외국인이 인천공항출입국관리사무소장을 상대로 난민인정심사불회부결정취소 등 행정소송을 제기하였는데, 그 소송수행을 위한 변호인의 접견신청이 거부되자 헌법재판소에 위 관리사무소장을 피신청인으로 하여 변호인접견신청의 허가 등을 구한 가처분을 신청하였다. 이 가처분 사건에서 신청인의 변호인 접견을 즉시 허용한다 하더라도 피신청인의 출입국 관리, 환승구역 질서유지 업무에 특별한 지장을 초래할 것이라고 보기 어려운 반면, 가처분신청을 기각할 경우 신청인은 소송 제기 후 5개월 이상 변호인을 접견하지 못하여 공정한 재판을 받을 권리를 심각하게 제한받을 뿐 아니라 변호인 접견을 하지 못한 채 불복의 기회마저 상실하게 되는 돌이킬 수 없는 중대한 불이익을 입을 수 있음을 이유로 변호인접견의 허가를 명하는 가처분신청을 인용하였다(헌재 2014.6.5. 2014헌사592).

법무부장관에게 변호사시험의 합격자가 결정되면 즉시 합격자의 성명을 공개하는 방법으로 공고하도록 하는 변호사시험법(2017. 12. 12. 법률 제15154호로 개정된 것) 제11조 중 '명단을 공고' 부분 가운데 성명 공개에 관한 부분에 대한 헌법소원을 본안으로 하여 위 심판대상조항의 효력정지를 신청한 사건에서, 가처분을 인용하더라도 법무부장관은 합격자의 응시번호만을 공개하는 방법 등 성명을 공개하지 않는 다른 방법으로 합격자를 공고할 수 있고, 그 후 종국결정에서 청구가 기각된다면 그때 비로소 성명을 추가 공고하면 되는 반면에, 가처분을 기각한 뒤 청구가 인용되었을 때는 이미 합격자 명단이 널리 알려졌을 것이므로 이를 돌이킬 수 없어 신청인들에게 발생하는 불이익이 매우 클 수 있다고 하여 그 효력을 정지하는 가처분 결정을 하였다(헌재 2018.4.6. 2018헌사242등).

초·중등교육법 시행령(2017. 12. 29. 대통령령 제28516호로 개정된 것) 제81조 제5항 중 '제91조의3에 따른 자율형 사립고등학교는 제외한다' 부분 등에 대한 헌법소원을 본안으로 하여 그 효력정지를 신청한 사건에서, 가처분을 인용할 경우 자율형사립고('자사고') 지원자도 후기 일반고에 중복지원할 수 있게 되어 시행령 개정으로 이루고자 하는 입법목적 달성의 효과는 감소하게 되나, 이는 종전과 같이 자사고에 불합격한 학생들에게 후기 일반고에 지원할 수 있는 기회를 주면서 자사고와 일반고 중복지원 금지의 시행을 본안심판의 종국결정시까지 미루는 것에 불과한 반면, 가처분을 기각하면 본안결정이 받아들여진다 하더라도 신청인 학생들의 경우 고등학교 입학전형 시기를 놓치게 되고 이미 진학 결정된 학교를 변경하기가 어려우므로 신청인들에게 발생하는 불이익이 매우 클 수 있어, 가처분을 인용한 뒤 종국결정에서 청구가 기각되었을 때 발생하게 될 불이익보다 가처분을 기각한 뒤 청구가 인용되었을 때 발생하게 될 불이익이 더 크므로, 위 심판대상조항에 대한 효력을 정지하는 가처분 결정을 하였다(헌재 2018.6.28. 2018헌사213).

바. 가처분 심판의 절차

법은 탄핵의 심판, 정당해산의 심판 및 권한쟁의의 심판은 구두변론에 의하도록 규정하고 있는 바, 가처분 심판은 구두변론이 필요적으로 행해지는 것은 아니다.

다만 임시의 지위를 정하기 위한 가처분에는 민사집행법 제304조가 준용되므로 변론기일 또는 심문기일을 열어야 하지만, 변론이나 심문의 실익이 없거나 권리구제의 긴급성 등으로 인하여 그 기일을 열어 심리를 하면 가처분의 목적을 달성할 수 없는 경우에는 변론기일이나 심문기일을 열지 않고 결정할 수 있다. 헌법재판소는 국무총리서리 임명행위의 효력정지 및 직무집행정지 가처분신청 사건(헌재 1998.7.14. 98헌사31), 정당활

동금지 가처분신청 사건(헌재 2014.2.27. 2013헌사907)에서 변론절차를 연 바가 있다.[173]

사. 가처분 결정

(1) 가처분 결정과 주문

가처분신청이 적법하고 이유가 있으면 헌법재판소는 가처분신청의 목적을 달성함에 필요한 처분을 할 수 있다(법 제40조, 민사집행법 제305조).

사안에 따라 구체적인 내용이 달라지겠지만 다툼이 되는 처분이나 법령 등의 효력정지, 그 집행절차의 속행을 금지하는 내용의 가처분(행정소송법 제23조 제2항)도 가능하고, 본안 결정 시까지 응급적 잠정적으로 임시의 지위를 정하는 내용의 가처분도 가능하다(민사집행법 제300조 제2항).[174]

이때 헌법재판소는 신청인의 신청취지에는 구속되지 않기 때문에(민사집행법 제305조), 재량으로 가처분의 시기, 기간, 방법, 범위 등을 적절하게 한정할 수 있다.[175]

가처분의 본질은 본안사건의 결정 시까지 잠정적인 조치를 취하는 것이므로 가처분 결정에는 원칙적으로 '종국결정 선고 시까지'라는 문구가 들어간다. 주문 기재의 사례를 본다.

> 피신청인이 1998년 4월 16일 경기도고시 제1998-142호로 행한 성남도시계획시설에 대한 도시계획 사업시행자지정 및 실시계획인가처분과 그 선행절차로서 행한 도시계획입안의 효력은 헌법재판소 98헌라4 권한쟁의심판청구사건에 대한 종국결정의 선고 시까지 이를 정지한다(헌재 1999.3.25. 98헌사98).
>
> 군행형법 시행령(1999. 10. 30. 대통령령 제16587호로 전문개정된 것) 제43조 제2항 본문 중 전단 부분의 효력은 헌법재판소 2002헌마193 헌법소원심판청구사건의 종국결정 선고 시까지 이를 정지한다. 피신청인은 변호인의 2014년 4월 25일자 신청인에 대한 변호인접견신청을 즉시 허가하여야 한다(헌재 2002.4.25. 2002헌사129).
>
> "변호사시험법(2017. 12. 12. 법률 제15154호로 개정된 것) 제11조 중 '명단을 공고' 가운데 성명 공개에 관한 부분의 효력은 헌법재판소 2018헌마77, 2018헌마283(병합) 헌법소원심판청구사건의 종국결정 선고 시까지 이를 정지한다(헌재 2018.4.6. 2018헌사242등)."
>
> "초·중등교육법 시행령(2017. 12. 29. 대통령령 제28516호로 개정된 것) 제81조 제5항 중 '제91조의3에 따른 자율형 사립고등학교는 제외한다.' 부분의 효력은 헌법재판소

173) 실무제요, 86면 참조

174) 실무제요, 87면

175) 실무제요, 87면

> 2018헌마221 헌법소원심판청구사건의 종국결정 선고 시까지 이를 정지한다(헌재 2018.6.28. 2018헌사213)."

(2) 가처분 결정에 대한 불복

민사집행법상 가처분신청을 기각하거나 각하하는 결정에 대해서는 즉시항고를 할 수 있고(민사집행법 제301조, 제281조 제2항), 행정소송법상의 집행정지절차에서도 집행정지 결정 또는 기각결정에 불복하는 경우 즉시항고를 할 수 있다(행정소송법 제23조 제5항).

그러나 헌법재판은 단심제로 운영되므로 그 성질상 가처분신청이나 집행정지신청에 대한 즉시항고 규정은 준용되기 어렵다.

그러나 가처분 인용결정에 대해서는 민사집행법상의 이의신청(민사집행법 제301조, 제283조 제1항)이 준용될 수 있을 것인데, 이의신청이 가처분절차의 집행을 정지시키지 않는다(민사집행법 제301조, 제283조 제3항).

그리고 가처분 인용 결정 후 본안사건의 결정이 있기 전까지 가처분 사유가 소멸되었다고 인정될 경우에는 민사집행법 제301조, 제288조 제1항(소위 사정변경에 의한 보전처분취소), 제307조 (특별사정에 의한 가처분취소), 행소 제24조 제1항을 준용하여 당사자의 신청이나 직권으로 가처분을 취소할 수 있다고 볼 것이다.[176)]

(3) 가처분 결정의 효력[177)]

(가) 확정력

가처분 결정에도 확정력을 인정함이 타당하다.

(나) 형성력

가처분결정이 선고되면 본안사건의 결정이 있을 때까지 가처분결정의 내용대로 법률관계가 형성된다.

(다) 기속력

가처분결정은 당해사건에 관하여 당사자인 피신청인을 기속하므로 피신청인은 동일한 내용의 새로운 처분을 할 수 없다.

또한 가처분결정은 모든 국가기관을 기속하며 주문에 달리 정함이 없는 한 본안사건의 결정이 있을 때까지 기속력을 가진다.

---

176) 실무제요, 92면

177) 이 부분은 실무제요의 91면을 정리함

제2장 위헌법률심판

이 장에서는 위헌법률심판에 대한 다양한 이론적·실무적 쟁점들이 기술될 것이다. 우선 이 장에서 기술될 기본적인 내용들이 실제로 어떠한 문제들과 연결되고 현실의 문제를 해결하는 데 어떻게 도움이 될 수 있는지를 가늠해보기 위해서 다음과 같은 사안들을 생각해보자.

생각해보기

◇ 甲은 2018. 12.17. 헌법재판소에 검찰총장을 피청구인으로 하여 공소권 불행사의 위헌확인 등을 구하는 헌법소원심판을 청구하였다. 헌법재판소는 이 사건(2018헌마****)에서 변호사를 대리인으로 선임하라는 보정명령을 발하였는데 이에 응하지 않자 2019.1.13. 헌법재판소법 제72조 제3항 제3호에 따라 甲의 심판청구를 각하하는 결정을 하였다.

이에 대해 甲은 헌법재판소가 위와 같은 결정을 한 것은 헌법재판소법 제25조 제3항이 "각종 심판절차에 있어서 당사자인 사인은 변호사를 대리인으로 선임하지 아니하면 심판청구를 하거나 심판수행을 하지 못한다. 다만, 그가 변호사의 자격이 있는 때에는 그러하지 아니한다"라고 규정하고 있는데서 비롯되었다고 보고, 변호사의 선임을 강제하는 위 법률조항은 국민의 헌법소원심판청구를 가로막는 것으로서, 헌법에 위반된다고 생각하여 변호사 대리를 강제하는 위 법률조항에 대한 위헌법률심판을 헌법재판소에 직접 청구하려고 생각하고 있다. 甲이 생각한대로 위헌법률심판청구가 가능할까?

◇ 甲은 제8회 변호사시험에 합격한 후 2019. 7. 현재 '법무법인 빛고을정'에서 실무수습을 하고 있는바, 다음과 같은 상담내용에 대한 상담자의 위헌법률심판제청신청서 작성에 관한 업무의 지시를 받았다. 그 가운데 위헌의 이유를 구성해보자.

상담자: 장연극(○○극장 운영자)

광주 동구 ○○가 62

경위 : 상담자가 운영하는 위 극장의 정문에서 19m 떨어진 곳에 '○○유치원'이란 교육기관이 위치하고 있기 때문에, 위 극장의 위치는 학교보건법 소정의 학교환경위생정화구역에 해당되어 극장영업행위 또는 시설을 하여서는 아니되고 기존 시설의 경과조치규정에 의해 이전·폐쇄 유효기간 내에 이전·폐쇄하여야 하는 시설임에도 불구하고 1999.1.24.부터 2018.9.7.까지 위 극장을 운영하여 영업행위를 하였다는 이유

로 기소되어 그 소송이 현재 광주지방법원에 계속 중이다(2018고단****).

상담자가 원하는 바: 자신이 운영하는 극장은 청소년전용극장으로 청소년들의 연극을 발표하거나 청소년 대상 영화만을 상영하고 있는데도 유치원 인근이라 하여 극장의 영업을 못하게 하는 것은 자신의 직업의 자유를 침해한다고 볼 수 있다. 따라서 해당 학교보건법 조항에 대하여 법원이 위헌심판을 제청하도록 위헌법률심판제청을 신청하고자 한다.

[관련법령]

학교보건법

제5조(학교환경위생정화구역의 설정) ① 학교의 보건·위생 및 학습환경을 보호하기 위하여 교육감은 대통령령이 정하는 바에 따라 학교환경위생정화구역을 설정하여야 한다. 이 경우 학교환경위생정화구역은 학교경계선으로부터 200미터를 초과할 수 없다.

제6조(정화구역안에서의 금지행위 등) ① 누구든지 학교환경위생정화구역 안에서는 다음 각 호의 1에 해당하는 행위 및 시설을 하여서는 아니 된다. 다만, 대통령령이 정하는 구역 안에서는 제2호, 제4호, 제8호 및 제10호 내지 제14호에 규정한 행위 및 시설 중 교육감 또는 교육감이 위임한 자가 학교환경위생정화위원회의 심의를 거쳐 학습과 학교보건위생에 나쁜 영향을 주지 않는다고 인정하는 행위 및 시설은 제외한다.

1.생략

2.극장, 총포화약류의 제조장 및 저장소, 고압가스·천연가스·액화석유가스 제조소 및 저장소

3.~14. 생략

②~④ 생략

제1절 위헌법률심판의 의의 및 우리 심판절차의 구조

1. 의의

위헌법률심판이란 법률이 헌법에 위반되는지 여부를 유권적으로 심사하여 헌법에 위반되는 법률의 효력을 부정하여 국가의 최고규범인 헌법의 우위와 규범력을 관철하는 제도이다.[1] 헌법은 국가의 최고규범이고 입헌주의국가에서 모든 국가작용은 헌법의 구속을 받으므로 입법작용의 결과인 법률 또한 헌법에 위배되어서는 안 되는데, 이것을 보장하기 위하여는 헌법에 위반되는 법률의 효력을 부정할 수 있는 유권적 심사절차가 수립되어 있을 것이 필요한데 이 필요성에 부응하는 것이 위헌법률심판이다.

1) 김하열, 헌법소송법 제3판, 박영사, 2018, 273면 참조

위헌법률심판은 하위 규범으로서의 '법률'이 최고 규범으로서의 헌법에 위반되는지 여부를 심사하는 규범통제절차이므로, 헌법질서를 보장하고 문제된 법률이 국민의 기본권을 침해하는 경우에는 기본권을 보호한다. 이렇게 보면 위헌법률심판은 명목적으로가 아니라 실질적이고 구체적으로 헌법의 규범력을 실현하기 위해 수립되고 정착된 제도라고 할 수 있다.

우리 헌법은 "법률이 헌법에 위반되는 여부가 재판의 전제가 된 경우에는 법원은 헌법재판소에 제청하여 그 심판에 의하여 재판한다."라고 정하고 있다(헌법 제107조 제1항). 즉 우리의 위헌법률심사는 법원에서 진행 중인 구체적 소송사건에 적용될 법률의 위헌 여부가 당해 사건의 해결을 위한 선결문제로서 다투어질 때 이루어진다는 점에서 구체적·부수적·사후적 규범통제제도라고 할 수 있다.2)

2. 위헌법률심판의 구조

우리의 위헌법률심판은 두 개의 별개의 독립된 사법기관인 법원과 헌법재판소를 통하여 이루어진다. 즉 법원의 통상적인 재판절차로부터 위헌법률심판제청이 이루어지면 이 제청을 받은 헌법재판소가 심판대상 법률조항의 위헌 여부를 결정하게 된다. 헌법 제107조 제1항에 의거하여 헌법재판소법은 "법률이 헌법에 위반되는지 여부가 재판의 전제가 된 경우에는 당해사건을 담당하는 법원(군사법원을 포함한다. 이하 같다)은 직권 또는 당사자의 신청에 의한 결정으로 헌법재판소에 위헌 여부 심판을 제청한다."라고 좀더 구체화하였다(법 제41조 제1항).

위헌심판 제청이 있고 그에 대하여 법률의 위헌 여부를 심판한다는 것이 실제적으로 어떻게 구현되는지 그 모습을 파악해보자. 우선 위헌법률심판이 이루어지기 위해서는 법원에 소송사건이 있고 그 재판에 적용되는 법률이 위헌인지 여부를 심판해줄 것을 법원이 헌법재판소에 제청하면, 그 제청을 받아 헌법재판소가 그 법률에 대하여 심판하는 것이다. 반드시 두 기관이 있어야 하고 두 기관은 '민·형사, 행정재판 → 위헌제청 → 헌법재판소의 위헌심판 → 심판에 따른 민·형사, 행정재판의 해결'의 구조에서 주어진 역할을 하는 것이다.

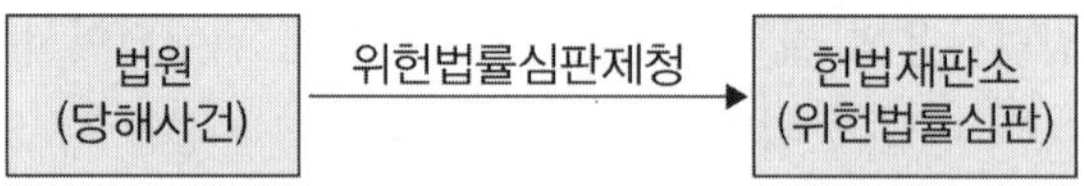

2) 위의 책, 273면 참조

위 [생각해보기]의 첫째 사안의 모델인 사건에서 헌법재판소는 "헌법 제107조 제1항 및 헌법재판소법 제41조 제1항의 규정을 모두어 보면, 법률이 헌법에 위반되는 여부가 재판의 전제가 된 때에는 당해 사건을 담당하는 법원은 직권 또는 당사자의 신청에 의한 결정으로 헌법재판소에 위헌법률심판을 제청하고, 그 심판에 의하여 재판하게 되어 있다. … 헌법소원심판은 … 위헌법률심판의 청구는 아니다. 따라서 헌법재판소는 구체적 사건에서 법률의 위헌 여부가 재판의 전제가 되어 법원의 제청이 있는 때에 한하여 위헌법률심판을 할 수 있고, 개인의 제소 또는 심판청구만으로는 위헌법률심판을 할 수 없다는 것이다."라고 하였다(헌재 1994.6.30. 94헌아5).

법원은 자신의 재판과정에서 적용할 법률에 위헌의 의심이 있으면 헌법재판소에 위헌법률심판을 제청하여 그 심판에 의하여 재판하여야 하는바, 법률의 위헌 여부에 대한 최종적 판단권을 갖는 것은 아니다. 흔히 미디어 등에서 법원의 위헌제청 사실에 대하여 '법원이 … 위헌이라고 판결하였다'라는 식의 기사를 보게 되는데, '법원은 위헌의 의심을 제기했고 위헌인지 여부는 헌법재판소에 의하여 판단될 것이다.'라고 하는 것이 보다 정확한 서술일 것이다.

참고로 헌법재판소가 개설된 후인 1988년 9월 1일부터 2018년 12월 31일까지 약 30년 동안 위헌법률심판제청은 957건이 접수되어 919건이 처리되었는데, 그 가운데 340건이 합헌, 72건이 각하, 취하가 123건, 위헌성 확인이 384건이었다. 2018년 12월 31일까지는 대략적으로 위헌법률심판제청된 사건의 38%정도가 위헌성이 확인되고, 36%정도가 합헌결정을 받고 있어 합헌 결정과 위헌결정이 비슷한 비율을 차지하고 있고 의외로 취하되거나 각하결정을 받는 경우도 적지 않았다는 점이 확인되고 있다.[3)]

3) http://www.ccourt.go.kr/cckhome/kor/info/selectEventGeneralStats.do

제2절 위헌법률심판의 제청

1. 제청권자

위헌법률심판은 당해사건을 담당하는 법원이 제청한다. 당해사건 당사자 또는 참가인은 자신들이 직접 제청하는 것이 아니라 재판부에 제청할 것을 신청할 수 있다. 당사자(참가인 포함)가 재판부에 위헌법률심판제청을 신청하는 경우 법원은 그 신청을 받아들여 위헌심판을 제청하거나 그 신청을 기각 또는 각하한다. 법이 명시적으로 군사법원에 제청권이 있음을 정하고 있다(법 제41조 제1항).

대안적 분쟁해결 절차의 주체인 조정위원회(민사조정법 제8조 이하)나 가사조정위원회(가사조정법 제48조 이하)도 여기의 '법원'에 포함된다고 볼 것인지에 관하여는, 법관이 아닌 조정위원이 참여하지만 법관이 주도하는 이상 법원에 해당한다고 보는 견해[4]와, 법원은 법관으로 구성되고 최고법원인 대법원과 각급 법원으로 조직되는 것이므로 위 기관은 법원에 해당하지 않아 제청의 주체가 될 수 없다고 보는 견해[5]로 나뉜다.

행정기관은 직무나 신분의 독립성이 보장된다 하더라도 여기의 법원에 해당되지 않는다. 언론중재위원회는 법관이 그 구성원으로 참여하더라도 제청권한이 없다.[6]

위헌법률심판의 제청은 법원만이 할 수 있고, 당해사건의 당사자는 법원에 위헌법률심판의 제청을 신청할 수 있을 뿐 직접 헌법재판소에 제청할 수 없다. 당해사건 재판을 담당하는 법원이면 1심법원이든 2심법원이든 모든 법원이 제청권을 가진다.[7] 1심, 2심에서 위헌제청이 없었다면 상고심에서 대법원이 직권으로 또는 위헌제청신청을 받아 위헌제청을 할 수 있다.

2. 제청의 절차

가. 법원의 제청

(1) 제청 절차

위헌법률심판의 제청은 당해사건을 담당하는 법원이 직권으로 할 수도 있고 당해사건 당사자의 제청신청에 따라 이루어질 수 있다(법 제41조 제1항). 여기의 당사자에는 참

---

4) 허영, 헌법소송법론 제13판, 박영사, 2018, 203면; 정종섭, 헌법소송법 제9판, 박영사, 2019, 264면

5) 김하열, 앞의 책, 291면

6) 위의 책, 291면; 허영, 앞의 책, 203면; 성낙인 외, 헌법소송론, 법문사, 2012, 158면

7) 김하열, 위의 책, 292면 참조

가인도 포함된다. 당해사건의 보조참가인은 자기 명의로 독립하여 소송행위를 할 수 있기 때문이다. 민사소송의 보조참가인이 위헌법률심판제청신청을 한 사례로는 2001헌바98 결정(2003. 5. 15.), 행정소송의 보조참가인이 위헌법률심판제청신청을 한 사례로는 2004헌바44 결정(2008. 4. 24.) 등이 있다. 다만 형사재판의 경우 피고인이 아닌 고소인은 형사재판의 당사자라고 볼 수 없으므로 위헌법률심판제청신청을 할 수 없다(헌재 2010.3.30. 2010헌바102).

대법원 외의 법원이 제청을 할 때에는 대법원을 거쳐야 한다(법 제41조 제5항). 대법원 이외의 법원이 위헌제청을 할 때에는 제청서 정본을 지체 없이 법원행정처장에게 법원장 또는 지원장 명의로 송부하여야 하고(위헌법률심판 제청사건의 처리에 관한 예규 제8조), 이를 송부받은 대법원은 제청서 정본을 헌법재판소에 제출할 뿐 하급 법원의 제청에 간여하거나 심사하지 않는다.[8]

(2) 당사자의 위헌법률심판제청 신청

당해사건의 당사자와 참가인은 법원 심급의 어느 단계에서든 당해사건 재판부에 위헌제청을 신청할 수 있다. 그런데 법 제68조 제2항 제2문은 " … 당사자는 당해사건의 소송절차에 동일한 사유를 이유로 다시 위헌 여부 심판의 제청을 신청할 수 없다." 라고 규정하고 있어서 심급이 진행됨에 따라 여러 번 제청신청을 할 수 있는지, 전체 심급을 통틀어 한 번만 제청신청을 할 수 있는지 문제가 된다. 가령 제1심에서 위헌제청신청을 하고 그 신청이 기각당하였는데 이 기각결정에 대하여는 별도의 행위를 하지 않은 채 본안에서 항소하면서 항소심 또는 상고심에서 다시 위헌제청을 신청할 수 있는지 여부가 특히 문제된다. 위헌제청신청의 기각결정에 대하여는 항고할 수 없고 단지 법 제68조 제2항에 의거한 헌법소원심판을 청구할 수 있는데, 당사자는 본안에서 상소하면서 상소심에서 위헌제청이 될지 여부를 보고 헌법소원심판을 청구할지를 결정하겠다고 생각할 수 있기 때문이다.

이 문제에 대해서는 견해가 갈리고,[9] 법원[10]과 헌법재판소[11]는 부정적인 입장을 표명하였다. 헌법재판소는 파기환송 전 항소심에서 위헌법률심판제청을 신청하고 기각당하였으

---

8) 위의 책, 297면

9) 긍정적인 견해로는, 정종섭, 앞의 책(각주 4), 275면; 부정적인 견해로는 한수웅, 헌법학 제2판, 법문사, 2012, 1408면 등이 있다.

10) 대법원 2000.4.11. 98카기137; 대법원 2000.6.23. 2000카기44.

11) 헌재 2007.7.26. 2006헌바40; 헌재 2009.9.24. 2007헌바118.

나 본안사건에서 승소판결을 받았기 때문에 헌법소원심판을 청구하지 않았다가 대법원에서 파기환송되어 환송 후 항소심에서 다시 동일한 사유로 위헌법률심판제청을 신청하는 것은 법 제68조 제2항 제2문에 위배되는 것으로 부적법하다고 하였다(헌재 2013.6.27. 2011헌바247).

위헌법률심판제청을 신청할 때에는 '사건 및 당사자의 표시', '위헌이라고 해석되는 법률 또는 법률의 조항', '위헌이라고 해석되는 이유'를 기재한 서면으로 한다(법 제41조 제2항).

위헌법률심판제청신청서에는 인지를 첩부하지 않는다('위헌법률심판 제청사건의 처리에 관한 예규' 제3조).[12] 위헌법률심판제청신청을 기각하는 결정에 대하여는 제청신청인은 물론 신청인의 상대방도 항고나 재항고를 할 수 없다(법 제41조 제4항). 제청신청인은 법원의 제청신청 기각 또는 각하결정에 대하여 헌법재판소법 제68조 제2항에 의거하여 헌법소원심판을 청구할 수 있다. <아래 위헌제청신청서 서식례 참조>

나. 제청서

법원은 제청서에 '제청법원의 표시', '사건 및 당사자의 표시', '위헌이라고 해석되는 법률 또는 법률의 조항', '위헌이라고 해석되는 이유', '그 밖에 필요한 사항'을 기재하고(법 제26조 제1항), 당해사건이 형사사건인 경우에는 '피고인의 구속 여부 및 그 기간'을 행정사건인 경우에는 '행정처분의 집행정지 여부'를 기재하며(심판규칙 제54조), 필요한 증거서류나 참고자료를 첨부하여(법 제26조 제2항) 제청한다.

3. 제청의 소송법적 효과

가. 재판의 정지 등

법원이 법률의 위헌 여부 심판을 헌법재판소에 제청한 때에는 당해 소송사건의 재판은 헌법재판소의 위헌 여부의 결정이 있을 때까지 정지된다(법 제42조 제1항 본문). 이 재판정지기간은 형사소송법 제92조 제1항·제2항 및 군사법원법 제132조 제1항·제2항의 구속기간과 민사소송법 제199조의 판결 선고기간에 산입하지 아니한다(법 제42조 제2항).

정지되는 재판은 당해사건의 재판에 국한된다. 동일한 법률의 위헌여부가 전제가 되어 있는 다른 사건의 재판은 법률상 정지되지 않는다. 참고로 1950년 제정된 헌법위원회법에서는 당해사건의 재판이 정지될 뿐만 아니라 대법원으로 하여금 각급 법원에서 당해 법률을 적용하여야 할 사건의 심리를 중지시키도록 규정하였고, 이는 그 이후의 우리의 헌법위원회제도에서도 유지되었다.

---

12) 실무제요, 111-112면

<위헌제청신청서 서식례>[13)]

위 헌 법 률 심 판 제 청 신 청

사　건 : 2013가합0000　분담금

원　고 : 교통안전공단

피　고 : ○○해운(주)

위 사건에 관하여 피고는 아래와 같이 위헌법률심판제청을 신청합니다.

신 청 취 지

"교통안전공단법 제13조 제2항 제1호·제2호, 제17조, 제18조, 제19조 및 제21조의 위헌 여부에 관한 심판을 제청한다."라는 결정을 구합니다.

신 청 이 유

1. 교통안전기금에 관한 교통안전공단법 관련규정의 개요

2. 재판의 전제성

… 따라서 위 법률의 위헌 여부는 현재 ○○지방법원 2013기합0000호로 계속 중인 분담금 사건에서 재판의 전제가 된다고 판단됩니다.

3. 교통안전분담금제도의 위헌성에 관하여

가. 헌법 제11조 제1항의 평등원칙 위배 여부

나. 헌법 제23조 제1항의 재산권 침해 여부

4. 결　어

이상의 이유로 … 위헌이라고 판단되므로, 신청인의 소송대리인은 귀원에 위헌법률심판을 제청해줄 것을 신청하기에 이르렀습니다.

20　.　.　.

위 피고　○ ○ ○ (인)

○○지방법원　귀중

---

13) 실무제요, 114면

예외적으로 법원은 긴급하다고 인정하는 종국재판 이외의 소송절차를 진행할 수 있다(법 제42조 제1항 단서). 또한 당사자가 소취하, 화해, 포기, 인낙 등의 행위를 하는 경우에는 소송이 종료되고, 이때는 제청의 철회가 가능하다(위헌법률심판 제청사건의 처리를 위한 예규, 제4조 제4호, 제7조 제4항).

나. 의견서 제출

법원이 헌법재판소에 위헌법률심판제청서 정본을 송부하면 헌법재판소는 이를 접수하여 사건번호와 사건명을 부여함으로써 심판절차를 개시한다. 위헌법률심판절차가 개시되면 당해 소송사건의 당사자 및 법무부장관은 헌법재판소에 법률의 위헌 여부에 대한 의견서를 제출할 수 있고(법 제44조), 여기에 헌법재판소의 심판에 이해관계가 있는 국가기관 또는 공공단체도 의견서를 제출할 수 있으며(심판규칙 제10조 제1항), 헌법재판소는 이들에게 의견서를 제출할 것을 요청할 수 있다(심판규칙 제10조 제1항). 당해사건의 참가인도 의견서를 제출할 수 있다(심판규칙 제56조). 헌법재판소는 필요하다고 인정하면 위헌법률심판에 이해관계가 있는 사람에게 의견서를 제출할 수 있음을 통지할 수 있으며(심판규칙 제10조 제2항), 위와 같이 요청하거나 통지하는 경우에는 제청서 또는 청구서의 등본을 송달한다(심판규칙 제10조 제3항).

4. 제청의 철회

법원은 실무상, 당해사건 재판의 전제가 된 법률의 폐지 또는 그 법률에 대한 헌법재판소의 위헌결정, 소송종료를 초래하는 당사자의 행위 등의 사유로 위헌제청의 사유가 소멸한 때에는 위헌제청을 취소하고 그 취소결정정본을 헌법재판소에 송부함으로써 위헌제청을 철회한다(위헌법률심판 제청사건의 처리에 관한 예규 제7조 제4항). 법원이 제청을 철회하면 헌법재판소는 위헌법률심판절차가 종료된 것으로 처리하며[14] 제청의 철회 사유가 있음에도 불구하고 철회하지 않을 경우에는 특별한 사정이 없는 한 재판의 전제성이 없음을 이유로 각하하게 된다.

---

14) 실무제요, 102, 136면

제3절 위헌법률심판의 대상

1. '법률'

헌법 제107조 제1항, 제111조 제1항 제1호, 법 제41조 제1항은 위헌법률심판절차의 대상규범을 '법률'이라고 규정하고 있다. 여기의 '법률'에 관하여 헌법재판소는 "일정한 규범이 위헌법률심판 또는 헌법재판소법 제68조 제2항에 의한 헌법소원심판의 대상이 되는 '법률'인지 여부는 그 제정 형식이나 명칭이 아니라 그 규범의 효력을 기준으로 판단하여야 한다."라고 하고 있다(헌재 2013.3.21. 2010헌바132등).

적법하게 위헌제청을 하기 위해서는, 실무상으로는, 분명하게 심판대상 법률이 될 수 없는 부분을 포함시키지 않는 것이 중요하다. 이는 특히 법 제68조 제2항의 헌법소원심판에서, 가령 행정소송 가운데 위헌제청신청이 기각된 후 헌법소원심판을 청구하는 경우 행정소송에서 제시되었던 처분의 근거법령 전부, 즉 대통령령이나 명령·규칙 등까지 대상으로 하여 헌법소원심판을 청구하는 문제로 종종 드러난다. 이와 관련한 내용은 제3장 제3절의 해당부분을 반드시 참조하도록 하자.

2. 위헌법률심판의 대상인 '법률'에 해당되는 규범

가. 국회 제정 법률

(1) 현행 법률

입법절차에 따라 국회의 의결을 거쳐 제정된 형식적 의미의 법률은 위헌법률심판의 대상이다.

(2) 폐지된 법률

여기에는 폐지되거나 개정된 구 법도 포함된다. 구 법이라 하더라도 당해사건에 적용되는 경우에는 여전히 법적 효력 있는 법률이므로 규범통제를 통하여 그 위헌 여부 및 효력의 존부가 결정될 필요가 있다. 헌법재판소는 "폐지된 법률도 그 위헌 여부가 관련 소송사건의 재판의 전제가 되어 있다면 당연히 헌법재판소의 위헌심판의 대상이 된다."라고 판시하였다(헌재 1994.6.30. 92헌가18; 헌재 1996.4.25. 92헌바47).

(3) 현행 헌법 이전의 법률

현행 헌법 부칙 제5조는 "이 헌법 시행 당시의 법령과 조약은 이 헌법에 위배되지 아니하는 한 그 효력을 지속한다"라고 규정하고 있는바, 첫째 구 헌법 하의 법질서와 현행 헌법 하의 법질서 간에 원칙적으로 연속성이 부여되지만, 둘째 구 헌법의 법질서가 현행 헌법의 법질서에 저촉되는지 문제될 때 현행헌법을 기준으로 한 위헌심사를 통하여 개별적으로 문제되는 구법질서를 소거한다는 의미로 해석하여야 할 것이다.[15)]

현행 헌법 이전의 헌법 하에서 제정·시행된 법률도 위헌법률심판의 대상이 되고 그 절차나 효력 등도 다르지 않다.[16)] 헌법재판소가 현행 헌법 이전에 제정된 법률조항에 대한 법원의 위헌제청에 대하여 본안 심판을 한 사례는 상당히 많다. 대표적으로 국유잡종재산은 시효취득의 대상이 되지 아니한다고 정한 국유재산법(1976. 12. 31. 법률 제2950호) 제5조 제2항에 대한 헌법재판소 최초의 위헌결정(헌재 1991.5.13. 89헌가97), 공공사업의 시행을 위하여 토지 등의 취득 또는 사용이 필요하여 협의를 행하고자 할 경우 소유권자의 주소 또는 거소의 불명으로 협의를 행할 수 없을 때에 사업시행자가 공시송달로 협의를 갈음하도록 하는 공공용지의취득및손실보상에관한특례법(1975. 12. 31. 법률 제2847호) 제6조에 대한 위헌결정(헌재 1995.11.30. 94헌가2), 근로3권이 보장되는 공무원의 범위를 "사실상의 노무"에 종사하는 공무원으로 한정한 국가공무원법(1973. 2. 5. 법률 제2460호) 제66조 제1항에 대한 합헌 결정(헌재 1992.4.28. 90헌바27), 형법(1953. 9. 18. 법률 제293호로 제정된 것) 조항 가운데 사형제 결정(헌재 1996.11.28. 95헌바1), 민법(1958. 2. 22. 법률 제471호)에서 호주제를 정한 제778조에 대한 헌법불합치결정(헌재 2005.2.3. 2004헌가5) 등이 있다.

(4) 제헌헌법 이전의 법률

미군정청이 발한 법령, 일제 강점기에 조선총독이 발한 법령으로서 미군정청에 의해 그 효력이 인정되는 일정법령 등은 대한민국의 통치권에 의해 제정된 것이 아닐 뿐만 아니라 형식적으로는 법률이 아닌 경우가 많다. 그런데 이러한 법령들도 제헌헌법의 시행 후에는 "현행 법령은 이 헌법에 저촉되지 아니하는 한 효력을 가진다."라고 규정한 제헌헌법 제100조에 따라 대한민국 법령으로서의 효력을 부여받게 되었다.

제헌헌법 하에서의 법률에 대한 위헌심사는 법원의 제청에 의해 헌법위원회가 행하였고, 당시의 헌법위원회는 6건의 결정을 하였음을 제1장에서 보았다. 그 헌법위원회가 선고한 6건의 결정 중 단기 4284년의 헌위 제1,2호 결정은 귀속재산처리법 법률조항과 동법 시행령조항에 대한 제청이 병합된 것이었다. 이 결정에서 시행령조항은 법률로 취급되지 않았고, 나머지 결정 중 심판대상의 형식적 명칭이 법률이 아닌 것은

---

15) 김하열, 앞의 책, 287면

16) 정종섭, 앞의 책(각주 4), 247면 참조

'비상사태 하의 범죄처벌에 관한 특별조치령' 제9조 결정(단기4285년 헌위 제2호)과, '남조선과도정부 행정명령' 제9호 결정(단기 4286년 헌위 제1호)이 있다. 헌법위원회는 후자의 행정명령 제9호에 대하여 '그 내용이 입법사항에 해당되나 제정 당시는 우리 헌법 제정 전이므로 과도정부의 행정명령으로 법률사항을 유효하게 규정할 수 있었고, 우리 제헌 헌법 제100조에 의하여 법률적 효력을 보유한다.'라고 하였다.

우리 헌법재판소는, 구 국방경비법 특정 조항에 의한 죄로 처벌받은 자를 보안관찰 처분대상자로 규정하고 있는 보안관찰법(1989. 6. 16. 법률 제4132호로 개정된 것) 부칙 제2조 제2호 중 해당 부분이 정하고 있는 보안관찰처분은 보안처분의 일종이므로 헌법 제12조 제1항 후문에 따라 '법률과 적법한 절차'에 이루어져야 한다고 하면서, 구 국방경비법 조항이 처벌 당시 유효하게 성립된 법률로 인정할 수 있으므로 위 부칙조항 부분이 적법절차원칙에 위반되지 않는다고 보았다(헌재 2001.4.26. 98헌바79). 이 결정에서 헌법재판소는 구 국방경비법 제32조, 제33조는 1946년 6월 15일 당시 이미 존재하고 있었다고 볼 수 있는 점, 대한민국 정부수립 후 구 국방경비법은 1962년 1월 20일 폐지될 때까지 아무런 의심 없이 국민들에 의해 유효한 법률로 취급받았고 유효한 법률이었음을 전제로 입법이 되는 등 실질적으로 규범력을 갖춘 법률로 승인된 점 등을 종합하여 볼 때 비록 구 국방경비법의 제정, 공포경위가 명백히 밝혀지지 않기는 하나 그 유효한 성립을 인정함이 합리적이라고 하였다.

나. 긴급재정경제명령, 긴급명령, 유신헌법 하의 이른바 '긴급조치'

헌법 제76조 제1항, 제2항[17]에는 대통령의 긴급재정경제명령과 긴급명령의 발동 요건을 정하면서 이들 명령이 법률적 효력을 가진다고 명시적으로 규정하고 있는바, 이들 명령은 위헌법률심판의 대상이 된다고 할 것이다.

유신헌법 하의 긴급조치에 대하여 헌법재판소는 '법률'에는 국회의 의결을 거친 이른바 형식적 의미의 법률은 물론이고 그 밖에 조약 등 '형식적 의미의 법률과 동일한 효력을 갖는 규범들도 모두 포함되므로, 최소한 법률과 동일한 효력을 가지는 위 긴급

---

17) 제76조 ① 대통령은 내우·외환·천재·지변 또는 중대한 재정·경제상의 위기에 있어서 국가의 안전보장 또는 공공의 안녕질서를 유지하기 위하여 긴급한 조치가 필요하고 국회의 집회를 기다릴 여유가 없을 때에 한하여 최소한으로 필요한 재정·경제상의 처분을 하거나 이에 관하여 법률의 효력을 가지는 명령을 발할 수 있다. ② 대통령은 국가의 안위에 관계되는 중대한 교전상태에 있어서 국가를 보위하기 위하여 긴급한 조치가 필요하고 국회의 집회가 불가능한 때에 한하여 법률의 효력을 가지는 명령을 발할 수 있다. ③ 대통령은 제1항과 제2항의 처분 또는 명령을 한 때에는 지체없이 국회에 보고하여 그 승인을 얻어야 한다.

조치들의 위헌 여부 심사권한은 헌법재판소에 전속한다고 보고 그 긴급조치에 대하여 위헌결정을 하였다(헌재 2013.3.21. 2010헌바132).[18]

대법원에서는 유신헌법 하의 긴급조치가 국회의 동의 내지 승인 없이 발령된 것이어서 '법률'에 해당하지 않으므로 그 위헌 여부에 대한 심사권은 대법원에 속한다고 판시한바 있다. 그러나 유신헌법에서는 대통령이 긴급조치를 발할 경우에 국회의 동의 내지 승인을 얻도록 하지 않고 국회에 사후적으로 통고할 것만을 정하고 있으므로 (유신헌법 제53조[19]) 당시의 긴급조치가 국회의 동의나 승인이 없었다 하더라도 유신헌법에 따른 긴급권의 행사였고 따라서 긴급조치가 국회의 동의나 승인이 없었다는 점을 '법률'적 효력 부인의 근거로 삼기에는 부족하다. 현행 헌법이 대통령의 긴급입법에 대하여 국회의 승인을 얻도록 한 것(현행헌법 제76조 제3항)과 분명한 차이가 있다,

다. 법률의 효력을 갖는 조약

조약은 헌법 제6조 제1항에 따라 국내법과 같은 효력을 가지는데, 조약의 종류에 따라서는 국내법상 법률과 같은 효력을 가지는 것도 있는 반면, 법률 하위 규범으로서의 효력만 가지는 조약도 있다.[20]

헌법재판소는 법률과 동일한 효력을 가지는 조약은 위헌법률심판의 대상이 된다고 하였다(헌재 1999.4.29. 97헌가14; 헌재 2001.9.27. 2000헌바20). 법률과 같은 효력을 지니는 조약인지는 헌법 제60조에 따라 국회의 동의를 얻어 체결·비준되는 조약인지에 따라 판단한다.[21]

헌법재판소는 '대한민국과아메리카합중국간의상호방위조약제4조에의한시설과구역및대한민국에서의합중국군대의지위에관한협정'에 대해, 그 명칭이 '협정'으로 되어 있지만 외국 군대의 지위에 관한 것이고 국가에게 재정적 부담을 지우는 내용과 입법사

---

18) 김하열, 앞의 책, 283면

19) 제53조 ① 대통령은 천재·지변 또는 중대한 재정·경제상의 위기에 처하거나, 국가의 안전보장 또는 공공의 안녕질서가 중대한 위협을 받거나 받을 우려가 있어, 신속한 조치를 할 필요가 있다고 판단할 때에는 내정·외교·국방·경제·재정·사법등 국정전반에 걸쳐 필요한 긴급조치를 할 수 있다. ② 대통령은 제1항의 경우에 필요하다고 인정할 때에는 이 헌법에 규정되어 있는 국민의 자유와 권리를 잠정적으로 정지하는 긴급조치를 할 수 있고, 정부나 법원의 권한에 관하여 긴급조치를 할 수 있다. ③ 제1항과 제2항의 긴급조치를 한 때에는 대통령은 지체없이 국회에 통고하여야 한다. ④ 제1항과 제2항의 긴급조치는 사법적 심사의 대상이 되지 아니한다. ⑤ 긴급조치의 원인이 소멸한 때에는 대통령은 지체없이 이를 해제하여야 한다. ⑥ 국회는 재적의원 과반수의 찬성으로 긴급조치의 해제를 대통령에게 건의할 수 있으며, 대통령은 특별한 사유가 없는 한 이에 응하여야 한다.

20) 김하열, 앞의 책, 278면 참조

21) 계희열, 헌법학(상) 신정2판, 박영사, 2005, 187면; 한수웅, 앞의 책, 340면

항을 포함하고 있으므로 국회의 동의를 요하는 조약이라고 판시하였다(헌재 1999.4.29. 97헌가14).

또한 국제통화기금 혹은 전문(專門)기구의 재산과 자산에 대한 사법절차 면제 및 그 직원의 공적 행위에 대한 사법절차 면제를 규정한, '국제통화기금협정'의 해당 부분과 '전문기구의특권과면제에관한협약'의 해당 부분에 대하여 각 국회의 동의를 얻어 체결된 것이므로 헌법에 따라 국내법적 효력을 가지며 법률에 준하는 효력을 가지고, 심판대상조항의 재판권 면제에 관한 것은 성질상 국내에 바로 적용되는바 위헌법률심판의 대상이 된다고 판시하였다(헌재 2001.9.27. 2000헌바20).

우리 헌법 제6조 제1항, 헌법 부칙 제5조에 의하면 우리 헌법은 조약에 대한 헌법의 우위를 전제하고 있으며, 헌법과 동일한 효력을 가지는 이른바 헌법적 조약을 인정하지 아니한다. 한미자유무역협정의 경우, 헌법 제60조 제1항에 의하여 국회의 동의를 필요로 하는 우호통상항해조약의 하나로서 법률적 효력이 인정되므로, 규범통제의 대상이 됨은 별론으로 하고, 그에 의하여 성문헌법이 개정될 수는 없다(헌재 2013.11.28. 2012헌마166).

라. 법률의 효력을 갖는 관습법

관습법이 위헌법률심판의 대상이 될 수 있는지에 대하여 논란이 있으나, 그것이 법률의 효력을 갖는다면 그 대상이 될 수 있다.[22)]

헌법재판소는 민법 시행 이전에 재산상속을 규율하던 구 관습법이 문제된 사건에서 법률과 같은 효력을 가지는 관습법도 당연히 헌법소원심판의 대상이 되고 단지 형식적인 의미의 법률이 아니라는 이유로 그 예외가 될 수는 없다고 판단하였다(헌재 2013.2.28. 2009헌바129).

3. 위헌법률심판의 대상인 '법률'에 해당되지 않는 규범

가. 헌법조항

헌법재판소는 헌법조항에 대한 위헌법률심판을 인정하지 아니한다. 헌법재판소는 1995.12.28. 95헌바3 결정에서 다음과 같은 취지로 그 이유를 설시하였다. 『헌법 제111조 제1항 제1호 및 헌법재판소법 제41조 제1항은 위헌법률심판의 대상에 관하여, 헌법 제111조 제1항 제5호 및 헌법재판소법 제68조 제2항, 제41조 제1항은 헌법소원심판의 대상에 관하여 그것이 법률임을 명문으로 규정하고 있으며, 여기서 위헌심사의

22) 실무제요, 129-130면

대상이 되는 법률이 국회의 의결을 거친 이른바 형식적 의미의 법률을 의미하는 것에는 아무런 의문이 있을 수 없다. 따라서 형식적 의미의 법률과 동일한 효력을 갖는 조약 등은 포함된다고 볼 것이지만 헌법의 개별규정 자체는 그 대상이 아님이 명백하다. … 우리 헌법의 각 개별규정 가운데 무엇이 헌법제정규정이고 무엇이 헌법개정규정인지를 구분하는 것이 가능하지 아니할 뿐 아니라, 각 개별규정에 그 효력상의 차이를 인정하여야 할 형식적인 이유를 찾을 수 없다. … 우리나라의 헌법은 제헌헌법이 초대국회에 의하여 제정된 반면 그 후의 제5차, 제7차, 제8차 및 현행의 제9차 헌법 개정에 있어서는 국민투표를 거친 바 있고, 헌법 제130조 제2항이 헌법의 개정을 국민투표에 의하여 확정하도록 하고 있음에 비추어, 헌법은 그 전체로서 주권자인 국민의 결단 내지 국민적 합의의 결과라고 보아야 할 것으로, 헌법의 규정을 헌법재판소법 제68조 제1항 소정의 공권력 행사의 결과라고 볼 수도 없다. … 헌법은 전문과 단순한 개별조항의 상호관련성이 없는 집합에 지나지 않는 것이 아니고 하나의 통일된 가치체계를 이루고 있는 것이므로, 헌법의 전문과 각 개별규정은 서로 밀접한 관련을 맺고 있고, 따라서 헌법의 제 규정 가운데는 헌법의 근본가치를 보다 추상적으로 선언한 것도 있고, 이를 보다 구체적으로 표현한 것도 있어서 이념적·논리적으로는 규범 상호간의 우열을 인정할 수 있는 것이 사실이다. 그러나, 그렇다 하더라도, 이 때에 인정되는 규범 상호간의 우열은 추상적 가치규범의 구체화에 따른 것으로 헌법의 통일적 해석에 있어서는 유용할 것이지만, 그것이 헌법의 어느 특정 규정이 다른 규정의 효력을 전면 부인할 수 있는 정도의 개별적 헌법규정 상호간에 효력상의 차등을 의미하는 것이라고는 볼 수 없다.』

같은 취지의 판단은 여러 결정에서 반복되었고(헌재 1996.6.13. 94헌바20; 헌재 2001.2.22. 200헌바38), 최근에는 2018.5.31. 2013헌바22등 결정에서 다시 확인되고 있다.

유신헌법 조항에 관하여 헌법재판소는 위헌법률심판의 대상이 되지 않는다고 하기도 하고(헌재 2010.3.9. 2010헌바97), 재판의 전제성이 없다고 하기도 하였다(헌재 2013.3.21. 2010헌바132). 유신헌법 개정에 대해서는 헌법재판소가 위헌심사를 하여야 한다는 견해도 있다.[23)]

또한 학설상으로는 실정법에 '법률'이라고 정하고 있고, 헌법에 의해 창설된 헌법재판소가 국민투표를 통해 확정된 헌법개정의 결과인 헌법조항을 심사할 수 없으며, 우리 헌법은 헌법개정금지조항을 두고 있지 않은 점을 들어서 헌법조항의 위헌법률심판

---

23) 김선택, "위헌적 헌법개정에 대한 위헌심사론-유신헌법의 경우-", 공법학연구 제12권 제4호, 2011, 165면 이하 참조

대상성을 부정하는 견해가 있다.[24] 이에 반하여 긍정론은 '참을 수 없는 불법'이 헌법에 유입된 경우 그것을 제거할 수 있는 헌법소송의 길을 열어놓을 필요가 있고, 헌법의 핵인 근본결단과 헌법률을 구별할 수 있다는 점과 헌법의 동일성 유지를 헌법개정의 한계로 보고 그 한계를 넘는 부분에 대해 긍정할 수 있다는 점, 법관의 '양심'에 따른 재판은 정법에 따른 재판을 의미한다는 점 등을 근거로 제시한다.[25]

나. 시행되지 않은 법률

우리 헌법이 채택하고 있는 구체적 규범통제인 위헌법률심판은 최고규범인 헌법의 해석을 통하여 헌법에 위반되는 법률의 효력을 상실시키는 것이므로 이와 같은 위헌법률심판 제도 기능의 속성상 법률의 위헌 여부 심판의 제청대상 법률은 특별한 사정이 없는 한 현재 시행중이거나 과거에 시행되었던 것이어야 하기 때문에, 제청 당시에 공포는 되었으나 시행되지 않았고 결정 당시에는 이미 폐지되어 효력이 상실된 법률은 위헌 여부 심판의 대상법률에서 제외되는 것으로 해석함이 상당하다(헌재 1997.9.25. 97헌가4).

다. 법률의 하위 규범인 명령·규칙

대통령령, 부령과 같은 행정입법, 국회규칙, 대법원규칙, 중앙선거관리위원회 규칙과 같이 헌법기관이 독자적으로 제정하는 규범, 조례·규칙과 같이 지방자치 차원에서 제정되는 법령 등 명령·규칙은 위헌법률심판의 대상이 될 수 없다.

명령·규칙이 헌법에 위반되는지의 여부는 구체적 소송사건에서 재판의 전제가 된 경우에 대법원이 최종적으로 심사할 권한을 가진다(헌법 제107조 제2항).

제헌헌법 하의 헌법위원회의 결정 중에 법원이 법률조항과 시행령조항을 같이 위헌제청하였던 사례가 있었고, 당시에는 시행령 부분에 대하여 별도로 각하 결정을 내리지는 않았던 것을 제1장에서 본 바 있다.

그러나 헌법재판소는 "법원의 위헌여부심판제청은 "법률"이 헌법에 위반되는 여부가 재판의 전제가 된 경우에 할 수 있는 것이고, 명령이나 규칙이 헌법에 위반되는 여부는 법원 스스로 이를 판단할 수 있는 것인 바(헌법 제107조 제2항), 이 사건 제청 중 국민연금법 시행령 제54조 제1항에 대한 부분은 "법률"이 아닌 "대통령령"에 대한 것으로서 부적법하다."라고 하였다(헌재 1996.10.4. 96헌가6).

---

24) 허영, 앞의 책, 217-218면; 정종섭, 앞의 책(각주 4), 260면 참조

25) 정태호, "유신헌법에 의한 긴급조치의 위헌제청적격성에 관한 관견", 헌법학연구 제17권 제4호, 2011, 417-418면; 정연주, "헌법 제29조 제2항에 대한 헌법소원", 헌법학연구 제5권 제2호, 1999, 480-488면

라. 진정입법부작위

진정입법부작위에 대해서는 헌법소원심판의 형태로 그 공권력 불행사로 인한 기본권 침해를 다툴 수 있을 뿐, 위헌법률심판의 대상으로 삼을 수는 없다.

다만, 이른바 부진정입법부작위, 존재하는 입법이 불완전하거나 흠결이 있는 경우에는 존재하는 입법, 즉 불완전한 법률의 위헌 여부가 위헌법률심판의 대상이 된다(헌재 1996.3.28. 93헌바27; 헌재 2004.1.29. 2002헌바36). <이에 관하여는 제3장 헌법소원심판 제2절 권리구제형 헌법소원심판 3. 공권력의 행사·불행사의 해당부분 참조>

4. 기타

위헌법률심판대상인 '법률'에 해당하는지 여부에 대해 통일된 논의나 결정 사례가 없는 경우가 있다. 가령, 일반적으로 승인된 국제법규는 국제사회의 대다수 국가에 의해 승인된 국제법규를 말한다. 여기에는 국제관습법, 우리나라 가입 여부와 무관하게 국제사회에서 일반적으로 규범성이 인정된 조약, 법의 일반원칙 등이 해당된다.

일반적으로 승인된 국제법규가 헌법소원심판의 대상이 될 수 있음을 긍정하는 견해가 있다.[26]

26) 허영, 앞의 책, 217면; 한수웅, 앞의 책, 342면

제4절 위헌법률심판 대상조항의 확정

1. 심판대상 법률조항 확정의 원칙

헌법재판소는 제청된 법률 또는 법률 조항의 위헌 여부만을 결정한다. 다만, 법률 조항의 위헌결정으로 인하여 해당 법률 전부를 시행할 수 없다고 인정될 때에는 그 전부에 대하여 위헌결정을 할 수 있다(법 제45조).

이 규정의 의미는 헌법재판소는 '제청된' 규범만을 심사한다는 것과 '법률(조항)'의 위헌 여부만을 심사할 뿐 제청되지 않은 규정이나 제청의 계기가 된 법원의 소송사건에 관하여 관여하지 않는다는 것이다.[27] 즉 제청된 법률 또는 법률조항만이 원칙적으로 심판대상조항이 되고, 위헌결정의 대상이 된다. 심판범위 및 위헌결정 범위의 이러한 제한은 사법작용에 일반적으로 적용되는 신청주의의 발로라 볼 수도 있다.[28]

2. 직권에 의한 심판대상조항의 조정

헌법재판소는 실효성 있는 심판의 수행을 위해서, 구체적인 헌법적 분쟁 해결의 계기에 헌법질서를 유지하고 헌법문제를 해명하기 위하여도 심판대상조항을 확정할 수 있다.

가. 심판대상 법률조항의 한정

위헌법률심판절차에서 헌법재판소는 제청된 법률조항의 위헌 여부를 심판하지만, 가능하면 재판의 전제성이 있는 부분으로 한정하여 심판대상 법률조항을 확정한다. 심판대상 법률조항의 확정에 대한 헌법재판소의 이러한 실무는 확고하게 정립되었다고 할 수 있다. 아래에서 2019년에 선고된 2016헌가13결정의 사례를 보자.

서울고등법원은 「특정범죄 가중처벌 등에 관한 법률」(이하, '특가법') 제6조 제7항 중 '관세법 제271조에 규정된 죄를 범한 사람은 제2항의 예에 따른 그 정범 또는 본죄에 준하여 처벌한다.'는 부분에 대하여 직권으로 위헌법률심판제청을 하였는데, 당해사건은 신고하지 않고 외국물품을 수입할 목적으로 밀수입을 예비하였다는(관세법 제271조 제3항, 제269조 제2항) 공소사실로 기소된 사안이어서 헌법재판소는 심판대상조항을 법원이 제청한 법률조항 가운데 '특가법(2010. 3. 31. 법률 제10210호로 개정된 것) 제6조 제7항 중 관세법 제271조 제3항 가운데 제269조 제2항에 관한 부분'으로 한정하여 확정하였다(헌재 2019.2.28. 2016헌가13).

---

27) 김하열, 앞의 책, 322면 참조

28) 실무제요, 41면 참조

위 결정에서 관계되는 조항들의 요지는 아래 표와 같다.

<table>
<tr><th>특가법 제6조
(「관세법」 위반행위의 가중처벌)</th><th>관세법 271조
(미수범등)</th></tr>
<tr><td>② 「관세법」 제269조 제2항에 규정된 죄를 범한 사람은 각 호의 구분에 따라 가중처벌.
1. 수입한 물품의 원가가 5억 원 이상인 경우 무기 또는 5년 이상의 징역.
2. 수입한 물품의 원가가 2억 원 이상 5억 원 미만인 경우 3년 이상의 유기징역.</td><td>제1항: 제269조(① 수출입금지물품 밀수출입 ② 미신고 밀수입 ③ 미신고 밀수출) 및 제270조(관세포탈)에 따른 행위를 교사하거나 방조한 자는 정범(正犯)에 준하여 처벌.</td></tr>
<tr><td rowspan="2">⑦ 「관세법」 제271조에 규정된 죄를 범한 사람은 제1항부터 제6항까지의 예에 따른 그 정범(正犯)또는 본죄(本罪)에 준하여 처벌.</td><td>제2항: 제268조의2(전자문서 위조·변조죄 등), 제269조(① 수출입금지물품 밀수출입 ② 미신고 밀수입 ③ 미신고 밀수출) 및 제270조(관세포탈) 미수범은 본죄에 준하여 처벌.</td></tr>
<tr><td>제3항: 제268조의2(전자문서 위조·변조죄 등), 제269조(① 수출입금지물품 밀수출입 ② 미신고 밀수입 ③ 미신고 밀수출) 및 제270조(관세포탈)의 죄를 범할 목적으로 그 예비를 한 자는 본죄의 2분의 1을 감경하여 처벌.</td></tr>
<tr><td colspan="2">※ 법원은 우측의 밑줄 쳐진 관세법 위반행위에 대한 특가법 제6조 제7항 중 같은 조 제2항에 따른 가중처벌되는 부분에 대하여 위헌심판을 제청하였고, 헌법재판소는 그 가운데 관세법 제271조 제3항 중 밑줄 부분에 대한 특가법에 따른 가중처벌 부분을 심판대상조항으로 확정한 것이다.</td></tr>
</table>

참고로 위 사안에서 헌법재판소는 밀수입 등의 예비행위가 본죄와 비교하여 불법성과 책임의 정도가 다름에도 예비행위를 본죄에 준하여 처벌하도록 하고 있는 심판대상조항은 합리성을 잃은 지나치게 과중한 형벌이고, 구체적 행위의 개별성과 고유성을 고려한 양형판단의 가능성을 배제한 채 가혹한 형벌을 부과하는 심판대상조항은 책임과 형벌 사이의 비례성의 원칙에 위배되고, 가중처벌의 정도에 있어서도 물품원가가 2억 원 미만인 경우에는 관세법의 규율에 따라 본죄의 2분의 1을 감경한다는 점, 대외무역법 위반, 외한거래법 위반 등 불법무역 관련범죄 가운데 관세범의 예비에 대해서만 과중한 처벌을 정하고 있다는 점, 내란, 내란목적살인, 외환유치, 여적 예비죄나 살인 예비죄의 법정형보다 밀수입 예비죄가 무거운 형을 정하고 있는 점 등을 보면 형벌체계의 균형성에 반하여 헌법상 평등원칙에 어긋나 헌법에 위반된다고 하였다(헌재 2019.2.28. 2016헌가13).

나. 위헌적 법률조항이 포함된 해당 법률 전체로 확장

헌법재판소는 법률 조항의 위헌결정으로 인하여 해당 법률 전부를 시행할 수 없다고 인정될 때에는 그 전부에 대하여 위헌결정을 할 수 있다(법 제45조 단서).

헌법재판소는 토지초과이득세법 중 일부조항에 대하여 위헌성을 인정하였지만 이들 각 위헌적 규정들 중 제11조 제2항은 토초세의 과세표준을 정하는 지가에 관한 규정이고, 제12조는 토초세의 세율에 관한 규정인데, 이들 두 규정은 모두 토초세 제도의 기본요소로서 그 중 한 조항이라도 위헌 또는 헌법불합치결정으로 인하여 그 효력을 상실한다면 토초세법 전부를 시행할 수 없게 될 것이라 하여, 제45조 단서 규정에 따라 토지초과이득세법 전부에 대하여 위헌결정을 하였다(헌재 1994.7.29. 92헌바49).

다. 체계적 관련성 있는 다른 조항에 대한 확장

헌법재판소는 체계적 관련성이 있는 다른 조항에 대해서까지 결정을 확장한 바 있다. 비례대표국회의원선거의 근간으로서 비례대표국회의원석을 지역구국회의원총선거에서의 5석 이상의 당선의석수 또는 득표비율에 따라 배분할 것을 정한 공직선거및선거부정방지법 제189조 제1항이 위헌이라면 지역구국회의원선거에서의 각 정당의 득표비율의 산출방법 및 비례대표국회의원석 배분방법 등을 정한 동조 제2항 내지 제7항은 독자적인 규범적 존재로서의 의미를 잃게 되므로 이 조항들이 비록 심판대상이 아니지만 함께 위헌선언을 함으로써 법적 명확성을 기하는 것이 상당하다 하여 그에 대하여도 아울러 위헌선언을 하였다(헌재 2001.5.31. 2000헌마91).

헌법재판소는 그 심판대상이 소년범 중 형의 집행이 종료되거나 면제된 자에 한하여 자격에 관한 법령의 적용에 있어 장래에 향하여 형의 선고를 받지 아니한 것으로 본다고 규정한 구 소년법(1988. 12. 31. 법률 제4057호로 전부개정되고, 2007. 12. 21. 법률 제8722호로 개정되기 전의 것) 제67조의 위헌 여부인 사안에서, 위 조항은 2007. 12. 21. 법률 제8722호로 개정되었으나 일부 자구상의 표현만 다를 뿐 그 실질적 내용에는 변함이 없다 하여, 개정된 소년법(2007. 12. 21. 법률 제8722호로 개정된 것) 제67조의 위헌 여부도 심판대상에 포함시켰다(헌재 2018.1.25. 2017헌가17 등). <제1장 총론 제4절 우리나라 현행 헌법재판제도 2. 일반심판절차 라. 심판청구 및 진행절차 중 (2) 심판대상의 확정 참조>

제5절 재판의 전제성

1. 재판의 전제성의 의의

위헌제청이 적법하기 위하여는 법원에 계속중인 구체적인 사건에 적용할 법률이 헌법에 위반되는지 여부가 재판의 전제로 되어야 한다(법 제41조). 이 재판의 전제성 요건은 위헌법률심판절차의 구체적 규범통제절차로서의 본질을 드러내는 요건이라고 할 수 있다(헌재 2005.12.22. 2003헌가8). 이 요건은 법 제68조 제2항에 의거한 헌법소원심판의 경우에도 요구된다.

2. 재판

재판이라 함은 원칙적으로 그 형식 여하와 본안에 관한 재판이거나 소송절차에 관한 것이거나를 불문하며, 판결과 결정 그리고 명령이 모두 포함되고 심급을 종국적으로 종결시키는 종국재판 뿐만 아니라 중간재판(증거채부결정, 보정명령)도 이에 포함된다(헌재 1994.2.24. 91헌가3). 이외에도, 법원이 행하는 구속기간갱신결정은 당해 소송사건을 종국적으로 종결시키는 재판은 아니라고 하더라도, 그 자체가 소송절차에 관한 재판에 해당하는 법원의 의사결정으로서 헌법 제107조 제1항과 헌법재판소법 제41조 제1항에 규정된 재판에 해당된다고 한 것이 있다(헌재 2001.6.28. 99헌가14).

또한, 위헌여부심판의 제청에 관하여 규정하고 있는 헌법재판소법 제41조 제1항의 "재판"에는 종국판결뿐만 아니라 형사소송법 제201조에 의한 지방법원판사의 영장발부 여부에 관한 재판도 포함된다고 해석되므로 지방법원판사가 구속영장발부 단계에서 한 위헌여부심판제청은 적법하고(헌재 1993.3.11. 90헌가70), 민사소송법 제368조의2에 의하여 제청법원 또는 그 재판장이 하고자 하는 인지첩부를 명하는 보정명령은 당해 소송사건의 본안에 관한 판결 주문에 직접 관련된 것이 아니라고 하여도, 헌법 제107조 제1항과 헌법재판소법 제41조 제1항에 규정된 재판에 해당한다(헌재 1994.2.24. 91헌가3).

3. 전제성

가. 의의

전제성이라 함은 원칙적으로 첫째 구체적인 사건이 법원에 계속중이어야 하고, 둘째 위헌 여부가 문제되는 법률이 당해 소송사건의 재판에 적용되는 것이어야 하며, 셋째 그 법률이 헌법에 위반되는지의 여부에 따라 당해 사건을 담당하는 법원이 다른 내용의 재판을 하게 되는 경우를 말한다. 여기서 다른 내용의 재판을 하게 되는 경우라 함은 원칙적으로 법원이 심리중인 당해사건 재판의 결론이나 주문에 어떤 영향을 주는 경우뿐만 아니라 문제된 법률의 위헌 여부가 비록 재판의 주문 자체에는 아무런 영향을 주지 않는다고 하더라도 재판의 내용과 효력에 관한 법률적 의미가 달라지는 경우도 포함된다고 할 것이다(헌재 1993.12.23. 93헌가2; 헌재 2000.6.29. 99헌바66).

나. 구체적 사건이 법원에 계속 중일 것

구체적인 사건이 법원에 계속 중인지는 위헌제청결정 시를 기준으로 본다. 그리고 당해사건이 법원에 원칙적으로 적법하게 계속되어 있어야 한다.

(1) 당해사건이 명백하게 부적법한 소가 아닐 것

당해사건이 부적법한 것이어서 법률의 위헌 여부를 따져 볼 필요조차 없이 각하를 면할 수 없는 것일 때에는 재판의 전제성 요건을 갖추지 못하게 된다. 가령 전국구의원 당선무효확인소송은 당선에 이의가 있는 정당 또는 후보자만이 제기할 수 있는데 전국구 후보자가 아닌 사람이 이 소송을 제기한 경우(헌재 1992.8.19. 92헌바36)와 같이 당해소송을 제기할 자격이 없는 사람이 제기한 당해사건, 제소기간이 경과한 이후에 과징금 부과처분의 취소의 소에서 처분의 근거법률조항이 위헌이라고 다투는 경우(헌재 2007.10.4. 2005헌바71)와 같이 부적법한 당해사건, 질서위반행위 규제법에 따라 과태료 부과처분에 불복하는 사람은 해당 행정청에 이의제기를 거쳐 과태료 재판에서 판단받아야 되고 행정소송의 대상이 아님에도 불구하고 과태료 부과처분에 대하여 막바로 행정소송을 하면서 그 소송에서 과태료부과의 근거법률이 위헌이라고 다투는 경우(헌재 2012.11.29. 2011헌바251)와 같이 부적법한 당해사건 등을 들 수 있다.

이에 반하여 행정소송의 형태를 잘못 선택하여 공법상 당사자소송을 제기할 사건을 항고소송으로 진행하면서 근거 법률이 위헌이라고 다투는 경우에는, 법원이 청구인에게 소 변경 등의 절차를 취할 기회를 준 다음 종국판단에 나아가야 할 것이고, 청구인은 항소심에서 공법상 당사자소송의 형태로 그 청구취지를 변경할 수 있을 것으로 보이며, 그렇게 되는 경우 산업재해보상보험법 부칙 제7조의 위헌 여부에 따라 당해사건 청구의 인용 여부가 달라질 것이므로, 위 조항은 당해사건의 재판의 전제가 된다고 하였다(헌재 2009.5.28. 2005헌바20등).

(2) 법원에 계속 중일 것

법원이 위헌제청을 하면 당해 소송의 재판이 정지되므로 당사자가 소송 자체를 종료시키지 않는 한 위헌제청 시의 소송계속의 상태가 변경될 위험이 없다. 제청 후 당사자가 소송 자체를 종료시키는 행위를 하는 경우에는 재판의 전제성은 소멸하게 되고, 재판의 전제성은 위헌심판제청 시뿐만 아니라 심판 시에도 갖추어져 있어야 하므로(헌재 1993.12.23. 93헌가2) 결과적으로 재판의 전제성은 구비되지 못한 것이 된다.

법 제68조 제2항에 따른 헌법소원의 경우에는 '제3장 제3절 규범통제형 헌법소원'의 재판의 전제성 부분에서 상세하게 기술하는 바와 같이 위헌법률제청신청시에 소송계속중이었으면 무방하다. 이 경우에는 당해 소송사건이 헌법소원의 청구로 정지되지 않기 때문에 헌법소원심판의 종국결정 이전에 당해 소송사건이 확정되어 종료되는 경우가 있을 수 있으나, 그 헌법소원이 인용된 경우에는 당해 헌법소원과 관련된 소송사건이 이미 확정된 때라도 당사자는 재심을 청구할 수 있으므로 재판의 전제성이 소멸된다고 볼 수 없다(헌재 1998.7.16. 96헌바33). 이에 대한 상세한 내용은 제3장 제3절 해당 부분을 반드시 참조하길 바란다.

> **[최근결정]**
>
> 강제추행죄로 벌금형의 유죄판결과 성폭력 치료프로그램이수명령을 받은 제청신청인은 '아동·청소년의 성보호에 관한 법률' 제58조 제2항에 의하여 운영하던 의료기관의 폐쇄를 요구하는 처분을 받자 이 처분에 대하여 그 취소의 소를 제기한 후, 위 아동청소년보호법 조항에 대하여 위헌법률심판제청을 신청하여 당해법원이 위헌제청을 하였다. 그 후 제청신청인이 당해소송에서 소취하를 하였고, 헌법재판소는 당해 소송사건이 소취하로 말미암아 종료된 경우(민사소송법 제267조 제1항 참조)에는 구체적인 사건이 법원에 계속 중인 경우라 할 수 없어 재판의 전제성이 인정되지 않는다고 판시하였다(헌재 2016.7.28. 2015헌가34).

다. 당해사건의 재판에 적용될 것

당해 소송사건의 재판에 위헌 여부가 문제되는 법률이 적용되는지 여부는 개별적 구체적으로 판단할 수밖에 없다.

공소가 제기되지 아니한 법률조항의 위헌 여부는 당해 형사사건의 재판의 전제가 되지 않는다. 공소장의 적용법조란에 적시된 법률조항이라 하더라도 구체적 소송사건에서 법원이 적용하지 아니한 법률조항은 재판의 전제성이 인정되지 않는다. 법관은 공소장의 변경 없이도 직권으로 공소장 기재와는 다른 법조를 적용할 수 있으므로 실제 적용한 법률조항의 재판의 전제성이 인정된다.

사업시행자지정처분의 취소를 구하는 소송에서, 사업인정고시 이후에 사업시행자가 토지수용을 하는 단계에서나 적용될 사업시행자의 토지수용권에 관한 법률조항의 위헌 여부는 재판의 전제성이 없다(헌재 2007.4.26. 2006헌바10).

방송통신심의위원회의 시정요구권의 근거가 되는 직무조항은 시정요구의 취소를 구하는 행정소송에서 재판의 전제성이 있다(헌재 2012.2.23. 2011헌가13).

위헌제청 이후에 개정된 신법에 의하여 당해사건에 신법을 적용하도록 하였다면 구법조항은 재판의 전제가 될 수 없고(헌재 1989.4.17. 88헌가4; 헌재 2000.8.31. 97헌가12), 반대로 당해사건에 구법조항이 적용되는데도 개정 후의 신법조항에 대해 위헌제청을 하였다면 신법조항의 위헌 여부는 재판의 전제성이 없다(헌재 2001.4.26. 2000헌가4).

당해 재판에 적용되는 법률이라면 반드시 직접 적용되는 법률이어야 하는 것은 아니고 양 규범 사이에 내적 관련이 있는 경우에는 간접 적용되는 법률규정에 대하여도 재판의 전제성이 인정된다.

헌법재판소는 형사소송법 제221조의2의 위헌 여부가 문제된 사건에서, 검사가 신청한 공판기일 전 증인신문신청 사건에 적용된 형사소송법 제221조의2 제2항 및 제5항은 관련 형사사건에서 그 신문조서의 증거 채택 여부를 결정하는 법원의 결정에 직접 적용되는 법률조항이 아니나 위 증거채부결정의 대상이 된 조서의 증거능력에 영향을 미침으로써, 그 위헌 여부에 따라 법원이 그 조서를 증거로 채택할 수 있느냐의 증거채부결정의 결과를 좌우하게 되므로 재판의 전제성이 인정될 수 있다고 하였다(헌재 1996.12.26. 94헌바1).

또한 유신헌법 하의 긴급조치 제2호는 비상군법회의의 조직법으로 긴급조치 제2호에 따라 법원이 아닌 비상군법회의가 청구인에게 긴급조치 위반으로 유죄판결을 선고할 수 있었는데, 비록 긴급조치 제2호가 처벌의 직접적인 근거조항은 아니더라도 그것이 위헌이라면 청구인에 대한 유죄판결은 재판권이 없는 기관에 의한 것이 되므로 긴급조치 제2호도 긴급조치위반에 대한 재심청구인 당해사건에서 재판의 전제성이 인정된다고 하였다(헌재 2013.3.21. 2010헌바132).

[최근결정]

1) 제청신청인들은 한국환경공단이 2015.7.30. 및 같은 해 7.31. 2014년도에 자원재활용법 제16조에 따른 재활용의무를 이행하지 않았다는 이유로 자원재활용법 제19조에 따라 제청신청인들에게 각 재활용부과금을 부과하는 처분을 하자, 2015.

8.21. 한국환경공단을 상대로 위 각 재활용부과금부과처분의 취소를 구하는 소를 제기한 후(서울행정법원 2015구합72078), 그 소송 계속 중 재활용사업공제조합 분담금의 산정기준, 납부절차 등 관련규정들(자원재활용법 제16조 제2항, 제19조 제1항, 제2항, 제29조 제1항)이 헌법에 위반된다고 주장하면서 위헌법률심판제청을 신청하였다. 제청법원은 2016.11.2. 위 신청 중 자원재활용법 제29조 제1항에 대한 부분만 받아들여 위헌법률심판을 제청하고, 나머지 부분은 기각하였다(서울행정법원 2015아11903).

이 사안에서 헌법재판소는 재활용사업공제조합에 가입하지 않은 재활용의무생산자는 분담금 납부의무를 부담하지 않으므로, 분담금의 산정기준 등을 재활용사업공제조합의 정관으로 정하는 바에 따르도록 규정한 심판대상조항(위 법 제29조 제1항)은 재활용사업공제조합에 가입하지 않은 재활용의무생산자에게는 적용되지 않는데, 제청신청인들은 2014년에 재활용사업공제조합에 가입한 적이 없음을 알 수 있으므로, 심판대상조항은 재활용사업공제조합에 가입하지 않은 재활용의무생산자들인 제청신청인들에게는 적용되지 않아 재판의 전제성이 없다고 판시하였다(헌재 2018.5.31. 2016헌가18).

2) 제청신청인은 2016.7.20. 실시된 ○○ 축협의 제11대 비상임 감사 선거에 후보로 출마하여 당선된 사람으로서 농업협동조합법을 위반하였다는 혐의로 기소되어 제1심 법원에서 유죄판결을 받고(광주지방법원 목포지원 2016고단1572), 이에 불복하여 항소하였다(광주지방법원 2017노945). 제청신청인은 위 항소심 계속 중 '감사 선거'에서 '전화(문자메시지를 포함한다)·컴퓨터통신(전자우편을 포함한다)을 이용한 지지 호소'를 금지한 농업협동조합법 제50조 제4항이 결사의 자유 등을 침해하여 위헌이라고 주장하면서 위헌법률심판제청신청을 하였고, 제청법원은 이를 받아들여 선거운동금지규정(구 농업협동조합법 제50조 제4항 중 '감사 선거'에 관한 부분) 및 이의 위반에 대한 벌칙규정(제172조 제2항 제2호 가운데 제50조 제4항 중 '감사 선거'에 관한 부분)에 대하여 2017.5.17. 위헌법률심판제청을 하였다(광주지방법원 2017초기344).

그런데 농업협동조합법은 제청법원이 위헌 여부의 심판을 제청한 뒤인 2017. 10. 31. 법률 제14984호로 개정·공포되었는바, 개정 농업협동조합법에서는 선거운동금지규정을 변경하여 '전화(문자메시지를 포함한다)·컴퓨터통신(전자우편을 포함한다)을 이용한 지지 호소'를 감사 선거에 있어 허용되는 선거운동의 방법으로 규정하였다. 동시에 그 부칙에서는 개정 농업협동조합법을 공포일부터 시행되는 것으로 하였다.

이 사안에서 헌법재판소는 농업협동조합법의 2017년 법률 제14984호의 개정은 전체적으로 보아 당해사건 피고인에게 유리한 법 개정이므로, 당해사건에 적용될 법률은 2017.10.31. 개정된 조항이고 개정 전의 조항인 제청대상 법률조항들은 당해사건에 적용되지 않아 재판의 전제성을 상실하였다고 하였다(헌재 2018.2.22. 2017헌가17).

3) 제청신청인은 1981.10.31. '감정평가에 관한 법률'('감정평가법')에 따라 실시된 공인감정사 제1차시험에 합격하였다. 그런데 감정평가법은 1989.4.1. '지가공시 및 토지 등의 평가에 관한 법률'('지가공시법')이 제정되면서 폐지되었다. 지가공시법은 공인감정사 제1차시험에 합격한 사람은 이 법에 따른 첫 3회의 감정평가사 제1차시험에 합격한 것으로 본다는 경과규정을 두었다. 그 뒤 지가공시법은 2005.1.14. '부동산 가격공시 및 감정평가에 관한 법률'('부동산공시법')로 전부개정되었다.

제청신청인이 2014년 2월경 국토교통부장관에게 감정평가사 제1차시험 면제자격 부여 신청을 하자, 국토교통부장관은 2014.3.12. 감정평가법에 따른 공인감정사 제1차시험에 합격한 사람에 대하여는 지가공시법 부칙 제7조 제1항에 따라 감정평가사 제1차시험 면제자격을 부여할 수 없다고 회신하였다. 제청신청인은 국토교통부장관의 위 회신을 감정평가사 제1차시험 면제자격 부여 신청에 대한 거부처분으로 보고 2014.5.26. 서울행정법원에 그 취소를 구하는 소를 제기한 후, 2014.7.1. 지가공시법 부칙 제7조 제1항에 대하여 위헌법률심판제청을 신청하자, 제청법원은 그 신청을 받아들여 2015.4.15. 지가공시법 부칙 제7조 제1항에 대하여 위헌법률심판을 제청하였다.

이 사안에서 헌법재판소는 지가공시법은 2005.1. 부동산공시법으로 전부 개정되었고, 법률이 전부개정된 경우에는 기존 법률을 폐지하고 새로운 법률을 제정하는 것과 같아 특별한 사정이 없는 한 종전 법률 부칙의 경과규정도 실효된다. 따라서 제청신청인이 현행 감정평가사 제1차시험 면제 대상이 되는지 여부는 부동산공시법에 따라 결정되므로 제청대상법률인 지가공시법 부칙조항이 적용되지 아니한다. 그렇다면 심판대상조항의 위헌 여부가 당해사건 재판에 영향을 미친다고 볼 수 없다고 하였다(헌재 2016.4.28. 2015헌가16).

4) 제청신청인은 치과의사로서, 2014.2.5. 성폭력범죄의처벌등에관한특례법위반(업무상위력등에의한추행)으로 벌금 800만 원을 선고받아(부산지방법원 2014고단234) 이에 항소하였는데(부산지방법원 2014노641), 항소심 소송계속 중 성인대상 성범죄로 형이 확정된 자의 취업을 제한하는 규정('아동·청소년의 성보호에 관한 법률' 제56조 제1항 제12호)이 직업의 자유를 침해한다는 이유로 위헌법률심판제청신청을 하였고, 제청법원이 그 제청신청을 받아들여 2015.2.12. 위헌법률심판을 제청하였다.

이 사안에서 헌법재판소는 제청대상 법률조항은 형사소송인 당해사건에서 형벌의 근거조항으로서 직접 적용되는 조항이 아니라, 당해 사건의 유죄판결이 확정되고 난 후 그 유죄판결에 기초하여 부과되는 새로운 제재의 근거조항일 뿐이다. 따라서 이 사건 심판대상조항은 그 위헌 여부로 재판의 주문이 달라지거나 재판의 내용과 효력에 관한 법률적 의미가 달라지는 경우라고 보기 어렵고, 설사 제청법원이 선고형을 선택함에 있어서 이 사건 심판대상조항에 의해 영향을 받는다 하더라도, 이는 사실상 제약에 불과하다고 하여 재판의 전제성을 부정하였다(헌재 2016.3.31. 2015헌가8).

이 결정에는 2인 재판관의 반대의견이 있는데, 이 반대의견의 요지는 유죄판결이 선고되면 아무런 추가 절차 없이 당연히 취업이 제한되는 경우와 그렇지 않은 경우에 법원의 양형 결정에 차이가 있을 수밖에 없기 때문에 심판대상조항의 위헌 여부에 따라 당해사건 재판의 내용과 효력에 관한 법률적 의미가 달라질 수 있다는 것이다.

5) 일정한 성폭력범죄로 유죄판결이 확정되면 신상정보 등록대상이 됨을 규정한 '성폭력범죄의 처벌 등에 관한 특례법'(2012. 12. 18. 법률 제11556호로 전부 개정된 것, 이하 '성폭력 특례법'이라 한다) 제42조 제1항 중 강제추행죄에 관한 부분은 당해사건인 성폭력 범죄에 대한 형사재판에서 적용되는 법률이라고 할 수 없으므로 재판의 전제성이 없다(헌재 2015.12.23. 2015헌가27).

이 결정에도 위 2015헌가8 결정과 같이 2인 재판관의 반대의견이 있다.

6) 제청신청인은 경북 청도군 ○○읍 ○○리 ○○에서 ○○농장이란 상호로 돼지를 사육하는 사람인데, 2008.6.경, 2010.8.28.경, 2012.9.14.경 위 ○○농장에서 제청신청인의 종업원인 성명불상자가 제청신청인의 업무에 관하여 돼지를 키우면서 발생한 돼지분뇨 불상량을 위 ○○농장 내 배수로를 통해 무단배출함으로써, 배출시설에서 배출되는 가축분뇨를 처리시설에 유입하지 아니하고 배출하였다는 공소사실로 기소되었다.

제청신청인은 동 형사소송의 항소심 계속 중 처벌조항('가축분뇨의 관리 및 이용에 관한 법률'(이하 '가축분뇨법'이라 한다) 제52조)에 대하여 위헌법률심판제청을 신청하였고(대구지방법원 2014초기1083), 제청법원은 그 신청을 받아들여 2014.8.27. 가축분뇨법 제52조에 대하여 위헌법률심판을 제청하였다.

그런데 심판대상조항은 제청법원의 제청 전인 2014.3.24. 법률 제12516호로 개정되었는데, 개정된 조항에서는 단서 면책조항을 신설하여 개인이 그 위반행위를 방지하기 위하여 해당업무에 관하여 상당한 주의와 감독을 게을리하지 아니한 경우에는 개인을 벌하지 않는 것으로 개정하였고, 그 부칙에서 위 조항은 공포 후 1년이 경과한 날부터 시행하는 것으로 규정하였을 뿐, 개정법 시행 전의 범죄행위에 대한 벌칙의 적용은 종전의 규정에 따른다는 취지의 경과규정은 두지 아니하였다.

이러한 사안에서 헌법재판소는 심판대상조항과 같이 양벌규정에 면책조항이 추가되는 형식으로 사후에 법률이 개정된 경우에는, 행위자에 대한 선임감독상의 과실이 없는 개인은 처벌의 대상에서 제외되므로 신 법이 구 법상의 구성요건 일부를

> 폐지한 것으로 볼 수 있고, 과실책임 규정인 신 법은 무과실책임 규정인 구 법에 비하여 전체적으로 보아 피고인에게 유리한 법 개정에 해당한다. 따라서 구체적으로 당해사건의 피고인에게 과실이 있는지 여부를 불문하고 당해 사건에는 형법 제1조 제2항에 의하여 신 법이 적용되는바, 당해사건에 개정된 신 법이 적용되는 이상, 당해사건에 적용되지 않는 구 법조항은 재판의 전제성을 상실하였다고 하였다(헌재 2015.6.25. 2014헌가17).
>
> 이 결정에는 구 법의 유효를 전제로 개정 신법이 유효한 것이므로 구 법도 최소한 간접적용된다는 취지의 1인 재판관의 반대의견이 있다.

라. 다른 내용의 재판을 하게 될 것

그리고 법원이 다른 내용의 재판을 하게 되는 경우란 당해사건 재판의 주문에 영향을 미치는 경우, 주문에 영향을 미치지 않더라도 재판의 내용이나 효력에 관한 법률적 의미가 달라지는 경우를 말한다. 주문에 영향을 미치는 경우의 전형적인 예는, 형사재판에서 문제된 법률조항의 적용을 받아 유죄판결을 받았으나 그 법률조항이 위헌으로 결정될 경우 무죄, 면소 등의 재판을 받게 될 경우, 행정처분의 취소를 구하는 행정소송에서 행정처분의 위법성이 부인되었으나 그 행정처분의 근거가 된 법률조항이 위헌으로 결정될 경우 행정처분이 위법하게 될 경우를 들 수 있다.[29]

헌법재판소는 재판의 내용이나 효력 중 어느 하나라도 그에 관한 법률적 의미가 달라지는 경우와 관련하여, 형사소송법 제331조 '무죄, 면소, 형의 면제, 형의 선고유예, 형의 집행유예, 공소기각 또는 벌금이나 과료를 과하는 판결이 선고된 때에는 구속영장은 효력을 잃는다. 단 검사로부터 사형, 무기 또는 10년 이상의 징역이나 금고의 형에 해당한다는 진술이 있는 사건에 대하여는 예외로 한다.'는 규정 중 단서의 규정이 헌법에 위반되는지 여부가 문제된 사건에서, 비록 판결 주문의 형식적 내용이 달라지는 것은 아니라 하더라도 그 무죄판결의 실질적 효력(구속영장의 효력 상실 여부)에 차이가 있게 되는 것이므로 재판의 전제성이 있다고 판단하였다(헌재 1992.12.24. 92헌가8).

---

29) 김하열, 앞의 책, 306면

4. 특수 문제

가. 쟁송기간 경과 후의 행정처분의 근거법률을 다투는 경우의 재판의 전제성

쟁송기간이 경과된 후에 그 행정처분의 근거가 된 법률의 위헌 여부에 대한 심판청구를 한 경우에는 그 법률에 대한 위헌결정이 행정처분의 효력에 영향을 미칠 여지가 없어 재판의 전제성이 인정되지 않는다(헌재 1994.6.30. 92헌바23; 헌재 2007.10.4. 2005헌바71등).

다만 조세 부과의 근거가 되었던 법률규정이 위헌으로 선언된 경우, 비록 그에 기한 과세처분이 위헌결정 전에 이루어졌고, 그 과세처분에 대한 제소기간이 이미 경과하여 조세채권이 확정되었으며, 그 조세채권의 집행을 위한 체납처분의 근거규정 자체에 대하여는 따로 위헌결정이 내려진 바 없다고 하더라도, 위와 같은 위헌결정 이후에 조세채권의 집행을 위한 새로운 체납처분에 착수하거나 이를 속행하는 것은 더 이상 허용되지 않고, 나아가 이러한 위헌결정의 효력에 위배하여 이루어진 체납처분은 그 사유만으로 하자가 중대하고 객관적으로 명백하여 당연무효이다(대법원 2012.2.16. 선고 2010두10907 전원합의체 판결).

나. 기판력과 재판의 전제성

과세처분이 무효임을 이유로 그 후행처분인 압류처분이 무효라고 주장하는 당해사건(압류처분무효확인의 소)에서 위 과세처분의 무효 여부는 선결문제인데, 전소인 과세처분취소소송에서 확정된 원고청구기각판결의 기판력은 후소인 당해 사건에도 미치게 되므로, 과세 근거조항이 위헌이어서 그에 기초한 위 과세처분이 무효라고 하더라도 확정된 전소의 기판력에 의하여 당해 사건에서 위 과세처분이 무효라고 판단할 수 없어 재판의 전제성이 없다(헌재 1997.2.17. 97헌바12; 헌재 2000.6.21. 2000헌바47; 헌재 2011.7.28. 2009헌바24; 헌재 2012.11.29. 2011헌바231).

다. 평등원칙 위반과 재판의 전제성

평등원칙에 반하여 특정한 급부의 수혜대상으로부터 제외시키고 있는 법률규정의 위헌 여부는 그 혜택을 구하는 당해사건에서 재판의 전제성이 있다. 그 법률조항에 대해 평등권 침해라는 이유로 헌법불합치결정이 내려지면 입법자는 그 결정취지에 따라 청구인을 수혜대상에 포함시키는 법개정을 할 가능성이 크고, 헌법불합치결정이 지닌 소급효에 따라 법원은 개정된 법규정을 당해사건에 적용해야 하며, 이에 따라 청구인도 그 혜택을 받을 수 있게 되기 때문이다.

라. 재심과 재판의 전제성

당해사건이 재심사건인 경우에 재판의 전제성이 인정되기 위해서는, 심판대상 법률조항이 '재심의 청구에 대한 재판'에 적용되거나, '본안사건에 대한 재판'에 적용되는 것이어야 한다. 그런데 '본안사건에 대한 재판'에 적용될 법률조항에 대해 재판의 전제성을 인정할 수 있으려면, '재심청구가 적법'하고 '재심사유가 인정되는 경우'이어야 한다. 심판대상 법률조항이 '본안사건에 대한 재판'에 적용될 법률조항인 경우 당해사건의 재심청구가 부적법하거나 재심사유가 인정되지 않으면 본안사건의 재심에 나아갈 수 없고, 결국 심판대상 법률조항을 본안재판에 적용할 수도 없게 되므로 그 위헌 여부가 당해사건 재판의 내용을 달라지게 하는 데 아무런 영향을 미치지 못하여 재판의 전제성도 인정할 수 없게 된다(헌재 2007.12.27. 2006헌바73).

다만, 형사피고인이 재심대상사건의 재판절차에서 그 처벌조항의 위헌성을 다툴 수 없는 규범적 장애가 있는 특수한 상황이었다면, 피고인에게 그 재판절차에서 처벌의 근거조항에 대한 위헌 여부를 다투라고 요구하는 것은 규범상 불가능한 것을 요구하는 것이므로, 이러한 경우에는 유죄판결이 확정된 후에라도 재판의 전제성을 인정하여 예외적으로 위헌성을 다툴 수 있는 길을 열어줄 필요가 있다. 이에 따라 헌법재판소는, 긴급조치 제9호와 같이 재심대상사건 재판절차에서 해당 긴급조치의 위헌성을 다툴 수 없었고, 더구나 긴급조치에 의한 수사와 재판이 종료한 지 30년도 더 지난 시점이어서 긴급조치 위반을 이유로 유죄판결을 받은 사람이 형사소송법 제420조가 정하고 있는 재심사유를 통해 재심을 개시하기란 현실적으로 매우 어려운 상황이었다면, 일반 형사재판에 대한 재심사건과 달리 예외적으로 형사재판 재심절차의 이원적 구조를 완화하여 재심개시 여부에 관한 재판과 본안에 관한 재판 전체를 당해사건으로 보아 재판의 전제성을 인정함이 타당하다고 판시한 바 있다(헌재 2013.3.21. 2010헌바132등 참조).

[최근결정]

1) 당해사건 피고인은 2007.7.27. 인천지방법원에서 특정범죄가중처벌등에관한법률위반(절도)죄 등으로 징역 2년을 선고받아 2007.8.4. 그 판결이 확정되었다. 위 피고인은 위 판결에 대하여 2015.10.21. 재심을 청구하였고, 제청법원은 위 피고인에 대한 형사처벌 근거조항(구 '특정범죄 가중처벌 등에 관한 법률'(2005. 8. 4. 법률 제7654호로 개정되고, 2010. 3. 31. 법률 제10210호로 개정되기 전의 것) 제5조의4 제1항 중 형법 제331조 제2항, 제330조, 제329조에 관한 부분)이 재판의 전제가 되고 헌법에 위반된다고 의심할 상당한 이유가 있다고 보아 2016.1.6. 직권으로 이 조항들에 대하여 위헌법률심판을 제청하였다.

이 사안에서 헌법재판소는 제청법원이 당해사건인 재심사건에서 재심개시결정을 하지 아니한 채 심판대상조항에 대해 위헌제청을 하였으므로, 원칙적으로 이 사건 위헌법률심판제청은 재판의 전제성이 인정되지 아니하고, 예외적으로 전제성을 인정할 사유가 없다고 하였다(헌재 2016.3.31. 2016헌가2).

2) 당해사건 피고인이 폭력행위등처벌에관한법률위반(협박)죄 등으로 징역 1년 6월을 선고받아 그 판결이 확정된 후, 재심을 청구하면서 형사처벌 근거조항(구 '폭력행위 등 처벌에 관한 법률(1990. 12. 31. 법률 제4294호로 개정되고, 2006. 3. 24. 법률 제7891호로 개정되기 전의 것)' 제3조 제1항)에 대하여 위헌법률심판제청을 신청하고, 제청법원이 신청대상 법률조항 중 일정 부분만을 특정하여 위헌법률심판을 제청한 사안에서, 헌법재판소는 확정된 유죄판결에서 처벌의 근거가 된 법률조항은 '재심의 청구에 대한 심판' 즉, 재심의 개시 여부를 결정하는 재판에서는 재판의 전제성이 인정되지 않고, 재심의 개시 결정이 확정된 이후의 '본안사건에 대한 심판'에 있어서만 재판의 전제성이 인정되므로, 당해사건인 재심사건에서 재심개시결정을 하지 아니한 채 한 위헌제청은 재판의 전제성이 인정되지 아니한다고 하였다(헌재 2016.3.31. 2015헌가36).

5. 전제성의 판단 방법

헌법재판소는 위헌 여부가 문제되는 법률이 당해사건에서 재판의 전제성을 갖추고 있는지를 판단함에 있어서 그에 관한 법원의 법률적 견해를 가급적 존중하며 다만 법원의 견해가 명백히 유지될 수 없을 때에는 헌법재판소가 독자적으로 판단한다(헌재 1993.5.13. 92헌가10; 헌재 2007.4.26. 2004헌가2; 헌재 2012.2.23. 2011헌가13).

[최근결정]

제청신청인이 2015.3. 문제된 임야 및 건축물의 소유자를 상대로 통행권확인을 구하는 소를 제기하였고, 당해소송 과정에서 법원은 제청신청인 주장의 통행로를 특정하기 위하여 한국국토정보공사에 측량감정을 촉탁하여 동 공사가 해당 임야가 지적공부상 면적과 실제 면적이 달라 소유자가 등록사항 정정신청을 하지 않는 한 지적측량을 할 수 없다는 답변을 얻었으나, 다른 측량감정인에게 한 사실조회에서는 지적공부상 면적의 오류를 바로잡지 않은 상태에서도 해당 도면을 참조하여 통행로의 범위를 특정하는 것은 가능하다는 답변을 얻었다. 제청신청인은 토지소유자가 아닌 한 지적공부 등록사항 정정신청을 할 수 없도록 규정하고 있는 법률조항('공간정보의 구축 및 관리 등에 관한 법률' 제87조 단서)에 대해 위헌법률심판제청신청을 하고, 제청법원은 이 신청을 받아들여 2017.5. 위헌법률심판을 제청한 사안에서 헌법재판소는 다음과 같이 판시하였다.

> 법원이 위헌법률심판제청을 한 경우 위헌 여부가 문제되는 법률조항이 재판의 전제성 요건을 갖추었는지 여부는 되도록 제청법원의 견해를 존중하는 것이 원칙이다. 하지만 재판의 전제성에 관한 제청법원의 견해를 유지하는 것이 명백히 곤란한 때에는 헌법재판소가 판단할 수 있다고 하면서, 위 제청대상 법률조항은 측량감정 진행에 방해가 되는 것으로 볼 수 있는 조항인데 이 조항에 의하더라도 당해사건에서 일반 측량을 실시하는 데는 문제가 없어 보이므로, 위 조항의 위헌 여부에 따라 당해사건 재판의 주문이 달라지거나 재판의 내용과 효력에 관한 법률적 의미가 달라지는 경우라고 볼 수 없어 재판의 전제성이 없다고 하였다(헌재 2018.6.28. 2017헌가19).

6. 재판의 전제성 소멸과 그 효과

재판의 전제성은 법원에 의한 법률의 위헌제청 시만이 아니라 헌법재판소의 위헌법률심판의 시점에도 충족되어야 함이 원칙이다(헌재 1993.12.23. 93헌가2). 따라서 위헌제청 이후에 당해 소송의 당사자가 소송의 종료를 초래하는 소송행위를 하였거나, 위헌제청 이후에 당해 소송 당사자가 사망하거나 문제된 법률이 개정·폐지되는 등으로 재판의 전제성이 사후적으로 소멸된 경우에는 제청법원은 위헌제청을 철회해야 하고, 철회에 따라 위헌법률심판절차는 재판 없이 종료된 것으로 처리된다.

헌법재판소는 위헌제청된 법률조항에 의하여 침해되는 기본권이 중요하여 동 법률조항의 위헌 여부의 해명이 헌법적으로 중요하거나 동 법률조항으로 인한 기본권의 침해가 반복될 위험이 있는데도 좀처럼 그 법률조항에 대한 위헌심판의 기회를 갖기 어려운 경우에는 위헌제청 당시 재판의 전제성이 인정되는 한 당해소송이 종료되었더라도 예외적으로 객관적인 헌법질서 수호 유지를 위하여 심판의 필요성을 인정하여 적극적으로 그 위헌 여부에 대한 판단을 하고 있다(헌재 1993.12.23. 93헌가2; 헌재 2005.12.22. 2003헌가8).

예컨대 제청법원의 위헌심판 제청 당시 당해사건 원고는 제18대 국회의원으로서 주식백지신탁제도를 규정한 심판대상 법률조항의 적용대상이었으나, 이후 국회의원 임기가 만료되어 더 이상 심판대상 법률조항의 적용을 받지 않게 되었으므로, 심판대상 법률조항은 현재 재판의 전제성을 잃었다고 볼 수도 있다. 그러나 이 사건에서 문제되는 주식백지신탁제도의 위헌 여부는 고위공직자의 직무공정성 내지 염결성과 그 재산권 보호의 헌법적 요구가 첨예하게 대립하는 중대한 헌법적 문제라는 점, 제19대 국회가 개원하면서 동일한 분쟁이 다시 발생할 가능성이 높다는 점 등을 감안할 때 그 헌법적 해명의 필요성 등을 인정하여 본안 판단에 나아갔다(헌재 2012.8.23. 2010헌가65,).

제6절 심사기준

1. 심사기준

헌법재판소는 헌법 제107조 제1항, 제111조 제1항 제1호에 의한 위헌법률심판절차에 있어서 규범의 위헌성을 제청법원이나 제청신청인이 주장하는 법적 관점에서만이 아니라 심판대상규범의 법적 효과를 고려하여 모든 헌법적인 관점에서 심사한다. 법원의 위헌제청을 통하여 제한되는 것은 심판의 대상일 뿐, 위헌심사의 기준이 아니다(헌재 1996.12.26, 96헌가18).

앞에서 제시된 [생각해보기] 둘째 사안에서 상담자는 자신의 직업의 자유가 침해된다고 주장할 뿐이지만, 위헌제청신청을 하면서 위헌이라고 생각되는 이유에는 모든 헌법적인 이유에서 심판대상조항을 검토해야 한다. 물론 심판대상조항이 위헌으로 결정된다면 제청신청인의 기본권이 보호되겠지만, 위헌 여부의 심사를 제청신청인의 기본권 규범에만 한정할 것은 아니다. 위 사안이 모델로 한 헌법재판소의 2003헌가1 결정(2004. 5. 27.)에서는 대상규정이 정하고 있는 '학교'에 유치원도 포함되고 '극장'도 그 종류와 형태가 제한이 없어 제청신청인이 운영하는 극장이 포함되어 재판의 전제성이 문제되지 않는다고 보고, 대상조항이 우리 헌법이 정하고 있는 문화국가의 원리, 교육 및 청소년보호에 대한 국가의 책임과 관련이 있으며, 극장 운영주의 직업의 자유·예술표현의 자유 침해 여부, 학생들의 행복추구권 침해 여부 등을 논증하고 있다.

2. 헌법

가. 헌법전과 헌법원리

위헌법률심판에서 심사의 기준은 실정헌법으로서의 '대한민국헌법'을 말한다. 헌법의 전문, 개별 조항, 전체 헌법전에서 도출되는 헌법의 기본원리나 헌법원칙들도 심사기준이 된다.[30] 일반적으로 헌법상 명문규정 뿐만 아니라 각 명문규정들에 대한 종합적 검토 및 구체적인 논증 등을 통하여 도출될 수 있는 헌법원칙의 경우도 위헌법률심판의 심사기준이 될 수 있다. 이런 원리나 원칙에는 민주주의, 법치주의, 사회국가원리, 권력분립원칙 등이 있고, 법치주의로부터 다시 명확성원칙, 신뢰보호원칙, 비례성원칙 등과 같은 하위 원칙들이 도출된다(헌재 1999.5.27. 98헌바70 참조).[31] 심사기준이 되는 실체

30) 위의 책, 317면 참조

31) 위의 책, 317면

적 헌법규범은 기본권 규범에 국한되지 않는다. 헌법소원심판에서와는 달리 제청된 법률이 당해사건 당사자의 기본권을 침해하였을 것이 요구되지 않는다.[32)]

헌법재판소는 한국방송공사의 수신료는 국민의 재산권보장의 측면에서나 공사에게 보장된 방송자유의 측면에서나 국민의 기본권실현에 관련된 영역에 속하는 것이고 수신료 금액은 수신료에 관한 본질적이고도 중요한 사항인데 그 금액에 대하여 국회의 결정이나 관여를 배제한 채 위 공사로 하여금 결정하도록 하는 것은 헌법 제37조 제2항과 법치주의원리 및 민주주의원리에 위반된다고 판시하였다(헌재 1999.5.27. 98헌바70).

헌법재판소는 자기책임의 원리를 또 하나의 독자적인 헌법원리로 인정하여 위헌심사기준으로 사용하고 있다. "헌법 제10조가 정하고 있는 행복추구권에서 파생되는 자기결정권 내지 일반적 행동자유권은 이성적이고 책임감 있는 사람의 자기의 운명에 대한 결정 선택을 존중하되 그에 대한 책임은 스스로 부담함을 전제로 한다. 자기책임의 원리는 이와 같이 자기결정권의 한계 논리로서 책임부담의 근거로 기능하는 동시에 자기가 결정하지 않은 것이나 결정할 수 없는 것에 대하여는 책임을 지지 않고 책임부담의 범위도 스스로 결정한 결과 내지 그와 상관관계가 있는 부분에 국한됨을 의미하는 책임의 한정원리로 기능한다. 이러한 자기책임의 원리는 인간의 자유와 유책성, 그리고 인간의 존엄성을 진지하게 반영한 원리로서 그것에 당연히 내재하는 원리이다(헌재 2009.12.29. 2008헌바139)."

이에 대해서는 자기가 결정한 것에 대해 책임을 진다는 자기책임의 원리란 독자적인 헌법원리가 아니라 개별 자유권이 보장하는 자기결정권에 내재되어 그로부터 파생하는 원리라는 비판적 견해가 있다.[33)]

[최근결정]

제청신청인이 외국국적 여성을 유흥주점에 파견하여 성매매에 종사하게 함으로써 '파견근로자보호 등에 관한 법률'을 위반하였다는 범죄사실 등으로 기소된 후 제1심법원에서 징역 8월을 선고받고 항소한 뒤, 위 처벌의 근거조항인 '파견근로자보호 등에 관한 법률'의 해당 조항이 죄형법정주의의 명확성원칙에 위배된다는 이유로 위헌법률심판제청신청을 하고 법원이 이 신청을 받아들여 위헌제청을 한 사안에서, 헌법재판소는 공중도덕상 유해한 업무에 취업시킬 목적으로 근로자를 파견한 사람을 형사처벌하도록 하는 규정('구 파견근로자보호 등에 관한 법률'(1998. 2. 20. 법

32) 위의 책, 318면

33) 한수웅, 앞의 책, 539면

> 률 제5512호로 제정되고 2014. 5. 20. 법률 제12632호로 개정되기 전의 것) 제42조 제1항 중 '공중도덕상 유해한 업무' 부분 및 '파견근로자보호 등에 관한 법률'(2014. 5. 20. 법률 제12632호로 개정된 것) 제42조 제1항 중 '공중도덕상 유해한 업무' 부분)에 대하여 죄형법정주의의 명확성원칙에 위배되어 헌법에 위반된다고 결정하였다(헌재 2016.11.24. 2015헌가23).

나. 입법절차에 관한 헌법규범

심사기준으로서의 헌법에는 헌법의 실체법규범뿐만 아니라 형식적 규범도 포함된다. 따라서 입법권한이나 입법절차에 관한 헌법규범도 심사기준이 된다.[34] 헌법재판소는 입법절차에 하자가 있는지 여부에 관하여, 국가보안법 위반 사건의 피고인들이 자신들에게 적용되는 국가보안법에 개정절차상의 하자가 있다고 주장한 데 대해, 관계자료에 의하면 … 신법의 개정절차에 헌법 제40조 및 제49조 등을 위반한 위헌적 요소가 있었다고는 볼 수 없으므로 이 부분에 관한 청구인들의 주장은 이를 받아들일 수 없다고 하였고(헌재 1997.1.16. 92헌바6), 구국방경비법에 관하여도 법률의 유효한 성립 여부를 판단하고 있다(헌재 2001.4.26. 98헌바79). 다만 입법절차의 하자를 이유로 곧바로 해당 법률이 헌법에 위반하다고 보지는 않는다(헌재 2009.10.29. 2009헌라8등).

다. 현행의 헌법

심사기준이 되는 헌법은 현행 헌법을 말한다. 현행 헌법만이 국민주권의 현재적 발현으로서 모든 국가권력을 구속하고 규범통제의 근거가 될 수 있다. 그리하여 현행 헌법에서 제정·시행된 법률은 물론이고, 현행 헌법 이전의 헌법 하에서 제정·시행된 법률의 위헌 여부 심사의 기준도 현행 헌법이다.[35] 현행 헌법 이전의 법률이 위헌법률심판의 대상이 됨을 기술한 앞에서 언급한 헌법재판소 결정들은 모두 현행 헌법을 심사기준으로 심판한 것이다. 한편 대법원은 이른바 유신헌법 하에 대통령이 행한 긴급조치의 실체적 위헌 여부에 관하여 유신헌법을 주된 심사기준으로 하여 판단하였다(대법원 2010.12.16. 선고 2010도5986 판결).

만약 현행 헌법 외에 구 헌법도 심사기준이 될 수 있다면 복수의 헌법 간에 충돌이 발생할 수 있을 뿐만 아니라, 심사기준이 되는 헌법규범을 헌법재판소가 선택할 수 있게 되는데 이는 현행 헌법이 헌법재판소를 창설하여 현행 헌법 수호의 권한과 의무를 부여한 취지에 부합하지 않는다. 현행 헌법으로 심사해야 한다는 결론의 간접적인 근

---

34) 김하열, 앞의 책, 317면

35) 위의 책, 319면

거는 "이 헌법 시행 당시의 법령과 조약은 이 헌법에 위배되지 아니하는 한 그 효력을 지속한다"라고 규정하고 있는 현행 헌법 부칙 제5조에서 찾을 수 있다. 이 조항은 구 헌법질서에 대한 현행 헌법질서의 우위를 관철하려는 것이기 때문이다. 이러한 헌법 부칙의 태도는 제헌헌법 부칙 제100조 이래 현행 헌법까지 일관되고 있다.[36)]

3. 관습헌법

가. 신행정수도의건설을위한특별조치법 결정(헌재 2004.10.21. 2004헌마554 등) 및 비판

헌법재판소는 신행정수도의건설을위한특별조치법('행정수도특별조치법')에 관한 결정에서 일정한 요건을 갖추어 관습헌법이 성립하면 성문헌법과 동등한 효력을 가지게 되어 입법권자를 구속하고, 우리나라의 수도가 서울인 것은 관습헌법이므로 이를 폐지하기 위해서는 헌법이 정한 헌법개정절차에 따라야 한다고 결정하였고, 이 결정에는 1인 재판관의 별개의견과 1인 재판관의 반대(각하)의견이 있었다(헌재 2004.10.21. 2004헌마554). 이에 따르면 관습헌법도 위헌법률심판의 심사기준이 될 수 있을 것이다.[37)]

이에 대해서는 비판적 견해들이 강하게 제기되었다. 우선, 위 결정의 법정의견과 거의 동일한 내용을 싣고 있는 논문이 법정의견의 기반으로 되고 있다고 보면서 프랑스에서의 불문헌법의 논의를 잘못 차용하고 있다고 비판하는 견해가 있다. 이 견해에서는 프랑스에서의 불문헌법의 논의는 성문법과 관습법의 수평적·통시적 관계에 기초하여 성문의 헌법규정이 불문의 관습에 의하여 변경될 수 있고 따라서 굳이 헌법을 개정할 필요가 없다는 주장이었는데, 헌법과 하위 법률 간의 수직적 위계질서를 전제로 불문의 관습헌법도 법률로는 개정할 수 없기 때문에 헌법의 개정절차를 밟아야 한다는 주장으로 변질되었다고 비판한다.[38)] 또한 성문헌법전상의 법규들에 준거하거나 연계될 수 없으면서 성문헌법과 같은 효력을 갖거나 심지어는 성문헌법 법규를 실효시키는 관습헌법을 인정할 수는 없다든가, 성문헌법의 추상성을 구체화하고 보충할 권한과 과제는 입법기관에게 부여되어 있으므로 관습헌법이 인정될 수는 없다든가, 관습헌법의 효력근거가 성문헌법이 아니라 헌법적 관행이라면 관습헌법이 반드시 성문헌법의 절차에 따라 개정 폐지되어야 하는지 의문이라든가, 우리나라의 수도가 서울인 것이 관습

36) 위의 책, 319면

37) 위의 책, 265면

38) 김기창, "성문헌법과 관습헌법", 공법연구 제33집 제3호, 2005.5, 94-95면 참조

헌법에 해당한다고 보기 어렵다든다, 성문헌법에 의해 비로소 권한을 부여받은 헌법재판소가 성문헌법에 어긋나지 않는 의회 제정법을 이른바 관습헌법을 근거로 무력화할 근거가 있는가 하는 지적들이 그것이다.[39)]

반면에 국민주권 국가에서 국민이 직접 정립하는 관습헌법의 존재를 부정할 근거는 없고 서울의 역사나 국민의 법적 인식에 비추어 서울이 수도라는 것은 관습헌법에 해당하므로 이를 변경하는 데는 최소한 국민투표의 실시가 요구된다면서 헌법재판소의 결정을 지지하는 견해도 있다.[40)]

나. '신행정수도 후속대책을 위한 연기·공주지역 행정중심복합도시 건설을 위한 특별법' 결정(헌재 2005.11.24. 2005헌마579등)과 심판의 변화

행정수도특별조치법에 대한 위헌 결정 이후 그 후속대책을 위해 마련된 '신행정수도 후속대책을 위한 연기·공주지역 행정중심복합도시 건설을 위한 특별법'에 대해서도 헌법소원심판이 청구되었고(헌재 2005.11.24. 2005헌마579등), 이 결정에서는 심판대상 법률조항으로 인한 기본권, 여기서는 국민투표권의 침해 가능성이 없다는 이유로 각하결정을 하였고 2인 재판관의 위헌의견이 있었다. 7인의 각하의견 중 4인 재판관은 수도가 서울이라는 것은 관습헌법이지만 위 특별법에 의한 행정중심복합도시는 수도의 분할이 아니므로 국민투표에 부의할 사항이 아니어서 국민투표권의 침해가능성이 없다는 것이고, 3인 재판관은 수도가 서울이라는 것이 관습헌법이라는 것을 인정하지 않았다. 반대의견에 선 2인의 재판관은 행정중심복합도시는 결과적으로 수도를 분할하는 것이므로 관습헌법의 개정사항이 되고 이를 위해 국민투표절차가 필요하므로 청구인들의 국민투표권을 침해하여 위헌이라는 것이다. 종전의 2004헌마554결정에서는 수도가 서울인 것이 관습헌법이라는 의견을 피력한 재판관은 7인이었던 것을 고려하면 2005헌마579 등 결정에서는 관습헌법론을 지지한 재판관의 수가 줄었고, 연기·공주지역 행정중심복합도시의 건설은 관습헌법의 해당사항이 아니라는 의견이 다수이며 위 행정중심복합도시의 건설에도 관습헌법론의 적용을 고집한 의견이 오히려 소수의견으로 역전되었다.

이 2005헌마579 결정에 관하여는 행정중심복합도시 또한 수도분할을 의미하므로 수도가 서울이라는 것이 관습헌법이라는 종전의 결정을 유지하였다면 위헌결정을 하였

---

39) 한수웅, 앞의 책, 20-21면; 전광석, "수도이전특별법 위헌결정에 대한 헌법이론적 검토", 헌법실무연구 제6권, 2005, 275-299면 참조; 정태호, "성문헌법국가에서의 불문헌법과 관습헌법", 경희법학 제45권, 제3호, 2010, 299-330면 참조

40) 김승대, 헌법학강론 제2판, 법문사, 2012, 11-15면 참조. 관습헌법의 존재 가능성을 인정하면서도 성문헌법을 보충하는 효력만을 인정하는 견해로는, 성낙인, 헌법학 제12판, 법문사, 2012, 20-23면 참조

어야 한다고 보는 견해가 있다.[41)]

살펴보면 수도이전에 관한 첫 번째 사건이었던 2004헌마554 결정에서는 수도가 서울인 것이 관습헌법이라는 의견 7인, 행정수도의 이전은 헌법 제72조상의 '국방 통일 기타 국가안위에 관한 중요정책'에 해당하는데 국민투표부의절차를 밟지 않은 것이 청구인들의 국민투표부의권을 침해한다는 의견 1인, 각하의견 1인으로 구성되었었다. 이에 반하여 수도이전에 관한 두 번째 사건이었던 2005헌마579등 결정에서는 수도가 서울인 것이 관습헌법이라는 논리를 적극적으로 인정하지 않는 의견이 3인 재판관으로 늘어났는데, 이것만을 볼 때는 헌법재판소 스스로도 이른바 수도이전에 관한 관습헌법론을 확고하게 유지하고 있는 것은 아니라고 추정해볼 수 있다.

4. 국제법규

조약이나 국제인권법과 같은 국제법규에 대해 헌법 우위 또는 동위의 효력을 인정하기 어렵고, 국제법규는 헌법에 의해 비로소 국내법 질서로 수용되므로 국제법규가 그 자체로 위헌심사의 기준규범이 될 수 없다.

헌법재판소는 공무원의 집단행위 금지 및 사실상 노무에 종사하는 공무원에 대한 예외를 규정한 국가공무원법 제66조 제1항에 대하여 국제인권규약들은 권리의 본질을 침해하지 아니하는 한 국내의 민주적인 대의절차에 따라 필요한 범위 안에서 근로기본권에 대한 법률에 의한 제한은 용인하고 있으므로 공무원의 근로3권을 제한하는 지방공무원법 제58조 제1항과 정면으로 배치되는 것은 아니고, 그 밖에 청구인들이 거론하는 국제노동기구의 제87호 협약(결사의 자유 및 단결권 보장에 관한 협약) 등 근로기본권에 관한 국제법상의 선언, 협약 및 권고 등은 우리나라가 비준한 바 없거나 권고적 효력만을 가지고 있어 위 법률조항에 대한 위헌성 심사의 척도가 될 수 없다고 하였다(헌재 2005. 10. 27. 2003헌바50등). 이 결정에는 1인 재판관의 반대의견이 있다. 세계인권선언이나 국제인권규약들, 공무원의 근로기본권에 관한 국제노동기구의 관련 협약들 및 국제기구의 권고들은 고도로 추상화된 헌법 규정의 의미나 내용 및 적용범위를 해석함에 있어 중요한 지침이 될 수 있으므로, 이러한 점을 존중하여 근로기본권에 관한 헌법 조항들을 해석하여 보더라도, 공무원의 근로기본권을 극도로 제한하고 있는 위 법률조항들은 헌법에 부합될 수 없다는 취지이다.

또한 개정교토협약과 외국 입법례를 관세법 조항에 대한 위헌심사의 척도로 삼을

41) 성낙인, "통일헌법의 기본원리 소고", 법학 제53권 제1호, 서울대학교 법학연구소, 2012.3, 440면

수 있을지에 관하여, 헌법재판소는 우리나라가 2003년 2월 개정교토협약에 가입하였고, 2006년 2월부터 개정교토협약이 발효된 이상 국내법과 마찬가지로 이를 준수할 의무가 있으나 개정교토협약이 국내법과 같은 효력을 가진다고 하더라도, 곧 헌법적 효력을 갖는 것이라고 볼 만한 근거는 없으므로, 위 조항의 위헌성 심사의 척도가 될 수는 없고, 그 밖에 청구인은 외국의 입법례를 들어 위 조항이 국제기준에 반한다고 주장하나, 외국의 입법례가 곧 위헌법률심판의 재판규범이 된다고 볼 수 없고, 청구인이 주장하는 외국의 입법례가 일반적으로 승인된 국제법규로서 국내법과 같은 효력이 있다고 볼 수도 없다고 하였다(헌재 2015.6.25. 2013헌바193).

제7절 종국결정

1. 종국결정

가. 유형

종국결정의 유형으로는 위헌제청이 부적법한 경우에 하는 각하결정, 제청된 법률조항이 합헌인 경우에 하는 합헌결정, 제청된 법률이 위헌인 경우에 하는 단순위헌결정, 헌법불합치결정, 한정위헌, 한정합헌 결정이 있다.

나. 법원에의 송부

헌법재판소는 결정일부터 14일 이내에 결정서 정본을 제청한 법원에 송달한다. 이 경우 제청한 법원이 대법원이 아닌 경우에는 대법원을 거쳐야 한다(법 제46조).

2. 위헌결정의 효력

여기서 위헌 결정이라 함은 심판대상 법률조항에 위헌성이 있음을 확인한 결정을 말하는 것이지, 결정의 주문의 형식으로 '헌법에 위반된다'라는 결정을 말하는 것은 아니다. 법은 헌법소원에 대하여도 '인용결정'이라는 표제 하에 '헌법소원의 인용결정은 모든 국가기관과 지방자치단체를 기속한다'라는 기속력 부여 규정을 두고 있고(법 제75조 제1항), 법 제68조 제2항에 따른 헌법소원이 인용된 경우에 당사자는 재심을 청구할 수 있다는 규정을 두고 있다(법 제75조 제6항). 여기서 '인용결정'이란 기본권 침해 또는 법령조항의 위헌성을 인정하고 받아들인다는 결정을 뜻하는 것이지 주문 형식이 '인용결정'을 말하는 것은 아니다. 참고로 헌법소원에서 공권력의 행사가 기본권을 침해하고 있음이 확인된다고 하더라도 '청구인의 헌법소원을 인용한다'는 결정은 하지 않는다. 헌법소원의 인용결정은 '헌법에 위반된다', '기본권 침해로 위헌임을 확인한다', '공권력 행사를 취소한다'라는 등의 주문 형태를 띤다.[42] 이렇게 보아 위헌법률심판에서의 위헌결정에는 대상 법률조항의 위헌성이 확인되는 경우의 결정, 즉 주문형태로서의 단순위헌결정, 한정위헌·한정합헌, 헌법불합치결정 등 이른바 변형결정이 포함된다고 보는 것이 타당하다. 따라서 변형결정의 경우에도 위헌결정의 효력에 관한 내용이 그대로 해당된다고 할 수 있다. 다만 변형결정의 특수한 문제가 있으므로 특수한 사항들에 관하여 아래에서 소항목으로 구성하여 서술하기로 한다.

---

42) 김하열, 앞의 책, 577면 참조

가. 기속력

(1) 의의

법률의 위헌결정은 법원과 그 밖의 국가기관 및 지방자치단체를 기속(羈束)한다(법 제47조 제1항).

이 규정은 법 제68조 제2항이 헌법소원에서 심판대상법률조항에 대하여 위헌결정이 내려질 때도 준용된다(법 제75조 제6항).

이에 반하여 위헌법률심판이나 법제68조 제2항의 헌법소원에서의 합헌결정에는 기속력이 인정되지 않는다.

기속력은 심판절차의 당사자가 아니지만 모든 국가기관 지방자치단체에게 미치고 심판절차의 당사자였는지 여부와는 관계가 없고, 이 점에서 재판의 당사자에게만 효력이 미치는 기판력과 구별된다.[43)]

(2) 내용

위헌결정의 기속력을 받는 법원 기타 국가기관 및 지방자치단체는 대상 법률조항이 합헌이라고 보는 행위를 해서는 안된다. 법원은 위헌결정된 법률조항을 적용할 수 없고, 행정기관은 그 조항을 적용하는 행정작용을 하여서는 아니 된다. 다만 국회가 위헌결정된 법률조항과 동일한 내용을 반복적으로 입법할 수 있는지에 대하여는 특별한 경우에 예외적으로만 인정해야 한다고 보는 부정론[44)]과 긍정론[45)]으로 엇갈리지만, 헌법재판소의 판단의 기준이 되었던 사실적 법적 관계에 관한 본질적 변경이 있을 때에는 반복입법이 가능하다는 것으로 견해가 모아지고 있는 것으로 보인다.[46)]

위헌결정된 법률조항에 대하여 다시 위헌법률심판을 제청하는 것은 기속력에 반하기도 하지만 그것보다 우선은 위헌결정된 법률조항이 효력이 상실되었으므로 위헌 제청의 대상이 될 수 없다(헌재 1989.9.29. 89헌가86; 헌재 1994.8.31. 91헌가1).

나. 위헌결정된 법률조항의 효력 상실

위헌으로 결정된 법률 또는 법률의 조항은 그 결정이 있는 날부터 효력을 상실한다

---

43) 위의 책, 255면 참조

44) 계희열, "헌법재판과 국가기능", 헌법재판의 회고와 전망 : 창립 10주년 기념 세미나, 헌법재판소, 1998, 236면; 허영, 앞의 책(각주 4), 176면

45) 정종섭, 앞의 책(각주 4), 369면

46) 허영, 앞의 책(각주 4), 176면; 정연주, "안마사 결정의 재검토: 위헌결정 기속력의 주관적·객관적 범위의 문제를 중심으로", 홍익법학 제10권 제2호, 2009, 326-328면 참조

(법 제47조 제2항). 따라서 위헌으로 결정된 법률조항은 제청의 계기가 된 법원의 구체적 소송사건에서 적용되지 않는 데 그치는 것이 아니라 일반적으로 법률조항의 효력 자체가 소멸된다(헌재 2012.12.27. 2012헌바60).

다. 위헌결정의 원칙적 장래효

(1) 원칙적 장래효

위헌으로 결정된 법률 또는 법률의 조항은 그 결정이 있는 날부터 효력을 상실한다(법 제47조 제2항). 다만 형벌에 관한 법률 또는 법률의 조항은 소급하여 그 효력을 상실한다(법 제47조 제3항 제1문). 따라서 위헌으로 결정된 법률조항은 원칙적으로 장래에 향하여, 즉 위헌결정을 선고한 날부터 효력이 없다. '결정이 있는 날부터'는 결정일 0시부터라고 볼 수 있다.[47] 헌법재판소가 위헌결정을 한 같은 날에 대상 법률조항을 적용한 재판이 선고되었다면 그 재판은 예외적으로 헌법소원의 대상이 되는 '헌법재판소에 의해 위헌으로 결정된 법령을 적용하여 국민의 기본권을 침해한 재판'에 해당할 것이다.[48]

일반적으로 장래무효설의 이론적 근거는 위헌결정 효력의 시간적 범위는 구체적 정의와 법적 안정성이라는 상반된 두 요청을 조화시킬 정책적 문제라고 보고, 위헌으로 결정된 법률이라 하더라도 결정 시를 기준으로 하여 그 전에는 유효한 법질서의 일부로 간주하는 것이 가능하기 때문이다.

비교법적으로 보면, 위헌법률은 처음부터 당연히 법률로서의 효력이 없고 헌법재판소의 위헌결정은 이를 확인하는 것일 뿐이라고 보아 법률에 대한 위헌결정에 그 성립시부터 효력이 없도록 하는 소급무효설을 택하는 입법례도 있다. 소급무효를 인정하면 기존에 형성된 법질서가 소급적으로 전복되므로 법적 안정성에 미치는 영향이 크다. 따라서 법적 안정성의 고려 하에 소급적 효력을 제한하려는 입법이나 법적용이 수반된다. 소급무효의 입장을 취하고 있는 독일에서는 연방헌법재판소법 제79조 제2항에 의하여 위헌무효결정이 내려지더라도 확정된 행정처분이나 재판의 효력을 다툴 수 없고, 다만 그러한 행정처분이나 재판에 근거한 집행은 허용되지 않는다. 부당이득반환청구의 가능성도 배제하고 있다. 연방헌법재판소가 소급무효의 즉각적 발생을 배제하는 헌법불합치결정을 도입한 것도 이러한 이유에서이다.[49]

---

47) 김하열, 앞의 책, 331면

48) 위의 책, 331면

49) 위의 책, 328면

원칙적 장래효를 택하는 경우에도 그것을 완화시킬 필요가 있다. 위헌결정된 법률에 대하여 결정 이후에만 효력을 상실시킨다는 원칙을 그대로만 관철한다면 자칫 제청의 계기가 된 소송사건에도 위헌결정된 법률조항을 적용해야 할 모순적인 상황에 처하게 될 수도 있기 때문이다.

(2) 장래효의 완화

(가) 완화의 필요성

우선 위헌결정이 내려진 위헌법률심판절차를 개시한 제청법원은 당해사건에서 위헌으로 결정된 법률을 적용할 수 없다. 무엇보다 위헌결정의 기속력에 반할 뿐 아니라, 기속력의 관점이 아니더라도 위헌결정의 장래효만을 엄격하게 고집하여 위헌결정 이후의 법률관계에서만 위헌결정된 법률을 적용하지 못하고 당해사건에서는 위헌으로 결정된 법률을 적용해야 한다면 당해사건의 당사자 구제를 전면적으로 도외시하게 되는 문제의 측면에서도, 즉 법원의 소송사건을 계기로 하는 구체적 규범통제제도의 의미를 실현시키기 위해서도 당해사건에서는 위헌으로 결정된 법률을 적용하지 않는 것이 타당하다.

원칙적 장래효를 어느 범위에서 완화하여 부분적으로 위헌결정의 소급효를 인정하는 것이 타당할지를 검토하기 위하여 다음과 같은 사례를 생각해보자.

甲 법원의 I 재판부는 A법률조항에 대하여 2019.4.11. 위헌법률심판제청을 하였다(당해사건). 甲 법원의 II재판부에는 위 A법률조항이 적용되는 사건이 2019.5.15. 계속되어 있지만 위헌제청은 되지 않았다(병행사건 I). 甲 법원의 II재판부에 계속된 다른 사건의 당사자가 2019.5.31. 위 A법률조항에 대하여 위헌심판제청을 신청하자 II재판부는 위 A 법률조항에 대하여 2019.6.28. 위헌법률심판을 제청하였고, 또 다른 사건의 당사자는 2019.7.8. 위헌법률심판제청을 신청하였다(병행사건 II).

이러한 상황에서 헌법재판소는 위 법원의 I 재판부가 제청한 A법률조항에 대하여 2019.7.17. 위헌결정을 하였고 결정문 정본을 같은 해 7.30. 甲 법원에 송부하였는데 II재판부의 위 모든 사건은 종국선고 전이다. 이 경우 위헌결정된 A법률조항은 어떻게 적용되어야 할 것인가.

병행사건 I 과 병행사건 II는 모두 위헌결정된 A법률조항이 재판의 전제가 되어 있고 위헌결정이 있기 전에 법원에 계속되어 있었다는 점에서 당해사건과 동일하다. 그런데 위헌으로 결정된 A법률조항은 당해사건에 적용될 수 없는 반면 병행사건 I 과 병행사건Ⅱ에 적용된다면 당해사건과의 판결의 불일치를 피할 수 없게 된다. 이 경우 어떤 사건이 당해사건이 되고 어떤 사건이 병행사건이 된 것은 법원의 위헌제청 시기나 헌법재판소의 제청사건의 병합처리 여부 등에 의한 우연적인 것으로 그 어느 것도 위 판결의 불일치를 정당화하기 어렵다. 따라서 위와 같은 판결의 불일치를 피하기 위하여는 병행사건 I과 병행사건 Ⅱ 모두에서 A 법률조항을 적용하지 않는 것이 불가피하다. 병행사건I과 병행사건Ⅱ에 대하여 위헌 결정된 A법률조항을 적용할 수 없다는 것에 대해서는 헌법재판소와 대법원의 입장이 동일하다.

㈏ 헌법재판소의 추가

헌법재판소는 여기에 더하여 "당사자의 권리구제를 위한 구체적 타당성의 요청이 현저한 반면에 소급효를 인정하여도 법적 안정성을 침해할 우려가 없고 나아가 구 법에 의하여 형성된 기득권자의 이익이 해쳐질 사안이 아닌 경우로서 소급효의 부인이 오히려 정의와 형평 등 헌법적 이념에 심히 배치되는 때"에는 소급효를 인정해야 할 것이라고 한다(헌재 1993.5.13. 92헌가10). 어떤 사안이 이런 범주에 속하는지는 헌법재판소가 위헌결정을 하면서 밝히거나 법원이 합리적·합목적적으로 정할 수 있을 것이라고 하였다(헌재 1993.5.13. 92헌가10).

㈐ 대법원의 추가

대법원은 위헌결정 후에 제소된 사건에도 소급효가 미친다고 하였다가(대법원 1992.2.14. 선고 91누1462 판결; 1993.1.15. 선고 92다12377 판결; 1993.2.26. 선고 92누12247 판결), 이를 다시 약간 조정하여 "위헌결정의 소급효가 미치는 범위가 무한정일 수는 없고, … 다른 법리에 의하여 그 소급효를 제한하는 것까지 부정되는 것은 아니며, 법적 안정성의 유지나 당사자의 신뢰보호를 위하여 불가피한 경우에 소급효를 제한하는 것은 오히려 법치주의 원칙상 요청되는 것"이라고 하였다(대법원 1993.7.16. 선고 93다3783 판결).

라. 형벌조항에 대한 소급효 및 소급효의 제한

(1) 의의

형벌에 관한 법률 또는 법률의 조항은 소급하여 그 효력을 상실한다. 다만, 해당 법률 또는 법률의 조항에 대하여 종전에 합헌으로 결정한 사건이 있는 경우에는 그 결정이 있는 날의 다음 날로 소급하여 효력을 상실한다(법 제47조 제3항). 이 경우 위헌으로 결정된 법률 또는 법률의 조항에 근거한 유죄의 확정판결에 대하여는 재심을 청구할 수 있다(법 제47조 제4항).

⑵ 형벌에 관한 법률조항

위헌결정의 소급효가 인정되는 것은 실체적인 형벌조항에 한정되고 형사소송절차에 관한 절차법적인 법률조항은 이에 해당되지 않는다.

⑶ 소급효의 제한

㈎ 헌법재판소의 종전의 합헌결정이 있는 경우

형벌에 관한 심판대상조항에 대하여 위헌결정이 있는 경우에도 같은 조항에 대하여 헌법재판소가 종전에 합헌결정을 한 바 있다면 그 합헌결정이 이루어질 때까지는 대상법률조항이 합헌적인 규범이었음이 인정되고 그 후에 비로소 위헌성이 확인되었다고 할 수 있으므로 위헌결정의 소급효를 종전의 합헌결정의 다음 날부터로 제한한다.

혼인빙자간음죄를 정하고 있던 형법 제304조가 1953년 형법의 제정 시부터 시행되던 조항인데 헌법재판소는 2002.10.에 이 조항에 대하여 합헌결정을 하였으나(헌재 2002.10.31. 99헌바40), 2009년에 이 판례를 변경하면서 위헌결정을 하자 1953년 제정 시로 위헌결정이 소급하게 되어 합헌결정이 있을 때까지에 대하여도 소급적으로 무효가 되었다. 이러한 경우의 형벌규정에 대한 소급효를 제한할 필요성이 강력히 대두되어 2014년에 법을 개정하여 소급효를 제한하게 된 것이다.

㈏ 소급효를 인정하는 경우 새로이 형사상의 불이익을 초래하는 경우

형벌에 관한 법률조항이라 하더라도 위헌결정의 소급효를 인정할 경우 형사처벌을 받지 않았던 사람들에게 형사상의 불이익이 미치는 경우에는 죄형법정주의의 정신상 소급효가 인정되지 않는다. 헌법재판소는 이런 이유로, 불처벌의 특례를 규정한 교통사고처리특례법 제4조 제1항에 대해 위헌결정을 선고하더라도 형사처벌을 받지 않았던 자들을 소급하여 처벌할 수는 없다고 하였다(헌재 1997.1.16. 90헌마110).

3. 변형결정

가. 변형결정의 의의와 근거

⑴ 법 제45조

법은 위헌법률심판에 관한 규정에서, 헌법재판소는 제청된 법률 또는 법률 조항의 위헌 여부만을 결정한다. 다만 법률조항의 위헌결정으로 인하여 해당 법률 전부를 시행할 수 없다고 인정될 때에는 그 전부에 대하여 위헌결정을 할 수 있다고 정하고 있다(법 제45조). 동 조항의 본문과 단서의 해석상 동 조항은 헌법재판소가 심판대상조항을

정할 때는 제청된 법률조항을 기준으로 하라는 내용, 즉 심판대상조항을 확정하는 내용을 정하고 있음은 분명하다. 또한 위 조항은 법원의 제청과 헌법재판소의 위헌심판이라는 두 기관이 관여하는 위헌심판절차상 헌법재판소는 법률조항 자체의 위헌심판을 담당하는 것이지 당해 사안의 사실적 관계의 판단에 관여하여서는 아니 된다는 뜻을 정하고 있는 것이다.

⑵ 결정 주문 형식에 대한 규정 없음

우선 헌법과 법은 헌법재판소 결정의 주문 형식에 관하여 특별한 규정을 두고 있지 않다.

앞에서 본 바와 같이 법이 기술하고 있는 '위헌결정'이나 '인용결정'은 법률조항의 위헌성과 공권력행사·불행사의 기본권 침해성이 인정된다는 결정이지 주문의 형식은 아니다. 헌법소원의 경우에 '인용한다'라는 형식의 결정주문을 선고하지 않는 것을 보아도 이는 명백하다.

이에 헌법재판소는 법률조항의 위헌 여부에 관하여 합헌결정, 위헌결정, 한정위헌·한정합헌 결정, 헌법불합치결정 등의 주문 양식을 사용하고 있다.

⑶ 변형결정의 근거

일반적으로 법률 또는 법률조항 전부에 대하여 위헌결정을 할 수 있는 권한에는 그 일부에 대하여만 위헌성을 인정하는 결정을 할 수 있는 권한이 포함되어 있다고 할 것이며, 이러한 권한이 인정되지 않는다면 헌법재판소로서는 위헌성 있는 일부 때문에 위헌성 없는 부분까지도 헌법에 위반된다고 결정하거나 일부에 위헌성이 있음에도 불구하고 위헌성이 없는 부분에 의탁하여 위헌성을 부정하는 결정을 하여야 하는데 만일 이런 식으로 위헌결정과 합헌결정이 이루어진다면 규범통제의 의미는 제대로 실현될 수 없을 것이다.

나. 한정위헌·한정합헌 결정

⑴ 의의

위헌법률심판에서 법률은 그 위헌 여부를 가려야 하는 대상이므로 헌법재판소가 그 위헌 여부를 심판하기 위해서는 심판대상 법률조항의 의미 내용이 먼저 확정되어야 하는데, 통상적인 해석에 따라 심판대상 법률조항의 의미 내용이 일정하게 정해질 경우에는 그 통상적인 해석을 전제로 하면 되지만 심판대상 법률조항이 다의적일 경우에는 그 의미내용을 먼저 확정하는 것이 불가피하다.

한정합헌결정은 심판대상 법률조항이 다의적으로 해석될 수 있을 때 합헌적으로 해석될 수 있는 내용으로 특정되게 해석, 적용되는 한 헌법에 위반되지 않는다고 결정하는 것으로, 법문의 외형적 문언에서 위헌부분을 제거할 수 없기 때문에 그 대신에 위헌적 해석 내용을 제거하는 것으로 헌법재판소는 이를 질적인 일부위헌결정이라고 하였다(헌재 1992.2.25. 89헌가104).

한정위헌결정은, 마찬가지로, 심판대상 법률조항이 위헌적으로 해석 적용될 수 있는 범위를 특정하여 '~ 로 해석하는 한 헌법에 위반된다.'고 하는 결정으로 질적 일부위헌결정이라 할 수 있다.

(2) 근거

헌법재판소가 심판대상 법률조항의 전부에 대하여 헌법에 위반된다고 결정할 수 있는 권한에는 그 일부에 대하여도 위헌 결정을 할 수 있는 권한이 포함되어 있다고 볼 수 있다. 헌법재판소가 이와 같이 한정위헌·한정합헌 결정을 택하는 기본적인 취지는 가능하면 법률조항의 합헌적인 부분의 효력을 존속시키고자 하는 것으로 그 바탕에는 입법자에 대한 존중이 있다. 법률에 대한 해석적 관점에서는 헌법의 일반 원리로서의 합헌적 법률해석이 채용된 결과이다.

어떤 법률의 개념이 다의적이고 그 어의의 테두리 안에서 여러 가지 해석이 가능할 때 헌법을 그 최고 법규로 하는 통일적인 법질서의 형성을 위하여 헌법에 합치되는 해석 즉 합헌적인 해석을 택하여야 하며, 이에 의하여 위헌적인 결과가 될 해석을 배제하면서 합헌적이고 긍정적인 면은 살려야 한다는 것이 헌법의 일반 법리이다. 이러한 합헌적 제한해석과 주문예는 헌법재판제도가 정착된 여러나라에 있어서 널리 활용되는 통례인 것으로서 법률에 일부합헌적 요소가 있음에도 불구하고 위헌적 요소 때문에 전면위헌을 선언할 때 생길 수 있는 큰 충격을 완화하기 위한 방안이기도 하다(헌재 1990.4.2. 89헌가113).

(3) 한계

합헌적 법률해석은 입법형성권의 존중을 위한 것이므로 입법형성권을 침해하는 방향으로 행사되어서는 아니 되고, 문의적 한계와 입법목적적 한계를 준수하여야 한다.

다. 헌법불합치결정

(1) 의의

헌법재판소는 심판대상 법률조항의 위헌성을 확인하면서도 위헌결정으로 심판대상조항을 무효화하는 것보다 잠정적으로 그 존속을 인정하면서 입법자에게 위헌성을 치유할 방법을 택하도록 하는 것이 헌법적으로 보다 바람직하다고 인정되는 경우에는 심판대상 법률조항의 위헌성을 확인하면서 그 적용을 원칙적으로 중지시키고 입법자의 개선 입법을 적용하도록 하는 결정을 하는바, 이것이 헌법불합치결정이다. 다만 헌법불합치결정을 하면서 심판대상 법률조항의 적용여부에 관하여 항상 적용 중지를 취하는 형태만 있는 것이 아니라 적정한 이유에서 잠정적인 적용을 명할 수도 있다.

(2) 효력

(가) 위헌 법률의 존속과 입법자의 입법개선의무

어떤 심판대상 법률조항에 대하여 헌법불합치결정이 선고되면 그 법률조항은 그 위헌성의 확인에도 불구하고 형식적으로 존속하게 된다. 즉 헌법불합치결정으로 대상 법률조항이 무효화되지 않는다. 그렇다고 그 법률조항이 항상 적용되는 것은 아니다. 헌법불합치결정을 받은 법률조항은 유효하게 존재하지만, 특별한 사정이 없는 한, 적용되지는 않는, 법률로서는 통상적이지 않은 상태에 놓이게 된다. 대상 법률조항이 형식적으로 존속한다고 하더라도 위헌성은 확인되었기 때문에 입법자는 이 위헌성을 제거할 의무를 지게 되는데, 헌법불합치결정은 위헌성 제거를 위해 상정될 수 있는 다양한 방법 가운데 구체적인 현실 파악과 가용한 정책자원 등을 충분히 고려하여 합헌적 방안을 구축하기에 보다 적합한 지위에 있는 입법자에게 위헌성 제거 방법을 선택하도록 하는 것이다.

(나) 원칙적 적용 중지와 개선입법의 소급적용

헌법불합치결정은 심판대상 법률조항의 위헌성이 확인되지만 다른 이유로 즉각적으로 무효화하지 않는 것이기 때문에 원칙적으로는 적용될 수 없다. 따라서 헌법불합치결정이 된 법률조항의 적용 여부에 관하여는 원칙적으로는 개선입법이 있을 때까지 적용이 중단되지만, 헌법재판소는 이에 대해 특별한 경과규정으로 잠정 적용을 명할 수 있다. 따라서 헌법재판소가 헌법불합치결정을 하면서 그 적용 여부에 관하여 별도의 경과명령을 부가하지 않았다면 개선입법이 이루어질 때까지 그 적용이 중단되는 것이라고 할 수 있다.

그렇다면 헌법불합치결정을 받아 그 적용이 중단된 당해 사건에는 어떤 법률조항이 적용되는가? 여기에는 대상법률조항의 위헌성이 제거되고 새로이 개선입법된 법률조항이 소급적으로 적용된다. 또한 위헌결정의 효력에서 당해사건 뿐만 아니라 병행사건(심판대상법률조항에 대하여 위헌법률심판제청을 신청한 사건과 따로 위헌법률심판을 제청하거나 그 제청을 신청하지는 않았지만 위헌 결정 당시에 대상법률조항의 위헌 여부가 재판의 전제가 되어 법원에 계속되어 있던 사건)에도 위헌결정의 효력이 적용되었듯이 헌법불합치결정도 이런 병행사건에 미친다고 보아야 한다. 따라서 이른바 병행사건들에도 대상 법률조항의 적용을 중지하고 새로이 개선입법된 법률조항을 적용하여야 할 것이다.

헌법재판소는 2019.9.26. 업무상 재해에 출퇴근 재해를 포함시키는 산업재해보상보험법 개정법률에 관하여, 그 시행시기를 동 법률의 개정의 계기가 되었던 헌법재판소의 종전 헌법불합치결정(헌재 2016.9.29. 2014헌바254) 시점으로 소급하지 아니하고 개정법률 시행 후 최초로 발생하는 재해부터 적용하도록 하는 동법 부칙 조항에 대하여, 헌법불합치결정에 따른 개선입법의 적용함에 있어서 합리적 이유 없이 종전 헌법불합치결정 시점부터 개정법률의 시행 이전까지의 출퇴근 피재해자와 개정법률 시행 이후의 출퇴근 피지해자를 차별하여 헌법상 평등원칙에 위반된다고 헌법불합치결정을 선고하였다(헌재 2019.9.26. 2018헌바218). 헌법재판소의 종전 불합치결정(2014헌바254)은 잠정적용 명령을 부기하였으나, 개선입법의 소급적용을 배제한 부칙 조항에 대한 새로운 결정은 적용중지의 헌법불합치결정이다.

㈐ 심판대상 법률조항의 예외적 잠정적용

헌법재판소는 위헌결정으로 초래될 법적 공백이나 혼란이 종래의 법적 상태보다 더욱 헌법질서에서 멀어지는 것을 방지하기 위하여 불합치결정을 하면서 심판대상 법률조항의 잠정적용을 명할 수 있다.

㈑ 형벌조항에 대한 헌법불합치결정에 대한 논의

앞서 본 것처럼 위헌결정에 대하여 원칙적으로 장래 무효의 입장을 택하고 있는 우리 법도 형벌조항에 대한 위헌결정은 소급적으로 효력이 상실되도록 하고 있다.

그런데 이러한 효과를 받는 형벌조항에 대하여 헌법불합치결정을 하면 위헌성이 확인됨에도 불구하고 그 존속을 인정하고 개선입법을 기다려서 새로 개정된 법률조항을 적용하여야 하거나, 예외적으로 잠정적용을 명하는 헌법불합치결정이 내려진다면 위헌성이 확인되는 형벌조항임에도 불구하고 계속 적용하게 되어 위헌결정의 소급효와 충돌하게 되어 문제되어 형벌규정에 대한 헌법불합치결정의 가능성이 논의되고 있다.

여기에는 형벌규정에 대하여는 헌법불합치결정이 가능하지 않고 단순위헌결정을 하여야 한다는 견해,[50] 잠정적용 헌법불합치결정은 가능하다는 견해,[51] 적용중지 헌법

---

50) 방승주, “헌법불합치결정의 문제점과 그 개선방안”, 헌법학연구 제13권 제3호, 한국헌법학회, 2007, 71면 참조

51) 황도수, “헌법불합치결정과 한정합헌”, 헌법실무연구 제4권, 2003, 132면

불합치결정만 가능하다는 견해[52] 등이 있다.

예를 들어 법정형으로 징역형만 정해진 형벌조항에 대하여 헌법불합치결정이 선고되었고, 결정 후 6개월이 지난 시점에 개선입법이 되어 동일한 구성요건적 행위에 벌금형이 추가되는 개정이 되었다고 하자. 만일 이 예에서 선고된 불합치결정이 적용중지 결정이라면, 법원은 심판대상조항의 적용을 중지하고 기다렸다가 개선 입법이 된 후 재판을 재개하고 개정 법률을 소급적으로 적용하여 벌금형을 선고할 수 있다. 다만 이 경우에는 헌법불합치결정 선고 시점부터 개선입법이 마련되는 시점 사이에 법률적용의 공백이 잠정적으로 발생할 수 있는 문제점이 있다. 그런데 이 예에서 잠정적용의 헌법불합치결정이 선고된 것이라면, 법원은 당해사건에서 징역형을 선고할 수 있다. 적용중지의 경우보다 피고인에게 훨씬 불리한 판결이 선고되었다고 할 수 있다. 물론 잠정적용의 결정으로 구성요건 해당행위에 대해 법률 적용의 공백은 없어졌다.

살펴보면, 우리 헌법은 국가형벌권의 자의적이거나 과도한 행사로부터 국민을 보호하기 위한 여러 장치를 두고 있다. 헌법 제12조, 제13조의 죄형법정주의, 적법절차, 영장제도, 진술거부권, 무죄추정의 원칙, 소급처벌의 금지, 형사보상청구권 등이 그러한 장치를 뒷받침하는 규정들이다. 형벌의 부과를 이렇게 국민의 기본적 자유에 대한 중대한 위협으로 보는 우리 헌법의 취지에 따르면 위헌성이 확인된 법률조항을 잠정적으로라도 적용하는 것은 쉽게 받아들이기 어렵다.[53]

그렇다고 적용중지의 헌법불합치결정에 아무런 문제가 없는 것은 아니다. 법률적용에 잠정적으로 공백이 생기는 문제는 법원의 재판 이외의 형사절차상의 여러 단계에서 문제를 가져올 수 있고 이러한 문제는 헌법불합치결정의 효력만으로 해결하기에 복잡다기할 수 있다. 더욱이 이론상으로는 적용중지의 헌법불합치결정의 효력상 개선입법이 적용되어야 하는데 실무상 법원이 개선입법을 적용하지 않는 문제점까지 있어서 개선입법 적용에 통일된 방식이 없다는 문제도 있다. 그러나 이러한 문제는 헌법불합치결정의 효력에 맞는 형사절차 진행의 방안을 새로이 마련하고 개선입법 적용의 방식을 통일시켜나가야 할 문제이지 이론적으로 형벌 규정에 대한 적용중지 헌법불합치결정이 불가능한 사유는 아니라고 할 수 있다.

---

52) 김현철, "한정위헌결정과 한정합헌·헌법불합치결정과의 관계", 법학논총 제29집 제2호, 전남대학교 법학연구소, 2009, 305면

53) 김하열, 앞의 책, 389면 참조

(마) 형벌조항에 대한 헌법불합치결정의 사례

헌법재판소는 2003헌가1 결정(2004. 5. 27.)에서는 적용중지의 헌법불합치결정을 선고하고, 2008헌가25 결정(2009. 9. 24.)에서는 잠정적용의 헌법불합치결정을 선고하였다. 2003헌가1의 결정은 학교환경위생정화구역 내에서 극장의 시설과 영업을 금지하는 학교보건법 규정에 위반하여 형사처벌대상이 된 자의 형사재판에서 법원이 위헌제청을 하여 개시된 사건이다. 이 사건에서 헌법재판소는 '유치원, 초·중·고교'의 정화구역 내에서 '극장'의 시설과 영업을 금지하는 부분에 대하여 적용중지의 헌법불합치결정을 선고하였다. 아울러 헌법재판소는 이러한 결정을 선고하는 이유로서 만일 이 부분에 대하여 단순위헌 결정을 하여 '유치원, 초·중·고교'의 정화구역 내에서 어떤 종류의 극장이든 시설과 영업이 가능하게 된다면 추후 입법자가 극장의 시설과 영업이 가능하도록 합헌적인 방안을 선택하는데 제약이 되기 때문에 입법자에게 선택의 가능성을 열어주기 위하여 헌법불합치를 한다는 것이고, 잠정적용을 택하게 되면 위헌성이 확인된 금지규정을 요건으로 하여 처벌을 부과하게 되므로 적용중지를 선택한다고 판시하였다.

이와 같이 2003헌가1의 결정은 처벌조항의 요건인 금지규정에 관하여 적용중지의 헌법불합치결정을 한 것이므로 당해사건 법원은 대상 법률조항의 적용을 중지하고 개선입법된 조항을 적용하여야 할 것인바, 당해사건 피고인에게는 자신이 개선입법의 금지요건에 해당되느냐의 여부에 따라 처벌조항에 정한 형벌을 받게 될 것이었다. 이 경우 개선입법 조항에 의하여도 금지행위의 요건에 해당되는 피고인의 경우에는 헌법불합치결정의 개입에도 불구하고 처벌이 달라지지 않을 것이며, 금지행위의 요건에 해당되지 않는 피고인의 경우에는 무죄의 판결을 받게 될 것이었다. 어떤 경우이든 개선입법의 적용에 특별한 문제점이 발견되지 않는다.

다음 2008헌가25 결정은 옥외집회를 일반적으로 금지하면서 일정한 경우 관할경찰서장이 허용하는 요건규정과 이를 위반하는 경우에 형사처벌을 하는 처벌 규정 모두를 심판대상조항으로 하였고 단순위헌의견 5인, 잠정적용 헌법불합치의견 2인, 합헌의견 2인으로 의견이 분립된 상황에서 주문별 합의의 방식에 따라 잠정적용 헌법불합치결정을 하게 된 사안이다. 당시 심판대상 법률조항 위반사건이 여러 법원에 많이 산재해 있었는데 잠정적용 불합치결정을 있는 그대로 적용하여 유죄판결을 한 법원이 있는 반면 헌법불합치결정도 위헌결정이므로 이를 적용할 수 없다 하여 적용하지 않은 법원도 있는 등 판결의 불일치의 문제가 크게 제기되었다.

이후에 헌법재판소는 '해가 뜨기 전이나 해가 진 후에' 시위를 금지하는 규정과 이에 위반하는 경우 형사처벌을 하는 처벌규정에 대해 "각 '해가 진 후부터 같은 날 24시까지의 시위'에 적용하는 한 헌법에 위반된다"라는 결정을 함으로써(헌재 2014.3.27. 2010헌가2등) 형벌조항에 대하여 헌법불합치결정을 지양하고 있음을 보여주었다.

(바) 형벌조항 헌법불합치결정의 법원 처리

살펴보면, 헌법불합치결정으로 심판대상 법률조항이 적용이 중지된 경우에는 위헌적인 가벌요건이 제외된 개정된 신법을 적용하여야 하고, 개정된 신법의 적용은 형벌불소급의 원칙에 저촉되지 않는다 할 것이다(형법 제11조 제2항).

그런데 법원은 적용중지의 헌법불합치결정의 경우에도, 헌법불합치결정에 따라 개선된 신법의 적용을 배제하고 단순위헌결정의 경우에서처럼 처벌법규가 존재하지 않는다는 취지로 선고하고 있는데(대법원 2009.1.5. 선고 2004도7111 판결), 이러한 법원의 태도는 개선입법에 의하여도 존속할 수 있는 합헌적 가벌요건 부분을 도외시할 수 있는 문제가 있다.[54]

54) 위의 책, 389면 참조

제3장 헌법소원심판

제1절 우리나라 현행 헌법소원심판의 유형 및 구별

1. 헌법소원심판의 선택 및 구상

이 절의 목표는 우리나라 현행 헌법소원제도에서 채택하고 있는 각각의 헌법소원심판절차의 전체적인 모습을 형상화할 수 있도록 하는 것이다. 이를 위하여 법 제68조 제1항의 헌법소원과 법 제68조 제2항의 헌법소원 사이의 핵심적인 차이가 재판의 전반적인 형성에서 어떻게 체계적으로 구현되는지를 비교·검토하고자 한다. 각각의 헌법소원에 대하여 전체적인 모습을 파악하는 것은 헌법소원심판에 관한 실무를 진행함에 있어서도, 헌법소원심판청구서를 작성함에 있어서도 정연한 주장과 청구를 위해 반드시 필요하다. 각각의 헌법소원의 적법요건이나 본안 주장에 관하여는 전체적인 상을 구별짓는 한도에서 검토하고, 상세한 사항은 이후의 해당 부분에서 상술할 것이다. 전체적인 상을 확고하게 하지 않고 개별 헌법소원으로 들어가면 각 헌법소원의 복잡한 요건 속에서 전체적인 맥락을 잃기 쉽고 자칫 커다란 실수에 빠질 위험이 있다.

지금부터는 법 제68조 제1항의 헌법소원을 통상적으로 지칭되는 방식인 '권리구제 헌법소원'이라고 하거나, 헌법재판소에서 사건번호를 부여할 때의 방식을 따라 실무에서 흔히 사용되는 구어적 표현인 '헌마 헌법소원'이라고 한다. 마찬가지로 법 제68조 제2항의 헌법소원을 '규범통제 헌법소원' 이라고 하거나 '헌바 헌법소원'이라고 약칭한다.

논지를 보다 구체적으로 밝혀보기 위해 언론에서 보도한 헌법소원사건에 관하여 생각해보자.[1)] 청와대 안에 일제강점기 일본인들에 의해 경주에서 무단 반출된 통일신

---

1) https://news.naver.com/main/read.nhn?mode=LSD&mid=sec&sid1=103&oid=056&aid=0010682243 KBS의 보도 기사를 NAVER 뉴스란에서 2019. 3. 25.에 옮김. 보도내용은 아래와 같다.

"[앵커] 청와대 안에 일제강점기 일본인들에 의해 경주에서 무단 반출된 통일신라 시대 불상이 있습니다. 일제 잔재가 분명한 만큼 하루라도 빨리 불상을 제자리로 돌려놓아야 한다며 시민단체가 헌법소원을 냈습니다.

[리포트] 가부좌를 튼 자세에서 어깨의 곡선까지, 석굴암 본존불을 떠올리게 하는 통일신라 석불입니다. 본래 경주에 있던 것을 1913년 한 일본인이 당시 데라우치 총독에게 상납해 서울로 옮겨왔고, 조선총독부 관저가 현재 청와대 자리에 들어서면서 지금껏 청와대 안에 그대로 남아 있습니다. 보물로 지정된 문화재이지만 일반인은 아예 접근조차 안 됩니다. 이 때문에 모든 사람이 볼 수 있도록 원래 자리인 경주로 돌려보내야 한다는 요구가 끊이지 않고 있습니다.

라시대 불상이 있는데, 일제 잔재가 분명한 만큼 하루라도 빨리 불상을 제자리로 돌려놓아야 한다며 시민단체가 헌법소원을 냈다는 것이다. 본래의 헌법소원청구의 주장이나 내용은 별론으로 하고 보도된 부분만을 놓고 보면, 수십년이 지나도록 일제의 잔재를 바로잡지 않는 것은 임시정부의 법통을 계승한다는 헌법 전문에 어긋난다는 것이 주된 주장이다.

이러한 주장을 하면서 의뢰인이 헌법소원을 하고자 한다면 변호사는 어떻게 해야 할까?

아마 우선은 이것으로 헌법소원을 할 수 있을까를 생각하게 될 것이고, 어떤 유형의 헌법소원을 택하여야 하는지를 검토할 것이다. 위 사안에서는 그 불상을 경주로 다시 옮기지 않고 있는 공권력의 행사·불행사가 무엇인지 제시되고 있지 않지만, 그렇다고 이 불상을 청와대에서 경주로 이전하는 것과 관련해서 법원에서 어떠한 재판이라도 진행되지 않음도 분명하다. 그럼 법원에 해당 재판이 없으니까 적어도 헌바 헌법소원을 할 수는 없겠다는 중간 판단을 할 수 있다. <56면 도표 참조>

그러면 이제 헌마 헌법소원을 할 수 있는지 살펴보아야 하는데, 시민단체가 청구한다고 하므로 일단은 기본권주체성은 문제되지 않을 것 같다. 다음으로 위 불상을 청와대에서 경주로 옮기지 않는 것에 관한 무언가의 공권력 행사나 불행사가 있는지가 문제된다. 만일 공권력의 행사·불행사 문턱을 넘고, 무언가의 공권력의 행사·불행사를 상정할 수 있으며 적법요건 상의 다른 문제가 없다고 해보자. 그런 경우라면, 위에서처럼 '임시정부의 법통을 계승한다는 헌법 전문에 어긋난다.'고 주장하는 헌법소원심판을 청구하여서, 보도하는 바와 같이 헌법재판소로부터 어떤 의미 있는 판단을 받게 될 수 있을까?

헌법 전문에 어긋난다고 주장하는 것이면 헌법에 위반된다고 주장하는 것인데 여기에 무슨 문제가 있을까 하고 생각할 수 있지만, 헌법에 위반된다는 주장이라고 해서 우리의 현행 모든 헌법소원에서 통하는 것은 아니라는 데 문제가 있다.

[경주문화재제자리찾기 시민운동본부 상임대표 : "우리 경주 시민들은 국권이 빼앗기고 없을 때, 아주 억울할 때 잘못이 일어난 것이기 때문에 경주로 반드시 돌려줘야 한다는 당위성을 주장하고 있는 것입니다."] 하지만 문화재청은 원래 위치에 대한 연구가 더 필요하고, 이전 시 훼손이 우려돼 현재 위치에 그대로 두겠다는 입장입니다. 그러자 시민단체가 급기야 헌법소원을 제기했습니다. 수십년이 지나도록 일제의 잔재를 바로잡지 않는 것은 임시정부의 법통을 계승한다는 헌법 전문에 어긋난다는 겁니다.

[문화재제자리칯기 대표: "해방과 동시에 해결됐어야 하는데 그 당시부터 지금까지 과거사 청산에 대해서 우리가 명확한 입장 (없이) 실천하지 못했기 때문에 지금까지 청산되지 못한 채로 …"] 과연 불상이 청와대를 떠나 고향으로 돌아갈 수 있을까? 헌법재판소의 판단이 주목됩니다."

이 질문에 대한 답은 '헌마 헌법소원'을 청구할 때 적법요건 상의 다른 문제가 없다면 '헌법에 어긋난다'는 주장만을 하여도 적법한 청구로 인정될 수 있는지에 따라 달라질 것이다. 반면에 위 사건이 '헌바 헌법소원'이었다면 '헌법에 어긋난다'라는 주장 그 자체는 문제삼을 것은 없을 것이다. 즉 헌법소원을 적법하게 청구하기 위해서는 헌법소원에서 어떠한 주장을 펼치는 것이 타당한가는 헌마 헌법소원인지 헌바 헌법소원인지에 따라 달라지며, 이는 헌마 헌법소원과 헌바 헌법소원의 소송물이 무엇인지에 의해서 확인될 수 있을 것이다.

따라서 아래에서는 헌바 헌법소원과 헌마 헌법소원의 소송물이 무엇인지, 각각의 소송물에 따라 헌법소원의 청구, 심사기준 또는 본안 주장, 및 헌법재판소의 재판실무에서 어떤 차이를 가져오는지 살펴본다.

2. 현행 헌법소원심판의 종류와 그 성격

우리 현행 헌법은 제111조 제1항에서 헌법재판소의 관장 사항을 정하면서 헌법소원에 관하여는 "5. 법률이 정하는 헌법소원에 관한 심판"이라고만 하고 있을 뿐, 헌법소원의 일반적인 개념 표지 등을 제시하지 않고 있다. 이에 의거하여 법은 헌법소원심판을 공권력의 행사 또는 불행사로 인하여 헌법상 보장된 기본권을 침해받은 자가 제기하는 헌법소원(법 제68조 제1항에 따른 헌법소원)과 재판의 당사자가 법원에 위헌법률심판제청신청을 하였으나 기각된 경우에 제기하는 헌법소원(법 제68조 제2항에 따른 헌법소원)으로 구체화하였다.

이 후자의 헌바 헌법소원제도는 다른 나라에서 유례를 찾기 어려운 우리의 고유하고 독특한 헌법재판절차이다. 이 헌바 헌법소원 심판절차는 법원 재판의 당사자가 해당 법원에 재판에 적용중인 법률조항의 위헌 여부 심판을 헌법재판소에 제청해줄 것을 신청했음에도 불구하고 법원으로부터 그 신청이 기각당할 때, 당사자가 직접 헌법재판소에 그 법률조항의 위헌성을 다툴 헌법소원을 제기할 수 있는 가능성을 제공한다.[2] 이렇게 헌바 헌법소원은 재판소원을 배제하는 현행 헌법소원제도의 결함을 일부 보완하는 기능을 하고 있다.[3]

---

2) 법원의 재판을 헌법소원의 대상에서 원칙적으로 제외하고 있는 현행 헌법재판제도에서는 재판의 당사자가 법원을 경유한 후에 재판소원의 형태로 규범의 위헌성을 물을 수 있는 길이 막혀있기 때문에, 법은 제68조 제2항을 두어 이러한 경우에도 법률에 대하여 직접 헌법소원을 제기할 수 있는 길을 열어 놓았다(실무제요, 215면).

3) 실무제요, 215면; 헌법재판소는 초기에는 법 제68조 제2항에 따른 헌법소원제도가 헌법소원심판의 절

헌법재판소는 현행의 우리 헌법소원심판에 관하여, 헌마 헌법소원은 주관적 권리구제의 헌법소원으로서 개별적인 공권력의 행사 또는 불행사로 인하여 헌법상 보장된 기본권을 침해받은 자가 청구할 수 있음에 비하여, 헌바 헌법소원은 구체적 규범통제의 헌법소원으로서 법 제41조 제1항에 따른 법률의 위헌여부심판의 제청신청이 법원에 의하여 기각된 때에 그 신청을 한 당사자가 헌법재판소에 제청신청이 기각된 법률의 위헌 여부를 가리기 위하여 헌법소원심판을 청구하는 것으로 그 심판청구의 요건과 대상이 다르다고 판시하고 있고(헌재 1994.4.28. 89헌마221), 이 내용을 헌법재판실무제요에 소개한다.[4)]

즉 우리의 현행 헌법소원심판은 '헌법소원'이라는 명칭을 부여받고 있기는 하지만, 헌바 헌법소원은 '구체적 규범통제'의 성격을, 헌마 헌법소원은 '주관적 권리구제'의 성격을 갖는다.

구체적 규범통제란 구체적 소송사건의 해결을 계기로 규범의 위헌성을 심사하는 제도를 말한다.[5)] 이는 법규범의 객관적 합헌성을 담보하는 것을 목적으로 한다.[6)]

주관적 권리구제란 청구인 자신의 권리를 보호한다는 것을 말한다. 청구인 자신의 주관적 권리를 보호한다는 점에서는 전통적인 소송법이론에 입각해 있는 권리구제 제도의 성질을 띤다. 왜냐하면 전통적인 권리구제 체계에서의 소(訴)나 불복수단들은 소송당사자 '자신의 권리'나 적어도 '그의 법적 이익'에 관한 것일 경우에만 허용되며, 따라서 단체소송이나 민중소송은 원칙적으로 허용되지 아니하기 때문이다.[7)]

이와 같이 그 성격이 다르고 그 요건과 대상이 상이한 헌바 헌법소원과 헌마 헌법소원을 병합하여 청구할 수 있는지에 대하여 헌법재판소는 긍정하고 있다. 헌마 헌법소원과 헌바 헌법소원은 비록 그 요건과 대상은 다르다고 하더라도 개인에 의한 심판

에 규정되어 있다는 점과 국민이 직접 심판을 청구할 수 있다는 점에 주목하여 그 성질을 헌법소원제도의 한 유형으로 이해하는 입장을 취하였던 것으로 보인다(헌재 1989. 9. 29. 89헌마53, 판례집 1, 302, 304; 헌재 1989, 12, 18. 89헌마32등, 판례집 1, 343, 347). 그러나 1990년부터는 법 제68조 제2항에 따른 헌법소원심판청구에 '헌바'라는 별도의 사건부호를 부여하였고, 심판청구의 적법성도 청구인의 소의 이익 유무가 아니라 심판대상이 된 법률이 당해 소송에서 재판의 전제성을 가지는가 여부에 의하여 판단하였다(헌재 1990. 6. 25. 89헌마107, 판례집 2, 178). 결국 법 제68조 제2항에 따른 헌법소원심판은 법원이 제청하는 위헌법률심판과 함께 구체적 규범통제의 한 유형으로서 법률의 위헌 여부를 심판하는 제도로 확립되었다(실무제요, 215-216면).

4) 실무제요, 214면

5) 한수웅, 헌법학 제2판, 법문사, 2012, 1323면

6) 정태호, 헌법소원의 개념과 역사적 전개 - 그 비교법적 검토 - , 안암법학 제4집, 1996, 118면

7) 위의 글, 112면 참조

청구라는 헌법소원의 측면에서는 그 성질이 동일한 점, 사건번호 부여는 편의적인 것에 불과한 점, 법 제68조 제1항에 따른 헌법소원과 제68조 제2항에 따른 헌법소원으로 분리하여 제기하도록 하는 것은 소송경제에 반하는 점 등에 비추어 청구인은 양 청구를 병합하여 제기할 수 있다(헌재 2010.3.25. 2007헌마933).

또한 양 헌법소원 간에는 청구의 변경도 가능한데, 이 경우 청구기간과 같은 적법요건에 대한 판단은 변경된 청구를 기준으로 한다(헌재 2007.10.25. 2005헌바68).

3. 소송물의 차이 및 구별의 의미

헌바 헌법소원의 성질이 규범통제이고 헌마 헌법소원의 성질이 주관적 권리 구제라고 했는데, 좀더 엄밀히 표현해보면 헌바 헌법소원은 규범통제 중에서도 '법률규범의 위헌성 통제', 헌마 헌법소원은 '주관적 기본권 구제'의 성격을 갖는다. 헌바 헌법소원의 청구대상은 법률 또는 법률조항에 한정되고, 헌마 헌법소원을 통하여 보호되는 것은 권리 중에서도 '헌법상의 기본권'이기 때문이다.

이로써 헌바 헌법소원의 소송물을 심판대상 '법률조항의 위헌 여부'로, 헌마 헌법소원의 소송물은 청구대상 '공권력 행사·불행사의 기본권 침해 여부'로 확정할 수 있다.

그런데, 소송물이 '위헌 여부'라는 것과 '기본권 침해 여부'라는 것이 문언이 다르다는 것 외에 무슨 큰 차이가 있는가? 어떤 공권력작용이 기본권을 침해한다면 위헌이고 위헌이면 기본권에 문제가 있는 것이지 '위헌'이라는 것과 '기본권 침해'라는 것이 다를 것이 있는가 하고 생각될 수 있다.

물론 어떤 공권력의 행사·불행사가 기본권을 침해하는 것으로 확인된다면 그 공권력의 행사·불행사는 위헌적이라고 말할 수 있다. 그러나 어떤 법률조항이 위헌적이라고 해서 그 법률조항이 항상 기본권을 침해하는 것으로 인정되는 것은 아니다. 기본권을 침해하면 위헌이지만, 위헌이라고 해서 항상 기본권을 침해한다는 것을 뜻하지는 않는다. 기본권을 침해하는 것은 위헌이 되기 위한 충분조건이 될 뿐 필요충분조건은 아니다. 즉 기본권 침해와 위헌이 항상 동일한 것은 아니다.

공권력 작용이 헌법에 위반된다는 것과 기본권을 침해한다는 것이 항상 같은 것은 아니라고 해서 무엇이 달라지고 그 차이와 구별에 주목하고 조심해야 할 이유는 무엇인가? 공권력작용이 위헌이라는 것과 기본권을 침해한다는 것 사이에 논리적 차이를 넘어서는 실익이 무엇인지 아래에서 살펴보자.

4. 헌법재판소 재판실무에서의 구별의 실익

우선 헌법재판소의 재판실무에서 어떻게 나타나는지를 살펴보자. 헌법재판소 결정문을 보면 심판대상을 특정할 때, 헌가 사건이나 헌바 사건의 경우에는 이 사건의 심판의 대상은 " … 이 헌법에 위반되는지의 여부(위헌 여부) 이다."라고 하는 반면, 헌마 사건의 경우에는 이 사건의 심판의 대상은 " … 이 청구인의 기본권을 침해하는지의 여부(기본권 침해 여부)이다."라고 기술되어 있음을 볼 수 있다. 무수히 많은 헌법재판소 결정문에서 이러한 기재를 확인할 수 있을 것이다.

여기서는 가장 대표적인 하나의 결정만을 예로 들어본다. 헌법재판소는 2014.1.28.에 구 정당법에서 정하는 요건에 해당되는 경우 선거관리위원회가 정당의 등록을 취소하도록 하는 규정(정당등록취소조항)[8]과 이렇게 등록이 취소된 정당의 명칭은 다시 사용할 수 없다고 하는 규정(명칭사용금지규정)[9]에 대해 모두 헌법에 위반된다고 결정하였다. 그런데 이 결정은 정당등록취소조항에 대하여 위헌제청을 한 사건(헌재 2014.1.28. 2012헌가19)과 명칭사용금지조항에 대한 헌마 헌법소원(헌재 2014.1.28. 2012헌마431) 사건이 병합되어 하나의 결정문으로 선고된 것이다. 이 병합사건의 결정문에서 헌법재판소는 이 사건 심판대상은 정당명칭사용금지조항이 '청구인들의 기본권을 침해하는지의 여부'(헌재 2014.1.28. 2012헌마431)와, 정당등록취소조항이 헌법에 위반되는지 여부(헌재 2014.1.28. 2012헌가19)라고 하여, 헌가 사건과 헌마 사건의 소송물을 명확하게 구별하여 특정하고 있다.[10] 만일 '기본권의 침해 여부'와 '위헌 여부'가 같은 의미라면, 헌법재판소가 정당명칭사용금지조항 및 정당등록취소조항의 각 '위헌 여부' 또는 '기본권 침해 여부'라고 기술하면 되지 굳이 위와 같이 별개로 나누어 기술하지 않았을 것이다.

헌법재판소는 이와 같이 심판대상, 즉 소송물을 확정하고 나서 심판대상조항 또는 심판대상 공권력의 행사·불행사, 즉 헌법재판에서의 계쟁물이라고 할 수 있는 심판대상조항과 심판대상 공권력 행사·불행사를 거시하고 있다. 특이한 점은 민사소송의 경우에는 소송물과 계쟁물의 구별에 크게 주목하고 이에 따라 소송물과 계쟁물을 혼동하는 일은 거의 발생하지 않는 데 반해서, 헌법재판에서는 민사소송에서 만큼 소송물과 계쟁물의 구별에 주의를 하지 않고 있음이 일반적인 행태인 듯하다. 어쨌든 헌법재판

---

8) 구 정당법 제44조 제1항 제3호: 국회의원 총선거에 참여하였으나 의석을 얻지 못하고 유효투표총수의 2% 미만을 득표한 정당에 대해서 선거관리위원회가 그 정당의 등록을 취소한다.

9) 정당법(2005. 8. 4. 법률 제7683호로 개정된 것) 제41조 제4항 중 제44조 제1항 제3호에 관한 부분: 위 규정에 따라 등록이 취소된 정당의 명칭은 다시 사용할 수 없다.

10) 헌재 2014. 1. 28. 2012헌마431 등, 판례집 26-1, 1, 2-3

소는 헌가 사건이나 헌바 헌법소원 사건의 소송물과 헌마 헌법소원 사건의 소송물을 매우 명확하게 구별짓고 결정문에 그 차이를 드러낸다.

5. 심판청구에서의 구별의 실익

실무상 헌법재판, 특히 헌법소원의 경우에는 그 종류별 심판의 대상과 해당 공권력 작용을 구별하는 데 조금 더 주의를 할 필요가 있다. 왜냐하면 이러한 차이는 헌법소원 심판을 청구하는 경우에 헌법소원의 유형에 따라 자신의 주장을 어떻게 펼칠지를 정하는 기준이 될 뿐만 아니라, 부적법한 청구를 하는 실수로부터 벗어나게 해주는 이정표가 되기 때문이다.

최근 언론에 보도되었던 앞서 언급한 사안을 다시 생각해보자. 통일신라 시대의 불상을 청와대에서 경주로 옮기지 않고 있는 것에 대하여 우리 헌법 전문의 '임시정부의 법통을 계승한다'는 규정에 어긋난다고 주장하는 헌법소원을 청구한다는 것 말이다. 이 사안에서 언급하는 헌법소원은 헌마 헌법소원이고 그 적법요건 상의 다른 문제가 없다고 가정하자.

우리의 논의에 따르면 그 소송물은 '청구인들의 기본권 침해 여부'이므로 청구의 내용, 즉 공권력의 행사·불행사에 대하여 헌법소원을 청구하는 주장 내용도 '위 불상을 청와대에서 경주로 옮기지 않는 공권력 작용이 청구인들의 기본권을 침해한다'고 주장되어야 한다. 이 헌법소원은 청구인들의 무언가의 기본권을 구제하는 것이 본질적인 성질이고 직접적인 목표인 것이지, 문제되는 공권력 작용이 헌법 전문에 위배되어 헌법에 위반되는바, 그 위헌성을 제거하는 것이 목표가 아니기 때문이다. 또한, 조금 거칠게 말하자면, 헌법 전문에 어긋난다고 해서 청구인의 기본권이 침해된다고 단정할 수 없기 때문에 단지 헌법전문에 위반된다고만 주장하는 것은 헌마 헌법소원의 자격을 갖출 만한 주장이 되지 못한다. 따라서 위 사안에서, 만일 보도된 내용대로만 청구한다고 하면, 이러한 헌법소원은 적법한 청구로 인정되기 어려울 것이고, 본안 판단으로 들어가지 못한다면 헌법재판소의 판단에서 바라는 수준의 답을 얻기 어려울 것이다.

이와 관련하여 최근의 헌법재판소 결정을 살펴보자. 주지하듯이 우리나라에서는 공직 선거에서 투표가 끝나면 투표용지를 정해진 장소로 옮겨서 개표를 진행한다. 이러한 개표 방식은 공직선거법에서 규정하는 바에 따른 것이다. 즉 공직선거법에는 투표가 끝난 후 투표함 등을 법정의 방식으로 송부하도록 정하고 있는 규정들이 있는데

(공직선거법 제170조 제1항,[11] 제2항[12])), 이 규정들에 대하여 헌마 헌법소원사건으로 다투어졌다. 여기서 헌법재판소는 2016.3.31.에 "청구인들은 심판청구서의 청구취지에서 [위 규정들]의 위헌확인을 구하고 있을 뿐, 청구이유에서 위 [규정들]에 의하여 어떠한 기본권이 침해되고 있는지 등에 대하여 아무런 주장을 하지 아니하고 있으므로 [위 규정들]에 대한 심판청구는 부적법하다."라고 결정한 바 있다(헌재 2016.3.31. 2015헌마1056등, 공직선거법 제170조 위헌확인 등). 즉 선거에 있어서 투표소에서 마쳐진 투표용지를 정해진 방법으로 정해진 곳으로 옮기도록 하는 규정에 관하여는, 가령, 청구인들의 선거권을 침해한다는 등의 기본권 침해의 내용이 주장되어야 하는데, 단지 헌법에 위반된다고만 주장하여서는 적법한 헌법소원이 되지 못한다는 것이다.

최근에도 헌법재판소는 대한민국 정부가 2019.8.22. 일본국 정부와의 '군사정보보호협정(약칭 GSOMIA)'의 종료를 결정한 행위가 국민주권주의와 권력분립원칙에 위반된다고 주장하며 청구된 헌마 헌법소원 사건에서, 단순히 일반 헌법원칙에 위반된다는 주장은 기본권 침해에 대한 구제라는 헌법소원의 적법요건을 충족하지 못하는 것이라고 결정하였다(헌재 2019.10.15. 2019헌마1064).

이상에서 헌마 헌법소원을 청구하는 경우에 반드시 '청구인의 기본권 침해'를 주장하여야 힘은 그 소송물이 '기본권 침해 여부'이고 그 심판절차의 성질이 '주관적 기본권 구제'라는 데서 오는 정연한 실무적 귀결이고, 이 부분에서의 적절한 주장이 되지 않는 경우에는 헌법소원의 적법성에도 크게 영향을 미칠 수 있음을 보았다. 이러한 점은 헌마 헌법소원의 적법요건 중의 하나인 '기본권 침해의 주장' 부분에서 더욱 상세히 서술할 것이다. 물론 헌바 헌법소원을 청구할 경우에는 대상 법률조항의 위헌성을 주장하여야 한다.

이제는 각 헌법소원의 소송물이 본안에서의 이유 구성에 미치는 영향을 보자.

6. 본안 주장에서의 구별의 실익

가. 본안 심사기준

흔히 헌가 사건과 헌바 사건에 있어서의 심사기준은 모든 헌법적 규범인데 반하여 헌마 사건에 있어서의 심사기준은 기본권 규범이라고 설명된다. 헌바 헌법소원은 위헌

11) ① 투표관리관은 투표가 끝난 후 지체없이 투표함 및 그 열쇠와 투표록 및 잔여투표용지를 관할 구·시·군선거관리위원회에 송부하여야 한다.

12) ② 제1항의 규정에 의하여 투표함을 송부하는 때에는 후보자별로 투표참관인 1인과 호송에 필요한 정복을 한 경찰공무원을 2인에 한하여 동반할 수 있다.

여부가 그 소송물이므로 심사도 당연히 심판대상 법률조항이 위헌성이 있는가의 여부에 대하여 이루어진다. 따라서 헌법에 위반되는지 여부를 가늠하는 기준으로 모든 헌법적 규범이 작동한다. 모든 헌법적 규범에는 무엇보다 우리 헌법의 명시적 규정이 들어감은 분명하고 여기에 헌법 전문이 포함되는 것에 대체로 동의되고 있다. 여기서 더 나아가서 헌법의 명시적 규정뿐만 아니라 우리 헌법이 기초하고 있는 헌법적 원리, 헌법의 원칙 등도 심사의 기준이 된다.

이에 반하여 헌마 헌법소원의 소송물은 기본권 침해 여부이므로, 그 심사도 공권력의 행사·불행사가 기본권을 침해하는지 여부로 모아진다. 따라서 여기서는 헌법의 기본권 규범이 그 심사기준이 된다. 우리 헌법에는 개별 기본권에 관한 기본권 규범이 있고 기본권의 제한에 관한 규범도 명시되어 있다. 즉 국민의 모든 자유와 권리는 국가안전보장 질서유지 또는 공공복리를 위하여 필요한 경우에 한하여 법률로써 제한할 수 있으며, 제한하는 경우에도 자유와 권리의 본질적인 내용을 침해할 수 없다(헌법 제37조 제2항).

또한 기본권에 따라서는 헌법이 명시적으로 그 제한 방법을 금지하는 경우가 있으며, 헌법의 해석상 기본권에 따라 특화된 심사기준이 적용될 수 있다. 가령 신체의 자유와 관련하여, 누구든지 법률에 의하지 아니하고는 체포·구속·압수·수색 또는 심문을 받지 아니하며, 법률과 적법한 절차에 의하지 아니하고는 처벌·보안처분 또는 강제노역을 받지 아니한다고 하므로(제12조 제1항 제2문) 신체의 자유의 제한이 있는 경우에는 그 제한이 적법절차원칙에 위배됨이 없는지도 심사하게 될 것이다. 언론·출판에 대한 허가나 검열과 집회·결사에 대한 허가는 인정되지 아니한다고 하는 헌법 규정(제21조 제2항)에 따라 표현의 자유를 제한하는 경우에 그 제한이 검열의 방법으로 실행되었는지도 심사하게 된다. 직업의 자유의 경우에 약국판결로부터 유래한 단계적 제한이론이라든지, 명백하고 현존하는 위험의 법리 등등이 헌법의 해석상 기본권 규범의 심사기준으로 언급될 수 있는 내용들이다.

이렇게 보면, 기본권 침해 여부의 심사기준으로서는 우선 그 기본권 제한이 법률에 근거해서 이루어졌는지를 심사하는 이른바 기본권 제한의 법률유보원칙, 예컨대 검열금지원칙, 적법절차원칙 등 개별 기본권 별로 특화된 심사기준 및 제한에 있어서 목적과 수단 간의 비례관계가 지켜져야 한다는 비례성원칙 또는 과잉금지원칙 등이 심사기준이 될 수 있다.

나. 청구의 이유 구성

어떤 공권력 작용의 위헌 여부나 기본권 침해 여부를 판단하는 심사기준이 달라지는 만큼 위헌 주장의 이유와 기본권 침해 주장의 이유도 달라지게 된다.

헌바 헌법소원의 청구에서는 대상 법률조항의 위헌성을 주장하여야 하므로, 대상 법률조항이 앞에서 언급된 모든 헌법규범, 즉 우리 헌법의 규정, 우리 헌법이 토대로 삼고 있는 헌법 원리, 원칙 등에 위반된다는 이유를 구성하여야 한다.

헌마 헌법소원의 청구에서는 누누이 말했듯이 기본권 침해 여부가 소송물이므로 청구인의 기본권 침해를 다투어야 한다. 문제되는 공권력의 행사·불행사가 청구인의 어떤 기본권을 제한하는지, 즉 청구인의 어떤 기본권의 실현을 제약하거나 간섭하는지 등을 확정하고, 이러한 제한이 헌법적으로 정당화 될 수 없다는 것을 논증하여야 할 것이다. 문제되는 공권력 작용이 법률유보원칙에 위반된다든지, 개별 기본권에 따르는 특별한 기준에 위반된다든지, 아니면 일반적인 심사기준으로서 과잉금지원칙에 위반된다든지 하는 주장을 펴야 한다.

그런데 문제되는 공권력 작용이 어떤 기본권을 제한하고 있는지를 확정한다는 것이 그렇게 간단하고 일의적인 것이 아니라는 점이 헌마 헌법소원심판청구서를 작성하는 데 큰 애로사항이 되곤 한다.

무릇, 기본권규정들은 매우 간결하고 원칙규범적 성격을 띠고 있어 그 내용이 분명치 않고, 또 그 일부만 확정되어 있을 뿐만 아니라 나의적이다. 그렇기 때문에 기본권이 실현되려면 구체화되지 않으면 안된다. 즉 해석을 통해 구체적으로 그 내용이 확정되고 보충되어야 한다.[13)]

따라서 우선 우리 헌법의 기본권 규범을 구체화하고 여기에 문제되는 공권력 작용에 의한 기본권 제한 사항이 포섭되어 특정 기본권의 제한을 확정할 수 있다. 그런데 이러한 과정을 거친다 하더라도 그 제한이 확정되는 특정 기본권이 그 구체화의 수준에 따라 서로 다른 표제의 기본권으로 획정될 수 있다는 것 또한 사실이다. 행복추구권과 자기결정권 사이의 관계를 생각해보면 쉽게 납득이 될 것이다. 청구인이 특정의 A 기본권의 침해를 주장하여도 헌법재판소가 그 주장에 얽매이지 않고 청구인의 특정의 B기본권의 침해를 확인할 수 있는 것도 기본권의 이러한 특성에서 연유하기도 한다.

헌법재판소는 일찍이 "헌법소원심판이 청구되면 청구인의 주장에만 얽매이어 판단을 한정할 것이 아니라 가능한 한 모든 범위에서 헌법상의 기본권 침해의 유무를 직권으로 심사하여야 할 것인바"라고 판시하였고(헌재 1989.9.4. 88헌마22), 이 결정은 많이 회

13) 계희열, 헌법학(중) 신정2판, 박영사, 2007, 24면

자되고 인용되고 있다.

헌법재판소의 이 결정을 놓고 헌마 헌법소원이 일단 적법요건을 통과하면 본안 단계에서는 아무런 제약 없이 헌법적 주장을 할 수 있다는 의미라고 생각할 수도 있다. 그런데 헌마 헌법소원의 본안 단계에서 아무런 제약 없이 헌법적 주장을 할 수 있다고 한다면, 헌법소원의 본안 주장에서 헌마 사건과 헌바 사건의 구별이 허물어질 위험이 있다. 따라서 헌마 헌법소원에서 '청구인의 주장에만 얽매이어 판단을 한정할 것이 아니라 가능한 한 모든 범위에서 헌법상의 기본권 침해의 유무를 직권으로 심사하여야' 한다는 의미를 명확히 할 필요가 있다. 그 의미에 따라 헌마 헌법소원을 청구하는 경우에 본안에서의 주장의 범위가 달라질 수 있기 때문이다.

우선 위 판시의 문언에도 나오듯이 청구인의 주장이 아니더라도 헌법재판소가 심사하는 사항은 '기본권 침해의 유무'이지, '위헌성의 유무'가 아님은 쉽게 확인된다.

다음으로 위 88헌마22결정의 사안을 보자. 동 사안의 청구인은 피청구인(군수)에게 토지조사부와 임야조사서의 열람·복사 신청을 하였으나 피청구인이 그 신청에 불응하자 위 피청구인의 부작위가 자신의 '재산권'을 침해한다고 주장하면서 헌마 헌법소원을 제기한 것이다.

위 청구인은 부동산에 대한 소유권 회복을 위한 준비단계에서 그 입증 자료로 사용하고자 토지조사부와 임야조사서의 열람·복사를 허용해 달라고 하였는데 피청구인이 불응하고 있으므로 이로 인하여 자신의 재산권이 침해된다고 주장한 것이다. 이에 대하여 헌법재판소는 피청구인이 위 문서의 열람·복사 신청에 불응하였다고 해서 청구인의 재산권이 침해당하였다고 보기는 어렵고, 오히려 헌법상 기본권인 표현의 자유에서 파생된 국가에 대한 정보접근권 즉 이른바 "알 권리"의 침해 여부가 검토되어야 할 것으로 판단된다고 하였는데, 바로 이와 같이 재산권 침해를 주장하는 청구인에게 청구인의 알권리의 침해를 심사하는 근거로서 위 판시 심사기준 문언을 제시한 것이다. 즉 '청구인의 주장에만 얽매이어 판단을 한정할 것이 아니라 가능한 한 모든 범위에서 헌법상의 기본권 침해의 유무를 직권으로 심사하여야' 한다는 것은 청구인의 기본권 구제와 관련되는 한도에서 모든 범위의 기본권 침해 유무를 심사하는데 이때 청구인이 자신의 어떤 기본권의 침해를 주장하였는지에 얽매이지 않는다는 것이지, 청구인 아닌 사람의 기본권 침해를 심사한다는 것이 아니다. 이렇게 보아야 주관적 권리구제절차로서의 헌마 헌법소원의 본질에 부합된다. 따라서 청구인의 재산권 침해 주장에 대해서 청구인의 알 권리 침해를 판단할 수 있다는 것이고, 판단하여야 한다는 것이다.

헌법재판소는 이른바 '당구장 출입금지 표시'사건에서 청구인의 주장에 얽매이지 않고 가능한 한 모든 범위에서 헌법상의 기본권 침해유무를 심사하겠다는 기준 아래에 청구인인 당구장 운영자의 직업의 자유와 평등권의 침해를 확인하였으나, 청구인이 아닌 당구장 이용 청소년에 대하여는 '당구를 통하여 자신의 소질과 취미를 살리고자 하는 소년의 경우에는 일반적 행동자유권의 침해가 될 수 있을 것이다'라는 가정적 판단을 방론으로 제시하고 있을 뿐 주문의 내용에 포함시키지 않았다(헌재 1993.5.13. 92헌마80). 주문의 내용이 아니었다는 것은 심판의 대상에 들어가지 않았다는 뜻인바, 청구인이 아닌 자의 기본권 침해 여부는 심판의 범위에 속하지 않는다는 것이다.

그런데, 만일 헌법재판소의 위와 같은 판시사항을 아직 접하지 못한 상태에서 위 청구인과 같은 사실관계를 놓고 헌법소원심판을 청구한다고 해보자. 그러면 아마 많은 사람들은 공권력으로부터 필요한 정보를 얻지 못하고 있는 점에 착안해서 '알 권리'의 제한으로 포섭하고, 또 만전을 기한다는 차원에서 청구인의 재산권 보존이나 행사에 간접적이지만 제약이 되는 점을 착안해 보충적으로 재산권 침해도 다투어야 하겠다고 생각할 것이다. 그렇게 청구할 수 있다면 헌법재판소가 직권으로 알권리의 침해를 심리하고 확인하는 것은 너무나도 자연스럽게 이해된다. 이것은 구체적 사실관계에서 간접적이고 사실적인 영향을 받는 내용도 기본권의 보호범위로 포섭할 수 있는가의 문제이고, 기본권의 성질상 구체화의 과정에서 자연스럽게 밟아가는 지점들이다. 이렇게 보면, 아마 공식처럼 외워오던 '가능한 한 모든 범위에서' 심사한다는 것의 실제적인 의미는 청구인에 대한 '기본권규범의 구체화' 속에서 가능한 한 빠짐없이 포섭할 것을 요구하는 것과 크게 다르지 않게 될 것이다.

만일 민사소송이라면 어떠할까. 원고가 어떤 사실관계에 기하여 매매대금을 받기 위하여 금전지급청구권의 존재를 제출하는데 재판부가 등기이전청구권의 존부를 판단할 수는 없을 것이다. 이러한 민사소송적 관점에서 보면 재산권의 침해를 주장했는데 알권리의 침해를 판단한다는 것이 어색하게 보일 수 있지만, 침해된 기본권의 구제라는 관점에서 보면 헌마 헌법소원에서 문제되는 기본권을 획정하는 것은 구체적 사실관계로부터 어떤 기본권규범이 관련될 수 있는가의 문제이므로 주장된 기본권과 심사된 기본권의 표제가 다르다는 것 자체가 문제될 것은 아니다.

여기서 중요한 것은 헌마 헌법소원의 본안에서의 주장도 청구인의 기본권 침해의 주장을 하여야 하고 위헌 주장에 그치지 않도록 하여야 한다는 점과 제출된 사실관계의 범위 내에서의 주장이어야 한다는 점이다.

앞에서 본 '불상 이전' 사안으로 되돌아가보자. 만일 이 사안에서 단지 '헌법 전문에 위반된다'는 주장만이 아니라 청구인의 이를테면 '전통문화 향유권'이라는 기본권을 구성하여 우리 헌법이 인정하는 기본권 규범의 구체화된 내용으로 확정하고 그것이 침해될 가능성이 있다고 주장하여 이 부분 적법성 관문을 통과하였다고 하자. 그렇다고 하더라도 본안의 단계에서 '헌법전문에 어긋난다'라는 주장만으로는 부족하고 다시 청구인 단체의 '전통문화 향유권'이 어떻게 제한되고 그 제한의 정도가 어떤 기준으로 보았을 때 헌법적으로 정당화될 수 없는 수준인지를 논증하여야 할 것이다.

실제로 헌법재판소는 문화재청장이 대통령 관저 옆에 있는 '경주 방형대좌 석조여래좌상'을 이전하지 아니한 행위가 헌법 전문 등에 위반된다는 취지로 주장하면서 청구한 헌법소원사건에서, 문화재청장의 위 행위는 청구인의 권리나 법적 지위에 어떠한 영향을 미칠 수 없는 것임은 물론 헌법소원의 대상이 되는 권력적 사실행위에도 해당하지 아니하므로 가본권 침해 가능성도 없고 헌법소원의 대상이 되는 공권력 행사에도 해당되지 않는다고 하였다(헌재 2019.4.16. 2019헌마306).

만일 헌바 헌법소원이었다면 어떻게 될까? 앞에서 위헌법률심판절차에서의 심사기준에 대해서 우리 헌법재판소가 일찍이 이른바 주세법 결정(헌재 1996.12.26. 96헌가18)에서 위헌법률심판절차에서 규범의 위헌성은 제청법원이나 제청신청인이 주장하는 법적 관점에서만 아니라 심판대상규범의 법적 효과를 고려하고 모든 헌법적 관점에서 심사한다고 판시한 바 있음을 기술했다. 또한 헌바 헌법소원의 성질과 소송물 및 이에 따라 심사의 기준은 위헌법률심판절차와 동일하게 될 것이다. 따라서 헌바 헌법소원에서는 청구인의 기본권적 관점뿐만 아니라, 청구인 아닌 사람의 기본권 관점에서도 심사되어야 하고, 기본권적 관점이 아닌 헌법의 원리·원칙의 관점에서도 심사되어야 한다.

다만 헌법재판소는 극히 예외적으로 헌마 헌법소원에서도 모든 헌법규범을 심사기준으로 삼고 기본권의 침해 여부의 심사에 한정하지 않는다고 판시한 바 있는데, 그것은 재판소원을 금지하는 법규정에 대한 한정위헌결정에서였다(헌재 1997.12.24. 96헌마172 등). 그런데 이 사건은 헌법재판소의 한정위헌결정의 기속력을 부인한 법원의 재판에 대하여도 재판소원을 금지한 규정이 문제가 된 것으로 사건의 구조가 지극히 예외적인 특징을 갖는 것이어서 일반적인 법리로 채택하기는 어렵다고 할 것이다. 실제로 헌법재판소도 청구인의 기본권 침해는 인정하지 않고, 헌법이 부여한 헌법재판소의 권한규범이 침해된 위헌성을 확인하여 일반적인 헌마 헌법소원에서와는 다른 판단 방법을 보여주었다.

7. 종국결정 형식에서의 구별의 실익

일반적으로 종국결정은 그 심판의 대상, 즉 소송물에 대응된다. 즉 헌바 헌법소원의 소송물은 문제된 법률조항의 '위헌 여부'이므로 그 종국결정도 위헌 여부를 그대로 반영하고, 헌마 헌법소원의 소송물은 '기본권 침해 여부'이므로 그 종국결정도 기본권 침해 여부를 반영하여 표현된다. 법에서도 제75조에서 "제68조 제1항에 따른 헌법소원을 인용할 때에는 인용결정서의 주문에 침해된 기본권과 침해의 원인이 된 공권력의 행사 또는 불행사를 특정하여야 한다."라고 정하고 있고(제2항), "제2항의 경우에 헌법재판소는 기본권 침해의 원인이 된 공권력의 행사를 취소하거나 그 불행사가 위헌임을 확인할 수 있다."라고 정하고 있다(제3항).

헌바 헌법소원의 소송물은 위헌법률심판의 경우와 기본적으로 동일하다. 따라서 헌바 헌법소원의 종국결정은 위헌법률심판절차의 종국결정과 다르지 않다. 헌바 헌법소원의 기본적인 종국결정은 문제되는 법률조항이 "… 헌법에 위반된다." 또는 "… 헌법에 위반되지 않는다."라는 형식이 될 것이고 그 외의 여러 변형결정에 대하여도 위헌법률심판절차와 동일하다.

헌마 헌법소원의 경우에 기본권 침해가 인정되지 않는 경우는 어떤 공권력의 행사·불행사를 대상으로 한 것이든 "청구인의 청구를 기각한다."라는 형식이 된다. 헌마 헌법소원에서의 심판의 대상은 주관적 권리 주장에 이유가 있는가의 여부였으며 그 이유가 없다고 판단되기 때문에 취하게 되는 형식이다. 이 점은 심판대상 공권력작용이 법령이라 하더라도, 즉 법령에 대한 헌마 헌법소원의 경우에도 그러하다. 아무리 심판대상조항이 법령이라 하더라도 심판의 대상은 기본권 침해의 여부이므로 그에 대한 청구인의 주장이 이유가 없다고 판단되기 때문에 '청구 기각'을 선고하게 된다.

그렇다면 헌마 헌법소원에서 문제되는 공권력의 행사·불행사가 기본권을 침해하는 것이 확인되는 경우에는 어떠한가? 이 경우의 종국결정에 있어서는 문제삼은 공권력작용의 형태에 따라 다른 문언으로 구성된다. 가령 권력적 사실행위의 경우에는 " …. 기본권을 침해하므로 … 것을{공권력 작용의 특정} 취소한다", 또는 " … 기본권을 침해하므로 헌법에 위반됨을 확인한다."라는 등으로 표현되고 기본권 침해가 주문에서 명시되는 경우가 대부분이다. 이와 관련하여 상세한 사항은 뒷 부분의 헌마 헌법소원의 해당 부분에서 상술할 것이다.

다만 여기서 특히 명확히 할 점은 법령에 대한 헌마 헌법소원에서 기본권의 침해가 인정되는 경우에 헌법재판소의 실무는' … [해당 법령]은 헌법에 위반된다.'라는 주문을 취한다는 것이다. 헌법재판소는 법령에 대한 헌법소원에 있어서 주문에 침해된 기본권을 표시하지 않는 이유는 청구인의 침해된 기본권을 구제한다는 측면도 있으나 헌법질서의 확립이라는 성질이 더 부각되어야 할 것이고, 법 제75조 제6항이 헌법소원을 인용하여 법률의 위헌을 선고할 경우에는 위헌법률심판절차의 규정을 준용하도록 하고 있어서 구태여 주문에 침해된 기본권을 표시할 필요까지는 없다고 해석되기 때문이라고 한다(헌재 1991.3.11. 91헌마21).[14] 여기에 덧붙여 사견으로는 위 법조항이 당초에 법령소원을 예정한 것이었는지 의문이고, 기본권이 갖는 다층성과 중첩성 등으로 인하여 침해된 기본권을 일의적인 방식으로 특정하기 어려운 실무적인 난점 때문이기도 하다는 생각이다.

이러한 주문 형식으로부터 누군가가 제기한 헌마 헌법소원심판 사건에서 이해관계인의 의견서를 제출하게 되는 경우에 '청구인의 청구를 기각해야 한다'는 취지의 의견서를 작성하여야 한다는 점을 포착할 수 있다.

8. 헌마 헌법소원과 헌바 헌법소원의 공통적인 절차

헌바 헌법소원은 객관적 규범통제절차이고 헌마 헌법소원은 주관적 권리구제절차이지만 현행법상 헌법소원에 해당되는 것으로서 동일하게 규율되는 내용이 있다. 우선 법 제25조에 따라 개인이 청구인인 경우에 변호사가 대리하여야 하고, 각기 법에 정해진 청구기간을 준수하여야 한다.

또한 심판절차의 진행에 있어서는 동일하게 3인 재판관으로 구성된 지정부의 사전심사를 경유하게 된다. 지정부에서는 법에 정해진 요건에 따라 3인 재판관의 일치된 의견으로 헌법소원심판 청구를 각하할 수 있다.[15] 따라서 헌바 헌법소원의 경우에는 청구기간이 경과되었다거나 변호사가 아닌 청구인이 변호사를 대리인으로 하지 않은 경우가 지정부에서 각하되는 주요 사유가 될 것이다.

---

14) 실무제요, 375면 참조

15) 법 제72조 ③ 지정재판부는 다음 각 호의 어느 하나에 해당되는 경우에는 지정재판부 재판관 전원의 일치된 의견에 의한 결정으로 헌법소원의 심판청구를 각하한다.

1. 다른 법률에 따른 구제절차가 있는 경우 그 절차를 모두 거치지 아니하거나 또는 법원의 재판에 대하여 헌법소원의 심판이 청구된 경우
2. 제69조의 청구기간이 지난 후 헌법소원심판이 청구된 경우
3. 제25조에 따른 대리인의 선임 없이 청구된 경우
4. 그 밖에 헌법소원심판의 청구가 부적법하고 그 흠결을 보정할 수 없는 경우

9. 소결

지금까지 서술했던 헌바 헌법소원과 헌마 헌법소원의 비교 검토사항을 간단히 요약하면 아래 표와 같을 것이다.

	헌바 헌법소원(법 제68조 제2항)	헌마 헌법소원(법 제68조 제1항)
성질	객관적 법률규범 통제	주관적 기본권 구제
소송물	위헌 여부	기본권 침해 여부
계쟁물	법률(조항)	공권력 행사·불행사
본안 주문	헌법에 위반된다/ 헌법에 위반되지 아니한다.	기본권 침해 부정: 청구 기각 기본권 침해 인정 - 법령소원:헌법에 위반된다. - 공권력행사:취소한다/ 위헌임을 확인한다.
적법 요건	재판의 전제성 청구기간 위헌법률심판제청신청의 기각결정을 받은 법률조항(시행령 No!) 및 예외	청구인 능력 공권력행사성 공권력불행사(작위의무의 존재) 기본권 제한성(침해 가능성) 자기관련성 직접성 현재성 보충성 청구기간 권리보호이익
본안 주장 (심사기준)	-헌법 전문 포함 명시적 규정 위반 -헌법의 원리 원칙 위반 여부 (포괄위임금지, 영장주의, 적법절차, 평등원칙, 명확성 원칙, 신뢰보호원칙 위반, etc) -기본권 침해	기본권 침해 - 법률유보원칙 - 각 기본권별 특별 심사기준: 적법절차, 영장주의 검열금지, 단계적 심사, 소급입법금지 - 과잉금지원칙
청구 기간	위헌법률심판제청신청 기각결정서를 송달받은 날부터 30일	사유 있음을 안 날부터 90일, 사유 있은 날부터 1년의 두 기간 모두 준수
변호사대리	적용	적용
사전 심사	3인 재판관의 지정부 심사[16]	3인 재판관의 지정부 심사

16) 위헌제청 사건인 헌가 사건과 권한쟁의, 정당해산, 탄핵심판의 경우 사전심사 없음

제2절 권리구제형 헌법소원심판

1. 권리구제형 헌법소원의 의의

헌법소원제도는 일반사법제도와 같이 보편화된 제도가 아니고 일반적으로 인정되는 보편·타당한 형태가 있는 것이 아니다. 헌법소원을 채택하고 있는 나라마다 헌법소원제도를 구체적으로 형성하는데, 특히 헌법소원의 심판범위에 관하여, 그 내용을 서로 달리하는 경우가 많다. 그러나 오늘날 헌법소원제도를 두고 있는 나라들은 모두 한결같이 헌법소원이 공권력작용으로 인하여 헌법상의 권리를 침해받은 자가 그 권리를 구제받기 위한 이른바 주관적 권리구제절차라는 것을 그 본질적 요소로 하고 있다(헌재 1997.12.24. 96헌마172).

학설상으로도 헌법소원은 기본권 구제를 목적으로 하고 사법작용을 통해 작동하며 통상적인 권리구제절차와의 관계에서 비상적인 절차라고 보는 견해,[17] 헌법소원은 기본권 침해에 대하여 법원의 비상적 권리구제가 행해질 것을 구하는 기본권 주체의 신청이라고 하는 견해,[18] 헌법소원이란 기본권 주체가 직접 헌법재판기관에서 헌법에 의하여 보장된 자신의 권리(내지 기본권) 침해를 다툴 수 있는 제도라고 보는 견해[19] 등이 제시되고 있다.

우리 헌법은 헌법소원의 개념을 명시적으로 제시하지 않은 채 '법률이 정한 헌법소원에 관한 심판'이 헌법재판소의 관할이 됨을 정하고 있다(헌법 제111조 제1항 제5호). 여기서 '법률이 정하는 헌법소원에 관한 심판'이라고 규정한 뜻은 결국 헌법이 입법자에게 공권력작용으로 인하여 헌법상의 권리를 침해받은 자가 그 권리를 구제받기 위한 주관적 권리구제절차를 우리의 사법체계, 헌법재판의 역사, 법률문화와 정치적·사회적 현황 등을 고려하여 헌법의 이념과 현실에 맞게 구체적인 입법을 통하여 구현하게끔 위임한 것으로 보아야 할 것이다(헌재 1997.12.24. 96헌마172).

그리하여 헌법재판소법은 "공권력의 행사 또는 불행사(不行使)로 인하여 헌법상 보장된 기본권을 침해받은 자는 법원의 재판을 제외하고는 헌법재판소에 헌법소원심판을 청구할 수 있다. 다만, 다른 법률에 구제절차가 있는 경우에는 그 절차를 모두 거친 후에 청구할 수 있다."라고 정하고 있다(법 제68조 제1항).

---

17) 김하열, 헌법소송법 제3판, 박영사, 2018, 415면 참조

18) 정광현, "헌법소원의 개념", 세계헌법재판 판례동향1, 헌법재판연구원, 2012, 235면

19) 정태호, 앞의 글(각주 6), 107면

2. 청구인능력

헌법소원심판을 청구할 수 있는 사람은 기본권을 침해받은 자이므로, 기본권의 주체일 것이 전제된다. 즉 헌법소원심판을 청구할 수 있으려면 기본권능력이 있어야 한다.

가. 국민

(1) 출생 이후 사망 이전의 자연인

기본권 보장규정인 헌법 제2장의 제목이 "국민의 권리와 의무"이고 그 제10조 내지 제39조에서 "모든 국민은 … 권리를 가진다"고 규정하고 있으므로 국민은 기본권의 주체이다(헌재 1994.12.29. 93헌마120).

자연인은 원칙적으로 살아있는 동안에 기본권능력을 가지고, 출생 이후 사망 이전까지 기본권의 주체가 된다. 미성년자도 청구인능력이 있으나, 다만 원칙적으로 소송능력이 없으므로(법 제40조, 민사소송법 제51조, 제55조) 그 헌법소원심판 청구는 법정대리인에 의해 이루어진다.

(2) 초기배아, 태아 및 사자(死者)

헌법재판소는 초기배아의 기본권 주체성을 부정하면서, 초기배아를 넘어선 상태의 태아에 대하여는 생명권의 기본권 주체성을 인정하였고, 사자에 대하여는 예외적인 경우에 인격권의 기본권 주체성을 인정하였다.

헌법재판소에 의하면 초기배아, 즉 일반적인 임신의 경우라면 수정란이 모체에 착상되어 원시선이 나타나는 그 시점의 배아 상태에 이르지 않은 배아들에 관하여, 현재의 자연과학적 인식 수준에서 독립된 인간과 배아 간의 개체적 연속성을 확정하기 어렵다고 봄이 일반적이라는 점, 배아의 경우 현재의 과학기술 수준에서 모태 속에서 수용될 때 비로소 독립적인 인간으로의 성장가능성을 기대할 수 있다는 점, 수정 후 착상 전의 배아가 인간으로 인식된다거나 그와 같이 취급하여야 할 필요성이 있다는 사회적 승인이 존재한다고 보기 어려운 점 등을 종합적으로 고려할 때, 초기배아에 대한 국가의 보호필요성이 있음은 별론으로 하고, 그 기본권 주체성을 인정하기 어렵다(헌재 2010.5.27. 2005헌마346).

태아의 기본권능력에 관하여, 헌법재판소는 존엄한 인간 존재와 그 근원으로서의 생명 가치를 고려할 때 출생 전 형성 중의 생명에 대해서는 일정한 예외적인 경우 기본권 주체성이 긍정될 수 있는데, 태아는 생명권의 주체가 되며 국가는 헌법 제10조에 따라 태아의 생명을 보호할 의무가 있음을 밝혔다(헌재 2008.7.31. 2004헌바81; 헌재 2010.5.27. 2005헌마346).

사자(死者)의 기본권 주체성과 관련하여, 헌법재판소는 '일제강점하 반민족행위 진상규명에 관한 특별법'상의 친일반민족행위진상규명위원회의 조사대상자 선정 및 친일반민족행위 결정이 이루어지면 조사대상자의 사회적 평가가 침해되어 헌법 제10조에서 유래하는 일반적 인격권이 제한받는다고 할 수 있는데, 조사대상자가 사자(死者)의 경우에도 인격적 가치에 대한 중대한 왜곡으로부터 보호되어야 하고, 사자(死者)에 대한 사회적 명예와 평가의 훼손은 그들의 후손의 인격권, 즉 유족의 명예 또는 유족의 사자(死者)에 대한 경애추모의 정을 침해한다고 할 것이다. 따라서 위 특별법상의 심판대상 조항은 조사대상자의 사회적 평가와 아울러 그 유족의 헌법상 보장된 인격권을 제한하는 것이라고 하여 사자의 인격권 주체성을 인정하였다(헌재 2010.10.28. 2007헌가23; 헌재 2011.3.31. 2008헌바111).[20]

헌법재판소는 귀환한 국군포로에게 억류기간에 대한 보수를 지급하도록 한 '국군포로의 송환 및 대우에 관한 법률'의 보수특례조항 및 국가유공자의 범위에 국군포로를 포함시키지 않은 '국가유공자 등 예우 및 지원에 관한 법률'에 대하여 망인의 이름으로 2012.9.10. 헌법소원심판을 청구한 사안에서, 1985.3.20. 사망한 망인은 대리인에게 적법하게 소송 위임을 하였다고 볼 수 없고 추인의 가능성도 없는바, 그렇다면 망인을 대리한 헌법소원심판의 청구행위도 무효이므로 위 망인은 헌법소원심판의 청구인이라고 볼 수 없다고 하였다(헌재 2014.6.26. 2012헌마757).

(3) 헌법소원심판 청구 이후 종국결정 전 사망한 청구인에 관한 소송상 처리

헌법소원심판을 청구할 때에는 생존해 있었는데, 심판 청구 후 종국결정 전에 사망한다면, 즉 기본권능력이 상실된다면, 문제된 기본권이 상속될 수 있는 것이 아닌 한, 헌법소원심판 또한 종료되고, 실무상 심판절차종료선언을 한다(헌재 1992.11.12. 90헌마33).

담배의 제조 및 판매에 관하여 규율하고 있는 구 담배사업법이 청구인의 생명·신체의 안전에 관한 권리를 침해한다고 주장된 사건에서 폐암 투병중이던 청구인이 사망하자, 이러한 기본권은 성질상 일신전속적인 것으로 승계되거나 상속될 수 있는 것이 아니어서 이에 대한 심판절차 역시 수계될 수 없다 하여 심판절차종료선언을 하였다(헌재 2015.4.30. 2012헌마38).

다만, 다퉈지고 있는 기본권이 재산권과 같이 일신전속성이 상대적으로 약한 경우

---

20) 이에 반하여 사자의 기본권능력을 부정하는 견해는 허영, 헌법소송법론 제13판, 박영사, 2018, 360면; 한수웅, 앞의 책, 378면 등이 있다.

에는 그 상속인 등이 수계하는 것이 가능하고,[21] 배우자 등의 재심청구권자에 의한 재심의 가능성을 살리기 위하여 수계를 인정한 경우가 있다.

헌법재판소는, 청구인이 국가보안법위반으로 기소된 후 당해 사건에서 기소의 근거법률에 대하여 위헌법률심판제청신청을 하였다가 그 신청이 기각되어 헌법소원심판을 청구한 후 심판절차 계속중에 사망한 사안에서, 형벌에 관한 법률 또는 법률조항에 대한 헌법재판소법 제68조 제2항의 헌법소원이 인용되는 경우에는 위헌으로 결정된 법률 또는 법률조항에 근거한 유죄의 확정판결에 대하여 재심을 청구할 수 있고, 형사소송법은 유죄의 선고를 받은 자가 사망한 경우에는 그 배우자, 직계친족 또는 형제자매가 재심의 청구를 할 수 있으며 검사도 유죄판결을 선고받은 자의 이익을 위하여 재심의 청구를 할 수 있도록 규정하고 있어, 청구인이 비록 심판절차 계속 중에 사망하였다고 하더라도 헌법재판소가 헌법소원을 인용한다면 그 배우자나 직계친족 등은 확정된 유죄판결에 대하여 위와 같이 재심을 청구할 수 있는 것이므로 권리보호이익이 있다고 할 것이어서 동인의 심판청구에 대하여 이를 각하하거나 심판종료선언을 할 것은 아니라고 하였다(헌재 1997.1.16. 89헌마240[22]).

나. 외국인

우리 헌법의 기본권 규정은 대한민국 국민을 그 전제로 하고 있으므로 문언에 충실한 경우 외국인은 기본권 주체가 될 수 없다. 그러나 모든 기본권에 대해 외국인의 기본권 주체성을 부인하는 견해는 드물고 외국인이 기본권의 주체가 될 수 있는지 여부는 기본권의 성질에 따라 즉 '국민'으로서의 권리가 아니라 '인간'으로서의 권리의 성질을 갖는 기본권에 대해서는 그 주체성을 인정하는 것이 통설, 판례의 입장이다.[23]

헌법재판소 판례에 나타난 사례들을 분류해보면, 인간의 존엄과 가치, 행복추구권과 같은 기본권들은 '인간의 권리'로서 외국인에게도 인정될 수 있고(헌재 2001.11.29. 99헌마494), 신체의 자유, 주거의 자유, 변호인의 조력을 받을 권리, 재판청구권 등도 성질상 인간의 권리로 볼 수 있으므로 외국인의 기본권 주체성이 인정된다(헌재 2012.8.23. 2008헌마430; 헌재 2014.8.28. 2012헌마686). 직업의 자유의 한 내용인 직장선택의 자유는 인간의 존엄과 가치 등에 밀접한 관련을 가지는 경우에 인간의 권리로 볼 수 있어 외국인

---

21) 실무제요, 274-275면 참조

22) 이 사건은 1989.10.18. 법 제68조 제2항에 의거하여 심판청구되었는데, 당시에 헌법재판소는 이 종류의 헌법소원을 '헌마'사건으로 분류하였기 때문에 '헌마'사건의 사건번호가 부여되었다.

23) 실무제요, 275-276면 참조

도 제한적으로 인정되고, 고용허가를 받아 적법하게 입국하여 우리나라에서 일정한 생활관계를 형성, 유지하는 등 우리 사회에서 정당한 노동인력으로서 지위를 부여받은 경우에는 외국인의 직장선택의 자유 역시 인간의 권리로서 보장된다(헌재 2011.9.29. 2007헌마1083등; 헌재 2011.9.29. 2009헌마351).

외국인의 근로의 권리와 관련하여, 헌법재판소는 헌법상 근로의 권리는 '일할 자리에 관한 권리'만이 아니라 '일할 환경에 관한 권리'도 의미하는데, '일할 환경에 관한 권리'는 인간의 존엄성에 대한 침해를 방어하기 위한 권리로서 외국인에게도 인정되며, 건강한 작업환경, 일에 대한 정당한 보수, 합리적인 근로조건의 보장 등을 요구할 수 있는 권리 등을 포함한다. 여기서의 근로조건은 임금과 그 지불방법, 취업시간과 휴식시간 등 근로계약에 의하여 근로자가 근로를 제공하고 임금을 수령하는 데 관한 조건들이고, 외국인 근로자의 출국만기보험금은 퇴직금의 성질을 가지고 있어서 그 지급시기에 관한 것은 근로조건의 문제이므로 외국인인 청구인들에게도 기본권 주체성이 인정된다고 하였다(헌재 2016.3.31. 2014헌마367; 헌재 2007.8.30. 2004헌바670: 헌재 2011.9.29. 2009헌마230).

이에 반하여 참정권, 입국의 자유에 대하여는 외국인의 기본권 주체성이 인정되지 않고, 국적에 관한 사항은 당해 국가가 역사적 전통과 정치·경제·사회·문화 등 제반사정을 고려하여 결정할 문제이므로 외국인의 복수국적을 가질 자유가 우리 헌법상 행복추구권 등에 의하여 보호되는 기본권이라고 볼 수 없으며(헌재 2014.6.26. 2011헌마502), 의료인 자격제도와 관련한 직업선택의 자유도 외국인의 경우에는 인정되지 않는다(헌재 2014.8.28. 2013헌마359).

한편 평등권은 인간의 권리이지만, 관련 기본권이 외국인에게 인정되지 않거나 상호주의에 따른 제한이 있는 경우에는 외국인에게 평등권의 기본권 주체성이 인정되지 않는다(헌재 2001.11.29. 99헌마494; 헌재 2014.4.24. 2011헌마474등). 예를 들면 의료인 자격제도에 관한 직업선택의 자유는 위에서 본 바와 같이 외국인에게 인정되지 않으므로 그 자격제도에서 내국인과의 관계에서 외국인의 평등권 주체성이 인정될 수 없다(헌재 2014.8.28. 2013헌마359).

그러나 대한민국 국민과의 관계가 아닌 외국국적의 동포들 간에 차별이 발생하는 경우에는 외국인의 평등권 주체성이 인정된다(헌재 2001.11.29. 99헌마494). 헌법재판소는 외국국적동포가 재외동포(F-4) 사증 발급을 신청할 경우, 법무부고시에서 명시한 국가의 재외동포에 대해서만 '연간납세증명서, 소득증명서류 등 체류기간 중 단순노무행위

등의 취업활동에 종사하지 않을 것임을 소명하는 서류'를 제출하도록 한 출입국관리법 시행규칙의 해당 조항 및 이의 위임을 받은 법무부고시에 대하여 외국국적동포들 사이의 차별문제임을 이유로 중국국적 동포의 기본권 주체성을 인정하였다(헌재 2014.4.24. 2011헌마474등).[24]

다. 법인

(1) 사법인(私法人)과 그 밖에 사적 결사

사법인이나 그 밖에 사적 결사도 이들이 향유할 수 있는 기본권의 침해가 문제된 경우, 즉 기본권의 성질에 따라 기본권 주체가 될 수 있고 헌법소원을 제기할 수 있다. 그러나 자연인 전속적 기본권, 가령 신체의 자유나 참정권 등은 법인에게 인정될 수 없다.[25]

헌법재판소는 사단법인뿐만 아니라, 법인 아닌 사단·재단이라고 하더라도 대표자의 정함이 있고 독립된 사회적 조직체로서 활동하는 때에는 성질상 법인이 누릴 수 있는 기본권을 침해당하게 되면 그의 이름으로 헌법소원심판을 청구할 수 있다고 하여,[26] 가령 비영리단체로서 그 정관에 의해 대표자와 조직을 갖춘 사회적 조직체가 알 권리의 주체가 될 수 있다고 하였다(헌재 2011.6.30. 2009헌마595). 헌법재판소는 노동조합의 정치적 의사표현의 자유를 인정하였고(헌재 1999.11.25. 95헌마154), 권리능력 없는 사단의 일종인 정당에 대해서도 헌법소원 청구인능력을 인정하였으며(헌재 1991.3.11. 91헌마21; 헌재 2006.3.30. 2004헌마246; 헌재 2014.1.28. 2012헌마431등), 한국신문편집인협회는 신문·통신사의 편집간부 및 방송사의 보도관계 간부들로 구성된 협동단체로서 법인격은 없으나, 대표자와 총회가 있고, 단체의 명칭, 대표의 방법, 총회 운영, 재산의 관리 기타 단체의 중요한 사항이 회칙으로 규정되어 있는 등 사단으로서의 실체를 가지고 있는바 언론·출판의 자유의 주체로서 헌법소원심판을 청구할 수 있다고 하였다(헌재 1995.7.21. 92헌마177등).

헌법재판소는 그러나 사단법인 한국영화인협회 내의 감독위원회는 영화인협회로부터 독립된 별개의 단체가 아니고, 영화인협회의 내부에 설치된 8개의 분과위원회 가운데 하나로서 단체의 부분기관에 불과하여 청구인능력을 인정하지 않았다(헌재 1991.6.3. 90헌마56). 또한 '학교'는 민사소송법상 당사자능력이 없이 교육을 위한 시설에 불과하

24) 실무제요, 275-277면 참조
25) 김하열, 앞의 책, 430면 참조
26) 실무제요, 278면 참조

여(학교에 관한 권리의무의 주체는 학교법인)(헌재 1993.7.29. 89헌마123), 영유아보육법에서 정하고 있는 어린이집의 종류 가운데 개인이 그 명의로 설치·운영하는 민간어린이집은 '영유아의 보육을 위한 시설'에 불과하므로(헌재 2013.8.29. 2013헌마165), 나아가 사립학교법 및 고등교육법상 교육시설인 사이버대학은 동 법들을 근거로 설립된 교육을 위한 시설에 불과하여(헌재 2016.10.27. 2014헌마1037) 모두 청구인능력이 없다고 하였다.

(2) 공법인

헌법소원심판은 기본권의 주체만이 청구할 수 있는데, 국가, 지방자치단체나 그 기관 또는 국가조직의 일부나 공법인은 국민의 기본권을 보호 내지 실현해야 할 책임과 의무를 지니고 있을 뿐이므로 청구인능력이 원칙적으로는 인정되지 않는다(헌재 1998.3.26. 96헌마345 참조).

헌법재판소에 의하면, 국회의 노동위원회(헌재 1995.2.23. 90헌마125), 공법인인 지방자치단체 장인 제주도지사(헌재 1997.12.24. 96헌마365), 지방자치단체인 춘천시(헌재 2006.12.28. 2006헌마312), 또는 그 의결기관인 서울시의회(헌재 1998.3.26. 96헌마345), 지방자치단체의 기관인 교육위원회의 구성원인 교육위원(헌재 1995.9.28. 92헌마23등) 등은 모두 기본권의 주체가 될 수 없다.

헌법재판소는 김천시의회가 경상북도 시·군의회의원 선거구와 선거구별 의원정수에 관한 조례의 위헌확인을 구한 사건에서 김천시의회는 기본권의 주체가 될 수 없다고 하였다(헌재 2018.5.10. 2018헌마414).

다만, 공권력의 주체라 할지라도 국가에 대해 독립성을 가지고 해당 기본권 영역에서 개인들의 기본권 실현에도 이바지하는 경우에는 예외적으로 기본권 주체로서 헌법소원심판을 청구할 수 있다. 헌법재판소는 국립대학교의 경우에도 헌법이 보장하는 학문의 자유의 확실한 보장을 위해 꼭 필요한 대학에 부여된 헌법상 기본권으로서의 대학의 자율권(헌법 제31조 제4항) 주체로서 헌법소원심판의 청구인능력이 인정된다고 하였고(헌재 2015.12.23. 2014헌마1149; 헌재 1992.10.1. 92헌마68등), 공영방송사인 주식회사 문화방송은 언론의 자유의 핵심 영역인 방송 사업의 업무 수행과 관련하여 기본권 주체가 되고, 광고수입으로 운영하는 만큼 사경제주체로서도 기본권주체가 된다고 하였다(헌재 2013.9.26. 2012헌마271).[27)]

공법인과 사법인의 성질을 모두 갖고 있거나, 정부와 민간이 함께 주주로서 참여하

27) 실무제요, 280면 참조

는 공사혼합기업의 경우에 대하여, 헌법재판소는 축협중앙회 역시 공법인으로서의 특성을 많이 가지고 있지만 그 존립목적 및 설립형식에서의 자주적 성격에 비추어 사법인적 성격을 부인할 수 없으므로 축협중앙회를 해산하고 새로 설립되는 농협중앙회로 통합을 정한 법률에 대하여 결사의 자유 등 기본권의 주체가 된다고 하였다(헌재 2000.6.1. 99헌마553). 또한 한국전력공사에 대하여는 2003.6.30. 현재 정부와 공공 금융기관인 산업은행의 보유 주식이 전체의 53%를 상회하는데, 일정 규모 이상의 택지개발지구 등에 전기간선시설의 설치비용을 부담하도록 하는 택지개발촉진법 등의 법률조항에 대하여 4인 재판관의 법정의견으로 기업경영의 자유나 재산권의 침해가 없다고 하면서, 한국전력공사가 전기의 공급이라는 공적 기능을 일부 대행하는 지위에 있다는 점, 일률적으로 전기수요자로부터 표준공사비를 징수하고 있어 전기시설의 설치비용을 충당할 수 있고, 사실상 독점적으로 전기공급사업을 영위함으로써 얻는 독점이윤과 간선시설 설치비용의 전기요금으로의 산입에 따른 비용의 보전 등을 고려하여 판단하고 있다(헌재 2005.2.24. 2001헌바71[28])).

나아가 공직자라 하더라도 공권력의 주체인 국가기관의 지위에서가 아니라 사적인 영역에서는 기본권주체가 될 수 있다고 하여(헌재 2009.3.26. 2007헌마843), 지방자치단체장의 공무담임권 침해 주장의 경우나(헌재 1995.3.2. 95헌마53; 헌재 1999.5.27. 98헌마214; 헌재 2005.5.26. 2002헌마699등; 헌재 2009.3.26. 2007헌마843), 대통령도 소속 정당을 위하여 정당 활동을 할 수 있는 사인(私人)으로서는 기본권 주체성을 가진다고 하였다(헌재 2008.1.17. 2007헌마700).

3. 공권력의 행사·불행사

가. 의의

'공권력의 행사 또는 불행사'로 인하여 기본권을 침해받은 자가 헌법소원심판을 청구할 수 있으므로 심판의 대상이 되는 작용은 공권력 작용이다.

여기서 '공권력'이란 입법권·행정권·사법권을 행사하는 국가기관 또는 공공단체 등의 모든 고권적 작용을 의미하고(헌재 2001.3.21. 99헌마139등; 헌재 2014.9.25. 2013헌마424), 그 행사 또는 불행사로 국민의 권리와 의무에 대하여 직접적인 법률효과를 발생시켜 청구

28) 이 사건은 한국전력공사가 한국토지공사와 체결한 전기간선시설의 설치비용에 관하여 진행된 민사소송에서 거기에 적용되는 법률조항에 대하여 위헌법률심판제청신청을 하고 기각되자 헌바 헌법소원으로 청구되었다.

인의 법률관계 내지 법적 지위를 불리하게 변화시키는 것이어야 한다(헌재 2012.3.29. 2010헌마599). 즉 공권력의 행사·불행사가 있다고 보기 위해서는 그 주체가 공적 주체여야 하고, 그 작용이 우월적 지위에서 상대방을 제약하는 것이어야 한다. 이와 같이 공권력 작용 전반에 대해 헌법소원의 가능성을 열어놓은 것은 모든 국가작용은 기본권에 기속되어야 하기 때문이다.[29)]

예를 들면 한국감정평가협회는 감정평가업자와 감정평가법인 또는 감정평가사무소의 감정평가사들이 설립한 사적 임의단체로 공권력행사의 주체가 아니므로 한국감정평가협회가 제정한 토지보상평가지침 역시 헌법소원의 대상이 되는 공권력의 행사에 해당한다고 볼 수 없다(헌재 2006.7.27. 2005헌마307).

[최근결정]

1) 서울 강북구청장이 "4·19혁명 국민문화제 2015 전국 대학생 토론대회" 공모를 공고하면서 그 참가대상을 대학교 재학생·휴학생으로 한정한 것은 이 공고가 법률상 근거에 따른 법집행작용의 일환이라고 보기도 어려우며, 국민에게 어떠한 권리나 의무를 부여하는 것으로 볼 수 없는 점 등을 볼 때 '공권력의 행사'로 볼 수 없다(헌재 2015.10.21. 2015헌마214).

2) 김포경찰서장이 김포시장에게 장애인활동지원기관에 소속되어 활동지원급여를 수행한 활동보조인과 수급자의 인적사항, 휴대전화번호 등을 확인할 수 있는 자료를 요청한 행위(헌재 2018.8.30. 2016헌마483), 서울용산경찰서장이 국민건강보험공단에게 수사대상자들의 요양급여내역의 제공을 요청한 행위(헌재 2018.8.30. 2014헌마368) 등은 모두 김포시장이나 국민건강보험공단이사장의 자발적인 협조가 있어야만 비로소 대상자들의 개인정보자기결정권이 제한되는 것이므로 위 각 요청 행위 자체만으로는 모두 공권력행사에 해당하지 않는다.

3) 문화재청장이 청와대 대통령 관저 옆에 있는 '경주 방형대좌 석조여래좌상'을 그 원위치에 대한 명확한 고증 없이 훼손의 우려 때문에 이전하지 아니한 행위가 헌법 전문 등에 위반된다는 취지로 주장하면서 청구한 헌법소원사건에서, 헌법재판소는 문화재청장의 위 행위는 청구인의 권리나 법적 지위에 어떠한 영향을 미칠 수 없는 것임은 물론 헌법소원심판의 대상이 되는 행정청이 우월적 지위에서 일방적으로 강제하는 권력적 사실행위에도 해당하지 아니하므로, 애당초 기본권침해의 가능성이나 위험성이 없어 헌법소원심판의 대상이 되는 공권력의 행사에 해당한다고 볼 수 없다(헌재 2019.4.16. 2019헌마306).

---

29) 실무제요, 231면; 김하열, 앞의 책, 441면 참조

4) '대한민국 외교부장관과 일본국 외무부대신이 2015.12.28. 공동발표한 일본군 위안부 피해자 문제 관련 합의'는 공식적인 약속이지만, 서면으로 이루어지지 않았고, 통상적으로 조약에 부여되는 명칭이나 주로 쓰이는 조문 형식을 사용하지 않은 점, 헌법이 규정한 조약체결 절차를 거치지 않은 점, 합의 내용상 합의의 효력에 관한 양 당사자의 의사가 표시되어 있지 않을 뿐만 아니라, 구체적인 법적 권리·의무를 창설하는 내용을 포함하고 있지도 않은 바, 위 합의를 통해 일본군 '위안부' 피해자들의 권리가 처분되었다거나 대한민국 정부의 외교적 보호권한이 소멸하였다고 볼 수 없는 이상, 일본군 '위안부' 피해자들의 법적 지위에 영향을 미친다고 볼 수 없으므로 위 피해자들의 배상청구권 등 기본권을 침해할 가능성이 있다고 보기 어렵고 이 사건 합의를 대상으로 한 헌법소원심판청구는 허용되지 않는다(헌재 2019.12.27. 2016헌마253).

나. 국회의 공권력작용

(1) 법률

㈎ 헌법소원심판의 대상성

법 제68조 제1항 본문에 규정된 공권력 가운데는 입법권도 당연히 포함되므로 법률에 대한 헌법소원심판도 가능하다.

법률은 공포로써 성립하므로 헌법소원의 대상이 되는 법률은 공포된 대한민국 법률을 의미한다. 헌법재판소는 법률이 일단 공포된 경우에는 아직 효력을 발생하기 전이라도 그 시행이 확실시 되므로 청구인이 불이익을 입게 될 수 있음을 충분히 예측할 수 있는 경우에는 헌법소원을 제기할 수 있다고 하였다(헌재 1994.12.29. 94헌마201). 나아가 헌법재판소는 법률안이 국회 본회의를 통과하고 정부에 이송된 상태에서 헌법소원심판이 청구된 경우(헌재 2001.11.29. 99헌마494), 법률의 개정법률안이 국회에 발의된 상태에서 헌법소원심판이 청구되고 심판계속 중 그 법률안이 국회를 통과하여 법률로 공포된 경우(헌재 2001.7.19. 2000헌마703), 법률안에 대한 헌법소원심판 청구 후 법률이 공포되자 청구취지 및 청구원인 변경신청서를 제출하여 심판대상을 공포된 법률로 변경한 사안(헌재 2008.10.30. 2005헌마222) 등에서 모두 적법한 청구로 인정하였다.

그러나 법률의 개정을 요구하는 헌법소원심판은 청구할 수 없다(헌재 2001.7.19. 2000헌마703).

㈏ 폐지된 법률조항

폐지된 법률조항이라 하더라도 그 위헌 여부에 대하여 헌법적 해명이 이루어진 바가 없고, 본안판단의 필요성이 인정된다면 헌법소원의 대상이 된다(헌재 1995.5.25. 91헌마67).

다만, 헌법재판소에서 이미 위헌결정이 선고된 법률조항에 대한 헌법소원심판청구는, 비록 위헌결정 이전에 심판청구된 것일지라도 더 이상 심판의 대상이 존재하지 않는다(헌재 1994.4.28. 92헌마280).

㈐ 입법절차의 하자

법률의 실체적 내용이 기본권을 침해하는 것과는 달리, 단순히 입법절차의 하자로 인하여 기본권을 침해받았다고 주장하여 헌법소원심판을 청구할 수는 없다(헌재 1998.8.27. 97헌마89).

㈑ 부진정입법부작위

이른바 부진정입법부작위의 경우에는 입법작용은 있었으나 그 입법작용에 흠이 있어 불완전 불충분하게 규정되어 있는 것을 말하는데 이 경우의 심판대상조항은 흠이 있는 당해 입법 자체이므로, 그것이 만일 법률의 형식을 띠고 있으면 부진정입법부작위의 법률조항은 헌법소원심판의 청구와 심사에 있어서 통상의 법률조항과 다르지 않다. 부진정입법부작위에서 '부작위'의 내용은 입법이 부존재한다는 것이 아니라 입법이 불충분하다는 것이므로 엄밀히 말하면 '부작위'인 것은 아니어서 소송상 취급은 법률과 같다는 점을 분명히 할 필요가 있다. 따라서 부진정입법부작위의 경우에는 심판대상조항을 위와 같이 불완전하게 정하고 있는 법률조항 자체로 하여야 하고, '그 법률조항이 ~하지 않은 것' 또는 '입법부작위'로 하여서는 아니 된다. 이 경우 입법부작위를 대상으로 헌법소원심판을 청구하게 되면 부적법한 청구가 된다.

예를 들면, 개인별로 주민등록번호를 부여하면서 주민등록번호 변경에 관한 규정을 두지 않았던 주민등록법(2016. 5. 29. 법률 제14191호로 개정되기 전의 것)에 대하여 헌법소원심판을 청구하고자 할 때, 예컨대 위 주민등록법 제7조를 심판대상조항으로 하여야 하고 '주민등록법 제7조가 주민등록번호 변경에 관한 규정을 두지 않은 것'으로 특정하지 않도록 하여야 한다(헌재 2015.12.23. 2013헌바68). 실제로 헌법재판소는 이 사안에서 "주민등록법(2007. 5. 11. 법률 제8422호로 전부개정된 것) 제7조는 헌법에 합치되지 아니한다"라는 주문을 선고하였다.

공직선거및선거부정방지법 제37조 제1항은 '구청장, 시장, 읍장, 면장은 그 관할구역 안에 주민등록이 되어 있는 선거권자를 투표구별로 조사하여 선거인명부를 작성하여야 한다'고 정하고 있는바, 이는 선거권이 인정되는 국민 가운데 국내에 주민등록이 되어 있지 아니한 재외국민을 배제하고 있는 부진정입법부작위에 해당한다. 따라서 이 조항으로 인하여 선거권을 행사할 수 없게 된 것을 다투려는 재외국민은 위 법률조항 자체를 심판대상으로 삼아야 하고, 만일 '위 법률조항이 재외국민을 배제한 것' 또는 '입법부작위'라고 하면 부적법한 청구가 될 것이다(헌재 1999.1.28. 97헌마253등).

그런데 헌법재판소는 최근에 지방선거와 관련하여 후원회를 지정할 권한을 지방자치단체의 장 선거의 후보자에게만 수여하고 있는 정치자금법 제6조 제6호에 대하여 광역자치단체의 장 선거의 예비후보자로 등록한 사람과 자치구 의회의원선거의 예비후보자로 등록한 사람들이 부진정부작위 입법의 기본권 침해를 주장하는 사건에서 심판대상조항에 대한 헌법불합치결정을 선고한 바 있는데(헌재 2019. 12. 27. 2018헌마301등), 사견으로는 그 주문의 형태에 검토해 볼 점이 있어 보인다.

심판대상조항의 규정 내용과 관련 규정은 다음과 같다.

> 정치자금법(2010. 1. 25. 법률 제9975호로 개정된 것)
>
> **제6조(후원회지정권자)** 다음 각 호에 해당하는 자(이하 "후원회지정권자"라 한다)는 각각 하나의 후원회를 지정하여 둘 수 있다.
>
> 1. 중앙당(중앙당창당준비위원회를 포함한다)
> 2. 국회의원(국회의원선거의 당선인을 포함한다)
>
> 2의2. 대통령선거의 후보자 및 예비후보자(이하 "대통령후보자등"이라 한다)
>
> 3. 정당의 대통령선거후보자 선출을 위한 당내경선후보자(이하 "대통령선거경선후보자"라 한다)
> 4. 지역선거구(이하 "지역구"라 한다) 국회의원선거의 후보자 및 예비후보자(이하 "국회의원후보자등"이라 한다). 다만, 후원회를 둔 국회의원의 경우에는 그러하지 아니하다.
> 5. 중앙당의 대표자 선출을 위한 당내경선후보자(이하 "당대표경선후보자"라 한다)
> 6. <u>지방자치단체의 장 선거의 후보자(이하 "지방자치단체장후보자"라 한다)</u>

헌법재판소는 주문으로 "1. 정치자금법(2010. 1. 25. 법률 제9975호로 개정된 것) 제6조 제6호 중 '특별시장·광역시장·특별자치시장·도지사·특별자치도지사 선거의 예비후보자'에 관한 부분은 헌법에 합치되지 아니한다. 위 법률조항은 2021.12.31.을 시한으로 입법자가 개정할 때까지 계속 적용된다. 2. 정치자금법(2010. 1. 25. 법률 제9975호로 개정된 것) 제6조 제6호 중 '자치구의 지역구의회의원 선거의 예비후보자'에 관한 부분에 대한 심판청구를 모두 기각한다."라고 하였는데, 부진정부작위 입법에서 심판대상조항은 흠결 있는 법률조항이고 따라서 주문도 그 법률조항을 대상으로 표시되어야 하는데, 위 주문은 법률조항 가운데 부작위된 부분에 대한 것이어서 헌법재판소의 종전의 실무와도 들어맞지 않는 점이 있다. 종전의 실무에서와 같이 정치자금법 제6조 제6호 자체에 대하여 헌법에 합치하지 아니한다고 하고, 자치구의회 선거의 예비후보자로 등록한 청구인들의 청구를 기각한다고 하면 되었을 듯하다. 가령 헌법불합치결정의 잠정적용 부분을 제외하고 써본다면 "1. 정치자금법 제6조 제6호는 헌법에 합치되지 아니한다. 2. 청구인 최○○, 강○○, 윤○○, 김○○, 청구인 윤□□, 김□□, 청구인 김△△의 청구는 각 기각한다."와 같이 될 것이다. 만일 자치구 의회의원 선거의 예비후보자인 청구인들의 위와 같은 심판청구가 별개로 제기되고 병합심리되지 않았다면, 정치자금법 제6조 제6호 중 '부작위된 부분'이 아니라 정치자금법 제6조 제6호에 대한 심판청구는 기각한다는 주문을 받았을 것이기 때문이다.

헌법재판소는 심판대상조항에 대하여 단순위헌결정을 하면 지방자치단체의 장 선거의 후보자 역시 후원회를 지정할 수 있는 근거규정이 없어지게 되어 공백상태가 발생하는 문제점이 있으므로 헌법불합치결정을 선고한다고 하고 있다. 그런데 헌법재판소가 낸 주문에서는 정치자금법 제6조 제6호 중 광역자치단체장 선거의 '예비후보자' 부분이 헌법에 합치하지 아니한다고 하고 있으므로 이유와 주문이 일관되지 않는 문제점이 있다. '후보자' 부분의 효력을 유지할 요청은 그 부분이 심판대상에 포함되어 있을 때, 즉 정치자금법 제6조 제6호 그 자체의 기본권침해 여부가 심판대상이 되었을 때이고, 위 주문과 같이 광역자치단체장 선거의 예비후보자에 관한 부분'의 기본권침해 여부로 심판대상을 삼았다면 '후보자'에 관한 부분은 심판대상에 포함되어 있지 않으므로 후보자 부분에 대한 효력을 유지하기 위한 헌법불합치결정을 선택할 필요가 없을 것이다.

(2) 조약

국내법과 같은 효력을 가지는 조약 역시 고권적 행위로서 공권력의 행사에 해당하므로, 예컨대 '대한민국과 일본국 간의 어업에 관한 협정'은 우리나라 정부가 일본 정부와의 사이에서 어업에 관해 체결·공포한 조약(조약 제1477호)으로서 헌법 제6조 제1항에 의하여 국내법과 같은 효력을 가지므로, 그 체결행위는 고권적 행위로서 '공권력의 행사'에 해당한다(헌재 2001.3.21. 99헌마139등).

(3) 헌법의 개별규정

헌법의 개별조항을 대상으로 한 헌법소원심판청구는 부적법하다. 헌법재판소는 헌법 제107조 제2항에 대하여(헌재 1998.6.25. 96헌마47), 헌법 제20조 제2항에 대하여(헌재 2011.9.20. 2011헌마485), 헌법 제103조에 대하여(헌재 2014.3.4. 2014헌마140; 헌재 2015.11.24. 2015헌마1084), 헌법 제78조 및 제104조에 대하여(헌재 2016.12.27. 2016헌마1074), 헌법 제84조에 대하여(헌재 2016.12.13. 2016헌마1019), 헌법 제45조에 대하여(헌재 2017.6.27. 2017헌마650), 헌법 제130조 제2항에 대하여(헌재 2018.2.27. 2018헌마124) 제기된 각 헌법소원에서 모두 헌법의 개별조항을 대상으로 한 것으로 부적법하다고 하였다.

(4) 일반적으로 승인된 국제법규

우리 헌법재판소가 '일반적으로 승인된 국제법규' 자체를 헌법소원의 대상으로 하여 판단한 바는 아직 없다, 다만 학설상으로는 일반적으로 승인된 국제법규는 그 성립 및 효력 발생에 우리나라 공권력 작용이 전혀 개입되지 않는다는 점에 비추어 헌법소원의 대상이 되지 않는다는 견해와,[30] 일반적으로 승인된 국제법규에 대한 헌법소원도 가능하다는 견해[31]가 있다.

(5) 입법부작위

(가) 의의

입법부작위에는 입법자가 헌법상 입법의무가 있는 어떤 사항에 관하여 전혀 입법을 하지 아니한 것(입법권의 불행사)과 입법자가 어떤 사항에 관하여 입법은 하였으나 그 입법의 내용, 범위, 절차 등이 당해 사항을 불완전, 불충분 또는 불공정하게 규율한 것(즉 결함이 있는 입법권의 행사)이 있는데, 전자를 '진정입법부작위', 후자를 '부진정입법부작위'라고 일컫는다(헌재 1996.10.31. 94헌마108).

이때 진정입법부작위의 경우에는 공권력의 불행사로서 '입법부작위'를 심판 대상으로 삼을 수 있지만, 부진정입법부작위의 경우에는 불충분한 그대로의 적극적인 입법에 대하여 다투어야 하고(헌재 1996.10.31. 94헌마108), 즉 부진정입법부작위는 통상의 법률조항에 대하여 다투는 것과 동일하기 때문에 소송법적으로는 '입법부작위'에 특유한 내용을 갖지 못한다.

(나) 진정입법부작위

진정입법부작위의 경우에는 부작위가 계속되는 한 기본권 침해사실이 계속 발생하므로 청구기간의 제한을 받지 않는 데 비해, 부진정입법부작위의 경우에는 보통의 법률조항과 같이 문제되는 결함 있는 법률조항 자체를 심판대상조항으로 하므로 통상의 법률조항에 대한 헌법소원과 동일하게 청구기간이 진행된다.

(다) 입법의무

어떠한 사항을 법규로 규율할 것인가의 여부는 입법자의 정치적·경제적·사회적 고려 하에서 정하여지는 입법정책의 문제이므로, 국민이 국회에 대하여 일정한 입법을 해달라는 청원을 함은 별론으로 하고, 법률의 제정을 청구할 권리는 원칙적으로 인정되지

30) 김하열, 위의 책, 445면

31) 한수웅, 앞의 책, 347면

않으나, 헌법상 기본권보장을 위하여 명시적인 입법위임이 있었음에도 입법자가 이를 방치하고 있거나 헌법 해석상 특정인에게 구체적인 기본권이 생겨 이를 보장하기 위한 국가의 행위 내지 보호의무가 발생하였음에도 불구하고 국가가 아무런 입법조치를 취하지 않고 있는 경우에는 입법자에게 입법의무가 인정된다(헌재 1992.12.24. 90헌마174).

㈃ 입법의무가 인정된 사례

헌법재판소는, 군정법령에 근거해 사설철도회사 재산이 수용되었으나 그에 대한 보상절차가 이루어지지 않은 상태에서 '조선철도의 통일폐지 법률'에 의하여 군정법령이 폐지된 후 상당 기간이 지나도록 그 보상에 관한 입법조치를 하지 않은 것과 관련하여, 우리 헌법은 제헌헌법 이래 현재까지 재산의 수용 등의 경우 그 보상에 관한 입법의무를 부과하여 왔는바, 군정법령에 근거한 수용에 대하여 보상에 관한 법률을 제정하여야 하는 입법자의 헌법상 입법의무가 발생하였음에도 30년이 지나도록 입법자가 아무런 입법조치를 취하지 않고 있는 것은 입법재량의 한계를 넘는 입법의무 불이행으로서 보상청구권이 확정된 자의 헌법상 보장된 재산권을 침해하는 것이라고 판단하였다(헌재 1994.12.29. 89헌마2).

㈄ 입법의무가 부정된 사례

헌법재판소는, 지방자치법에서 규정한 주민투표권은 헌법이 보장하는 참정권이라고 할 수는 없으므로, 주민투표에 대한 입법부작위의 위헌확인을 구하는 헌법소원심판은 허용되지 아니한다고 하였고(헌재 2001.6.28. 2000헌마735), 언론통폐합계획으로 인한 피해자들에게 원상회복 및 손해배상에 관한 법률을 정할 입법의무가 발생하지 않는다고 하였으며(헌재 2003.3.27. 2001헌마116), 교육공무원의 임용 시에 여성·남성이 선발예정인원의 일정 비율 이상이 될 수 있도록 하는 양성평등채용목표제를 실시하는 법률을 제정할 입법의무는 없다고 하고(헌재 2006.5.25. 2005헌마362), 죽음에 임박한 환자를 위하여 '연명치료의 중단에 관한 법률'을 제정하여야 할 입법의무는 없다고 하였으며(헌재 2009.11.26. 2008헌마385), 국회의원선거의 투표소 내에 수화통역인을 배치하는 법률을 만들 입법의무는 없다고 보고(헌재 2013.8.29. 2012헌마840), 지방자치단체장을 위한 퇴직급여제도를 마련하여야 할 입법의무는 존재하지 않는다고 하였다(헌재 2014.6.26. 2012헌마459).

(6) 그 밖의 국회의 공권력작용

국회의장이 국회의원을 상임위원회의 위원으로 선임하는 행위는 국회 조직 구성에 관한 기관 내부의 행위에 불과하여(헌재 1999.6.24. 98헌마472등), '국회의원지역선거구구역표'를 개정하기 위하여는 선거구획정위원회를 구성하고 동 위원회가 선거구획정안을 국회의장에게 제출하여야 하는데, 국회의장이 선거구획정위원회 구성을 위한 위원을 선임·위촉하지 않은 부작위나 선거구획정위원회가 선거구획정안을 제출하지 않은 부작위는 국가기관의 내부적 의사결정행위에 불과하여(헌재 2004.2.26. 2003헌마285), 모두 헌법소원의 대상이 되지 않는다.

국회의 예산안 의결은 국가기관만을 구속할 뿐 일반 국민을 구속하지 않는다는 점에서(헌재 2006.4.25. 2006헌마409), 법률안의 제출이나 의결 역시 국민에 대하여 직접적인 법률효과를 발생시키지 않는다는 점에서(헌재 1994.8.3. 92헌마115; 헌재 2003.9.16. 2003헌마566), 국회의 탄핵소추의결 부작위에 대하여는 헌법상 대통령에 대한 탄핵소추의결은 국회의 재량행위일 뿐만 아니라 국민이 국회에 대해 대통령의 탄핵소추의결을 청구할 권리가 없다는 점에서(헌재 1996.2.29. 93헌마186) 모두 헌법소원심판의 대상이 될 수 없다.

국회예산결산특별위원회 계수조정소위원회에 대한 방청불허 행위는 국회의 위원회는 공개가 원칙이므로(헌재 2000.6.29. 98헌마443등), 국회의 선출로 임명된 헌법재판소 재판관 중 공석인 재판관의 후임자를 선출하지 않은 부작위는 국회가 공석인 재판관의 후임자를 선출하여야 할 구체적 작위의무를 부담하므로(헌재 2014.4.24. 2012헌마2), 모두 헌법소원의 대상이 된다.

나아가 국회는 청원에 대하여 심사할 의무를 지므로, 국회의장의 청원심사 부작위는 헌법소원의 대상이 될 수 있다(헌재 2000.6.1. 2000헌마18). 다만 청원에 대하여 국가기관이 수리·심사하여 그 결과를 청원인에게 통지하였다면 이로써 당해 국가기관은 헌법 및 청원법상의 의무이행을 필한 것이라 할 것이고, 비록 그 처리내용이 청원인이 기대한 바에 미치지 않는다고 하더라도 헌법소원의 대상이 되는 공권력의 행사 또는 불행사가 있다고 볼 수 없다(헌재 2004.10.28. 2003헌마898; 헌재 1994.2.24. 93헌마213등).

[최근결정]

1) 헌법재판소는, '국군포로의 송환 및 대우 등에 관한 법률'('국군포로법')에서 대한민국에 귀환하여 등록한 포로에 대한 보수 기타 대우 및 지원만을 규정하고, 대한민국으로 귀환하기 전에 사망한 국군포로에 대하여는 이에 관한 입법조치를 하지 않았다 하여 그 '입법부작위'를 다툰 사안에서, 국군포로법은 귀환하기 전에 사망한 국군포로에 관해서는 그 억류지 출신 포로 가족에게 지원금을 지급하도록 하고 있으므로 청구인의 주장은 등록 포로 또는 억류지 출신 포로 가족에 대한 지원규정이 불완전, 불충분하다는 부진정입법부작위를 다투는 것이므로 이에 대하여는 국군포로법의 관련규정에 대하여 헌법소원을 제기하여야 하고, 입법부작위로서 헌법소원의 대상으로 삼을 수는 없다고 하였다(헌재 2018.5.31. 2016헌마626).

2) 헌법재판소는, 국회에게는 헌법 제41조 제3항이 "국회의원의 선거구와 비례대표제 기타 선거에 관한 사항은 법률로 정한다."라고 하고 있으므로 국회의원의 선거구를 입법할 명시적인 헌법상 입법의무가 존재하고, 또한 선거구는 헌법이 국민주권의 실현방법으로 채택하고 있는 대의민주주의를 구현하기 위한 기초가 된다는 점에서 헌법 해석상으로도 그 입법의무가 인정된다고 하였다(헌재 2016.4.28. 2015헌마1177등).

3) 안락사 시술에 관한 절차와 조건'에 관한 법률을 제정하여야 할 입법의무가 헌법의 명시적 위임에 의해서도 헌법의 해석상으로도 존재하지 않는다(헌재 2017.12.26. 2017헌마1351).

4) 국가인권위원회가 인권침해 진정사건을 조사하는 경우에 자유권규약상의 개인통보제도를 통한 인권 구제에 관하여 통지하여야 할 입법의무가 헌법 명문상 규정되어 있지 않을 뿐만 아니라, 헌법 해석상으로도 그러한 구체적인 작위의무가 발생한다고 보기 어렵다(헌재 2019.5.8. 2019헌마419).

5) 청구인은 동급생 아무개의 어머니로부터 아동복지법상의 아동학대를 당한 피해아동이고, 위 어머니는 아동복지법위반죄로 기소되어 형사재판에 계속 중인 바, '아동학대범죄의 처벌 등에 관한 특례법'('아동학대처벌법')이 청구인과 같은 보호자 아닌 성인에 의한 피해아동에 대하여는 변호사 선임 및 영상물에 수록된 피해아동 진술의 증거능력에 대한 특례규정(아동학대처벌법 제16조, 제17조)이 적용되지 않고 있어 평등권 등이 침해당한다고 제기한 사안에서, 헌법재판소는 아동학대처벌법상 아동학대 범죄는 아동복지법에 따른 '보호자에 의한' 아동학대 범죄로 정의되어 있어 보호자가 아닌 사람에 의한 아동학대는 아동복지법에 의해 처벌받게 되는 것이므로, 아동학대처벌법 제16조, 제17조가 보호자가 아닌 사람에 의한 아동학대 행위의 피해아동을 제외한 것은 입법이 불완전·불충분한 것이 아니리 입법권이 행사되지 않은 입법 부작위에 해당하고, 보호자가 아닌 사람에 의한 피해아동에게 국선변호사 선임 등의 특례를 주어야 할 입법의무가 헌법과 헌법의 해석에 따라 인정되는 것은 아니라고 하였다(헌재 2019.5.8. 2019헌마419).

다. 행정부의 공권력작용

행정부의 공권력작용에 대한 헌법소원에 있어서는 후술하는 보충성 요건 및 재판소원금지규정으로 인해 매우 제한적인 범위에서 헌법소원의 대상이 된다. 행정소송의 대상이 되는 행정작용에 대하여는 헌법소원이 차단되고, 행정입법, 행정입법부작위, 권력적 사실행위 등으로 헌법소원의 대상이 축소된다.

(1) 통치행위

통치행위란 고도의 정치적 결단에 의한 국가행위로서 사법적 심사의 대상으로 삼기에 적절하지 못한 행위라고 일반적으로 정의되고 있다.

초창기의 헌법재판소 판례에서는 통치행위에 대하여 헌법적 심사의 대상으로 삼는데 소극적인 태도가 발견된다. 가령 대통령이 법률에 정해진 지방자치단체의 장 선거일 공고를 하지 않음으로써 단체장선거가 연기된 것과 관련하여, 단체장선거 시기의 연기문제는 고도의 정치적 성격을 지닌 사안이고, 이와 같이 고도의 정치적 성격을 지닌 사건에서는 여당과 야당이 타협과 대결을 통하여 국정을 해결하는 국회에서 우선적으로 이 사안을 다룰 필요가 있을 뿐만 아니라 국회가 이 문제를 해결하겠다고 나선다면, 사법기관의 일종인 헌법재판소로서는 이를 존중함이 마땅하다고 판시하였다(헌재 1994.8.31. 92헌마126).

그 이후 헌법재판소는 대통령의 긴급재정경제명령과 관련하여 적극적으로 심사의 대상으로 삼고 심사를 하였지만, 외국에 대한 파병결정에 대하여는 다시 소극적인 태도를 보였다.

헌법재판소는, 대통령이 1993.8.12. 발한 금융실명거래및비밀보장에관한긴급재정경제명령에 대한 심사와 관련하여 고도의 정치적 결단에 의한 행위로서 그 결단을 존중하여야 할 필요성이 있는 행위라는 의미에서 이른바 통치행위의 개념을 인정할 수 있고, 대통령의 긴급재정경제명령은 중대한 재정경제상의 위기에 처하여 국회의 집회를 기다릴 여유가 없을 때에 국가의 안전보장 또는 공공의 안녕질서를 유지하기 위하여 필요한 경우에 발동되는 일종의 국가긴급권으로서 대통령의 고도의 정치적 결단에 의한 것이고 가급적 그 결단이 존중되어야 하지만, 이른바 통치행위를 포함하여 모든 국가작용은 국민의 기본권적 가치를 실현하기 위한 수단이라는 한계를 반드시 지켜야 하므로, 비록 고도의 정치적 결단에 의하여 행해지는 국가작용이라고 할지라도 그것이 국민의 기본권 침해와 직접 관련되는 경우에는 당연히 헌법소원의 대상이 될 수 있을 뿐만 아니라 긴급재정경제명령은 법률의 효력을 갖는 것이므로 마땅히 헌법에 기속되어야 할 것이라고 하였다(헌재 1996.2.29. 93헌마186).

한편, 외국에 대한 파병결정과 같이 국방 및 외교에 관련된 대통령과 국회의 고도의 정치적 결단이 요구되는 사안은 궁극적으로 선거를 통해 국민에 의한 평가와 심판을 받는 것이 바람직하고 사법적 기준만으로 이를 심판하는 것은 자제되어야 하므로 헌법소원의 대상이 되기에 부적합하다고 하였다(헌재 2004.4.29. 2003헌마814).

그런가 하면, 2007년 한미연합 군사훈련의 일종인 전시증원연습에 관한 대통령의 결정에 대해서는 한미연합 군사훈련은 1978년 한미연합사령부의 창설 및 1979년 한미연합연습 양해각서 체결 이후 연례적으로 실시되어 왔으므로 2007년의 위 결정이 새삼 국방에 관련되는 고도의 정치적 결단에 해당한다고 보기는 어렵고 따라서 사법심사를 자제하여야 할 통치행위로 볼 수 없다고 하였다(헌재 2009.5.28. 2007헌마369).

헌법재판소는 유신헌법을 부정·반대·왜곡 또는 비방하거나, 유신헌법의 개정 또는 폐지를 주장·발의·제안 또는 청원하는 일체의 행위, 유언비어를 날조·유포하는 행위 등을 전면적으로 금지하고, 이를 위반하면 비상군법회의 등에서 재판하여 처벌하도록 하는 것을 주된 내용으로 한, 유신헌법 제53조에 근거하여 1974년에 발령된 대통령긴급조치들에 관하여, 유신헌법이 '긴급조치는 사법적 심사의 대상이 되지 아니한다.'라고 규정하고 있었지만, 고도의 정치적 결단에 의하여 행해지는 국가긴급권의 행사라고 할지라도 그것이 국민의 기본권 침해와 직접 관련되는 경우에는 헌법재판소의 심판대상이 될 수 있고, 사법심사 배제조항은 근대입헌주의에 대한 중대한 예외가 될 뿐 아니라 기본권보장 규정 등 다른 헌법 조항들과 정면으로 모순·충돌되는 점을 보면, 통치행위라 하더라도 그것이 국가권력의 행사인 이상 국민의 기본권적 가치를 실현하기 위한 수단이라는 한계는 반드시 준수되어야 한다고 하면서, 위 긴급조치들이 고도의 정치적 행위라 하더라도 사법적 심사가 허용되어야 한다고 하였다(헌재 2013.3.21. 2010헌바132등).

⑵ 행정입법 등

㈎ 헌법 제107조 제2항과 행정입법 심사

헌법 제107조 제2항은 "명령·규칙 또는 처분이 헌법이나 법률에 위반되는 여부가 재판의 전제가 되는 경우에는 대법원은 이를 최종적으로 심사할 권한을 가진다."라고 규정하고 있다. 이 규정에 따르면 당사자는 구체적 사건의 심판을 위한 선결문제로서 행정입법의 위법성을 주장하여 법원에 대하여 당해사건에 대한 적용 여부의 판단을 구할 수 있을 뿐이다. 따라서 일반 법원의 재판에서는 구체적 사건을 매개하지 않고 행정입법 자체의 위헌성·위법성을 다툴 수 없다.[32]

㈏ 법규명령

법률의 하위 법규인 명령·규칙 등으로 인하여 직접 기본권을 침해당한 자는 헌법

---

32) 실무제요, 239면 참조

소원의 심판을 청구할 수 있다. 따라서 행정부에서 제정한 시행령이나 시행규칙 등은 그것이 별도의 집행행위를 기다리지 않고 직접 기본권을 침해하는 것일 때에는 모두 헌법소원심판의 대상이 될 수 있다(헌재 1997.6.26. 94헌마52).

㈐ 행정규칙: 헌법소원 대상성 원칙적 부정

행정규칙이라 함은 상급 행정청이 하급 행정청 또는 보조기관을 수범자로 하여 그의 임무수행과 조직에 관하여 발하는 일반적·추상적 규율을 말한다. 행정규칙의 형식에는 훈령, 고시, 예규, 지침 등이 있다. 행정기관이 발하는 일반적·추상적 규율이라는 점에서 법규명령과 같으나 법률의 수권 없이 상급 행정기관이 직무권한을 근거로 발하며 원칙적으로 대외적 구속력이 없고 행정조직 내부에서만 효력을 가질 뿐이라는 점에서 법규명령과 구별된다.[33)]

행정규칙은 일반적으로 행정조직 내부에서만 효력을 가지는 것이고 대외적인 구속력을 갖는 것이 아니어서 원칙적으로 헌법소원의 대상이 아니다(헌재 1990.9.3. 90헌마13).

헌법재판소 판례를 통해서 나타나는 구속력 없는 행정규칙의 사례에는 언급한 바와 같이 행정규칙에 특별히 구속력을 인정할 사정이 없는 것뿐만 아니라 상위 법령의 내용을 그대로 확인 반복하는 데 그치는 행정규칙도 있는데, 이러한 부류의 행정규칙도 헌법소원의 대상이 되기 어렵다.

헌법재판소는 교육부장관이 발표한 '1996학년도 대학입시기본계획' 중 "전국의 대학에 대하여 대학별고사에서 국·영·수 위주의 필답고사 실시에 신중을 기하여 줄 것과, 그 세부사항으로 계열별, 학과별 특성에 따라 대학수학능력시험이나 고등학교 내신성적을 보완하는 선에서 교과목을 최소화하도록 권고"하는 부분은 법령의 위임을 받아 그 내용을 구체화하거나 법령의 구체적인 내용을 보충하는 것으로 볼 수 없어(헌재 1997.7.16. 97헌마70), '공직선거에 관한 사무처리 예규'[34)]는 각급선거관리위원회와 그 위

---

33) 김하열, 앞의 책, 458면 참조

34) 공직선거및선거부정방지법(2000. 2. 16. 법률 제6265호로 개정된 것)

제179조 (무효투표) ① ~ ② 생략

③ 다음 각 호의 1에 해당하는 투표는 무효로 하지 아니한다.

1. ~ 2. 생략
3. 기표란 외에 기표된 것으로서 어느 후보자에게 기표한 것인지가 명확한 것
4. 두 후보자란의 구분선상에 기표된 것으로서 어느 후보자에게 기표한 것인지가 명확한 것

공직선거에관한사무처리예규(2000. 2. 19. 중앙선거관리위원회예규 제18호)

제8장 개표

원 및 직원의 공직선거에 관한 사무를 표준화·정형화하고, 관련법규의 구체적인 운용기준을 마련하는 등 선거사무의 처리에 관한 통일적 기준과 지침을 제공하는 것으로서 개표관리 및 투표용지의 유·무효를 가리는 업무에 종사하는 각급 선거관리위원회 직원 등에 대한 업무처리지침 내지 사무처리준칙에 불과하여(헌재 2000.6.29. 2000헌마325), 퇴직공무원 중 200만 원 이상의 벌금형을 받은 경우 포상추천을 제한한 '2007년 정부포상업무지침'은 행정안전부가 훈장수여 대상자의 추천업무 수행을 위해 마련한 행정기관 내부의 업무처리지침 내지 사무처리준칙에 불과하며(헌재 2009.7.30. 2008헌마367),[35] 방위사업청물품적격심사기준은 국가가 사인과의 계약관계를 공정하고 합리적·효율적으로 처리할 수 있도록 관계 공무원이 지켜야 할 계약사무 처리에 관한 사항을 규정한 것으로서 국가의 내부규정에 불과하므로(헌재 2013.11.28. 2012헌마763), 모두 대외적 구속력이 없어 헌법소원의 대상이 되지 않는다고 하였다.

인조테이프를 이용한 요실금수술의 요양급여비용 청구에 대한 내부 심사업무 처리기준을 정한 건강보험심사평가원의 2008.11.27. 자 심사지침에 대하여, 위 지침에서 정한 요류역학검사의 방법은 의사가 의료전문가로서 당연히 준수하여야 할 것을 확인하는 의미를 가질 뿐이고 의사에게 어떠한 새로운 의무를 부과하는 것은 아니므로(헌재 2013.9.26. 2010헌마204등), 농림수산식품부장관이 법령해석의 통일을 기하기 위해 마련한 '연근해어업의 표준어구와 어법에 관한 해석지침'은 법령에서 규정하고 있는 연근해 어업별 어구의 규모·형태·사용량 및 사용방법에 관하여 담당 행정기관에게 법령의 일관된 해석을 위하여 업무처리지침으로 마련한 내부기준에 불과하고, 법령에서 이미 구체적으로 규정된 사항을 확인적으로 반복하는 것에 불과하여 위 해석지침조항이 청구인들의 법적 지위에 어떠한 영향을 준다고 볼 수도 없으므로(헌재 2013.11.28. 2011헌마372), 모두 헌법소원의 대상이 되는 공권력의 행사에 해당하지 아니한다.

제3절 개표관리

3. 투표의 효력 - 공통사항

4. (3) 기표란 외에 기표된 것으로서 어느 후보자에게 기표한 것인지가 명확한 것

(4) 두 후보란의 구분선상에 기표된 것으로서 어느 후보자에게 기표한 것인지 명확한 것

35) 위 지침에 해당하는 자는 서훈권자인 대통령으로부터 서훈 여부를 심사받을 기회가 차단되므로 위 지침은 기본권침해가능성이 있고, 추천대상자 간의 평등 및 그들의 신뢰보호를 고려할 때 중앙행정기관의 장은 위 지침에 따를 수밖에 없어 위 지침은 대외적 구속력이 있으므로 공권력행사성이 인정된다는 재판관 1인의 반대의견이 있다.

[최근결정]

1) 시장점유율 10% 미만인 사업자에 대해서는 원칙적으로 공정거래위원회의 심사를 면제하는 불공정거래행위 심사지침(2012. 4. 25. 공정거래위원회 예규 제134호로 개정된 것)은 공정거래위원회 내부의 심사업무 처리기준을 정한 것이고(헌재 2017.1.31. 2017헌마40), 고소사건으로 제출된 서류를 진정으로 수리할 수 있도록 한 검찰사건사무규칙(2003. 7. 28. 법무부령 제532호로 개정된 것)은 검찰청 내부의 업무처리지침 내지 사무처리준칙에 불과할 뿐이며(헌재 2014.2.11. 2014헌마36), 문서는 반드시 원본으로 감정하고 원본이 아니면 반환하도록 규정하고 있는 대검찰청예규인 '문서감정 규정'은 대검찰청의 내부 업무처리지침 내지 사무처리준칙에 불과할 뿐이고(헌재 2019.1.15. 2018헌마1209), "검사는 피의자 후방의 적절한 위치에 신문에 참여하는 변호인의 좌석을 마련하여야 한다."라고 규정하고 있는 '변호인의 피의자신문 참여 운영 지침(2005. 6. 20. 시행 대검찰청 지침)'은 행정조직 내부에서 업무처리지침으로서의 효력만을 갖는 데 불과하므로(헌재 2017.11.30. 2016헌마503), 위 각 행정규칙에 대한 헌법소원심판청구는 부적법하다.

2) 경찰청 예규인 채증활동규칙은 법률로부터 구체적인 위임을 받아 제정한 것이 아니며, 집회·시위 현장에서 불법행위의 증거자료를 확보하기 위해 행정조직의 내부에서 상급행정기관이 하급행정기관에 대하여 발령한 내부기준으로 행정규칙이며, 집회 참가자들은 이 채증활동규칙에 의해 직접 기본권을 제한받는 것은 아니다(헌재 2018.8.30. 2014헌마843).

3) '상시·지속적 업무 담당자의 무기계약직 전환기준 등 공공부문 비정규직 고용개선 추진지침' 중 영어회화 전문강사를 무기계약직 전환 대상에서 제외하고 있는 부분은 '기간제 및 단시간 근로자의 보호 등에 관한 법률'의 관계 규정에 의하여 확정된 내용을 확인한 것에 불과하여(헌재 2014.4.24. 2012헌마380) 헌법소원의 대상이 되는 공권력의 행사에 해당하지 않는다.

㈑ 행정규칙: 헌법소원 대상성 예외적 인정

그러나 행정규칙의 형식이라 하더라도 법령에서 행정관청에 법령의 구체적 내용을 보충할 권한을 부여한 경우에는 그것이 상위법령의 위임한계를 벗어나지 아니하는 한, 상위법령과 결합하여 대외적인 구속력을 갖는 법규명령으로 기능하여 헌법소원의 대상이 될 수 있고(헌재 2002.7.18. 2001헌마605; 헌재 2007.8.30. 2004헌마670), 재량권 행사의 준칙인 행정규칙이 그 정한 바에 따라 되풀이 시행되어 행정관행이 생기면 행정기관은 그 상대방에 대한 관계에서 그 규칙에 따라야 할 자기구속을 당하게 되어 대외적 구속력을 가지게 되므로 이러한 경우에도 헌법소원의 대상이 될 수 있다(헌재 2005.5.26. 2004헌마49).

헌법재판소 판례에서, 상위법령과 결합하여 대외적인 구속력을 갖는 행정규칙으로는 무도장 영업시간을 낮 시간으로 제한한 '식품접객업소 영업행위 제한 기준'(헌재 2000.7.20. 99헌마455), 무가지와 경품류의 제공행위를 제한하는 '신문업에 있어서의 불공정거래행위 및 시방지배적 지위남용 행위의 유형 및 기준'인 신문고시(헌재 2002.7.18. 2001헌마605), 청소년유해매체물의 표시방법을 정한 정보통신부고시(헌재 2004.1.29. 2001헌마894), '외국인 산업기술연수생의 보호 및 관리에 관한 지침'인 중소기업청고시(헌재 2007.8.30. 2004헌마670), 게임제공업을 영위하는 자가 게임이용자에게 제공할 수 있는 경품의 종류와 지급방법 등에 관한 기준을 정하고 있는 '게임제공업소의 경품취급기준'(헌재 2008.11.27. 2005헌마161등; 헌재 2009.2.26. 2005헌마837등; 헌재 2009.4.30. 2007헌마103), 폴리염화비닐관의 안전기준을 정한 국가기술표준원고시(헌재 2015.3.26. 2014헌마372) 등이 있다. 행정규칙과 상위 법령의 규정 체계와 내용이 어떻게 결합하여 대외적인 구속력을 가지는지 여부는 아래 표<상위법령과 결합하여 대외적 구속력을 갖는 사례들의 규정내용>에서 구체적으로 살펴보기 바란다.

또한 행정의 자기구속의 법리에 따라 대외적 구속력을 가지게 되는 행정규칙의 사례로는, 검사 조사실에서의 계구사용에 관한 재량권 행사의 준칙으로서 오랫동안 반복적으로 시행되어 그 내용이 관행으로 확립되었다고 본 법무부 훈령(헌재 2005.5.26. 2004헌마49), 국민주택기금의 기금수탁자인 은행으로 하여금 그 기준에 따라 전세자금 지원에 관한 사무를 처리하게 하는 국토해양부장관의 '저소득가구전세자금 지원기준'(헌재 2011.10.25. 2009헌마588), 지방노동관서의 장이 외국인 산업기술연수생을 배정받은 사업주들에게 행정지도나 특별 감독 등을 통해 노동부예규를 준수하도록 함에 있어 평등 및 신뢰의 원칙상 이러한 행정관행을 반복할 수밖에 없게 되는 '외국인산업기술연수생의 보호 및 관리에 관한 지침'(노동부 예규)(헌재 2007.8.30. 2004헌마670) 등이 있다.

[최근결정]

하·배수용 폴리염화비닐관 및 이음관에 대하여 안전기준을 적용하도록 규정한 '안전·품질표시대상공산품(폴리염화비닐관)의 안전기준'(2013. 12. 27. 국가기술표준원고시 제2013-0149호)의 해당 부분은 그 형식은 국가기술표준원장의 고시라는 행정규칙이라고 할 수 있지만, '품질경영 및 공산품안전관리법' 및 법 시행령 조항에 근거하여 이들 상위법령이 위임한 내용을 구체적으로 보충하거나 세부적인 사항을 규율함으로써 상위법령인 공산품안전법령과 결합하여 대외적인 구속력을 갖는 법규명령의 성격을 가지므로, 헌법소원의 대상이 되는 공권력 행사에 해당한다(헌재 2015.3.26. 2014헌마372).[36]

---

36) 품질경영 및 공산품안전관리법 (2016. 1.17. 폐지, 2017. 1. 28.시행됨, '전기용품 및 생활용품 안전관리

<상위법령과 결합하여 대외적 구속력을 갖는 사례들의 규정내용>

<table>
<tr><td rowspan="2">2001헌마605
신문업에 있어서의
불공정거래행위의
유형과 기준</td><td>신문업에있어서의불공정거래행위및시장지배적지위남용행위의유형및기준(공정거래위원회 고시 제2001-7호) 제3조(무가지 및 경품류 제공의 제한), 제10조(시장지배적지위남용의 금지)</td></tr>
<tr><td>독점규제및공정거래에관한법률
제3조의2(시장지배적지위의 남용금지)
제23조(불공정거래행위의 금지)

독점규제및공정거래에관한법률 시행령
제5조(남용행위의 유형 또는 기준) ① 법 제3조의2(시장지배적지위의 남용금지) 제1항 제1호의 규정에 의한 가격의 부당한 결정·유지 또는 변경은 정당한 이유 없이 상품의 가격이나 용역의 대가를 수급의 변동이나 공급에 필요한 비용(동종 또는 유사업종의 통상적인 수준의 것에 한한다)의 변동에 비하여 현저하게 상승시키거나 근소하게 하락시키는 경우로 한다.</td></tr>
</table>

법'으로 통합됨)

제22조(안전·품질표시대상공산품의 안전·품질표시 등) ① 안전·품질표시대상공산품 제조업자 및 수입업자는 산업통상자원부장관이 정하여 고시하는 안전기준에 적합한 안전·품질표시대상공산품에 해당 공산품의 안전 및 품질에 관한 표시(이하 "안전·품질표시"라 한다)를 하여야 한다. 이 경우 안전에 관한 표시의 방법은 산업통상자원부령으로 정하고, 품질에 관한 표시의 방법은 산업통상자원부장관이 정하여 고시한다.

제36조(권한의 위임·위탁) ① 이 법에 따른 산업통상자원부장관의 권한은 그 일부를 대통령령으로 정하는 바에 따라 기술표준원장 또는 시·도지사에게 위임할 수 있다.

품질경영 및 공산품안전관리법 시행령

제19조(권한의 위임·위탁) ① 산업통상자원부장관은 법 제36조제1항에 따라 다음 각 호의 권한을 국가기술표준원장에게 위임한다.

23.법 제22조 제1항에 따른 안전·품질표시대상공산품의 안전기준 및 품질의 표시 방법 고시

품질경영 및 공산품안전관리법 시행규칙

제2조(안전관리대상공산품의 범위) ③ 법 제2조 제10호에 따른 안전·품질표시대상공산품은 별표 3과 같다.

[별표 3]

안전·품질표시대상공산품(제2조 제3항 관련)

분야 : 2 화학

안전·품질표시대상공산품 : 마.폴리염화비닐관(연질염화비닐호스를 포함한다)

안전·품질표시대상공산품(폴리염화비닐관)의 안전기준(2013.12.27. 국가기술표준원고시 제2013-0149호) 부속서 8 제2부 3. (종류) 이 기준에서 폴리염화비닐관 및 이음관의 종류는 다음과 같이 구분한다. (부록 A 참조) 이하 생략

<table>
<tr><td></td><td>⑥ 제1항 내지 제5항의 규정에 의한 남용행위의 세부적인 유형 및 기준은 공정거래위원회가 정하여 고시할 수 있다.

독점규제및공정거래에관한법률 시행령
제36조(불공정거래행위의 지정) ① 법 제23조(불공정거래행위의 금지) 제2항의 규정에 의한 불공정거래행위의 유형 또는 기준은 별표 1과 같다.
② 공정거래위원회는 필요하다고 인정하는 경우에는 제1항의 규정에 의한 불공정거래행위의 유형 또는 기준을 특정분야 또는 특정행위에 적용하기 위하여 세부기준을 정하여 고시할 수 있다. 이 경우 공정거래위원회는 미리 관계행정기관의 장의 의견을 들어야 한다.</td></tr>
<tr><td rowspan="2">99헌마455
무도장 영업시간
제한</td><td>식품접객업소 영업행위 제한기준(보건복지부고시)
식품위생법시행령 제7조 제8호 라목의 유흥주점 영업행위 중 "무도장을 갖추고 손님으로 하여금 춤을 추게 하는 행위 : 09:00~17:00</td></tr>
<tr><td>식품위생법
제30조 (영업의 제한) 보건복지부장관은 공익상 또는 선량한 풍속을 유지하기 위하여 필요하다고 인정하는 때에는 영업자 중 식품접객업을 하는 자(이하 "식품접객영업자"라 한다) 및 그 종업원에 대하여 영업시간 및 영업행위에 관한 필요한 제한을 할 수 있다.

식품위생법 시행령
제7조(영업의 종류) 법 제21조 제2항의 규정에 의한 영업의 세부종류와 그 범위는 다음 각호와 같다.
1. ~ 7. 생략
8. 식품접객업
가. ~ 다. 생략
라. 유흥주점영업 : 주로 주류를 조리·판매하는 영업으로서 유흥종사자를 두거나 유흥시설을 설치할 수 있고 손님이 노래를 부르거나 춤을 추는 행위가 허용되는 영업</td></tr>
<tr><td>2001헌마894
청소년유해매체물을
제공하려는 자가
하여야 할 전자적
표시의 내용을 정함</td><td>청소년유해매체물의 표시방법을 정한 정보통신부고시(2001. 10. 12. 제2001-89호. 청소년유해매체물의 표시방법)
1. 청소년유해매체물의 표시자
전기통신사업자의 전기통신역무를 이용하여 일반에게 공개를 목적으로 정보를 제공하는 자 중 청소년보호법 제7조 제4호의 규정에 의한 매체물로서 동법 제2조 제3호의 규정에 의한 청소년유해매체물을 제공하고자 하는 자
2. 청소년유해매체물의 표시방법</td></tr>
</table>

<table>
<tr><td></td><td>가. 생략
나. 전자적 표시방법</td></tr>
<tr><td></td><td>정보통신망이용촉진및정보보호등에관한법률(2001. 1. 16. 법률 제6360호)
제42조(청소년유해매체물의 표시) 전기통신사업자의 전기통신역무를 이용하여 일반에게 공개를 목적으로 정보를 제공하는 자(이하 "정보제공자"라 한다) 중 청소년보호법 제7조 제4호의 규정에 의한 매체물로서 동법 제2조 제3호의 규정에 의한 청소년유해매체물을 제공하고자 하는 자는 <u>대통령령이 정하는 표시방법에 따라 당해 정보가 청소년유해매체물임을 표시하여야 한다</u>.
제64조(벌칙) 제42조의 규정을 위반하여 당해 정보가 청소년유해매체물임을 표시하지 아니하고 영리를 목적으로 제공한 자는 2년 이하의 징역 또는 1천만 원 이하의 벌금에 처한다.
동법 시행령(2001. 8. 25. 대통령령 제17344호)
제21조(청소년유해매체물의 표시방법) ① 법 제42조의 규정에 의한 청소년유해매체물을 제공하는 자는 당해 매체물에 19세 미만의 자는 이용할 수 없다는 취지의 내용을 누구나 쉽게 확인할 수 있도록 음성·문자 또는 영상으로 표시하여야 한다.
② 제1항의 규정에 의한 표시를 하여야 하는 자중 인터넷을 이용하여 정보를 제공하는 자의 경우에는 기호·부호·문자 또는 숫자를 사용하여 청소년유해매체물임을 나타낼 수 있는 전자적 표시도 함께 하여야 한다.
③ <u>정보통신부장관은 정보의 유형 등을 고려하여 제1항 및 제2항의 규정에 의한 표시의 구체적 방법을 정하여 관보에 고시</u>한다.</td></tr>
<tr><td>2004헌마670
산업연수생 활용 대상업체와 대상업종이 확정, 송출국가 선정, 외국인 산업기술연수협력단, 송출기관, 연수생, 연수업체, 사후관리 등 외국인 산업연수제도의 운영을 위하여</td><td>외국인산업연수제도운영에 관한 지침(중소기업청 고시)
제3조(연수추천단체 및 모집기관의 지정) 출입국관리법시행령 제24조의2 제1항 제4호 및 제24조의4 제1항의 규정에 의한 연수추천단체 및 모집기관은 중소기업협동조합중앙회(이하 "중앙회"라 한다)로 한다.
제7조(송출국가별 인원배정) ① 중소기업청장은 외국산업인력정책심의회의 심의를 거쳐 송출국가별로 산업연수인원을 배정하여야 하며, 필요한 경우에는 배정한 인원을 조정할 수 있다.
제28조(연수업체의 자격요건) ① 연수업체는 다음 각 호의 요건을 갖추어야 한다.
1. 중소기업기본법 제2조의 규정에 해당하는 중소제조업체</td></tr>
</table>

	2. 연수생등이 생활할 수 있는 숙박시설을 제공할 능력이 있는 제조업체 3. 공장등록을 필한 제조업체('소기업 및 소상공인 지원을 위한 특별조치법' 제4조 제1항의 규정에 해당되는 소기업은 사업자등록으로 가능) **제32조(산업연수생 배정 등)** ① 중앙회회장은 연수업체의 요구사항과 산업연수생의 능력 및 송출국가의 산업 등을 고려하여 산업연수생을 배정하여야 한다. ② 연수업체의 연수생등의 수는 출입국관리법시행령 제24조의2 제2항의 규정에 의하여 법무부장관이 정한 중소제조업체 규모별 허용인원(별표2)을 초과하여서는 아니 된다.
필요한 사항을 정함	출입국관리법(2003. 12. 31. 법률 제7034호로 개정된 것) **제19조의2(산업연수생의 보호 등)** ① 정부는 제10조의 규정에 의하여 산업연수활동을 할 수 있는 체류자격을 가지고 지정된 산업체에서 연수하고 있는 외국인(이하 "산업연수생"이라 한다)의 보호를 위하여 필요한 조치를 하여야 한다. **제19조의3(산업연수생의 관리 등)** ① 법무부장관은 산업연수생의 연수장소 이탈, 연수목적외의 활동 기타 허가된 조건의 위반 여부 등을 조사하여 그 외국인의 출국 등 산업연수생의 관리에 필요한 조치를 하여야 한다. ② 제1항의 규정에 의한 산업연수생의 관리 및 산업연수생의 입국과 관련된 모집에 관하여 필요한 사항은 대통령령으로 정한다. ③ 법무부장관은 산업연수생으로서 대통령령이 정하는 요건을 갖춘 자(이하 이 항에서 "연수취업자"라 한다)에 대하여 취업활동을 할 수 있도록 그 체류자격변경허가를 할 수 있다. 이 경우 연수취업자의 관리에 관하여는 제1항 및 제2항의 규정을 준용한다. 출입국관리법 시행령(1998. 4. 1. 대통령령 제15764호로 개정되고, 2005. 7. 5. 대통령령 제18934호로 개정되기 전의 것) **제24조의2(산업연수업체 등)** ① 법 제19조의2의 규정에 의하여 외국인이 산업연수활동을 할 수 있는 산업체를 다음 각 호와 같이 한다. 1. 「외국환거래법」 제3조제1항제16호의 규정에 의하여 외국에 직접투자한 산업체 2. 외국에 기술을 수출하는 산업체로서 법무부장관이 산업연수가 필요하다고 인정하는 산업체 3. 「대외무역법」 제22조제1항의 규정에 의하여 외국에 산업설비를 수출하는 산업체 4. 제1호 내지 제3호 외의 산업체로서 소관 중앙행정기관의 장이 지정·고

	시하는 산업체관련기관·단체(이하 "연수추천단체"라 한다)의 장이 추천하는 산업체 **제24조의5(연수취업요건 등)** ① 법 제19조의3 제3항의 규정에 의한 체류자격 변경허가를 받고자 하는 자는 다음 각 호의 요건을 갖추어야 한다. 2. 제24조의2 제1항 제4호의 규정에 의한 산업체에서 산업연수생으로 1년간 연수하였을 것 3. 소관 중앙행정기관의 장이 법무부장관 및 노동부장관과 협의하여 정하는 연수취업의 요건을 갖추었을 것 ② 제1항의 규정에 의하여 연수취업자격으로의 체류자격변경허가를 받은 자는 산업연수생으로 근무한 산업체에서 근무하여야 한다. 다만, 그 산업체의 장이 해당 산업연수생을 연수취업자로 계속 고용하기를 원하지 아니하거나 그 산업체의 휴·폐업 그밖에 노동부장관이 소관 중앙행정기관의 장과 협의하여 정하는 사유로 인하여 그 산업체에서 계속 근무하는 것이 부적절하다고 인정되는 때에는 그러하지 아니하다.
2005헌마161등 게임제공업을 영위하는 자가 게임이용자에게 제공할 수 있는 경품의 종류와 지급방법 등에 관한 기준을 정함	게임제공업소의 경품취급기준(2004. 12. 31. 문화관광부고시 제2004-14호) 3. 경품지급기준 가. 경품을 제공할 수 있는 게임물 및 경품한도액 기준은 다음과 같다. ② 18세이용가게임물 : 2만 원 이내(시중판매가격 기준) ③ 사행성 간주 게임물은 경품을 제공할 수 없음 나. 동 지급기준의 용어의 의미는 다음과 같다. ① "경품한도액"이라 함은 1회 이상의 게임을 진행하면서 당첨된 점수를 누적하여 획득할 수 있는 경품의 최고금액을 말함 ④ "사행성 간주 게임물"이라 함은 다음과 같은 게임물을 말함 ㈏ 1시간당 총 이용금액이 90,000원을 초과하는 게임물 ㈐ 잭팟누적점수·최고당첨액(주게임, 부가게임, 잭팟게임의 당첨액 등을 모두 포함)·경품누적점수 등이 경품한도액을 초과하는 게임물 4. 경품제공방법 다. 게임의 결과 획득한 점수는 보관할 수 없으며 이를 누구든지 매매하거나 또는 매매하도록 하여서는 아니 된다. 5. 경품제공 시 준수사항 라. 경품지급기준에 의거 경품을 제공할 수 없는 게임물에는 「비경품게임물」이라는 표지판(10㎝×5㎝이상)을 게임물의 전면부 우측 상단에 식별이 용이하게 부착·관리하여야 한다. 6. 시행시기 가. 이 고시는 고시한 날부터 시행한다. 다만, 이 고시 시행 당시 종전의 게임물은 고시한 후 60일이 경과한 날부터 시행한다.

	음반·비디오물 및 게임물에 관한 법률(법률 제7131호) 제32조 **제32조(유통관련업자의 준수사항)** 제2조 제8호 내지 제12호의 규정에 의한 영업(복합유통·제공업의 경우에는 제8호 내지 제11호에 해당하는 영업이 포함된 영업에 한한다)을 영위하는 자(이하 "유통관련업자"라 한다)는 다음 각 호의 사항을 지켜야 한다. 1. 2. 생략 3. 게임제공업자는 사행성을 조장하거나 청소년에게 해로운 영향을 미칠 수 있는 다음 각목에 해당하는 경품제공행위를 하지 아니할 것 가. 문화관광부장관이 정하여 고시하는 종류 외의 경품을 제공하는 행위 나. 문화관광부장관이 정하여 고시하는 방법에 의하지 아니하고 경품을 제공하는 행위

㈒ 행정입법부작위

행정입법이 공권력의 행사로서 헌법소원의 대상이 되는 것처럼 행정입법부작위도 공권력의 불행사로서 헌법소원의 대상이 될 수 있다.

행정권력의 부작위에 대한 헌법소원은 공권력의 주체에게 헌법에서 유래하는 작위의무가 특별히 구체적으로 규정되어 이에 의거하여 기본권의 주체가 행정행위를 청구할 수 있음에도 공권력의 주체가 그 의무를 해태하는 경우에 허용되고(헌재 1996.6.13. 94헌마118등), 특히 행정명령의 제정 또는 개정의 지체에 대한 법적 통제가 가능하기 위하여는 첫째, 행정청에게 시행명령을 제정(개정)할 법적 의무가 있어야 하고 둘째, 상당한 기간이 지났음에도 불구하고 셋째, 명령제정(개정)권이 행사되지 않아야 한다(헌재 1998.7.16. 96헌마246). 따라서 법률에서 위임하고 있지 않다면 특별한 사정이 없는 한 행정입법에 대한 작위의무는 인정되지 않는다.

행정입법에 대한 작위의무가 인정되어 행정입법부작위가 헌법소원의 대상이 되었던 사례는, 의료법 등의 위임에 따라 치과전문의자격시험 절차를 마련하지 아니한 부작위(헌재 1998.7.16. 96헌마246), 산업재해보상보험법 등의 위임에 따른 평균임금을 정하여 고시하지 아니한 부작위(헌재 2002.7.18. 2000헌마707), 구 군법무관임용법 등의 위임에 따라 군법무관의 봉급과 그 밖의 보수를 법관 및 검사의 예에 준하여 지급하도록 하는 대통령령을 제정하지 아니한 부작위(헌재 2004.2.26. 2001헌마718) 등이 있다.[37]

한편, 상위 법령에서 하위 행정입법의 제정을 예정하고 있더라도 하위 행정입법의

37) 실무제요, 244-245면

제정 없이 상위 법령의 규정만으로도 집행이 이루어질 수 있는 경우라면, 하위 행정입법을 하여야 할 헌법적 작위의무는 인정되지 아니한다(헌재 2006.12.22. 2004헌마66; 헌재 2013.5.30. 2011헌마198).

행정입법부작위에 있어서도 그것이 부진정행정입법부작위에 해당하는 경우에는 불완전한 행정입법에 대하여 적극적으로 헌법소원심판을 청구하여야 한다. 예를 들면 건축사법시행령 규정이 비록 새로이 건축사면허를 취득하고자 하는 사람들만을 대상으로 하고 건축사면허를 취소당한 사람들에 대하여는 적용이 없다고 하더라도 이는 불완전, 불충분하게 규율한 경우에 불과하므로, 위 시행령 조항을 다투지 아니하고 행정입법부작위를 다투는 것은 부적법하다(헌재 1998.11.26. 97헌마310).

헌법재판소는 구 소득세법과 같은 법 시행령이 비사업용 토지에서 제외되는 일정 토지를 시행규칙에서 정하도록 하고 있지만, 구 소득세법과 같은 법 시행령이 이미 그 내용들 규정하고 있기 때문에 소득세법 시행규칙의 제정이 구 소득세법의 집행에 필수 불가결하다고 할 수 없다고 하여 작위의무를 부정하였다(헌재 2013.5.30. 2011헌마198).

[최근결정]

1) '국군포로의 송환 및 대우 등에 관한 법률'의 해당 규정의 위임에 따라 대통령은 국군포로에 대한 예우의 신청, 기준, 방법 등에 필요한 사항을 대통령령으로 제정할 의무가 있다(헌재 2018.5.31. 2016헌마626).

2) '수용자 의료관리지침'을 제정하면서 독거수용자에 대한 건강검진항목을 구체적으로 정하지 아니한 행정입법부작위를 다툰 사안에서, '형의 집행 및 수용자의 처우에 관한 법률'이나 그 시행령, 시행규칙 어디에도 법무부장관에게 독거수용자에 대한 건강검진항목을 구체적으로 규정하도록 위임하고 있지 않고, 이러한 행정입법을 당연한 전제로 규정하고 있다고 보기도 어려우므로, 피청구인에게 이와 같은 행정입법의 작위의무가 있다고 할 수 없다(헌재 2017.1.24. 2017헌마28).

3) 대검찰청예규인 문서감정규정은 원칙적으로 문서 원본을 제출받아 감정하도록 규정하고 있는데, 사본으로 감정할 경우에 관한 사항을 규정하지 않은 것을 다투려면 위 문서감정규정 그 자체를 심판대상조항으로 하여야 하지, 위 규정에서 '불가피하게 사본으로 감정한 경우에는 감정서에 편집된 문서인지 여부 등을 기재하지 아니한 부작위'에 대하여 다투는 것은 부적법하다(헌재 2019.1.15. 2018헌마1209).

㈓ 조례

조례는 지방자치단체가 그 자치입법권에 근거하여 자주적으로 지방의회의 의결을 거쳐 제정한 법규이기 때문에 조례 자체로 인하여 직접 그리고 현재 자기의 기본권을 침해받은 자는 그 권리구제의 수단으로서 조례에 대한 헌법소원을 제기할 수 있다(헌재 1995.4.20. 92헌마264등; 헌재 2008.12.26. 2007헌마1387; 헌재 2009.10.29. 2008헌마454). 한편 대법원은 조례가 집행행위의 개입 없이 그 자체로서 직접 국민의 구체적인 권리의무나 법적 이익에 영향을 미치는 등의 법률상 효과를 발생하는 경우 그 조례는 항고소송의 대상이 되는 행정처분에 해당한다고 보므로(대법원 1996.9.20. 선고 95누8003 판결[38]), 이와 같은 이른바 '처분적 조례'의 경우에는 헌법소원의 대상이 되기 어렵다고 할 수 있으나, 처분적 조례에 해당되어 항고소송의 대상이 되는지의 여부가 불명확할 경우에는 조례에 대한 헌법소원이 허용된다.

예를 들면, 학교교과 교습학원 및 교습소의 교습시간을 05:00부터 22:00까지로(고등학생의 경우 05:00부터 23:00까지) 정하고 있는 '부산광역시 학원의 설립·운영 및 과외교습에 관한 조례'[39]는 학교교과 교습학원 및 교습소의 교습시간을 제한하고 있을 뿐이므로 비록 그로 인하여 학원 운영자 등이 교습시간을 제한받는다고 하여도 위 조항을 처분적 조례로서 항고소송의 대상이 된다고 볼 수 있을지는 의문인바, 위 조례의 조항이 항고소송의 대상이 되는 행정처분에 해당하는지 여부가 객관적으로 불확실하고 법원에서 항고소송의 대상으로 인정받은 적도 없으므로 보충성의 예외를 인정하여 헌법소원을 허용함이 상당하다(헌재 2009.10.29. 2008헌마454).

한편, 상위 법령에서 일정한 사항을 조례에 위임한 경우 지방자치단체는 해당 조례를 제정할 헌법상 의무를 부담하므로 지방공무원법이 사실상 노무에 종사하는 공무원의 범위를 조례에 위임하고 있음에도 불구하고 지방자치단체가 그러한 공무원의 구체적인 범위를 조례로 제정하지 않은 부작위에 대해서는 헌법소원을 청구할 수 있다(헌재 2009.7.30. 2006헌마358).

> **[최근결정]**
>
> 헌법재판소는, 성남시 지역구 시의원 선거구의 명칭, 의원정수 및 선거구역을 규정한 구 '경기도 시군의회 의원정수와 지역구 시군의원 선거구에 관한 조례[40]'가 평등권, 선거권을 침해하지 않는다고 하여(헌재 2018.6.28. 2014헌마166), 위 조례가 헌법소원의 대상이 됨을 전제로 한 결정을 하였다.

38) 이른바, 두밀분교 사건

39) 2008.4.2. 조례 제4258호로 개정된 것

40) 2014.2.28. 경기도 조례 제4707호로 전부 개정되고, 2018. 3. 21. 경기도 조례 제5879호로 개정되기 전의 것

(3) 행정청의 거부행위

(가) 헌법소원의 대상이 될 수 있기 위한 요건

국민이 행정청에 어떠한 행위를 할 것을 신청하였는데 행정청이 이를 거부하는 경우에 행정청의 거부행위가 처분에 해당하는 경우에는 헌법소원의 보충성 요건으로 인하여 이에 대한 헌법소원심판청구는 부적법하게 될 것이다. 처분이란 행정청이 행하는 구체적 사실에 관한 법집행으로서의 공권력의 행사 또는 그 거부와 그 밖에 이에 준하는 행정작용(행정소송법 제2조 제1항 제1호)이므로, 거부처분에 해당하는 행정청의 거부행위에 대하여는 항고소송의 대상이 되고, 항고소송을 거친 후에도 헌법소원이 허용되지 않는 한, 즉 '원행정처분'에 대한 헌법소원이 허용되지 않는 한, 헌법소원의 대상으로 삼기 곤란하다.

행정청의 모든 거부행위가 거부처분으로서 항고소송의 대상이 되는 것은 아니다. 대법원은 행정청의 거부행위가 행정처분이 되기 위해서는 국민에게 행정청의 행위 발동을 요구할 법규상·조리상의 신청권이 있을 것을 요구한다(대법원 2002.11.22. 선고 2000두9229 판결; 대법원 2005.4.15. 선고 2004두11626 판결). 따라서 법규상·조리상 신청권이 없다고 보는 경우에는 행정청의 거부행위는 항고소송의 대상이 되지 않는다.

그렇다면 이와 같이 법원이 항고소송의 대상으로 삼지 않는 행정청의 거부행위는 모두 헌법소원의 대상이 될 수 있는가. 헌법소원은 공권력의 행사·불행사에 대하여 청구할 수 있는 것이므로 행정청의 거부행위에 대하여 헌법소원을 제기할 수 있으려면 그 거부행위가 공권력의 행사로 평가될 수 있어야 할 것이다. 이점에 관하여 헌법재판소는, 국민의 신청에 대한 행정청의 거부행위가 헌법소원의 대상인 공권력의 행사가 되기 위해서는 국민이 행정청에 대하여 신청에 따른 행위를 해 줄 것을 요구할 수 있는 권리가 있어야 한다고 하였고(헌재 1999.6.24. 97헌마315; 헌재 2000.2.24. 97헌마13등; 헌재 2008.5.29. 2007헌마712), 반면에 신청권에 의거하지 않은 국민의 요구에 대한 행정청의 거부행위는 헌법소원의 대상이 되는 공권력의 행사에 해당하지 않는다고 하였다(헌재 1999.10.21. 98헌마407; 헌재 2001.9.27. 2000헌마260; 헌재 2004.10.28. 2003헌마898).

헌법재판소가 요건으로 삼는 '신청권'이나 법원이 요건으로 하는 '법규상·조리상의 신청권'은 외형상 차이를 파악하기 어렵고, 내용상으로도 큰 차이가 있는 것은 아닐지 모른다. 다만 그동안 나타난 판례들을 보면, 헌법재판소는 그 신청권을 반드시 실정 법령의 명시적 규정에서 파악하는 것은 아니라는 점에서 보다 폭넓은 법적 근거에서 신청권을 인정하는 것으로 보인다. 그리하여 동일한 행정청의 거부행위가 법원에 의해서는 항고소송의 대상인 거부처분에 포함되지 않지만 헌법소원의 대상인 공권력의 행사에 해당할 수 있게 된다.

예를 들면, 종래에는 토지대장 등 지적공부에 일정한 사항을 등록하거나 등록된 사항을 변경하는 행위는 당해 토지의 실체상의 권리관계에 어떤 변동을 가져오는 것은 아니라는 이유로, 소관청이 그 등록사항을 직권으로 정정하는 행위나, 등록사항에 대한 변경신청을 거부(반려)하는 행위는 행정소송의 대상이 되는 행정처분이 아니라는 것이 법원의 일관된 판례였다(대법원 1989.11.28. 선고 89누3700 판결; 대법원 1990.5.8. 선고 90누554 판결; 대법원 1991.2.12. 선고 90누7005 판결; 대법원 1991.12.24. 선고 91누8357 판결; 대법원 1993.6.11. 선고 93누3745 판결; 대법원 1995.12.5. 선고 94누4295 판결; 대법원 1995.12.12. 선고 95누9747 판결).

그러나 헌법재판소는 지적공부의 등록사항에 오류가 있을 경우 토지소유자는 지적법에 따라 그 정정을 신청할 수 있으므로 이에 기하여 토지지목을 전(田)에서 대로 환원하여 줄 것을 신청하였음에도 그 신청을 반려한 행위는 공권력의 행사에 해당한다고 하였다(헌재 1999.6.24. 97헌마315; 헌재 2001.1.18. 99헌마703; 헌재 2002.1.31. 99헌마563; 헌재 2003.9.25. 2002헌마789). 이후 대법원이 판례를 변경하여 지목변경신청 반려처분을 행정소송의 대상으로 삼았고(대법원 2004.4.22. 선고 2003두9015 전원합의체 판결 참조), 이와 관련하여 헌법재판소는 지목변경신청에 대한 반려처분에 관하여 헌법소원심판을 청구하기 위하여는 먼저 행정소송절차를 거쳐야 할 것이라고 하였다(헌재 2005.7.19. 2005헌마623; 헌재 2005.9.13. 2005헌마829; 헌재 2009.12.22. 2009헌마693).

똑같은 경과를 보인 예는 또 있다. 총·학장이 교수 재임용을 주무부 장관에게 추천하고 주무부 장관의 제청으로 대통령이 임명하는 절차 아래에서, 과거 대법원은 총·학장의 임용제청이나 그 철회는 "행정기관 상호간의 내부적인 의사결정과정일 뿐 행정소송의 대상이 되는 행정처분이라고 볼 수 없다(대법원 1989.6.27. 선고 88누9640 판결 등)."고 하였고, 헌법재판소는 그러한 공권력불행사가 헌법소원의 대상이 됨을 인정하여 본안판단을 하였다(헌재 1993.5.13. 91헌마190). 하지만 대법원이 그 이후 판례를 변경하여(대법원 2004.4.22. 선고 2000두7735 판결) 교수임용 추천거부행위를 처분으로 인정한 이후에는 교수재임용 거부처분은 더 이상 헌법소원의 대상이 되지 아니한다.

이에 반하여 행정청에 대하여 무언가의 발급을 해줄 것을 신청할 신청권이 없다면 사실적으로 이루어진 신청에 대하여 거부한 행위는 공권력의 행사가 될 수 없다. 예를 들면, 헌법재판소는 자신의 토지를 도시계획도로의 부지로 편입당한 자라 할지라도 행정청에 대하여 도시계획의 폐지를 신청하거나 도시계획결정으로 인한 보상을 청구할 수 있는 권리는 헌법이나 도시계획법 어디에도 없으므로 행정청이 보상을 거부한 행위는 공권력행사에 해당한다고 볼 수 없고(헌재 1999.10.21. 98헌마407), 국립대학 인근 주민이라 하더라도 그 운동장의 사용을 요구할 수 있는 법률상 또는 조리상의 신청권이 있다고 할 수 없으므로 운동장 사용신청에 대한 국립대학교 총장의 거부 역시 헌법소원의 대상이 되는 공권력의 행사에 해당하지 아니한다고 하였다(헌재 2001.9.27. 2000헌마260). 또한 구 국가유공자 등 예우 및 지원에 관한 법률(2004. 1. 20. 법률 제7106호로 개정되기 전의 것)과 같은 법 시행령은 기능직 공무원 정원의 20퍼센트를 취업보호대상자로 우선 채용하도록 하고 있다 하더라도, 이것만으로는 채용시험 없이 자신을 임용해 줄 것을 요구할 수 있는 구체적인 신청권이 없어 채용시험 없이 임용해달라는 신청에 대한 거부 회신은 헌법소원의 대상이 되는 공권력의 행사라고 할 수 없다고 하였다(헌재 2004.10.28. 2003헌마898).

㈏ 행정소송이 가능한 거부행위

행정청의 거부행위에 대해 행정소송이 가능한 경우에는 그 거부행위에 대한 헌법소원은 보충성 요건을 갖추어야 하고, 원행정처분에 대한 헌법소원이 받아들여지지 않는 현상황에서는 적법한 헌법소원으로 나아가기 어렵다.

헌법재판소는, 호적부상의 성(姓)의 한글 표기 정정신청을 거부한 읍장의 거부회시는 호적법이 정한 바대로 가정법원에 불복이 가능하므로 이러한 구제절차를 거치지 않은 헌법소원은 부적법하다고 하였고(헌재 2007.10.25. 2003헌마95), 전통사찰보존구역으로 지정·고시된 부분이 일부 포함된 토지를 낙찰받은 청구인이 그 지정부분에 대해서 전통사찰보존구역 지정해제를 신청한 것에 대한 거부행위에 대하여, 이 거부행위를 거부처분으로 명명하면서 전통사찰보존구역 지정해제신청 거부처분에 대하여 행정심판 또는 행정소송법에 의한 항고소송을 제기하는 절차를 거치지 아니하여 부적법하다고 하였다(헌재 2011.10.25. 2009헌마647).[41]

---

41) 다만, 이 결정에서 청구인은 위 거부처분이 있기 약 2년 전의 거부행위에 대하여 행정소송을 거쳤으나 당시 제1심에서 '청구인에게 전통사찰보존구역 지정해제를 구할 조리상의 신청권이 있다.'는 이유로 실체적인 판단 없이 한 이 거부회신을 취소하는 판결이 선고되었던 데 반하여 2심에서는 지정해제를 구할 신청권이 없다는 이유로 소각하되고 대법원에서 심리불속행으로 상고기각되었었기 때문에 그 이후에 새로이 지정해제신청을 하고 받게 된 이 사건 거부처분에 대해서는 보충성의 예외가 인정되어야 한다고 주장하였다. 이 주장에 대해 헌법재판소는 이미 법원에서 행정처분이 아니라고 하여 이 사건 거부처분이 있기 2년 전에 있었던 거부회신의 취소를 구하는 소를 각하한 판결이 확정되었다고 하더라도 그 소송경과에서는 실체적인 처분사유에 대하여는 아무런 판단이 없었던 점, 전통사찰보존구역 내 토지소유자 등 이해관계인에게 전통사찰보존구역 지정해제를 구할 신청권이 있는지에 관한 확립된 대법원 판례가 있다

공정거래위원회와 국가인권위원회의 '거부행위'에 대하여는 사안의 내용과 거부의 의미에 따라 행정소송의 대상이 되는지의 여부가 달라지고 있으므로 구체적으로 살필 필요가 있다.

우선, 공정거래위원회가 '표시·광고의 공정화에 관한 법률('표시광고법')' 위반을 이유로 내린 '경고'는 공정거래위원회가 '독점규제 및 공정거래에 관한 법률'과 그에 따른 '공정거래위원회 회의운영 및 사건절차 등에 관한 규칙'에 근거하여 행한 의결인바, 향후 표시광고법 위반행위를 했을 경우에 위반횟수가 참작되어 행정벌이 정해지고, 벌점이 가해지며 차후의 가중사유에 반영되는 등 그 침익적 성격이 분명하고 법원도 공정거래위원회의 경고를 행정소송의 대상이 되는 처분으로 보고 있다.

대법원은, 국가인권위원회의 '성희롱결정 및 시정조치권고'에 관하여, 이러한 결정과 시정조치의 권고는 성희롱 행위자로 결정된 자의 인격권에 영향을 미침과 동시에 공공기관의 장 또는 사용자에게 일정한 법률상의 의무를 부담시키는 것이므로 행정소송의 대상이 되는 행정처분에 해당한다고 하였다(대법원 2005.7.8. 선고 2005두487 판결). 아래에서 보는 바와 같이 헌법재판소는 국가인권위원회의 고용차별에 대한 진정 기각 또는 각하결정에 대해서는 공권력의 행사로서 달리 구제절차가 확립되어 있지 않다고 보고 있고, 국가인권위원회의 북파공작원 활동사실 확인을 위한 진정 각하결정에 대한 헌법소원에서 본안판단을 하였으며(헌재 2004.2.26. 2003헌마207), 재항고사건 담당검사가 자료제출을 통지한 후에 이 통지에 기재된 시한에 도달하기 전에 재항고기각결정을 한 것에 대한 진정의 기각결정에 대한 헌법소원에서도 본안판단을 하였다(헌재 2005.10.27. 2005헌마358).

고 볼 수 없는 점 등을 종합하여 보면, 이 사정만으로는 이 사건 거부처분에 대하여도 행정쟁송을 통한 권리구제를 받을 가능성이 확정적으로 없어졌다고 단정할 수 없으므로 이 사건 거부처분에 대해 쉽사리 보충성의 예외를 인정하기 어렵다고 하였다. 그런데 이러한 헌법재판소의 이유는 문언 대로만 보더라도 법원의 확립된 판례가 없으므로 보충성의 예외를 인정하여야 하는 것 아닌가 하는 생각이 들 뿐만 아니라 실제 법원에 의한 구제절차가 있는지가 불분명한 경우에 보충성의 예외를 인정하여 오고 있으므로 설득력이 부족한 감이 없지 않다.

이 결정에서 1인 재판관의 별개의견은 청구인에게 전통사찰보존구역 지정해제에 대한 법규상 조리상 신청권이 존재하지 않으므로 이 사건 거부행위는 공권력의 행사가 아니어서 부적법하다고 하였는데, 그 이유로는 '전통사찰의 보존 및 지원에 관한 법률' 규정에 의하면 문화체육관광부장관의 허가를 받아 전통사찰보존구역 내의 부동산을 양도받은 제3자도 그 부동산을 전통사찰의 보존·유지 및 발전과 수행 환경을 해치지 않는 범위에서 사용하여야 할 의무를 부담하는 것이므로, 전통사찰의 부동산에 대하여 양도허가가 있었다고 하여 해당 부동산에 관한 전통사찰보존구역 지정해제가 반드시 수반되어야 하는 것은 아니기 때문이라고 하였다.

㈐ 헌법재판소법 상의 '공권력 행사'로서의 거부행위

이와 같이 헌법소원의 대상이 되는 공권력의 행사에 해당하기 위하여는 행정청의 특정한 발급행위에 대한 신청권이 인정되어야 한다.

헌법재판소는 후발적 사유에 의한 경정청구제도가 인정되기 이전에 과세표준신고서를 제출한 자 등은 후발적 사유를 비로소 인정하고 있는 개정된 국세기본법 조항에 근거하여 경정청구를 할 수는 없으나, 후발적 사유의 발생으로 과세의 기초가 해소되거나 감축되었다면 결과적으로 조세채무가 그만큼 실체적으로 부존재하게 되어 기 납부된 세액은 아무런 근거 없는 것이 되므로 국가는 그 납부세액을 납세자에게 반환할 의무가 있고 납세자는 그 납부세액의 반환을 청구할 권리가 있는바, 이러한 후발적 사유에 의한 경정청구권은 법률상 명문의 규정이 있는지의 여부에 따라 좌우되는 것이 아니라 조세법률주의 및 재산권을 보장하고 있는 헌법의 정신에 비추어 볼 때 조리상 당연히 인정되는 것인데, 법원은 세법상의 명문규정이 없는 한 조리상의 경정청구권을 인정하지 않고 경정청구에 대한 거부행위를 항고소송의 대상이 되는 거부처분으로 보지 않으므로, 경정청구에 대한 거부행위에 대하여 곧바로 헌법소원심판을 청구하였다고 하여 보충성 원칙에 위반된다고 할 수 없다고 하였다(헌재 2000.2.24. 97헌마13등).

또한 집회신고서를 반려한 행위와 관련하여서는 집회및시위에관한법률상 국민은 사전신고만으로 옥회집회를 할 수 있으므로 옥회집회신고서를 반려한 주무 행정청의 행위는 공권력의 행사에 해당하고, 반려행위에 대한 집행정지신청에서 법원이 '집회및시위에관한법률'상 이미 접수된 옥외집회신고서를 반려할 법적 근거가 없고 같은 법상의 금지통고에 해당하지도 않아 위 반려행위를 처분으로 볼 수 없다고 결정한 바, 반려행위에 대하여는 법원에서의 권리구제절차 허용 여부가 객관적으로 불확실하다 할 것이므로 보충성의 예외에 해당한다고 하였으며(헌재 2008.5.29. 2007헌마712), 국가인권위원회가 직장 내 고용차별에 관한 진정에 대하여 기각 또는 각하결정을 한 것에 대하여는 국가인권위원회는 공권력을 행사하는 주체로서 이 결정은 공권력의 행사에 해당하고, 국가인권위원회의 진정 각하 또는 기각결정에 대하여는 불복수단이 없으며, 위와 같은 진정 각하 또는 기각결정에 대하여 법원이 확립된 판례로 행정처분성을 인정한다고 보기 어려우므로 보충성 요건도 갖추었다고 보았다(헌재 2008.11.27. 2006헌마440).

독점규제및공정거래에관한법률('공정거래법')에 의하면 공정거래위원회는 직권 또는 신고에 의하여 법위반행위에 대하여 조사를 할 수 있고, 조사한 결과 불공정거래행위의 금지 규정에 위반하는 때에는 당해 불공정거래행위의 중지, 계약조항의 삭제 기타 시정을 위하여 필요한 조치를 명할 수 있으며, 과징금을 부과할 수 있을 뿐만 아니라, 나아가 고발도 할 수 있는 한편 공정거래위원회에서 조사한 결과 혐의가 없다고 판단이 되면 당연히 무혐의로 사건을 처리할 수 있는바, 불공정거래혐의에 대한 공정거래위원회의 무혐의 조치는 혐의가 인정될 경우에 행하여지는 중지명령 등 시정조치에 대응되는 조치로서 공정거래위원회의 공권력 행사의 한 태양이고 헌법소원의 대상이 되는 '공권력의 행사'에 해당한다(헌재 2002.6.27. 2001헌마381). 공정거래위원회의 심사불개시결정의 성격을 갖는 민원회신(헌재 2012.12.27. 2011헌마280), 심의절차종료결정(헌재 2011.9.29. 2010헌마539) 등도 모두 마찬가지이다. 나아가 공정거래위원회가 공정거래법에 따라 제정된 '공정거래위원회 회의운영 및 사건절차 등에 관한 규칙'의 '위반행위가 신고인에게 한정된 피해구제적 사건인 경우는 경고로 처리할 수 있도록 한' 규정에 의거하여 청구인이 문제삼고 있는 '미수금 대납 강요행위'에 대하여 '경고'로 처리한 것에 대한 헌법소원사건도 본안판단으로 나아갔다(헌재 2018.5.31. 2015헌마448).

부패방지법(제40조)[42]상의 국민감사청구제도는 일정한 요건을 갖춘 국민들이 감사청구를 한 경우에 감사원장으로 하여금 감사청구된 사항에 대하여 감사실시 여부를 결정하고 그 결과를 감사청구인에게 통보하도록 의무를 지운 것이므로(동법 제42조·제43조), 이러한 국민감사청구에 대한 기각결정은 공권력주체의 고권적 처분이라는 점에서 헌법소원의 대상이 될 수 있는 공권력행사라고 보아야 할 것이다(헌재 2006.2.23. 2004헌마414).

또한 헌법재판소는 법정 옆 피고인 대기실에서 재판대기중인 피고인이 공판을 앞두고 호송교도관에게 변호인 접견을 신청하였으나, 교도관은 법무부훈령이 계호근무준칙에 의거하여 이를 허용하지 아니한 거부행위에 대하여 본안판단으로 나아가서 기본권 침해를 부정하였다(헌재 2009.10.29. 2007헌마992[43])).

[최근결정]

1) 헌법재판소는 인천국제공항에서 난민인정신청을 하고 인천국제공한 출입국관리공무원으로부터 입국불허결정을 받은 후 송환지시서의 즉각적인 집행이 보류되어 인천국제공항 환승구역에 설치된 송환대기실에 수용 중 난민인정심사불회부결정을 받은 청구인에 관하여 그 변호인이 접견신청을 하자 인천공항출입국·외국인청장(피청구인)이 그 접견신청을 거부한 행위에 관하여, 송환대기실의 설치·운영에

42) 현 부패방지 및 국민권익위원회의 설치와 운영에 관한 법률(부패방지권익법) 제72조에 해당.

43) 이 사건의 청구인은 이 거부행위를 권력적 사실행위라도 주장한 듯하나, 구금된 피고인은 법원 출정 중에도 변호인 접견을 신청할 신청권이 있고 이 신청권에 기하여 신청을 한 것이므로 공권력의 행사에 해당하는 거부행위라고 볼 수도 있다.

관하여 피청구인의 권한을 정하는 법령상 근거가 없으며, 피청구인 스스로 자신에게 송환대기실에 수용된 사람의 변호인 접견을 허가할 권한이나 의무가 없다는 이유를 들어 변호인 접견신청을 거부하였다고 하고 있는바, 이 접견신청 거부가 구체적 사실에 관한 '법집행'이 아니어서 행정소송법상 '처분'에 해당되지 않는다는 이유로 각하될 가능성이 크고, 위 접견신청 거부행위에 대하여는 행정심판이나 행정소송이라는 권리구제절차가 허용되는지 여부가 객관적으로 불확실하여 전심절차 이행의 기대가능성이 없는 경우에 해당하므로, 위 거부행위에 대한 헌법소원 심판청구는 보충성의 예외가 인정된다고 하였다(헌재 2018.5.31. 2014헌마346).

2) 헌법재판소에 의하면, 검사가 피의자의 변호인이 되려는 자로부터 접견신청을 받았으나 피의자 신문을 위하여 검사실에 인치되고 있음에도 불구하고 교도관에게 접견신청의 사실만 알리고 접견신청에 대하여 아무런 조치를 취하지 아니한 것은 실질적으로 청구인의 접견신청을 불허한 것과 동일하게 평가할 수 있으므로, 위와 같은 검사의 접견불허행위는 헌법소원의 대상이 되는 공권력의 행사이다(헌재 2019.2.28. 2015헌마1204).

(4) 권력적 사실행위

(가) 의의

행정상의 사실행위는 경고, 권고, 시사와 같은 정보제공행위나 단순한 교시행위인 행정지도와 같이 대외적 구속력이 없는 비권력적 사실행위와, 행정청이 우월적 지위에서 일방적으로 강제하는 권력적 사실행위로 나눌 수 있고, 이 중에서 권력적 사실행위는 공권력의 행사에 해당한다(헌재 2003.12.18. 2001헌마754; 헌재 2005.3.31. 2003헌마87; 헌재 2015.5.29. 2013헌마280).

일반적으로 어떤 행정행위가 헌법소원의 대상이 되는 권력적 사실행위에 해당하는지의 여부는 당해 행정주체와 상대방과의 관계, 그 사실행위에 대한 상대방의 의사 관여 정도 및 태도, 그 사실행위의 목적, 경위, 법령에 의한 명령 강제수단의 발동 가부 등 그 행위가 행하여질 당시의 구체적 사정을 종합적으로 고려하여 개별적으로 판단하여야 한다(헌재 1994.5.6. 89헌마35; 헌재 2005.3.31. 2003헌마87; 헌재 2014.5.29. 2013헌마280).

권력적 사실행위는 처분으로 볼 수 있어 항고소송의 대상이 될 수도 있지만, 일률적으로 모든 권력적 사실행위가 항고소송의 대상이 된다고 객관적으로 판단할 만한 자료는 아직 발견되지 않고, 설령 권력적 사실행위가 항고소송의 대상이 된다 하더라도 법원에서는 행정소송의 '협의의 소의 이익이 흠결'로 각하될 가능성이 매우 높은 바,

이에 대하여 다른 구제절차로서 법원의 소송절차를 거칠 것을 요구하는 것은 불필요한 우회절차를 강요하는 것이 될 것이다.

헌법재판소는 이른바 '국제그룹 해체사건'에서 재무부장관이 제일은행장에 대하여 한 국제그룹 해체준비 착수지시와 언론발표지시는 형식적으로는 사(私)법적인 주거래은행의 행위로 보이나, 그 실질은 공권력의 힘으로 재벌기업의 해체라는 사태변동을 일으킨다는 점에서 일종의 권력적 사실행위로 헌법소원의 대상이 된다고 하였는데(헌재 1993.7.29. 89헌마31). 다음과 같은 사실판단에 기초하고 있다.

국제그룹의 주거래은행인 제일은행이 자금난에 봉착한 국제그룹의 정상화를 위해 자금지원을 하며 이행각서를 받는 등 자체적으로 대책을 강구하던 중, 재무부장관은 국제그룹의 주력 기업을 존속시키고 나머지 계열사를 점차 처분 정리하는 1방안과, 국제그룹을 전면 해체하여 3자에게 인수시키는 2방안이 포함된 '국제계열 현황과 대책'을 작성하여 상신하였고 이에 대해 대통령이 전면해체의 2방안을 채택하여 국제그룹의 전면해체와 3자 인수라는 기본방침이 정해졌고, 재무부장관은 먼저 경영권을 인수시키고 후에 정산하는 선인수 후정산을 전제로 인수자를 정하여 대통령의 결재를 받아 각 인수자로부터 수락을 받았다. 한편 재무부장관은 위 기본방침이 정해진 뒤 주거래은행인 제일은행과 은행감독원에 대하여 국제그룹계열사에 대한 은행자금관리의 착수와 계열사의 처분권을 위임받는 조치 등 해체준비작업을 지시하였으며 이에 의하여 1985년 2월 13일부터 국제그룹에 대한 자금관리에 들어갔고, 제일은행장은 담당직원에게 국제그룹 전면해체의 전제작업이라는 것은 보안으로 하고 알려주지 않아 그 직원들은 국제그룹이 은행에 제출한 자구계획의 이행 조건부 금융지원이라고 보고 국제그룹 회장 등의 소유 주식과 함께 부동산 동산 기타 계열기업체의 임의처분권도 제일은행에 위임한다는 취지의 각서 및 처분승낙서를 받았다. 이때 재무부 측은 제일은행장에게 인수업체를 비밀리에 알려주고 국제그룹 정상화대책이라는 보도자료를 언론에 발표하게 하자, 국제그룹의 자구노력 지원방식의 금융지원계획은 결국 백지화되고 언론 발표 이후에도 재무부 소속의 국과장들이 인수작업에 관여하며 주거래은행은 재무부의 해체결정에 따른 실무집행을 하여, 재무부장관 주도의 해체와 인수업체 선정의 조치에 제일은행 측은 순응하였을 뿐이다(헌재 1993.7.29. 89헌마31).

이에 반하여 이른바 'OO선주 정리사건'에서는, OO선주가 먼저 주거래은행에 추가 금융지원을 요청하고 주거래은행이 관리단을 파견하여 OO선주의 현황 및 실태를 조사한 바 자본금 전액이 잠식되고 부채초과액이 4,763억 원이나 되어 도저히 자력으로 갱생할 가망이 없을 만큼 부실기업정리가 불가피했고, 이러한 상황에서 채권은행단 중에 가장 많은 대출금채권을 가지고 있던 주거래은행은 회사의 도산 또는 갱생 여부에 가장 이해관계가 큰 입장에서 제3자에 의한 기업인수방식으로 부실기업정리방안을 스스로 결정한 정리방침을 정부에 보고하여 승인을 얻은 후 해운항만청, 재무부, 경제기획원 기타 정부요로에 건의하여 ○○선주에 대한 부실기업정리방침을 확정하도록 주도하였고, 인수자의 선정, 담보권실행에 의한 주식의 취득, 인수자와의 인수계약의 추진, 채권은행단 사이의 채권정리에 관한 협의·조정 등에 관하여 자율적으로 주도적인 역할을 하였다. 한편 재무부장관은 채권은행단의 ○○선주에 대한 기준대출금 총액 7,938억 원 중 정부 전액 출자은행인 외환은행과 한국산업은행의 채권액만도 무려 5,154억 원(65% 상당)이어서 정부 자신이 ○○선주에 대한 최대의 채권자이고, 피청구인이 바로 그 관리책임자라고 할 수 있어 ○○선주의 정상화 방안을 지도·감독할 권한과 의무를 가지고 있었을 뿐만 아니라 국가기간산업인 해운산업이 지니는 국민경제적 의미와 영향을 고려하여 부실규모가 큰 ○○선주의 정상화 방안이 순조롭게 이루어지도록 금융 및 조세 등에 관한 지원을 하지 아니할 수 없어 ○○선주에 대한 부실기업정리에 관여할 만한 충분한 필요성과 명분을 가지고 있었는데, 재무부장관은 주거래은행이 보다 적극적으로 의욕하여 추진하는 방안을 정부의 입장을 대표하여 호응 지원하였고 주거래은행의 의사를 무시한 채 일방적으로 결정 통고된 것이 아니었고 주거래은행이 자율성 없이 재무부장관의 지시를 거부할 수 없었던 것도 아니다. 이와 같이 부실기업의 주거래은행이 정상화 여부와 그 방안 및 실현방법에 관하여 적법한 권한 내에서 기본적 의사결정을 하고, 정부의 의사가 이에 부합되어 비권력적으로 지원 독려하여 기업의 정리가 관철된 경우라면, 주거래은행의 정상화 방안을 실현시키기 위해 정부가 한 지시 등의 행위는 비권력적 사실행위로서 헌법소원의 대상이 되지 않는다고 하였다(헌재 1994.5.6. 89헌마35).

㈏ 권력적 사실행위 인정 사례

헌법재판소는 교도소장의 미결수용자의 서신에 대한 검열 지연발송 지연교부행위(헌재 1995.7.21. 92헌마144), 교도소 내 접견실의 칸막이 설치행위(헌재 1997.3.27. 92헌마273), 구치소장이 미결수용자로 하여금 수사 및 재판을 받을 때 재소자용 의류를 입게 한 행위(헌재 1999.5.27. 97헌마137등), 유치장관리자가 현행범으로 체포된 피의자에게 차폐시설이 불충분한 화장실을 사용하도록 한 행위(헌재 2001.7.19. 2000헌마546), 경찰서장이 피의자들을 유치장에 수용하는 과정에서 실시한 정밀신체수색행위(헌재 2002.7.18. 2000헌마

327), 폐기물 활용 콘크리트 등 제조판매회사에 대하여 군수, 환경부장관, 감사원 등이 2년 10개월 동안 55차례의 감사를 실시하여 위법사실이 적발되지 않았음에도 불구하고 또다시 실시한 군수의 감사행위(헌재 2003.12.18. 2001헌마754), 경찰이 차로를 가로막고 불특정 다수의 운전자를 대상으로 무차별적으로 실시하는 음주단속 행위(헌재 2004.1.29. 2002헌마293)), 주중국 대한민국 대사가 한국인의 처인 중국인의 한국입국 위한 결혼동거목적거주 사증 발급을 신청할 때에 배우자인 한국인이 중국인 배우자와의 교제과정, 결혼하게 된 경위, 소개인과의 관계, 교제경비내역 등을 직접 기재한 서류를 제출할 것을 요구하는 행위(헌재 2005.3.31. 2003헌마87), 교도소장이 독거수용실에만 텔레비전시청시설을 설치하지 않은 행위(헌재 2005.5.26. 2004헌마571), 수용자가 자신의 행정소송 출정비용을 출정예정일 전일까지 납부하지 아니하였다는 등의 이유로 출정을 하지 못하게 한 출정제한행위(헌재 2012.3.29. 2010헌마475) 등도 이른바 권력적 사실행위로서 헌법소원의 대상이 된다고 하였으며, 그 밖에 경찰청장이 경찰버스로 서울광장을 둘러싸 통행을 제지한 행위(헌재 2011.6.30. 2009헌마406), 미결수용자를 상체승의 포승과 수갑을 채우고 별도의 포승으로 다른 수용자와 연승하여 검찰청에 호송한 행위(헌재 2014.5.29. 2013헌마280) 등의 모든 행위 역시 권력적 사실행위로서 헌법소원의 대상이 된다고 보았다.

㈐ 권력적 사실행위 부정 사례

헌법재판소는, 그 밖에 질병관리본부장이 위촉한 위원으로 구성된 혈액제제 에이즈감염 조사위원회가 염기서열조사분석을 실시하지 않고 역학조사를 실행한 행위(헌재 2004.8.26. 2003헌마505), 구치소의 미결수용자가 구치소장에 대하여 우표를 제공할 것을 요구하였으나 이를 거부한 행위(헌재 2009.12.29. 2008헌마617), 교도소장이 사동 순시 중 수형자들을 정렬시킨 후 거실 내 봉사원의 구호에 따라 안녕하십니까라고 인사하도록 한 행위(헌재 2012.7.26. 2011헌마332), 교도관들이 외부병원 진료 후 구치소로 환소과정에 있는 수형자에게 환소차량 탑승을 위하여 병원 밖 주차장 의자에 앉아 있을 것을 지시한 행위(헌재 2010.10.25. 2011헌마429), 현행범으로 체포되면서 경찰관의 압수의사에 기해서가 아니라 단지 경찰관의 권유에 의해 제출된 임치물을 보관 중 폐기한 행위(헌재 2012.12.27. 2011헌마351) 등은 단순한 비권력적 사실행위에 불과하여 헌법소원의 대상이 되지 않는다고 하였다.

또한 헌법재판소에 의하면, 구치소장이, '보내는 사람'이 구치소에 수용되어 있는 청구인의 이름으로 기재되어 있어 법무부예규인 '영치금품 관리지침' 제22조 제4항 단서에 따라 외형상 보내는 사람이 누구인지를 알 수 없는 우송품으로 보아 이를 반송한 행위(헌재 2014.5.29. 2013헌마280), 수형자의 분류심사 거부확인서에 서명을 요구한 행위(헌재 2017.5.10. 2017헌마470), 교도소장이 수용인 감시업무와 서류행정 업무를 담당하는 사람인 '관용부 수용인'으로 하여금 수용자의 서신을 걷게 한 행위(헌재 2017.12.26. 2017헌마1321)는 모두 비권력적 사실행위에 해당한다. 또한 지방자치단체장이 소속 공무원을 통해, 그리고 언론중재위원회 조정과정에서, 언론사에게 기사를 삭제할 것을 요구한 행위는 언론사가 지방자치단체장의 요구에 복종하여야 할 관계에 있지 않으며 어떤 강제력도 행사되지 않았으므로 우월적 지위에서 일방적으로 강제된 것으로 볼 수 없고(헌재 2017.7.25. 2017헌마730), 구속 피의자의 신문에 참여한 변호인에게 변호인참여신청서의 작성을 요구한 행위는 검찰 내부 절차를 수행하는 과정에서 이루어진 단순한 비권력적 사실행위에 불과하며(헌재 2017.11.30. 2016헌마503), 방송통신심의위원회가 방송사업자에게, '그 방송사업자의 보도가 심의규정을 위반한 것으로 판단되며, 향후 관련 규정을 준수할 것'을 내용으로 하는 '의견제시'는 그 의견제시를 받은 방송사업자에게 특별한 부담이나 의무를 부여하고 있지 않고 의견제시를 받았다는 것만으로 어떤 불이익이 주어지는 것이 아니므로(헌재 2018.4.26. 2016헌마46), 국립대학 교수가 직무발명을 하고도 학교의 산학협력단에 신고하지 않고 개인 명의로 특허출원을 한 것에 대하여 한 대학교 총장의 주의통보는 교육공무원법이나 국가공무원법상의 징계에 해당하지 않고 교수업적평가에 있어서도 이 주의통보를 기초로 불이익을 주는 규정이 없으므로(헌재 2018.5.1. 2018헌마258), 이들 행위는 모두 비권력적 사실행위에 해당된다.

[최근결정]

1) 사법경찰관이 사기혐의로 구속된 피의자를 경찰서 조사실에서 조사하면서 피의사의 성씨와 나이 등을 포함하여 피의사실에 관한 보도자료를 언론기관에게 배포한 행위 및 기자들로 하여금 피의자가 조사받는 모습을 촬영하도록 한 행위(헌재 2014.3.27. 2012헌마652), 교도소장 또는 구치소장이 미결수용자에 대한 규율위반 사유와 징벌처분의 내용 등을 양형참고자료로 관할 법원에 통보한 행위(헌재 2016.4.28. 2012헌마549등), 구치소 내 과밀수용행위(헌재 2016.12.29. 2013헌마142), 검찰수사관이 피의자신문에 참여한 변호인에게 피의자 후방에 앉으라고 요구한 행위(헌재 2017.11.30. 2016헌마503), 법원의 수사서류 열람·등사 허용 결정에도 불구하고 검사가 해당 수사서류의 등사를 거부한 행위(헌재 2017.12.28. 2015헌마632), 경찰이 채증카메라 등을 이용하여 집회참가자들의 행위, 경고장면과 해산절차장면 등을 촬영한 행위(헌재 2018.8.30. 2014헌마843) 등에 대하여 권력적 사실행위로서 헌법소원의 대상이 됨을 인정하였다.

> 2) 주식회사 문화방송이 2015.9.1. 방송된 'MBC 뉴스데스크'에서 "박원순 시장 아들 병역 의혹 수사"라는 제목으로 시민단체가 박원순 시장 아들인 박주신의 병역기피 의혹을 고발하여 검찰에서 수사에 착수하였다는 내용을 보도하였고, 방송통신심의위원회는 이 보도에 대한 민원이 제기되자 이를 심의한 후, 2015.10.22. 위 보도가 이해관계가 첨예하게 대립되는 사안을 다룸에 있어 관련 당사자의 의견을 균형 있게 반영하였다고 보기 어려워 '방송심의에 관한 규정' 제9조 제2항을 위반한 것으로 판단되나, 그 위반의 정도가 경미하고 여러 가지 사정을 감안하여 구 방송법 제100조 제1항에 따라 향후 관련 규정을 준수할 것을 내용으로 하는 의견제시를 하였는데, 이 의견제시는 방송사업자인 청구인 문화방송의 법률관계 내지 법적 지위를 불리하게 변화시킨다고 보기는 어렵고, 이 사건 의견제시의 법적 성질 등에 비추어 이 사건 의견제시가 청구인의 표현의 자유를 제한하는 정도의 위축효과를 초래하였다고도 볼 수 없으므로, 위 의견제시는 헌법소원의 대상이 되는 '공권력 행사'에 해당하지 않는다(헌재 2018.4.26. 2016헌마46).

(5) 공고, 사실의 고지 및 기타 행정청의 공표행위

(개) 의의

공고는 일반적으로 특정의 사실을 불특정 다수에게 알리는 행위로서 그것이 어떠한 법률효과를 가지는지에 대해서는 일률적으로 말할 수 없고 개별 공고의 내용과 관련 법령의 규정에 따라 구체적으로 판단하여야 한다.[44] 헌법재판소는 해당 공고가 기존 법령의 내용을 단순히 알리는 것에 지나지 않는 경우에는 공권력 행사성을 부정하여 헌법소원 대상성을 부정하고, 공고를 통해 세부 내용들이 비로소 확정되는 경우에는 헌법소원의 대상이 된다고 보고 있다(헌재 2000.1.27. 99헌마123; 헌재 2004.3.25. 2001헌마882; 헌재 2007.5.31. 2004헌마243).

(내) 공권력 행사성 인정된 공고

헌법재판소는 행정자치부장관이 한 1999년도 공무원채용시험시행계획 공고 중 1999년도 제5회 지방고등고시의 시험일정, 시험과목, 응시연령 등은 지방공무원임용령과 지방공무원인사규칙 등에 확정적으로 규정되어 있는 것을 단순히 알린 것에 불과하나, 직렬 및 지역별 모집인원과 응시연령의 기준일 등은 이 공고에 따라 비로소 세부적인 범위 등이 확정되고, 응시자의 자격을 제한하는 등의 구체적 효과가 발생하였으므로(헌재 2000.1.27. 99헌마123), 행정자치부장관이 제42회 사법시험의 시행일자를 일요일로

---

44) 실무제요, 249면

정하여 2000년도 공무원 임용시험 시행계획에서 공고함으로써 구체적인 시험일정과 장소가 비로소 확정되는 것이므로(헌재 2001.9.27. 2000헌마159), 위 공고들은 모두 헌법소원의 대상이 되는 공권력의 행사에 해당한다고 보았다.

또한 헌법재판소에 의하면, 2002학년도 대전광역시 공립중등학교 교사임용후보자 선정경쟁시험 시행요강 중 사범대 가산점과 복수·부전공 가산점 항목의 공고는 세부적 내용을 구체적으로 확정하는 효과가 있으므로(헌재 2004.3.25. 2001헌마882), 육군참모총장으로부터 학군사관후보생 선발의 실시를 위임받은 학생중앙군사학교장이 '05 학군사관후보생모집 공고' 중 배점기준에 수능성적을 반영하도록 한 부분은 학군사관후보생의 선발기준에 관한 세부적인 사항을 확정한 것으로서(헌재 2007.5.31. 2004헌마243), 고입검정고시에 합격했던 자는 해당 검정고시에 다시 응시할 수 없도록 응시자격을 제한한 전라남도교육청 공고에 대해서도 2010년도 고졸검정고시의 구체적인 시행은 이 공고에 따라 비로소 확정되므로(헌재 2012.5.31. 2010헌마139등) 모두 헌법소원의 대상이 된다.

그 밖에 제49회 사법시험 제2차 시험 실시계획 중 시험과목별 시험시간을 정한 부분(헌재 2008.6.26. 2007헌마918), 법학전문대학원협의회의 '2010학년도 법학적성시험 시행계획 공고'는 교육과학기술부장관의 지정 및 권한의 위탁에 의해 관련 업무를 수행하는 공권력 행사의 주체인 위 협의회가 낸 것으로 2010학년도 적성시험의 구체적인 시험 일시를 확정하므로(헌재 2010.4.29. 2009헌마399), 모두 헌법소원의 대상이 되는 공권력의 행사에 해당한다.

㈐ 공권력 행사성 부정된 공고

만일 공고 등이 확인적 의미만 가지고 있을 뿐, 청구인의 법적 지위에 아무런 영향을 미치지 않는 경우에는 헌법소원의 대상성이 부정된다.

교육부장관이 각 대학에 시달한 '98학년도 대입전형시 예술고등학교 학생에 대한 학교생활기록부반영 지침'은 기존의 대학입학전형 기본계획과 동일한 내용이라는 점에서(헌재 1997.12.19. 97헌마317), 2000년도 공무원 임용시험 시행계획에서 기술고등고시 및 지방고등고시 부분에서 '응시연령을 20세 이상 32세 이하, 해당 생년월일을 1967.1.1.부터 1980.12.31.까지'로 공고한 것 역시 '공무원임용 및 시험시행 규칙과 대전광역시 지방공무원 인사규칙'의 응시연령 규정들과 실질적으로 동일하다는 점에서(헌재 2001.9.27. 2000헌마173등), 모두 확인적 의미만을 가지고 있을 뿐 규율 내용을 변경하거나 청구인의 법적 지위에 영향을 미친다고 볼 수 없으므로 헌법소원의 대상이 되는 공권력 행사에 해당하지 않는다.

㈑ 단순한 사실의 고지(告知)

행정청에 의해 이루어진 행위라 하더라도 그것이 단순한 사실의 고지에 불과한 경우에는 공권력의 행사에 해당하지 않는다.[45]

헌법재판소에 의하면, 예컨대 행정자치부장관이 사법시험 제1차시험의 불합격처분을 직권으로 취소하면서 추가합격된 자에게 사법시험 제2차 시험의 응시자격범위를 통보하여 준 것(헌재 1999.11.30. 99헌마625), 청구인이 검찰청에 한 형사보상지급청구에 대하여, 검찰청이 보상지급의 청구는 보상결정이 송달된 후 1년 이내에 하여야 한다는 형사보상법 규정을 이유로 형사보상금을 지급할 수 없다고 통지한 것(헌재 2010.5.27. 2009헌마421), 검찰 및 방송통신심의위원회가 김정일 서거 추모행위에 대하여 국가보안법 위반행위라고 발표한 행위(헌재 2012.1.31. 2011헌마849) 등은 모두 단순한 사실의 고지에 불과하여 기본권을 침해할 수 있는 공권력의 행사로 볼 수 없다.

또한 헌법재판소는, 법률내용의 여하를 불문하고 보상금을 지급하여 달라는 단순한 호소 내지 요청에 대하여 국가보훈처장이 한 '순직군경유족으로 등록신청하기 전의 보상금은 지급할 수 없음을 알린다'는 내용의 민원회신은 관련법령을 해석 적용한 결과를 알려준 것에 불과하여 공권력의 행사로 볼 수 없고(헌재 1998.2.27. 97헌가10등), 공보처장관이 정치 관련 기사와 관련하여 지역신문 발행인에게 보낸 '특수주간신문의 경우에는 정치기사의 게재가 법으로 금지되어 있다'는 통보는 단순한 회신으로서 법률적 문제를 안내한 것에 불과하고(헌재 1997.10.30. 95헌마124), 가석방 심사대상자 선정 여부는 교도소장의 재량적 판단에 달려 있고, 수형자에게 그 심사를 청구할 권리가 있는 것이 아니므로 교도소장이 가석방 심사대상에 포함시키지 않은 행위(헌재 2007.7.26. 2006헌마298) 등은 모두 헌법소원의 대상이 될 수 없다고 하였다. 외국인의 체류기간연장 허가와 관련하여 신체검사서를 제출하지 않은 자에 대한 출입국 관리사무소장의 출석요구는 그 자체로 신체검사서의 제출의무를 부과하는 효과를 가지지 않으므로(헌재 2011.9.29. 2009헌마358), 법무부의 '변호사시험 합격자 법률사무 종사 연수 관련 Q&A' 역시 변호사시험 합격자들의 문의사항에 대해 관련 법률에 대한 법률적 해석과 안내를 회신한 것에 불과하여(헌재 2014.9.25. 2013헌마424), 국민고충처리위원회의 고충민원처리결과 회신은 청구인의 법적 지위에 영향을 미치지 않으므로(헌재 2008.7.1. 2008헌마449), 모두 공권력의 행사에 해당하지 아니하여 헌법소원의 대상이 될 수 없다.

---

45) 실무제요, 258면

(마) 기타 행정청의 공표행위

그 밖에 다양한 형식으로 이루어지는 행정청의 공표행위도 공권력의 행사로 인정되는지 여부가 갈리는데, 그 일응의 기준은 문제되는 공표행위로 인하여 기본권적 제약이 야기되는지 여부일 것이다.

헌법재판소가 공권력의 행사로 인정한 사례를 보면, 대통령선거방송토론위원회가 공직선거법 규정에 의해 설립되고 같은 법에 따른 법적 업무를 수행하는 공권력의 주체로서 공영방송과 일체가 되어 대통령후보자를 초청하여 합동방송토론회를 개최하기로 하면서 원내교섭단체 보유 정당의 대통령후보자와 일정 언론사가 후보등록 이전 10일간 실시한 여론조사결과 평균지지율 10% 이상인 후보자로 한 결정 및 그 공표행위(헌재 1998.8.27. 97헌마372등), 중앙선거관리위원회 위원장이 과거에 이루어진 대통령의 선거중립위반행위에 대해 한 대통령의 선거중립의무준수요청 등 조치는 중앙선거관리위원회 전체회의 심의를 거쳐 대통령의 위법사실을 확인한 후 그 재발방지를 촉구하는 내용으로서 피경고자가 경고를 불이행하는 경우 피의자 또는 피고발인의 지위에 설 수 있게 되므로(헌재 2008.1.17. 2007헌마700), 모두 청구인의 법적 지위에 영향을 주게 된다고 한 것들이 있다.

헌법재판소가 공권력의 행사에 해당하지 않는다고 본 사례로서는, 대통령이 국회 본회의의 시정연설에서 자신에 대한 신임국민투표를 실시하고자 한다고 밝혔다 하더라도 그것이 단순한 정치적 제안에 불과하다고 인정된다고 한 사례(헌재 2003.11.27. 2003헌마694등), 대통령 선거 예비주자가 인터넷 언론매체와 장래에 예정하고 있는 인터뷰에 대해 서울특별시 선거관리위원회 위원장이 공직선거법 위반을 이유로 그 중지를 촉구한 행위와 인터뷰를 저지한 행위는 국민에 대하여 직접적인 법률효과를 발생시키지 않는 다고 본 사례(헌재 2003.2.27. 2002헌마106) 등이 있다.

헌법재판소는 또한 법무부장관이 제3회 변호사시험 합격기준을 입학정원 대비 75%이상이라고 한 변호사시험 합격기준 공표는 최소한의 합격자수 기준이라는 행정관청 내부의 지침을 대외적으로 공표하는 것에 불과하므로 공권력 행사성을 인정할 수 없다고 하였다(헌재 2014.3.27. 2013헌마523).

[최근결정]

1) 변리사 시험과 관련하여, 변리사법 시행령 제3조 제2항은 제1차 시험은 객관식 필기시험으로, 제2차 시험은 주관식 논술시험으로 하도록 하고 있다. 그런데 위

법령만으로는 변리사 제2차 시험에서 주관식 논술시험의 유형으로 이른바 '실무형 문제'가 출제되는지 여부가 정해져 있다고 볼 수 없고, "2019년도 제56회 변리사 국가자격시험 시행계획 공고(공고 제2018-151호)"에 의하여 비로소 2019년 제56회 변리사 제2차 시험에 '실무형 문제'가 출제되는 것이 확정된다. 따라서 위 공고는 법령의 내용을 구체적으로 보충하고 세부적인 사항을 확정함으로써 대외적 구속력을 가진다고 할 것이므로, 헌법소원의 대상이 되는 공권력의 행사에 해당한다(헌재 2019.5.30. 2018헌마1208).

2) 인사혁신처 2018년도 국가공무원 공개경쟁채용시험 등 계획 공고 중 국가공무원 7급 및 9급 공개경쟁채용시험 제10항 다목에서 행정직(고용노동)과 직업상담직 응시자 중 직업상담사 1급, 직업상담사 2급(단, 7급은 3% 가산) 자격증 소지자에 대한 가산점 부여 부분은 공무원임용시험령의 관련 조항이 규정한 가산대상 자격증 및 가산비율을 그대로 확인한 것에 불과하여 헌법소원의 대상이 되는 공권력 행사에 해당하지 않는다(헌재 2018.8.30. 2018헌마46).

3) 2018년도 한울본부 신한울 제1발전소 청소용역 입찰안내서(입찰공고번호 제U18-S165-000호), 2018년도 한울본부 제2발전소 청소용역 입찰안내서(입찰공고번호 제U18-S161-000호), 2018년도 한울본부 제3발전소 청소용역 입찰안내서(입찰공고번호 제U18-S164-000호) 중 용역업체 소속 용역근로자의 정규직화 정책이 확정될 경우 계약을 해지할 수 있도록 한 부분은, 사법(私法)적인 법률관계에 해당하는 한국수력원자력 주식회사와 청소용역업체를 간의 계약 체결 등의 사전절차로서 용역의 개요, 내용, 입찰자격 등을 정한 공고의 해당부분 또한 사법적인 성격을 지니므로 헌법소원심판의 대상이 되는 공권력의 행사에 해당한다고 할 수 없다(헌재 2018.10.30. 2018헌마941).

4) 개인택시 운송서비스업자로서 서울특별시가 2018.1.24.자로 특정기간 또는 특정시간대에 개인택시 부제운행을 일시적으로 해제하거나 의무운행 시간을 별도로 지정할 수 있도록 하는 개선명령 공고(서울특별시공고 제2018-2709호)는 그 법적 성격이 행정처분으로서 항고소송의 대상이므로 헌법소원의 대상이 될 수 없다(헌재 2019.3.5. 2019헌마172).

(6) 행정계획 및 행정지도

(가) 의의

행정계획이란 행정에 관한 전문적 기술적 판단을 기초로 하여 특정한 행정목표를 달성하기 위하여 서로 관련되는 행정수단을 종합·조정함으로써 장래의 일정한 시점에

서 일정한 질서를 실현하기 위한 활동기준으로 설정된 것을 말한다.[46]

행정지도는 행정기관이 그 소관사무의 범위 안에서 일정한 행정목적을 실현하기 위하여 특정인에게 일정한 행위를 하거나 하지 아니하도록 지도·권고·조언 등을 하는 행정작용을 말한다(행정절차법 제2조 제3호).

행정계획이 헌법소원의 대상이 되는 공권력의 행사에 해당하는지 여부는 일률적으로 말할 수 없는데, 대외적 구속력을 갖는 행정계획은 공권력의 행사로 볼 수 있지만, 구속력을 갖지 않고 사실상의 준비행위나 사전안내 또는 행정기관 내부의 지침에 지나지 않는 행정계획은 원칙적으로 헌법소원의 대상이 되는 공권력의 행사라 할 수 없다. 다만 비구속적 행정행위라도 국민의 기본권에 직접적으로 영향을 미치고 앞으로 법령의 뒷받침에 의하여 그대로 실시될 것이 틀림없을 것으로 예상될 때에는 공권력의 행사로서 헌법소원의 대상이 된다(헌재 2000.6.1. 99헌마538등; 헌재 2011.12.29. 2009헌마330등).

마찬가지로, 행정지도라 하더라도 그에 따르지 않을 경우 일정한 불이익조치를 예정하고 있는 등 단순한 행정지도로서의 한계를 넘어 규제적·구속적 성격을 가지는 경우에는 헌법소원의 대상이 되는 공권력의 행사에 해당한다(헌재 2003.6.26. 2002헌마337등).

(나) 헌법소원의 대상이 되는 행정계획과 행정지도

헌법재판소는 고양일산지구단독,상업등단지(단독, 근린생활, 상업, 업무, 공공건축물)도시설계시행지침(1993. 1. 8. 고양시 공고 제3호)이 "다가구 주택을 건설하고자 하는 경우에는 1필지당 총 가구수는 3가구를 초과할 수 없다."라고 정한 부분은 도시계획의 한 종류로서 도시설계지구 내의 모든 건축물에 대하여 구속력을 가지는 구속적 행정계획의 법적 성격을 갖는다고 하여 헌법소원 대상성을 인정하였다(헌재 2003.6.26. 2002헌마402).

행정지도의 부분에서도, 헌법재판소에 의하면, 교육인적자원부장관의 대학총장들에 대한 학칙시정요구는 대학총장의 임의적인 협력을 통하여 사실상의 효과를 발생시키는 행정지도의 일종이지만, 그에 따르지 않을 경우 일정한 불이익조치를 예정하고 있어 사실상 상대방에게 그에 따를 의무를 부과하는 것과 다를 바 없으므로 헌법소원의 대상이 되고(헌재 2003.6.26. 2002헌마337등), 방송사업자 등에 대한 방송위원회의 경고 역시 방송평가에서 감점을 초래하고 방송에 대한 재허가 추천 여부에 영향을 미친다는 점에서(헌재 2007.11.29. 2004헌마290), 방송통신심의위원회의 인터넷포털서비스 운영자에 대한 게시글 삭제 시정요구 역시 서비스제공자 등이 이에 따르지 않을 경우 해당 정보의 취급 거부·정지 또는 제한이라는 법적 조치를 받을 수 있다는 점에서(헌재 2012.2.23.

46) 실무제요, 246-247면

2008헌마500), 모두 헌법소원의 대상이 되는 공권력의 행사에 해당한다.

㈐ 헌법소원의 대상이 되지 않는 행정계획과 행정지도

헌법재판소는, 건설교통부장관이 1999년 7월 22일 발표한 개발제한구역제도개선방안은 개발제한구역의 해제 또는 조정을 위한 일반적인 기준을 제시하고 개발제한구역의 운용에 대한 국가의 기본방침을 천명하는 정책계획안으로서 비구속적 행정계획안에 불과하므로(헌재 2000.6.1. 99헌마538등), 기획재정부장관이 2008년 8월부터 2009년 3월까지 6차례에 걸쳐 확정 공표한 공공기관의 선진화 계획은 그 법적 성격은 행정계획이라고 할 것인바, 국민의 기본권에 직접적인 영향을 미친다고 볼 수 없고, 장차 법령의 뒷받침에 의하여 그대로 실시될 것이 틀림없을 것으로 예상된다고 보기도 어려우므로(헌재 2011.12.29. 2009헌마330등), 국토교통부장관이 2011년 5월 13일 발표한 '한국토지주택공사 이전방안'에 관해서 보면, '공공기관 지방이전에 따른 혁신도시 건설 및 지원에 관한 특별법'에 따르면 지방이전계획을 수립하는 주체는 이전공공기관의 장이고, 그 제출받은 계획을 검토·조정하여 주무 장관에게 제출하는 주체는 소관 행정기관의 장이며, 그에 따라 지역발전위원회의 심의를 거친 후 승인하는 주체가 주무 장관일 뿐이므로, 위와 같이 발표된 이전방안은 한국토지주택공사와 각 광역시·도, 관련 행정부처 사이의 의견조율 과정에서 행정청으로서의 내부의사를 밝힌 행정계획안 정도에 불과하므로(헌재 2014.3.27. 2011헌마291), 모두 헌법소원의 대상이 되는 공권력의 행사가 아니라고 하였다.

또한 헌법재판소는, '2012년도 대학교육역량강화사업 기본계획 중 총장직선제 개선을 국공립대 선진화 지표로 규정한 부분' 및 '2013년도 대학교육역량강화사업 기본계획 중 총장직선제 개선 규정을 유지하지 않는 경우 지원금 전액을 삭감 또는 환수하도록 규정한 부분'은 대학교육역량강화 지원사업을 추진하기 위한 국가의 기본방침을 밝히는 행정계획일 뿐 계획에 따를 의무를 부과하는 것은 아니고, 총장직선제를 개선하지 않을 경우 지원금을 받지 못하게 될 가능성이 있다 하더라도 이는 사실상의 구속에 불과하며, 더구나 총장직선제를 개선하려면 학칙이 변경되어야 하므로, 계획 자체만으로는 대학의 구성원인 청구인들의 법적 지위나 권리의무에 어떠한 영향도 미친다고 보기 어렵다. 따라서 위 계획들은 헌법소원의 대상이 되는 공권력 행사에 해당하지 아니한다고 하였다(헌재 2016.10.27. 2013헌마576).[47]

47) 이에 대하여는 위 계획들은 사실상 국가가 국공립대학으로 하여금 총장직선제를 선택하지 못하도록 강제하는 것이고, 국공립대학들로서는 재정지원을 받기 위해 위 계획들이 정한 바에 따라 총장직선제를 폐지하는 내용으로 학칙을 개정하거나 그러한 학칙을 유지할 수밖에 없으므로 위 계획들은 국민의 기본권에 직접 영향을 미치는 행정계획이므로 헌법소원심판의 대상이 되는 공권력 행사에 해당한다고 한 2인 재판관의 반대의견이 있다.

노동부장관이 노동부 산하 7개 공공기관의 단체협약 내용을 분석하여 불합리한 요소를 개선하라고 요구한 행위는 이에 따르지 않는다 하더라도 불이익을 예정하고 있다고 보기 어렵고, 단체교섭에 직접 개입하거나 이를 강제하는 내용도 없다는 점에서 헌법소원의 대상이 된다고 할 수 없다고 하였다(헌재 2011.12.29. 2009헌마330등).

> **[최근결정]**
>
> 정부가 중앙정부와 지방자치단체, 공공기관, 지방공기업 등을 상대로 기간제근로자와 파견·용역근로자의 일부를 정규직으로 전환하도록 유도하기로 하여 2017.7.20.경 발표한 '공공부문 비정규직 근로자 정규직 전환 가이드라인'은 '공공부문에 근무하는 사람의 정규직화'라는 정책적 목표를 달성하기 위하여 그 상대방에게 고용관계를 재정립하도록 하는 '유도적 기준'을 제시한 것으로 이해되고, 그 상대방의 업무나 고용관계 특수성에 따른 예외와 그 해당 여부 판단에 대한 자율성이 비교적 넓게 인정되고 있으므로, 국민에 대하여 구체적으로 어떠한 권리를 설정하거나 의무를 부과하는 규제 작용으로서의 공권력 행사에 해당한다고 볼 수 없다(헌재 2018.5.23. 2018헌마465).

(7) 행정기관 내부의 의사결정 및 사(私)법상의 행위

행정기관 내부적 의사결정에 불과하여 직접 국민의 권리의무에 영향을 미치지 않는 행위는 헌법소원의 대상이 되지 아니한다.[48] 또한 행정기관의 행위라도 사(私)법상의 행위는 헌법소원의 대상이 되지 아니한다.[49]

정부의 법률안 제출행위는 법률로서 확정되기 위하여서는 국회의 의결과 대통령의 공포절차를 거쳐야 하므로 국가기관 간의 내부적 행위에 불과하여 공권력의 행사에 해당하지 아니한다(헌재 1994.8.31. 92헌마174).

헌법재판소에 의하면, 행정자치부 자치행정과장이 지방자치단체 담당과장에게 '전공노대책 관련 긴급지시'라는 제하에 사태종료 시까지 전공노 조합원의 병·연가 불허 등을 내용으로 하는 업무연락공문을 발송한 행위는 행정자치부 소속 자치행정과장이 전국 공무원노조에 대한 대책과 관련한 상호 협조 차원에서 각 지방자치단체의 담당과장에게 '업무연락'을 한 것으로 행정기관 내부의 행위일 뿐 대외적으로 효력이 있는 명령이나 지시가 아니고(헌재 2005.5.26. 2005헌마22), 근로시간면제심의위원회는, 노동조합 및 노동관계조정법의 관련 규정에 의하면, 노조전임자의 근로시간 면제 한도를 심의·

48) 실무제요, 255면
49) 실무제요, 257면

의결할 권한을 갖고 있으나 이를 외부에 표시할 권한이 없는 의결기관에 불과하고, 위심의위원회가 노조전임자의 근로시간 면제 한도를 정하는 심의·의결을 한 것 역시 행정기관 내부절차에 불과하므로(헌재 2014.5.29. 2010헌마606), 독립된 행정관청이 아닌 방송위원회 소속의 제1심의위원회는 내부 의사결정과정에 참여하는 기관에 불과하므로 여기에서 한 방송프로그램 편성 방송과 관련한 민원에 대한 의결(헌재 2001.2.22. 2000헌마729) 등은 모두 헌법소원의 대상이 되는 공권력 행사라고 보기 어렵다.

또한 헌법재판소는, 변호사시험 관리위원회가 2010년 12월 7일 변호사시험 합격률을 법학전문대학원 입학정원의 75%로 정한 심의·의결과 관련하여, 변호사시험의 관장·실시권자인 법무부장관은 변호사시험 합격률 등 세부적인 시험 합격 결정방법을 결정할 폭넓은 재량을 가지고 있고, 변호사시험 관리위원회는 변호사시험에 관한 법무부장관의 의사결정을 보좌하기 위하여 법무부에 설치된 자문위원회로서, 일정한 심의사항에 관하여 의결절차를 거쳐 위원회의 의사를 표명하더라도 그것은 단순히 법무부장관에 대한 권고에 불과하여 그 자체로서는 법적 구속력이나 외부효과가 발생하지 않으므로(헌재 2012.3.29. 2009헌마754), 교육부장관이 방과후학교 프로그램의 내실화를 목적으로 마련한 교육부 가이드라인은 전국적으로 실시되는 방과후학교의 내실화를 위해 시·도교육감 및 관할 초·중·고등학교장들의 업무처리에 있어서 참고가 되도록 법규의 내용 등을 정리하여 제시한 것이고, 교육부장관이 그 교육부가이드라인을 시·도교육청에 배포한 행위는 업무처리상의 유의사항을 통지한 것으로서 교육부장관과 시·도 교육감들 사이의 내부적인 행위이며, 교육감들이 단위학교에 가이드라인을 배포한 행위 역시 위와 동일한 목적 하에 이루어진 것으로서 시·도교육감들과 각 관할 초·중·고등학교장들 사이의 내부적인 행위에 해당한바(헌재 2016.7.19. 2016헌마564), 모두 헌법소원의 대상이 되는 공권력 행사로 볼 수 없다고 하였다.

한편, 정부의 정부투자기관에 대한 감독행위는 국민에 대하여 직접적으로 권리를 설정하거나 의무를 부과하는 작용이 아니므로 원칙적으로 헌법소원의 대상이 될 수 없다.[50] 헌법재판소는, 기획예산처장관이 2000년 10월 31일 한국조폐공사, 농업기반공사 등 정부투자기관들에 대하여 2001년 인건비 예산을 2000년 총 인건비의 6.0% 이내에서 증액하여 편성하고 기본급의 비중을 2000년도 수준으로 유지하며 연봉제를 2급 이상의 직원에 대하여도 확대 실시하도록 하는 등을 내용으로 하는 2001년도 예산편성지침을 통보하고, 아울러 2001년 1월 5일 퇴직금누진제 미개선기관, 임금·복리제

50) 실무제요, 255면

도 관련지침 미이행기관, 감사원 지적사항 미개선기관 등에 대하여는 국회가 의결한 정부투자기관에 대한 예산배정을 유보하고 해당 경영혁신과제 이행 여부에 따라 유보예산배정을 추진한다는 것을 내용으로 하는 예산유보방침을 통보한 데 대해, 한국조폐공사노동조합 등이 헌법소원심판을 청구한 사안에서, 인건비 등에 관한 예산편성지침은 사용자측이라고 할 수 있는 정부가 그 투자기관에 대하여 내부적 지시로서 임금에 관한 예산편성의 공통지침을 시달하여 임금협상에 관한 유도적 기준을 제시한 것이지, 단체교섭에 직접 개입하거나 이를 강제하는 것은 아니며, 예산배정유보방침 및 그 통보는 행정부 내부의 의사결정과 내부적인 의사표시에 불과할 뿐이므로 헌법소원의 대상이 되는 공권력 행사로 볼 수 없다고 하였다(헌재 2002.1.31. 2001헌마228).

행정기관의 사법상(私法上)의 행위여서 공권력 행사성이 인정되지 않은 사례로는, 공공용지의취득및손실보상에관한특례법[51]에 의한 토지 등의 협의취득에 따르는 보상금의 지급행위는 사법상(私法上)의 법률행위에 불과하고(헌재 1992.11.12. 90헌마160; 헌재 1992.12.24. 90헌마182; 헌재 1994.2.24. 93헌마213등), 한국방송공사의 직원 채용관계 역시 사법적인 관계에 해당하고 그러한 채용에 관한 절차로서 채용시험의 응시자격을 정한 공고 또한 사법적인 성격을 지닌다고 할 것이며(헌재 2006. 11.30. 2005헌마855), 민사소송에서 대한민국의 소송수행자로 나선 교도관이 한 청구인에 대한 교도소 내 주사·징벌사항 등 자료제출의 소송행위는 사적 주체로서 행한 행위에 불과하여(헌재 2011.2.24. 2009헌마209), 우편 반송료 미납을 이유로 반송우편물을 환부하지 않은 우체국장의 행위는 우편법상 우편역무 제공자와 이용자 간의 법률관계는 원칙적으로 사법관계에 해당하므로(헌재 2014.6.3. 2014헌마415), 모두 헌법소원의 대상이 되는 공권력의 행사라고 볼 수 없다고 본 사례들이 있다. 또한 헌법재판소는 유가증권의 상장폐지확정결정은 유가증권의 상장이 한국증권거래소와 상장신청 법인 사이의 상장계약이라는 사법(私法)상의 계약에 의하여 이루어지고 상장폐지결정 및 상장폐지확정결정 또한 그러한 사법상의 계약관계를 해소하려는 한국증권거래소의 일방적인 의사표시이므로 헌법소원의 대상이 되는 공권력의 행사에 해당하지 아니한다고 하였다(헌재 2005.2.24. 2004헌마442).

(8) 법원의 재판을 거친 행정처분(원행정처분)

법원의 재판을 거쳐 확정된 행정처분을 원행정처분이라 한다. 헌법재판소는 법 제68조 제1항에 따른 헌법소원은 행정처분을 그 대상으로 할 수 있지만, 그것이 법원의

51) 2003.1.1.부터 종전의 토지수용법과 함께 '공익사업을위한토지등의취득및보상에관한법률'로 일원화하여 규율됨.

재판을 거쳐 확정된 행정처분인 경우에는 해당 행정처분에 대한 법원의 재판이 헌법재판소가 위헌으로 결정한 법률을 적용하여 국민의 기본권을 침해한 재판에 해당되어 헌법소원심판을 통해 그 재판 자체가 취소되는 경우에 한하여 해당 행정처분에 대한 심판청구가 가능한 것이고, 이와 달리 법원의 재판이 취소될 수 없는 경우에는 해당 행정처분에 대한 헌법소원심판청구도 허용되지 아니한다고 하였고(헌재 1997.12.24. 96헌마172 등; 헌재 1998.5.28. 91헌마98등), 이는 법원의 재판이 소를 각하하는 판결인 경우에도 같다고 하였다(헌재 2010.4.29. 2003헌마283).

이와 같은 법리는 검사의 불기소처분에 대하여 법원의 재정신청절차를 거친 경우와(헌재 1998.8.27. 97헌마79; 헌재 2008.4.29. 2008헌마313; 헌재 2012.7.26. 2011헌마154등), 검사의 형기종료일 지정처분에 대한 법원에의 이의신청의 절차[52]를 거친 경우에도(헌재 2012.5.31. 2010헌아292) 동일하게 적용된다.

다만, 법원의 재판을 거친 행정처분의 헌법소원 대상성에 대해, 행정재판은 행정처분의 위헌·위법 여부를 판단하는 것이고, 헌법소원심판은 공권력의 행사 또는 불행사가 기본권을 침해하였는지 여부이므로 양자는 심판대상과 효력이 다르고, 헌법이 행정재판과 헌법소원심판을 병존시키고 있는 것은 행정처분에 의한 기본권 침해가 법원의 행정재판에 의하여 구제되지 아니하는 경우에 헌법소원심판에 의하여 구제될 수 있도록 중첩적인 구제절차를 마련한 것이므로 법원의 재판을 거친 행정처분도 헌법소원의 대상이 된다는 견해가 있다(헌재 2010.4.29. 2003헌마283 재판관 조대현 반대의견).

행정작용에 대한 불복절차가 법원의 재판절차만 있었던 경우에는 원행정처분에 대하여 다툴 수 있는가 하는 문제는 법원에서의 재심절차로만 이해될 것이다. 그러나 이제 헌법재판절차가 조직되어 실행되고 있으므로 원행정처분에 대한 헌법재판절차는 어떻게 구성될 수 있는가 하는 문제로 되었다. 법원의 재판에 대한 헌법소원은 특별한 경우를 제외하고는 명문으로 금지되어 있으므로 원행정처분에 대한 헌법재판절차의 구성에서 특히 문제되는 지점은 원행정처분에 대한 헌법소원심판이 가능한가라는 것이다. 무엇보다도 이를 금지하는 명시적인 규정은 없으며, 오히려 법이 요구하는 보충성

52) 형사소송법(2007.6.1. 법률 제8496호로 개정된 것)

제460조 (집행지휘) ① 재판의 집행은 그 재판을 한 법원에 대응한 검찰청검사가 지휘한다. 단, 재판의 성질상 법원 또는 법관이 지휘할 경우에는 예외로 한다.

제489조 (이의신청) 재판의 집행을 받은 자 또는 그 법정대리인이나 배우자는 집행에 관한 검사의 처분이 부당함을 이유로 재판을 선고한 법원에 이의신청을 할 수 있다.

제491조 (즉시항고) ① 제487조 내지 제489조의 신청이 있는 때에는 법원은 결정을 하여야 한다.

요건을 잘 갖춘 것으로 볼 수도 있다. 다만, 원행정처분에 대해서는 이미 확정판결이 있으므로 확정판결의 기판력에 저촉되는 문제가 생길 수 있다.

학설상으로는 견해가 나뉜다. 부정설은 이를 인정하면 확정된 행정재판의 기판력이 깨진다는 점, 법원 재판에 대한 헌법소원의 금지에 저촉된다는 점 등을 논거로 하고, 긍정설은 법원의 재판을 헌법소원에서 제외함으로써 발생하는 기본권 보장의 공백을 해결할 필요가 있다는 점, 이를 부정하면 보충성원칙이 무의미해진다는 점 등을 논거로 한다.[53)]

한편 원행정처분에 대한 헌법소원의 허용성에 대하여 제한적으로 긍정하는 견해가 있는데, 이는 법원에서 부적법 각하된 경우, 특히 소각하의 이유가 '소의 이익의 흠결'에 있을 때에는 헌법적 해명의 필요성이 인정된다는 이유로 헌법재판소가 개입할 수 있는 경우가 발생하므로, 이 경우야말로 헌법소원심판청구가 허용되는 것으로 보는 것에 의미가 크고, 따라서 법원의 재판취소가 동반되는 경우에만 원행정처분에 대한 헌법소원심판청구가 가능하다는 판례는 '소각하 판결의 경우에는 일정한 경우 허용될 수 있다'는 취지로 변경되어야 한다고 한다.[54)] 이와 같은 뜻에서 법원에서 본안판단을 받은 원행정처분에 관한 한, 법원의 재판이 취소되는 경우에만 원행정처분에 대한 헌법소원이 허용된다는 헌법재판소의 입장이 옳고, 법원에서 소각하판결만 있었던 경우 본안에 대한 법원의 판단이 존재하지 않아 기판력과의 저촉을 핵심이유로 하는 원행정처분 헌법소원 불가론의 근거가 상실되므로, 처분성, 원고적격, 또는 권리보호이익의 흠결 등을 이유로 법원에서 소각하판결을 받은 경우에는 원행정처분에 대한 헌법소원이라는 이유만으로 일률적으로 부적법하다고 볼 것이 아니라, 헌법소원의 독자적 관점에서 적법요건을 검토하여 헌법소원의 허용 여부를 결정하여야 할 것이라고 한다.[55)]

(9) 검사의 처분

㈎ 재정신청의 확대와 헌법소원심판 대상의 축소

헌법재판소는 종래 검사의 불기소처분을 전반적으로 헌법소원의 대상으로 인정하여왔으나, 2008.1.1.부터 시행된 형사소송법의 개정(2007. 6. 1. 법률 제8496호)으로 모든 범죄에 대하여 재정신청을 청구할 수 있게 됨에 따라, 피의자가 청구하는 헌법소원심판을 제외한 대부분의 불기소처분이 헌법소원의 대상에서 제외되었다.

---

53) 김하열, 앞의 책, 467면 참조

54) 전종익, "원행정처분에 대한 헌법소원", 헌법학연구 제16권 제4호, 한국헌법학회, 2010.12, 270면 이하

55) 김하열, 앞의 책, 468면 참조

즉 모든 범죄에 대하여 고소권자로서 고소를 한 자와, 형법상 공무원의 직무에 관한 죄 중 직권남용(형법 제123조), 불법체포 감금(형법 제124조), 폭행 가혹행위(형법 제125조)에 대하여 고발을 한 자는 불기소처분의 당부에 관한 재정을 신청할 수 있으므로(형사소송법 제260조 제1항[56]), 이에 해당하는 불기소처분은 헌법소원의 대상에서 제외되었다.

그 후 형사소송법은 다시 개정되어(2011. 7. 18. 법률 제10864호)[57] 피의사실공표죄(형법 제126조)에 대하여 고발을 한 자는 그 불기소처분에 관하여, 피공표자의 명시한 의사에 반하지 않는다면, 재정신청을 할 수 있게 되었으므로, 이에 해당하는 불기소처분 또한 헌법소원의 대상에서 제외되었다.

그러나 위와 같은 형사소송법 개정에도 불구하고 여전히 재정신청을 통해 구제될 수 없는 검사의 처분에 대해서는 여전히 헌법소원심판을 청구할 수 있다.

다만, 진정은 그 자체가 법률의 규정에 따른 법률상의 권리행사로 인정되는 것이 아니라 진정을 기초로 한 수사소추기관의 적의처리를 요망하는 의사표시에 불과하므로, 진정사건의 종결처리는 구속력이 없는 수사기관의 내부적 사건처리 방식에 지나지 아니하고 진정인의 권리행사에 아무런 영향을 미치지 아니하여 헌법소원심판의 대상이 되는 공권력의 행사에 해당하지 아니한다(헌재 1990.12.26. 89헌마277).

㈏ 범죄피해자인 고소인이 청구하는 헌법소원

고소인은 불기소처분의 대상이 된 범죄에 대해 재정신청을 할 수 있으므로 이를 거치지 않은 헌법소원심판청구는 '보충성 요건'이 흠결되어 부적법하고, 재정신청을 거쳐 기각결정을 받은 후 헌법소원심판을 청구하면 법원의 재판을 거친 행정처분에 대한 헌법소원심판이어서 역시 부적법하다. 범죄피해자인 고소인은 불기소처분에 대하여 헌법소원심판을 청구할 수 없다.

---

56) 형사소송법(2007.6.1. 법률 제8496호로 개정, 2008.1.1. 시행되고 2011.7.18. 법률 제10864호로 개정되기 전의 것)

제260조 (재정신청) ① 고소권자로서 고소를 한 자(「형법」 제123조부터 제125조까지의 죄에 대하여는 고발을 한 자를 포함한다. 이하 이 조에서 같다)는 검사로부터 공소를 제기하지 아니한다는 통지를 받은 때에는 그 검사 소속의 지방검찰청 소재지를 관할하는 고등법원(이하 "관할 고등법원"이라 한다)에 그 당부에 관한 재정을 신청할 수 있다.

57) 형사소송법(2011.7.18. 법률 제10864호로 개정된 것)

제260조(재정신청) ① 고소권자로서 고소를 한 자(「형법」 제123조부터 제126조까지의 죄에 대하여는 고발을 한 자를 포함한다. 이하 이 조에서 같다)는 검사로부터 공소를 제기하지 아니한다는 통지를 받은 때에는 그 검사 소속의 지방검찰청 소재지를 관할하는 고등법원(이하 "관할 고등법원"이라 한다)에 그 당부에 관한 재정을 신청할 수 있다. 다만, 「형법」 제126조의 죄에 대하여는 피공표자의 명시한 의사에 반하여 재정을 신청할 수 없다.

고소인의 재정신청은 검사로부터 공소를 제기하지 아니한다는 통지를 받은 때에 할 수 있으므로 검찰사건사무규칙상의 협의의 불기소처분뿐만 아니라 검사의 공소제기가 없는 기소중지, 참고인중지, 공소보류, 공람종결 처분의 경우에도 재정신청이 가능할 것이므로, 헌법소원심판청구는 인정되지 않을 것이다.

㈐ 고소하지 않은 형사피해자가 청구하는 헌법소원

범죄피해자는 고소를 제기하지 않더라도 헌법상 재판절차진술권과 평등권의 주체로서 검사의 불기소처분에 대하여 헌법소원심판을 청구할 수 있는 자격이 있고, 고소인이 아니어서 검찰청법상의 항고, 재항고 또는 형사소송법상의 재정신청 절차에 의한 구제를 받을 방법이 없으므로 헌법소원심판을 청구할 수 있다(헌재 2008.11.27. 2008헌마399등). 여기서 말하는 형사피해자의 개념은 헌법이 형사피해자의 재판절차진술권을 독립한 기본권으로 인정한 취지에 비추어 넓게 해석해야 할 것이므로 반드시 형사실체법상의 보호법익을 기준으로 한 피해자의 개념에 의존하여 결정하여야 할 필요는 없다(헌재 1992.2.25. 90헌마91; 헌재 1994.12.29. 93헌마86).

㈑ 피의자가 청구하는 헌법소원

또한 재정신청 절차로 보호받지 못하는 경우에는 헌법소원심판 청구가 제한되지 않는다. 예컨대 피의자는 재정신청을 할 수 없으므로 여전히 기소유예처분이나 기소중지처분 등에 대해 헌법소원심판을 청구할 수 있다.

검사의 기소유예처분은 기소편의주의(형사소송법 제247조)의 구체적인 형태로서 공익의 대표자인 검사로 하여금 범죄의 혐의가 인정되는 경우에도 형법 제51조의 정상을 참작하여 공소를 제기하지 아니할 수 있게 하는 제도인바, 이는 범죄자의 정상을 고려함이 없이 반드시 기소하여야 한다고 하면 오히려 구체적 정의에 반하고 형사정책적 견지에서도 합당하다고 할 수 없다는 입법적 고려에서 비롯된 것이다(헌재 1999.3.25. 98헌마303). 그러나 검사의 재량권 행사에는 스스로 합리적인 한계가 있어야 할 것으로, 범죄혐의가 없음에도 불구하고 자의적으로 기소유예처분을 했다면 헌법이 금하고 있는 차별적인 공권력의 행사가 되므로 그 처분을 받은 자는 평등권과 행복추구권의 침해를 이유로 헌법소원심판을 청구할 수 있다(헌재 2001.4.26. 2001헌마15).

기소중지처분은 검사가 피의자의 소재불명 등을 이유로 수사를 종결할 수 없는 경우 그 사유가 해소될 때까지 수사를 일시 중지하는 처분으로, 검사가 다시 종국처분을 하지 않는 한 '범죄의 혐의자'라는 법적인 불이익상태가 그대로 존속된다 할 것이고,

이 처분 역시 재정신청의 대상이 되지 아니하고 다른 법률에 그 구체절차가 마련되어 있지 않으므로 피의자는 헌법소원심판을 청구할 수 있다(헌재 2009.9.24. 2008헌마210).

그러나 '공소권 없음' 처분과 '죄가 안됨' 처분은 피의자에게 범죄혐의가 있음을 확정하는 것이 아닌 점에서 기소유예처분과 본질적으로 다르고 검사로부터 공소권 없음 혹은 죄가 안됨 처분을 받았다 하더라도 이로 인하여 입을 수 있는 불이익은 간접적 사실적 불이익에 불과하고 헌법상 기본권이 침해된다고 할 수 없으므로 이러한 처분을 대상으로 한 헌법소원심판청구는 부적법하다(헌재 1996.11.28. 93헌마229 참조; 헌재 2003.2.27. 2002헌마309 참조).

㈒ 고발인이 청구하는 헌법소원

검사의 불기소처분에 대하여 기소처분을 구하는 취지의 헌법소원을 제기할 수 있는 자는 원칙적으로 헌법상의 재판진술권의 주체인 형사피해자에 한하고, 이에 해당하지 않는 고발인은 검사의 불기소처분으로 말미암아 자기의 재판절차상 진술권 기타 기본권을 침해받았다고 볼 수 없으므로 자기관련성이 인정되지 않는다(헌재 2011.12.29. 2011헌마2; 헌재 2009.11.26. 2007헌마1125). 그러나 그 고발인이 형사피해자인 경우에는 불기소처분에 대해 검찰청법 제10조에 따른 항고·재항고가 가능하고 다만 재정신청을 할 수는 없으므로, 이와 같은 고발인이 항고·재항고를 거쳐 헌법소원심판을 청구하였다면 이는 적법하고(헌재 2011.12.29. 2011헌마2[58]; 헌재 2013.8.29. 2011헌마613), 고소인의 지위에 있지 아니한 자, 즉 형사피해자가 아닌 자의 고소는 고발과 다르지 않으므로 이러한 경우에는 고소인에 대한 불기소처분이라 하더라도 항고·재항고를 거쳐 헌법소원심판을 청구하는 것이 가능하다. 예컨대, 청구인이 교도관을 허위공문서 작성 혐의로 고소하였으나 불기소처분된 후 검찰청법에 의한 항고·재항고가 기각되자 불기소처분의 취소를 구하는 헌법소원심판을 청구한 사례에서 헌법재판소는 기각결정을 하였다(헌재 2014.3.27. 2013헌마750).

㈓ 검사의 기소처분

검사의 공소제기가 청구인의 기본권을 침해하였는지 여부는 당해 형사재판절차에 의하여 권리구제가 가능하므로 기소처분은 독립하여 헌법소원심판의 대상이 될 수 없고(헌재 2012.7.26. 2011헌바268[59]), 검사의 약식명령청구도 공소제기의 일종이므로 검사의

---

58) 이 결정은, 주식회사의 주주겸 감사인 청구인이, 사기, 업무상횡령, 업무상배임으로 고발하고 항고·재항고를 거쳐 헌법소원심판을 청구한 사안인데, 사기부분에 대해서는 청구인이 형사피해자에 해당하지 않은 고발인이므로 자기관련성이 없어 부적법 각하, 업무상 횡령, 업무상 배임 고발 부분은 본안에서 기각됨.

59) 청구인이 무고죄로 기소되어 재판 계속 중 형법 제156조 등에 대해 위헌법률심판 제청신청을 하였으나 기각되자 헌법소원심판을 청구하면서 청구인을 무고 혐의로 수사하여 기소한 검사의 공소제기행위와 당해사건의 재판진행에 대하여도 함께 심판청구한 사안에서, 헌법재판소는 공소제기와 재판진행은 법률이

약식명령청구에 대한 헌법소원심판청구 역시 부적법하다(헌재 1998.6.25. 97헌마271).

㈎ 검사의 증인 소환 등 검찰권 행사

헌법재판소는 검사가 법원의 증인으로 채택된 수감자를 그 증언에 이르기까지 거의 매일 검사실로 하루 종일 소환하여 피고인 측 변호인이 접근하는 것을 차단하고, 검찰에서의 진술을 번복하는 증언을 하지 않도록 회유·압박하는 한편, 때로는 검사실에서 그에게 편의를 제공하기도 한 행위는 피고인의 공정한 재판을 받을 권리를 침해한다고 하였는 바(헌재 2001.8.30. 99헌마496), 위와 같은 검찰권의 행사는 헌법소원의 대상으로 인정되었다고 하겠다.

⑽ 행정부작위

행정권력의 부작위에 대한 헌법소원은 공권력의 주체에게 헌법에서 유래하는 작위의무가 특별히 구체적으로 규정되어 이에 의거하여 기본권의 주체가 행정행위 내지 공권력의 행사를 청구할 수 있음에도 공권력의 주체가 그 의무를 해태하는 경우에만 허용된다(헌재 2000.3.30. 98헌마206).

헌법에서 유래하는 작위의무는 첫째, 헌법상 명문으로 공권력 주체의 작위의무가 규정되어 있는 경우, 둘째, 헌법의 해석상 공권력 주체의 작위의무가 도출되는 경우, 셋째 공권력 주체의 작위의무가 법령에 구체적으로 규정되어 있는 경우 등을 포괄한다(헌재 2004.10.28. 2003헌마898; 헌재 2011.8.30. 2006헌마788).

헌법재판소는 임야조사서 또는 토지조사부의 열람·복사신청에 불응한 부작위(헌재 1989.9.4. 88헌마22) 및 일본군위안부(헌재 2011.8.30. 2006헌마788)와 원폭피해자(헌재 2011.8.30. 2008헌마648)가 일본국에 대하여 가지는 배상청구권과 관련하여 분쟁해결 절차에 나아가지 아니한 외교통상부장관의 부작위에 대해 헌법소원 대상성을 인정한 바 있다.

한편, 기본권 침해가 없는 행정청의 단순한 부작위는 헌법소원의 대상이 될 수 없다(헌재 1996.11.28. 92헌마237).

헌법재판소는 서울특별시 지방경찰청장이 대통령으로부터 공훈훈장을 하사받은 사실이 있다고 주장하는 청구인에 대하여 공훈사실을 확인 등재하지 아니한 부작위(헌재 2000.6.29. 98헌마391), 국방부장관이 국가유공자의 유족이 보상금을 받도록 유가족등록을 지도하거나 직접 대리등록하지 아니한 부작위(헌재 1998.2.27. 97헌마354등), '도시저소득주

아니므로 헌법재판소법 제68조 제2항에 의한 헌법소원심판의 대상이 될 수 없으나, 청구인이 이로 말미암아 자신의 행복추구권 등 기본권이 침해되었다며 그 위헌선언을 구하고 있으므로, 이 부분 심판청구는 헌법재판소법 제68조 제1항에 의한 것으로 봄이 상당하다고 하여 심리를 하였다.

민의 주거환경 개선을 위한 임시조치법'을 시행하면서 사인(私人)의 대지 일부가 사실상 도로로 사용되게 되었음에도 행정청이 보상하지 아니한 부작위(헌재 2001.1.18. 99헌마636), 군사법원 검찰관이 아닌 국방부 합동조사단장이 군인신분이 아닌 피고소인들에 대하여 관할권이 있는 검찰청에 사건을 송치하지 않은 부작위(헌재 2001.2.23. 2001헌마79), 법률상 요구되는 서훈추천이 거부됨에 따라 대통령이 영전수여 신청자에 대하여 영전을 수여하지 않은 부작위(헌재 2005.6.30. 2004헌마859), 국가 및 지방자치단체가 사립유치원에 대해 교사인건비, 운영비 등을 예산으로 지원하지 않은 부작위(헌재 2006.10.26. 2004헌마13), 국방부장관이 군사상 필요가 소멸한 징발재산 토지에 대하여 피징발자의 상속인에게 매각처분하지 않는 부작위(헌재 2011.12.29. 2009헌마621) 등은 모두 그에 상응하는 작위의무가 인정되지 않으므로 헌법소원의 대상이 될 수 없다고 하였다.

헌법재판소는 또한 교도소 진정실 내 화장실 차폐시설을 설치하지 않은 부작위(헌재 2014.4.16. 2014헌마250), 2015년도 정시 일반전형 의학전문대학원 모집요강 중 입학 전까지 복무 또는 의무종사가 만료되지 않는 군복무자의 지원을 금지한 부분에 대하여 교육부장관이 시정하지 않은 부작위(헌재 2014.12.16. 2014헌마989), 교도소 내에서도 전자방식으로 소송을 할 수 있도록 전자소송제도를 마련하지 않은 부작위(헌재 2015.5.26. 2015헌마454), 문화체육관광부장관이 국기원 정관 및 내부규정을 개정하도록 지시하지 않는 행위(헌재 2015.6.25. 2015헌마514), 평택시에 ○○아파트 관리비 비리에 관한 고충민원 및 탄원서를 제출하였음에도 불구하고, 평택시가 이에 대한 진상조사 및 재발방지를 위한 대책마련을 하지 아니한 행정부작위(헌재 2015.11.17. 2015헌마959), 범죄경력자료를 말소하지 않은 부작위(헌재 2016.1.12. 2016헌마4), 독도에 대피시설이나 의무시설, 관리사무소, 방파제 등(이하 '대피시설 등'이라 한다)을 설치하지 아니한 부작위(헌재 2016.5.26. 2014헌마1002), 공무원연금 급여비용 지급 및 책임준비금 적립 부작위(헌재 2016.6.30. 2015헌마296), ○○구치소장이 수용자인 청구인에게 동인이 원하는 특정한 의약품을 지급해 주지 않은 행위(헌재 2016.11.24. 2015헌마11), 한국방송공사가 1981.1.27. 이전 입사자들에게 불리한 내용으로 취업규칙을 개정한 데 대해 고용노동부장관이 변경명령을 발하지 않은 부작위(헌재 2017.4.25. 2017헌마326), 기결수용자의 사복착용을 보장하지 않은 행위(헌재 2017.4.25. 2017헌마342), 대법원장의 법관 징계회부 부작위(헌재 2017.4.25. 2017헌마366), 검사가 사회봉사로 벌금형을 대체할 것인지 여부에 관하여 청구인과 면담을 하지 않은 채 청구인에 대한 벌금형을 집행 지휘하였다고 주장하며, 위와 같은 면담을 실시하지 아니한 부작위(헌재 2017.6.27. 2017헌마675) 등은 모두 그에 상응하는 작위의무가 인정되지 않으므로 헌법소원의 대상이 될 수 없다고 하였다.

[최근결정]

청구인들은 대한민국의 국적을 가진 사람들로서 일제에 의한 강제징용 등으로 사할린에 동원되었다가 그 후 대한민국에 영주귀국한 자 및 그 가족들로서 일본국 소속 회사가 경영하던 광산의 탄광 등에서 강제노동을 하면서 수령한 급여를 일본국에 우편저금이나 간이생명보험 형태로 강요에 의하여 적립하였지만, 아직까지 그 돈을 지급받지 못한 상태에 있는바, 자신들의 대일청구권이 '대한민국과 일본국 간의 재산 및 청구권에 관한 문제의 해결과 경제협력에 관한 협정'(조약 제172호) 제2조 제1항에 의하여 소멸하였는지 여부에 관한 한·일 양국 간 해석상 분쟁을 위 협정 제3조가 정한 절차에 의하여 해결할 의무가 있는 피청구인(외교부장관)이 그 의무를 이행하지 않고 있어 자신들의 기본권이 침해된다고 주장하면서, 피청구인의 부작위를 대상으로 하는 헌법소원심판을 청구한 사안에서, 헌법재판소는 피청구인에게 위와 같은 작위의무가 인정된다고 하면서, 다만 피청구인이 이 작위의무를 불이행하는 것은 아니라고 하여 각하결정을 하였다(헌재 2019.12.27. 2012헌마939).

라. 사법부의 공권력 작용

(1) 재판

㈎ 재판에 대한 헌법소원의 원칙적 금지

법 제68조 제1항은 "공권력의 행사 또는 불행사로 인하여 헌법상 보장된 기본권을 침해받은 자는 법원의 재판을 제외하고는 헌법재판소에 헌법소원심판을 청구할 수 있다. 따라서 현행법 하에서 법원의 재판은 그 형식을 불문하고, 즉 판결, 결정, 명령 등은 헌법소원의 대상이 될 수 없다. 이를 이른바 '재판소원 금지'라고 한다.

학설상으로는 재판소원 금지에 대하여 합헌론과 위헌론[60]이 제기되고 있지만, 합헌론의 입장에서도 위헌은 아니지만 헌법소원제도의 취지에 비추어 재판소원을 인정하는 것이 바람직하다는 견해[61]가 제시되고 있다.

헌법재판소는 재판소원 금지 규정에 대하여 원칙적으로 위헌의 문제가 없다는 점

---

60) 정연주, "헌법재판소법 제68조 제1항에 대한 한정위헌 결정의 문제점-헌법재판소 1997.12.24. 96헌마172, 173(병합) 결정과 관련하여-", 고시계, 1998; 홍성방, "헌법재판소법 제68조 제1항 본문은 위헌이다", 판례월보, 1998; 이욱한, "헌법재판소법 제68조 제1항의 '법원의 재판을 제외하고는'의 문제점과 그 해결방안", 인권과 정의, 1996 등 참조

61) 김하열, 앞의 책, 485-486면 참조; 계희열, "헌법재판과 국가기능", 헌법재판의 회고와 전망: 창립 10주년 기념세미나, 1998, 255면 ; 김문현, "헌법해석에 있어서 헌법재판소와 법원의 관계", 헌법재판의 이론과 실제(금랑 김철수교수 화갑기념 논문집), 박영사, 1993, 107면; 정태호, 앞의 글(각주 6) ; 한수웅, "헌법재판소법 제68조 제1항의 위헌 여부", 헌법논총 제10집, 헌법재판소, 1999

을 분명히 했다(헌재 1997.12.24. 97헌마172등).

여기서 '법원의 재판'이란 법원이 행하는 공권적 법률판단 또는 의사의 표현을 지칭하는 것이며, 이러한 의미에서는 사건을 종국적으로 해결하기 위한 종국판결 외에 본안 전 종국판결 및 중간판결이 모두 포함되고, 재판 절차에 관한 법원의 판단(헌재 1992.12.24. 90헌마158), 재판장의 소송지휘권의 행사(헌재 1992.6.26. 89헌마271), 소액사건 담당판사가 판결 선고 당시 판결이유의 요지를 구술로 설명하지 아니한 부작위(헌재 2004.9.23. 2003헌마19) 등도 모두 포함된다.

(나) 재판소원의 예외적 허용 및 그 범위

재판에 대한 헌법소원은 이와 같이 원칙적으로 허용되지 않지만, 헌법재판소는 예외적으로 헌법재판소가 위헌으로 결정하여 그 효력을 상실한 법률을 적용함으로써 국민의 기본권을 침해한 경우에 그 법원의 재판에 대한 헌법소원이 허용되어야 한다고 하였다(헌재 1997.12.24. 96헌마172등).

이 96헌마172등 결정에서 심판의 대상은 헌법재판소법 제68조 제1항 본문과 대법원 판결(1996. 4. 9. 선고 95누11405, '이 사건 대법원 판결') 및 동작세무서장의 과세처분(1992. 6. 16. 1989년 귀속분 양도소득세 금 736,254,590원과 방위세 금 147,250,910원을 청구인에게 부과, '이 사건 과세처분')이 청구인의 기본권을 침해하였는지의 여부였다. 헌법재판소는 첫째, 법 제68조 제1항 본문에 대하여는 평등권과 재판청구권의 침해가 없다고 판시하였다. 그리고 나서 다음과 같은 이유로 위헌적이라고 하였다. 『모든 국가기관은 헌법의 구속을 받고 헌법에의 기속은 헌법재판을 통하여 사법절차적으로 관철되므로, 헌법재판소가 헌법에서 부여받은 위헌심사권을 행사한 결과인 법률에 대한 위헌결정은 법원을 포함한 모든 국가기관과 지방자치단체를 기속한다. 따라서 헌법재판소가 위헌으로 결정하여 그 효력을 상실한 법률을 적용하여 한 법원의 재판은 헌법재판소 결정의 기속력에 반하는 것일 뿐 아니라, 법률에 대한 위헌심사권을 헌법재판소에 부여한 헌법의 결단(헌법 제107조 및 제111조)에 정면으로 위배된다. … 헌법이 법률에 대한 위헌심사권을 헌법재판소에 부여하고 있음에도 법원이 헌법재판소의 위헌결정에 따르지 아니하는 것은 실질적으로 법원 스스로가 '입법작용에 대한 규범통제권'을 행사하는 것을 의미하므로, 헌법은 어떠한 경우이든 헌법재판소의 기속력있는 위헌결정에 반하여 국민의 기본권을 침해하는 법원의 재판에 대하여는 헌법재판소가 다시 최종적으로 심사함으로써 자신의 손상된 헌법재판권을 회복하고 헌법의 최고규범성을 관철할 것을 요청하고 있다.』 따라서 헌법재판소법 제68조 제1항이 비록 청구인이 주장하는 기본권을 침해하지는 않지만, 헌법 제107조 및 제111조에 규정된 헌법재판소의 권한규범에 부분적으로 위반되는 위헌적인 규정이므로,[62] 이 사건 헌법소원은 위에서 밝힌 이유에 따라 한정적으로 인용될 수 있는 것이라고 하였다. 둘째, 이 사건 대법원판결은 예외적으로 헌법소원심판의 대상이 되고, 이 사건 대법원판결로 말미암아 청구인의 헌법상 보장된 기본권인 재산권 역시 침해되었다 할 것이다. 따라서 이 사건 대법원판결은 헌법재판소법 제75조 제3항[63]에 따라 취소되어야 마땅하다. 셋째, 이 사건 과세처분은 헌법재판소가 위헌으로 결정하여 그 효력을 상실한 법률조항을 적용하여 한 처분임이 분명할 뿐만 아니라, 헌법재판소가 위 법률조항에 대하여 한 위헌결정이 피청구인이 한 과세처분의 취소를 구하는 이 사건에 대하여도 소급하여 그 효력이 미치는 경우에 해당하고, 이 사건 과세처분에 대한 심판을 위하여 달리 새로운 사실인정이나 법률해석을 할 필요성이 인정되지도 아니한다. 따라서 청구인은 피청구인의 위법한 공권력의 행사인 이 사건 과세처분으로 말미암아 헌법상 보장된 기본권인 재산권을 침해받았다고 할 것이므로, 헌법재판소법 제75조 제3항에 따라 피청구인이 청구인에게 한 이 사건 과세처분을 취소하기로 한다는 것이다.

헌법재판소의 법률에 대한 위헌결정에 반하는 법원의 재판에 대하여는 헌법소원심판을 청구할 수 있다고 하겠으나, 위헌으로 결정된 법률조항은 그 결정이 있는 날부터 효력을 상실하므로(법 제47조 제2항), 원칙적으로 위헌결정일 이후의 재판이 헌법소원의 대상이 되는 재판에 해당할 것이다(헌재 1998.4.30. 92헌마239).

나아가 법령에 대한 헌법재판소의 위헌결정 후에 해당 법령에 근거하여서 이루어졌던 이전의 행정처분의 무효를 다투더라도 그 행정처분이 무효인지 여부는 법원이 판단하여야 할 사항이어서, 해당 처분이 취소할 수 있는 행정행위에 불과하다고 판단한 법원의 판결은 헌법소원심판의 대상이 되는 예외적인 재판에 해당된다고 볼 수 없다(헌재 1998.4.30. 95헌마93등).

---

62) 이 사건의 심판대상은 그 결정에서 밝힌 바와 같이 '기본권 침해 여부'였지만, 최소한 헌법재판소법 제68조 제1항 본문 부분에 관하여는 기본권 침해가 없지만 위헌적이라고 판시하였는바, 기본권 침해를 판단하지 않은 점이 있다. 정종섭은 "이 사건이 헌법소원심판임에도 불구하고 어떤 기본권이 침해되었는지에 대해서는 판시하지 않았다. 문제가 있다고 생각한다."고 비판하고 있다(정종섭, 헌법소송법 제9판, 박영사, 2019, 681면).

63) 제75조(인용결정) ① 헌법소원의 인용결정은 모든 국가기관과 지방자치단체를 기속한다.

② 제68조제1항에 따른 헌법소원을 인용할 때에는 인용결정서의 주문에 침해된 기본권과 침해의 원인이 된 공권력의 행사 또는 불행사를 특정하여야 한다.

③ 제2항의 경우에 헌법재판소는 기본권 침해의 원인이 된 공권력의 행사를 취소하거나 그 불행사가 위헌임을 확인할 수 있다.

[최근결정]

통신제한조치(감청)에 대한 법원의 허가는 통신비밀보호법에 근거한 소송절차 이외의 파생적 사항에 관한 법원의 공권적 법률판단으로(헌재 2018.8.30. 2016헌마263), 디엔에이감식시료 채취영장의 발부는 검사의 청구에 따라 판사가 디엔에이감식시료채취의 필요성이 있다고 판단하여 이루어진 재판이어서(헌재 2018.8.30. 2016헌마344등) 모두 법 제68조 제1항에서 헌법소원의 대상에서 제외하고 있는 법원의 재판에 해당하므로 위 각 재판에 대한 심판청구는 부적법하다.

(2) 사법부의 입법작용

사법부의 자율적 입법권에 기해 제정되는 대법원규칙이나 대법원규칙 제정 부작위에 대해서도 헌법소원 요건을 갖추는 한 공권력의 행사·불행사로 헌법소원의 대상이 된다. 예를 들면 헌법재판소는 법원행정처장의 재량으로 법무사시험을 실시하지 아니할 수 있도록 한 구 법무사법시행규칙 제3조 제1항에 대하여 헌법소원 대상성을 인정하였고(헌재 1990.10.15. 89헌마178), 변호사보수의 일정액까지만 소송비용에 산입하여 패소한 당사자로부터 상환받을 수 있도록 한 변호사보수의 소송비용 산입에 관한 대법원규칙에 대해서도 헌법소원의 대상성을 인정한 바 있다(헌재 2008.12.26. 2006헌마384).

(3) 사법행정

헌법재판소에 의하면, 법관의 인사와 관련한 사법행정의 경우 국가공무원법 제9조에 따라 법원행정처 소청심사위원회에 그 구제를 청구할 수 있고, 그 절차에서 구제받지 못한 때에는 다시 행정소송을 제기하여 그 구제를 청구할 수 있으며(헌재 1993.12.23. 92헌마247), 법원조직법에 근거한 녹음 녹화 등에 대한 '재판장의 허가'는 재판장이 법정의 권위를 지키고 법정 내 질서를 유지하며 심리 방해를 저지하기 위하여 법정 내 모든 사람들에 대하여 행하는 사법행정행위로서 그 불허가에 대한 불복은 행정소송 등에 의하여야 하므로(헌재 2011.6.30. 2008헌바81) 모두 헌법소원의 대상이 될 수 없다.

(4) 재판부작위(재판지연)

헌법재판소는, 손해배상 본안 사건 중 재판부 기피신청을 하였는데 기피사건 재판부가 기피신청에 대한 결정을 하지 않고 있다가 본안 재판부의 종국판결 선고 후에 이를 이유로 기피신청에 대하여 재판을 할 이익이 없다는 이유로 기피신청을 각하하는 결정을 하자 기피사건 재판부의 이와 같은 각하결정은 소송당사자의 기피권을 무력화하거나 사실상 박탈하는 것과 같고 이러한 재판지연으로 인하여 신속한 재판을 받을 권리가 침해되었다고 주장하여 청구한 헌법소원심판사건에서, 이는 법원의 재판에 대한 헌법소원심판의 청구여서 부적법하다고 하였다(헌재 1998.5.28. 96헌마46). 그런데 그 이후에 헌법재판소는 법원의 재판 지연에 대하여 단지 헌법소원심판의 대상이 아니라는 이유에서 더 나아가 재판의 지연을 재판의 부작위에 대한 청구로 보는 관점에서도 그 심판청구가 부적법하다고 하였다. 즉, 보안관찰처분의 취소 소송에서 법원이 보안처분의 효력이 만료되는 시점까지 종국판결을 선고하지 않은 것이 신속한 재판을 받을 권리를 침해하였다고 청구한 헌법소원심판 사건에서, 헌법재판소는 재판기관의 재판의 지연이 공권력 불행사로서 부작위로 인정되기 위해서는 일정 기간 내에 선고를 해야 할 의무가 전제가 되어야 하는데, 법원은 민사소송법이 정한 종국판결 선고기간 내에 반드시 판결을 선고해야 할 법률상 의무가 있다고 볼 수 없으며, 헌법 제27조 제3항 제1문에 의거하여 어떤 직접적이고 구체적인 청구권이 곧바로 발생하는 것은 아니므로, 보안관찰처분의 취소청구에 대해서 법원이 그 처분들의 효력이 만료되기 전까지 신속하게 판결을 선고해야 할 헌법이나 법률상의 작위의무가 존재하지 않는다고 하였다(헌재 1999.9.16. 98헌마75).

(5) 법원행정처장의 질의 회신

법원행정처장의 민원인에 대한 법령질의 회신은 법적 구속력을 갖는 것이 아니므로 이에 대한 헌법소원심판청구는 부적법하다(헌재 1992.6.26. 89헌마132).

4. 기본권의 침해

헌법소원은 '헌법상 보장된 기본권을 침해 받은 자'가 그 침해를 구제받기 위해 헌법재판소에 청구하는 재판제도이다. 헌법이 보호하는 기본권을 실질적으로 보장하는 방안 중에, 개인이 직접 헌법의 기본권 규범을 근거로 다툴 수 있도록 한다는 점에서, 매우 실효적인 수단이 바로 이 헌법소원이다. 그만큼 헌법소원을 하기 위해서는 기본권 침해와 관련이 있어야 하고, 이를 기본권 관련성이라고 한다.[64] 따라서 기본권 주체가 아닌 국가기관 등의 권한 침해를 헌법소원으로 다툴 수 없고, 기본권주체가 청구하는 헌법소원이라 하더라도 오로지 객관적 헌법규범, 헌법원칙 등의 침해만을 다툴 수 없다. 헌법재판소는, "헌법전문에 기재된 3·1정신"은 우리나라 헌법의 연혁적·이념적 기초로서 헌법이나 법률해석에서의 해석기준으로 작용한다고 할 수 있지만, 그에 기하여 곧바로 국민의 개별적 기본권성을 도출해낼 수는 없다고 할 것이므로, 본안판단의

64) 김하열, 앞의 책, 493면 참조

대상으로부터 제외하였다(헌재 2001.3.21. 99헌마139등). 또한 기본권은 헌법상 보장된 기본권이어야 하므로 법률에 의하여 인정되는 권리는 해당되지 않는다.

가. 헌법상 보장된 기본권

(1) 의의

현행 헌법은 기본권의 개념이나 범위를 명시적으로 규정하지 않고 있어서 그 의미와 내용을 정하기 위해서는 헌법의 해석이 수반되어야 한다. 헌법상 보장된 기본권이란 '헌법이 국민에게 부여한 주관적 공권, 즉 국민의 국가에 대한 헌법적 권리'라고 일반적으로 해석되고 있다.[65] 이와 같은 기본권은 주로 국민의 권리와 의무에 관한 제2장, 특히 제10조부터 제37조 제1항에 전형적으로 기술되어 있지만, 그 외의 헌법규정에서 도출될 수도 있다. 가령 헌법 제8조의 정당조항은 정당설립의 자유, 정당활동의 자유의 근거가 될 수 있으며(헌재 2014.1.28. 2012헌마431등), 제116조의 평등한 선거운동, 공영선거의 원칙도 공무담임권과 평등한 선거운동기회 보장의 근거가 될 수 있다(헌재 2001.10.25. 2000헌마193; 헌재 2011.4.28. 2010헌바232). 어떤 헌법규범이 개인의 기본권을 보장하고 있는지는 개별 헌법규정의 해석을 통해 밝혀져야 할 것이다(헌재 2001.3.21. 99헌마139등).

(2) 헌법상 보장된 기본권으로 인정되지 않은 사례

(가) 권리성의 부정

3·1정신과 같은 헌법전문, 통일정신, 국민주권원리 등은 우리나라 헌법의 연혁적·이념적 기초로서 헌법이나 법률해석에 있어 해석기준으로 작용할 수 있지만, 그에 기하여 곧바로 국민의 개별적 기본권을 도출해 내기는 어렵고, 헌법전문에 기재된 대한민국임시정부의 법통을 계승하는 부분이 침해되었다는 부분은 청구인들의 법적 지위에 현실적이고 구체적인 영향을 미친다고 볼 수 없으므로 기본권침해의 가능성이 인정되지 않는다(헌재 2008.11.27. 2008헌마517). 한편, 입법권은 국회의 권한이지 헌법상 보장된 국민의 기본권이라고 할 수 없고(헌재 1998.8.27. 97헌마8등), '국회구성권' 역시 기본권으로 인정할 수 없으며(헌재 1998.10.29. 96헌마186), 국회의원이 국회의 상임위원회에 소속하여 활동할 권리, 무소속 국회의원으로서 교섭단체소속 국회의원과 동등하게 대우받을 권리 등도 법 제68조 제1항에서 말하는 기본권에 해당하지 않는다(헌재 2000.8.31. 2000헌마156).

나아가 헌법재판소는 입법절차상의 하자만으로 헌법소원을 청구할 수 없다고 하였는바, 가령 사립학교법의 학교회계의 예산편성과 결산 시 등록금심의위원회의 심사·의결

65) 실무제요, 281면 참조

을 거치도록 되어 있는 조항은, 동 조항의 개정 과정에서 당초 등록금심의위원회의 '심의'를 거치도록 규정되어 있던 법률안이 법제사법위원회의 체계·형식·자구 심사과정에서 등록금심의위원회의 '심사·의결'로 수정되었는데, 이에 관하여 국회법상 규정된 법제사법위원회의 권한을 벗어난 것으로서 그 입법절차에 하자가 있다고 주장한 데 대하여 입법절차상의 하자가 있다는 사유만으로는 청구인들의 기본권을 현재, 직접적으로 침해받았다고 주장하여 헌법소원심판을 청구할 수 없다고 하였다(헌재 2016.2.25. 2013헌마692).

㈏ 법률에 의한 권리

헌법재판소는 지방자치법 상의 주민투표권(헌재 2001.6.28. 2000헌마735)과 조례제정·개폐청구권(헌재 2014.4.24. 2012헌마287), '주민소환에 관한 법률'상의 주민소환 청구권(헌재 2011.12.29. 2010헌바368), 군인사법상의 육아휴직신청권(헌재 2008.10.30. 2005헌마1156) 등은 법률상 인정되는 권리이고, 우리 헌법상 헌법과 법률이 정한 법관에 의한 재판을 받을 권리라 함은 직업법관에 의한 재판을 주된 내용으로 하는 것이므로, '국민참여재판을 받을 권리'는 헌법 제27조 제1항에서 규정한 재판을 받을 권리의 보호범위에 속하지 않으며(헌재 2015.7.30. 2014헌바447), 형사소송법 상의 형사소송비용 보상청구권은 헌법상 보장된 권리가 아니라 법률상 인정되는 권리라고 하였고(헌재 2012.3.29. 2011헌바19), '국가인권위원회의 공정한 조사를 받을 권리'는 헌법상 보장되는 기본권으로 보기 어렵다고 하였다(헌재 2012.8.23. 2008헌마340).

⑶ 헌법상 보장된 기본권

헌법상 보장된 기본권에 대해서는 우선은 헌법이 명시적으로 국민의 권리와 의무에 관해 정하고 있는 조항들에서 보다 구체화된 특정의 개별 기본권들로 도출해 낼 수 있다. 헌법이 규정하고 있는 기본권의 내용은 전체적인 기본권의 체계, 각 개별 기본권의 보호영역 등 헌법실체법의 기본권론에서 체계적이고 상세하게 다루어져야 할 내용이다. 여기서는 헌법재판을 구상해보는 단계에서, 특히 헌법소원심판을 구상해보는 단계에서 문제되는 불이익이 기본권의 내용으로 어떻게 구성될 수 있을지를 일응 판별하기 위한 정도로 필수적인 내용을 비교적 최근의 헌법재판소 결정을 중심으로 아래와 같이 정리해보고자 한다. 여기에서 기본권의 내용의 구체화의 수준은 문제되는 사실관계와 관련 기본권의 구체화의 수준에 따라 일정하지 않다. 보다 체계적이고 상세한 기본권은 헌법 실체법의 내용을 반드시 참조하여야 한다.

㈎ 영토권

헌법재판소에 의하면, 헌법 제3조는 "대한민국의 영토는 한반도와 그 부속도서로 한다."라고 규정하여, 대한민국의 주권이 미치는 공간적 범위를 명백히 선언하고 있다. 이러한 영토조항이 국민 개개인의 주관적 권리인 기본권을 보장하는 것으로 해석하는 견해는 거의 존재하지 않는 것으로 보인다. 그러나 개별적인 주관적 기본권을 실질적으로 보장하기 위해서는 경우에 따라서는 객관적인 헌법질서의 보장이 전제되지 않으면 안 되는 상황을 상정해 볼 수 있고, 그 예로서 영토변경은 우리나라의 공간적인 존립기반에 변동을 가져오고, 또한 국가의 법질서에도 변화를 가져옴으로써, 필연적으로 국민의 주관적 기본권에도 영향을 미치지 않을 수 없는 것이다. 이러한 관점에서 살펴본다면, 국민의 개별적 기본권이 아니라 할지라도 기본권 보장의 실질화를 위하여서는, 영토조항만을 근거로 하여 독자적으로는 헌법소원을 청구할 수 없다 할지라도, 모든 국가권능의 정당성의 근원인 국민의 기본권 침해에 대한 권리구제를 위하여 그 전제조건으로서 영토에 관한 권리를, 이를테면 영토권이라 구성하여, 이를 헌법소원의 대상인 기본권의 하나로 간주하는 것은 가능할 것이다(헌재 2001.3.21. 99헌마139등).

㈏ 헌법 제10조 및 이로부터 파생되는 기본권

현행 헌법 제10조는 "모든 국민은 인간으로서의 존엄과 가치를 가지며, 행복을 추구할 권리를 가진다. 국가는 개인이 가지는 불가침의 기본적 인권을 확인하고 이를 보장할 의무를 진다."라고 규정하고 있다.

헌법재판소는 이 조항의 인간의 존엄과 가치로부터 인격권이 유래한다고 하고(헌재 2001.7.19. 2000헌마546), 개인의 인격권·행복추구권에는 개인의 자기운명결정권을 그 전제로 하고 있으며, 이 자기운명결정권에는 성적(性的) 자기결정권 특히 혼인의 자유와 혼인에 있어서 상대방을 결정할 수 있는 자유가(헌재 1990.9.10. 89헌마82), 연명치료 중단에 관한 자기결정권이(헌재 2009.11.26. 2008헌마385) 포함되어 있다고 하였다. 이와 같이 개인의 인격권·행복추구권에서 파생되는 자기결정권에는 자신의 시체의 처리에 대한 생전의 자기결정권도 포함된다(헌재 2015.11.26. 2012헌마940).

또한 행복추구권은 일반적인 행동자유권과 개성의 자유로운 발현권을 포함하며 또한 일반적인 행동자유권에는 당사자 자신이 자유롭게 계약을 체결할 수 있고 원하지 않는 계약을 체결하지 않을 자유인 이른바 계약자유의 원칙이 포함된다고 하였다(헌재 2001.2.22. 99헌마365; 헌재 2002.1.31. 2000헌바35).

나아가 헌법재판소는 헌법 제10조에서 부모의 분묘를 가꾸고 봉제사를 할 권리가 도출된다고 하였다(헌재 2009.9.24. 2007헌마872).

㈐ **헌법 제11조 평등권**

헌법 제11조 제1항은 "모든 국민은 법 앞에 평등하다. 누구든지 성별·종교 또는 사회적 신분에 의하여 정치적·경제적·사회적·문화적 생활의 모든 영역에 있어서 차별을 받지 아니한다."라고 규정하고 있다.

평등의 원칙은 국민의 기본권 보장에 관한 우리 헌법의 최고원리로서 국가가 입법을 하거나 법을 해석 및 집행함에 있어 따라야 할 기준인 동시에, 국가에 대하여 합리적 이유 없이 불평등한 대우를 하지 말 것과, 평등한 대우를 요구할 수 있는 모든 국민의 권리로서, 국민의 기본권 중의 기본권인 것이다(헌재 1989.1.25. 88헌가7).

헌법상 보장된 기본권으로서의 평등권은 기본권적 불이익이 아니고 법적 불이익이 문제되는 경우에도 그 법적 불이익이 차별취급에 의해 발생하는 경우에는 평등권침해 주장을 가능하게 작용하는 작동방식에 기초하여 헌법상 보장된 기본권의 침해가 아닌 경우에도 헌법소원을 통해 결과적으로 그 불이익을 구제할 수 있게 하는 특별한 기능을 한다. 다만 평등권 심사를 통해서 구제받을 수 있는 불이익은 기본권적 불이익은 아니더라도 법적인 불이익으로 평가될 수 있는 것이어야지, 법적인 불이익이 아닌 단지 사실상의 불이익의 경우에는 해당되지 않는다.

가령, 헌법재판소는 주민투표권은 헌법상 보장된 기본권이 아니라고, 즉 헌법상 보장된 참정권으로서의 선거권과 다르고, 주민투표일 현재 주소지에서 주민투표를 할 자유는 행복추구권의 보호범위에 포함된다고 하지 않았다(헌재 2008.9.25. 2008헌마456 참조). 이와 같이 주민투표권은 헌법상 보호되는 기본권이 아니라 법률이 보장하는 권리이지만, 주민투표일 전 19일 이전에 전입신고한 자와 투표일 전 19일 이후에 전입신고한 자를 차별 취급하는 것은 평등권을 침해할 가능성이 있다고 보고 평등권 침해 여부에 관한 심사를 하였다(헌재 2013.7.25. 2011헌마676).

이에 반하여 헌법재판소는 국립서울대학교를 법인으로 하는 법률조항과 관련하여 서울대에 재학 중인 학생이 입을 수 있는 등록금 인상 가능성이나 기초학문 고사 우려 등의 불이익은 법적으로 보호되지 않는 사실상의 불이익에 불과하므로 서울대 재학생과 다른 국립대학 학생간에 평등권의 침해 가능성도 인정되지 아니한다고 하였다(헌재 2014.4.24. 2011헌마612).

㈑ 신체의 자유, 변호인의 조력을 받을 권리, 변호인이 조력할 권리

헌법 제12조 제1항에서는 "모든 국민은 신체의 자유를 가진다. 누구든지 법률에 의하지 아니하고는 체포·구속·압수·수색 또는 심문을 받지 아니하며, 법률과 적법한 절차에 의하지 아니하고는 처벌·보안처분 또는 강제노역을 받지 아니한다."라고, 제4항 제1문은 "누구든지 체포 또는 구속을 당한 때에는 즉시 변호인의 조력을 받을 권리를 가진다."라고, 제6항에서는 "누구든지 체포 또는 구속을 당한 때에는 적부의 심사를 법원에 청구할 권리를 가진다."라고 규정하고 있다.

헌법재판소는 일찍이, 신체의 자유를 보장하고 있는 것은, 신체의 안정성이 외부로부터의 물리적인 힘이나 정신적인 위험으로부터 침해당하지 아니할 자유와 신체활동을 임의적이고 자율적으로 할 수 있는 자유를 말하는 것이라고 하였다(헌재 1992.12.24. 92헌가8).

또한 헌법재판소는 "변호인의 조력"은 "변호인의 충분한 조력"을 의미한다고 하였고(헌재 1992.1.28. 91헌마111), 이를 위하여서는 변호인과 사이의 충분한 접견교통과 교통내용에 대한 비밀의 보장(헌재 1995.7.21. 92헌마144), 변호인을 통한 수사서류를 포함한 소송관계 서류의 열람·등사(헌재 1997.11.27. 94헌마60) 등이 보장되어야 하고, 특히 피의자·피고인의 구속 여부를 불문하고 변호인과 상담하고 조언을 구할 권리는 변호인의 조력을 받을 권리 그 자체에서 곧바로 도출된다고 하였다(헌재 2004.9.23. 2000헌마138).

헌법재판소는 종전에는 변호인의 조력을 받을 권리는 '형사사건'에서의 변호인의 조력을 받을 권리를 의미한다고 하였다(헌재 2013.9.26. 2011헌마398).

그러나 헌법재판소는 최근에, 행정기관인 인천공항출입국·외국인청장에 의해 인천국제공항 송환대기실에 수용된 사람의 변호인의 조력을 받을 권리가 문제된 사안에서 헌법 제12조 제4항 제1문의 '누구든지 … 구속을 당한 때 …"의 '구속'에 행정절차상의 구속도 포함되는지의 여부에 관하여, 헌법 제12조 제4항 본문의 문언 및 헌법 제12조의 조문 체계, 변호인 조력권의 속성, 헌법이 신체의 자유를 보장하는 취지를 종합하여 보면 헌법 제12조 제4항 본문에 규정된 '구속'은 사법절차에서 이루어진 구속뿐 아니라, 행정절차에서 이루어진 구속까지 포함하는 개념이므로 헌법 제12조 제4항 본문에 규정된 변호인의 조력을 받을 권리는 행정절차에서 구속을 당한 사람에게도 즉시 보장된다고 결정하여 선례를 변경하였다(헌재 2018.5.31. 2014헌마346).

이와 관련하여, '변호인으로서 조력할 권리'가 헌법상 보장된 기본권인지 여부에 관하여 헌법재판소의 태도 또한 최근에 변경된 것으로 보인다. 종전에는 변호인 자신의 구속된 피의자·피고인과의 접견교통권은 헌법상의 권리라고는 말할 수 없으며 단지 형사소송법에 의하여 비로소 보장되는 권리라고 하였는데(헌재 1991.7.8. 89헌마181), 최근에는 피의자 및 피고인이 가지는 변호인의 조력을 받을 권리가 실질적으로 확보되기 위해서는, 피의자 및 피고인에 대한 변호인의 조력할 권리의 핵심적인 부분(이하 '변호인의 변호권'이라 한다)은 헌법상 기본권으로서 보호되어야 한다고 하였던 종전 결정(헌재 2003.3.27. 2000헌마474 참조)을 다시 확고히 하면서, 변호인이 피의자신문에 자유롭게 참여할 수 있는 권리는 피의자가 가지는 변호인의 조력을 받을 권리를 실현하는 수단이므로 헌법상 기본권인 변호인의 변호권으로서 보호되어야 하는데, 검찰수사관이 피의자신문에 참여한 변호인에게 피의자의 후방에 앉으라고 요구한 행위는 변호인의 변호권을 침해한다고 하였다(헌재 2017.11.30. 2016헌마503).

나아가 헌법재판소는 '변호인이 되려는 자'의 접견교통권이 헌법상 기본권으로서 보장되어야 한다는 데까지 나아갔는데, '변호인이 되려는 자'의 접견교통권은 피의자 등을 조력하기 위한 핵심적인 부분으로서, 변호인 선임을 위하여 피의자·피고인(이하 '피의자 등'이라 한다)이 가지는 '변호인이 되려는 자'와의 접견교통권과 표리의 관계에 있으므로, 피의자 등이 가지는 '변호인이 되려는 자'의 조력을 받을 권리가 실질적으로 확보되기 위해서는 '변호인이 되려는 자'의 접견교통권 역시 헌법상 기본권으로서 보장되어야 하기 때문이라고 하였다(헌재 2019.2.28. 2015헌마1204).

㈒ 거주·이전의 자유와 국적변경의 자유

헌법재판소는, 최근에 거짓이나 그 밖의 부정한 방법으로 귀화허가를 받은 자에 대하여 그 귀화허가를 취소할 수 있도록 한 규정이 거주·이전의 자유 및 행복추구권을 침해하지 않는다고 하였는데(헌재 2015.9.24. 2015헌바26), 이로써 국적의 취득과 상실이 거주·이전의 자유에 의하여 보호되는 영역에 있다고 보았음을 알 수 있다.

㈓ 직업의 자유

헌법재판소에 의하면, 직업선택의 자유에서 보호되는 직업이란 생활의 기본적인 수요를 충족시키기 위해 행하는 계속적인 소득활동을 의미하므로, 성매매는 그것이 가지는 사회적 유해성과는 별개로 성판매자의 입장에서 생활의 기본적 수요를 충족하기 위한 소득활동에 해당함을 부인할 수 없다 할 것이므로, 성매매를 한 자를 형사처벌하는 법률조항은 성판매자의 직업선택의 자유를 제한하고(헌재 2016.3.31. 2013헌가2), 농협조합장 선거에 입후보하여 당선되는 것은 그 자체가 직업선택의 한 방법으로서, 농협의 조합장은 헌법 제15조에 의하여 보호되는 직업에 속하나(헌재 2012.12.27. 2011헌마562), 의무복무로서의 현역병은 헌법 제15조가 선택의 자유로서 보장하는 직업이라고 할 수 없고(헌재 2010.12.28. 2008헌마527). 노조전임자 자체를 하나의 직업 유형으로 볼 수는 없고(헌재 2014.5.29. 2010헌마606), 입양기관을 운영하는 사회복지법인이 '기본생활지원을 위한 미혼모자가족복지시설'을 설치·운영하는 것은 아동 및 가정 복지사업의 일환으로 하는 것으로서 이와 관련하여 시설이용자로부터 대가를 받는 등 소득을 얻는 것은 아니므로, 이를 생활의 기본적 수요를 충족시키기 위해서 행하는 계속적인 소득활동이라고 볼 수 없다(헌재 2014.5.29. 2011헌마).

㈖ 주거의 자유

헌법재판소는, 헌법 제16조가 보장하는 주거의 자유는 개방되지 않은 사적 공간인 주거를 공권력이나 제3자에 의해 침해당하지 않도록 함으로써 국민의 사생활영역을 보호하기 위한 권리이므로, 주택재개발사업에서의 주거세입자에 대해 일정 기간 동안 임차권의 대상인 건축물의 사용·수익을 제한하는 법률조항은 주거의 자유를 제한하는 것이 아니라고 하였다(헌재 2014.7.24. 2012헌마662).

㈗ 사생활의 비밀과 자유, 개인정보자기결정권

헌법재판소에 의하면, 미결수용자가 변호인 아닌 자와의 접견 시 그 대화내용을 녹음·녹화할 수 있도록 하는 형의 집행 및 수용자의 처우에 관한 법률 조항은 사생활의 비밀과 자유에 대한 제한이 된다(헌재 2016.11.24. 2014헌바401).

또한 헌법재판소는 개인정보자기결정권은 헌법 제10조 제1문에서 도출되는 일반적 인격권 및 헌법 제17조의 사생활의 비밀과 자유에 의하여 보장된다고 하였다(헌재 2012.12.27. 2010헌마153; 헌재 2018.8.30. 2016헌마483).[66]

헌법재판소에 의하면, 학교폭력 관련 조치사항은 학생 개인에 대한 학교의 판단이나 평가를 나타내는 정보로서, 개인의 인격에 밀접히 관련되어 인격주체성을 특징지을 수 있는 민감한 정보에 해당하고(헌재 2016.4.28. 2012헌마630), 교도관이 미결수용자와 변호인 간에 주고받는 서류를 확인하고, 소송관계서류처리부에 그 제목을 기재하여 등재한 행위는 어느 시점에 어떤 종류의 소송을 수행하고 있는지를 알려주는 정보들이지만 내용적 정보가 아니라 소송서류와 관련된 외형적이고 형식적인 사항들로서 개인의 인격과 밀접하게 연관된 민감한 정보라고 보기는 어렵다(헌재 2016.4.28. 2015헌마243).

---

66) 헌법재판소는 종전에는 개인정보자기결정권으로 보호하려는 내용을 헌법 제10조, 제17조의 각 기본권들 및 자유민주적 기본질서, 국민주권원리와 민주주의원리 등 헌법원리들에 완전히 포섭시키는 것은 불가능하다고 할 것이므로, 그 헌법적 근거를 굳이 어느 한 두 개에 국한시키기 보다는 이들을 이념적 기초로 하는 독자적 기본권으로서 헌법에 명시되지 아니한 기본권이라고 보아야 할 것이라고 한 바 있었는데(헌재 2005.5.26. 99헌마513등; 헌재 2009.10.29. 2008헌마257), 그 태도를 보다 간명하게 변경한 듯하다.

㈆ 통신의 비밀 보호

헌법재판소는 통신의 비밀이란, 서신·우편·전신의 통신수단을 통하여 개인 간에 의사나 정보의 전달과 교환(의사소통)이 이루어지는 경우, 통신의 내용과 통신이용의 상황이 개인의 의사에 반하여 공개되지 아니할 자유를 의미한다고 하여, 수사기관이 전기통신사업자에게 통신사실 확인자료 가운데 위치추적자료를 제공하도록 요청할 수 있도록 한 통신비밀보호법의 해당 조항이 통신의 자유와 개인정보자기결정권을 침해한다고 하였다(헌재 2018.6.28. 2012헌마191등).

헌법재판소에 의하면, 구금시설은 다수의 수용자를 집단으로 관리하는 시설로서 규율과 질서유지가 필요하므로 미결수용자의 사생활의 비밀과 자유 및 통신의 비밀에는 내재적 한계가 있으나(헌재 2016.11.24. 2014헌바401), 수용자가 집필문의 출판을 위해 외부로의 반출을 제한하는 것은 통신의 자유에 관련되고(헌재 2016.5.26. 2013헌바98), 화상접견시스템이라는 전기통신수단을 이용하여 수용자와 접견인 사이의 화상접견 내용을 녹음·녹화하는 경우 통신의 비밀에 대한 제한에 해당하나 통신의 비밀의 침해에 이르지는 못한다(헌재 2016.11.24. 2014헌바401).

㈇ 종교의 자유

헌법재판소는, 종교단체가 운영하는 양로시설도 국가 또는 지방자치단체 외의 자가 양로시설을 설치하고자 하는 경우와 마찬가지로 신고하도록 하는 것은 자유로운 양로시설 운영을 통한 선교의 자유, 즉 종교의 자유 제한하는 측면이 있지만, 신고할 내용은 노인들의 안전한 주거 공간 보장을 위한 최소한의 기준에 불과하므로 신고의무 부과가 지나치다고 할 수 없고, 안전사고나 인권침해 피해정도가 커질 수 있으므로, 예외를 인정함이 없이 신고의무를 부과할 필요가 있으며, 제한되는 사익에 비하여 심판대상조항이 달성하려는 공익은 매우 중대하므로 종교의 자유를 침해한다고 볼 수 없다고 하였다(헌재 2016.6.30. 2015헌바46).

㈈ 언론·출판·집회·결사의 자유

헌법재판소는, 오늘날 정치적 표현의 자유는 자유민주적 기본질서의 구성요소로서 다른 기본권에 비하여 우월한 효력을 가지므로 함부로 그 제한을 정당화해서는 안 되지만, 우리 헌법은 공무원이 국민전체에 대한 봉사자라는 지위에 있음을 확인하면서 공무원에 대해 정치적 중립을 지킬 것을 요구하고 있으므로 공무원의 경우 그 신분과 지위의 특수성에 비추어 경우에 따라서는 일반 국민에 비하여 표현의 자유가 더 제한될 수 있고(헌재 2014.8.28. 2011헌바50), 정당에 대한 재정적 후원을 금지하고 위반 시 형사처벌하는 구 정치자금법 해당 조항은 정당활동의 자유와 국민의 정치적 표현의 자유를 침해한다고 하였다(헌재 2016.12.29. 2014헌바434).

또한, 지역농협 이사 선거의 경우 전화(문자메시지를 포함한다)·컴퓨터통신(전자우편을 포함한다)을 이용한 지지·호소의 선거운동방법을 금지하고, 이를 위반한 자를 처벌하는 구 농업협동조합법 해당 조항은 문제된 이사 선거의 후보자들인 청구인들의 결사의 자유, 표현의 자유를 침해한다고 하였다(헌재 2016.11.24. 2015헌바62).

(타) 재산권

헌법재판소에 의하면, "우리 헌법이 보장하고 있는 재산권은 경제적 가치가 있는 모든 공법상·사법상의 권리를 뜻하고(헌재 1992.6.26. 90헌바26), 이러한 재산권의 범위에는 동산·부동산에 대한 모든 종류의 물권은 물론, 재산가치 있는 모든 사법상의 채권과 특별법상의 권리 및 재산가치 있는 공법상의 권리 등이 포함되나, 단순한 기대이익·반사적 이익 또는 경제적인 기회 등은 재산권에 속하지 않는다(헌재 1998.7.16. 96헌마246; 헌재 2000.6.1. 98헌바34).

예를 들어 헌법재판소에 의하면, 물리치료사가 의사, 치과의사의 지도 하에 업무를 할 수 있도록 정한 구 '의료기사 등에 관한 법률'의 해당 조항은, 한의사가 물리치료사의 조력을 받아 한방치료를 하는 것을 제한하나, 한의사가 물리치료사를 고용하여 영업함으로써 얻을 수 있는 영리획득의 기회는 재산권의 보호영역이 아니므로 재산권은 문제되지 아니하고, 일반적으로 문제되는 영업권이란 다년간에 걸쳐 확고하게 형성되거나 획득된 영업상의 고객관계, 입지조건, 영업상의 비결, 신용, 영업능력, 사업연락망 등을 포함하는 영업재산이나 영업조직으로서 경제적으로 유용하면서 처분에 의한 환가가 가능한 재산적 가치를 말하므로 현재 물리치료사 고용을 통한 영업을 하지 못하고 있는 만큼 영업권이 문제될 여지가 없다(헌재 2014.5.29. 2011헌마552).

택지개발사업의 시행의 경우에 이주대책은 헌법 제23조 제3항이 정하는 정당한 보상의 내용이 아니라 생활보상의 일환으로 이루어지는 것이므로, 인간다운 생활을 할 권리는 문제될 수 있으나 위 조항들이 재산권을 제한한다고 볼 수는 없다(헌재 2015.10.21. 2013헌바10).

(파) 재판청구권

재판청구권은 법적 분쟁의 해결을 가능하게 하는 적어도 한 번의 권리구제절차가 개설될 것을 요청할 뿐 아니라 그를 넘어서 소송절차의 형성에 있어서 실효성 있는 권리보호를 제공하기 위하여 그에 필요한 절차적 요건을 갖출 것을 요청한다. 비록 재판절차가 국민에게 개설되어 있다 하더라도 절차적 규정들에 의하여 법원에의 접근이 합리적인 이유로 정당화될 수 없는 방법으로 어렵게 된다면 재판청구권은 사실상 형해화될 수 있으므로 바로 여기에 입법형성권의 한계가 있다.

헌법재판소에 의하면, 구 인신보호법이 '피수용자인 구제청구자'의 즉시항고 제기기간을 '3일'로 정한 것은 피수용자의 재판청구권을 침해하고(헌재 2015.9.24. 2013헌가21), 즉시 항고 제기기간을 3일로 정한 구 형사소송법 제405조 또한 재판청구권을 침해한다(헌재 2018.12.27.2015헌바77).

㈛ 혼인과 가족생활의 보호

헌법재판소에 의하면, 부모가 자녀의 이름을 지어주는 것은 자녀의 양육과 가족생활을 위하여 필수적인 것이고, 가족생활의 핵심적 요소라 할 수 있으므로, '부모가 자녀의 이름을 지을 자유'는 혼인과 가족생활을 보장하는 헌법 제36조 제1항과 행복추구권을 보장하는 헌법 제10조에 의하여 보호받는데, 출생신고 시 자녀의 이름에 사용할 수 있는 한자의 범위를 '통상 사용되는 한자'로 제한하고 있는 '가족관계의 등록 등에 관한 법률' 및 '가족관계의 등록 등에 관한 규칙' 각 해당 조항 부분은 '부모가 자녀의 이름을 지을 자유'에 관련되기는 하지만 침해하는 것은 아니다(헌재 2016.7.28. 2015헌마964).

(거) 건강하고 쾌적한 환경에서 생활할 권리

공직선거에서 확성장치를 사용함에 있어 자동차에 부착하는 확성장치 및 휴대용 확성장치의 수는 '시·도지사선거는 후보자와 구·시·군 선거연락소마다 각 1대·각 1조, 지역구지방의회의원선거 및 자치구·시·군의 장 선거는 후보자마다 1대·1조를 넘을 수 없다'고 규정한 공직선거법(2010. 1. 25. 법률 제9974호로 개정된 것) 제79조 제3항 제2호 중 '시·도지사 선거' 부분, 같은 항 제3호 및 공직선거법(2005. 8. 4. 법률 제7681호로 개정된 것) 제216조 제1항에 대하여, 심판대상조항이 선거운동의 자유를 감안하여 선거운동을 위한 확성장치를 허용할 공익적 필요성이 인정된다고 하더라도 정온한 생활환경이 보장되어야 할 주거지역에서 출근 또는 등교 이전 및 퇴근 또는 하교 이후 시간대에 확성장치의 최고출력 내지 소음을 제한하는 등 사용시간과 사용지역에 따른 수인한도 내에서 확성장치의 최고출력 내지 소음 규제기준에 관한 규정을 두지 아니한 것은, 국민이 건강하고 쾌적하게 생활할 수 있는 양호한 주거환경을 위하여 노력하여야 할 국가의 의무를 부과한 헌법 제35조 제3항에 비추어 보면, 적절하고 효율적인 최소한의 보호조치를 취하지 아니하여 국가의 기본권 보호의무를 과소하게 이행한 것으로서, 청구인의 건강하고 쾌적한 환경에서 생활할 권리를 침해한다(헌재 2019. 12. 27. 2018헌마730).

나. 기본권의 침해 가능성

(1) 의의

기본권의 침해란 공권력주체가 기본권 규범에 의해 보장되는 기본권의 보호범위 또는 내용에 대해 간섭, 방해 등의 제한을 하는데 그 제한이 헌법적으로 정당화되지 않는 것을 말한다.

법 제68조 제1항의 '헌법상 보장된 기본권을 침해받은 자'는 '헌법상 보장된 기본권을 침해받았다고 주장하는 자'로 새겨야 한다.[67] 소송의 실제에서는 기본권을 침해받았다는 것은 심리의 결과로 확정되는 것이므로 소송의 시작단계에서 기본권 침해의 확정을 소송의 요건으로 할 수 없기 때문이다. 다만 헌법소원심판의 청구인은 공권력의 행사·불행사로 자신의 기본권이 침해받을 수 있음을, 즉 자신의 기본권이 방해, 간섭되는 등으로 제한되고 있음을 어느 정도 구체적으로 명시하여 기본권의 침해 가능성이 있음이 납득될 수 있도록 하여야 한다.

따라서 공권력의 행사·불행사로 인하여 헌법소원심판을 청구하고자 하는 사람의 기본권을 전혀 제약하지 않는다면 애당초 기본권 침해의 가능성이 없으므로 그 공권력의 행사·불행사에 대한 헌법소원심판의 청구는 허용되지 아니한다(헌재 1999.5.27. 97헌마368; 헌재 2008.2.28. 2006헌마582; 헌재 2013.11.28. 2012헌마166).

(2) 기본권의 침해 가능성이 부인된 사례

그 동안 헌법재판소의 결정에서 기본권의 침해가능성이 없다하여 부적법한 청구로 심판된 사례들은 몇 가지 범주로 추려볼 수 있다. 이러한 그룹핑이 반드시 개념적으로 필요한 것은 아니나, 다만 기존의 결정들과 비교해봄으로써 헌법소원심판 청구의 적법여부에 관하여 폭넓게 살펴보는 데 유익할 것이다.

㈎ 법적으로 영향이 없는 경우

실손의료보험계약의 보험금은 약관에서 보장대상으로 하는 본인부담 의료비에서 일정액을 공제하도록 정하고 있는 보험업감독규정(금융위원회 고시)의 해당 조항과 관련하여, 보험회사는 이 조항의 기준을 충족하는 상품은 금융위원회에 기초서류를 제출함으로써 판매할 수 있고, 가령 전액보장보험과 같이 그 기준을 충족하지 아니하는 상품은 금융위원회에 기초서류를 신고하여 금융위원회가 이를 수리하면 판매할 수 있게 되므로, 위 고시 조항 그 자체에 의하여 전액보장보험의 판매와 가입이 금지된다든지 달

---

67) 실무제요, 284면 참조

리 전액보장보험에 가입하려고 하던 청구인들에게 어떠한 불리한 영향이 초래되는 바 없어, 위 고시조항 자체로 인하여 청구인들에게 어떠한 기본권 침해의 가능성이 발생하였다고 볼 수 없다(헌재 2012.3.29. 2009헌마613).

㈏ 공권력 행사로 인해 반사적·사실적인 불이익이 발생하는 경우

헌법재판소는 마늘교역에 관한 합의서에 의하여 중국산 마늘에 대한 수입제한 조치가 연장되지 않음에 따라 우리나라 마늘재배농가의 경영상황이 악화되더라도 이것이 그 농가의 재산권이나 직업선택의 자유가 어떠한 영향을 받는다고 볼 수 없다고 하였다(헌재 2004.12.16. 2002헌마579).

헌법재판소는, 수의사가 아니더라도 자기가 사육하는 동물에 대한 진료행위를 할 수 있도록 한 수의사법 및 동 시행령 해당 규정으로 인해 수의사들이 동물을 진료하는 데에 아무런 법률상 장애를 주지 않고, 법령상의 규제 때문에 종전에 사실상 독점하고 있던 영업행위를 관계법의 개정에 따라 다른 사람들도 할 수 있게 됨으로써 종전에 누리고 있던 독점적 영업이익이 상실된다고 하여도 이는 사실상 기대되던 반사적 이익이 실현되지 않게 된 것에 불과한 것이고(헌재 2008.2.28. 2006헌마582), 사법시험법이 폐지됨으로 인하여 각 대학들이 법학전문대학원을 설치할 수밖에 없고 그 결과 장래 법학박사과정에 진학하고자 하는 사람이 법학에 관한 학술 박사학위 과정에서 심화된 법학연구를 할 수 없게 되더라도, 이는 단순한 간접적·사실적 불이익에 불과하여(헌재 2012.3.29. 2009헌마754), 모두 기본권 침해의 가능성이 없다고 하였다.

㈐ 시혜적인 조항의 적용 대상인 경우

의료급여 수급권자에게 급여비용의 본인부담금이 면제되는 것은 의료급여 수급권자의 기본권이 침해된다거나 그 법적 지위에 불리한 영향을 받는다고 할 수 없고(헌재 2009.11.26. 2007헌마734), 공직선거법상 후보자가 설치한 선거사무소에는 중앙선거관리위원회규칙으로 정하는 바에 따라 선거운동을 위한 간판·현판 및 현수막, 선거벽보, 선거공보, 선거공약서, 후보자의 사진을 첩부할 수 있도록 하고, 예비후보자의 선거사무소에는 간판·현판 및 현수막에 한하여 설치·게시할 수 있도록 하는 규정은 선거운동의 자유를 보장하는 규정이므로, 이로 인하여 지역구 지방의회의선거에 입후보한 사람의 선거운동의 자유 등 헌법상 기본권이 침해될 가능성이 있다고 보기 어렵다(헌재 2012.3.29. 2010헌마673).

㈑ 규정의 적용 대상이 아닌 경우

헌법재판소는, 중증 장애인을 위한 활동보조인과 선거운동에서의 선거사무원은 그 역할과 기능이 본질적으로 달라서 공직선거법 상의 선거사무원에 활동보조인이 포함될

수 없음이 명백하므로 공직선거법상에 선거사무원 정수를 정한 조항이 중증장애인 후보자와 비장애인 후보자에 동일하게 선거사무원의 수를 제한한다고 하여도 이로 인하여 활동보조인이 제한되는 것은 아니므로 중증장애인인 후보자의 평등권을 침해할 가능성이 없다고 하였는데(헌재 2009.2.26. 2006헌마626), 이는 선거사무원 정수에 대한 조항이 중증장애인 후보자를 위한 활동보조인에게는 적용이 없는 것으로 보았다고도 할 수 있다.

또한 헌법재판소는 소방기본법 시행규칙 조항에서는 화재조사전담부서의 장이 소속 소방공무원 가운데 12주 이상의 전문교육을 이수한 자로서 국민안전처장관이 실시하는 화재조사에 관한 시험에 합격한 자로 하여금 화재조사를 실시하게 하여야 한다고 규정하고 있는바, 이는 소방관서에 설치된 화재조사전담부서 내부에서 그 소속 공무원의 직무능력의 인증 등에 관하여 규정한 조직규범으로서 일반 국민을 수범자로 하지 아니하고, 따라서 이로 인하여 소속 공무원이 아닌 사람의 헌법상 기본권이 침해될 가능성이 인정되지 아니한다고 하였다(헌재 2016.9.29. 2013헌마821).

(마) 기본권 침해에 관한 구체적 주장이 없는 경우

한미자유무역협정으로 인해 헌법의 이념적 기초, 헌법상 권한 배분, 기본권 보장 범위 등이 침해되는 결과가 초래될 수 있다는 주장은 청구인 자신의 법적 지위에 현실적이고 구체적인 영향을 미치는 사항에 관한 주장이 아니어서 기본권 침해 가능성이 인정되지 않고(헌재 2013.11.28. 2012헌마166), 경주 첨성대를 국보 제31호로 지정한 행위 및 파사석탑을 경남문화재자료 제227호로 지정한 행위가 부당하며 헌법 전문에 반한다는 지적을 하고 있을 뿐, 자신의 기본권 침해의 원인이 무엇인지 또한 그로 인하여 청구인의 기본권이 어떻게 침해되었는지 여부 등 그 기본권 침해 가능성을 확인할 수 있을 정도의 구체적인 주장을 하지 않는바, 이러한 심판청구는 부적법하다(헌재 2019.6.17. 2019헌마577).

[최근결정]

1) 성매수인만을 처벌하고, 상대방인 청소년을 처벌하지 않는 구 '아동·청소년의 성보호에 관한 법률'의 해당 조항이 상대방인 청소년을 처벌하지 않는 것으로 인하여 성매수인의 어떠한 기본권이 침해된다거나 그 법적 지위에 불리한 영향을 받는다고 볼 수 없으므로 기본권 침해가능성이 인정되지 아니한다(헌재 2016.2.25. 2013헌마830).

2) 교육감을 주민의 선거에 따라 선출한다고 규정한 '지방교육자치에 관한 법률' 조항으로 말미암아 학생, 학부모, 교육자 및 교육전문가, 교사 및 교원 등이 받는 영향은 간접적·사실적인 것에 불과하므로, 이로 인하여 위 사람들의 공무담임권이 침해될 가능성이 있는 것은 아니다(헌재 2015.11.26. 2014헌마662).

3) 모집정원의 70%를 임직원 자녀 전형으로 선발하고 10%만을 일반전형으로 선발하는 내용의 입학전형요강을 교육감이 승인한 것과 관련하여 해당 학교에 진학하려는 학생들의 학부모는 위 승인처분으로 직접적으로 차별을 받는 위치에 있다고 할 수 없으므로, 기본권 침해 가능성이 없다(헌재 2015.11.26. 2014헌마145).[68]

4) 경기도교육청의 교육공무원 승진규정에 따른 도서벽지 근무 평정요령과 농어촌 근무 평정요령 중 월·일 평정점 상향에 관한 부분은 각각 모든 평정대상자의 도서벽지 가산점과 농어촌 가산점을 상향하는 것이므로 이로 인하여 야기되는 법적 불이익은 없고, 월·일 평정점 상향으로 인하여 다른 교사들이 종전보다 짧은 기간으로도 합산상한점인 2.00점을 취득할 수 있어 교감승진에 경쟁자들이 늘어나는 것은 사실상의 불이익에 불과하여 기본권 침해 가능성이 없다(헌재 2016.12.29. 2015헌마315).

5) 폐쇄된 의과대학의 학생 정원을 청구인의 의과대학에 특별편입학으로 모집하도록 한 모집요강이 있더라도 청구인들이 기존의 의과대학 교육시설에 참여하거나 이용할 수 있는 지위에는 아무런 영향이 없고, 다만 학생 수가 많아져 예전보다 상대적으로 교육환경이 열악해지거나 자교에서 전공의 수련을 받을 확률이 낮아질 가능성이 있을 뿐이며, 교육환경이 열악해지는 정도 또한 동등한 교육시설 참여 기회 자체를 실질적으로 봉쇄하거나 형해화하는 정도에 이르지 않는다면 위와 같은 불이익은 사실상의 불이익에 불과하므로 청구인들의 기본권 침해 가능성이 인정되지 않는다(헌재 2019.2.28. 2018헌마37등).

6) 수사기관 등이 수사에 관하여 공무소 기타 공사단체에 조회하여 필요한 사항의 보고를 요구할 수 있다고 정한 형사소송법 규정과 경찰관 직무집행법의 해당 규정은 수사기관이 공사단체 등에 대하여 범죄수사에 관련된 사실을 조회할 수 있다고 규정하여 수사기관에 사실조회의 권한을 부여하고 있을 뿐이고 공사단체 등이 수사기관의 사실조회에 응하거나 협조하여야 할 의무를 부담하는 것도 아니므로, 조회된 사실자료 주체의 법적 지위에 어떠한 영향을 미친다고 보기 어려워 기본권침해의 가능성이 인정되지 않는다고 하였다(헌재 2018.8.30. 2014헌마368; 헌재 2018.8.30. 2016헌마483).

7) 한국교육과정평가원이 공표한 '2018학년도 대학수학능력시험 시행기본계획' 중 수능시험 문항수 기준 70%를 EBS 교재와 연계하여 출제한다는 부분은 고등학

68) 다만 이 결정에서 해당 학교에 진학하려는 학생들에게는 단순한 사실적·간접적 불이익이 아니며 법적 불이익이 발생한 것이라고 하였다.

교 교사들에게 EBS 교재를 참고하여야 하는 부담을 줄 수는 있지만, 이는 사실상의 부담에 불과할 뿐 EBS 교재를 참고하여야 하는 법적 의무를 부과하는 것은 아니므로, 위 시행기본계획 중 해당 부분에 대한 심판청구는 고등학교 교사인 청구인들의 기본권 침해 가능성이 인정되지 않는다(헌재 2018.2.22. 2017헌마691).

8) 대한민국 정부가 2019.8.22. 국가안전보장회의를 개최한 뒤, 일본국 정부와 2016.11. 체결한 '군사정보보호협정(General Security of Military Information Agreement, 약칭 GSOMIA)'을 종료하기로 결정한 행위는 청구인들에게 어떠한 자유의 제한이나 의무의 부과, 권리 또는 법적 지위의 박탈을 일으키지 않으므로 기본권 침해 가능성이 인정되지 않는바, 구체적으로 설령 청구인들 주장처럼 헌법, 국회법 등에 정한 절차를 따르지 않고 위와 같은 종료행위가 있었다 하더라도 그것만으로 선거권 등의 기본권을 침해할 가능성이 없으며, 위 종료로 장차 침략적 전쟁에 휩싸이게 된다고 인정하지 않으므로 현재의 시점에서 생명권, 행복추구권의 침해 가능성이 있다고 할 수 없다(헌재 2019.10.15. 2019헌마1064).

5. 법적 관련성(자기 자신의 기본권의 현재적이고 직접적인 침해 가능성)

헌법재판소의 확립된 법리에 의하면, 헌법소원심판 청구인은 문제된 공권력의 행사·불행사로 인하여 원칙적으로 자기자신의 기본권이, 현재적으로 그리고 직접적으로 제한되는 경우라야 헌법소원심판을 적법하게 청구할 수 있다고 한다. 이와 같은 법적 관련성을 자기관련성, 현재성, 직접성으로 나누어 보는 것이 통상적이다.

가. 자기관련성

생각해보기

상담자는 원주시에 거주하면서 원주국민체육센터 수영장을 이용하는데, '원주시 체육시설 설치 및 운영 조례' 제18조 제4호가 수영장을 이용하는 13세 이상 55세 이하의 여성에게만 월 이용료의 10퍼센트를 할인하여 남성인 자신의 평등권, 행복추구권을 침해하므로 이에 대하여 이는 성별에 의한 차별이므로 헌법소원을 하고싶다고 한다. 이 상담자에 대한 답변을 구성해보라.

관련 조례 규정은 다음과 같다.

원주시 체육시설 설치 및 운영 조례(2015. 7. 16. 강원도원주시조례 제1409호로 제정된 것)
제18조(우대권 발행 및 회비할인) 체육시설 중 국민체육센터 및 원주드림체육관을 이

용하는 자 중에서 다음 각 호의 어느 하나에 해당하는 경우 시장은 이용료에 대하여 우대권 발행 및 회비를 할인할 수 있다. 다만, 제17조 제2항에 따라 이용료를 감면받은 자는 제외한다.

4. 「국민기초생활 보장법」에 따른 국민기초생활보장수급자는 이용료의 10퍼센트를 각각 할인하고, 수영장을 이용하는 13세 이상 55세 이하의 여성은 월 이용료의 10퍼센트를 할인한다.

(1) 의의

법 제68조 제1항의 '기본권을 침해받은 자'는 소송의 적법요건 단계에서는 '기본권을 침해받았다고 주장하는 자'로 새겨야 함을 앞에서 보았다. 여기서는 기본권을 침해받은 '자'에 관하여 보자. 헌법소원이란 본질적으로는 기본권 주체가 기본권의 침해를 다투는 것이고, 개인의 권리구제제도이므로 원칙적으로 자기 자신의 권리침해를 구제하도록 하는 것이어야 하는바, 기본권을 침해받은 '자'는 자신의 기본권 침해를 주장하는 자를 말하고, 이와 같이 자기 자신의 기본권 침해를 받은 자만이 헌법소원심판을 적법하게 청구할 수 있는 요건을 통상 '기본권 침해의 자기관련성', 약칭으로 '자기관련성'이라고 한다. 헌법소원에서 자기관련성을 요건으로 하는 이유는 기본적으로 우리의 헌법소원은 민중소송이 아니기 때문이다.

이와 같이 기본권 침해의 자기관련성이란 심판대상규정에 의하여 청구인의 기본권이 '침해될 가능성'이 있는가에 관한 것이므로, 청구인의 기본권이 침해될 가능성이 존재하는 한 자기관련성이 인정된다(헌재 2000.6.29. 99헌마289).

(2) 자기관련성 판단

(가) 공권력 작용의 상대방

자기관련성은 원칙적으로 공권력 행사·불행사의 상대방 또는 수신자에게 인정된다. 따라서 헌법소원심판을 청구할 수 있는 자는 원칙적으로는 공권력 작용의 상대방 또는 수신자에 한한다. 따라서 자기관련성 요건은 논쟁의 중심이 자연스럽게 공권력 작용의 직접 상대방이 아닌 경우에 자기관련성이 인정될 수 있는지 여부로 넘어가게 된다.

그렇지만 자기관련성의 개념 요소는 어디까지나 '자기 자신의 기본권 침해를 주장할 수 있는 자'이지 '공권력 행사의 상대방'은 아니다. 공권력 작용의 상대방은 대체로 그 공권력 작용으로 인한 기본권 침해를 주장할 수 있는 자에 해당하는 것이다. 가령 청구인의 형사재판의 증인을 검사가 과다하게 소환하는 검찰권을 행사한 것에 대하여 헌법소원심판을 청구한 경우에 공권력 행사의 상대방은 위 증인이지 청구인은 아니지만, 이러한 검찰권 행사로 인하여 청구인은 공정한 재판을 받을 권리의 침해를 주장할 수 있으므로 당연히 자기관련성이 인정될 수 있다(헌재 2001.8.30. 99헌마496).

㈏ 제3자

공권력 작용의 상대방이 아닌 제3자라고 하더라도 문제되는 공권력 작용이 그 제3자의 기본권을 침해하고 있는 경우에는 예외적으로 그 제3자에게 자기관련성이 인정될 수 있다.

제3자의 자기관련성 인정 여부는 문제된 법률의 입법목적, 실질적인 규율대상, 법규정에서의 제한이나 금지가 제3자에게 미치는 효과나 진지성의 정도, 규범 수규자에 의한 헌법소원의 제기가능성 등을 종합적으로 고려하여 판단하여야 한다.[69]

가령, 지방공사 임직원의 선거운동을 금지하는 법률조항이 국회의원 선거의 입후보자의 선거운동에 미치는 효과는 입후보자가 선거운동원으로 활용할 수 있는 인적 범위를 간접적으로 제한하는 반사적 불이익만을 미치므로 위 규정의 수규자인 지방공사의 임직원이 아니라 3자에 해당하는 입후보자에게는 자기관련성이 인정되지 않고(헌재 1997.9.25. 96헌마133), 고용노동부장관의 지정에 따라 외국인근로자의 고용에 관한 업무를 대행하는 기관이 갖추어야 할 요건을 정한 조항이 규율하는 대상은 대행 업무를 수행하려는 자이므로, 대행기관 지정을 통해 대행 업무를 수행하려는 행정사 등은 위 조항에 대하여 자기관련성을 가진다고 할 수 있지만, 외국인 근로자의 고용에 관한 업무를 대행기관에게 위탁하려는 사업주들인 자는 위 조항에 대하여 단지 간접적이고 사실적이며 경제적인 이해관계가 있는 자들일 뿐이어서 자기관련성이 인정되지 않는다고 하였다(헌재 2011.10.25. 2010헌마661).

이에 반하여, 정보통신망을 통하여 일반에게 공개된 정보로 말미암아 사생활 침해나 명예훼손 등 타인의 권리가 침해된 경우 그 침해를 받은 자가 삭제요청을 하면 일정한 경우에 정보통신서비스 제공자는 30일 이내에서 해당 정보에 대한 접근을 임시적으로 차단하는 조치를 하여야 한다고 정하고 있는 '정보통신망 이용촉진 및 정보보호 등에 관한 법률'의 해당 조항의 문언상의 수범자는 정보통신서비스제공자이고, 서비스제공자가 운영하는 게시판에 글을 게시한 자는 제3자이지만, 임시조치로 게시자가 게재한 정보는 접근이 차단되는 불이익을 받게 되었으므로, 위 법률조항의 입법목적, 실질

69) 실무제요, 288면 참조

적인 규율대상, 제한이나 금지가 제3자에게 미치는 효과나 진지성의 정도를 종합적으로 고려할 때, 게시자의 자기관련성을 인정할 수 있다(헌재 2012.5.31. 2010헌마88).

앞의 생각해보기 사안의 모델이 된 사건에서 헌법재판소는, 일반적으로 수혜적 법령의 경우에는 수혜범위에서 제외된 자가 자신이 평등원칙에 반하여 수혜대상에서 제외되었다는 주장을 하거나, 비교집단에게 혜택을 부여하는 법령이 위헌이라고 선고되어 그러한 혜택이 제거된다면 비교집단과의 관계에서 청구인의 법적 지위가 상대적으로 향상된다고 볼 여지가 있는 때에 청구인이 그 법령의 직접적인 적용을 받는 자가 아니라고 할지라도 자기관련성을 인정할 수 있으나, 13세 이상 55세 이하의 여성에게 심판대상조항에 의한 할인혜택을 주어서는 아니 된다고 주장할 뿐이고, 수영장의 이용과 관련하여 13세 이상 55세 이하의 여성들과 서로 경쟁관계에 있어 이들에 대한 혜택 부여가 동시에 청구인에게 불이익을 의미하는 관계에 있다고 인정하기 어렵고, 설령 심판대상조항이 위헌으로 선고되어 13세 이상 55세 이하의 여성들에 대한 할인혜택이 제거되더라도 청구인이 지급하는 이용료에 영향을 미침으로써 청구인의 법적 지위가 상대적으로 향상된다고 보기도 어렵다. 따라서 청구인에게 심판대상조항에 관한 기본권침해의 자기관련성이 인정되지 아니한다고 하였다(헌재 2016. 12. 29. 2016헌마50).

㈐ 판단자료에 대한 입증의 정도

헌법재판소는, 기본권 침해의 자기관련성이란 기본권 침해 가능성이 있는가의 문제이므로, 자기관련성의 판단은 권리귀속에 대한 소명만으로 판단할 수 있다고 하였다.

⑶ 구체적인 사례

그 동안의 헌법재판소 결정을 보면, 자기관련성이 인정된 사례에는 부진정부작위입법 형식 또는 수혜적 법률의 적용범위에서 제외된 자, 문제된 규범의 실질적 수규자, 법적 지위에 영향을 받는 경쟁자, 실질적인 규율 목적 및 대상이 되는 소비자 등의 경우가 보인다.

이에 반하여 단체가 그 구성원을 위하여, 법인 대신에 법인의 대표자가, 문제된 규범을 적용받을 지위에 있지 않은 자가, 기본권적 지위에 영향을 받지 않는 경우를 포함하여 경제적·사실적 관련성만 있는 자 이외에 문제된 공권력 작용에 의하여 혜택을 받는 자 등이 청구한 각 헌법소원에서 모두 청구인의 자기관련성이 부정되고 있다.

㈎ 자기관련성이 인정된 사례

일반적으로, 혜택을 주는 법 규정 또는 공권력행사의 경우에는 수혜범위에서 제외된 청구인은 자신이 속한 집단을 평등원칙에 위배되게 배제하였다는 주장을 할 수 있고, 헌법재판소가 심판대상의 평등권위반을 확인한다면, 그 결과로 혜택규정에 의하여 배제되었던 혜택에 참여할 가능성이 있는 경우에는 청구인의 자기관련성을 인정할 수 있다(헌재 2003.6.26. 2002헌마312).

예를 들어 헌법재판소 결정에서는, 지상파방송사업자에게 방송광고를 위탁할 수 있는 자로 한국방송광고공사와 그로부터 출자를 받은 사업자로 한정하고 있는 규정에 대해 민영 방송광고 판매대행사(헌재 2008.11.27. 2006헌마352), 선거권연령을 20세로 한 공직선거법규정에 대해 18, 19세인 사람이 청구한 경우(헌재 2001.6.28. 2000헌마111), 연합뉴스사를 국가기간뉴스통신사로 지정하고 이에 대하여 재정지원 등 혜택을 부여하고 있는 뉴스통신진흥에관한법률 규정에 대해 그 혜택의 범위에서 제외된 청구인 뉴스통신사(헌재 2005.6.30. 2003헌마841) 등에 자기관련성이 인정되었다.

또한, 국민건강보험공단이 직장가입자와 지역가입자의 재정을 통합하여 운영하기로 하면서 종전의 의료보험법에 의하여 설립된 의료보험조합 및 의료보험연합회를 해산하면서 그 권리와 의무는 공단이 포괄적으로 승계하도록 하는 규정에 대하여 그 형식적인 수규자는 법인이나, 직장의료보험조합은 공법인으로서 기본권의 주체가 될 수 없을 뿐만 아니라, 법규정의 실질적인 규율대상이 법인의 지위와 아울러 제3자인 직장의료보험조합의 조합원들의 법적 지위라고 볼 수 있으며, 법규정이 내포하는 불이익이 의료보험조합의 범위를 넘어 그 조합원들에게도 유사한 정도의 불이익을 가져온다는 의미에서 거의 동일한 효과를 가지고 있으므로 조합원들의 자기관련성이 인정되었다(헌재 2000.6.29. 99헌마289).

광고물의 사전심의제도에 대하여 광고회사에 소속되어 광고물의 제작활동을 수행하는 사람들은 제작과정에서 사전심의제도와 심의규정의 존재를 의식하여 제작활동을 행하지 않을 수 없고, 또한 만약 사전심의의 결과 방송불가 또는 조건부 방송가 판정을 받는 경우에는 광고표현물을 심의규정에 맞게 재수정해야 하는 등 방송법 등의 광고기준에 의하여 그들의 제작활동이 직접 제약을 받게 되는데 이러한 제약은 단순히 간접적 또는 사실적인 것이라고 보기는 어려우므로(헌재 1998.11.26. 94헌마207), 가축방역 및 공중위생상 필요하다고 인정하여 농림수산식품부장관이 미국산 쇠고기의 수입위생조건을 정한 농림수산식품부 고시는 미국산 쇠고기를 수입하는 자에게 적용할 수입위생조건을 정한 것으로서, 쇠고기 소비자의 경우 그 직접적인 수범자는 아니라 할 것이나, 위 고시가 소비자의 생명·신체의 안전을 보호하기 위한 조치의 일환으로 행하여진 것이므로 실질적인 규율 목적 및 대상이 쇠고기 소비자와 관련을 맺고 있으며, 소비자들은 가공식품 및 일반 식당 판매 등 여러 경로를 통하여 소비자 자신도 모르게 이를 섭취하게 될 가능성도 있으므로, 일반 소비자들은 특별한 사정이 없는 한 미국산 쇠고기 수입과 관련된 보호조치인 위 고시에 대하여 구체적이고 실질적인 이해관계를 가진다 할 것이어서(헌재 2008.12.26. 2008헌마419), 모두 문제된 규범의 실질적 수규자이므로 자기관련성이 인정되었다. 또한 요양기관의 개설자를 수규자로 하여 요양급여비용의 액수를 인하하는 내용의 '건강보험요양급여행위및그상대가치점수'의 개정이 전문적 의료행위를 제공한 데 대한 대가인 진료비의 수가를 일괄적으로 감소시키는 것을 내용으로 하기 때문에 요양기관에 고용되어 있는 의사들은 요양기관의 개설자는 아니지만 개설자와 유사한 정도의 직업적 불이익을 받게 되므로(헌재 2003.12.18. 2001헌마543), 방송광고의 사전심의에 대한 방송법 해당 규정에 대하여 방송사업자가 아닌 광고주(헌재 2008.6.26. 2005헌마506) 등의 경우에도 자기관련성이 인정되었다.

그리고 헌법재판소는, 일정한 경력을 갖춘 세무직 공무원 등에 대하여 세무사시험의 제1차 시험을 면제하고, 나아가 제2차 시험의 1/2까지 면제하도록 한 세무사법조항에 대하여, 세무사 제2차 시험은 1차 시험에 합격한 자만이 응시할 수 있고 최소합격인원을 정하고 상대평가방식을 병행하여 합격자를 결정하므로, 위 규정이 없다면 일반 응시자의 합격가능성이 높아질 수 있어 그 법적 지위가 상대적으로 향상된다고 볼 여지가 있으므로 일반응시자의 자기관련성이 인정될 수 있다고 하였다(헌재 2008.12.26. 2007헌마1149).

나아가 헌법재판소에 의하면, '공무원의 노동조합 설립 및 운영 등에 관한 법률'(이하 '공무원노조법'이라 한다)에 의하면, 지방공무원 중 기능직공무원과 고용직공무원은 모두 공무원노동조합에 가입할 수 있고, 단결권과 단체교섭권을 가진다. 그런데 지방공무원법은 '사실상 노무에 종사하는 공무원의 범위'를 조례로 정하도록 위임하고 있으므로 해당 조례가 어떻게 제정되는지에 따라 기능직공무원인 청구인들이 향유할 수 있는 근로3권의 범위가 달라지게 되므로 이와 같은 조례 제정 부작위에 의하여 기능직 지방공무원인 청구인들의 기본권이 침해될 가능성이 있으며 청구인들의 자기관련성도 인정된다(헌재 2009.7.30. 2006헌마358).

(나) 자기관련성이 부정된 사례

단체는 원칙적으로 단체 자신의 기본권을 직접 침해당한 경우에만 그의 이름으로 헌법소원심판을 청구할 수 있을 뿐이고 그 구성원을 위하여 또는 구성원을 대신하여 헌법소원심판을 청구할 수 없다(헌재 1991.6.3. 90헌마56; 헌재 1994.2.24. 93헌마33).

예를 들어, 공무원의 정책 반대·방해 행위 및 정치적 주장을 표시하는 복장 등 착용 행위를 금지한 '국가공무원 복무규정' 및 '지방공무원 복무규정'의 수범자는 공무원 개인이지 공무원노동조합총연맹과 같은 공무원단체가 아니며, 설령 위 규정들이 공무원이 '단체의 명의를 사용하여' 행하는 행위 등을 제한하는 결과 공무원노동조합총연맹의 기본권이 제한된다 하더라도 이는 공무원 개개인의 기본권이 제한됨으로써 파생되는 간접적이고 부수적인 결과일 뿐이므로 공무원노동조합총연맹은 위 규정들에 대한 심판청구에서 자기관련성이 없고(헌재 2012.5.31. 2009헌마705등), 또한 헌법재판소에 의하면, '재외국민의 참정권 실현을 위해 설립된 단체'인 ○○유권자총연합회는 소속된 회원들 또는 외국에 거주하는 다른 재외국민의 기본권침해를 이유로 하는 헌법소원 심판청구와(헌재 2014.7.24. 2009헌마256), 무소속 국회의원이 국회 정보위원회를 국회의 교섭단체 소속의 의원으로 구성되도록 하는 국회법 규정에 대하여 자신을 선출한 선거구 국민들의 참정권 내지 선거권 침해를 주장하는 것(헌재 2000.8.31. 2000헌마156) 등은 모두 기본권 침해의 자기관련성이 인정되지 아니한다.

전직대통령 전두환, 노태우 등에 대하여 수여된 훈장을 대통령이 치탈하지 아니하고 있는 부작위에 대한 일반 국민들(헌재 1998.9.30. 97헌마263), 금융감독위원회의 조직과 정원을 정한 금융감독위원회직제에 대한 금융감독원 노동조합 및 금융감독원 직원들(헌재 2002.4.25. 2001헌마285), 의료기관의 조제실에서 종사하는 약사가 외래환자에게 교부된 처방전에 의하여 의약품을 조제할 수 없도록 규정한 약사법 조항에 대한 의료소비자(헌재 2003.10.30. 2000헌마563), 국군의 이라크 전쟁 파견결정에 대한 시민단체나 정당의 간부 및 일반 국민들(헌재 2003.12.18. 2003헌마255등), 제주4·3 특별법에 근거한 희생자 결정에 대한 제주4·3 사건 진압작전에 참가하였던 군인 등(헌재 2010.11.25. 2009헌마147)은 각각의 기본권적 상황에 영향을 받지 않으므로 자기관련성이 인정되지 않는다.

헌법재판소가 간접적 또는 경제적, 사실적 관련성만 있다는 이유로 자기관련성을 부정한 사례를 개략적으로 살펴본다.

서울, 부산 등은 국가에서 비용을 부담하여 광역상수도의 정수시설 설치를 이미 완료하였는데, 광역상수도의 정수시설 설치비용을 지방자치단체에게 부담하도록 하는 수도법 규정의 시행으로 충주댐, 밀양댐 등에 대한 정수시설 설치비용을 부담하게 된 충주시, 밀양시 등의 지역주민(헌재 2000.11.30. 2000헌마79등), 자가용자동차는 고객 유인의 목적으로 노선을 정하여 운행하여서는 아니된다고 규정한 여객자동차운수사업법 조항에 대한 종전에 백화점 등의 셔틀버스를 이용할 수 있었던 소비자들(헌재 2001.6.28. 2001헌마132), 교육인적자원부장관이 대학총장들에 대하여 대학 교수회의 지위를 심의기구나 자문기구로 개정하라고 하는 학칙시정요구에 대하여 대학의 교수회나 그 소속 교수 겸 교수회의 회장들(헌재 2003.6.26. 2002헌마337등), 강원도지사가 '국가균형발전 특별법' 제18조 등에 따라 원주시를 혁신도시 입지로 선정한 것에 대한 춘천시 시민들(헌재 2006.12.28. 2006헌마312), 식품접객업소에서 배달 등의 경우에 합성수지 재질의 도시락 용기의 사용을 금지하는 규정에 대한 합성수지 도시락 용기의 생산업자들(헌재 2007.2.22. 2003헌마428), 경마 관련 레저세의 납세의무자가 한국마사회로 되는 근거인 레저세의 납세의무자를 지방교육세의 납세의무자료 규정한 지방세법 조항에 대한 승마투표권 구매자(헌재 2007.5.31. 2005헌마1132), '연명치료 중단 등에 관한 법률의 입법부작위'에 대한 연명치료중인 환자의 자녀들(헌재 2009.11.26. 2008헌마385) 등은 모두 각 해당 공권력 작용으로 인하여 간접적, 사실적 또는 경제적 불이익을 받고 있으므로 그 공권력 작용에 대한 헌법소원 심판청구에 있어서 자기관련성을 인정할 수 없다.

그 밖에, 헌법재판소는 일정 공공기관 및 공기업으로 하여금 매년 정원의 100분의 3 이상씩 34세 이하의 청년 미취업자를 채용하도록 한 청년고용촉진 특별법 및 같은 법 시행령 조항에 대하여 헌법소원심판 청구 당시 만 28세였고 청년할당제의 유효기간인 2016.12.31.에도 34세가 되지 않는 청구인이 문제된 규정으로 혜택을 받게 된다는 이유로 자기관련성을 부정하였다(헌재 2014.8.28. 2013헌마553).

[최근결정]

1) 전국광역시·도공무원노동조합연맹은 전국의 광역자치단체 공무원 단위노동조합을 구성원으로 하여 설립된 노동조합으로서, 지방자치단체의 장으로 하여금 소속 공무원이 지급받은 성과상여금을 재분배하는 경우에 해당 금액을 징수하고 1년 동안 성과상여금을 지급하지 않도록 하는 '지방공무원 수당 등에 관한 규정'의 해당 조항에 대하여(헌재 2016.11.24. 2015헌마1191등), 언론인 등의 부정청탁을 금지하는 규정 및 금품수수를 금지하는 규정 등은 자연인을 수범자로 하고 있을 뿐이어서 사단법인 한국기자협회가 그 구성원인 기자들을 대신하여서(헌재 2016.7.28. 2015헌마236등) 하는 각 헌법소원 심판청구는 기본권 침해의 자기관련성이 인정되지 않는다.

2) 사립대학을 경영하는 학교법인으로 하여금 학교법인이 부담하여야 하는 사립학교교직원 연금의 법인부담금의 부족액을 학교가 부담하는 경우에 교육과학기술부장관의 승인을 받도록 규정한 구 사립학교교직원 연금법 조항과 학교법인으로

하여금 학교회계와 법인회계를 구분하고 학교회계인 교비회계 수입을 다른 회계에 전출·대여할 수 없도록 규정한 사립학교법 조항의 직접적인 수규자는 학교법인이므로, 학교법인의 이사장 또는 대표권 있는 이사는 위 조항들에 대한 심판청구의 자기관련성이 인정되지 않는다(헌재 2014.3.27. 2012헌마404).

3) 전문대학 내 간호조무 관련 학과 졸업자를 간호조무사 국가시험 응시자격 대상에서 제외하고 있는 의료법 조항은 전문대학 학교법인의 기본권을 제한하는 것은 아니므로 학교법인의 심판청구는 자기관련성 요건을 갖추지 못하였고, 위 조항이 전문대학의 간호조무 관련 학과 졸업자를 간호조무사 국가시험 응시자격에서 제외함으로써 이들의 기본권을 제한하고 있다고 하더라도, 일반 고등학생들의 경우에는 전문대학의 간호조무 관련 학과에서 학업할 수 있는 지위를 확정적으로 부여받았다고 볼 수 없으므로, 자기관련성을 갖추었다고 할 수 없다(헌재 2016.10.27. 2016헌마262).

4) 인터넷신문사업자를 직접 수범자로 하는 '신문 등의 진흥에 관한 법률'의 인터넷신문의 기준을 위임하는 규정 및 그 기준에 관하여 상시 취재인력과 편집인력의 수를 정하고 있는 시행령 조항에 대한 인터넷신문 기자단체, 인터넷신문 독자, 인터넷신문에 종사하는 임원 또는 기자들(헌재 2016.10.27. 2015헌마1206등), 부부가 직접 협의이혼의사확인신청서를 제출하도록 한 '가족관계 등록에 관한 규칙' 조항에 대한 법률사무소에서 근무하는 사람(헌재 2016.6.30. 2015헌마894) 등은 각 해당 조항 또는 공권력 작용에 의하여 기본권적 영향을 받지 않으므로 그에 대한 심판청구의 자기관련성이 인정되지 아니한다.

5) 담배의 제조 및 판매에 관하여 규율하고 있는 구 담배사업법에 대한 간접흡연자와 의료인(헌재 2015.4.30. 2012헌마38),[70] 교육부장관이 일정 대학들을 대학교육역량강화사업 지원 대상에서 제외한 조치에 대한 제외 대상 대학들에 근무하는 교수나 교수회(헌재 2016.10.27. 2013헌마576), 영유아 보육교사 자격 취득을 위해 이수해야 하는 교과목 중 일부를 대면교과목으로 지정한 시행규칙 조항에 대한 학점은행제 원격교육훈련기관 운영자(헌재 2016.11.24. 2016헌마299) 등은 각 공권력 작용에 대하여 간접적이고 사실적인 이해관계를 형성할 뿐이므로 해당 공권력 작용에 대하여 다툴 기본권 침해의 자기관련성이 있다고 볼 수 없다.

70) 이에 대하여 재판관 2인의 반대의견은 비록 간접흡연으로 인한 기본권 침해의 상황이 흡연자의 흡연행위를 매개로 하여 발생하는 것이라 하더라도 담배의 제조 및 판매로 인하여 직접흡연이 발생하는 이상 비흡연자들이 타인의 흡연행위로부터 완벽히 차단될 수 없는 만큼 간접흡연자의 생명·신체의 안전이 위협을

> 6) '장애인활동지원 급여비용 등에 관한 고시'(보건복지부 고시)는 그 수급자에게 활동보조급여를 제공한 활동보조기관이 지급받을 수 있는 시간당 급여비용을 규정하고 있으므로, 활동보조급여 수급자들은 심판대상조항들의 직접적인 수범자가 아닌 제3자에 해당하고, 수급자의 활동지원급여 월 한도액에는 아무런 영향을 주지 않으므로, 활동보조급여 수급자들의 심판청구는 기본권 침해의 자기관련성이 인정되지 않는다(헌재 2018.2.22. 2017헌마322).

나. 현재성

생각해보기

다음의 2016.2.7.일자 법률상담의 요지를 보고 적법요건 중 현재성 요건에 대한 의견을 정리해보라.

의뢰인은 2015.6.26.부터 사회복무요원으로 복무하고 있는 사람인데, 2016.4.13. 시행될 예정인 제20대 국회의원총선거에서 자신이 지지하는 후보에 대하여 선거운동을 하고자 하는데, 사회복무요원은 선거운동을 할 수 없다고 정한 공직선거법 조항에 대하여 헌법소원심판을 청구하고 싶다고 한다.

(1) 의의

헌법소원심판을 청구할 수 있는 사람은 자기자신의 기본권이 공권력의 행사·불행사에 의해 직접적으로 침해될 가능성이 있어야 할 뿐만 아니라, 공권력의 행사·불행사로 인하여 현재적으로 침해될 가능성이 있어야 한다. 이를 헌법소원심판의 현재성 요건이라고 한다.

헌법소원심판에서 현재성 요건을 갖추도록 하는 이유는 기본권 침해를 막연히 받을 우려가 있다는 것만으로 청구하는 것을 방지하기 위한 것이다. 따라서 헌법소원심판의 현재성 요건의 본질적인 의미는 기본권 침해가 심판청구 당시 구체적으로 현출되어 있는가 하는 것이다. 따라서 기본권 침해 행위 자체는 심판청구 이전에 있었다고 하더라도 심판청구 당시 기본권 침해가 현출되었다고 볼 수 있다면 현재성이 인정된다.

헌법재판소는 법령에 대한 권리구제 헌법소원 사건에서 '입법행위 자체는 한번에 끝나는 것이고 입법행위의 결과인 권리 침해상태가 계속될 수 있을 뿐이며, 기본권 침해의 행위가 계속되는 것이 아니라 기본권 침해의 결과가 계속 남을 수 있을 뿐이라고'

받게 되는 근본적인 원인은 담배사업법에 따라 담배가 제조되고 판매되기 때문이어서 간접흡연에 노출될 수밖에 없는 모든 국민은 담배사업법에 대하여 구체적이고 실질적인 이해관계를 가진다는 것이다.

하여 기본권 침해의 행위 자체와 침해의 결과 또는 침해상태를 구별하여 판시하며, 입법작용에 의한 기본권 침해행위는 연속적으로 계속되는 것이라는 청구인의 주장을 배척하였다(헌재 1992.6.26. 91헌마25). 현재성 요건을 심판청구 당시에 기본권 침해 행위가 있을 것을 요구하는 것으로 새긴다면 법령에 대한 헌법소원의 경우에는 법령에 해당하는 사실이 발생하는 중에, 권력적 사실행위에 대한 헌법소원의 경우에는 권력적 사실행위의 진행 중에 헌법소원심판을 청구하여야만 원칙적으로 현재성 요건을 충족할 수 있게 되는데, 헌법소원의 적법요건이라는 것이 이렇게 개념적으로 불가능한 행위를 요구하기 위한 것은 아닐 것이다.

헌법재판소는 청구인들이 2000.6.18. 09:00경부터 같은 달 20일 02:00경까지 서울 영등포구 당산동 소재 영등포경찰서 유치장에 수용되어 있는 동안 차폐시설이 불충분하여 사용과정에서 신체부위가 다른 유치인들 및 경찰관들에게 관찰될 수 있고 냄새가 유출되는 실내화장실을 사용하도록 강제한 영등포경찰서장의 행위에 대하여 2000.8.19. 헌법소원심판을 청구한 사건의 결정에서 적법요건에 관하여는 영등포경첰서장의 위 행위가 공권력의 행사에 해당한다는 점, 청구인들에 대한 주관적 권리보호이익은 소멸하였지만 객관적인 헌법질서를 보장하는 헌법소원의 기능에 비추어 심판의 이익이 인정된다는 내용만 명시하였고 다른 적법요건, 즉 자기관련성, 직접성, 현재성 등은 별도로 명시적 판단을 제시하지 않았는데(헌재 2001.7.19. 2000헌마546), 이는 적법요건 중 이 사항들에 대해서는 문제가 없다는 뜻이라 할 것이다.

또한, 경찰청장이 2009.6.3. 경찰버스들로 서울특별시 서울광장을 둘러싸 통행을 제지한 행위에 대하여 같은 해 7.21. 청구한 헌법소원심판 사건에서 헌법재판소는 적법요건 가운데 '기본권침해 가능성', '보충성'. '권리보호이익' 요건에 대하여 적극적으로 각 요건을 충족하고 있음을 명시하고 본안 결정으로 나아갔는데(헌재 2011.6.30. 2009헌마406), '현재성' 요건에 대해 명시적으로 판시하지 않은 것은 현재성요건의 충족 여부는 자기관련성이나 직접성 요건과 같이 문제가 되지 않는다는 전제, 즉 자기관련성, 직접성, 현재성은 충족되었음을 전제로 하고 본안판단으로 나아간 것으로 볼 수 있다.

헌법재판소는 장래의 기본권 침해에 대하여 헌법소원심판이 청구된 경우에는 그 기본권 침해가 심판청구 당시 확실히 예측되는가라는 기준에서 판단한다. 즉 장차 언젠가 기본권 침해를 받을 우려가 있다 하더라도 그러한 우려는 단순히 장래 잠재적으로 나타날 수 있는 것에 불과하여 기본권 침해의 현재성을 구비하였다고 볼 수 없다고 하였다(헌재 1989.7.21. 89헌마12; 헌재 2009.11.26. 2008헌마691). 그러나 기본권 침해 자체는 장래에 발생하더라도 장래에 기본권 침해가 발생할 것이 현재 확실히 예측된다면 예외적으로 기본권 침해의 현재성이 인정될 수 있다고 하였다(헌재 2002.7.18. 2001헌마605; 헌재 2003.11.27. 2003헌마694등).

(2) 예외적 인정

현재성 요건의 본질적 내용이 기본권 침해가 심판청구 당시에 구체적으로 현출되어 있는가에 있는 만큼 현재성 요건의 예외도 기본권 침해가 아직 현출되지 않았지만 현재성을 인정할 필요가 있는 경우가 되어야 할 것이다. 헌법재판소도 기본권 침해 자체는 장래에 발생하더라도 그 침해의 발생이 현재 확실히 예측된다면 예외적으로 기본권 침해의 현재성이 인정될 수 있다고 하였다(헌재 2002.7.18. 2001헌마605; 헌재 2003.11.27. 2003헌마694등).

장래에 기본권의 침해가 구체적으로 현출될 것이 현재 확실히 예측되는 경우에 이미 헌법소원심판이 청구된 것을 굳이 현재성 요건의 흠결로 각하하고 예측된 기본권 침해가 현재화되는 시기에 다시 심판을 청구하도록 할 필요가 없기 때문이다. 즉 장래의 기본권 침해에 대하여는 원칙적으로 현재성 요건이 충족되지 않지만, 장래의 기본권 침해가 현재 확실히 예측되는 경우에는 예외적으로 현재성의 요건을 충족한 것으로 본다는 것이다. 이와 같이 기본권 침해가 장래 발생할 것이 현재 확실시되는 경우에 미리 헌법소원심판을 청구하는 경우에는 청구기간은 문제가 되지 아니한다.

지방자치단체의 장으로 하여금 그 임기 중 대통령, 국회의원선거에 입후보할 수 없도록 하는 '공직선거 및 선거부정방지법' 규정은 기본권의 침해가 구체화·현실화되는 후보자등록개시일 시점에서는 적시에 권리구제를 기대하는 것이 거의 불가능하므로, 그 이전이라도 기본권 침해의 현재성을 충족시킨 것으로 보아야 한다(헌재 1999.5.27. 98헌마214).

서울대학교 입시요강은 그 시행이 비록 장래로 예정되어 있다고 하더라도 앞으로 그대로 실시될 것이 예상되므로 기본권 침해의 현재성이 인정되고(헌재 1992.10.1. 92헌마68등), 혼인을 앞둔 예비신랑은 가정의례에 관한 법률의 관련규정으로 인하여 결혼식 때에는 하객들에게 주류 및 음식물을 접대할 수 없는 불이익을 받게 될 것이므로 현재성이 인정된다(헌재 1998.10.15. 98헌마168).

법률이 일반적 효력을 발생하기 전이라도 공포되어 있고, 그로 인하여 사실상의 위험성이 이미 발생한 경우에는, 예외적으로 침해의 현재성을 인정하여 이에 대하여 헌법소원을 제기할 수 있다(헌재 2000.6.29. 99헌마289).

⑶ 기본권 침해의 행위가 심판청구 당시 종료된 경우

기본권 침해행위가 심판청구 당시 종료되었으나 기본권 침해가 구체적으로 현출되어 있다고 볼 수 있다면 현재성 요건이 충족된 것으로 볼 것이며, 헌법재판소의 결정에서 드러나는 입장 또한 그러하다는 점을 위에서 밝혔다. 그럼에도 불구하고 이와 같이 별도의 항목으로써 조금 더 상세하게 서술하려는 것은, 그 동안 특히 권력적 사실행위에 대하여 헌법소원심판을 청구하는 경우에 그 행위가 이미 종료하여 현재성이 흠결되었지만 반복가능성이 있고 헌법적 해명의 필요성이 있으므로 예외적으로 현재성이 충족된 것으로 볼 수 있다는 내용으로 청구서를 작성하는 사람들을 많이 보아왔기 때문에 능력껏 더 상세하게 설명하고자 함이다.

가령 어제 기본권 침해 행위가 있었고 그로 인하여 기본권 침해의 상황이 구체적으로 현출되었는데 오늘은 그 침해행위가 더 이상 없는 경우에, 오늘 헌법소원심판을 청구하는 것에 대하여 생각해보자. 현재성 요건을 충족하기 위하여는 헌법소원 심판청구 당시에 기본권 침해행위가 현재 발생하고 있어야 한다고 본다면 이런 경우에는 심판청구 시점에서 기본권 침해행위가 종료되었으므로 원칙적으로는 현재성이 없게 되고, 앞으로 있을 기본권 침해가 오늘 확실히 예상되는 것도 아니므로 예외적으로 현재성을 인정할 수 있는 경우에 해당되지 않게 된다. 따라서 이런 경우에, 권력적 사실행위에 대한 헌법소원심판을 허용하려면 현재성요건이 적용되지 않는다거나 불필요하다고 하여야 하는데, 이것은 헌법소원심판의 적법요건의 일관성을 크게 훼손하는 것이 될 것이다.

이에 반하여 어제 기본권 침해행위가 있었고 그것에 대해, 오늘 보기에, 기본권 침해가 구체적으로 현출되었다고 할 수 있다면 어제 있었던 권력적 사실행위에 대한 오늘의 헌법소원심판 청구의 현재성은 당연히 충족되게 되는 것이다. 달리 말하면 헌법소원심판청구의 적법요건 중의 현재성을 '심판청구 당시 자연적 시간인 현재 기본권 침해행위가 있을 것'으로 보는 것이 아니라 '심판청구 당시 기본권 침해가 구체적으로 현출되었다고 볼 수 있을 것'으로 이해하는 경우에는 심판청구 당시에 그 침해행위가 종료되었는가 여부는 현재성 충족 여부 판단에서 문제되지 않는다고 할 것이다. 심판청구의 시점에서 기본권 침해 행위가 진행 중인 것은 아니지만 어제의 기본권 침해행위로 인하여 기본권 침해가 구체적으로 현출되었다는 관계가 사라진 것은 아니기 때문이며, 그 침해행위가 종료되었더라도 기본권 침해가 구체적으로 현출되었던 결과는 지속되는 것이라고 볼 수도 있기 때문이다.

만일 현재성요건을 심판청구 당시에 기본권 침해행위가 진행되고 있을 것이라고 한다면, 기본권의 침해를 구체적으로 현출시키는 권력적 사실행위가 어제 있었던 경우에는 오늘은 그러한 행위가 종료하였기 때문에 헌마 헌법소원의 현재성이 원칙적으로는 충족되지 않게 되고, 현재성 요건을 충족하려면 그 권력적 사실행위가 발생하는 중에, 가령 유치장에서 신체에 대한 정밀수색행위가 벌어지고 있는 중에 헌법소원심판을 청구할 것을 요구하는 셈이 된다. 이러한 난점을 극복하기 위하여 침해행위가 종료되어 현재성 요건이 충족되지 않지만 예외적으로 반복가능성과 헌법적 해명의 필요성이 있으므로 현재성이 인정된다고 하는 경우가 종종 발견된다.

그런데 현재성 요건이 기본권 침해행위가 자연적 시간 개념으로 현재 있느냐 과거에 있었느냐가 아니라 기본권 침해가 구체적으로 현출되었다고 현재적으로 볼 수 있는가라는 관점에서 본다면 설령 헌법소원심판 청구 당시에 기본권 침해 행위 자체는 종료하였다고 하여 그것만으로 현재성이 흠결되었다고 볼 이유가 없고, 따라서 예외적인 현재성의 충족 요건을 찾아나설 이유가 없다. 나아가 '반복가능성'과 '헌법적 해명의 필요성'은 우리 헌법재판소의 법리에서는 '주관적 권리보호이익'이 없을 때 '심판의 이익'을 인정하여 본안판단으로 나아가기 위한 요건이지, 현재성의 예외적 인정 요건은 아니다. 앞서 본 바와 같이 현재성의 예외적 인정 요건은 아직 기본권 침해가 구체적으로 현출되지 않았지만 장래 있을 기본권 침해의 현출이 현재 확실시 될 때 미리 당겨 헌법소원심판을 청구할 때 인정되는 것이다.

물론 주관적 권리보호이익이 소멸된 경우에 심판의 이익을 확인하기 위하여 요구되는 요건들을 현재성의 요건과 중첩적으로 설정하는 것이 모든 헌법소원제도 하에서 불가능한 것은 아닐 것이다.[71] 또한 현재성 요건을 자연적 시간개념으로 보아서는 안 된다는 입장에서도, 장래의 기본권 침해에 대하여 현재성의 예외를 인정할 수 있는 것처럼, 기본권 침해행위가 종료된 경우에도 현재성을 인정할 수 있는 도구로 심판의 이익이 인정될 수 있는 요건을 차용할 수 있을 것이다.[72]

그러나 앞서 본 바와 같이 심판청구 당시 기본권 침해 행위가 종료된 경우에도 기본권 침해가 구체적으로 현출되었던 결과가 존속하는 경우에 현재성이 인정된다면 굳이 심판의 이익 요건을 차용할 필요는 없을 것이며, 종료된 기본권 침해행위에 대한 헌법소원의 허용성은 청구기간이라는 다른 요건으로 제한되므로 현재성을 인정하더라도 문제가 없을 것이다.

---

71) 김하열, 앞의 책, 506면 참조

72) 정종섭, 앞의 책, 702면

또한 현재성의 예외 인정 요건을 주관적 권리보호이익의 소멸 후의 심판의 이익 인정 요건을 차용하는 것은 권리구제 헌법소원에서 요구되는 고유의 권리보호이익의 예외적 허용 사유의 의미를 희석시키고 권리구제 헌법소원 적법요건의 체계성에 혼란을 가져올 수 있다. 무엇보다 우리 헌법재판소는 현재성의 예외적 인정 요건으로서는 장래 발생할 기본권 침해가 현재 확실시되는 경우에만 채용하고 있으며 주관적 권리보호이익 소멸의 경우에 심판의 이익 인정요건을 채택하지는 않고 있다.[73]

⑷ 구체적인 사례

㈎ 현재성이 인정된 사례

① 장래에 중학교 국어교과서를 저작·발행하고자 구체적 계획을 세우고 있는 경우

청구인은 헌법소원심판청구 당시 중학교 국어교과서를 저작하고 있었다거나 저술 완료하여 발행·공급을 준비하고 있는 단계에 있었던 것은 아니나, 장래에 새로운 형태의 중학교 국어교과서를 저작·발행하고자 구체적 계획을 세우고 이를 진행시키고 있는 상태에 있었다. 이러한 정황 하에서 청구인은 새로운 중학 국어교과서의 저작·발행에 착수하고자 하였으나 교육법과 교과용 도서에 관한 규정 때문에 그것이 불가능하다는 것을 알게 되어 이 사건 헌법소원심판을 청구하기에 이른 것이라면 헌법소원심판의 청구에 있어 요구되는 직접관련성, 자기관련성, 현재관련성이 구비되었다(헌재 1992.11.12. 89헌마88).

② 7급 또는 9급 국가공무원 공개경쟁채용시험에 응시하기 위하여 준비중에 그 시험에서의 가산점 제도를 정한 규정을 다툰 경우

심판청구 당시 청구인들은 국가공무원 채용시험에 응시하기 위하여 준비하고 있는 단계에 있었으므로 이 사건 심판대상조항으로 인한 기본권 침해를 현실적으로 받았던 것은 아니다. 그러나 청구인들은 심판청구 당시 국가공무원 채용시험에 응시하기 위한 준비를 하고 있었고, 이들이 응시할 경우 장차 그 합격 여부를 가리는 데 있어 가산점 제도가 적용될 것임은 심판청구 당시에 이미 확실히 예측되는 것이었다. 따라서 기본권 침해의 현재관련성이 인정된다(헌재 1992.10.1. 92헌마68등). 이와 같이 장래 확실히 기본권 침해가 예측되어 현재관련성을 인정하는 이상 청구기간이 경과하였다고 할 수 없다. 청구기간을 준수하였는지 여부는 이미 기본권 침해가 발생한 경우에 비로소 문제될 수 있는 것인데, 이 사건의 경우 아직 기본권 침해는 없으나 장래 확실히 기본권

---

73) 김하열, 앞의 책, 507면 참조

침해가 예측되므로 미리 앞당겨 현재의 법적 관련성을 인정하는 것이기 때문이다(헌재 1999.12.23. 98헌마363).

③ 장래 실시될 선거에서 발생할 수 있는 기본권침해를 다투는 경우

주기적으로 반복되는 선거의 경우 매 선거는 새로운 선거에 해당하고, 청구인들은 장래 실시될 선거에서 발생할 수 있는 기본권침해를 문제 삼고 있는 것으로 볼 수 있으므로 청구기간 도과의 문제는 발생할 여지가 없다고 하면서 현재성 요건의 충족을 전제로 판시하였다(헌재 2007.6.28. 2004헌마644등).

장차 실시될 선거에서 선거인명부작성 기간이 아직 도래하지 않아 부재자투표를 할지가 확정되지는 않았으나 부재자투표소 투표의 기간을 선거일 전 6일부터 2일 간으로 정하고 있는 공직선거법 조항에 대해 심판청구를 한 경우, 주기적으로 반복되는 선거의 특성과 실효적인 기본권 구제를 위해 기본권 침해의 현재성을 갖춘 것으로 볼 수 있다고 하였다(헌재 2010.4.29. 2008헌마438).

④ 약 8개월 후에 실제적으로 선거운동을 할 수 없게 되는 경우에 선거운동금지를 규정한 조항에 대해 미리 헌법소원심판을 청구한 경우

선거운동은 당해 후보자의 등록이 끝난 때부터 선거일 전일까지에 한하여 이를 할 수 있는바, 현행 헌법소원절차에 미루어 후보자등록신청개시일보다 약 8개월 전에 청구한 이 사건 심판청구는 현재성의 요건을 갖춘 것으로 보아야 한다(헌재 2004.3.25. 2001헌마710). 이에 따르면 앞의 [생각해보기] 사안의 의뢰인의 경우 약 2개월 후에 실시될 선거에서의 선거운동의 자유가 제한된 것이 확실히 예측되므로 2016. 2. 7. 미리 앞당겨 헌법소원심판을 청구하더라도 현재성 요건이 충족된 것으로 볼 수 있다.

⑤ 장차 발생할 계모의 사망 시의 상속

계자를 계모의 상속인으로 정하고 있지 않은 민법 조항에 의한 계자의 기본권 침해는 장래 계모가 사망하는 경우 발생할 것이 확실히 예상되므로 기본권 침해의 현재성을 인정할 수 있다(헌재 2009.11.26. 2007헌마1424).

㈏ 현재성이 부정된 사례

① 시행령이 마련되지 아니한 경우, 법률에 대한 헌법소원심판 청구의 현재성이 인정되지 않는다고 본 사례

군인연금법 제21조의2 제2항은 연금 외에 사업소득이나 근로소득이 있는 경우 연금의 일부에 대한 지급을 정지할 수 있도록 이른바 소득심사제도를 규정하면서 소득의 범위 및 지급정지금액 등에 관하여 필요한 사항은 대통령령으로 정하도록 규정하고 있

으므로, 그 소득심사대상에서 제외되는 소득의 범위, 지급정지대상 등은 대통령령의 규정이 마련되어야 비로소 확정할 수 있고 적용될 수 있으므로 법 제21조의2 제2항 및 그 경과규정인 부칙 제6조는 청구인들의 기본권침해에 대한 직접관련성 및 현재관련성이 없다(헌재 2003.9.25. 2001헌마194).

② 공무원으로 채용되기 위한 준비·지원 사실이 없는 경우

청구인들은 심판청구 이래 현재까지 국가정보원직원법 시행령 규정이 정하는 공무원으로 특별채용 되기 위하여 어떠한 준비나 지원을 한 사실이 없으므로 그로 인한 권리 침해의 우려는 단순히 장래 잠재적으로 나타날 수도 있는 불확실한 미래에 대한 것에 불과하여 기본권 침해의 현재성이 인정되지 않는다(헌재 2007.5.31. 2003헌마422).

③ 장래 개인택시면허를 취득하려는 사람들이 개인택시면허의 양도 및 상속 금지규정에 대하여 다툰 경우

개인택시면허를 받으려는 사람은 일정한 요건을 충족시켜야 하는바, 장래 개인택시면허를 취득하려는 청구인들은 기본권 침해의 현재성을 구비하였다고 할 수 없다(헌재 2012.3.29. 2010헌마443등).

④ 주택재개발사업 조합설립추진위원회와 위원장이 세입자에 대한 주거이전비 보상 기준 및 세입자 기준을 규정한 '도시 및 주거환경정비법' 규정에 대하여 다툰 경우

조합이 설립되기 위해서는 '도시 및 주거환경정비법'이 정하는 토지 등 소유자의 일정비율 이상의 동의와 시장 군수의 조합설립인가를 필요로 하므로, 그 이전인 추진위원회 단계에서는 세입자에 대한 주거이전비 보상의무의 발생이 확실히 예견된다고 할 수 없어 기본권 침해의 현재성이 인정되지 아니한다(헌재 2012.7.26. 2010헌마7등).

(5) 보론 - 상황성숙이론과 현재성의 예외

'상황성숙이론'이란 기본권침해의 현재성을 판단함에 있어서 청구인에게 유리하게 기본권침해의 관련성을 확장해 주고자 하는 이론으로, 독일에서 헌법소원에 있어서의 적법요건 중의 하나인 현재성 요건을 예외적으로 완화하여 법령 공포 후 1년 후에 기본권이 현실적으로 침해받을 자에 대하여도 법령 공포 후 1년 이내에 법령에 대한 헌법소원을 청구할 수 있도록 한 것이라고 한다(헌재 1995.7.21. 93헌마257, 재판관 김진우, 조승형의 반대의견).

그런데 헌법재판소는 위 93헌마257결정이 있은 지 1년 후인 1996년에 상황성숙이론과 청구기간의 기산점을 연계시키지 않기로 결정을 변경하였다. 즉 『법령에 대한 헌법소원의 청구기간도 기본권을 침해받은 때로부터 기산하여야 할 것이지 기본권을 침해받기도 전에 그 침해가 확실히 예상되는 등 실체적 제요건이 성숙하여 헌법판단에 적합하게

된 때로부터 기산할 것은 아니므로, … 기본권의 침해가 확실히 예상되는 때부터 청구기간을 기산하면 청구기간의 기산점이 불명확할 뿐만 아니라 청구기간을 단축하는 결과가 되어 국민에게 불리하고, … 현재성 요건과 관련하여 구체적인 기본권의 침해가 있기 전이라도 그 침해가 확실히 예상될 때에는 미리 헌법소원을 청구할 수 있도록 하여 국민의 기본권보장의 실효성을 높이자는 것으로서, 법령에 대한 헌법소원의 청구기간의 기산점과 관련하여 이를 적용할 것은 아닌 것이다. 따라서 종전에 이와 견해를 달리하여 법령에 대한 헌법소원의 청구기간의 기산점에 관하여 기본권의 침해가 확실히 예상되는 때로부터 청구기간을 기산한다는 취지로 판시한 우리 재판소의 의견은(헌재 1990.6.25. 89헌마220; 1996.2.29. 94헌마213등) 이를 변경한다』는 것이다(헌재 1996.3.28. 93헌마198).

헌법재판소는 위와 같은 결정 변경 이후에는 '구체적인 기본권의 침해가 있기 전이라도 그 침해가 확실히 예상될 때에는 예외적으로 현재성요건이 충족된 것으로 보아 미리 헌법소원을 청구할 수 있도록 하는 것 외에 상황성숙이론을 특별히 언급하지는 않는데, 현재성의 예외를 인정함으로써 그 취지가 달성되었기 때문일 것이다.

다. 직접성

생각해보기

1. 갑은 2013.11.4.부터 2013.11.10.까지 사이에 집회를 개최하였다는 취지의 「집회 및 시위에 관한 법률」 위반 등 혐의로 수사를 받고 기소되었다. 관할 수사기관은 이 과정에서 수사 또는 체포영장의 집행을 위하여 법원의 허가를 얻어 전기통신사업자에게 갑에 대한 통신비밀보호법 제2조 제11호 바목 및 사목에 해당하는 통신사실 확인자료의 제출을 요청하여 이를 제공받았다. 갑은 2013.12.22.경에 해당 수사기관으로부터 위와 같은 통신사실 확인자료 제공사실을 통지받았다. 갑은 이와 관련하여 자신의 통신의 자유 등이 침해되었다고 생각하여 헌법소원심판을 청구하고자 한다. 갑의 대리인인 변호사로서 헌법소원의 심판대상법령조항을 확정하고 그에 대한 직접성 요건 충족 여부를 검토하시오.

〈참조법령〉

통신비밀보호법(2005. 1. 27. 법률 제7371호로 개정된 것)

제2조(정의) 이 법에서 사용하는 용어의 정의는 다음과 같다.

11. "통신사실확인자료"라 함은 다음 각 목의 어느 하나에 해당하는 전기통신사실에 관한 자료를 말한다.

가.~마. 생략

바. 정보통신망에 접속된 정보통신기기의 위치를 확인할 수 있는 발신기지국의 위치추적자료

사. 컴퓨터통신 또는 인터넷의 사용자가 정보통신망에 접속하기 위하여 사용하는 정보통신기기의 위치를 확인할 수 있는 접속지의 추적자료

제13조(범죄수사를 위한 통신사실 확인자료제공의 절차) ① 검사 또는 사법경찰관은 수사 또는 형의 집행을 위하여 필요한 경우 전기통신사업법에 의한 전기통신사업자(이하 "전기통신사업자"라 한다)에게 통신사실 확인자료의 열람이나 제출(이하 "통신사실 확인자료제공"이라 한다)을 요청할 수 있다.

②제1항의 규정에 의한 통신사실 확인자료제공을 요청하는 경우에는 요청사유, 해당 가입자와의 연관성 및 필요한 자료의 범위를 기록한 서면으로 관할 지방법원(보통군사법원을 포함한다. 이하 같다) 또는 지원의 허가를 받아야 한다. 다만, 관할 지방법원 또는 지원의 허가를 받을 수 없는 긴급한 사유가 있는 때에는 통신사실 확인자료제공을 요청한 후 지체 없이 그 허가를 받아 전기통신사업자에게 송부하여야 한다.

제15조의2(전기통신사업자의 협조의무) ①전기통신사업자는 검사·사법경찰관 또는 정보수사기관의 장이 이 법에 따라 집행하는 통신제한조치 및 통신사실 확인자료제공의 요청에 협조하여야 한다.

2. 을은 2013.12.9.부터 2013.12.31.까지 집단적으로 노무제공을 거부하여 위력으로써 한국철도공사의 여객·화물 수송 업무를 방해하였다는 업무방해 혐의로 2014.3.11. 기소되었다가 무죄판결을 받았다.

서울용산경찰서장은 2013.12.20. 위 사건의 수사과정에서 형사소송법 제199조 제2항, 「경찰관 직무집행법」 제8조 제1항에 근거하여 국민건강보험공단이사장에게 업무방해 사건의 피의자인 을을 검거하고자 한다는 사유를 밝히고 을의 2012.1.1.부터 2013.12.18.까지의 병원 내방 기록의 제공을 요청하였다. 이에 국민건강보험공단은 「개인정보 보호법」 제18조 제2항 제7호에 근거하여 요청된 기간의 을에 대한 급여일자, 요양기관명 등을 포함한 총 44회의 요양급여내역 및 전화번호를 포함한 총 38회의 요양급여내역을 2013.12.20. 서울용산경찰서장에게 제공하였다.

을은 위와 같은 서울용산경찰서장의 사실조회행위와 개인정보처리자로서의 국민건강보험공단의 정보제공행위 및 그 근거조항들인 형사소송법 제199조 제2항, 「경찰관 직무집행법」 제8조 제1항, 「개인정보 보호법」 제18조 제2항 제7호가 청구인들의 개인정보자기결정권 등을 침해한다고 주장하면서 2014.5.8. 사실조회행위, 자료제공행위, 사실조회조항, 개인정보제공조항에 대하여 헌법소원심판을 청구하고 싶다고 한다. 을의 상담을 진행한 변호사로서 을이 하고자 하는 헌법소원의 직접성 요건 충족 여부를 검토하시오.

〈참조법령〉

형사소송법(1954 .9. 23. 법률 제341호로 제정된 것)

제199조(수사와 필요한 조사) ② 수사에 관하여는 공무소 기타 공사단체에 조회하여 필요한 사항의 보고를 요구할 수 있다.

구 경찰관 직무집행법(1981.4.13. 법률 제3427호로 전부개정되고, 2014.5.20. 법률 제12600호로 개정되기 전의 것)

제8조(사실의 확인등) ① 경찰관서의 장은 직무수행에 필요하다고 인정되는 상당한 이유가 있을 때에는 국가기관 또는 공사단체등에 대하여 직무수행에 관련된 사실을 조회할 수 있다. 다만, 긴급을 요할 때에는 소속경찰관으로 하여금 현장에 출장하여 당해기관 또는 단체의 장의 협조를 얻어 그 사실을 확인하게 할 수 있다.

구 개인정보 보호법(2011. 3. 29. 법률 제10465호로 제정되고, 2013. 8 .6. 법률 제11990호로 개정되기 전의 것)

제18조(개인정보의 이용·제공 제한) ② 제1항에도 불구하고 개인정보처리자는 다음 각 호의 어느 하나에 해당하는 경우에는 정보주체 또는 제3자의 이익을 부당하게 침해할 우려가 있을 때를 제외하고는 개인정보를 목적 외의 용도로 이용하거나 이를 제3자에게 제공할 수 있다. 다만, 제5호부터 제9호까지의 경우는 공공기관의 경우로 한정한다.

7.범죄의 수사와 공소의 제기 및 유지를 위하여 필요한 경우

3. 병은 2013.8.경 서울 금천구 □□동 소재 □□아울렛 매장 부근에 노점 추가 설치를 요구하는 과정에서 매장 직원들의 제지에도 불구하고 수십명의 민주노점상연합회 회원들과 함께 다중의 위력으로써 □□아울렛 매장 안에 침입하였다[폭력행위등처벌에관한법률위반(집단·흉기등주거침입)]는 등의 범죄사실로 2014.8.13. 기소되었고, 2015.10.28. 위 폭력행위등처벌에관한법률위반(집단·흉기등주거침입)의 점을 포함한 범죄사실에 대하여 유죄판결을 선고받았다.

병은 위 유죄판결 확정 이후인 2017.2.6.경 관할 지방검찰청 소속 검사로부터 「디엔에이신원확인정보의 이용 및 보호에 관한 법률」(디엔에이법)에 따라 디엔에이감식시료를 채취하려고 하니 출석해달라는 요구를 받았으나 이에 응하지 않았다. 위 검찰청은 2017.3.9.경 병에게 디엔에이감식시료채취영장이 발부된 사실을 통보하였다.

병은 노점설치를 요구하다가 매장 안에 들어가게 된 것일 뿐인데 유죄판결에서 나아가 디엔에이감식시료를 채취할 대상으로 하는 것은 지나친 것 아니냐며 헌법소원심판을 청구하고 싶다고 한다. 병의 상담을 진행한 변호사로서 병이 하고자 하는 헌법소원의 직접성 요건 충족 여부를 검토하시오.

〈참조법령〉

구 '디엔에이신원확인정보의 이용 및 보호에 관한 법률'(2016. 1. 6. 법률 제13718호로 개정되고, 2016. 1. 6. 법률 제13722호로 개정되어 2017 .7 .7. 시행되기 전의 것)

제5조(수형인등으로부터의 디엔에이감식시료 채취) ① 검사(군검찰관을 포함한다. 이하 같다)는 다음 각 호의 어느 하나에 해당하는 죄 또는 이와 경합된 죄에 대하여 형의 선고, 형법 제59조의2에 따른 보호관찰명령, 치료감호법에 따른 치료감호선고, 소년법 제32조 제1항 제9호 또는 제10호에 해당하는 보호처분결정을 받아 확정된 사람(이하 "수형인등"이라 한다)으로부터 디엔에이감식시료를 채취할 수 있다. 다만, 제6조에 따라 디엔에이감식시료를 채취하여 디엔에이신원확인정보가 이미 수록되어 있는 경우는 제외한다.

4의2. 형법 제2편 제36장 주거침입의 죄 중 제320조, 제322조(제320조의 미수범에 한정한다)의 죄

4. 국가정보원장은 김아무개의 국가보안법위반 범죄수사를 위하여 위 김아무개가 사용하는 휴대폰, 인터넷회선 등 전기통신의 감청 등을 목적으로, 2008년경부터 2015년경까지 법원으로부터 총 35차례의 통신제한조치를 허가받아 집행하였다. 위 통신제한조치 중에는 '○○연구소'에서 정(丁)의 명의로 가입된 주식회사 에스케이브로드밴드 인터넷회선(서비스번호: ○○○○, ID: ○○○)에 대한 2013.10.9.부터 2015.4.28.까지 사이에 6차례에 걸쳐 행해진 통신제한조치가 포함되어 있었다. 이는 인터넷 통신망에서 정보 전송을 위해 쪼개어진 단위인 전기신호 형태의 '패킷'(packet)을 수사기관이 중간에 확보하여 그 내용을 지득하는 '패킷감청'이었다.

이에 정(丁)은 자신의 명의로 가입된 위 인터넷회선의 감청을 목적으로 하는 6차례의 통신제한조치에 대한 법원의 허가, 이에 따른 국가정보원장의 감청행위, 통신비밀보호법 제2조 제7호, 제5조 제2항, 제6조가 청구인의 통신의 비밀과 자유, 사생활의 비밀과 자유 등 기본권을 침해하고, 헌법상 영장주의, 적법절차원칙 등에 위반된다고 주장하면서 헌법소원심판을 청구하고 싶다고 한다. 정(丁)의 대리인인 변호사로서 심판대상 공권력작용을 확정하고, 법령 헌법소원 부분에 관하여는 직접성 요건 충족 여부를 검토하시오.

〈참조법령〉

통신비밀보호법(1993. 12. 27. 법률 제4650호로 제정된 것)

제2조(정의) 이 법에서 사용하는 용어의 정의는 다음과 같다.

1. "통신"이라 함은 우편물 및 전기통신을 말한다.
3. "전기통신"이라 함은 전화·전자우편·회원제정보서비스·모사전송·무선호출 등과 같이 유선·무선·광선 및 기타의 전자적 방식에 의하여 모든 종류의 음향·문언·부호 또는 영상을 송신하거나 수신하는 것을 말한다.
7. "감청"이라 함은 전기통신에 대하여 당사자의 동의 없이 전자장치·기계장치등을 사용하여 통신의 음향·문언·부호·영상을 청취·공독하여 그 내용을 지득 또는 채록하거나 전기통신의 송·수신을 방해하는 것을 말한다.

제3조(통신 및 대화비밀의 보호) ② 우편물의 검열 또는 전기통신의 감청(이하 "통신제한조치"라 한다)은 범죄수사 또는 국가안전보장을 위하여 보충적인 수단으로 이용되어야 하며, 국민의 통신비밀에 대한 침해가 최소한에 그치도록 노력하여야 한다.

제5조(범죄수사를 위한 통신제한조치의 허가요건) ① 통신제한조치는 다음 각 호의 범죄를 계획 또는 실행하고 있거나 실행하였다고 의심할만한 충분한 이유가 있고 다른 방법으로는 그 범죄의 실행을 저지하거나 범인의 체포 또는 증거의 수집이 어려운 경우에 한하여 허가할 수 있다. ② 통신제한조치는 제1항의 요건에 해당하는 자가 발송·수취하거나 송·수신하는 특정한 우편물이나 전기통신 또는 그 해당자가 일정한 기간에 걸쳐 발송·수취하거나 송·수신하는 우편물이나 전기통신을 대상으로 허가될 수 있다.

제6조(범죄수사를 위한 통신제한조치의 허가절차) ① 검사(군검사를 포함한다. 이하 같다)는 제5조 제1항의 요건이 구비된 경우에는 법원(軍事法院을 포함한다. 이하 같다)에 대하여 각 피의자별 또는 각 피내사자별로 통신제한조치를 허가하여 줄 것을 청구할 수 있다.

② 사법경찰관(軍司法警察官을 포함한다. 이하 같다)은 제5조 제1항의 요건이 구비된 경우에는 검사에 대하여 각 피의자별 또는 각 피내사자별로 통신제한조치에 대한 허가를 신청하고, 검사는 법원에 대하여 그 허가를 청구할 수 있다.

5. 무(戊)는 「국민기초생활 보장법」상 기초생활보장급여의 수급자('생활보장수급자')이고, 기초연금법상 기초연금 수급자이기도 하여서 기초연금 수급을 신청하였다. 한편 「국민기초생활 보장법」 및 같은 법 시행령 규정은 생활보장수급자의 실제소득에 기초연금법에 의거하여 받는 기초연금을 이전소득으로 계산하도록 한다. 이에 무(戊)는 이러한 규정이 자신의 기초생활보장급여 수급액을 감소시키거나 그 수급권의 일부라도 상실시킨다며 자신의 기본권 침해에 대하여 헌법소원심판을 청구하고자 한다. 무(戊)의 국선대리인으로 선정된 변호사로서 심판대상조항을 확정하고 그 이유를 서술하시오.

〈참조법령〉

국민기초생활 보장법(2014. 12. 30. 법률 제12933호로 개정된 것)

제6조의3(소득인정액의 산정) ③ 실제소득, 소득평가액 및 재산의 소득환산액의 산정을 위한 구체적인 범위·기준 등은 대통령령으로 정한다.

구 국민기초생활 보장법 시행령(2016. 6. 21. 대통령령 제27252호로 개정되고, 2018. 9. 18. 대통령령 제29180호로 개정되기 전의 것)

제5조(소득의 범위) ① 법 제6조의3 제1항 각 호 외의 부분에서 "실제소득"이란 다음 각 호의 소득을 합산한 금액을 말한다.

4. 이전소득[차상위계층에 속하는 사람(이하 "차상위자"라 한다)에 대해서는 생활여건 등을 고려하여 보건복지부장관이 정하여 고시하는 바에 따라 다음 각 목의 이전소득의 범위를 달리 할 수 있다]

다. 국민연금법, 기초연금법, 공무원연금법, 군인연금법, 별정우체국법, 「사립학교교직원 연금

> 법」, 고용보험법, 산업재해보상보험법, 「국민연금과 직역연금의 연계에 관한 법률」, 「보훈보상대상자 지원에 관한 법률」, 「독립유공자예우에 관한 법률」, 「국가유공자 등 예우 및 지원에 관한 법률」, 「고엽제후유의증 등 환자지원 및 단체설립에 관한 법률」, 「자동차손해배상보장법」, 「참전유공자 예우 및 단체설립에 관한 법률」 등에 따라 정기적으로 지급되는 각종 수당·연금·급여 또는 그 밖의 금품

(1) 의의

법 제68조 제1항에 의거한 헌법소원심판은 공권력의 행사·불행사로 인하여 기본권을 침해받은 자가 청구할 수 있는바, 앞에서 본 바와 같이 여기서 기본권을 침해받은 자에 대하여는 자기 자신의 기본권이 침해받았음을 주장하는 자로 이해되어야 한다는 점을 보았고, 여기에서는 더 나아가 자기 자신의 기본권이 공권력 행사·불행사로 인하여 간접적으로가 아니라 '직접적으로' 제한받을 것이 필요하고, 이와 같이 '공권력의 행사·불행사로 인하여 직접적으로 기본권을 제한받을 것'을 헌법소원심판의 직접성 요건이라 한다.

(2) 법령에 대한 헌법소원과 직접성

헌법소원심판청구의 직접성 요건은 법령에 대한 헌법소원심판에서 특별한 고유의 의미를 갖게 되는바, 법령에 대한 헌법소원이 가능하기 위한 핵심적인 요건이 된다. 헌법재판소도 "입법권자의 공권력의 행사의 한 형태인 법률에 대하여 곧바로 헌법소원심판을 청구하려면 우선 청구인 스스로가 당해 규정에 관련되어야 하고 당해 규정에 의해 현재 기본권의 침해를 받아야 하며 그 침해도 법률에 따른 집행행위를 통하여서가 아니라 직접 당해 법률에 의하여 기본권 침해를 받아야 할 것을 요건으로 한다."라고 초창기부터 변함 없이 그 법리를 제시하고 있다(헌재 1989.7.21. 89헌마12; 헌재 1989.9.29. 89헌마13; 헌재 1998.2.27. 96헌마134; 헌재 1998.5.28. 96헌마151).

헌법소원심판청구의 대상이 될 수 있는 공권력의 행사·불행사(제3장 제2절 3. 참조)의 여러 작용들을 그 형식적 측면에서 구분하자면 입법적 형식과 비입법적 형식으로 나눌 수 있다. 비입법적 형식의 공권력 작용들은 헌법소원심판청구의 대상이 될 수 있는 것과 되지 못하는 것이 섞여 있는데, 그 가운데 큰 이견 없이 헌법소원심판청구의 대상으로 인정될 수 있는 작용들, 가령 권력적 사실행위 등의 경우에 직접성 요건의 의미를 한번 검토해보자. 권력적 사실행위로서 헌법소원의 대상이 되는 공권력의 행사로 인정된 경찰서장이 피의자를 유치장에 수용하는 과정에서 실시한 정밀신체수색행위(헌재 2002.7.18. 2000헌마327), 구치소장이 구치소에 수용되는 마약류사범에 대하여 하는 정밀신

체검사(헌재 2006.6.29. 2004헌마826), 경찰청장이 경찰버스로 서울광장을 둘러싸 통행을 제지한 행위(헌재 2011.6.30. 2009헌마406) 등의 경우에 기본권침해를 받을 수 있는 사람은 각각의 공권력 행사의 상대방이고, 이 공권력 행사와 침해되는 기본권의 주체 사이에는 다른 아무런 작용의 개입이 없으므로 당연히 이들 권력적 사실행위들이 직접적으로 기본권을 제한하게 된다. 이런 점에서 보면 권력적 사실행위에 대한 헌법소원심판에서의 직접성 요건은 특별한 의미를 갖지 못하게 되고[74] 실무적으로도 해당 권력적 사실행위에 의하여 직접적으로 기본권의 제한을 받는다는 정도로 명시하는 것으로 해결된다.

그런데 법 제68조 제1항의 문언에는 없는 '직접성'을 요구하는 이유는 무엇일까?

일반적으로 법령은 구체적인 집행행위를 매개로 하여 비로소 기본권을 침해하게 되므로 이런 방식으로 기본권의 침해를 받은 개인은 집행행위를 대상으로 하여 먼저 일반 쟁송의 방법으로 기본권 침해에 대한 구제절차를 밟을 수 있고 또 그러한 구제절차를 밟는 것이 요청되기 때문이다(헌재 1998.4.30. 97헌마141; 헌재 2005.5.26. 2004헌마671). 그렇다면 구체적인 집행행위를 매개로 하지 않고, 즉 법령이 직접적으로 기본권을 침해하게 되는 경우에는 통상의 구제절차로서는 권리구제를 받을 수 없게 되고 국민의 기본권 보호에 생긴 공백을 방지하고 충실한 기본권 보호에 기여하기 위하여 이러한 법령에 대하여는 헌법소원심판청구를 가능하게 할 필요가 있다.

따라서 법령에 대한 헌법소원심판에서는 이와 같이 집행행위가 존재하지 않는 경우에는 '집행행위에 대한 통상의 권리구제절차'를 밟는 것이 불가능하므로, 법령에 대하여 직접 헌법소원심판을 청구할 수 있어야 한다. 그리하여, 법령에 의한 헌법소원에서 말하는 기본권 침해의 직접성이란, 구체적인 집행행위를 기다리지 아니하고 법령 그 자체에 의하여 자유의 제한, 의무의 부과, 권리 또는 법적 지위의 박탈이 생긴 경우를 뜻한다(헌재 2002.12.18. 2001헌마546).

물론 법령에 대한 헌법소원심판이라고 할 때에는 형식적 의미의 법률뿐만 아니라, 조약, 명령·규칙, 조례 등 앞서 본 헌법소원심판의 대상이 될 수 있는 입법적 형식의 공권력 작용이 모두 포함된다. 또한 여기서 말하는 집행행위에는 입법행위도 포함되므로 법률규정이 그 규정의 구체화를 위하여 하위규범의 시행을 예정하고 있는 경우에는 당해 법률규정의 직접성은 부인된다(헌재 2011.10.25. 2010헌마661; 헌재 2014.4.24. 2013헌마341; 헌재 2016.5.26. 2014헌마374; 헌재 2016.10.27. 2013헌마450).

---

74) 위의 책, 510면 참조

마찬가지로 법규범이 집행행위를 예정하고 있더라도 그 집행행위에 의하여 비로소 국민의 권리관계가 변동되는 것이 아니라 집행행위 이전에 법규범 자체에 의하여 국민의 권리의무관계가 이미 변동되는 경우라면 집행행위의 작동이 기본권 침해의 원인이 아니게 되므로 기본권을 침해하는 그 법규범 자체에 대하여 헌법소원심판을 청구할 수 있어야 충실하고 발본색원하는 기본권 구제방법이 될 것이다.

(3) **원칙적인 직접성 인정**(집행행위가 없는 경우)

헌법재판소는, 18세 미만자의 당구장 출입을 금지한 체육시설의설치·이용에관한법률 시행규칙 조항에 의하여 당구장을 경영하고 있는 청구인은 당구장의 출입문에 18세 미만자의 출입금지표시를 하여야 할 법적 의무를 부담하게 되므로 따로 구체적인 집행행위를 기다릴 필요 없이 위 규정자체에 의하여 그의 기본권이 직접 침해당하고 있다고 하였고(헌재 1993.5.13. 92헌마80), 법률조항의 규정에 의하여 자치단체가 폐지되는 경우 당해 지역 주민의 청문권, 평등권, 공무담임권 등 기본권들의 침해는 별도의 집행행위의 매개를 거치지 않고 직접 그 법률조항의 시행에 의하여 발생할 수 있는바, 영일군의 폐지와 포항시에의 병합을 정한 규정에 대하여(헌재 1995.3.23. 94헌마175), 중원군의 폐지와 충주시에의 병합을 정한 규정에 대하여(헌재 1994.12.29. 94헌마201) 각각 해당 지역 주민의 기본권 침해의 직접성을 인정하였다.

또한, 우선변제 보증금 액수를 정한 주택임대차보호법시행령의 규정들은 그 형식상 우선변제권을 인정받는 소액임차인의 범위와 보증금의 액수를 객관적으로 설정함으로써 우선변제권이라는 재산상 권리를 직접적으로 규율·제약하는 규정이라고 보여질 뿐만 아니라, 실질적으로도 경매절차 등에서의 배당 시 뿐만 아니라 임대차계약 시 그 체결 여부나 보증금액수의 결정 또는 경매절차 등을 통하지 않은 채무청산 시 채무자의 변제순서나 변제액의 결정기준 등으로 작용할 수 있으므로, 별도의 집행행위를 기다리지 않고 직접 기본권을 침해하는 것이고(헌재 2000.6.29. 98헌마36), 우리나라와 일본 사이에 어업에 관해 체결·공포된 대한민국과일본국간의어업에관한협정은 헌법 제6조 제1항에 따라 '법률'과 같은 효력을 가지며, 우리나라의 어민들은 종전에 자유로이 어로활동을 영위할 수 있었던 수역에서 더 이상 자유로운 어로활동을 영위할 수 없게 되었으며, 별도의 집행행위가 존재하지 아니하고 바로 법령으로 말미암아 직접 기본권이 침해되는 경우에 해당한다(헌재 2001.3.21. 99헌마139등).

또한 헌법재판소에 의하면, 구 농지개량조합법에 의해 임기가 4년이었던 조합장들은 농업기반공사및농지관리기금법 부칙조항에 의해 임기가 종료되고 다만 농업기반공사의 정관에 정하는 바에 따라 직무의 부여 등 필요한 예우를 하도록 하는 경우, 구 조합장들의 재임용 여부는 위 정관의 내용에 의하여 결정되므로 위 부칙조항의 경우에 직접성이 문제될 수 있으나, 청구인들은 자신들에 대한 예우의 내용을 다투는 것이 아니라, 구 조합장들의 직업의 자유에 관한 사항을 이와 같이 농업기반공사의 정관에 위임하는 규정 방식을 다투는 것이므로 위 부칙조항에 대한 직접성이 인정되고(헌재 2001.4.26. 2000헌마122), 일정한 선거운동을 제한하고 이에 위반하면 그 제재수단으로서 형벌을 부과하도록 하고 있는 구 공직선거및선거부정방지법 규정은 별도의 집행행위를 기다릴 것까지도 없이 제재의 근거가 되는 법률조항의 시행 자체로 행위금지의무를 직접 부담하는 것이기 때문에 직접성이 인정된다(헌재 2001.8.30. 99헌바92).

국회의원에게 선거기간 개시일 전일까지 의정활동 보고를 허용하는 공직선거및선거부정방지법 조항은 현직 국회의원인 입후보자에게 선거기간 개시일 전일까지 의정활동 보고를 허용함으로써 이와 같은 활동을 할 수 없는 원외 후보자를 차별하는 결과를 낳게 되는 점에서 별도의 집행행위를 매개로 할 것도 없이 직접 기본권의 제한을 가져오므로(헌재 2001.8.30. 99헌바92등), 수용자가 교도소 내에서 교도소장의 허가를 받지 아니하고는 외부와 서신 등의 수단으로 연락을 하지 못하도록 하고 있는 구 수용자규율및징벌에관한규칙 조항은 법령 자체에서 자유를 제한하고 의무를 부과하고 있으므로(헌재 2001.11.29. 99헌마713) 모두 각 그 기본권을 직접 침해한다고 볼 수 있다.

(4) 예외적인 직접성 인정

(가) 집행행위 유무와 무관하게 권리관계가 이미 확정된 경우

이러한 경우에는 앞에서 본 것처럼 집행행위를 매개로 하여 비로소 기본권이 침해된 것이 아니고 집행행위 이전의 법규범이 확정적으로 기본권을 침해하는 것이므로 법규범 자체에 대한 헌법소원심판을 청구할 수 있도록 할 필요가 있다. 이때에는 집행행위에 대한 통상의 권리구제절차를 거친다 하더라도 법규범에 의한 기본권 침해는 그대로 남아 있을 수 있어서 통상의 불복절차로는 권리구제가 제대로 되지 못하는데 이런 경우까지 통상의 권리구제절차를 강요하는 것은 불필요한 절차를 우회하도록 하는 것이 되기 때문이다.

이러한 경우에 기본권적 이익을 직접적으로 침해할 가능성이 있는 근거법령이 아니라 하위 규범 또는 집행행위에 대하여 헌법소원심판을 청구하면 그 심판청구는 직접성이 흠결될 것이다. 가령 헌법재판소는, '특정 범죄자에 대한 보호관찰 및 전자장치 부착 등에 관한 법률'에서 전자장치 부착명령 집행 중 다른 죄를 범하여 구금된 때 등

일정한 경우에 부착명령의 집행이 정지되도록 하고, 그 사유가 해소된 때 전자창지 부착명령의 잔여기간을 집행하도록 정하고 있는 한편, 같은 법 시행령에서 전자장치 부착명령의 집행정지의 방법으로 전자장치를 분리하여 회수할 것과, 부착명령 잔여기간의 집행사유가 발생한 경우에는 다시 전자장치를 부착하여야 한다고 정하고 있는 상황에서, 이 시행령 조항에 대한 헌법소원은 직접성이 없다고 하였는데(헌재 2013.7.25. 2011헌마781), 전자장치 부착명령의 집행이 정지되었다가 다시 부착명령의 잔여기간이 집행되는 것에 관한 법률적 지위는 법률에서 이미 확정되어 있고, 시행령 조항은 법률에 정해져 있는 사항의 기계적인 집행에 관한 것에 불과하기 때문이라는 이유였다,

헌법재판소는, 보건복지부장관이 고시한 생활보호사업지침상의 '94년 생계보호기준'은 생활보호법 제5조 제2항의 위임에 따라 보건복지부장관이 보호의 종류별로 정한 것으로서 일단 보호대상자로 지정이 되면 그 구분에 따른 각 보호기준에 따라 일정한 생계보호를 받게 된다는 점에서(헌재 1997.5.29. 94헌마33), 2002년도 최저생계비 고시는 국민기초생활보장법(이하'보장법') 제6조 제1항의 직접적인 위임에 따라 보건복지부장관이 최저생계비를 정한 것으로서 수급자에게 지급할 생계급여의 액수를 결정한다는 점에서(헌재 2004.10.28. 2002헌마328), 공무원의 생계보호급여 지급이라는 집행행위는 위 생계보호기준에 따른 단순한 사실적 집행행위에 불과하므로, 위 생계보호기준들은 그 지급대상자에 대하여 직접적인 효력을 갖는 규정이라고 하였다.

또한, 개인택시운송사업면허의 양도·양수인가에 관한 구 여객자동자운수사업법 시행규칙 규정은 관할관청으로 하여금 무사고 운전경력 요건이 갖춰지지 않은 자의 신청을 재량의 여지없이 불허하도록 하므로 집행행위 유무 또는 내용에 관계 없이 개인택시운송사업을 영위할 수 없도록 국민의 법적 지위를 정하고 있다는 이유로 직접성이 인정된다고 하였다(헌재 2008.11.27. 2006헌마688).

의료인에게 하나의 의료기관만을 개설할 수 있도록 규정한 의료법 조항은 의사 및 한의사의 복수면허 의료인이라고 하더라도, 양방 또는 한방 중 그 선택에 따라 어느 '하나의' 의료기관 이외에 다른 의료기관의 개설을 금지하여 집행행위 이전에 미리 의료인의 법적 지위를 결정적으로 정하고 있으므로 집행행위가 예정되어 있음에도 예외적으로 기본권 침해의 직접성을 인정할 수 있다(헌재 2007.12.27. 2004헌마1021).

일반주거지역·준주거지역·준공업지역으로 지정되어 있는 곳의 건물을 임차한 경우에는 단란주점 건축허가를 신청하였다고 하더라도 관할행정청은 일반주거지역, 준주거지역, 준공업지역 안에서 단란주점을 건축할 수 없도록 규정하고 있는 구 도시계획

법시행령 규정에 따라 재량의 여지없이 당연히 건축허가를 불허하게 될 것이므로, 위 시행령 조항을 직접 헌법소원심판의 대상으로 삼을 수 있고, 아울러 위 시행령 조항으로 인하여 장래 발생할 청구인들에 대한 기본권침해가 틀림없을 것으로 현재 확실히 예측되므로 현재관련성도 인정될 수 있다(헌재 2002.8.29. 2000헌마556).

군법무관수당을 월봉급액의 40퍼센트 범위 내에서 지급하도록 제한한 '공무원수당 등에 관한 규정'의 해당 조항은 군법무관수당의 지급대상 및 지급액을 국방부령에 위임하고 있어 그 규정의 구체화를 위하여 하위규범의 시행을 예정하고 있다고 볼 수 있으나, 위 조항은 '월봉급액의 40퍼센트'를 군법무관수당의 상한으로 정하고 있고, 그와 같이 상한을 설정한 것 자체로 인한 재산권의 침해 가능성과 관련하여서는 기본권 침해의 직접성 또한 이를 인정할 수 있다(헌재 2008.5.29. 2006헌마170).

수사경력자료의 보존·관리에 관한 권한과 의무는 형의 실효등에 관한 법률에 의해 직접 규율되고, 담당 공무원이 구체적으로 행하는 수사경력자료의 보존 및 삭제 행위는 단순한 사무집행으로서 구체적인 사실행위에 불과하므로 수사경력자료의 보존 및 삭제와 관련한 기본권 침해는 위 법률조항으로 인해 직접 발생한다(헌재 2012.7.26. 2010헌마446).

자유형의 형기를 역수에 따라 계산하도록 하면서 복역기간 중 윤달인 2월이 포함되어 있더라도 형기를 감하여 주는 보완규정을 두지 아니한 형법 조항은 윤달이 끼지 않은 해에 비하여 1일을 더 복역하게 하고 있는데, 이와 같은 기간계산 방식은 위 조항에 의하여 일의적이고 확정적으로 정하여져 형집행행위에 좌우될 수 없으므로 기본권 침해의 직접성이 인정된다(헌재 2013.5.30. 2011헌마861).

㈏ 집행행위에 대한 구제절차가 없거나 권리구제의 기대가능성이 없는 경우

구체적 집행행위가 존재하는 경우라고 하여 언제나 반드시 법령 자체에 대한 헌법소원심판청구의 적법성이 부정되는 것은 아니다. 예외적으로 집행행위가 존재하는 경우라도 그 집행행위를 대상으로 하는 구제절차가 없거나 구제절차가 있다고 하더라도 권리구제의 기대가능성이 없고 다만 기본권침해를 당한 청구인에게 불필요한 우회절차를 강요하는 것밖에 되지 않는 경우 등에는 당해 법령을 직접 헌법소원의 대상으로 삼을 수 있다 할 것이다.

헌법재판소는, 피고인이나 변호인의 공판정에서의 녹취허가신청에 대한 법원의 녹취불허결정은 판결 전의 소송절차에 관한 법원의 결정으로서 즉시항고를 인정하는 명문 규정이 없고, 항소나 상고는 판결 전 소송절차상의 결정에 대한 불복방법이 아니어서 결국 법원의 녹취불허결정에 대하여는 직접적인 구제절차가 없다 할 것이므로, 그 녹취허부결정의 근거규정인 형사소송규칙 조항에 대하여 헌법소원심판을 청구할 수 있다고 하였다(헌재 1995.12.28. 91헌마114).

이자소득 및 배당소득에 대하여 분리과세를 도입하고 20%의 세율로 원천징수하도록 하는 금융실명거래및비밀보장에관한법률의 부칙조항과 관련하여 청구인들이 주장하는 바와 같은 금융소득에 대한 세부담의 증가로 인한 기본권의 침해는 위 부칙조항에 따른 금융기관의 원천징수행위에 의하여 비로소 현실적으로 나타나는 것이나, 원천징수하는 소득세에 있어서는 과세관청의 부과처분이 없이 법령이 정하는 바에 따라 그 세액이 자동적으로 확정되고, 원천징수의무자인 금융기관은 이와 같이 자동적으로 확정되는 세액을 수급자로부터 징수하여 과세관청에 납부하여야 할 의무를 부담하는 것이어서 금융기관의 원천징수행위나 세무관청의 수납행위를 위 조항에 근거한 집행행위로 볼 수 없고, 설령 원천징수행위를 집행행위로 본다 하더라도, 이는 쟁송의 대상이 될 수 있는 부과처분에 해당하지 않으므로 이에 대한 구제절차가 없고 구제절차가 있다고 하더라도 권리구제의 기대가능성이 없이 다만 기본권침해를 당한 자에게 불필요한 우회절차를 강요하는 것밖에 되지 않는 경우에 해당하므로 위 법률조항을 직접 헌법소원의 대상으로 삼을 수 있다(헌재 1999.11.25. 98헌마55).

또한 '한나라당 대통령후보 이명박의 주가조작 등 범죄혐의의 진상규명을 위한 특별검사의 임명 등에 관한 법률'에 규정된 동행명령 조항에 의한 기본권 침해는 동행명령장의 발부라는 집행행위를 통해 구체적으로 현실화되나, 동행명령 자체에 대한 불복수단을 규정하고 있지 않을 뿐 아니라, 항고소송의 대상이 되는 처분인지 여부도 불분명하고, 형사소송법 상의 준항고에 관한 규정이 적용된다고 보기도 어려우므로, 결국 이에 대하여는 구제절차가 없거나 권리구제의 기대가능성이 없어, 구체적 집행행위의 존재에도 불구하고 예외적으로 기본권 침해의 직접성을 인정할 수 있다고 하였다(헌재 2008.1.10. 2007헌마1468).

헌법재판소는 지방법원판사의 구속기간연장 허가를 정하고 있는 국가보안법 제19조에 대하여, 위 법률조항은 그 규정 자체에 의하여 직접 구속기간이 연장되는 것이 아니라 수사기관의 연장허가신청에 의한 지방법원판사의 연장허가라는 별도의 구체적 처분이 있어야 하기 때문에 법률 자체에 대한 헌법소원심판청구요건으로서의 직접성이 결여된 것임에는 틀림없으나, 동 조항에 따른 지방법원판사의 허가결정에 대하여는 형사소송법상 항고, 준항고, 즉시항고 등의 불복방법이 마련되어 있지 아니하므로 위 심판대상조항에 대하여 직접 헌법소원심판청구의 대상으로 삼을 수 있다고 하였다(헌재

1997.8.21. 96헌마48).

정보통신부장관이 전기통신사업자로 하여금 불온통신의 취급을 거부, 정지 또는 제한하도록 명할 수 있다고 정하고 있는 전기통신사업법의 해당 조항으로 인한 기본권의 침해는 정보통신부장관의 명령이라는 집행행위를 매개로 하여 발생하게 되나, 이 조항으로 인해 실질적으로 표현의 자유를 규제받는 자는 청구인과 같은 이용자임에도 불구하고, 정보통신부장관의 명령의 상대방이 제3자라는 이유로 행정소송의 제기를 통한 권리구제를 받지 못할 가능성이 있으므로 예외적으로 이 조항을 직접 헌법소원의 대상으로 삼을 수 있다고 봄이 상당하다(헌재 2002.6.27. 99헌마480).

(5) 직접성의 부정

집행행위가 존재하고 다른 예외적인 사유가 없어서 기본권 침해의 직접성이 부정되는 사례들을 본다.

헌법재판소에 의하면, 자연공원법 규정에는 건설부장관, 도지사 등이 공원계획으로 자연보존지구 등 네 종류의 용도지구를 결정한다고 되어 있는데, 국립공원 내에 있던 청구인들 소유의 토지가 이 규정에 의한 건설부장관의 공원계획결정에 의하여 위 용도지구 중 하나인 자연환경지구로 지정·고시되었는바, 청구인들이 받은 토지이용의 제한과 관련한 기본권 침해 여부는 건설부장관의 용도지구의 결정고시라는 별도의 구체적인 집행행위에 의하여 비로소 발생할 수 있는 것이므로 위 자연공원법 조항은 기본권 침해의 직접성이 없다(헌재 1991.9.16. 89헌마151).

마찬가지로 법원행정처장이 미리 법무사시험의 제2차시험 합격자의 선발예정인원을 공고하고 그 범위 안에서 고득점자순으로 합격자를 결정할 수 있다는 내용의 법무사법 시행규칙 조항은 선발예정인원의 결정과 공고, 합격자 결정 등의 구체적 집행행위를 법원행정처장이 행한 때에 비로소 그 내용이 실현되는 것이어서 기본권 침해의 직접성을 담보하지 않는다(헌재 2001.11.29. 2000헌마84).

헌법재판소는 산업재해보상법이 2007년 전부개정되면서 장해등급 판정에 관한 세부기준이 변경되었는데, 개정법 시행 이후 치유된 자는 개정된 산업재해보상법의 규정을 적용하여 장해등급을 결정하도록 정하고 있는 부칙 조항에 대해, 근로복지공단의 잘못으로 개정법 시행 이후로 치유가 지연된 경우에 대한 예외를 두지 않았다고 다툰데 대해, 그러한 예외적 사정 즉 근로복지공단의 잘못으로 치유의 시기가 늦어졌는지의 여부는 집행기관이나 법원에 의한 사실관계 확정 및 가치판단 등을 통하여 비로소 이루어질 수밖에 없어 집행기관의 집행행위 등이 위 부칙조항의 해당 여부의 판단에 선행되어야 하므로, 위 부칙조항이 그 집행행위 등의 존부나 내용과 무관하게 청구인의 기본권을 직접 침해한다고 보기 어렵다고 하였다(헌재 2010.7.29. 2009헌마51).

'방송통신위원회의 설치 및 운영에 관한 법률'의 해당 조항 중 '불법정보' 부분, 같은 법 시행령 제8조 제2항 제1호 중 '해당 정보의 삭제' 부분, 정보통신윤리위원회 정보통신윤리심의규정의 관련 부분은 모두 직접적으로 청구인들의 자유를 제한하거나, 의무를 부과하거나, 권리 또는 법적 지위를 박탈하는 것이 아니라, 방송통신심의위원회의 시정요구라는 구체적인 집행행위를 매개로 하여야만 비로소 청구인들의 권리의무에 영향을 미치는 것이므로, 이 부분 심판청구는 직접성 요건을 갖추지 못하여 부적법하다(헌재 2012.2.23. 2008헌마500).

'정보통신망 이용촉진 및 정보보호 등에 관한 법률(정보통신망법)'의 누구든지 정보통신망을 통하여 '그 밖에 범죄를 목적으로 하거나 교사 또는 방조하는 내용의 정보'를 유통하여서는 아니된다는 규정은 정보통신망 이용자들에게 직접 이러한 불법정보의 유통금지의무를 부담하게 하므로 기본권 침해의 직접성이 인정되나, 방송통신심의위원회가, 건전한 통신윤리의 함양을 위하여 필요한 사항으로서, 위 정보통신방법 상의 불법정보의 유통에 대하여 '심의 및 시정요구'를 한다고 정한 '방송통신위원회의 설치 및 운영에 관한 법률'의 해당조항 및 같은 법 시행령에서 위 '시정요구'의 종류로서 해당정보의 삭제를 정하고 있는 부분, 범죄 및 법령에 위반되는 위법행위를 조장하는 정보 및 타인의 권리를 침해하는 내용의 정보를 유통이 적합하지 아니한 것으로 규정한 정보통신윤리심의규정의 해당 부분 등은 모두 방송통신심의위원회의 시정요구라는 집행행위를 매개로 하여야만 정보통신망 이용자들의 권리의무에 영향을 미치므로 그 자체로써 직접 기본권을 제한하지 않아 직접성을 갖추지 못하였다(헌재 2012.2.23. 2008헌마500).

외국인이 결혼동거목적 사증(F-2)을 발급받기 위해서는 배우자의 초청이 있어야 하며, 사증발급 신청 시 법무부장관이 고시하는 국가 요건에 해당하는 사람은 배우자인 초청인이 국제결혼 안내프로그램을 이수하였다는 증명서를 첨부하거나 초청장에 국제결혼 안내프로그램 이수번호를 기입하여야 한다는 출입국관리법 시행규칙조항과 베트남을 포함하여 7개 국가를 특정하여 정하고 있는 법무부장관의 고시 규정 하에서, 베트남 국적의 배우자를 둔 청구인이 국제결혼 안내프로그램을 이수하여야 하는지 여부는 위 시행규칙조항과 법무부고시에 의하여 바로 확정되는 것이 아니라, 행정청이 청구인에게 국제결혼 안내프로그램을 이수한 후 이를 이수하였다는 증명서를 첨부하거나 초청장에 이수번호를 기재하도록 요구하는 때, 또는 이 요구와 같은 사항들이 미비함을 이유로 사증발급을 거부하는 처분을 하는 때에 비로소 확정된다고 할 것이므로, 청구인이 주장하는 기본권침해 역시 행정청의 위와 같은 요구행위 또는 사증발급거부처분에 의하여 비로소 현실적으로 발생한다고 보아야 할 것이다(헌재 2013.11.28. 2011헌마520).[75]

지방자치단체의 장이 대형마트 및 준 대규모점포에 대하여 일정한 범위의 영업시간 제한 및 의무휴업을 명할 수 있도록 규정한 유통산업발전법 조항들로 인한 기본권침해의 법률효과는 지방자치단체장의 영업시간 제한 및 의무휴업일 지정에 관한 구체적처분에 의하여 비로소 발생하는 것이고, 또한 유통산업발전법이 매월 이틀의 의무휴업일을 두도록 하는 규정은, 의무휴업일지정일수에 대하여는 지방자치단체의 장의 재량이 인정되지 않더라도, 의무휴업일 지정 여부에 대하여는 지방자치단체장에게 재량이 인정되므로 지방자치단체의 장이 의무휴업일을 지정하는 집행행위를 하기 전에는 청구인들의 법적 지위나 권리·의무는 어떠한 영향도 받지 않으므로 기본권 침해의 직접성이 없다(헌재 2013.12.26. 2013헌마269).

국회의원지역선거구를 획정할 때 자치구를 분할하여 다른 선거구로 편입하는 것을 금지하는 공직선거법 조항 중 "자치구" 부분은 행정구의 분구 및 통합 가능성을 열어놓고 있는 것은 뿐이므로 법률 조항 자체만으로는 어떠한 행정구가 분할되어 다른 선거구로 편입될 것인지를 전혀 예측할 수 없고, 국회가 위 조항에 근거하여 선거구구역표를 편성한 이후에야 비로소 특정 행정구가 분할되어 다른 선거구와 통합될 것인지 여부가 결정되므로 위 조항에 대한 심판청구는 기본권침해의 직접성을 인정할 수 없다(헌재 2014.10.30. 2012헌마190등).

(6) 법령조항의 유형과 구체적 사례

권력적 사실행위에 대한 헌법소원심판에서는 직접성이 부정되는 사례를 찾기 어려운 것이 논리적이기도 하고 실무상으로도 그렇다. 결국 직접성이 인정되는지 여부가 주로 문제되는 것은 법령에 대한 헌법소원의 경우인데, 이때에는 문제되는 법령조항의 성질, 가령 추상적·일반적 규율인지 특정적·개별적 규율인지 또는 조직·정의규정인지의 여부, 집행행위의 유무, 집행행위의 성질 및 집행행위에 대한 통상의 권리구제절차

---

75) 2인 재판관 반대의견: 청구인은 위 시행규칙조항과 법무부고시에 의해 배우자의 사증발급을 위해서는 이 사건 프로그램을 이수하여야 하는 의무를 부담하게 되므로, 따로 청구인에게 이 사건 프로그램 이수를 요구하는 행위 또는 법무부장관의 사증발급신청불허처분이라는 구체적인 집행행위를 기다릴 필요 없이 이 사건 심판대상조항 자체에 의하여 기본권이 직접 침해당하고 있는 경우에 해당한다.

의 유무 등에 따라 달라질 것을 예상해 볼 수는 있다. 다만, 이와 같이 예상해 본다 하더라도 이들 요소들에 따라 직접성 요건의 충족 여부가 일의적이고 획일적으로 정해지는 것은 아니므로 구체적인 내용들을 살펴보아야 한다.

㈎ 행정처분의 근거법령

행정처분의 근거법령의 경우에는 집행행위인 행정처분이 존재하고 일반적으로 행정처분에 대하여는 통상적인 구제절차가 있으므로 기본권 침해의 직접성이 부정될 것이며, 앞서 본 예외적으로 직접성이 인정되는 경우, 즉 집행행위가 있다 하더라도 그것이 형식적이거나 통상적인 권리구제절차가 없거나 권리구제의 기대가능성이 없는 경우에는 직접성이 인정될 수 있겠다.

헌법재판소의 실무에서는 행정처분의 근거법령과 관련하여서는 행정처분의 집행기관에게 재량의 여지가 있는지 여부를 주요한 기준으로 보고, 그 집행행위가 재량행위인 경우에는 기본권 침해는 집행기관의 의사에 따른 집행행위에 의하여 비로소 야기되므로 이러한 경우 법령에 대한 헌법소원심판의 직접성 요건을 충족한 것으로 인정되지 않는다(헌재 1998.4.30. 97헌마141; 헌재 2009.3.26. 2007헌마988등). 그러나 앞에서 본 바와 같이 재량행위인 듯이 보이는 경우에도 집행행위 이전에 법령 자체에 의한 기본권 제한이 확정적인 경우에는 그 법령에 대한 직접성이 인정될 수 있고, 기속행위라고 해서 그 근거법령의 직접성이 항상 인정되는 것은 아니라는 점[76]을 주의해야 한다.

과세처분의 근거법령에 대하여는 과세관청의 부과처분에 의하여 조세채무가 확정되는 부과과세방식의 경우에는 과세처분이라는 집행행위가 매개로 되어 기본권침해가 야기되고, 납세의무자가 신고하여 조세채무가 확정되는 신고납세방식의 경우[77]에도 과세처분 또는 경정청구거부처분 등의 구체적인 집행행위가 매개되므로 그 근거법령에 대한 헌법소원심판청구의 직접성을 부정하였다(헌재 2001.1.18. 2000헌마80; 헌재 2009.4.30. 2006헌마1261). 과세관청의 부과처분 없이 법령이 정하는 사유가 발생하면 법령이 정하

76) 김하열, 위의 책, 512면 참조

77) 2000헌마80 결정에는 1인 재판관의 반대의견이 있었으나. 2006헌마1261 결정에는 반대의견이 없다. 2008헌마80 결정의 반대의견의 이유는 신고납세방식에 의한 조세의 경우 납세의무자는 스스로 과세표준을 확인하고, 세율을 적용, 세액을 산출하여 신고하고 납부할 의무를 부담하며, 이를 해태하면 가산세를 부담하게 되므로 과세법령 그 자체로서 납세의무자에게 직접 법적 부담을 가한다고 보아야 하고, 다수의견은 납세의무자가 신고납세방식의 과세법령의 위헌성을 다투려면 납세의무를 게을리하여 가산세라는 불이익을 감수하도록 강요하는 것이어서 법규범의 위헌성을 다투기 위하여 형벌소추 등의 위험을 감수할 것을 국민에게 요구할 수 없다고 한 우리 재판소의 기존 판례의 정신과도 부합하지 않는다고 하였다.

는 바에 따라 그 세액이 자동적으로 확정되는 자동확정방식의 조세의 경우에는 해당 법령에 대한 기본권 침해의 직접성이 인정되고 금융소득에 대한 원천징수의 경우에 직접성이 인정됨은 앞에서 본 바와 같다(헌재 1999.11.25. 98헌마55).

헌법재판소는 신고납부 방식에 의하는 부가가치세 납세와 관련하여, 미용 목적의 성형수술을 부가가치세 부과대상으로 규정하고 있는 구 부가가치세법 시행령의 해당 조항에 의하여 부과되는 부가가치세는 형식상 신고납부 방식의 조세에 해당하지만, 부과징수 방식의 조세와 마찬가지로 종국적으로 과세처분이라는 집행행위를 통하여 비로소 기본권 침해가 현실화되는 것이므로, 위 조항에 대한 심판청구는 기본권 침해의 직접성이 인정되지 않는다고 하였다(헌재 2014.3.27. 2011헌마577).

헌법재판소에 의하면, 건강보험료의 부과 및 체납에 대한 제재 규정은 국민건강보험공단의 보험료부과처분이나 보험급여 거부처분 등의 집행행위에 의해서 기본권 제한이 이루어지므로 기본권 침해의 직접성이 없으나(헌재 1998.2.27. 96헌마134 참조; 헌재 2001.8.30. 2000헌마668), 설계된 보험제도 자체, 즉 국민건강보험에의 의무적인 가입이나 보험료 징수권한의 향방, 보험료부과방식 등에 대하여 다투는 경우에는 해당 법령에 대하여 직접성이 인정된다(헌재 2000.6.29. 99헌마289; 헌재 2012.5.31. 2009헌마299).

중개업자가 부동산거래에 관하여 신고한 사항이 누락되거나 부정확한 경우 관할 행정청으로 하여금 필요한 조치를 취할 수 있도록 한 '공인중개사의 업무 및 부동산 거래신고에 관한 법률'의 해당 조항 및 중개업자가 허위 또는 이중계약서를 작성할 경우 중개사무소 개설등록을 취소할 수 있도록 한 해당 조항 등으로 인한 기본권 침해는 집행기관의 의사에 따른 집행행위에 의하여 비로소 발생하는 것이므로(헌재 2009.3.26. 2007헌마988등), 친일반민족행위결정으로 인한 청구인의 인격권 및 평등권 침해는 친일반민족행위결정의 근거가 된 '일제강점 하 반민족행위 진상규명에 관한 특별법' 자체에 의한 것이 아니라 '친일반민족행위 진상규명위원회'의 조사 결과에 따른 친일반민족행위결정과 이에 수반되는 조사 보고서 및 사료의 공개라는 구체적인 집행행위를 매개로 하여 비로소 발생하게 된 것이므로(헌재 2009.9.24. 2006헌마1298) 각 법령조항의 기본권 침해의 직접성이 인정되지 않는다.

헌법재판소에 의하면, 정치자금법 조항에 의하면 누구든지 선거관리위원회에 정당, 공직선거 후보자 등의 회계보고서, 정치자금의 수입·지출내역 등의 사본을 교부할 것을 신청할 수 있고, 다만 영수증 그 밖의 증빙서류 및 예금통장 사본은 제외되는데, 구체적으로 어떠한 서류에 대하여 사본 교부를 청구할 수 있는지는 관할 선거관리위원회가 신청한 서류들이 교부대상에서 제외되는지 여부를 검토한 후 그 교부 여부를 결정하는 것이므로, 사본 교부 신청자에 대한 기본권 제한의 효과는 관할 선거관리위원회의 사본 교부를 거부하는 집행행위에 의하여 비로소 발생하는 것이어서(헌재 2010.12.28. 2009헌마466), 부재자투표소를 관할구·시·군선거관리위원회의 사무소 소재지에 설치·운영하도록 하는 공직선거법의 해당 조항은 각 선거관리위원회의 관할 구역 내에 부재자투표소를 필수적으로 설치하여야 한다는 것을 규정한 것에 불과하고, 실제로 구·시·군선거관리위원회가 관할하는 해당 지역에 설치되는 부재자투표소의 수는 구·시·군선거관리위원회의 재량에 의하여 정해지는 것이므로(헌재 2012.2.23. 2010헌마601), 학교폭력 사안에서 가해학생이 받은 조치에 대하여 이를 거부하는 경우 등에 대해 학교폭력대책자치위원회가 학교장에게 추가조치를 요청할 수 있다는 조항에 관하여는 학교장의 추가조치라는 구체적인 집행행위가 있을 때 비로소 기본권 침해의 문제가 나타나므로(헌재 2013.10.24. 2012헌마832), 모두 각 해당 법률조항의 기본권 침해의 직접성이 없다.

의료인이 일정한 범죄로 형을 선고받은 경우 필요적으로 의사면허를 취소하고 3년 이내에는 그 면허를 재교부하지 못하도록 하는 의료법 조항에 대하여, 법령에서 특정한 집행행위를 필요적으로 하도록 일의적으로 요구하고 있다는 사정만으로 그 법령 자체가 당연히 헌법소원의 대상이 된다고 볼 수는 없고, 의사면허의 취소요건이 갖추어진 청구인이 주장하는 기본권 침해는 위 조항에 의하여 직접 발생하는 것이 아니라 위 조항에 따른 면허취소 또는 면허재교부 거부라는 구체적인 집행행위가 있을 때 비로소 현실적으로 나타나므로 위 의료법 조항은 직접성 요건을 갖추지 못하였다(헌재 2013.7.25. 2012헌마934).

㈏ 형벌 및 행정제재 규정

국민에게 일정한 행위의무 또는 금지의무를 부과하고 이에 위반할 경우 제재수단으로서 형벌 또는 행정벌 등을 부과하도록 하는 법령의 경우, 그 형벌이나 행정벌의 부과를 부과하거나 금지하는 의무에 대한 집행행위로 볼 수는 없다. 국민이 행위의무나 금지의무를 부담하는 것은 집행행위에 의해서가 아니라 그 의무를 정한 법령이 작동된 것으로부터 직접적으로 비롯된 것이기 때문이다(헌재 1996.2.29. 94헌마213; 헌재 2007.7.26. 2003헌마377).

가령, 금지하는 과외교습을 행한 경우에 형벌을 부과하도록 하는 학원의설립·운영에관한법률의 해당 조항은 별도의 집행행위를 기다릴 것 없이 법률에 의하여 바로 과외교습을 하지 않을 의무를 직접 부담하게 하므로 기본권 침해의 직접성이 인정된다(헌재 2000.4.27. 98헌마429).

다만, 구성요건조항과 제재조항이 별도로 규정되어 있는 경우, 벌칙·과태료 조항에 대하여 법정형이 과중하다거나 과태료 액수가 지나치게 많다든 등 그 조항 자체의 위헌성을 주장하지 않는 한 직접성이 인정되지 않는다. 예컨대 16세 미만 청소년에게 심야 인터넷게임의 제공을 금지하고 그 위반에 대해 처벌하는 규정에 대해 벌칙 자체의 위헌성을 주장하지 않았다는 이유로 그 벌칙 규정에 대한 직접성이 인정되지 않았다(헌재 2014.4.24. 2011헌마659등).

이에 반하여 청구인이 금지규정과 제재규정을 함께 다투는 경우에는 두 규정 모두에 대해 직접성이 인정된다. 헌법재판소는 부동산중개업자로 하여금 법령이 정한 수수료 또는 실비를 초과하여 금품을 받을 수 없도록 하고 이를 위반한 경우 등록취소 등의 행정상 제재나 형사처벌을 받을 수 있도록 하는 부동산중개업법의 해당 조항에 대하여 두 조항을 함께 다툰 헌법소원사건에서 모두 적법성을 인정하고 본안에 나아가 판단하였다(헌재 2002.6.27. 2000헌마642등).

저작권법은 특수한 유형의 온라인서비스제공자에 대해, 권리자의 요청이 있는 경우 당해 저작물 등의 불법적인 전송을 차단하는 기술적인 조치 등 필요한 조치를 하도록 의무를 부과하는 규정을 두고, 이러한 의무에 위반하는 경우에 과태료에 처하도록 하는 별도의 규정을 두면서, 그 과태료는 대통령령이 정하는 바에 따라 문화관광부장관이 부과·징수하도록 하고, 과태료의 금액 및 그 경감 또는 가중에 관한 기준을 문화관광부훈령에서 정하고 있는데, 저작권법에 의해 위 의무를 부담하고 있는 청구인들이 위 훈령에 대하여 헌법소원심판을 청구한 사안에서, 청구인들에 대한 현실적이고 구체적인 기본권침해의 효과는 위 훈령에 의해서가 아니라 구체적인 집행행위로서 문화관광부장관의 과태료 부과처분을 통해 비로소 발생하는 것으로 보아야 할 것이므로 기본권침해의 직접성이 인정되지 않고, 나아가 과태료처분에 대한 이의제기를 통하여 법원에서 구제를 받을 수 있는 절차가 마련되어 있어 직접성을 인정할 수 있는 예외적인 경우에도 해당하지 않는다(헌재 2008.9.25. 2008헌마97등).

헌법재판소는 영화및비디오물의진흥에관한법률에서는 영화발전기금을 설치할 것을 정하고, 이 영화발전기금의 재원 중의 하나로 영화상영관 입장권에 대한 부과금을 정하고 있으며 같은 법 시행령에서 영화상영관 경영자가 영화관 관람객에게 부과금을 징수하여 그 부과금을 영화진흥위원회에 납부할 의무를 부과하면서, 이 의무를 위반하는 경우 과태료에 처하게 되는 별도의 규정을 두고 있는데, 영화관 경영자와 관람객인 청구인들은 영화관 경영자에게 부과금의 징수 및 납부의무의 이행을 강제한다는 것만을 다투고 있을 뿐, 과태로 자체에 대하여 그 제재가 체계정당성에 어긋난다거나 과다하다는 등은 주장하지 않고 있으므로 행위의무조항과 별도로 규정된 과태료의 제재규정은 기본권침해의 직접성이 없다고 하였다(헌재 2008.11.27. 2007헌마860).[78]

㈐ 권력적 사실행위의 근거법령

권력적 사실행위도 근거법령이 있는 경우에는 그 집행행위가 될 수 있다. 이러한 경우 권력적 사실행위가 대상이 되어 헌법소원심판이 청구되면 그 근거법령은 직접성이 흠결될 것이다.

헌법재판소에 의하면, 교도소 수용자가 없는 상태에서 거실이나 작업장을 검사하도록 한 계호업무지침(법무부 훈령)의 조항들은 거실 및 작업장 검사를 할 수 있는 시기와 방법 등을 정해 놓은 것으로서, 교도관에게 '가급적' 수용자가 없는 상태에서 거실 또는 작업장 검사를 할 수 있도록 하고 있을 뿐 상황에 따라 수용자가 거실이나 작업장에 있을 때에도 검사할 수 있게 하는 재량의 여지를 주고 있어서, 교도관의 구체적인 검사행위 없이 위 조항들 자체가 바로 청구인의 기본권을 직접 제한하고 있다고 보기 어려우므로(헌재 2011.10.25. 2009헌마691), 수용자 이송에 사용할 수 있는 보호장비의 종류 및 사용 요건 등을 정하고 있는 '형의 집행 및 수용자의 처우에 관한 법률' 해당 조항에 대해서는 교도관의 구체적인 보호장비 사용행위라는 집행행위에 의해 기본권이 제한되므로(헌재 2012.7.26. 2011헌마426), 형의 집행 및 수용자의 처우에 관한 법률 및 교도관직무규칙에서 수용자의 두발에 관하여 정하고 있는 조항들은 수용자는 두발을 단정하게 유지하여야 한다는 내용일 뿐이고, 이와 관련하여 기본권이 제한되려면 구체적인 집행행위가 매개되어야 하므로(헌재 2012.4.24. 2010헌마751), 일정한 요건에 해당할 경우 교도소장이 교도관으로 하여금 수용자의 접견내용을 청취·기록·녹음·녹화할 수 있도록 규정한 '형의 집행 및 수용자의 처우에 관한 법률' 조항 및 '형의 집행 및 수용자의 처우에 관한 법률 시행령' 조항들은 구체적으로 교도소장의 접견내용 청취·기록·녹음 또는 녹화라고 하는 집행행위의 매개를 예정하고 있고, 구체적인 집행행위를 통하여 비로소 청구인의 기본권 침해 문제가 발생하므로(헌재 2013.8.29. 2011헌마122), 위 각 규정들에 대한 심판청구는 직접성 요건을 갖추지 못하여 부적법하다.

㈑ 하위 규범의 시행을 예정하고 있는 법령

헌법소원의 직접성 요건에 관하여 논의할 때의 집행행위에는 입법행위도 포함되므

78) 본안에 관한 부분은 5인 위헌의견으로 기각결정되었으나, 과태료 부과 규정에 대한 직접성의 흠결에 대하여는 재판관 전원의 의견이 일치되었다.

로 법령이 그 구체화를 위하여 하위 규범의 시행을 예정하고 있는 경우에는 그 법령은 직접성을 충족하지 못한다. 그러나, 위임하는 것 자체가 헌법적 원칙 가령 의회유보원칙이나 포괄위임금지원칙 등의 위반이라고 주장하거나(헌재 2012.11.29. 2011헌마827), 상위 규범에서 일정 한도를 정하고 하위 규범에서 그 한도 안에서 금액 등을 구체화하는 경우와 같이 위임법령이 직접 의무를 부과한 경우(헌재 2008.5.29. 2006헌마170) 및 위임법령과 하위 규범이 하나로 결합되어 헌법소원심판청구의 대상이 되는 경우에는 위임법령도 직접성이 인정될 수 있다.

헌법재판소는 공무원시험에서 '연령'에 따른 최소한도의 자격요건을 정할 수 있도록 규정하고 있는 국가공무원법 조항(헌재 2008.5.29. 2007헌마1105), 주택관리사보의 자격시험의 응시자격 등을 대통령령에 위임하고 있는 주택법 조항(헌재 2014.4.24. 2012헌마928), "복권위원회는 … 온라인 복권발매시스템의 운용 및 판매에 관한 수수료의 최고한도를 정하여 고시할 수 있다."라고 규정하고 있는 '복권 및 복권기금법' 조항(헌재 2008.4.24. 2004헌마440), 신체검사 대상자의 상이등급을 1급에서 7급으로 구분하여 판정한다는 내용만을 정하면서 상이등급의 구분과 판정, 신체상이의 판정방법과 운동기능장애 측정방법 등에 관하여 필요한 사항을 각각 대통령령과 총리령에서 정하도록 위임하고 있는 '국가유공자 등 예우 및 지원에 관한 법률'과 같은 법 시행령 조항(헌재 2012.5.31. 2011헌마241), 재산등록의무를 부담하는 공무원에 대하여 '그 밖에 국회규칙, 대법원규칙 및 대통령령으로 정하는 특정 분야의 공무원과 공직유관단체의 직원'이라고만 규정하고 있는 공직자윤리법 조항(헌재 2010.10.28. 2009헌마544), 정비사업의 시행자가 부담하는 주거이전비의 보상대상자와 보상액 등을 정하는 손실보상의 기준에 관하여 대통령령으로 따로 정할 수 있다고 정한 '도시 및 주거환경정비법(도시정비법)'의 조항, 이 위임을 받아 주거이전비 보상대상자의 인정기준의 구체적 규율을 다시 국토해양부령에 위임하고 있는 같은 법 시행령조항(헌재 2012.7.26. 2010헌마7등), 모두 기본권 침해의 직접성이 없다. 이에 반하여 정비사업시행자는 세입자에 대한 주거이전비의 보상내용을 정하는 사업시행계획서 및 관리처분계획의 인가를 받기 위하여 도시정비법 시행규칙(국토해양부령)의 해당 조항이 정한 대로 계획을 수립할 의무를 부담하게 되므로, 위 시행규칙 조항은 그 집행행위의 유무나 내용에 의하여 좌우될 수 없을 정도로 사업시행자인 정비사업조합과 그 조합원의 법적 지위를 정하고 있다 할 것이어서 직접성이 인정된다(헌재 2012.7.26. 2010헌마7등).[79]

---

79) 이에 대하여는, 위 시행규칙조항은 세입자에 대한 주거이전비 보상의 기준을 정함에 불과하여 그 기준에

위임법령이 직접 의무를 부과하는 경우를 보면, 헌법재판소는 전기통신서비스를 이용하여 청소년유해매체물을 제공하고자 하는 자는 대통령령이 정하는 표시방법에 따라 당해 정보가 청소년유해매체물임을 표시하여야 한다고 규정하고 있는 정보통신망이용촉진및정보보호등에관한법률의 해당 조항은 표시방법을 하위 법령에 위임하고는 있지만 청소년유해매체물 표시의무 자체는 법률에서 직접 부과하고 있으므로 기본권 침해의 직접성이 인정되었다(헌재 2004.1.29. 2001헌마894).

위임법령과 하위 규범이 불가분의 일체를 이루는 경우로서, 헌법재판소는 앞에서 본 청소년유해매체물 표시방법을 대통령령에 정하도록 하였는데, 같은 법 시행령은 전자적 표시방법을 정할 것을 정보통신부장관에 위임하고 있는바, 위 시행령 조항과 정보통신부 고시는 서로 결합하여 직접 국민의 권리와 의무에 대한 사항을 정하고 있는 것이므로 이에 대하여 직접성이 인정된다고 하였다(헌재 2004.1.29. 2001헌마894).

누구든지 총포와 아주 비슷하게 보이는 것으로서 대통령령이 정하는 것을 소지하지 못한다라고 정한 '총포·도검·화약류 등 단속법'은 의무를 부과하고 있는 반면, 같은 법 시행령 조항[80)]은 의무부과등과 같은 기본권제한에 관한 사항을 규정하지 않은 채 모의총포의 구체적 범위에 관한 기준만을 정하고 있는바, 모의총포 소지에 관련한 기본권 제한은 위 법률조항과 시행령조항이 함께 적용될 때 비로소 구체화될 수 있어 위 법률조항과 시행령조항은 서로 불가분의 관계를 이루면서 전체적으로 하나의 규율 내용을 형성하고 있고 서로 분리하여서는 규율내용의 전체를 파악하기 어려운 경우에 해

근거한 사업시행계획, 관리처분계획과 그에 대한 각 인가라는 구체적 집행행위가 매개되지 않는 이상 청구인들이 주장하는 기본권침해의 결과가 발생한다고 볼 수 없다는 재판관 2인의 반대의견이 있다.

80) 총포·도검·화약류 등 단속법 시행령 제13조(모의총포의 기준) 법 제11조의 규정에 의한 모의총포는 별표 5의2에 해당하는 것으로 한다.

[별표 5의2]

모의총포의 기준(제13조 관련) 다음 각 호의 1에 해당하는 것을 모의총포로 한다.

1. 금속 또는 금속 외의 소재로 만들어진 것으로서 모양이 총포와 아주 비슷하여 범죄에 악용될 소지가 현저한 것
2. 금속 또는 금속 외의 소재로 만들어진 것으로서 금속 또는 금속 외의 물체를 발사하거나 소리·불꽃을 내는 것 중 다음의 1에 해당하여 인명·신체상 위해를 가할 우려가 있는 것

가. 발사되는 물체(이하 "탄환"이라 한다)의 크기가 직경 5.7㎜ 미만인 것

나. 탄환의 무게가 0.2g을 초과하는 것

다. 발사된 탄환의 운동에너지(파괴력)가 0.02㎏/m를 초과하는 것

라. 탄환의 앞부분이 둥글게 처리되지 아니하여 예리한 것

마. 순간 폭발음이 90㏈을 초과하거나 가연성의 불꽃을 내는 것

당한다 할 것이므로 위 법률조항은 위 시행령조항과 불가분의 일체로서 기본권 침해의 직접성을 갖추었다고 할 것이다(헌재 2009.9.24. 2007헌마949).

공무원연금법은 보충역소집에 의한 군 복무기간에 대하여 대통령령으로 정하는 기간을 공무원 재직기간에 산입할 수 있도록 하고 있지만, 그 시행령조항[81]은 산업기능요원의 복무기간을 공무원 재직기간 산입에서 제외함으로써 서로 불가분적으로 결합하여 전체적으로 하나의 규율내용을 형성하고 있으므로 기본권 침해의 직접성이 인정된다(헌재 2012.8.23. 2010헌마328[82]).

㈒ 정의규정 또는 조직규정

일반적으로 정의규정 또는 선언규정이나 조직규정은 그 자체로 자유의 제한, 의무의 부과, 권리 또는 법적 지위의 박탈을 가져오지 않으므로 기본권 침해의 직접성 요건을 충족하지 못한다.

헌법재판소는 학교급식법이 '학교급식', '학교급식공급업자', '급식에 관한 경비' 등을 정의하고 있는 조항들에 의하여 위탁급식업체들 또는 단체급식업체들의 자유의 제한, 의무의 부과, 권리 또는 법적 지위의 박탈이 생길 수 없다고 하여(헌재 2008.2.28. 2006헌마1028), 구 고용보험법은 "실업"을 정의하는 규정을 두면서 구직급여에 관하여는 위 실업의 정의를 그대로 반복하면서 독자적인 요건을 정하고 있는바, 앞에서 '실업'을 정의한 규정은 단순한 정의규정으로 그것만으로는 청구인의 자유의 제한, 의무의 부과, 권리 또는 법적 지위의 박탈이 생길 수 없다고 할 것이므로(헌재 2009.2.26. 2007헌마716) 모두 기본권 침해의 직접성이 인정되지 않는다고 하였다.

또한 헌법재판소는 '경찰법'은 경찰의 기본조직 및 직무범위 등을 규정한 전형적인 조직법으로서 원칙으로 그 조직의 구성원이나 구성원이 되려는 자 등 외에 일반 국민을 수범자로 하지 아니하므로 일반 국민인 청구인들은 위 경찰법의 공포로써 자기의 헌법

---

81) 공무원연금법 시행령(2010. 5. 31. 대통령령 제22175호로 개정되고, 2012. 3. 2. 대통령령 제23651호로 개정되기 전의 것) 제16조의2(재직기간으로 인정되는 복무기간) 법 제23조 제3항의 규정에 의하여 방위소집·상근예비역소집 또는 보충역소집에 의하여 복무한 기간 중 재직기간으로 인정되는 복무기간은 다음 각 호와 같다.

1. 방위소집 또는 상근예비역소집에 의하여 실역에 복무한 기간
2. 보충역소집에 의하여 공익근무요원으로 근무한 기간(「병역법 시행령」 제151조에 따라 산정된 기간에 한정한다) 중 「병역법」 제26조 제1항 제1호·제2호 및 제4호에 따른 지원업무에 복무한 기간

82) 이에 대하여는 공무원연금법의 규정은 직접성이 없다는 재판관 3인의 반대의견이 있다. 이 반대의견과 같은 취지에서 이 결정을 비판하는 견해로는 성기용, "헌법소원의 직접성 요건에 관한 고찰 -예외에 관한 헌법재판소 판례를 중심으로-", 이화여자대학교 법학논집 제21권 제2호, 2016. 12. 200면 참조

에 보장된 기본권이 현재 직접적으로 침해되었다고 할 수 없다고 하였다(헌재 1994.6.30. 91헌마162).

최근에 헌법재판소는, 기능성화장품의 범위를 정하고 있는 화장품법 시행규칙 해당 조항은 모법인 화장품법의 위임을 받아 기능성화장품의 의미를 구체화하고 있는 조항들로서 정의규정에 해당하고, 위 조항들 자체에 의하여는 기본권 침해가 발생할 수 없다고 하여(헌재 2017.9.7. 2017헌마947), 국방부장관을 상대로 '국군기무사령부 소속 사무관이었던 청구인의 사직원서 원본을 30일간 대여하라'는 취지의 대여신청서를 제출하였으나 원본대여는 공공기관의 정보공개의 방법이 아니라는 이유로 거부되자, '공공기관의 정보공개에 관한 법률'에서 '공개'의 의미를 정의하는 규정에 대하여 헌법소원심판을 청구한 사안에서, '공개'의 의미를 정의한 조항 자체에 의하여는 기본권 침해가 직접 발생할 수 없다고 하였다(헌재 2018.2.20. 2018헌마119).

그러나 정의규정이라 하더라도 기본권 제한과 밀접하게 연관되어 있거나, 정의규정 자체가 형벌조항의 중요한 구성요건을 이루고 있는 경우에는 예외적으로 직접성이 인정된다.

헌법재판소는 성매매알선등행위의처벌에관한법률에서 성매매알선등행위를 하였을 것이 처벌의 구성요건이 되는바, '성매매'와 '성매매알선등행위'를 정하고 있는 같은 법의 정의조항에 대하여도 본안판단을 한 바 있는데(헌재 2006.6.29. 2005헌마1167), 이는 이들 정의조항이 그 자체로 구성요건을 이루기 때문이었다고 볼 수 있다.

(바) 재판규범

구체적인 소송사건에서 법원에 의하여 해석 적용되는 재판규범은 법원의 재판을 매개로 하여 비로소 기본권에 영향을 미치게 되므로 기본권 침해의 직접성이 인정되지 않는다(헌재 2006.6.29. 2005헌마165).

피고인이 도망하거나 도망할 염려가 있다고 믿을 만한 충분한 이유가 있는 때를 보석의 제한 사유로 규정하고 있는 형사소송법 제95조 제4호는 그 자체로 직접 기본권을 제한하는 규정이 아니고 보석 허가 여부의 결정이라는 법원의 재판을 매개로 하여 비로소 특정인의 기본권에 영향을 미치는 것이므로 기본권 침해의 직접성이 없다(헌재 2004.4.29. 2002헌마756).

재판장이 공판정에서의 속기록, 녹음물 또는 영상녹화물 사본의 교부를 불허하거나 그 범위를 제한할 수 있도록 한 형사소송규칙의 해당 조항은 그에 근거한 재판장의 사본 교부 불허 또는 교부 범위의 제한이라는 구체적인 사법작용에 의하여 기본권의 침해가 발생하는지 여부는 별론으로 하더라도, 위 규정 자체에 의하여 직접 청구인의 기본권이 침해되는 것으로 볼 수 없다(헌재 2012.3.29. 2010헌마599).

법관에 대한 기피신청이 소송의 지연을 목적으로 함이 명백하거나 기피신청의 관할에 위배된 때에는 신청을 받은 법원 또는 법관이 결정으로 이를 기각하도록 하는 형사소송법 조항에 의한 기본권 제한은 형사재판에서 법원 또는 법관에 대한 기피신청을 한 후 그 법원 또는 법관이 결정으로 이를 기각한 때 비로소 발생할 여지가 있으므로, 이 조항에 대한 청구는 기본권침해에 대한 직접성이 없어 부적법하다(헌재 2018.7.17. 2018헌마599).

㈓ 사인(私人)의 행위가 예정된 규정

직접성 요건에서 말하는 집행행위는 공권력 행사로서의 집행행위를 말하는 것이므로 법규범이 정한 집행행위가 사인의 행위인 경우에는 그 행위를 집행행위로 볼 수 없으므로 법규범에 대한 직접성을 부인할 수 없다.

법무사 사무소의 사무원들인 청구인들은 법무사의 사무원 총수를 5인으로 제한하고 있는 법무사법 시행규칙조항이 법무사에게 5인을 초과하는 사무원을 해고해야 할 의무를 직접 부담시키고, 청구인들의 해고에 법무사의 행위가 개입되어 있다 하더라도 그 행위가 집행행위인 것은 아니므로 위 법무사법 시행규칙조항에 대하여 기본권 침해의 직접성이 인정된다(헌재 1996.4.25. 95헌마331).

청구인은 정보통신 서비스 제공자가 운영하는 인터넷사이트의 특정 카페의 회원으로 가입하여 그 카페의 게시판에 글을 게시하였는데 정보통신서비스 제공자가 청구인의 글에 대한 접근을 30일간 차단하는 임시조치를 하자, 이 임시조치의 근거가 된 '정보통신망 이용촉진 및 정보보호 등에 관한 법률'(이하 '정보통신망법'이라 한다)의 해당조항에 대하여 헌법소원심판을 청구한 사안에서, 위 정보통신망법 법률조항으로 인한 기본권 제한에는 사인의 행위가 개입되지만, 권리 침해 주장자의 삭제요청이 있는 경우에는 적어도 이해당사자 간에 다툼이 예상되는 경우에 해당되어 위 법률조항에 따라 임시조치를 할 수 있는 요건이 충족될 수 있고 그 경우 위 법률은 정보통신서비스제공자에게 임시조치 등 필요한 조치를 하도록 의무를 지우고 있다는 점에서 기본권 침해의 직접성이 인정된다(헌재 2012.5.31. 2010헌마88).

앞에서 제시된 생각해보기 사안들을 검토해보자. 각 사안의 모델이 된 헌법재판소의 결정은 아래 [최신결정]에서 소개되는 바와 같다. 갑의 경우에 수사기관이 전기통신사업자에게 통신사실자료 제공을 요청할 수 있다는 규정에 대하여는 헌법소원의 직접성이 인정되는데(헌재 2018.6.28. 2012헌마191; 헌재 2018.6.28. 2014헌마357) 반해, 을의 경우에 수사기관이 공무소 기타 공사단체에 조회하여 필요한 사항의 보고를 요구할 수 있다는 규정에 대해서는 직접성뿐만 아니라 아예 기본권 침해 가능성조차 부정되었다(헌재 2018.8.30. 2014헌마368). 두 사안은 수사기관이 어떤 대상에게 자료제공을 요청한 것에 대한 헌법소원이라는 점에서 유사성이 있지만 직접성 판단은 서로 달랐는데, 여기에는 자료 제출의 요청을 하는 자와 받는 자 간의 관계의 성질, 자료제공의 요청을 받은 자의 제출 의무 여부 등의 사항이 서로 다르기 때문일 것이다. 즉 수사기관이 전기통신사업자에게 통신사실자료 제공을 요청할 수 있는 경우에 전기통신사업자는 그 자료를 제출할 의무가 있다는 법령규정이 있는 반면에, 수사기관이 국민건강보험공단에 필요한 자료의 제출을 요구한 경우에는 국민건강보험공단이 그 자료를 제출할 의무를 정한 규정이 없고 두 기관이 상하의 관계가 아니므로 그러한 의무가 있다고 해석되지도 않는다는 차이가 반영된 것으로 보인다.

병, 정(丁)의 사안에서는 관련규정이 재량행위를 정한 듯한 외관을 보인다는 점에서 공통점이 있다. 그러나 디엔에이법에서 수형인등에 대한 DNA 감식시료채취에 관하여 "검사는 … 채취할 수 있다"라는 규정은 검사의 재량을 정한 것이라기보다는 디엔에이감식시료 채취의 집행기관이 검사임을 정하는 권한부여 규정이라고 볼 수 있고, 병의 경우에 보다 근본적으로는 자신이 디엔에이감식시료 채취대상으로 되고 있는 것에 대하여 다투고자 하는 것으로 이는 검사의 영장집행 이전에 심판대상조항에 의하여 직접적으로 발생하는 것으로 보았다고 할 수 있다(헌재 2018.8.30. 2016헌마344등 참조). 또한 정(丁)의 경우에 자신의 통신의 자유가 침해된 것은 패킷감청에 의한 것이고, 패킷감청은 감청에 포함되는 것으로 결국 감청을 정하고 있는 법률조항 자체가 패킷감청을 포함하게 되는 것을 다투려는 것으로 보면 이는 직접성 요건을 충족하게 되는 것이다(헌재 2018.8.30. 2016헌마263 참조).

마지막으로 무(戊)의 사안과 관련하여 보면, 직접성 요건에서 말하는 집행행위에는 입법행위도 포함되는 것이므로 어떤 법률조항이 하위 법규를 예정하고 있는 경우에는 집행행위를 정하고 있다고 볼 수 있어 일반적으로는 직접성 요건이 흠결된다고 볼 수 있다. 그런데 「국민기초생활 보장법」에서는 실제소득의 산정을 위한 구체적인 범위 및 기준 등을 대통령령으로 정한다고 하고 있으므로 동법 제6조의3에 대한 헌법소원심판의 청구는 직접성 요건이 흠결될 것이다. 따라서 이러한 경우에 위 법률조항에 대한 청구는 부적법한 헌법소원심판을 청구하는 것이 된다. 또한 무(戊)의 경우에 기초생활보장급여를 정하기 위한 계산에서 기초연금을 실제소득으로 포함시키는 것은 위 법의 시행령조항에 의하여 직접적으로 발생하는 것이므로 이러한 내용을 정하고 있는 시행령조항을 심판대상조항으로 삼는 것이 직접성요건을 충족시킬 수 있는 방안일 것이다(헌재 2019.12.27. 2017헌마1299 참조).

[최근결정]

1) 미용 목적의 성형수술을 비급여 대상으로 규정하고 있는 국민건강보험 요양급여의 기준에 관한 규칙조항에 관련하여, 이 조항에 규정된 항목에 해당하는 진료를 받았다고 하여 무조건 비급여 대상이 되는 것이 아니라, 환자를 진료한 의사가 미용목적의 성형수술이라고 판단하여 환자에게 진료비 전액을 청구하거나, 환자가 건강보험 심사평가원에 진료비 확인신청을 하고 심사평가원이 진료 의사의 결정과 동일하게 비급여 대상에 해당한다고 결정하였을 때에 비로소 환자의 기본권 침해가 발생하는 것이므로, 위 조항에 대한 심판청구는 기본권침해의 직접성이 인정되지 않는다(헌재 2014.3.27. 2011헌마577).

2) 제1차 시험성적 만점의 100분의 10 이내의 범위에서 가산점을 부여할 수 있다고 규정한 구 교육공무원법 및 구 '교육공무원 임용후보자 선정경쟁시험규칙'의 각 해당조항들은 개별 교육공무원 시험실시기관의 가산점의 결정과 공고, 합격자 결정 등 별도의 집행행위를 예정하고 있으므로(헌재 2014.4.24. 2010헌마747), 의료인이 취업상황 등에 대한 신고의무를 이행하지 않은 경우 면허를 정지할 수 있도록 규정한 의료법 조항에 관련하여 면허의 효력이 정지되는 불이익은 위 법률조항 자체에 의하여 발생하는 것이 아니라, 보건복지부장관의 면허정지처분이라는 구체적인 집행행위를 통하여 비로소 발생하는 것이므로(헌재 2014.6.26. 2012헌마660), 치료감호심의위원회는 치료감호의 집행 중 피치료감호자에 대하여 전자장치를 부착하게 할 수 있다고 규정한 '특정 범죄자에 대한 보호관찰 및 전자장치 부착 등에 관한 법률' 해당 조항은 치료감호심의위원회의 전자장치부착 결정이라는 집행행위를 예정하고 있고, 치료감호심의위원회가 전자장치를 부착하도록 하는 결정을 함으로써 비로소 발생하는 것이므로(헌재 2016.4.28. 2015헌마98), 위 각 조항에 대한 심판청구는 모두 직접성의 요건을 갖추지 못하였다.

3) 지방자치단체는 조례로 관할 구역 안의 일정한 장소를 금연구역으로 지정할 수 있다고 규정한 국민건강증진법 조항에 따르면 어떤 장소를 금연구역으로 지정할 것인지 여부는 지방자치단체가 조례를 통하여 금연구역을 지정할 때 비로소 결정되고, 이로 인한 기본권 제한도 지방자치단체의 조례를 통하여 발생하므로(헌재 2014.9.25. 2013헌마411등), 교육감은 시·도의 조례로 정하는 범위에서 학교교과교습학원 및 교습소의 교습시간을 정할 수 있다고 규정한 '학원의 설립·운영 및 과외교습에 관한 법률'의 해당 조항은 학원 등의 교습시간 지정에 관하여 조례의 시행을

예정하면서, 교습시간 지정이 필요한지 여부부터 지정할 경우 교습시간의 범위 등에 이르기까지 교육감에게 재량권을 부여하고 있으므로(헌재 2016.5.26. 2014헌마374), 위 각 조항에 대한 심판청구는 모두 기본권 침해의 직접성이 인정되지 않는다.

4) 법학전문대학원 출신 변호사시험 합격자들 가운데 6개월 이상 법률사무종사기관에서의 종사 또는 대한변호사협회에서의 연수를 받지 아니하고 단독으로 법률사무소를 개설하거나 단독 또는 공동으로 사건을 수임한 자를 처벌하는 변호사법의 해당 조항들은 벌칙조항으로서 그 전제가 되는 구성요건 조항들이 별도로 규정되어 있고, 청구인들은 위 벌칙조항에 대해 형사처벌이라는 제재가 체계정당성에 어긋난다거나 과다하다는 등의 주장은 하지 않고 있으므로(헌재 2014.9.25. 2013헌마424), 공인중개사가 법령에 따른 중개보수 한도를 초과하여 금품을 받은 경우 공인중개사에 대하여 자격의 취소, 자격의 정지, 등록의 취소, 업무의 정지를 할 수 있도록 한 공인중개사법상 행정제재조항에 대해 청구인들은 이 제재조항의 고유한 위헌성을 다투는 것이 아니라 전제가 되는 구성요건조항인 중개보수 한도조항이 위헌이어서 행정제재조항도 당연히 위헌이라고 주장하는 것에 불과하므로(헌재 2016.5.26. 2015헌마248), 위 처벌조항 및 행정제재조항은 기본권 침해의 직접성이 인정되지 아니한다.

5) 농업협동조합중앙회의 과장대리급 이상의 직원에 대하여 형법 제129조부터 제132조까지의 규정을 적용함에 있어 공무원으로 의제하는 '특정범죄 가중처벌 등에 관한 법률 시행령'의 해당 조항은 형벌조항의 구성요건 일부를 규정하고 있는 조항으로서, 검사의 기소와 법원의 재판을 통한 형벌의 부과라는 구체적 집행행위가 예정되어 있으므로, 원칙적으로 기본권 침해의 직접성을 인정할 수 없고, '법령이 일의적이고 명백한 것이어서 집행기관의 심사와 재량의 여지없이 법령에 따라 집행행위를 하여야 하는 경우'에 해당하지 아니하고, 청구인이 이 사건 시행령조항을 위반하여 기소된 이상 재판과정에서 곧바로 법원에 이 사건 시행령조항의 위헌 여부에 관한 판단을 구할 수 있었을 것이므로, '구제절차가 없거나 있다고 하더라도 권리구제의 기대가능성이 없는 경우'라고 볼 수도 없어, 이 사건 시행령조항은 기본권 침해의 직접성을 인정할 수 있는 예외적인 경우에 해당하지 않는다(헌재 2016.11.24. 2013헌마403).[83] 이 결정에서는 구성요건조항의 금지의무를 위반하였을 경우의 형벌의 부과를 직접성 요건의

83) 4인 재판관 반대의견: 국민에게 일정한 행위의무나 행위금지의무를 부과하는 법규정을 정한 후 이를 위반할 경우 제재수단으로서 형벌을 부과하도록 한 경우에 그 형벌의 부과를 직접성에서 말하는 집행행위라고 할 수 없다는 이유로 행위의무나 행위금지의무를 내용으로 하는 형벌조항에 대하여 기본권 침해의 직접성을 인정하였는바, 형벌의 부과를 예정하고 있다는 이유로 직접성을 부정하고 있는 다수의견의 논리는 헌법재판소의 종래 입장에 배치된다. 또한 청구인이 기소된 이상, 재판 과정에서 곧바로 법원에 이

'집행행위'라고 보고 있어 그 동안 헌법재판소가 형벌규정에 있어서 제재의 부과를 집행행위로 보지 않았던 것과(헌재 1998.3.26. 97헌마194) 달리 보고 있다. 제재수단은 규범의 실효성을 관철시키기 위해 규범에 위반했을 때의 강제수단을 정한 것이고 규범 자체의 집행행위와는 다르다고 할 것이다.

6) 농업협동조합중앙회의 과장대리급 이상의 직원에 대하여 형법 제129조부터 제132조까지의 규정을 적용함에 있어 공무원으로 의제하는 '특정범죄 가중처벌 등에 관한 법률 시행령'의 해당 조항은 형벌조항의 구성요건 일부를 규정하고 있는 조항으로서, 검사의 기소와 법원의 재판을 통한 형벌의 부과라는 구체적 집행행위가 예정되어 있으므로, 원칙적으로 기본권 침해의 직접성을 인정할 수 없고, '법령이 일의적이고 명백한 것이어서 집행기관의 심사와 재량의 여지없이 법령에 따라 집행행위를 하여야 하는 경우'에 해당하지 아니하고, 청구인이 이 사건 시행령조항을 위반하여 기소된 이상 재판과정에서 곧바로 법원에 이 사건 시행령조항의 위헌 여부에 관한 판단을 구할 수 있었을 것이므로, '구제절차가 없거나 있다고 하더라도 권리구제의 기대가능성이 없는 경우'라고 볼 수도 없어, 이 사건 시행령조항은 기본권 침해의 직접성을 인정할 수 있는 예외적인 경우에 해당하지 않는다(헌재 2016.11.24. 2013헌마403).[84]

7) 국회의원선거구 획정이 법률적 효력을 발생하기 위해서는 선거구획정위원회가 재적위원 3분의 2 이상의 찬성으로 의결된 선거구획정안을 국회의장에게 제출

사건 시행령조항에 대한 위헌심사를 구할 수 있었다고 하더라도, 그러한 절차가 존재한다는 사정만으로 이 사건 시행령조항이 그 자체로 직접 기본권 제한 효과를 발생시킨다는 점이 달라지지는 않는다.

이 부분 다수의견에 대한 비판은 정광현, '직접관련성 요건의 본질과 그 심사척도', 공법학연구 제19권 제1호, 한국비교공법학회, 2018. 189면(5인 다수의견은 기존 헌재 결정과 다른 것으로서 직접성 요건의 설득력 내지 예측가능성을 크게 저해할 수 있다는 점과, 실질적으로 직접성에 관한 기존의견을 변경한 것이므로 재판소의 의견을 변경하기 위하여는 헌법재판소법 제23조 제2항 제2호에 따라 재판관 6인 이상의 찬성이 있어야 한다는 정족수 규정을 적용하지 않은 문제점도 지적한다)

84) 4인 재판관 반대의견: 국민에게 일정한 행위의무나 행위금지의무를 부과하는 법규정을 정한 후 이를 위반할 경우 제재수단으로서 형벌을 부과하도록 한 경우에 그 형벌의 부과를 직접성에서 말하는 집행행위라고 할 수 없다는 이유로 행위의무나 행위금지의무를 내용으로 하는 형벌조항에 대하여 기본권 침해의 직접성을 인정하였는바, 형벌의 부과를 예정하고 있다는 이유로 직접성을 부정하고 있는 다수의견의 논리는 헌법재판소의 종래 입장에 배치된다. 또한 청구인이 기소된 이상, 재판 과정에서 곧바로 법원에 이 사건 시행령조항에 대한 위헌심사를 구할 수 있었다고 하더라도, 그러한 절차가 존재한다는 사정만으로 이 사건 시행령조항이 그 자체로 직접 기본권 제한 효과를 발생시킨다는 점이 달라지지는 않는다.

이 부분 다수의견에 대한 비판은 정광현, '직접관련성 요건의 본질과 그 심사척도', 공법학연구 제19권 제1호, 한국비교공법학회, 2018. 189면(5인 다수의견은 기존 헌재 결정과 다른 것으로서 직접성 요건의 설득력 내지 예측가능성을 크게 저해할 수 있다는 점과, 실질적으로 직접성에 관한 기존의견을 변경한 것이므로 재판소의 의견을 변경하기 위하여는 헌법재판소법 제23조 제2항 제2호에 따라 재판관 6인 이상의 찬성이 있어야 한다는 정족수 규정을 적용하지 않은 문제점도 지적한다)

하고, 국회의장이 이를 다시 소관 상임위원회 또는 관련 특별위원회에 회부하여야 하며, 이 소관 상임위원회 등은 이를 심사한 후 선거구의 명칭과 그 구역에 관한 규정을 개정하는 법률안을 제안하고, 이후 국회의장은 위 제안된 선거구법률안을 국회 본회의에 부의하여서 국회 본회의에서 위 법률안이 통과되어 공포되고 시행되어야 비로소 선거구 획정에 관한 법률적 효력이 발생하게 되는 것이므로, 국회의원선거구획정위원회의 재적의원 3분의 2 이상의 찬성으로 선거구획정안을 의결하도록 규정하고 있는 공직선거법 조항은 이로 인하여 직접 예비후보자로 등록한 청구인의 공무담임권 등이 제한되는 등 법적 지위에 영향을 미친다고 볼 수 없어 직접성 요건을 갖추지 못하였다(헌재 2016.4.28. 2015헌마1177등).

8) 경찰서 소속 채증요원들이 집회현장에서 채증활동의 기준을 정한 채증활동규칙(경찰청 예규)은 법률로부터 구체적인 위임을 받아 제정한 것이 아니며, 집회·시위현장에서 불법행위의 증거자료를 확보하기 위해 행정조직의 내부에서 상급행정기관이 하급행정기관에 대하여 발령한 내부기준으로 행정규칙인바, 문제된 집회 참가자는 이 채증규칙에 의해 직접 기본권을 제한받는 것이 아니라, 경찰의 촬영행위에 의해 비로소 기본권을 제한받게 되므로 위 채증규칙에 대한 심판청구는 직접성 요건을 충족하지 못하였다(헌재 2018.8.30. 2014헌마843).

9) 정보주체 또는 제3자의 이익을 부당하게 침해할 우려가 있을 때를 제외하고는 개인정보를 목적 외의 용도로 이용하거나 이를 공공기관인 제3자에게 제공할 수 있다고 정하고 있는 구 개인정보보호법 조항은 '개인정보처리자의 개인정보 제공' 이라는 구체적인 집행행위가 있어야 비로소 개인정보와 관련된 정보주체의 기본권이 제한되는 것이므로, 기본권 침해의 직접성이 인정되지 않는다(헌재 2018.8. 30. 2014헌마368).

10) 검사가 '다중의 위력을 보여 범한 형법 제320조의 주거침입죄와 경합된 죄에 대하여 형의 선고를 받아 확정된 사람'에 대하여 디엔에이감식시료를 채취할 수 있다고 정하고 있는 구 '디엔에이신원확인정보의 이용 및 보호에 관한 법률'의 해당 조항에 대한 심판청구 사건에서 본안판단을 하였는바(헌재 2018.8.30. 2016헌마344등), 이는 동 심판청구에 대해 적법하다는 판단이 전제된 것이고 직접성 요건 또한 충족된 것으로 보았다는 의미이다.

11) 수산자원관리법은 비어업인에게 허용되는 수산자원 포획·채취의 구체적인 방법을 하위법령에 위임하고 있고, 같은 법 시행규칙에서 비어업인에게 허용 또는 금지되는 어구 및 방법을 구체적으로 정하고 있는 경우 비어업인이 수산자원의 포

획·채취를 위해 잠수용 스쿠버장비를 사용할 수 없는 기본권 제한은 위 시행규칙 규정에 의한 것이므로, 위 수산자원관리법 조항에 대한 심판청구는 직접성을 갖추지 못하였다(헌재 2016.10.27. 2013헌마450).

12) 공인중개사의 중개보수 지급시기를 대통령령으로 정한다고 한 법률조항은, 중개보수 지급시기조항이 없다면 약정에 의할 수 있고 약정이 없을 경우 일반 법리에 따라 계약 체결 시 중개보수를 청구할 수 있다는 점에서, 중개보수 지급과 관련한 기본권 제한 그 자체는 법률조항에서 발생되고 그로 인한 자유의 제한, 법적 지위의 변동 가능성을 부인하기 어려워 기본권 침해의 직접성이 인정된다(헌재 2016.5.26. 2015헌마248).

13) 난청과 이명에 기하여 국가유공자로 인정받기 위한 상이등급판정에 관한 '국가유공자 등 예우 및 지원에 관한 법률' 시행규칙의 해당 조항은 '국가보훈처장에 의한 상이등급 판정'이라는 별도의 구체적인 집행행위를 예정하고 있으나, 국가보훈처장으로서는 신체검사 결과가 위 규정에서 정한 기준에 미달한 때에는 곧바로 상이등급 미달 판정을 할 수밖에 없어 청구인의 지위는 집행행위에 앞서 위 규정에 의하여 이미 확정되었다고 할 것이므로 기본권 침해의 직접성이 인정된다(헌재 2015.6.25. 2013헌마128).

14) 인터넷회선을 통하여 송·수신하는 전기통신에 대하여 통신제한조치가 허가될 수 있다고 정하고 있는 통신비밀보호법의 해당 조항에 대한 헌법소원심판청구에서 적법하다는 전제 하에 본안판단으로 나아갔다[85](헌재 2018.8.30. 2016헌마263).

15) 소송기록접수통지를 받은 후 20일 내에 항소이유서를 제출하도록 정한 형사소송법(2007. 12. 21. 법률 제8730호로 개정된 것)의 해당 조항은 항소인에게 20일이라는 한정된 기간 내에 항소이유서를 제출하도록 강제하고 있어 법률 그 자체에 의하여 행위의무를 부과하고 있으므로 기본권 침해의 직접성은 인정된다(헌재 2016.9.29. 2015헌마165).

16) 항소이유서 제출기간 내에 항소이유서를 제출하지 아니한 경우 항소기각결정을 하도록 규정한 형사소송법(1963. 12. 13. 법률 제1500호로 개정된 것) 제361조의4 제1항 본문은 구체적인 소송사건에서 법원에 의해 해석·적용되는 재판규범으로서 법

85) 이에 대하여 위 법률조항은 통신제한조치의 허가 요건 중 단지 '허가 대상'이 무엇인지에 관하여 규정하고 있을 뿐이므로, 청구인이 주장하는 기본권 침해는 법원의 통신제한조치허가와 그에 따른 통신제한조치라는 구체적 집행행위를 통해 비로소 발생할 수 있게 되어 위 법률조항에 대한 심판청구는 직접성 요건을 갖추지 못하였다는 재판관 1인의 반대의견이 있다.

원의 재판이라는 구체적인 집행행위의 매개를 거쳐 비로소 특정인의 기본권에 영향을 미치게 되는 법규범이고, 집행기관이 심사와 재량의 여지없이 그 법률에 따라 일정한 집행행위를 하여야 하는 경우에도 해당하지 않으며, 즉시항고라는 구제절차도 존재하므로, 위 법률조항에 대한 심판청구는 기본권 침해의 직접성이 없다(헌재 2016.9.29. 2015헌마165).[86]

17) 통신비밀보호법에서 위치정보 추적자료가 통신사실 확인자료에 해당한다고 정의한 규정은 그 자체로는 청구인들의 자유의 제한, 의무의 부과, 권리 또는 법적 지위의 박탈이 직접 발생하는 것은 아니므로 직접성이 없다(헌재 2018.6.28. 2012헌마191등).

18) 난민이 되어 국가의 간섭을 받지 않고 자유롭게 살고자 하는데 난민신청을 할 수 있는 '외국인'이란 대한민국의 국적을 가지지 아니한 사람을 말한다는 난민법의 규정 때문에 난민신청을 할 수 없어 행복추구권이 침해된다고 이 조항에 대하여 헌법소원심판을 청구한 사안에서, 난민법에서 사용하는 "외국인"이란 용어에 대한 단순한 정의규정에 의하여는 청구인에 대한 자유의 제한, 의무의 부과, 권리 또는 법적 지위의 박탈이 생길 수 없어 직접성이 없다(헌재 2019.6.25. 2019헌마610).

6. 보충성 원칙

생각해보기

1. 갑은 ○○교도소에 수용중인데, 그 교도소장이 2019.3.18. 갑에게 발송되어 온 일회용 마스크를 갑에게 교부하지 아니하고 반송한 행위에 대하여 같은 해 5월 경 헌법소원심판을 청구하고자 한다. 갑이 의도하는 헌법소원심판의 보충성 요건의 충족 여부를 검토하시오.

〈참조법령〉

형의 집행 및 수용자의 처우에 관한 법률

제27조(수용자에 대한 금품교부) ① 수용자 외의 사람이 수용자에게 금품을 교부하려고 신청하면

86) 4인 재판관 별개의견: 위 법률조항은 항소인이 20일이라는 한정된 기간 내에 항소이유서를 제출하지 않은 경우 결정으로 항소를 기각하도록 법률 자체가 일의적이고 명백하게 규정하고 있다. 또한 항소인의 책임 있는 사유로 항소이유서를 제출하지 않아 항소기각결정이 되었다면 즉시항고 절차를 통해 권리구제를 받을 수 있다거나 그 가능성이 있다고 볼 수도 없다. 따라서 위 법률조항에 관한 기본권 침해의 직접성은 인정된다.

소장은 다음 각 호의 어느 하나에 해당하는 사유가 있는 경우를 제외하고는 허가하여야 한다.
1. 수형자의 교화 또는 건전한 사회복귀를 해칠 우려가 있는 때
2. 시설의 안전 또는 질서를 해칠 우려가 있는 때

〈참조 판례〉

수용자의 가족이 △△교도소에 수용 중인 수용자에게 내의 등 물품을 소포로 보내자 △△교도소장이 이를 반송한 것을 소포반입거부처분으로 본 사례(대구지방법원 2016.8.12. 선고 2016구합720 판결).

2. 을은 1999.10.22. 살인죄로 무기징역을 선고받고 그 형이 확정된 자로서, 2016년경 ○○교도소에 입소하였다. 병은 사기죄 등으로 징역형을 선고받고 그 형이 확정된 자로, 2016.10.27. ○○구치소에 입소하였다. 을은 2017.3.경 □□교도소로 이감되었다. 을은 2017.9.1.경 ○○구치소에 수용 중인 병에게 자신의 얼굴과 상반신이 촬영된 사진만을 넣은 서신을 발송하였는데, ○○구치소장은 2017.9.8. 사진이 동봉되었다는 이유로 을의 서신을 반송하였다. 이에 을은 위와 같은 반송행위에 대하여 헌법소원심판을 하고 싶다고 한다. 을의 국선대리인인 변호사로서 을이 하고자 하는 헌법소원심판 청구의 보충성 요건 충족 여부를 검토하시오.

〈참조법령〉

형의 집행 및 수용자의 처우에 관한 법률

제43조(서신수수) ① 수용자는 다른 사람과 서신을 주고받을 수 있다. 다만, 다음 각 호의 어느 하나에 해당하는 사유가 있으면 그러하지 아니하다.

각호 생략

② 제1항 본문에도 불구하고 같은 교정시설의 수용자 간에 서신을 주고받으려면 소장의 허가를 받아야 한다.
③ 소장은 수용자가 주고받는 서신에 법령에 따라 금지된 물품이 들어 있는지 확인할 수 있다.
④ 수용자가 주고받는 서신의 내용은 검열받지 아니한다. 다만, 다음 각 호의 어느 하나에 해당하는 사유가 있으면 그러하지 아니하다.
1. 서신의 상대방이 누구인지 확인할 수 없는 때
2. 형사소송법이나 그 밖의 법률에 따른 서신검열의 결정이 있는 때
3. 제1항 제2호 또는 제3호에 해당하는 내용이나 형사 법령에 저촉되는 내용이 기재되어 있다고 의심할 만한 상당한 이유가 있는 때
4. 대통령령으로 정하는 수용자 간의 서신인 때

⑤ 소장은 제3항 또는 제4항 단서에 따라 확인 또는 검열한 결과 수용자의 서신에 법령으로 금지된 물품이 들어 있거나 서신의 내용이 다음 각 호의 어느 하나에 해당하면 발신 또는 수신을 금지할 수 있다.

1. 암호·기호 등 이해할 수 없는 특수문자로 작성되어 있는 때
2. 범죄의 증거를 인멸할 우려가 있는 때
3. 형사 법령에 저촉되는 내용이 기재되어 있는 때
4. 수용자의 처우 또는 교정시설의 운영에 관하여 명백한 거짓사실을 포함하고 있는 때
5. 사생활의 비밀 또는 자유를 침해할 우려가 있는 때
6. 수형자의 교화 또는 건전한 사회복귀를 해칠 우려가 있는 때
7. 시설의 안전 또는 질서를 해칠 우려가 있는 때

가. 의의

법은 제68조 제1항 단서에서 "다른 법률에 구제절차가 있는 경우에는 그 절차를 모두 거친 후에 청구할 수 있다."라고 정하고 있는바, 이를 헌법소원의 보충성이라고 한다.

헌법소원에서 보충성을 요건으로 하는 것은, 헌법소원이 그 본질상 헌법상 보장된 기본권 침해에 대한 예비적이고 보충적인 최후의 구제수단이므로, 다른 법률이 정한 절차에 따라 침해된 기본권의 구제를 받기 위한 모든 수단을 다하였음에도 불구하고 그 구제를 받지 못한 경우에 비로소 헌법소원심판을 청구할 수 있게 하려는 것이다(헌재 1993.12.23. 92헌마247).

나. 다른 법률에 의한 구제절차

(1) 의미

다른 권리구제절차는 공권력의 행사 또는 불행사를 직접 대상으로 하여 그 효력을 다툴 수 있는 권리구제절차를 의미하는 것이지, 사후적·보충적 구제수단인 손해배상청구나 손실보상청구를 의미하는 것이 아니다(헌재 1989.4.17. 88헌마3; 헌재 1989.9.4. 88헌마22; 헌재 2002.7.18. 2000헌마707). 또한 다른 법률에 의한 구제절차를 거친 후라고 함은 그 다른 법률에 의한 구제절차를 적법하게 거친 경우를 말한다(헌재 1994.6.30. 90헌마107).

(2) 법령에 대한 헌법소원과 보충성

헌법소원의 대상이 되는 공권력의 행사·불행사 중 입법작용에 대하여는 법령 자체의 효력을 직접 다투는 것을 소송물로 하여 일반 법원에 소를 제기하는 길이 없으므로 법령에 대한 헌법소원에서는 보충성의 적용이 없다(헌재 1998.4.30. 96헌마7; 헌재 2012.5.31. 2011헌마241).

고시의 경우에는 법원에서 이른바 처분적 고시에 대하여 행정소송의 대상으로 삼고 있기 때문에, 헌법재판소는 고시가 문제되는 경우 처분적 고시에 해당하는지 여부

를 먼저 검토하여 일반적 추상적 규율로서의 법규범에 해당하는 경우에만 보충성 요건을 적용하지 않는다(헌재 2008.11.27. 2005헌마161). 가령 게임제공업자가 게임이용자에게 제공할 수 있는 경품의 종류와 지급방법 등을 정한 '게임제공업소의 경품취급기준' 고시에 대해서는, 게임제공업소의 경품제공에 관한 일반적·추상적 성격을 지닌 법규로서 일반법원에 소송을 제기하여 구제될 수 없다는 이유로 보충성 요건을 요구하지 않았다(헌재 2009.4.30. 2007헌마106). 이에 반하여, 신도시 주변지역에 대하여 개발행위허가를 제한하는 건설교통부고시는 특정 개인의 구체적인 권리·의무나 법률관계를 직접적으로 규율하는 성격을 갖는 행정처분에 해당하므로 행정심판 또는 행정소송법에 의한 항고소송 절차를 거쳤어야 한다고 하였다(헌재 2008.12.26. 2007헌마862).

조례의 경우에도, 집행행위의 개입 없이 조례 자체로서 직접 국민의 구체적인 권리의무나 법적 이익에 영향을 미치는 등의 법률상 효과를 발생하는 경우 그 조례는 항고소송의 대상이 되는 행정처분에 해당하므로 곧바로 헌법소원심판을 청구할 수 없으나, 일반적 추상적 성격을 가지거나 항고소송의 대상이 되는 행정처분인지 여부가 불분명한 경우에는 바로 헌법소원심판을 청구할 수 있다. 헌법재판소는 '부산광역시 학원의 설립·운영 및 과외교습에 관한 조례'와 '서울특별시 학원의 설립·운영 및 과외교습에 관한 조례'가 학교교과교습학원 및 교습소의 교습시간을 제한하고 있는 것과 관련하여, 이것이 항고소송의 대상이 되는 행정처분에 해당하는지 여부는 불확실하므로 항고소송에 의한 권리구제절차를 거치도록 요구하거나 기대할 수 없다고 하여 보충성의 예외를 인정하였다(헌재 2009.10.29. 2008헌마454; 헌재 2009.10.29. 2008헌마635).

또한 대법원이 지목변경신청반려행위는 항고소송의 대상이 되지 않는다는 종전의 판례를 변경하여 지목변경신청반려행위가 처분행위에 해당한다고 보게 된 후에는 지목변경신청반려행위에 대하여 행정소송을 거치지 않고 제기된 헌법소원심판청구는 보충성의 요건을 흠결하여 각하되어야 하지만, 대법원의 판례가 변경되기 전에 제기된 심판청구의 경우에는 심판청구 제기 당시에는 본안판단의 대상이었는바, 종전의 대법원 판례를 신뢰하여 헌법소원의 방법으로 권리구제를 구하던 중 대법원 판례가 변경되어 변경된 대법원 판례에 따를 경우 헌법소원심판청구는 각하되고, 법원에 의한 권리구제는 제소기간 도과로 각하되어 권리구제를 받을 수 없게 되는 예외적인 경우라면, 권리구제의 요청을 위해 헌법소원심판청구는 허용되어야 한다고 보는 것이 보충성의 원칙에 어긋나는 것이 아니므로 보충성 요건의 흠결이 있다고 할 수 없다고 하였다(헌재 2004.6.24. 2003헌마723).

(3) 헌법소원심판 청구 후 구제절차 경유

헌법소원심판을 청구한 후 종국 결정 전에 권리구제절차를 거쳤다면 사전에 권리구제절차를 거치지 않았던 흠은 치유된다고 할 수 있다. 헌법재판소는 대검찰청에 재항고 계류중인 사건에 대하여 헌법소원심판청구를 한 경우에 전심절차를 완전히 밟지 아니한 채 헌법소원심판을 청구한 것은 보충성 요건의 불비였다고 볼 것이지만, 종국 결정 전에 대검찰청의 재항고기각결정이 있으므로 위 흠이 치료되었다고 하였다(헌재 1995.4.20. 91헌마52; 헌재 1996.3.28. 95헌마211).

다. 구체적인 사례

(1) 보충성 요건이 흠결된 경우

부당해고를 주장하는 청구인이 노동위원회에 신청기간 내에 구제신청을 하지 않아 구제신청이 각하 되었다면 이는 적법한 구제절차를 밟은 것이라 할 수 없어 보충성 요건을 충족하지 못하였다고 하였고(헌재 1993.2.19. 93헌마13), 도시계획사업시행허가처분에 붙인 기부채납조건의 부관에 대하여 헌법소원심판을 청구한 사건에서, 청구인이 위 부관이 위법무효라는 전제 아래 처분청을 상대로 제기한 민사소송은 공권력행사의 결과로 생긴 효과를 원상회복시키고, 그로 인한 손해의 배상을 구하는 사후적·보충적 권리구제수단이었을 뿐이므로 위 민사소송은 "다른 법률에 의한 구제절차"에는 포함되지 않는다고 하였다(헌재 1993.7.29. 92헌마51).

수사기관의 부당한 수사에 대해 헌법소원을 제기하려면 별도의 구체절차인 형사소송법 제417조의 준항고 또는 검찰청법상의 항고·재항고의 절차를 거쳐야 하고(헌재 1993.3.11. 93헌마36), 지방경찰청장의 벌점부과처분에 대하여 행정심판과 행정소송 등의 방법으로 다툴 수 있으므로(헌재 1991.12.2. 91헌마191), 주택공급에관한규칙 제22조 제1항 제3호에 따른 경쟁과열지역의 지정처분 때문에 20배수로 아파트 청약제한이 되었고 이로 인하여 제1순위 청약자의 지위에서 밀려나게 되었다면, 일종의 행정행위에 의하여 권리가 침해되었다고 주장하는 것이므로(헌재 1992.4.28. 91헌마62), 교도소장의 이송처분에 대하여(헌재 1992.6.19. 92헌마110), 대법원장의 법관에 대한 인사처분에 대하여 법원행정청 소청심사위원회를 거쳐 행정쟁송을 거칠 수 있으므로(헌재 1998.12.23. 92헌마247), 교도소장의 수형자 이송처분(헌재 2011.2.24. 2009헌마209)과 서신발송 거부행위(헌재 1998.8.27. 96헌마398; 헌재 2016.4.28. 2013헌마870) 및 재소자에 대한 신문구독 불허처분(헌재 1998.10.29. 98헌마4), 수형자에 대한 엄중격리대상자지정과 영치품사용불허행위(헌재 2011.2.24. 2009헌마209)에 대하여는 행정쟁송의 절차를 거칠 수 있으므로, 기소 시까지 변호인 및 가족을 제외한 일체의 접견을 금지하는 검사의 피의자접견등금지결정은 "피의자의 구금에 관한 처분"이고, 형사소송법 제417조에 의하여 준항고가 가능하므로(헌재 2007.5.31. 2006헌마1131), 교육과학기술부장관의 법학전문대학원 설치 예비인가 거부결정(헌재 2009.2.26. 2008헌마370등), 방송통신심의위원회의 시정요구에 대하여 행정소송을 제기할 수 있으므로(헌재 2012.2.23. 2008헌마500), 고용노동부장관의 근로시간 면제 한도 고시는 별도의 집행행위를 요하지 아니하고 곧바로 근로시간 면제 한도 등에 관하여 근로자 및 노동조합에 구체적이고 직접적으로 적용되는 것으로 그 처분성이 인정되므로(헌재 2014.5.29. 2010헌마606), 국가인권위원회의 진정각하 또는 기각결정은 행정처분에 해당하므로(헌재 2015.3.26. 2013헌마214등), 고용노동부장관의 전국교직원노동조합에 대한 시정요구는 행정행위에 해당하므로(헌재 2015.5.28. 2013헌마671등), 각 사전구제절차를 거쳐야 한다고 하였다.

또한 수사기관의 체포에 대하여는 체포적부심사라는 구제절차를 거쳐야 하고(헌재 2010.9.30. 2008헌마628), 수사기관의 보도자료 배포행위가 피의사실공표죄에 해당하는 범죄라면, 수사기관을 상대로 고소하여 행위자를 처벌받게 하거나 처리결과에 따라 검찰청법에 따른 항고를 거쳐 재정신청을 할 수 있으므로(헌재 2014.3.27. 2012헌마652) 이러한 권리구제절차를 거치지 아니한 채 제기한 헌법소원심판청구는 부적법하다.

(2) 행정소송의 대상이 아닌 경우

공정거래위원회 심사불개시결정이나(헌재 2004.3.25. 2003헌마404) 무혐의처분(헌재 2002.6.27. 2001헌마381; 헌재 2004.8.26. 2004헌마80; 헌재 2011.11.24. 2010헌마83)은 항고소송의 대상이 되는 행정처분에 해당한다고 볼 수 없으므로 이들에 대하여 곧바로 헌법소원심판을 청구하는 것은 보충성원칙에 위배되지 않는다.

또한 공정거래위원회가 특정 회사의 '독점규제 및 공정거래에 관한 법률' 위반행위에 대하여 고발을 하지 아니한 행정부작위는 행정쟁송의 대상이 되는 '부작위'로서의 요건을 갖추지 못하였으므로 행정쟁송절차의 경유 없이 곧바로 헌법소원심판청구를 할 수 있고(헌재 1995.7.21. 94헌마136), 추상적인 법령의 제정 여부 등은 그 자체로서 국민의 구체적인 권리의무에 직접적 변동을 초래하는 것이 아니어서 부작위위법확인소송의 대상이 될 수 없으므로 다른 구제절차 없이 행정입법부작위에 대해 곧바로 헌법소원심판을 청구할 수 있으며(헌재 1998.7.16. 96헌마246), 나아가 세무대학장의 '재임용추천거부행위'와 같은 총·학장의 임용제청이나 그 철회는 행정기관 상호간의 내부적인 의사결정과정일 뿐 행정소송의 대상이 되는 행정처분으로 보지 않는 것이 법원의 판례이고(헌재

1993.5.13. 91헌마1901), 개별세법에 근거하지 아니한 납세의무자의 경정청구에 대한 거부 역시 항고소송의 대상이 되지 않는다는 것이 법원의 판례이므로(헌재 2000.2.24. 97헌마13 등, 판례집 12-1, 252, 273) 다른 절차 없이 곧바로 헌법소원심판을 청구할 수 있다.

고졸검정고시 또는 고입검정고시에 합격했던 자는 해당 검정고시에 다시 응시할 수 없도록 응시자격을 제한한 전라남도 교육청 공고는 그 자체의 효력을 직접 다투는 것을 소송물로 하여 일반 법원에 소송을 제기하는 길이 없으므로 보충성 요건을 필요로 하지 않는다(헌재 2012.5.31. 2010헌마139등).

(3) 보충성 원칙의 예외

헌법소원은 다른 법률에 구제절차가 있는 경우에는 그 절차를 모두 거친 후에 심판청구를 하여야 하지만, 청구인이 그의 불이익으로 돌릴 수 없는 정당한 이유 있는 착오로 전심절차를 밟지 않은 경우 또는 전심절차로 권리가 구제될 가능성이 거의 없거나 권리구제절차가 허용되는지의 여부가 객관적으로 불확실하거나 헌법소원심판청구인에게 대단히 우회적 절차를 요구하는 것밖에 되지 않는 등 전심절차이행의 기대가능성이 없는 경우에는 예외적으로 다른 구제절차를 거침이 없이 직접 헌법소원심판청구를 할 수 있다(헌재 1989.9.4. 88헌마22; 헌재 1999.12.23. 97헌마136; 헌재 2010.4.29. 2003헌마283).

예컨대, 감사원장의 국민감사청구기각결정에 대해서는 아직 처분성 인정 여부에 대한 법원의 판단이 없고, 법률상 구제절차도 마련되어 있지 않으므로 보충성의 예외가 인정되고(헌재 2006.2.23. 2004헌마414), 경찰서장의 옥외집회신고서 반려행위에 대하여 그 처분무효취소소송과 함께 집행정지신청을 하였으나 법원이 행정처분이 아니라는 이유로 집행정지신청을 각하하였다면, 법원에서 권리구제절차가 허용되는지 여부가 객관적으로 불확실하므로 보충성의 예외가 인정되며(헌재 2008.5.29. 2007헌마712), 국가안전기획부장의 접견거부처분에 대해 법원에 준항고 절차까지 밟아 이를 취소하는 결정이 있었음에도, 이를 무시한 채 재차 접견거부처분에 이르렀다면 이제 준항고 절차에 의거하여서는 권리구제의 기대가능성이 없으므로 보충성의 예외가 인정된다(헌재 1991.7.8. 89헌마181).

또한 교도소장의 미결수용자의 서신에 대한 검열·지연발송·지연 교부행위는 이른바 권력적 사실행위로서 행정심판이나 행정소송의 대상이 된다고 단정하기도 어려울 뿐 아니라 이미 종료된 행위로서 소의 이익이 부정될 가능성이 많아 헌법소원심판을 청구하는 외에 달리 효과적인 구제방법이 있다고 보기 어려우므로 보충성의 예외에 해당한다(헌재 1995.7.21. 92헌마144; 헌재 2005.5.26. 2001헌마728). 다만 헌법재판소는 위와 같은 서신검열 행위는 권력적 사실행위로서 그 행위는 이미 종료되었기 때문에 주관적 권리보호이익이 없고, 헌법재판소가 그에 관하여 위 92헌마144 결정에서 헌법적 해명을 한 바 있어서 심판의 이익이 없다고 하였으므로(헌재 2009.10.13. 2009헌마507) 보충성 원칙의 예외가 인정된다는 의미가 없게 되었다고 할 수 있다.

교도소장의 화상접견시간 단축 행위(헌재 2009.9.24. 2007헌마738), 외부 재판 출정시 운동화 착용을 불허한 행위(헌재 2011.2.24. 2009헌마209), 미결수용자에 대한 종교행사 참석 불허 행위(헌재 2011.12.29. 2009헌마527), 경찰청장이 서울광장을 경찰버스들로 둘러싸 시민들의 서울광장 통행을 제지한 행위(헌재 2011.6.30. 2009헌마406) 역시 동일한 성격의 권력적 사실행위로서 보충성 원칙의 예외가 인정된다.

공소제기 후 공판 전의 단계에서 변호인의 수사기록 열람·등사신청에 대하여 피청구인 검사가 한 거부행위에 대해서는 구제절차가 없거나 구제절차가 있다고 하더라도 권리가 구제될 가능성이 없고(헌재 1997.11.27. 94헌마60), 고소장과 피의자신문조서에 대한 열람은 기소 전의 절차인 구속적부심사에서 피구속자를 변호하기 위하여 필요한 것으로 행정소송으로는 그 구제가 기소 전에 이루어질 가능성이 거의 없고, 오히려 기소된 후에 이르러 권리보호이익의 흠결을 이유로 각하될 것이 분명하므로(헌재 2003.3.27. 2000헌마474) 이러한 경우에도 구제절차의 선이행을 요구하는 것은 불필요한 우회절차를 강요하는 것이어서 보충성의 예외가 인정된다.

그러나 조세법령의 해석과 적용에 관한 대법원의 확립된 판례에 비추어 패소할 것이 예견된다는 것(헌재 1998.10.29. 97헌마285)만으로는 전심절차이행의 기대가능성이 없다고 볼 수 없어 보충성의 예외에 해당한다고 보기 어렵다.

앞에서 제시된 [생각해보기] 사안을 검토해보자.

공권력의 행사 또는 불행사로 인하여 헌법상 보장된 기본권을 침해받은 자는 다른 법률에 구제절차가 있는 경우에는 그 절차를 모두 거친 후가 아니면 헌법소원심판을 청구할 수 없다(헌법재판소법 제68조 제1항 단서 참조).

갑이 하고자 하는 헌법소원심판청구에 관하여 본다.

「형의 집행 및 수용자의 처우에 관한 법률」('형집행법') 제27조 제1항에 의하면, 수용자 외의 사람이 수용자에게 금품을 교부하려고 신청하면 교도소장은 수형자의 교화 또는 건전한 사회복귀를 해칠 우려가 있거나, 시설의 안전 또는 질서를 해칠 우려가 있는지 심사하여 허가 여부를 결정할 수 있다.

또한 행정소송의 대상이 되는 처분이라 함은 '행정청이 행하는 구체적 사실에 관한 법집행으로서의 공권력의 행사 또는 그 거부와 그 밖에 이에 준하는 행정작용'을 일컫는다(행정소송법 제2조 제1항).

○○교도소장의 갑에 대한 위 반송행위는 '행정청이 행하는 구체적 사실에 관한 법집행'이라고 볼 수 있고, 이는 항고소송의 대상이 되는 처분에 해당한다.

따라서 갑은 헌법소원심판을 청구하기에 앞서 물품반입거부처분취소 등 항고소송을 통하여 교도소장의 위 행위를 다툴 수 있는데 그러한 구제절차를 거치지 않고 헌법소원심판을 청구하고자 하므로 이는 보충성 요건을 흠결하게 된다(헌재 2019. 6. 4. 2019헌마469 참조).

다음에 을의 사안에 관하여 본다. 형집행법은 수용자에 대한 금품교부와 서신수수를 별도의 항목으로 따로 규율하고 있다. 수용자에 대한 서신수수는 원칙적으로 허가가 필요하지 않고, 예외적으로 같은 교정시설의 수용자 간 서신수수에 한하여 허가가 필요하며, 일정한 사유가 있을 때 서신수수가 금지될 뿐인데(형집행법 제43조), 수용자에 대한 금품교부는 원칙적으로 허가가 필요하다(형집행법 제27조). 위와 같이 수용자에 대한 금품교부와 서신수수는 법령상 다른 제도로 운용되고 있으므로 양자를 달리 보는 것에 합리적이다.

앞에서 본 갑의 경우는 갑에게 반입된 물품인 일회용마스크에 대하여 갑이 속한 교도소장이 물품반입을 거부하고 반송한 행위가 문제된 것이고, 이 사안 을의 경우에는 자신이 보낸 서신을 다른 교정시설의 소장이 반송한 행위가 문제되고 있다. 갑의 경우에는 문제된 공권력 작용이 물품반입의 거부처분으로 볼 수 있는데 반해, 을의 경우에는 허가 대상이 아니고 또한 서신 수수가 금지될 사유가 없음에도 불구하고 을이 수용되어 있는 교정시설이 아닌 구치소장이 서신의 발신자인 을에게 반송한 행위를 법집행으로서의 처분으로 보기 어려운 점이 있다.

따라서 을의 경우의 서신 반송행위와 같은 공권력행사에 대하여 아직 처분성 인정 여부에 대한 법원의 판단이 없고, 행정소송법에 의한 행정소송 등 다른 권리구제절차가 허용되는지 여부가 객관적으로 불확실하므로 보충성의 예외가 인정된다(헌재 2019.12.27. 2017헌마413등 참조).

[최근결정]

사건 당일 종료된 문제된 사건 검사의 접견불허행위에 대하여는 청구인이 그 취소를 구하는 준항고를 제기할 경우 법원이 법률상 이익이 결여되었다고 볼 것인지 아니면 실체 판단에 나아갈 것인지가 객관적으로 불확실하여 청구인으로 하여금 전심절차를 이행할 것을 기대하기 어려운 경우에 해당한다(헌재 2019.2.28. 2015헌마1204).

7. 청구기간

생각해보기

1. 갑은 2015. 1. 1. 이후 '국민기초생활 보장법'상 급여('기초생활보장급여')와 기초연금법 상의 기초연금을 지급받아왔다. 그런데 아래와 같은 법령의 시행으로 기초생활보장급여에서 기초연금액수를 이전소득으로 계산하여 기초생활보장급여액이 그만큼 줄어들게 되었다는 것을 2015. 7. 1. 알게 되어, 이와 관련하여 헌법소원심판을 청구하고자 한다. 그런데 갑은 대리인을 선임할 자력이 없어 국선대리인 선임신청을 하려고 하는데, 갑은 언제까지 국선대리인 선임신청서를 제출하여야 하는가?(단, 신청서 제출일에 접수인이 된다고 가정한다)

2015. 7.

일	월	화	수	목	금	토
			1	2	3	4
5	6	7	8	9	10	11
12	13	14	15	16	17	18
19	20	21	22	23	24	25
26	27	28	29	30	31	

2015. 8.

일	월	화	수	목	금	토
						1
2	3	4	5	6	7	8
9	10	11	12	13	14	15
16	17	18	19	20	21	22
23	24	25	26	27	28	29
30	31					

2015. 9.

일	월	화	수	목	금	토
		1	2	3	4	5
6	7	8	9	10	11	12
13	14	15	16	17	18	19
20	21	22	23	24	25	26
27	28	29	30			

(27:추석 / 29:대체공휴일)

<참조법령>

국민기초생활 보장법(2014. 12. 30. 법률 제12933호로 개정된 것)

제6조의3(소득인정액의 산정) ③ 실제소득, 소득평가액 및 재산의 소득환산액의 산정을 위한 구체적인 범위·기준 등은 대통령령으로 정한다.

국민기초생활 보장법 시행령(2015. 4. 20. 대통령령 제26206호로 개정, 2015. 7. 1. 시행된 것)

제5조(소득의 범위) ① 법 제6조의3 제1항 각 호 외의 부분에서 "실제소득"이란 다음 각 호의 소득을 합산한 금액을 말한다.

4. 이전소득[차상위계층에 속하는 사람(이하 "차상위자"라 한다)에 대해서는 생활여건 등을 고려하여 보건복지부장관이 정하여 고시하는 바에 따라 다음 각 목의 이전소득의 범위를 달리할 수 있다]

다. 국민연금법, 기초연금법, 공무원연금법, 군인연금법, 별정우체국법, 「사립학교교직원 연금법」, 고용보험법, 산업재해보상보험법, 국민연금과 직역연금의 연계에 관한 법률」, 「보훈보상대상자 지원에 관한 법률」, 「독립유공자예우에 관한 법률」, 「국가유공자 등 예우 및 지원에 관한 법률」, 「고엽제후유의증 등 환자지원 및 단체설립에 관한 법률」, 「자동차손해배상 보장법」, 「참전유공자 예우 및 단체설립에 관한 법률」 등에 따라 정기적으로 지급되는 각종 수당·연금·급여 또는 그 밖의 금품.

민법

제161조(공휴일 등과 기간의 만료점) 기간의 말일이 토요일 또는 공휴일에 해당한 때에는 기간은 그 익일로 만료한다

관공서의 공휴일에 관한 규정(2013. 11. 5. 시행)

제2조(공휴일) 관공서의 공휴일은 다음 각 호와 같다. 다만, 재외공관의 공휴일은 우리나라의 국경일 중 공휴일과 주재국의 공휴일로 한다.

9. 추석 전날, 추석, 추석 다음날 (음력 8월 14일, 15일, 16일)

제3조(대체공휴일) ① 제2조 제4호 또는 제9호에 따른 공휴일이 다른 공휴일과 겹칠 경우 제2조제4호 또는 제9호에 따른 공휴일 다음의 첫 번째 비공휴일을 공휴일로 한다.

2. 을은 1999. 10. 22. 살인죄로 무기징역을 선고받고 그 형이 확정된 자로서, 2016년경 ○○교도소에 입소하여 2019. 12.경 □□교도소로 이감되었다. 병은 사기죄 등으로 징역형을 선고받고 그 형이 확정된 자로, 2016. 10. 27. ○○구치소에 입소하여 2018. 4. 3. 출소하였다. 을과 병은 혈연관계가 없는 지인이다.

을은 2017. 3. 27. 자신의 소송사건과 관련된 증인의 증언녹취서 뒷면에 편지를 작성하여 ○○구치소에 수용 중인 병에게 발송하였는데, ○○구치소장은 2017. 3. 29. 서신 외 녹취서가 동봉되었다는 이유로 을의 서신을 반송하였다. 이에 대하여 을은 같은 해 4. 15.경 지인으로부터 기본권이 침해되었다고 주장하여 헌법소원심판을 청구할 수 있음을 들었으나 심판청구로 나아가지는 않고 있었다.

그 후 을은 같은 해 9. 1.경 ○○구치소에 수용 중인 병에게 을의 얼굴과 상반신이 촬영된 사진만을 넣은 서신을 발송하였는데, ○○구치소장은 2017. 9. 8. 사진이 동봉되었다는 이유로 을의 서신을 마찬가지로 반송하였다. 이에 을은 위와 같은 반송행위 및 '수용자 교육교화 운영지침'이 자신의 통신의 자유를 침해한다며 헌법소원심판을 청구하고 싶다고 한다. 을과의 이러한 상담은 2017. 9. 29. 이루어졌다고 할 때, 을을 대리하여 변호사로서 위 법무부 예규에 대하여 헌법소원심판을 청구한다면 청구기간을 준수할 수 있는지 여부를 검토하시오.

2017. 3.

일	월	화	수	목	금	토
			1	2	3	4
5	6	7	8	9	10	11
12	13	14	15	16	17	18
19	20	21	22	23	24	25
26	27	28	29	30	31	

2017. 4.

일	월	화	수	목	금	토
						1
2	3	4	5	6	7	8
9	10	11	12	13	14	15
16	17	18	19	20	21	22
23	24	25	26	27	28	29
30						

2017. 5.

일	월	화	수	목	금	토
	1	2	3	4	5	6
7	8	9	10	11	12	13
14	15	16	17	18	19	20
21	22	23	24	25	26	27
28	29	30	31			

2017. 6.

일	월	화	수	목	금	토
				1	2	3
4	5	6	7	8	9	10
11	12	13	14	15	16	17
18	19	20	21	22	23	24
25	26	27	28	29	30	

2017.7.

일	월	화	수	목	금	토
						1
2	3	4	5	6	7	8
9	10	11	12	13	14	15
16	17	18	19	20	21	22
23	24	25	26	27	28	29
30	31					

2017.8.

일	월	화	수	목	금	토
		1	2	3	4	5
6	7	8	9	10	11	12
13	14	15	16	17	18	19
20	21	22	23	24	25	26
27	28	29	30	31		

2017.9.

일	월	화	수	목	금	토
					1	2
3	4	5	6	7	8	9
10	11	12	13	14	15	16
17	18	19	20	21	22	23
24	25	26	27	28	29	30

2017. 10.

일	월	화	수	목	금	토
1	2	3	4	5	6	7
8	9	10	11	12	13	14
15	16	17	18	19	20	21
22	23	24	25	26	27	28
29	30	31				

2017. 11.

일	월	화	수	목	금	토
			1	2	3	4
5	6	7	8	9	10	11
12	13	14	15	16	17	18
19	20	21	22	23	24	25
26	27	28	29	30		

〈참조법령〉

수용자 교육교화 운영지침(2017. 1. 4. 법무부예규 제1138호로 개정된 것)

제19조(서신수수) 수용자는 우편관계법령에 정한 규격봉투 등을 사용하여야 하며, 수용자 간의 서신에는 수용자가 작성한 편지 외에 그 어떠한 것도 동봉하여서는 아니 된다. 다만, 교정시설에 수용되어 있는 가족 간의 서신에는 사진을 동봉할 수 있다.

가. 의의

법 제69조 제1항은, "제68조 제1항에 따른 헌법소원의 심판은 그 사유가 있음을 안 날부터 90일 이내에, 그 사유가 있는 날부터 1년 이내에 청구하여야 한다. 다만, 다른 법률에 따른 구제절차를 거친 헌법소원의 심판은 그 최종결정을 통지받은 날부터 30일 이내에 청구하여야 한다."라고 규정하고 있다. 여기서 '사유가 있음을 안 날부터 90일'의 기간과 '사유가 있는 날부터 1년'의 기간은 모두 충족되어야 한다.

이와 같이 공권력 행사에 대하여 헌법소원심판을 청구할 수 있는 기간을 설정하는 이유는 정해진 청구기간 이후에는 문제된 공권력 행사를 더 이상 다툴 수 없도록 하여 권리관계를 신속하게 확정함을 통해 법적 안정성을 확보하기 위해서이다(헌재 2001.9.27. 2001헌마152; 헌재 2007.10.25. 2006헌마904).

나. 청구기간 계산

법 제40조 제1항은 헌법재판소의 심판절차에 관하여는 민사소송에 관한 법령의 규정을 준용한다고 규정하고 있고, 민사소송법 제170조는 기간의 계산은 민법에 따른다고 규정하고 있다. 따라서 청구기간의 계산에 있어 초일은 산입되지 않으며(민법 제157조), 기간 말일의 종료로 청구기간이 만료된다(민법 제159조). 또한 1년의 청구기간을 계산할 때에는 역(曆)에 의해 계산하고(민법 제160조), 청구기간의 말일이 토요일 또는 공휴일이면 청구기간은 그 익일로 만료한다(민법 제161조).

헌법소원의 제기일은 헌법이나 법에 특별한 규정이 없는 이상 일반원칙인 도달주의에 따라 헌법재판소에 심판청구서가 접수된 날이다(헌재 1990.5.21. 90헌마78).

또한 청구취지의 변경(추가적 또는 교환적 변경 모두 포함)이 이루어진 경우 청구기간의 준수 여부는 법 제40조 제1항 및 민사소송법 제265조에 의하여 추가 또는 변경된 청구서 등이 제출되어 도달된 시점을 놓고 판단한다(헌재 1992.6.26. 91헌마134).

다. 국선대리인선임신청과 청구기간

헌법소원심판을 청구하고자 하는 자가 변호사를 대리인으로 선임할 자력이 없어 헌법재판소에 국선대리인을 선임하여 줄 것을 신청하는 경우, 법 제69조에 따른 청구기간은 국선대리인의 선임신청이 있는 날을 놓고 판단한다(법 제70조 제1항 후문, 헌재 1998.7.16. 96헌마268; 헌재 2000.6.29. 98헌마36). 따라서 국선대리인이 심판청구서를 제출한 시점이 청구기간 후라 하더라도 국선대리인선임신청이 청구기간 내에 이루어졌다면 청구기간은 준수된 것이다(헌재 1997.6.26. 94헌마52; 헌재 1998.8.27. 96헌마398). 물론 국선대리인선임신청서보다 심판청구서가 먼저 제출되거나 국선대리인선임신청서와 함께 청구서가 제출된 경우에는 청구인의 심판청구서가 접수된 날을 놓고 청구기간을 기산한다.

다만 국선대리인선임신청을 하였더라도 헌법재판소가 국선대리인을 선정하지 아니한다는 결정을 한 때에는 위와 같은 기준을 따를 수 없고, 신청인이 선임신청을 한 날부터 그 결정통지를 받은 날까지의 기간을 법 제69조의 청구기간에 산입하지 아니하는 것으로 족하다(법 제70조 제4항).

라. 법령에 대한 헌법소원과 청구기간

(1) 청구기간의 적용 여부

헌법재판소는 법령에 대한 헌법소원에도 청구기간이 적용된다고 보면서, 법령에 대한 헌법소원의 청구기간을 해석을 통해 법령의 시행과 동시에 기본권을 침해받는 경우와 법령이 시행된 뒤 비로소 기본권을 침해받게 된 경우로 나누어 계산한다.

법령의 시행과 동시에 기본권을 침해받게 되는 경우에는 그 법령이 시행된 사실을 안 날부터 90일 이내에, 법령이 시행된 날부터 1년 이내에 헌법소원심판을 청구하여야 하고, 법령이 시행된 뒤에 비로소 그 법령에 해당하는 사유가 발생하여 기본권을 침해받게 된 경우에 는 그 사유가 발생하였음을 안 날부터 90일 이내에, 그 사유가 발생한 날부터 1년 이내에 헌법소원심판을 청구하여야 한다(헌재 2004.4.29. 2003헌마484; 헌재 2012.6.27. 2010헌마716). 다만, 공무원의 정년 단축 규정과 같은 경우에는 법령이 시행된 후에 비로소 그 법령에 해당하는 사유가 발생한다 하더라도 청구기간은 법령시행일로부터 기산한다(헌재 2002.1.31. 2000헌마274; 헌재 2008.10.30. 2006헌마217). 이에 대해서는 실제 정년에 이르러 퇴직할 때에 '기본권 침해사유'가 발생한다는 반대의견이 있었다.

(2) 규율의 실질적 변화가 없는 법령 개정의 경우

법령이 개정을 통해 규율의 실질에 변화가 있다면 청구기간의 기산은 해당 사실관계에 적용되는 문제된 법령을 기준으로 한다(헌재 2007.2.22. 2003헌마428등). 다만 법령조항의 개정에도 불구하고 개정 전 조항과 비교하여 실질적인 규율내용에 변화가 없어 청구인이 기본권을 침해당하였다고 주장하는 내용에 영향을 주지 않는다면 청구기간의 기산은 이전의 법령을 기준으로 한다(헌재 2011.11.24. 2009헌마415; 헌재 2013.11.28. 2007헌마1189등; 헌재 2014.4.21. 2014헌마117). 다만, 법령조항의 개정 전부터 청구인의 기본권이 침해되고 있었는지 여부를 판단할 수 있는 자료들이 충분하지 않다면 가능한 한 청구인에게 유리한 해석을 하여야 할 것이다.

'공무원수당 등에 관한 규정'이 2015년 1월 12일 개정될 때 제7조의2 제8항이 신설되면서 부칙 제3조는 이 조항 시행 이후 성과상여금을 거짓이나 그 밖의 부정한 방법으로 지급받는 사람부터 적용한다고 규정하였다. 그 뒤 '공무원수당 등에 관한 규정'이 2016년 1월 8일 개정되면서 제7조의2 제8항은 내용의 변화 없이 조문 위치만 제10항으로 변경되었다. 이와 같이 심판대상조항이 자구만 수정되었을 뿐 이전 조항과 비교하여 실질적 내용에 변화가 없어 청구인이 기본권을 침해당하고 있다고 주장하는 내용에 전혀 영향을 주지 않는다면, 법령조항이 일부 개정되었다고 하더라도 청구기간의 기산은 이전 법령을 기준으로 한다(헌재 2014.1.28. 2012헌마654 참조). 따라서 이 사건에서는 국가공무원 조항이 신설된 2015년 1월 12일 이후 최초로 성과상여금을 지급받은 때부터 청구기간이 기산된다(헌재 2016.11.24. 2015헌마1191등).

(3) 법령에 대한 헌법소원에서의 청구기간 계산

헌법재판소는 청구기간의 기산점이 되는 '법령에 해당하는 사유가 발생한 날'이란 법령의 규율을 구체적이고 현실적으로 적용받게 된 최초의 날을 의미하는 것으로 보아, 일단 '법령에 해당하는 사유가 발생'하면 그 때로부터 당해 법령에 대한 헌법소원심판의 청구기간이 진행되고, 그 이후에 새로이 '법령에 해당하는 사유가 발생'하더라도 새로운 청구기간의 진행이 개시된다고 볼 수는 없다고 판단하였다(헌재 2004.4.29. 2003헌마484; 헌재 2013.2.28. 2011헌마666; 헌재 2014.6.26. 2013헌마119). 이에 대하여는 계속적인 기본권 침해 사유가 종료된 때로부터 청구기간을 기산하여야 한다는 반대의견이 있다(헌재 2007.10.4. 2006헌마648).

(가) 법령에 해당하는 사유가 발생한 날

계속하여 선발시험에 응시하여 왔으나 모두 불합격한 경우 첫 번째 응시한 시험부터 기본권침해 사유가 발생하였고(헌재 2016.10.27. 2015헌마734), 담배의 제조 및 판매에 관한 담배사업법에 대하여 담배를 구매할 수 있는 만 19세가 된 해의 1월 1일(헌재 2015.4.30. 2012헌마38), 주민등록증 발급신청서에 열 손가락이 지문을 찍도록 한 주민등록법 시행령 조항에 대하여는 주민등록증 발급통지를 받아 구체적으로 주민등록증 발급신청 절차를 개시할 수 있게 되었을 때(헌재 2015.5.28. 2011헌마731), 선거에 의하여 취임하는 공무원인 지방자치단체장을 공무원연금법의 적용대상에서 제외하는 법률조항이 2010.1.1.부터 시행되는 경우에 2010.1.1. 당시에 지방자치단체장의 지위에 있던 사람의 경우에는 위 조항의 시행일인 2010.1.1., 2010.7.1. 취임하는 지방자치단체장의 경우에는 그 취임일인 2010.7.1.(헌재 2014.6.26. 2012헌마459), 사회복지법인의 이사회 구성에 관한 법률조항이 개정되어 2004.7.31. 시행된 경우에 이사회 구성에 있어 특별한 관계에 있는 사람의 이사 정원을 제한하는 법률조항의 경우에는 개정 당시 이미 설립되어 있었던 사회복지법인의 경우에는 위 조항의 시행일에, 2004.7.31. 이후에 설립등기를 경료한 사회복지법인은 그 설립등기를 한 때(헌재 2014.1.28. 2012헌마654), 순경 공채시험 및 소방사 등 채용시험의 응시연령 상한을 '30세 이하'로 정한 규정의 경우에는 30세가 되어 연령 상한의 적용을 받게 되는 때(헌재 2012.5.31. 2010헌마278) 등이다.

(나) 법령에 해당하는 사유가 발생하였음을 안 날

기소유예처분이 있은 후 청구인이 그 처분청에 출석하여 기소유예처분이 있은 사실을 알고 이에 순응하겠다는 취지의 서약서를 작성한 날(헌재 1993.7.29. 92헌마217), 광고표현물에 대한 사전심의로 인하여 광고표현물제작자가 기본권침해의 사유가 발생하였음을 안 날은 광고회사에 광고인으로 입사한 날(헌재 1996.11.26. 94헌마207), 국토이용관리법이 정한 일정 지역에서 법령이 정하고 있는 주차유발시설을 건축 또는 설치하고자 하는 경우 당해 시설물 내부 또는 그 부지 안에 부설주차장을 설치하도록 정하고 있는 주차장법의 시행 후에 건물에 대한 용도변경허가신청서를 제출하였으나, 관할행정청이 반려통보하자, 다시 위 반려통보와 관련하여 주차장 증설 없이 업무시설로 용도변경할 수 있는지 여부 및 업무시설로 용도변경 시 주차장 증설 대수에 대하여 질의한 날(헌재 2001.1.18. 2000헌마166), 이전의 다른 사안에서 동일한 법령이 기본권을 침해하고 있음을 안 날(헌재 2001.11.29. 2001헌마576), 변리사법 시행령 제4조 제1항의 개정을 통하여 시험합격자 선정방법을 절대평가제에서 상대평가제로 바꾸고 이러한 내용의 시험시행계획을 공고한 경우에는 이와 같이 공고될 무렵 또는 늦어도 응시원서의 교부 및 접수기간(헌재 2002.10.31. 2002헌마520), 정당보조금 배분에 관련된 법률조항이 시행된 후 처음으로 선거보조금을 지급받은 날(헌재 2006.7.27. 2004헌마655), 법원으로부터 송달받은 판결문의 이유에 사립학교법(2005. 1. 27. 법률 제7352호로 개정된 것) 부칙 제2항이 정하고 있는 위 사립학교법의 적용범위에 위 사립학교법 시행일 이전에 재임용에서 탈락한 교원은 포함되지 않는다는 점이 설시되어 있는 경우라면 그 판결문을 송달받은 날(헌재 2008.10.30. 2005헌마723), 누범가중으로 형을 선고받은 자가 그 근거조항인 형법 제35조에 대하여 헌법소원심판을 청구하는 경우에는 형법 제35조가 적용된 항소심판결이 선고된 날(헌재 2010.4.29. 2009헌마689), 군법무관수당규칙에 의한 기본권 침해를 안 날은 군법무관으로 임용되어 보수액을 지급받을 때(헌재 2010.6.24. 2009헌마177), 중국국적동포가 재외동포 사증 발급을 신청할 경우 일정한 첨부서류를 제출하도록 하는 경우에는 재외동포 F-4 사증을 신청할 수 없어 그 이외의 사증을 신청한 시점(헌재 2014.4.24. 2011헌마474등), 병역의무의 이행만을 응시기회제한의 예외로 인정하고 임신 및 출산을 이유로 변호사시험에 응시하지 않는 자가 제기한 심판청구에서는 늦어도 변호사시험의 시행일 첫날(헌재 2016.9.29. 2016헌마47등) 등이 될 것이다.

(4) 주기적으로 반복되는 사유발생의 경우

일정기간을 두고 주기적으로 반복되는 공직선거와 관련해서는 사안에 따라 기산일을 달리 정한다.

대한민국에 주민등록이 되어 있지 아니한 국외거주자의 경 우 부재자 투표권을 행사할 수 없도록 한 '공직선거 및 선거부정 방지법'에 대한 헌법소원 사건에서는, 국회의원선거가 이미 실시되었고 심판청구는 그로부터 90일이 경과한 후에 제기되었지만, 주기적으로 반복되는 선거의 경우 매번 새로운 후보자들이 입후보하고 매번 새로운 범위의 선거권자들에 의해 투표가 행해질 뿐만 아니라 선거의 효과도 차기 선거에 의한 효과가 발생할 때까지로 한정되므로 매 선거는 새로운 선거에 해당하고, 헌법소원의 진정한 취지도 장래 실시될 선거에서 발생할 수 있는 기본권 침해를 문제 삼는 것으로 볼 수 있으므로 청구기간 도과의 문제가 발생할 여지가 없다고 하였다(헌재 2007.6.28. 2004헌마644등).

그런데 이에 반하여 형이 확정된 자에 대한 선거권 또는 피선거권 제한과 관련해서는 형이 확정된 때를 기본권 침해 사유가 발생한 날로 본 경우가 있고(헌재 2011.12.29. 2009헌마476), 형 확정 후 처음 실시되는 선거일에 기본권 침해 사유가 발생하는 것으로 본 사례도 있다(헌재 2012.12.27. 2011헌마32; 헌재 2013.12.26. 2012헌마1014; 헌재 2014.1.28. 2013헌마105).

(5) 처벌조항에 의한 기본권 침해의 사유 발생

헌법재판소는, 처벌조항에 의한 기본권 침해의 사유가 발생한 시점은 청구인의 행위로 형사처벌을 받을 가능성이 발생하는 시점, 즉, 해당 법령의 위반을 이유로 검사가 공소를 제기한 시점이고, 공소장에는 반드시 적용 법조를 기재하여야 하고(형사소송법 제254조 제3항 제4호) 법원은 공소제기가 있으면 지체 없이 공소장 부본을 피고인 또는 변호인에게 송달하여야 한다는 점에서(형사소송법 제266조) 기본권 침해의 사유가 발생하였음을 안 날이란 공소장 부본을 송달받은 날을 당해 법령에 의하여 기본권 침해 사유가 발생하였음을 안 날이라고 보고 있다. 만일 공소장 변경을 통해 적용 법조가 바뀐 경우에는 공소장 변경 시점이 청구기간 기산점이 된다(헌재 2007.10.4. 2005헌마1148).

다만, 해당 법령 위반 시를 기준으로 청구기간을 계산한 경우도 있는데, 가령 무면허의료행위의 처벌과 관련해서는 그 위반행위를 할 때(헌재 2010.7.29. 2008헌마664), 모의총포를 구입함으로써 소지한 때(헌재 2009.9.24. 2007헌마949) 기본권 침해 사유가 발생한 날로 보았다. 이러한 청구기간의 기산은 공소제기 시보다 청구기간 기산일을 앞당긴다는 점에서 청구인에게 불리하지만, 위와 같은 행위를 하기 위해서는 일정한 자격이 요구되거나 사전에 허가 또 는 신고가 필요하다는 점에서 청구기간 기산일을 앞당길 수 있는 특수한 사정이 있었다고 볼 수 있다

공무원이 형사처벌을 받으면 그 직에서 당연퇴직하도록 정하고 있는 법령의 경우 청구기간의 기산점인 법률에 해당하는 '사유가 있는 날'은 당연퇴직의 사유로서 확정판결을 받은 날을 말하고, '사유가 있음을 안 날'은 그 확정판결이 있음을 안 날이다(헌재 1998.4.30. 96헌마7; 헌재 2004.9.23. 2003헌마815).

(6) 유예기간의 설정

헌법재판소는 개정된 법령이 종전에 허용하던 영업을 금지하는 규정을 신설하면서 부칙에서 유예기간을 둔 경우에 그 법령시행 전부터 영업을 해오던 사람은 그 법령 시행일에 이미 유예기간 이후부터는 영업을 할 수 없도록 기간을 제한받은 것이므로, 부칙에 의한 유예기간과 관계없이 그 법령 시행일에 기본권의 침해를 받은 것으로 보고 있다(헌재 1996.3.28. 93헌마198; 헌재 2003.1.30. 2002헌마516; 헌재 2011.5.26. 2009헌마285; 헌재 2013.11.28. 2011헌마372). 다만 법령 시행일 이후 유예기간 도과 전에 유예기간 이후 적용될 법적 상태로 전환된 경우라면 유예기간 이 후의 법적 강제는 실제로 그러한 상태로 전환된 때에 구체적이고 현실적으로 발생하므로 해당 법령에 대한 헌법소원심판 청구기간의 기산점은 그 전환일로 보아야 한다(헌재 2014.5.29. 2013헌마100). 그러나 이와 관련하여 청구인이 자기의 기본권을 명백히 구체적으로 침해당한 것은 법 시행일이 아니라 유예기간이 경과하여 영업을 행할 수 없게 된 때라고 보아야 한다는 반대의견도 있다(헌재 1996.3.28. 93헌마198; 헌재 2003.1.30. 2002헌마516).

마. 청구기간 적용이 문제되지 않는 경우

(1) 공권력의 불행사

공권력의 불행사로 인한 기본권 침해는 그 불행사가 계속되는 한 기본권 침해가 계속되므로 입법권의 불행사, 진정입법부작위에 대한 헌법소원심판청구는 그 불행사가 계속되는 한 청구기간 제한 없이 헌법소원심판을 청구할 수 있다. 이는 행정입법부작위의 경우에도 마찬가지이다(헌재 1994.12.29. 89헌마2; 헌재 1998.7.16. 96헌마246). 같은 맥락에서 행정부작위의 경우에도 청구기간이 적용되지 않는다(헌재 2011.8.30. 2006헌마788).

그러나 부진정입법부작위의 경우에는 적극적인 입법을 대상으로 하여 헌법소원심판을 청구하여야 하는바, 이 때에는 청구기간이 적용된다(헌재 1996.10.31. 94헌마204).

(2) 일정 기간 계속되는 공권력의 행사

공권력의 행사에 의해 기본권 침해 상태가 계속되는 경우 청구기간 계산과 관련하여 보면, 헌법재판소는 징벌혐의자로서 조사 중에 있는 수용자를 11일 동안 조사실에 수용하고 운동, TV시청 등을 금지한 행위와 관련하여, 최초 조사실 수용시를 청구기간 기산일로 삼았고(헌재 2007.11.29. 2005헌마616), 수용자를 CCTV가 설치된 거실에 1년 이상 수용한 행위와 관련해서도 최초 수용시를 청구기간 기산일로 삼은 바 있으며(헌재 2010.10.28. 2009헌마438), 미결수용자를 구치소에 수감하면서 약 3개월간 수형자용 의류를 입도록 한 행위와 관련해서도 수의를 처음 입은 날을 청구기간의 기산일로 삼았다(헌재 1996.4.25. 93헌마280).

다만 경찰청장이 주민등록증발급신청서에 날인되어 있는 지문정보를 보관·전산화하고 보관일 무렵부터 이를 범죄수사목적에 이용한 행위와 관련해서는, 이러한 경찰청장의 행위는 보관 또는 전산화한 날 이후 헌법소원심판 청구시점까지 계속되고 있었다고 할 것이므로, 이와 같이 계속되는 권력적 사실행위를 대상으로 하는 심판청구의 경우 청구기간 도과의 문제는 발생하지 않는다고 하였다(헌재 2005.5.26. 99헌마513등).

(3) 현재성의 예외적 인정

기본권 침해가 아직 구체적으로 현출되지는 않았지만 장차 기본권 침해가 구체적으로 현출될 것이 현재 확실시되어 현재성의 예외의 인정으로서 미리 당겨서 헌법소원심판의 청구를 허용하는 경우에는 청구기간은 문제되지 아니한다.

바. 청구기간 경과와 정당한 사유

법 제40조 제1항에 따라 행정소송법이 헌법소원심판에 준용되므로, 정당한 사유가 있는 경우 제소기간을 경과한 행정소송을 허용하는 행정소송법 제20조 제2항 단서가 헌법소원심판에도 준용되고, 따라서 '정당한 사유'가 있는 경우에는 청구기간의 도과에도 불구하고 헌법소원심판청구는 적법하다. 여기의 '정당한 사유'라 함은 청구기간경과의 원인 등 여러 가지 사정을 종합하여 지연된 심판청구를 허용하는 것이 사회통념상으로 보아 상당한 경우를 뜻한다(헌재 1993.7.29. 89헌마31; 헌재 2001.12.20. 2001헌마39). 다만, 기본권을 침해받은 자가 어떤 경위로든 기본권 침해 사유가 있었음을 알았거나 쉽게 알 수 있었던 경우라면 청구기간 도과에 대해 정당한 사유를 주장하기는 어렵다(헌재 2001.7.19. 2001헌마335).

사. 구체적 사례

앞의 [생각해보기] 사안에 대하여 구체적으로 검토해본다.

법령에 대한 헌법소원심판은 법령의 시행과 동시에 기본권의 침해를 받은 자는 그 법령이 시행된 사실을 안 날로부터 90일 이내에, 그 법령이 시행된 날로부터 1년 이내에 청구하여야 하고, 법령이 시행된 후에 비로소 그 법령에 해당하는 사유가 발생하여 기본권의 침해를 받게 된 경우에는 그 사유가 발생하였음을 안 날로부터 90일 이내에, 그 사유가 발생한 날로부터 1년 이내에 청구하여야 한다.

(1) 갑의 사안

갑은 위 시행령조항의 시행일인 2015.7.1. 이전에 이미 기초생활보장급여와 기초연금을 함께 지급받기 시작하였으므로, 갑은 위 시행령조항의 시행과 동시에 기본권의 제한을 받았다고 할 것이다. 또한 국선대리인 선임신청을 하는 경우에는 그 신청서를 제출한 날을 놓고 청구기간의 준수 여부가 판단된다. 갑은 이와 같이 기본권이 제한받게 된다는 것을 2015.7.1. 알게 되었으므로 그로부터 90일 이내에 국선대리인 선임신청서를 제출하여야 한다. 구체적으로 2015.7.1. 후 90일 이내인 마지막 일자는 초일을 불산입하여 2015.9.29.이 되는데 이 일자는 관련 규정에 따라 공휴일이므로 결과적으로 갑은 2015.9.30.까지 국선대리인선임신청서를 제출하여야 한다(헌재 2019. 12. 27. 2017헌마1299 참조).

(2) 을의 사안

을은 ○○구치소장의 녹취서서신 반송행위와 사진 반송행위가 앞에서 본 수용자교육교화운영지침에 근거한 것이라 주장하고 있으므로, 늦어도 위 녹취서서신 반송행위가 자신의 기본권을 침해한다는 이유로 헌법소원을 청구할 수 있음을 들었던 2017.4.15. 무렵에는 위 지침조항에 의한 기본권 침해사유가 발생하였음을 알았다고 할 것이다. 따라서 그로부터 90일 이내인 2017.7.24.까지가 청구기간이 준수될 수 있는 일자이나. 그렇다면 같은해 9.29. 이에 대한 상담이 있었으므로 위 지침조항에 대한 헌법소원심판 청구는 청구기간을 준수하지 못하게 될 것이다(헌재 2019. 12. 27. 2017헌마413등 참조).

[최근결정]

헌법재판소는, 서울특별시에는 1개의 지방변호사회만 두도록 한 변호사법(2008. 3. 28. 법률 제8991호로 개정된 것) 제64조 제1항 단서(이하 '심판대상조항'이라 한다)에 대하여 2009년경 서울지방변호사회에 변호사 등록한 청구인이 결사의 자유 침해 등을 이유로 2019.1.3. 심판청구한 헌법소원사건에서, 청구인이 2009년경 변호사등록을 하고 서울지방변호사회에 가입하였던 그 때부터 서울특별시에 다른 지방변호사회를 설립할 수 없게 되었고, 청구인에게 심판대상조항에 의한 기본권침해의 사유가 발생한 것은 위 변호사등록일인 2009.4.3.이라고 할 것인데, 그때부터 1년이 경과하여 제기되었으므로, 청구기간을 경과하였다고 하였다(헌재 2019.12.27. 2019헌마7). 이 결정에 대하여는 청구인이 2018.10.10. 서울동부지방법원 관할 구역 내인 서울 송파구에 법률사무소를 개설하고, 사무실 이전신고를 마쳤으므로 2019.10.10.부터 청구기간이 계산되어야 한다는 3인 재판관의 반대의견이 있다.

8. 권리보호이익

가. 의의

헌법소원제도는 국민의 기본권 침해를 구제하는 제도이므로 그 제도의 목적상 권리보호의 이익이 있는 경우에 비로소 헌법소원심판을 청구할 수 있다. 따라서 권리보호의 이익이 없는 헌법소원심판청구는 부적법하다(헌재 1997.1.16. 90헌마110등).

권리보호이익 내지 소의 이익은, 국가적 공익적 입장에서는 무익한 소송제도의 이용을 통제하는 원리이고, 당사자의 입장에서는 소송제도를 이용할 정당한 이익 또는 필요성을 말하는 것으로서 소송제도에 필연적으로 내재하는 요청이다. 이에 의하여 법원은 본안판단을 필요로 하는 사건에만 그 노력을 집중할 수 있게 되고, 또 불필요한 소송에 응소하지 않으면 안 되는 상대방의 불이익을 배제할 수 있게 된다. 권리보호이익이라는 적법요건은 법 제40조 제1항에 따라 준용되는 민사소송법 내지 행정소송법 규정들의 해석상 인정되는 일반적인 소송원리이지, 법 제68조 제1항의 해석에서 직접 도출되는 것은 아니다.[87]

이와 같이 소송제도 일반에 관통하는 권리보호이익이라는 의미는 헌법소원심판청구의 다른 적법요건들 모두를 통해서 실현된다고 할 수 있다. 그러므로 협의의 권리보호이익의 고유한 심사기능은 주로 기본권 침해 상황이 종료된 때에야 비로소 발휘된다. 실제 헌법재판에서 권리보호이익 요건의 심사가 헌법적 해명의 중요성과 같은 예외를 언제 인정할 것인지를 중심으로 진행되는 것도 이러한 이유 때문이다.[88]

나. 권리보호이익의 존재 시점

권리보호이익은 헌법소원심판의 청구 당시뿐만 아니라 헌법재판소의 종국결정 시에도 존재하여야 한다.

(1) 헌법소원심판 청구 당시 권리보호이익이 없는 경우

심판청구 당시 권리보호이익이 없는 헌법소원은 부적법하다. 가령 법무부장관의 출국금지조치가 심판청구 이전에 해제되었다면 그 출국금지조치에 대하여 헌법소원심판을 청구할 권리보호이익이 없고(헌재 1990.1.6. 89헌마269), 검사의 공소취소처분에 따라 법원이 공소기각결정을 하여 확정된 경우 원래의 공소제기로 인한 소송계속 상태가 회복될 가능성은 없으므로, 법원의 공소기각결정이 확정된 이후 공소취소처분의 취소를

87) 실무제요, 343-344면

88) 김하열, 앞의 책, 551면

구하는 헌법소원은 권리보호이익이 없다(헌재 1997.3.27. 96헌마219).

(2) 헌법소원심판 청구 이후 권리보호이익이 소멸한 경우

(가) 심판청구 후 기본권 침해행위가 배제된 경우

헌법소원심판을 청구한 뒤 기본권침해의 원인이 된 공권력의 행사가 취소되거나 새로운 공권력의 행사 등 사정변경으로 말미암아 기본권 침해행위가 배제되어 청구인이 더 이상 기본권을 침해받고 있지 아니하게 된 때에는, 달리 심판의 이익이 있다 할 특별한 사정이 없는 한 권리보호의 이익이 없다(헌재 1993.11.25. 92헌마169; 헌재 2004.10.28. 2002헌마328). 가령 검사가 통합진보당 당원들에게 검사실로 출석할 것을 요구한 행위에 대한 헌법소원에서 위 당원들은 이후 출석하여 조사를 받았고, 그 결과 수사가 종결되었거나 기소되어 재판 중이므로, 더 이상 이 사건 출석요구행위를 다툴 권리보호이익이 없다(헌재 2014.8.28. 2012헌마776).

(나) 심판청구 후 법제의 변동이나 심판대상 법률조항이 효력을 상실한 경우

헌법소원심판이 비록 적법하게 청구되었더라도 권리보호이익은 헌법재판소의 결정 당시에도 존재해야 한다. 헌법소원심판 청구 이후 법령의 개폐, 위헌결정으로 인한 법령의 효력 상실, 청구인의 법적 지위의 변화 등으로 종국결정 시에 권리보호이익이 소멸될 수 있다.

중앙선거관리위원회가 구 지방의회의원선거법 상의 정당의 단합대회의 고지방법만을 제한하는 내용으로 한 질의회답에 대한 헌법소원심판 청구 사건 계속 중 위 선거법의 개정으로 허용되던 정당의 단합대회 자체가 금지되었으므로, 단합대회의 고지방법에 대한 질의회답을 다툴 권리보호이익이 없고 달리 반복가능성이나 헌법적 해명의 필요성도 없어 심판의 이익을 인정할 특별한 경우에 해당하지 않는다(헌재 1994.7.29. 91헌마137).

헌법소원심판청구 후 심판대상인 선거법이 다른 법률의 시행으로 효력을 상실하여 더 이상 청구인에게 적용될 여지가 없게 되었고, 그 선거법에 근거한 것으로서 청구인이 입후보하고자 하였던 특정선거도 심판청구 후 이미 실시되어 청구인으로서는 그 선거에 당선될 수 있는 길이 없을 뿐만 아니라 폐지된 선거법에 의해서는 장차 보궐선거 또는 차기선거에서 당선될 가능성도 없게 되었으므로 그 선거법 조항의 위헌 여부에 관하여 본안에 나아가 심판할 이익이 없다(헌재 1994.12.29. 91헌마57).

교원에 대하여 복수노조설립을 금지하던 교육법 시행령 조항이 심판청구 후 폐지되고 '교원의 노동조합 설립 및 운영 등에 관한 법률'이 제정되어 교원의 복수노조를 허용하게 된 경우(헌재 1999.7.22. 96헌마141), 노동조합의 정치활동을 금지하던 구 노동조합법 제12조가 심판청구 후 '노동조합 및 노동관계조정법'의 시행으로 폐지됨에 따라 노동조합이 공명선거추진활동과 후보자 등 초청 대담·토론회의 개최에 제한을 받지 아니하게 된 경우(헌재 1999.11.25. 95헌마154), 건축허가신청서 및 건축신고서 반려처분의 근거인 구 창원시건축조례가 심판청구 후 개정되어 구 조례규정으로 인한 기본권침해를 받을 여지가 없게 된 경우(헌재 2000.11.30. 99헌마542), 대법원호적예규 중 한자 성(姓)의 한글표기에 관하여 두음법칙을 예외 없이 일률적·획일적으로 적용하도록 규정하던 부분이 심판청구 후 합리적 사유가 있는 경우에는 두음법칙에 따르지 않아도 되도록 개정된 경우(헌재 2007.10.25. 2003헌마95), 18세 이상의 사람이 국립중앙도서관에 들어갈 수 있도록 하는 국립중앙도서관 이용규칙 시행세칙이 심판청구 후 개정되어 18세 미만의 사람도 입관 및 이용이 가능하게 된 경우(헌재 2009.6.25. 2007 헌마178), 징벌수용거실에 수용된 자에게 도서목록의 비치와 도서열람을 제한하던 구 '수용자 교육교화 운영지침'이 심판청구 후 법무부예규로 개정되면서 그 제한이 삭제된 경우(헌재 2009.10.29. 2009헌마99), 예비후보자의 선거운동에서 명함을 직접 주며 지지를 호소할 수 있는 주체를 예비후보자의 배우자 또는 직계존·비속 중에서 신고한 1인으로 제한하던 공직선거법 조항이 심판청구 후 개정되어 더 이상 적용되지 않게 된 경우(헌재 2011.8.30. 2008헌마302), 구 'G20 정상회의 경호안전을 위한 특별법'이 부칙에서 정한 유효기간의 종기가 도과하여 실효된 경우(헌재 2012.2.23. 2010헌마660등), 전주시장으로 하여금 전주시 내 대규모점포 등에 대하여 매월 두 번째, 네 번째 일요일에 의무휴업을 명하도록 한 구 '전주시 대규모점포 등의 등록 및 조정 조례'가 심판청구 후 개정되어 전주시장에게 재량을 인정하게 된 경우(헌재 2013.12.26. 2012헌마196; 헌재 2013.12.26. 2012헌마308) 등은 권리보호이익이 없다.

위헌결정이 선고된 법률에 대한 헌법소원심판청구는 심판청구 당시에는 아직 위헌결정이 없었다 하더라도 부적법하다(헌재 1994.4.28. 92헌마280). 이는 별건의 사건에서 동일한 법률조항에 대해 헌법불합치결정이 선고된 경우에도 동일하다(헌재 2006.5.25. 2005헌마11등; 헌재 2006.6.29. 2005헌마44; 헌재 2013.9.26. 2011헌마398). 형벌조항의 경우에는 해당 조항이 위헌결정으로 소급하여 효력을 상실하고 재심을 청구할 수 있으므로 더 이상 권리보호이익이 없다(헌재 2007.8.30. 2005헌마1191; 헌재 2010.11.25. 2010헌마16).

㈐ 청구인의 사망 등 법적 지위의 변화

청구인이 사망한 경우에는 청구인의 기본권능력이 소멸되므로 원칙적으로는 헌법재판소의 소송절차는 종료된다. 그러나 형사사건과 연관되어 있는 경우에 헌법소원심판청구 후 청구인이 사망한 때에는 만일 헌법소원심판청구가 인용된다면 형사소송법에 의해 그 배우자나 직계친족 등은 확정된 유죄판결에 대하여 재심을 청구할 수 있으므로 권리보호이익이 인정된다(헌재 1997.1.16. 89헌마240).

이에 반하여 자연인이 아닌 경우에 조직변경이나 합병, 해산 등으로 조직이 소멸하게 된 경우 새롭게 변경된 조직과 관련한 법령에 대해 과거 조직 대표의 심판청구는 권리보호이익이 인정되지 않는다. 헌법재판소는, 농지개량조합연합회 노동조합 대표로서의 자격 또는 농지개량조합 노동조합 대표로서의 자격은 새로운 조직법인 '농업기반공사 및 농지관리기금법'의 시행에 앞서 이미 조직·명칭 변경, 합병 및 해산으로 소멸되거나 변경되어 더 이상 유지될 수 없게 되었으므로 농지개량조합연합회 노동조합 대표로서의 자격 또는 농지개량조합 노동조합 대표로서의 자격에 기해 '농업기반공사 및 농지관리기금법'에 대하여 청구한 헌법소원은 권리보호이익이 없다고 하였다(헌재 2000.11.30. 99헌마190).

㈑ 기타 헌법소원의 목적을 달성한 경우

초등학교 국어교과서 한글전용의 근거가 되는 문교부지침에 대하여 심판청구 후 집필지침 중 "문장은 한글로 쓰되"라는 부분이 삭제된 경우(헌재 1996.12.26. 92헌마26), 교도소의 변호인접견실에 변호인석과 재소자석을 차단하는 칸막이를 설치한 권력적 사실행위에 대한 심판청구 후 칸막이가 철거된 경우(헌재 1997.3.27. 92헌마273), 국가보훈처 공적심사위원회의 서훈심사기준의 공개거부에 대한 헌법소원심판청구 후에 구두설명과 민원회신을 통하여 독립유공자에 대한 공적심사의 구체적 기준을 청구인에게 모두 알려준 경우(헌재 1997.4.24. 92헌마47), 국정홍보처가 발표한 취재지원시스템 선진화방안에 대한 헌법소원심판청구 후 이 방안에 따른 정책을 모두 폐지하고 종전의 상태로 환원시킨 경우(헌재 2008.12.26. 2007헌마775), 국회가 퇴임 헌법재판관의 후임자 선출을 하지 않은 부작위에 대한 헌법소원심판 청구 후 국회가 공석인 재판관 후보자에 대한 선출안을 가결하여 9인의 재판관으로 구성된 전원재판부에서 판단을 받을 수 있게 된 경우(헌재 2014.4.24. 2012헌마2) 등에도 권리보호이익이 인정되지 않는다.

㈒ 공소시효가 만료된 경우

예컨대, '독점규제 및 공정거래에 관한 법률' 위반행위에 대한 공정거래위원회의 시정조치나 과징금 등 부과의 시효(위반하는 행위가 종료된 날부터 5년)가 경과하고 공정거래위원회의 고발의 대상이 되는 범죄의 공소시효도 이미 경과되었다면 그 부분에 대한 심사불개시 결정의 취소를 구할 권리보호의 이익이 없다(헌재 2004.3.25. 2003헌마404).

그러나 기소유예처분을 받은 피의자가 자기의 무고함을 주장하여 헌법소원심판을 청구한 경우, 그 피의사실에 대한 공소시효가 완성되면 헌법재판소가 그 처분을 취소하더라도 검사로서는 '공소권 없음'의 처분을 할 것으로 보이나, '공소권 없음'의 처분이 기소유예처분보다는 피의자에게 유리한 처분이므로, 비록 그 범행에 관한 공소시효가 이미 완성되었다고 하더라도 기소유예처분에 대하여 청구한 헌법소원이 권리보호이익이 없다고 할 수 없다(헌재 1997.5.29. 95헌마188; 헌재 2003.2.27. 2002헌마309).

다. 예외적으로 심판의 이익이 인정된 경우

헌법소원의 본질은 개인의 권리구제뿐만 아니라 헌법질서의 수호·유지도 겸하고 있으므로, 기본권 침해가 종료되어 주관적 권리구제에는 별 도움이 되지 않는다 하더라도 그러한 침해행위가 앞으로도 반복될 위험이 있거나 당해분쟁의 해결이 헌법질서의 수호·유지를 위하여 긴요한 사항이어서 헌법적으로 그 해명이 중대한 의미를 지니고 있는 경우에는 심판청구의 이익을 인정할 수 있다(헌재 1997.11.27. 94헌마60; 헌재 2001.7.19. 2000헌마546; 헌재 2002.7.18. 2000헌마327; 헌재 2004.12.16. 2002헌마478).

그런데 헌법재판소는 기본권 침해 행위의 반복 위험성과 헌법적 해명의 필요라는 두 가지 사항을 명확히 구별하여 판단하지는 않는다.

(1) 권력적 사실행위의 기본권 침해 행위가 종료된 경우

권력적 사실행위는 그 속성상 침해행위가 심판 당시까지 계속되는 경우가 거의 없다. 따라서 침해행위가 종료되었다는 이유로 심판의 이익을 인정하지 않으면 권력적 사실행위로 인한 침해행위를 다툴 방법이 사실상 존재하지 않게 된다.[89)]

헌법재판소는 미결수용자가 변호인과 접견할 때 수사관이 참여하여 대화내용을 듣거나 기록한 행위(헌재 1992.1.28. 91헌마111), 제1회 공판기일 개시 전 검사의 수사기록에 대한 열람·등사거부행위(헌재 1997.11.27. 94헌마60), 수형자의 서신에 대한 검열행위(헌재 1998.8.27. 96헌마398), 수용자가 구독하는 신문기사 일부를 삭제한 행위(헌재 1998.10.29. 98헌마4), 미결수용자에게 재소자용 수의를 입게 한 행위(헌재 1999.5.27. 97헌마137등), 검사가 법원의 증인으로 채택된 수감자를 그 증언에 이르기까지 거의 매일 검사실로 소환하여 피고인측 변호인이 접근하는 것을 차단하고 검찰에서의 진술을 번복하는 증언을 하지 않도록 회유·압박한 행위(헌재 2001.8.30. 99헌마496), 현행범으로 체포된 청구인들을 경찰서 유치장에 수용하는 과정에서 반입금지 물품 등의 소지·은닉 여부를 확인하기 위하여 실시한 정밀신체수색행위(헌재 2002.7.18. 2000헌마327), 경찰서장이 옥외집회신고서를

---

89) 실무제요, 350면

반려한 행위(헌재 2008.5.29. 2007헌마712), 법정 옆 구속피고인 대기실에서 피고인의 변호인 접견신청을 불허한 행위(헌재 2009.10.29. 2007헌마992), 구치소 내에서 실시하는 종교의식 또는 행사에 미결수용자의 참석을 금지한 행위(헌재 2011.12.29. 2009헌마527), 출입국관리사무소장의 불법체류 외국인에 대한 강제퇴거명령 등의 집행행위(헌재 2012.8.23. 2008헌마430), 사법경찰관이 위험발생의 염려가 없음에도 불구하고 사건종결 전에 압수물을 폐기한 행위(헌재 2012.12.27. 2011헌마351), 사법경찰관이 피의자가 조사받는 모습 등을 촬영하도록 허용한 행위(헌재 2014.3.27. 2012헌마652) 등과 같은 권력적 사실행위와 관련하여 주관적 권리보호이익은 소멸되었지만 기본권 침해행위가 반복적으로 행하여질 것이 예상되고, 이에 대한 헌법적 해명이 필요하다는 등의 이유로 권리보호이익의 예외를 인정하였다.

(2) 법령이 개·폐되었지만 동일 유사한 법령이 존재하는 경우

헌법소원심판 청구 후에 대상 법령이 개정되거나 폐지된 경우에 개정된 조항에도 유사한 내용이 규정되어 있어 동종의 기본권 침해가 계속될 위험이 있고 그 위헌 여부에 관하여 아직 해명된 바가 없으면 폐지된 규정의 위헌 여부가 개정된 규정의 재개정 여부에 영향을 미칠 수 있다는 이유로 권리보호이익을 인정한다(헌재 1995.5.25. 91헌마44; 헌재 2003.5.15. 2001헌마565).

예컨대, 기초의회의원선거에서 후보등록신청 시 기탁금 200만 원을 기탁하도록 하는 구 지방의회의원선거법 조항이 심판청구 후 폐지되었으나, 신법인 공직선거법에서 동일한 액수의 기탁금을 정하고 있는 경우(헌재 1995.5.25. 91헌마44), 국가유공자의 자녀에 대하여 대학으로 하여금 수업료등을 면제할 수 있게 하고 국가는 그 면제한 수업료 등의 반액을 대학에 보조하도록 규정한 국가유공자예우및지원에관한법률 조항에 대한 헌법소원심판 청구 후 동 조항이 개정되었으나 개정된 조항에도 유사한 내용이 규정되어 있는 경우(헌재 2003.5.15. 2001헌마565), 정당의 보조금 배분비율에 관한 ‘정치자금에 관한 법률’ 조항이 개정되었으나, 개정법이 동일한 내용을 규정하고 있는 경우(헌재 2006.7.27. 2004헌마655), 상조업자가 표시·광고하여야 할 중요정보 항목 및 표시장소 등에 대해 정하고 있는 공정거래위원회 고시가 개정되었으나, 개정된 고시에도 유사한 내용이 규정되어 있는 경우(헌재 2012.2.23. 2009헌마318), 재외선거인 등록신청 시 여권을 제시하도록 한 공직선거법 조항이 개정되었으나, 개정 조항에도 동일한 내용이 규정되어 있는 경우(헌재 2014.4.24. 2011헌마567) 등에 대하여 동종의 기본권 침해 위험이 있다는 이유로 심판이익을 인정하였다.

(3) 기본권 침해가 주기적으로 반복될 우려가 있는 경우

공직 선거나 국가시험 등은 주기적으로 반복되므로 특정 회의 선거나 시험이 종료하더라도 다시 장래 일정 시점에 기본권 침해가 되풀이 되기 쉽다는 특성이 있다.

헌법재판소는 공직선거와 관련하여 선거권 연령을 20세 이상의 국민으로 정한 구 공직선거법 조항에 대하여 청구인들이 참여하고자 하는 국회의원선거는 종료되었을 뿐만 아니라 심판 계속 중 청구인들 모두 선거권 연령에 도달함으로써 주관적인 기본권의 침해상태도 종료되었다고 볼 수 있으나, 헌법소원제도는 청구인의 주관적 기본권 구제를 위한 것일 뿐만 아니라 객관적인 헌법질서의 수호유지를 위한 제도이므로, 선거권 연령에 관한 것은 헌법적으로 해명할 필요가 있는 중요한 사안이고 앞으로도 선거권연령을 정함으로써 발생할 침해행위가 반복될 위험이 있으므로 예외적으로 권리보호이익을 인정함이 상당하다고 하였다(헌재 2001.6.28. 2000헌마111). 이 밖에도 선거기간에 여론조사의 경위와 결과를 공표할 수 없게 한 구 공직선거법 조항(헌재 1998.5.28. 97헌마362등), 교육공무원의 정당가입 및 선거운동을 금지하는 정당법과 공직선거법 조항(헌재 2004.3.25. 2001헌마710), 금고 이상의 형의 선고를 받고 그 집행이 종료되지 아니한 자의 선거권을 부정하는 공직선거법 조항(헌재 2004.3.25. 2002헌마411; 헌재 2009.10.29. 2007헌마1462), 국회의원의 피선거권 행사연령을 '25세 이상'으로 정한 공직선거법 조항(헌재 2005.4.28. 2004헌마219), 선거구별 의원정수를 규정한 공직선거법 조항(헌재 2009.3.26. 2006헌마14), 선거방송 대담·토론회의 참가 기준으로 여론조사 평균지지율 100분의 5를 요구하고 있는 공직선거법 조항(헌재 2009.3.26. 2007헌마1327등), 선전벽보 등에 비정규학력의 게재를 금지하는 공직선거법 조항(헌재 2009.11.26. 2008헌마114), 임기만료일 전 180일 이내에 비례대표국회의원에 궐원이 생긴 때를 비례대표국회의원 의석승계 제한 사유로 규정한 공직선거법 조항(헌재 2009.6.25. 2008헌마413), 비례대표국회의원후보자의 연설·대담을 제한하는 공직선거법 조항(헌재 2013.10.24. 2012헌마311), 예비후보자의 배우자가 함께 다니는 사람 중에 지정한 자도 선거운동을 위하여 명함교부 및 지지호소를 할 수 있도록 한 공직선거법 조항(헌재 2013.11.28. 2011헌마267), 예비후보자의 기탁금 반환 사유를 예비후보자의 사망, 당내 경선 탈락으로 한정하고 있는 공직선거법 조항(헌재 2013.11.28. 2012헌마568) 등에 대한 헌법소원심판청구에서 권리보호이익의 예외를 인정하였다.

또한 행정자치부장관이 사법시험 제1차 시험을 일요일로 정하여 공고한 행위(헌재 2001.9.27. 2000헌마159; 헌재 2010.4.29. 2009헌마399), 고입검정고시에 합격했던 자는 해당 검정고시에 다시 응시할 수 없도록 응시자격을 제한한 전라남도 교육청의 공고(헌재 2012.5.31.

2010헌마139등), 변호사시험에 관한 법무부장관의 시험장 선정행위(헌재 2013.9.26. 2011헌마782등), 사법시험 제1차 시험실 입실제한시간을 시험시작 5분 전으로 한 법무부장관의 사법시험 제1차 시험 실시계획 공고(헌재 2014.4.24. 2013헌마341) 등에 대하여도 심판이익을 인정하였다. 최저생계비를 매년 보건복지부장관이 고시하도록 하고 있는 것과 관련하여 2002년도 최저생계비 고시(헌재 2004.10.28. 2002헌마328)에 대해서도 동일한 맥락에서 권리보호이익의 예외를 인정하였다.

(4) 기타

검사 또는 피고인에게만 상소권을 부여한 형사소송법 조항에 관하여 형사 피해자가 다툰 사안에서 형사피해자인 청구인과 관련된 형사재판은 이미 확정 종료되었으나, 청구인과 같은 처지에 있는 많은 사건들은 앞으로도 반복될 성질이 있고 더욱이 형사피해자의 입장에서 보면 위 법률조항에 대하여 다툴 방법이 없으며 헌법적 해명이 특히 필요하므로 예외적으로 헌법판단의 적격을 갖춘 것으로 본다고 하였다(헌재 1998.10.29. 97헌마17). 또한 지방자치단체의 장이 '공소제기된 후 구금상태'이면 부단체장이 그 권한을 대행하도록 규정한 지방자치법 조항에 대하여 구금상태에서 헌법소원심판을 청구한 자치단체장이 심판 청구 후 금고 이상의 형을 선고받은 판결이 확정됨으로써 관련 법률조항에 따라 자치단체장직에서 퇴직되었으므로 청구인의 주관적 권리보호의 이익은 없으나 기본권 침해행위가 반복될 위험이 있고 헌법적 해명이 중대한 의미를 가진다고 하여 심판청구의 이익을 인정하였다(헌재 2011.4.28. 2010헌마474). 소년심판절차에서 검사에게 상소권을 인정하지 아니한 소년법 조항에 대하여 피해소년의 아버지에 대하여, 위 법률조항을 적용한 재판이 이미 확정되었고, 형벌에 관한 조항이 아니어서 위헌결정이 내려져도 재심을 청구할 수 없어 주관적 권리보호이익이 없지만 심판의 이익을 인정하였고(헌재 2012.7.26. 2011헌마232), 자유형 형기의 '연월'을 역수에 따라 계산하도록 한 형법 조항으로 인하여 2월 29일 하루를 더 복역하게 되어 기본권이 침해된다고 주장하여 심판청구한 청구인이 결정 선고 시에 이미 형집행을 마치고 출소하였으므로 원칙적으로는 주관적 권리보호이익이 소멸되었지만 심판의 이익을 인정하였다(헌재 2013.5.30. 2011헌마861).

9. 본안 심사 기준

가. 서

권리구제 헌법소원심판을 청구할 때 본안에서의 기본권 침해 주장과 논증을 설득력 있게 하기 위해서는 그 본안 심사기준을 파악할 필요가 있다.

권리구제 헌법소원은 기본권 침해 여부를 심판대상으로 하므로 그 본안 심사기준 또한 기본권규범이 된다. 그런데 기본권 가운데 절대적으로 제한이 불가한 양심형성의 자유나 인간으로서의 최소한의 품위유지를 위한 존엄과 가치(헌재 2016. 12. 29. 2013헌마142) 등의 경우 외에 대부분의 기본권은 제한이 가능하다. 따라서 제한이 가능한 기본권이 제한된다는 것 자체만으로는 기본권의 침해가 발생하는 것이 아니라, 헌법적으로 정당화되지 않는 방법으로 기본권을 제한하는 경우에 기본권의 침해가 발생하게 된다.

우리 헌법은 기본권을 제한하는 방법을 모든 기본권 규범을 망라해서 정하거나 개별 기본권 규정에서 정하고 있다. 예를 들어 헌법 제37조 제2항은 모든 기본권 규범에 대하여 “국민의 모든 자유와 권리는 국가안전보장 질서유지 또는 공공복리를 위하여 필요한 경우에 한하여 법률로써 제한할 수 있으며, 제한하는 경우에도 자유와 권리의 본질적인 내용을 침해할 수 없다.”라고 하고, 헌법 제12조 제1항 제2문은 “누구든지 법률에 의하지 아니하고는 체포·구속·압수·수색 또는 심문을 받지 아니하며, 법률과 적법한 절차에 의하지 아니하고는 처벌·보안처분 또는 강제노역을 받지 아니한다.”라고 하여 신체의 자유의 제한에는 적법절차원칙에 따라야 함을 정하고 있다.

나. 법률유보원칙

기본권 제한의 법률유보원칙이란 헌법 제37조 제2항에 의거한 것으로 기본권의 제한은 법률에 의하여 이루어져야 한다는 것을 말하는데, 여기서 법률에 의한 기본권 제한은 법률 자체에 의한 것뿐만 아니라 법률에 근거한 제한을 포함하는 의미로 새겨진다(헌재 2005. 3. 31. 2003헌마87; 헌재 2015. 6. 25. 2013헌마198 등 참조). 기본권제한의 법률유보원칙은 그 제한의 형식에 관한 원칙이고 제한의 실질적 내용에 따른 규율이 아니다.

기본권제한의 법률유보원칙이 법률에 근거하여 기본권을 제한하라는 것인 만큼 주로 문제가 되는 경우는 법률이 아닌 하위 법규 또는 입법작용이 아닌 공권력 작용에 의하여 기본권이 제한될 때이다.

그런데 기본권제한의 법률유보원칙이 기본권 제한이 법률에 의해서 뿐만 아니라 법률에 근거하여 이루어질 것으로 새겨지므로, 대통령령 등 하위법규에 의하여 기본권 제한이 직접적으로 촉발되더라도 그 하위 규범이 법률에 근거하여 발령된 것이라면 기본권제한의 법률유보원칙은 준수되었다고 할 수 있다. 따라서 하위 법규 등에 의한 기본권 제한이 법률유보원칙에 위반되는가의 여부는 그 하위 법규에 대한 상위 법규의 정당한 위임 여부 및 하위 법규와 상위 법규의 관계 등에 대한 해석이 필요하다.

예를 들어 '4·16세월호참사 피해구제 및 지원 등을 위한 특별법'('세월호피해지원법') 시행령(2015. 3. 27. 대통령령 제26163호로 제정된 것) 조항에는 배상금을 신청할 때 배상금 등 동의 및 청구서를 제출하도록 하면서 '4·16세월호참사에 관하여 어떠한 방법으로도 일체의 이의를 제기하지 않을 것임을 서약합니다'라는 내용이 기재되도록 하였는데, 이에 대하여 헌법재판소는 법률유보원칙을 위반하여 법률의 근거 없이 대통령령으로 세월호 참사와 관련된 일체의 이의 제기 금지 의무를 부담시킴으로써 일반적 행동의 자유를 침해한다고 결정한 바 있다(헌재 2017. 6. 29. 2015헌마654). 세월호피해지원법은 배상금 등의 지급 이후 효과나 의무에 관한 일반규정을 두거나 이에 관하여 범위를 정하여 하위법규에 위임한 바가 전혀 없기 때문에, 시행령으로 규정할 수 있는 사항은 지급신청이나 지급에 관한 기술적이고 절차적인 사항일 뿐이어서, 세월호 참사 전반에 관한 일체의 이의제기를 금지시킬 수 있는 권한을 부여하였다고 볼 수 없다는 이유였다.

다. 과잉금지원칙(기본권 제한의 비례성 원칙)

과잉금지원칙이란 국가가 국민의 기본권을 제한하는 내용의 입법활동을 함에 있어서, 준수하여야 할 기본원칙 내지 입법활동의 한계를 뜻하는 것으로서 국민의 기본권을 제한하려는 입법의 목적이 헌법 및 법률의 체제상 그 정당성이 앞어야 하고(목적의 정당성), 제한하는 방법은 그 목적의 달성에 기여하여야 하며(수단의 적합성), 선택된 기본권 제한의 조치는 입법목적달성을 위하여 보다 완화된 형태나 방법이 모색된 것으로써 기본권의 제한은 필요한 최소한도에 그치는 것이며(피해의 최소성), 그 입법에 의하여 보호하려는 공익과 침해되는 사익을 비교 형량할 때 보호되는 공익이 더 커야 한다(법익의 균형성)는 것이다(헌재 1994. 12. 29. 94헌마201 참조).

과잉금지원칙 또는 비례성원칙은 헌법 제37조를 근거로 하고 있으며(헌재 1992. 12. 24. 92헌가8), 공권력 작용의 내용적 한계를 정하고 있다고 할 수 있다. 과잉금지원칙은 제한이 가능한 모든 기본권의 경우에 적용될 수 있으므로 그 적용 사례를 무수히 많이 접할 수 있으며, 기본권 침해의 논증에 거의 빠짐없이 사용될 수 있는 헌법적 수단이라 할 것이다.

라. 개별 기본권의 특별한 심사기준

우리 헌법이 신체의 자유의 제한에 있어서는 적법절차원칙이 지켜져야 할 것을 정하고 있음은 앞에서 보았고 영장주의도 지켜져야 한다. 또한 언론·출판에 대한 허가나 검열과 집회·결사에 대한 허가는 인정되지 아니하므로(헌법 제21조 제2항) 표현의 자유의 침해 여부를 판단함에 있어서는 검열이나 허가제의 작동 여부를 검토해야 한다. 표현의 자유에 대하여는 법률의 명확성원칙이 중요한 의미를 갖는다(헌재 2002. 6. 27. 99헌마480 참조). 소급 입법에 의한 재산권 박탈도 금지된다(헌법 제13조). 직업의 자유와 관련하여서는 약국판결로부터 유래한 단계적 제한이론이 적용되기도 하고, 특별히 법률의 개정으로 인하여 직업의 자유에 제한이 가해질 경우에는 신뢰보호원칙 등도 지켜져야 한다. 이외에 개별 기본권의 제한과 관련하여 특별한 헌법적 한계가 있을 수 있다.

마. 평등권 심사기준

평등권은 그 특성에 따라 일반적 과잉금지원칙이 아닌 고유의 심사기준을 가지고 있다. 평등위반 여부를 심사함에 있어서는 입법자가 가지는 입법형성권의 정도에 따라 엄격한 심사척도로서의 비례심사를 할 것인지, 완화된 심사척도로서의 자의금지심사를 할 것인지가 결정된다(헌재 1999. 12. 23. 98헌마363 참조). 자의금지심사는 차별을 정당화하는 합리적인 이유가 있는지만을 심사하는 것이고, 비례심사는 합리적 이유가 있는 차별인지 여부를 넘어서 차별을 정당화하는 이유와 차별간의 상관관계에 대한 심사, 즉 비교대상간의 차이의 성질과 비중 또는 입법목적의 비중과 차별의 정도에 적정한 균형관계가 이루어져 있는가를 심사한다(헌재 2001. 2. 22. 2000헌마25 참조). 일반적으로 차별이 정당한지 여부에 대해서는 차별취급에 합리적인 이유가 있는지를 심사하지만, 헌법에서 특별히 평등을 요구하고 있는 경우나 차별 취급으로 인하여 관련 기본권에 대한 중대한 제한을 초래하게 된다면 엄격한 심사척도가 적용된다(헌재 2011. 2. 24. 2008헌바56).

10. 종국결정

가. 결정의 형식

헌법소원의 종국결정에는 심판청구가 부적법한 경우에 하는 각하결정, 심판청구가 이유없는 경우에 하는 기각결정, 심판청구가 이유있는 경우에 하는 인용결정(기본권침해의 확인 결정, 법령소원의 위헌결정) 그리고 심판절차종료선언 등이 있다.[90)]

심판절차종료선언은 청구인의 사망 또는 심판청구의 취하 등으로 심판절차의 종료 여부가 불분명하게 된 경우에 절차관계의 종료를 명백히 확인하는 의미에서 하는 결정이다.[91)]

90) 실무제요, 373면 참조

91) 김하열, 앞의 책, 588면 참조

나. 인용결정

(1) 법령이 아닌 공권력작용에 대한 헌법소원의 경우

법 제68조 제1항에 따른 헌법소원을 인용할 때에는 인용결정서의 주문에 침해된 기본권과 침해의 원인이 된 공권력의 행사 또는 불행사를 특정하여야 하고(법 제75조 제2항), 이 경우에 헌법재판소는 기본권 침해의 원인이 된 공권력의 행사를 취소하거나 그 불행사가 위헌임을 확인할 수 있다(같은 조 제3항).

나아가 헌법재판소는 공권력의 행사 또는 불행사가 위헌인 법률 또는 법률의 조항에 기인한 것이라고 인정될 때에는 인용결정에서 해당 법률 또는 법률의 조항이 위헌임을 선고할 수 있고(같은 조 제5항), 이와 같이 부수적 위헌선고를 하는 경우에는 법률에 대한 위헌결정과 같은 효력을 갖는다(같은 조 제6항). 따라서 부수적 위헌선고에는 (단순)위헌결정 및 이른바 변형결정이 내려질 수 있고, 법령에 대한 위헌결정은 법원 기타 모든 국가기관과 지방자치단체를 기속한다.[92)]

예를 들면, 공권력 행사를 취소한다는 주문이 가장 많이 내려지는 사건 종류 중 하나가 기소유예처분을 취소하는 결정인데, 그 인용결정의 주문은, "피청구인이 2018.10.23. 서울중앙지방검찰청 2018형제88503호 사건에서 청구인에 대하여 한 기소유예처분은 청구인의 평등권과 행복추구권을 침해한 것이므로 이를 취소한다(헌재 2019.6.28. 2018헌마1145)."라는 형태이다.

다음으로, 기본권 침해의 위헌확인을 하면서, 부수적 위헌선고를 한 사례를 보자.

"1. 청구인이 1991년 6월 14일 17시부터 그날 18시경까지 국가안전기획부 면회실에서, 그의 변호인과 접견할 때 피청구인 소속직원(수사관)이 참여하여 대화내용을 듣거나 기록한 것은 헌법 제12조 제4항이 규정한 변호인의 조력을 받을 권리를 침해한 것으로서 위헌임을 확인한다.

2. 행형법(1950. 3. 2.법률 제105호, 최후개정 1980.12.22.법률 제3289호) 제62조는 그 중 행형법 제18조 제3항을 미결수용자의 변호인 접견에도 준용하도록 한 부분은 헌법에 위반된다."라는 형식이다(헌재 1992.1.28. 91헌마111).[93)]

(2) 법령소원

그러나 법령에 대한 헌법소원을 인용하는 경우에는 대체로 침해된 기본권을 표시

---

92) 위의 책, 519면 참조

93) 이 결정에서의 법률조항의 제·개정의 표시는 지금의 표시방법과 다른데, 지금의 표시방법대로 고쳐쓴다면, 행형법(1980.12.22. 법률 제3289호로 개정된 것)이라고 기재할 수 있겠다.

하지 않고 있다. 이에 대하여, 헌법재판소는 주문에 침해된 기본권을 표시하지 않는 이유는 법령에 대한 헌법소원에 있어서는 청구인의 침해된 기본권을 구제한다는 측면도 있으나 헌법질서의 확립이라는 성질이 더 부각되어야 할 것이고, 법 제75조 제6항이 헌법소원을 인용하여 법률의 위헌을 선고할 경우에는 위헌법률심판절차의 규정을 준용하도록 하고 있어서 구태여 주문에 침해된 기본권을 표시할 필요까지는 없다고 해석되기 때문이라고 한다(헌재 1991.3.11. 91헌마21).[94]

여기에 덧붙여 사견으로는 위 법 조항이 당초에 법령소원을 예정한 규정이었는지부터 의문이다. 또한 법령소원에서 주문에 침해된 기본권을 특정하여 표시하는 것은 재판실무의 측면에서 지극히 곤란하기도 하다.

기본권의 성격이 갖는 다층성과 중첩성 등으로 인하여 문제된 법률조항에 의하여 침해되는 기본권을 일의적인 방식으로 특정하기 어려운 점도 작용한 듯하다. 가령, 헌법 제10조는 개인의 인격권 행복추구권을 보장하는데, 이 인격권 행복추구권으로부터 자기운명결정권이 나오고 이로부터 또 성적 자기결정권, 혼인의 상대방을 결정할 자유, 연명치료중단에 관한 자기결정권 등이 도출된다고 함이 헌법재판소의 법리이다. 그런데 문제된 법령이 연명치료중단에 관한 자기결정의 기본권을 침해하여 위헌이라고 할 때 그 주문에 반드시 침해된 기본권을 적시해야 한다고 하면 헌법재판소로서는 헌법 제10조의 행복추구권이 침해되었다고 할 것인지, 아니면 자기결정권을 침해한다고 할지, 연명치료중단에 관한 자기결정권을 침해한다고 할지 등이 심히 불분명하다. 만일 내용적으로는 연명치료중단에 대한 자기결정권이 침해되고 있지만 이를 헌법 제10조의 행복추구권이 침해된다고 주문에 기재하면 실제 심판된 내용보다 폭넓게 기본권 침해를 인정할 우려가 있다. 그렇다고 '연명치료중단에 대한 자기결정권'이 침해된다고 적시하면, 앞으로 자기결정의 대상이 되는 모든 사항마다 새로운 자기결정권을 정립해서 그 구체적인 자기결정권, 가령 '자기의 시체에 대한 처리에 대한 생전의 자기결정권' 같이 매우 낮은 수준으로 추상화된, 매우 구체적이고 특정한 기본권을 인정해야 하는가라는 문제가 대두될 것이고, 이렇게 구체적이고 특정적인 것으로 가다보면 생활영역의 모든 국면과 요소들마다 서로 다른 기본권이 생겨나게 될 것이다. 이와 같이 실무적인 관점에서 보면, 법령소원에서 침해된 기본권을 적시하지 않는 것은 헌법재판소의 능력의 문제라기보다는 각 개별 기본권의 포괄성이나 추상성 등이 동등한 정도로 세워질 수 없고 다양한 기본권이 서로 다른 추상화의 정도에서 정립되고 사용되기 때문에

---

94) 실무제요, 375면 참조

법령 소원에서 침해된 기본권을 일정한 방식으로 특정하기 어렵기 때문 아닌가 한다.

요컨대, 법령에 대한 헌법소원에서 기본권의 침해가 인정되면 헌법재판소는 "법 제○조는 헌법에 위반된다.'라는 형식의 주문을 내고, 헌바 헌법소원의 인용 시에 위헌결정을 하는 것과 같다.

⑶ 인용결정의 효력

헌법소원의 인용결정은 모든 국가기관과 지방자치단체를 기속한다(법 제75조 제1항). 헌법재판소가 공권력의 불행사에 대한 헌법소원을 인용하는 결정을 한 때에는 피청구인은 결정 취지에 따라 새로운 처분을 하여야 한다(법 제75조 제4항).

다. 기각결정

헌마 헌법소원에서 청구인의 기본권 침해가 인정되지 않는 경우에는 그 주문에서 "청구인의 심판청구를 기각한다."라는 주문을 낸다.

라. 심판절차종료선언

헌법소원의 경우에 심판절차종료선언을 하게 되는 경우는 청구인이 심판청구 후 사망하거나, 심판청구가 취하된 경우가 대표적이다. 청구인의 사망의 경우에는 본장 제2절의 청구인 부분을 참조할 수 있다.

헌법소원심판청구의 취하와 이에 대한 피청구인의 동의 및 그 효력에 관하여는 특별한 규정이 없으므로 법 제40조에 따라 소의 취하에 관한 민사소송법이 준용되는데, 헌법재판소는 청구인이 종교집회 참석신청에 대한 교도소장의 불허행위에 대해 헌법소원심판을 청구하였다가 취하한 사건에서, 취하의 서면이 피청구인에게 송달되고 피청구인이 그날부터 2주일 내에 이의를 하지 아니하면 민사소송법 규정에 따라 심판청구 취하에 동의한 것으로 보아 심판절차를 종료하여야 한다고 하였다(헌재 2005.2.15. 2004헌마911). 이 결정에서 헌법재판소는 "이 사건 헌법소원심판절차는 청구인의 심판청구 취하로 2005년 2월 15일 종료되었다."라는 주문을 냈다.

그러나 이에 대하여는 심판청구가 주관적 권리구제의 차원을 넘어서 헌법질서의 수호·유지를 위하여 긴요한 사항으로서 그 해명이 헌법적으로 특히 중대한 의미를 지니고 있는 경우에는, 비록 헌법소원심판청구의 취하가 있는 경우라 하더라도 민사소송법 제266조의 준용은 헌법소원심판의 본질에 반하는 것으로서 배제된다고 할 것이므로, 위 취하로 말미암아 사건의 심판절차가 종료되는 것이 아니라는 반대의견이 있다(헌재 2003.2.11. 2001헌마386).

제3절 규범통제형 헌법소원

생각해보기

다음과 같은 상담 사례에서 갑의 의견에 대하여 논평해보세요(참조 결정: 헌재 2018.6.5. 2018헌바194)

갑은 고양시 일산동구 ○○동 ○○ 전 1,397㎡(이하 '이 사건 농지'라 한다)의 소유자인데, 고양시 일산동구청장은 2015.8.13. 갑에게 이 사건 농지가 농업경영에 이용되지 않는다는 이유로 이 사건 농지를 처분할 것을 명하는 농지처분명령(이하 '이 사건 농지처분명령'이라 한다)을 하고, 갑이 이에 불응하자 2016.4.5. 갑에게 농지법 위반을 이유로 이행강제금 148,082,000원의 부과처분(이하 '이 사건 부과처분'이라 한다)을 하였다.

갑은 2016.11.1. 의정부지방법원에 주위적으로, 이 사건 부과처분의 취소를 구하고, 예비적으로, 이 사건 농지처분명령 및 이 사건 부과처분의 각 무효확인을 구하는 소(의정부지방법원 2016구단6083호)를 제기하였는데, 2017.9.27. 위 소 중 주위적 청구와 예비적 청구 중 이 사건 부과처분의 무효확인 청구 부분에 대하여는 이 사건 부과처분이 행정소송의 대상이 되는 행정처분으로 볼 수 없다는 이유로 각하되고, 나머지 청구에 대하여는 기각되자, 이에 대하여 항소(서울고등법원 2017누77987호)를 제기하였다.

갑은 위 항소심 계속 중 농지법 제11조 제1항, 제2항, 제3항, 제62조 제1항, 농지법 시행령 제75조 제3항에 대하여 위헌법률심판제청신청을 하였다가 2018.3.20. 농지법 제11조 제2항, 제3항, 제62조 제1항, 농지법 시행령 제75조 제3항에 대한 부분은 각 각하되고, 농지법 제11조 제1항에 대한 부분은 기각되었다. 이에 갑은 2018.4.25. 농지법 제11조 제1항, 제3항, 제62조 제1항, 제4항, 제7항, 농지법 시행령 제75조 제3항에 대하여 이 사건 헌법소원심판청구를 하고자 한다.

[참조법령]

농지법(2007. 4. 11. 법률 제8352호로 전부개정된 것)

제11조 (처분명령과 매수 청구) ① 시장(구를 두지 아니한 시의 시장을 말한다)·군수 또는 구청장은 제10조에 따른 처분의무 기간에 처분 대상 농지를 처분하지 아니한 농지 소유자에게 6개월 이내에 그 농지를 처분할 것을 명할 수 있다.

농지법(2016. 1. 19. 법률 제13796호로 개정된 것)

제11조(처분명령과 매수 청구) ③ 한국농어촌공사는 제2항에 따른 매수 청구를 받으면 「부동산 가격공시에 관한 법률」에 따른 공시지가(해당 토지의 공시지가가 없으면 같은 법 제8조에 따라 산정한 개별 토지 가격을 말한다. 이하 같다)를 기준으로 해당 농지를 매수할 수 있다. 이 경우 인근 지역의 실제 거래 가격이 공시지가보다 낮으면 실제 거래 가격을 기준으로 매수할 수 있다.

농지법(2007. 4. 11. 법률 제8352호로 전부개정된 것)

제62조(이행강제금) ① 시장(구를 두지 아니한 시의 시장을 말한다. 이하 이 조에서 같다)·군수 또는 구청장은 제11조 제1항(제12조 제2항에 따른 경우를 포함한다)에 따라 처분명령을 받은 후 제11조 제2항에 따라 매수를 청구하여 협의 중인 경우 등 대통령령으로 정하는 정당한 사유 없이 지정기간까지 그 처분명령을 이행하지 아니한 자에게 해당 농지의 토지가액의 100분의 20에 해당하는 이행강제금을 부과한다.

④ 시장·군수 또는 구청장은 최초로 처분명령을 한 날을 기준으로 하여 그 처분명령이 이행될 때까지 제1항에 따른 이행강제금을 매년 1회 부과·징수할 수 있다.

⑥ 제1항에 따른 이행강제금 부과처분에 불복하는 자는 그 처분을 고지받은 날부터 30일 이내에 시장·군수 또는 구청장에게 이의를 제기할 수 있다.

⑦ 제1항에 따른 이행강제금 부과처분을 받은 자가 제6항에 따른 이의를 제기하면 시장·군수 또는 구청장은 지체 없이 관할 법원에 그 사실을 통보하여야 하며, 그 통보를 받은 관할 법원은 「비송사건절차법」에 따른 과태료 재판에 준하여 재판을 한다.

농지법(2008. 12. 29. 법률 제9276호로 개정된 것)

제11조 (처분명령과 매수 청구) ② 농지 소유자는 제1항에 따른 처분명령을 받으면 「한국농어촌공사 및 농지관리기금법」에 따른 한국농어촌공사에 그 농지의 매수를 청구할 수 있다.

농지법 시행령(2009. 6. 26. 대통령령 제21565호로 개정된 것)

제75조(이행강제금의 부과) ③ 법 제62조 제1항에서 “대통령령으로 정하는 정당한 사유”란 다음 각 호의 어느 하나에 해당하는 경우를 말한다.

1. 법 제11조 제2항에 따라 한국농어촌공사에 매수를 청구하여 협의 중인 경우
2. 법률 또는 법원의 판결 등에 따라 처분이 제한되는 경우

1. 의의와 성격

가. 의의

규범통제형 헌법소원이라 함은 구체적 소송사건이 계속된 법원에서 위헌법률심판제청의 신청이 기각된 때 그 신청을 한 당사자가 법 제68조 제2항에 의거하여 헌법재판소에 청구할 수 있는 헌법소원심판을 말한다. 이 헌법소원제도는 우리나라 헌법재판제도에 고유한 독특한 제도이다.

앞서 제2장에서 본 바와 같이 우리나라의 규범통제제도는 법원에 계속중인 구체적 소송사건을 계기로 하여 법률(조항)이 헌법에 위반될 때 헌법재판소의 판단으로 법률의 효력을 부인하는 구체적 규범통제제도를 채택하고 있고, 구체적 소송사건의 계기가 없

이 위헌법률심판을 하는 시스템은 전혀 구축하고 있지 않다. 또한 구체적 규범통제제도가 작동하는 메카니즘은 법원의 위헌제청과 헌법재판소의 위헌심판으로 이루어진다. 따라서 이러한 구체적 규범통제 시스템 하에서는 법원의 위헌제청이 없다면 아무리 법률의 위헌성이 의심된다 하더라도 헌법재판소의 위헌심판절차가 시작될 수가 없다. 법원은 당해 사건의 당사자가 한 위헌제청신청을 인용하여 제청을 할 수도 있지만, 당사자의 위헌제청신청을 기각하고 위헌제청을 하지 않으면 대상 법률조항에 대한 위헌 여부 판단은 성립될 수가 없는 것이다.

실제로 이런 우려는 권위주의시대 하에서였지만 법원이 위헌제청을 하지 않음으로써 헌법위원회가 무용의 기관으로 전락하였던 과거의 역사적 경험으로 현실화된 바 있다(유신헌법과 1980년 헌법 하에서 헌법위원회는 한 건의 위헌제청도 접수하지 못했다).[95]

이는 법률에 대한 위헌심사권을 별도의 헌법재판기관인 헌법재판소에 부여하여 규범통제의 통일성과 실효성을 확보하려 한 현행 헌법의 취지에 부합하기 어렵다.[96]

구체적 규범통제제도를 취하지만 재판기관이 일원적일 경우에는 이러한 문제, 즉 대상 법률조항에 대한 위헌 여부 판단의 과정 자체가 착수되지 않는 문제는 없다.

구체적 규범통제제도 하에서는 법원이 이와 같이 위헌제청에 소극적인 경우에 법원에 대상 법률조항을 적용한 법원의 재판에 대하여 다투게 함으로써 대상 법률조항의 위헌 여부를 판단하는 시스템을 구축하기도 한다. 독일이나 스페인의 재판소원이 바로 그러한 제도이다.

그런데 우리나라는 헌법소원의 대상에서 법원의 재판이 원칙적으로 제외되어 있기 때문에 재판소원을 할 수 없어 구체적 규범통제제도의 실효성이 의문시될 수 있었다. 여기에서 당해사건에서 법원에 위헌제청신청을 하였는데 기각당한 당사자가 바로 헌법재판소에 위헌제청신청을 하였던 법률조항에 대하여 바로 헌법재판소에 그 위헌 여부에 대한 판단을 구할 수 있도록 한 것이 바로 법 제68조 제2항의 헌법소원이고 이것이 규범통제형 헌법소원이라 불리는 이유이다.

95) 김하열, 앞의 책, 391면 참조
96) 위의 책, 391면 참조

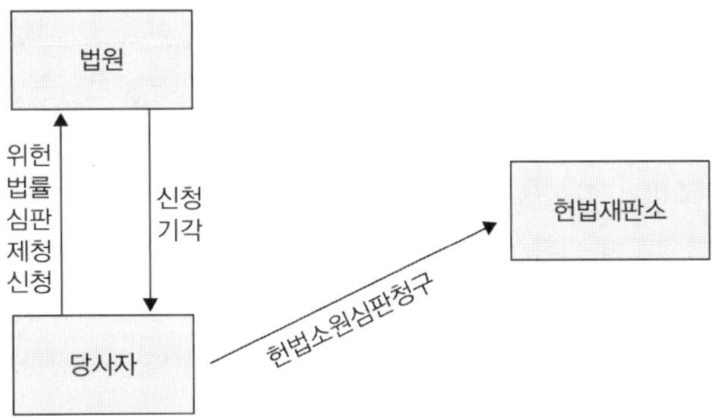

헌법재판소는 그 재판에 적용된 법률의 위헌 여부를 심사함으로써 문제된 법률의 위헌 여부에 대한 최종 결정권을 확보하게 된다. 재판에 대한 헌법소원을 통해 간접적으로 규범통제가 이루어지는 것이다.[97]

요컨대 재판에 대한 헌법소원이 배제됨으로 인한 규범통제의 결함을 보완하여 규범통제의 통일성과 활성화를 도모한 제도가 바로 법 제68조 제2항에 의한 헌법소원제도라 할 수 있다. 이러한 입법의 취지는 적중하여 구체적 규범통제의 활성화에 적잖이 기여하였다.[98] 헌법재판소 통계를 보니 1988년 9월 1일부터 2019년 4월 30일까지 규범통제형 헌법소원의 접수건수는 7204건이고 이 중 각하결정이 4091건인데, 본안 3113건 가운데 402건이 위헌성이 확인된 결정이 되었다.[99] 법원이 합헌이라고 보고 위헌제청신청을 기각한 건수 가운데 본안으로 진행된 재판건수의 약 13% 정도가 위헌성이 확인된 셈이다.

나. 성격

이 헌법소원은 위헌법률심판절차와 긴밀한 관계에 있다. 위헌제청신청을 기각당한 당해사건 당사자의 신청에 의해 촉발된다는 차이가 있을 뿐 당해사건 재판을 계기로 구체적 규범통제가 행해진다는 점에서 위헌법률심판과 본질적으로 다르지 않다.[100]

다만, 개인이 헌법재판소에 직접 청구할 수 있고, 법률 규정의 편제와 명칭, 심사과정에서도 지정재판부의 사전심사를 거치고 변호사 강제주의 및 국선대리인 제도가 적용된다는 점 등에서 권리구제형 헌법소원과 같이 한다.

97) 위의 책, 391면 참조
98) 위의 책, 392면
99) http://www.ccourt.go.kr/cckhome/kor/info/selectEventGeneralStats.do
100) 위의 책, 392면

권리구제형 헌법소원과 그 성격을 같이 하는 부분은 이와 같이 형식적이거나 헌법소원제도의 원활하고 효율적인 운용을 목적으로 하는 것으로 볼 수 있는 부분들이다. 이에 반해 위헌제청신청이 기각될 때 제기할 수 있다는 점은 법원의 위헌제청권 행사에 대한 통제의 의미가 있으므로 다른 사정이 없는 한 위헌제청신청 기각 후 헌법소원심판 청구는 위헌제청에 의한 법률의 위헌여부 심사와 동질적인 것으로 평가되어야 할 것인바, 이로써 이 헌법소원심판이 규범통제의 성격을 갖는 것으로 볼 수 있다. 따라서 이 헌법소원심판의 대상이나 심사기준도 위헌법률심판의 대상과 심사기준과 같게 되어야 할 것이다.

헌법재판소법 제68조 제2항에 의한 헌법소원심판청구는 법률이 헌법에 위반되는 여부가 재판의 전제가 되는 때에 당사자가 위헌제청신청을 하였음에도 불구하고 법원이 이를 배척하였을 경우에 법원의 제청에 갈음하여 당사자가 직접 헌법재판소에 헌법소원의 형태로써 심판청구를 하는 것이므로, 그 심판의 대상은 재판의 전제가 되는 법률이다. 따라서 대법원 판결을 대상으로 한 이 부분 심판청구는 대상적격을 갖추지 못하여 부적법하다(헌재 2019.5.21. 2019헌바136).

헌법재판소법 제68조 제2항에 의한 헌법소원은 그 형식에도 불구하고 실질은 위헌법률심판제도이다. 따라서 위 조항에 의한 헌법소원은 구체적인 사건에 적용될 법률의 위헌여부가 '재판의 전제'가 되면 제소요건을 충족하고, 따로 동법 제68조 제1항의 헌법소원에서 요구되는 기본권침해나 제소요건(자기관련성, 현재성, 직접성)을 갖출 것을 요하지 않는다(헌재 2003.5.15. 2001헌바98).

2. 위헌법률심판제청신청 및 기각결정

가. 위헌법률심판제청신청

(1) 신청

구체적 사건이 법원에 계속 중인 당사자 또는 참가인 등은 당해사건의 법원에 그 사건에 적용될 법률조항에 대하여 법원이 헌법재판소에 위헌제청을 해줄 것을 신청할 수 있다. 이 위헌제청신청을 법원이 인용하여 헌법재판소에 위헌 여부의 심판을 제청하면 위헌법률심판사건으로 헌법재판소에 계속되지만, 위헌제청신청을 법원이 인용하지 않고 거절하면 제청신청을 하였던 사람은 헌법재판소에 직접 그 법률에 대하여 헌법소원심판을 청구할 수 있다.

위헌제청의 신청은 당해사건의 당사자 또는 참가인이 할 수 있다. 공권력 행사의 주체인 행정청이나 그 보조참가인도 법원 재판의 당사자인 이상 제청신청을 할 수 있고, 신청이 기각된 경우 이 헌법소원을 청구할 수 있다. 甲온천회사는 경상북도지사에게 온천개발계획의 승인신청을 하였으나 이에 대하여 경상북도지사가 자연환경훼손 및 인근 왕피천이 오염될 우려가 있다는 등의 이유로 이 온천개발계획의 승인을 거부하는 처분을 하자 이 거부처분 취소의 소를 제기하여 1심에서 승소하였다. 경상북도지사가 항소하고 항소심에서 울진군수가 경상북도지사를 위하여 보조참가한 후 온천법의 해당 조항들에 대하여 위헌제청을 신청하였다가 이 신청이 기각·각하되자 헌법재판소에 이 헌법소원심판을 청구한 사례가 있다(헌재 2008.4.24. 2004헌바44).

위헌제청의 신청은 당해사건의 법원에 한다. 법원으로 하여금 위헌제청을 하도록 신청하는 것이기 때문이다.

법 제68조 제2항 제2문은 "… 당사자는 당해 사건의 소송절차에 동일한 사유를 이유로 다시 위헌 여부 심판의 제청을 신청할 수 없다."라고 규정하고 있다. 헌법재판소에 의하면 당해사건의 항소심절차에서 위헌 여부의 심판제청신청이 기각되었는데도 이에 대하여 헌법소원심판을 청구하지 아니하고 있다가, 또다시 같은 항소심절차에서 같은 법률조항에 관하여 동일한 사유를 이유로 위헌 여부의 심판제청을 하고 그것이 기각되자 헌법소원심판청구를 한 것은 법 제68조 제2항 후문의 규정에 위배되어 부적법하다(헌재 1994.4.28. 91헌바14).

그렇다면 심급이 진행됨에 따라 여러 번 제청신청을 할 수 있는지, 전체 심급을 통틀어 한 번만 제청신청을 할 수 있는지 문제가 되는데, 제2장에서 본 바와 같이 헌법재판소는 전체 심급을 통틀어 한 번만 위헌제청신청을 할 수 있다고 보고 있다. 헌법재판소에 따르면 당사자가 법원에서 위헌제청신청을 하고 그 신청이 기각된 경우에는 본안에서 승소를 하였다 하더라도 그 재판이 확정되기 전에는 위헌제청신청 기각결정에 대한 헌법소원심판 청구가 필요 없다고 쉽게 단정하여서는 안 된다.

위헌법률심판제청을 신청할 때에는 '사건 및 당사자의 표시', '위헌이라고 해석되는 법률 또는 법률의 조항', '위헌이라고 해석되는 이유'를 기재한 서면으로 한다(법 제41조 제2항). 위헌법률심판제청신청서에는 인지를 첩부하지 않는다('위헌법률심판 제청사건의 처리에 관한 예규' 제3조).[101]

---

101) 실무제요, 111-112면

> **[최근결정]**
>
> 항소심에서 민법 제482조 제2항 제5호 제1문, 제485조에 대하여 위헌법률심판제청신청을 하여 모두 각하되자 헌법소원심판을 청구하였음에도 불구하고, 다시 그 상고심인 당해사건 계속 중 같은 법률조항들에 대하여 동일한 사유로 위헌법률심판제청신청을 하여 모두 각하되자 다시 제기한 헌법소원심판의 청구는 헌법재판소법 제68조 제2항 후문에 위배된다(헌재 2015.2.3. 2015헌바38).

(2) 대상 규범

위헌법률심판의 대상과 같다. 헌법재판소는 “일정한 규범이 위헌법률심판 또는 헌법재판소법 제68조 제2항에 의한 헌법소원심판의 대상이 되는 ‘법률’인지 여부는 그 제정 형식이나 명칭이 아니라 그 규범의 효력을 기준으로 판단하여야 한다.”라고 판시한 바 있다(헌재 2013.3.21. 2010헌바132등).

여기서는 법률의 효력을 가진 규범에 주의를 기울여야 한다. 즉, 법률의 효력을 갖지 못한 규범이 제청신청의 대상으로 포함되지 않도록 주의할 필요가 있다. 실무상 당해사건 안에서 법원에 위헌제청신청을 하다 보면 당해사건에 적용된 법령과 위헌제청신청의 대상이 될 수 있는 규범을 구별하지 않고 당해사건에 적용되는 법령이나 또는 처분의 근거법령 모두에 대해 위헌제청신청을 하는 실수를 저지르곤 하는데, 법률의 효력이 없는 부분, 명령·규칙 등은 위헌제청신청에서 각하될 뿐만 아니라 헌법소원심판청구로 나아가더라도 그 헌법소원심판의 절차에서도 각하될 수밖에 없다. 특히 근거법률은 추상적이거나 일반적이고 하위 법규가 직접적인 근거를 제공하는 경우에 법률이 아닌 하위 법규까지 위헌제청신청을 하지 않도록 조심하여야 한다.

당해사건에서 적용되는 명령·규칙에 위헌성이 의심이 있는 경우에는 그 위헌 여부는 대법원이 최종적으로 심사할 사항이고(헌법 제107조 제2항[102]), 구체적 소송사건과 관계되는 명령·규칙의 위헌 여부에 대한 심판은 헌법재판소의 관할 사항이 아니기 때문에 법원은 명령·규칙의 위헌 여부에 대하여 스스로 판단하여야 하고 헌법재판소에 그 위헌 여부의 심판을 제청할 것이 못되므로 당연히 그 제청을 신청할 수도 없다.

당사자의 위헌제청신청과 법원의 심급의 관계에 대하여는 제2장 제2절을 참조하기 바란다.

---

102) 제107조 ② 명령·규칙 또는 처분이 헌법이나 법률에 위반되는 여부가 재판의 전제가 된 경우에는 대법원은 이를 최종적으로 심사할 권한을 가진다.

나. 위헌제청신청 기각결정

법 제68조 제2항의 헌법소원은 당해사건에 적용되는 법률의 위헌 여부에 관한 법원의 1차적 위헌심사에 대해 당사자가 헌법소원의 형태로 불복하는 것이 그 본질이므로 당사자의 제청신청을 법원이 거부하였을 것을 요건으로 한다. 따라서 제청신청에 대한 법원의 기각결정은 이 헌법소원의 본질적 요소이다.[103]

기각결정이 내려지지 않았다면 설사 제청 여부의 결정이 지연되고 있다 하더라도 바로 헌법소원을 청구할 수 없다(헌재 1999.4.29. 98헌바29). 여기서의 기각결정은 각하결정을 포함한다. 위헌제청에 대한 기각결정이든 각하결정이든 법원이 위헌제청을 하지 않겠다는 점에서는 동일하기 때문이다.[104]

따라서 법원이 헌법소원의 대상적격이 없다거나 재판의 전제성이 없다거나, 한정위헌 신청이라는 이유로 제청신청이 부적법하다는 결정을 하더라도 당사자는 헌법소원을 청구할 수 있다고 보아야 한다. 헌법재판소는 대법원이 상속에 관한 구 관습법 부분[105]에 대한 위헌법률심판제청신청에 대하여 관습법은 헌법재판소의 위헌법률심판의 대상이 아니라는 이유로 각하하자 헌법소원심판을 청구한 사안에서 문제된 관습법은 민법 시행 이전에 상속을 규율하는 법률이 없는 상황에서 재산상속에 관하여 적용된 규범으로서 비록 형식적 의미의 법률은 아니지만 실질적으로는 법률과 같은 효력을 가지므로 위헌법률심판의 대상이 된다고 하였다(헌재 2013.2.28. 2009헌바129). 다만 헌법재판소는 이 사안에서 대법원이 소멸시효의 완성을 이유로 청구인들의 상고를 기각한 이상, 문제된 상속에 관한 구 관습법의 위헌 여부는 재판의 전제성이 없다고 하였다.

3. 헌법소원심판

가. 헌법소원심판 청구

(1) 헌법소원심판청구서 등 제출

이 헌법소원을 청구하기 위해서는 헌법소원심판청구서를 제출하여야 한다. 청구서는 전자문서로도 제출할 수 있다(법 제76조). 이 청구서의 기재사항은 법원이 헌법재판소

103) 김하열, 앞의 책, 396면

104) 위의 책, 396면 참조

105) 민법 시행 이전의 구 관습법 중 '호주가 사망하면 그 장남이 호주상속을 하고, 차남 이하 중자가 여러 사람 있는 경우에 그 장남은 호주상속과 동시에 일단 전 호주의 유산 전부를 승계한 다음 그 약 2분의 1은 자기가 취득하고 나머지는 차남 이하의 중자들에게 원칙적으로 평등하게 분여하여 줄 의무가 있으며 이에 대응하여 차남 이하의 중자는 호주인 장남에 대하여 분재를 청구할 권리가 있다.'는 부분

에 제출하는 제청서와 같다(법 제71조 제2항, 제43조). 다만 심판규칙 제69조 제2항은 이 헌법소원의 특성에 비춰 몇 가지 사항을 추가하고 있다. 청구서를 제출할 때에는 위헌법률심판제청신청서 사본, 위헌법률심판제청신청 기각결정서 사본, 기각결정서 송달증명원, 당해사건의 재판서를 송달받은 경우에는 그 재판서 사본 등의 서류도 함께 제출하여야 한다(심판규칙 제69조 제2항).[106]

(2) 대상 규범

헌법소원심판의 대상이 되는 규범은 위헌법률심판제청신청의 대상이 되는 규범과 같다. 법률적 효력이 있는 규범만 그 대상이 되므로, 가령 법률과 같은 효력을 가지는 "여(女)호주가 사망하거나 출가하여 호주상속이 없이 절가된 경우, 유산은 그 절가된 가의 가족이 승계하고 가족이 없을 때는 출가녀가 승계한다."는 구 관습법은 헌법소원심판의 대상이 된다(헌재 2016.4.28. 2013헌바396등). 그러나 헌법조항을 대상으로 할 수 없고(헌재 2016.9.27. 2016헌바340), '변호인의 피의자신문 참여 운영 지침'(대검찰청 규칙) 제6조에 대한 부분은 헌법재판소법 제68조 제2항 소정의 헌법소원의 대상이 될 수 없는 규칙에 대한 것이므로 부적법하다(헌재 2016.7.26. 2016헌바276).

나아가 위헌제청신청이 기각되어 헌법소원심판을 청구하는 이러한 헌법소원심판의 경우에는 원칙적으로 위헌제청신청을 했다가 기각결정을 받았던 법률조항이 대상이 된다. 따라서 위헌제청신청을 하지 않았던 법률조항, 법률조항이 아닌 시행령조항, 조례, 진정입법부작위 등은 헌법소원심판의 대상이 될 수 없다.

앞의 [생각해보기] 사안에서 갑이 농지법 시행령 제75조 제3항에 대하여 헌법소원심판을 청구하고자 하는 부분은 법 제68조 제2항의 헌법소원심판의 대상이 될 수 없는 규범에 대한 것이므로 이 부분에 대하여는 적법한 청구가 될 수 없다.

또한 갑은 당해사건 법원에 농지법 제62조 제4항, 제7항에 대하여 위헌여부심판의 제청을 신청하지 않았으므로, 이 부분 심판청구는 부적법하다.

다만 당사자가 위헌법률심판제청신청의 대상으로 삼지 않았고 또한 법원이 기각 또는 각하결정의 대상으로도 삼지 않았음이 명백한 법률조항이라 하더라도, 예외적으로 위헌제청신청을 기각 또는 각하한 법원이 위 조항을 실질적으로 판단하였거나 위 조항이 명시적으로 위헌제청신청을 한 조항과 필연적 연관관계를 맺고 있어서 법원이 위 조항을 묵시적으로나마 위헌제청신청으로 판단을 하였을 경우에는 헌법재판소법 제68조 제2항의 헌법소원으로서 적법하다.

---

106) 김하열, 앞의 책, 398면

명시적으로 기각결정의 대상에 포함되지 않은 법률조항이라도 법원이 그에 대해 실질적 묵시적으로 위헌 여부에 관해 판단하였다면 그 조항에 대한 헌법소원 청구는 적법하다. 가령 학원설립등록의무를 부과하는 '학원의 설립 운영에 관한 법률' 제6조에 대하여만 위헌제청신청을 하고, 헌법소원심판 단계에서 위 제6조와 위 제6조를 어긴 경우 처벌하도록 하는 같은 법 제22조 제1항 제2호에 대한 위헌 주장을 같이 하더라도, 이 벌칙 조항은 위 제6조 위반행위에 대한 벌칙규정으로서, 위 제6조에 대한 위헌법률심판제청신청과 이에 대한 법원의 판단에 위 벌칙규정에 대한 신청과 판단이 실질적으로 포함되어 있는 것으로 볼 수 있으므로 제22조 제1항 제2호에 대한 심판청구도 헌법재판소법 제68조 제2항에 따른 적법요건을 갖춘 것으로 본다(헌재 2001.2.22. 99헌바93; 헌재 2014.7.24. 2013헌바169).

[최근결정]

1) 법원의 위헌제청신청기각결정의 대상이 되지 아니한 규정들에 대한 심판청구는 법 제68조 제2항에 따른 헌법소원심판의 대상이 될 수 없는 사항에 대한 것으로서 부적법하다(헌재 2014.6.26. 2012헌바333; 헌재 2015.3.26. 2014헌바202; 헌재 2015.4.30. 2013헌바103; 헌재 2015.6.25. 2013헌바201; 헌재 2015.6.25. 2014헌바61; 헌재 2015.10.21. 2012헌바415; 헌재 2016.3.31. 2013헌바372).

2) 법 제68조 제2항에 의한 헌법소원심판청구는 … 심판의 대상은 재판의 전제가 되는 법률인 것이지, 대통령령이나 부령은 그 대상이 될 수 없다(헌재 2014.4.24. 2012헌바412; 헌재 2014.6.26. 2012헌바299; 헌재 2015.7.30. 2013헌바275; 헌재 2015.9.24. 2015헌바26; 헌재 2015.12.23. 2009헌바317등; 헌재 2016.6.30. 2014헌바456등 참조).

3) 입법자에게는 대일항쟁기에 군인·군무원 또는 노무자 등으로 국내로 강제동원된 사람들에 대한 지원에 관한 법률을 제정할 헌법상 입법의무가 있음에도 불구하고, 입법자가 대일항쟁기 국내강제동원 희생자에 대한 지원에 관하여 아무런 입법조치를 취하지 아니한 입법부작위가 헌법에 위반된다고 주장하나 위와 같은 법률의 부존재, 즉 입법부작위의 위헌 여부를 헌법재판소법 제68조 제2항의 규정에 따른 헌법소원으로 다투는 것은 허용되지 아니한다(헌재 2018.2.27. 2018헌바101).

4) 국가배상법 제8조에 소송비용 각자부담의 원칙을 규정하지 아니한 입법부작위에 관하여 헌법재판소법 제68조 제2항에 의한 헌법소원은 '법률'의 위헌성을 적극적으로 다투는 제도이므로 '법률의 부존재', 즉 입법부작위를 다투는 것은 그 자체로 허용되지 아니한다(헌재 2016.7.12. 2016헌바253).

5) 청구인들은 개정 전 조항에 대한 위헌여부심판의 제청신청을 하지 아니하였고, 이에 대한 법원의 각하 또는 기각결정도 없었다. 그러나 개정 전·후 위 조항은 합병일로부터 소급하는 주식 등의 증여 또는 취득 기간의 장단 및 증여세 완전포괄주의 도입에 따른 법적 성격만이 다를 뿐이어서, 청구인들이 합병상장이익에 대한 증여과세제도 자체를 다투고 있는 이 사건에서 개정 전·후 위 조항은 서로 판단이 공통되는데, 당해법원은 개정 후 조항에 대한 판단에서 개정 전 조항을 실질적으로 판단하였다고 보이므로, 개정 전 조항에 대한 심판청구는 적법하다(헌재 2016.3.31. 2013헌바372).

6) 농업협동조합법에는 조합의 이사 선거와 관련하여 선거 공보의 배부 외의 선거운동을 할 수 없다고 정한 농업협동조합법 제50조 제4항과 이를 어기고 선거운동을 한 자를 처벌하도록 하는 같은 법 제172조 제2항 제2호와 관련하여, 농업협동조합법 제50조 제4항에 대하여는 위헌법률심판제청신청을 하지 않았고 당해 법원 또한 기각결정을 하지 않았는데 헌법소원심판청구에 이르러서야 비로소 위 조항이 위헌이라고 주장하고 있지만, 농업협동조합법 제50조 제4항은 동법 제172조 제2항 제2호의 구성요건을 규정하여 두 조항은 필연적 연관관계를 맺고 있어서 당해 법원이 묵시적으로나마 위 조항에 대하여도 판단하였다고 볼 수 있으므로, 위 조항에 대한 심판청구도 헌법재판소법 제68조 제2항에 따른 적법요건을 갖춘 것으로 보아 위 조항을 이 사건 심판대상에 포함시켰다(헌재 2016.11.24. 2015헌바62).

7) 국민건강보험법 제69조 제5항은 지역가입자에 대한 보험료 산정·부과의 근거조항이고, 같은 법 제72조 제1항은 지역가입자의 보험료부과점수를 규정하고 있는데, 지역보험료 부과처분의 취소를 구하는 소에서 위 제72조 제1항에 대하여만 위헌제청신청을 하였다가 헌법소원심판의 청구에서는 위 72조 제1항과 제69조 제5항 모두를 심판대상조항으로 삼고 있는데, 제69조 제5항은 지역가입자에 대한 보험료 산정·부과의 근거조항으로 보험료부과점수에 관한 제72조 제1항과 실질적인 연관성이 있고, 청구인의 주된 주장 또한 직장가입자는 '보수'를 기준으로 보험료를 산정·부과함에 비하여, 지역가입자는 '보험료부과점수'를 기준으로 보험료를 산정·부과하고 그 보험료부과점수를 정함에 있어 소득뿐만 아니라 재산, 생활수준, 경제활동참가율을 함께 고려하는 것이 직장가입자와의 관계에서 평등원칙에 위반된다는 것이므로, 위 조항의 위헌 여부에 대해서도 법원이 묵시적으로 판단한 것으로 볼 수 있다(헌재 2016.12.29. 2015헌바199).

(3) 특수한 문제 - 한정위헌청구

(가) 문제의 소재

한정위헌청구라 함은 법률조항을 '… 하는 것으로 해석하는 한 위헌'이라는 판단을 구하는 청구를 말하는데, 주로 법 제68조 제2항의 헌법소원심판에서 부적법한 청구를 가리는 것이 문제가 되고 있다.

한정위헌청구에 대한 문제제기는 첫째, 규범통제의 대상은 규범인데, 한정위헌 청구는 규범 자체에 대한 위헌 주장이 아니라 규범 해석에 대한 위헌 주장이 아닌가 하는 것이고, 둘째 한정위헌청구를 허용하는 것이 재판에 대한 헌법소원의 금지에 저촉되는 것이 아닌가 하는 것이다.

법률에 대한 한정위헌판단은 법률이 다의적으로 해석될 수 있을 때 합헌적 법률해석의 방법을 채택하여 합헌적인 의미 내용으로 적용되게 하는 것이므로, 법원이 합헌적 법률해석의 방법을 채용한다면 재판에 적용할 법률조항의 위헌적 해석 부분을 배제하고 재판에 적용하면 되기 때문에 굳이 한정위헌을 청구하는 위헌제청을 할 필요가 없다. 이런 점에서 한정위헌청구에 관한 문제는 법 제68조 제2항의 헌법소원심판청구에서 특별히 문제된다고 할 수 있다.

(나) 부적법한 한정위헌청구 가려내기

① 헌법재판소 태도의 변화

헌법재판소는 종전에는 헌법재판소법 제68조 제2항의 헌법소원에서 법률조항 자체의 위헌판단을 구하는 것이 아니라, 법률조항을 '… 하는 것으로 해석하는 한 위헌'이라는 판단을 구하는 청구는, 그것이 법률조항 자체의 위헌성을 다투는 것으로 볼 여지가 있는 한도 내에서 허용된다(헌재 1995.7.21. 92헌바40)고 하면서, 헌법상의 명확성 원칙 등의 위반을 다투는 경우와 같이 법규정 자체의 불확정성을 다투는 것으로 볼 수 있는 경우나, 일정한 사례군이 상당기간에 걸쳐 형성, 집적되어 "법원의 해석에 의하여 구체화된 심판대상 규정의 위헌성" 문제가 있는 것으로 볼 수 있는 경우에는 한정위헌청구가 허용된다고 하였다(헌재 2011.12.29. 2010헌바191 참조).

헌법재판소는 2012.12.29. 한정위헌청구가 원칙적으로 적법하고, 개별·구체적 사건에서 단순히 법률조항의 포섭이나 적용의 문제를 다투거나, 의미 있는 헌법문제에 대한 주장 없이 단지 재판결과를 다투는 헌법소원 심판청구는 여전히 허용되지 않는다고 종래의 선례를 변경하였다(헌재 2012.12.27. 2011헌바117). 법률의 의미는 결국 개별·구체화된 법률해석에 의해 확인되는 것이므로 법률과 법률의 해석을 구분할 수는 없고, 재판의 전제가 된 법률에 대한 규범통제는 해석에 의해 구체화된 법률의 의미와 내용에 대한 헌법적 통제로서 헌법재판소의 고유권한이며, 헌법합치적 법률해석의 원칙상 법률조항 중 위헌성이 있는 부분에 한정하여 위헌결정을 하는 것은 입법권에 대한 자제와 존중으로서 당연하고 불가피한 결론이므로, 한정위헌결정을 구하는 한정위헌청구는 원칙적으로 적법하다고 보아야 한다고 한 것이다. 다만, 재판소원을 금지하는 취지에 어긋나는 특정한 개별적인 사안에서의 법률조항의 포섭을 다투거나 단지 재판결과를 다투는 것에 다름 아닌 심판청구는 부적법하다고 한다(헌재 2012.12.27. 2011헌바117 참조).

② 부적법한 한정위헌청구 가려내기

변경된 헌법재판소의 입장에 따르면 한정위헌청구는 원칙적으로 적법하고 예외적으로 부적법하다는 것이므로 이제 부적법한 청구를 어떻게 가려낼 것인지가 새로운 과제로 등장하게 되는데, 이에 대하여는 헌법재판소가 사안마다 구체적으로 판단할 수밖에 없을 것이다. 한편 헌법재판소는 위와 같이 종래의 선례를 변경한 이후 청구인이 한정위헌을 구하고 있지만 단순위헌을 구하는 청구의 일부에 불과하거나(헌재 2015.4.30. 2014헌바30; 헌재 2016.2.25. 2013헌바402), 한정위헌을 구하는 형식으로 청구하였으나 실질적으로는 법률조항에 대한 청구로 보이는 경우에는 문제될 것이 없다고 한다(헌재 2016.4.28. 2015헌바247등).

③ 적법하게 한정위헌 청구하기

일찍이 헌법재판소는 구 형사소송법(1995 .12. 29. 법률 제5054호로 개정되기 전의 것) 제314조 "전2조의 경우에 공판준비 또는 공판기일에 진술을 요할 자가 사망, 질병 기타 사유로 인하여 진술할 수 없는 때에는 그 조서 기타 서류를 증거로 할 수 있다. 단, 그 조서 또는 서류는 그 진술 또는 작성이 특히 신빙할 수 있는 상태 하에서 행하여진 때에 한한다."라는 규정에 대하여 헌법소원심판을 청구한 후, 위 조항 중 "기타 사유로 인하여 진술을 할 수 없는 때"를 "단순히 증인에 대한 소재 탐지 불능으로 인하여 진술할 수 없는 경우를 포함하는 것"으로 해석하는 것과 "그 조서 또는 서류는 그 진술 또는 작성이 특히 신빙할 수 있는 상태 하에서 행하여진 때"라는 부분을 "같은 사건의 다른 참고인에 대한 조서의 기재내용이 수사기관에서 여러 차례 피고인에게 불리하게 변경되고 피고인에게 유리한 수사기록이 누락되었으며, 참고인의 주민등록번호와 주소가 허위로 기재되어 그 인적사항을 확인할 수 없는 사정이 있는 경우에도 특별한 사정이 없이 특히 신빙할 수 있는 상태에서 진술이 이루어졌다."고 해석하는 것이 헌법에 위반된다는 예비적 청구의 취지로 추가한 사안에서, 법률조항 자체에 대하여 위헌 여부를 심판하는 것 속에는 청구인이 주장하는 바와 같은 한정적인 위헌 여부의 심판도 포함되는 것이고, 무릇 규범의 해석 또는 적용을 한정하는 문제는, 규범이 다의적으로 해석 적용될 가능성이 있어서 헌법재판소가 규범의 내용을 제한적으로 해석 또는 적용하는 것이 적절하다고 판단하는 경우에 제기되는 것이고, 이때 헌법재판소는 법문의 의미가 미치는 범위를 파악하고, 그 의미평가에 관한 접근방법을 고려하며, 개별적 사건에서 적용할 수 있는 실무적인 적의성을 참작하여 규범의 해석 또는 적용을 한정하는 것이지, 청구인의 특정한 구체적 사건에서 특정한 요구에 맞추어 내용을 한정하는 것은 아니므로, 위와 같은 심판의 추가신청은 이 사건의 예비적 청구로 보지 아니하고 직권판단을 촉구하는 의미로 보아 별도의 심판대상으로 삼지 않는다고 판시하였다(헌재 1994.4.28. 93헌바26).

즉, 법률조항에 대하여 해석을 한정할 필요성은 그 조항이 다의적으로 해석될 수 있다는 것을 전제로 발생하고, 여기서 한정한다는 것은 일반적으로 해석되는 규범내용인 것이므로, 법률조항에 대하여 위헌 여부를 심판청구하는 경우에는 예비적으로 그 법률조항의 한정 위헌을 청구할 실익이 없고, 특히 특정한 개별적인 경우의 요구에 맞추어 한정하는 것은 법률규범의 한정해석이 아니라는 것이다. 따라서 다의적 해석의 여지가 거의 없는 법률조항에 대하여는 주의적으로든 예비적으로든 한정위헌을 청구할 것은 아니라 할 것이고, 이러한 법률조항에 대하여는 위헌 여부의 심판을 청구하는 것으로 충분하다 할 것이다.

(4) 청구기간

이 헌법소원심판은 법원의 제청신청 기각결정을 통지받은 날부터 30일 이내에 청구하여야 하고(법 제69조 제2항), 기각결정서 사본, 기각결정서 송달증명원 등을 첨부하여 청구한다.

이 헌법소원의 청구기간은 헌법재판소법 제정 시(1988. 8. 5.)에는 '제청신청이 기각된 날로부터 14일 이내에'이었다.[107] 당시의 법 아래에서도 헌법재판소는 "제청신청이 기각된 날"이란 특별한 사정이 없는 한 제청신청에 대한 기각결정을 고지(송달)받은 날이라고 해석하여야 할 것이다(헌재 1989.7.21. 89헌마38; 헌재 1997.7.16. 96헌바363등)라고 하였는데, 법이 2003.3.에 개정될 때 '기각하는 결정을 통지받은 날부터 30일 이내'로 헌법재판소의 해석을 명문으로 하여 기산점을 명확히 하고 기간을 확대한 것이다.

107) 1988. 8. 5. 법률 제4017호로 제정되고 2003. 3. 12. 법률 제6861호로 개정되기 전의 것

(5) 변호사 강제주의, 국선대리인

당사자인 사인(私人)은, 그가 변호사의 자격이 있는 경우가 아니라면, 변호사를 대리인으로 선임하지 아니하면 심판청구를 하거나 심판수행을 하지 못하므로, 사인(私人)이 아닌 행정청이 헌법소원심판을 청구하는 경우에는 변호사 강제주의를 적용받지 않는다고 봄이 타당하다.

(6) 재판의 부정지

이 헌법소원심판을 청구하더라도 법원에 계속중이던 당해사건 재판이 정지되지 않는다. 당해사건은 헌법소원심판과 관계없이 그대로 진행되고 경우에 따라서는 헌법소원심판의 결정 선고 전에 당해사건 재판이 확정될 수도 있다. 이러한 상황은 크게 두 가지 문제를 야기하는데, 하나는 이 경우에 헌법소원에서 위헌결정이 있게 되면 그 결정이 효력이 어떻게 담보되는가 하는 문제이다. 다른 하나는 헌법소원심판에 대한 결정이 있기 전에 이미 당해사건 재판이 확정되었다면 소송계속중이 더 이상 존속되지 않는 것과 관련한 문제이다. 우선 법에서는 이 헌법소원이 인용된 경우에 해당 헌법소원과 관련된 소송사건이 이미 확정된 때에는 당사자는 재심을 청구할 수 있다고 정하고 있으므로(법 제75조 제7항), 위헌결정에 의거하여 당해사건의 재심을 청구할 수 있다. 또한 이와 같이 당사자는 재심을 청구할 수 있으므로 재판의 전제성이 소멸된다고 볼 수 없다(헌재 1998.7.16. 97헌바34등).

특히 법원의 대부분의 실무에서 그러하듯이 본안 판결과 위헌제청신청에 대한 기각결정을 동일한 날에 선고하는 경우에는 위헌제청신청 기각결정이 본안에 대한 종국판결과 같이 있게 됨으로써 당사자들이 혼란스러워 할 수 있는바, 상소는 하지 않고 헌법소원심판만을 청구할 것이라면 상소제기기간 내에 헌법소원심판청구서를 제출하여야 한다.

나. 재판의 전제성

(1) 위헌법률심판과 동일성

이 헌법소원은 위헌법률심판과 마찬가지로 구체적 규범통제제도이므로 재판의 전제성이 요구된다. 재판의 전제성의 의미와 구체적 요건은 위헌법률심판의 그것과 같다. 즉 구체적 사건이 법원에 계속중이고 위헌 여부가 문제되는 법률이 당해 소송사건에 적용될 법률이어야 하고 그 위헌여 부에 따라 재판의 주문이 달라지거나 재판의 내용과 효력에 관한 법률적 의미가 달라지는 경우를 말한다(헌재 1995.7.21. 93헌바46 등 참조).

(2) 위헌법률심판과의 차이점

(가) '소송계속중'의 기준 시점

위헌법률심판의 경우에 재판의 전제성은 위헌제청 시만이 아니라 헌법재판소의 심판 시점에도 충족되어야 하고 위헌제청 이후로 재판의 전제성이 소멸된 경우에는 법원이 제청을 철회하든가 헌법재판소가 계속된 소송사건이 없어 재판의 전제성이 없다고 각하결정을 하게 됨은 제2장 위헌법률심판 부분에서 본 바와 같다.

법 제68조 제2항에 따른 헌법소원의 경우에는 당사자가 법원에 위헌법률제청을 신청할 시점에 소송계속중이면 무방한데, 이 경우에는 당해 소송사건이 헌법소원심판 청구로 정지되지 않고, 헌법소원심판의 결정 이전에 당해 소송사건이 확정되어 종료되는 경우에도 그 헌법소원이 인용된 경우에는 당사자는 재심을 청구할 수 있기 때문이다(헌재 1998.7.16. 97헌바34등).

하급심 계속 중에 위헌제청신청을 하였다면 상소를 하지 않아 당해 사건이 확정된 후에 헌법소원을 청구하더라도 재판의 전제성은 인정된다. 가령 제1심 판결이 2006.7.19. 선고되면서 위헌제청신청도 같은 날 기각되고 그 기각결정문이 2006.7.31. 송달되자 2006.8.28. 헌법소원심판을 청구하였으나, 한편 1심판결에 대하여는 항소하지 아니하여 농 판결은 2006.8.15. 확정된 사안에서 헌법재판소는 심판대상 법률조항에 대한 위헌 결정이 있게 되면 당해 소송사건이 이미 확정된 때라도 당사자는 재심을 청구할 수 있으므로(헌법재판소법 제75조 제7항), 위 조항들에 대한 재판의 전제성은 인정된다고 하였다(헌재 2010.7.29. 2006헌바75).

그러나 헌법재판소는 항소심 판결 선고 후 상고 제기기간 내에 위헌제청신청을 하였다가 상고하지 않아 당해사건이 확정된 뒤 그 신청이 각하되자 헌법소원을 청구한 사안에서는 재판의 전제성을 부정한 사례가 있었는데(헌재 2000.6.1. 99헌바73) 그 타당성은 의심스럽다. 항소심 판결이 선고되었지만 즉 2심의 종국판결은 있었지만 그 판결은 상고제기기간이 지나기 전에는 확정되지 않기 때문에 판결의 확정 전에 위헌제청신청을 한 것으로 위헌제청신청 시에는 재판계속의 요건을 갖추었기 때문이다. 이 결정을 살펴보면 당해사건 법원이, 종국판결 선고 후 상고도 하지 않은 채 위헌제청신청이 되어서 재판의 전제성이 없다고 판단한 것을 헌법재판소가 그대로 수용한 것으로 보인다.

이와 같이 당해 심급이 판결 선고 등으로 종국된 후 위헌제청신청서가 제출된 경우 재판의 전제성 요건 흠결을 이유로 위헌제청신청 각하결정이 내려지는 사례가 발생하는 문제를 개선하기 위하여 대법원에서는 2015년 7월에 '위헌법률심판제청사건의 처리에 관한 예규'를 개정하였다. 개정된 예규에서는 당해 심급이 판결선고 등으로 종국된 후 위헌제청신청서가 제출된 경우, 상소기간 내 적법한 상소가 제기되면 상급심에 소송기록과 함께 위헌제청신청서를 송부하면서 그 취지를 상급심에 통보하고, 상급심은 위헌제청신청사건으로 접수·처리하여 사건번호를 부여하고(제7조 제6항). 상소기간 내 적법한 상소가 제기되지 않아 당해 심급의 판결 등이 그대로 확정된 경우에만 당해심급에서 위헌제청신청사건으로 접수·처리하여 사건번호를 부여하도록 하였다(제7조 제7항).

[최근결정]

1) 당해사건은 2018.4.10. 확정되었고, 청구인의 위헌법률심판제청신청은 2018.5.17. 법원에 접수되었다. 청구인의 위헌법률심판제청신청 당시에 당해사건은 이미 종료되었으므로, 이 사건 심판청구는 재판의 전제성을 갖추지 못하였다(헌재 2018.7.3. 2018헌바234).

2) 제1심인 당해사건에서 헌법재판소법 제68조 제2항의 헌법소원을 제기한 청구인들이 당해사건의 항소심에서 항소를 취하하여 원고 패소의 원심판결이 확정된 경우, 당해사건에 적용되는 법률이 위헌으로 결정되면 확정된 원심판결에 대하여 재심청구를 함으로써 원심판결의 주문이 달라질 수 있으므로 재판의 전제성이 인정된다(헌재 2015.10.21. 2014헌바170).

3) 당해 사건인 대법원 2016다29968 사건은 2016.9.9. 판결이 확정되어 종결되었다. 청구인은 그 이후인 2016.9.23. 위헌법률심판 제청신청을 하였으므로, 위헌제청신청 당시에 당해사건이 법원에 계속 중이었다고 볼 수 없다. 따라서 이 사건 심판청구는 재판의 전제성 요건을 갖추지 못하여 부적법하다(헌재 2016.11.15. 2016헌바378).

4) 청구인은 헌법소원심판을 청구한 후 2016.1.27. 당해사건의 항소심(서울고등법원 2015누32027)에서 소를 취하하여 당해사건이 종결되었다. 이 경우 소가 처음부터 계속되지 아니한 것으로 간주되므로 당해사건이 법원에 계속 중이라 볼 수 없고, 심판대상조항들이 당해사건의 재판에 적용될 여지도 없다. 따라서 심판대상조항들의 위헌 여부가 당해사건 재판의 전제가 되지 아니하므로, 이 사건 심판청구는 재판의 전제성 요건을 갖추지 못하여 부적법하다(헌재 2016.6.30. 2015헌바64).

(나) 전제성 소멸의 사유

당사자의 당해사건에서의 소송을 종료시키는 행위, 예컨대 소취하 등으로 당해사건이 종결되면 심판대상조항이 당해사건에 적용될 여지가 없게 되어 전제성도 소멸하게 된다. 다음으로, 이 헌법소원심판 청구 후 당해사건에서 청구인의 승소가 확정되면 재판의 전제성이 소멸한다. 이때에는 헌법재판소가 위헌결정을 하더라도 이미 청구인 승소로 확정된 당해사건 재판의 결론이나 주문에 아무런 영향을 미치는 것이 아니기 때문이다.

다만 헌법재판소는, 대법원이 긴급조치 위반에 대한 재심청구에서 긴급조치 제1호 위반의 점에 대하여 무죄판결을 선고한 사안에서, 법률과 같은 효력이 있는 유신헌법에 따른 긴급조치의 위헌 여부를 심사할 권한은 본래 헌법재판소의 전속적 관할 사항인 점, 법률과 같은 효력이 있는 규범인 긴급조치의 위헌 여부에 대한 헌법적 해명의 필요성이 있는 점, 당해사건의 대법원 판결은 대세적 효력이 없는 데 비하여 형벌조항에 대한 헌법재판소의 위헌결정은 대세적 기속력을 가지고 유죄 확정판결에 대한 재심사유가 되는 점 등에 비추어 당해사건에서 승소하였지만 예외적으로 재판의 전제성을 인정한 바 있다(헌재 2013.3.21. 2010헌바132).

[최근결정]

1) 청구인이 헌법소원심판을 청구한 후 당해사건의 항소심에서 소를 취하하여 당해사건이 종결된 경우 심판대상조항은 당해사건에 적용될 여지가 없어 그 위헌 여부가 재판의 전제가 되지 않으므로, 청구인의 이 사건 심판청구는 재판의 전제성을 갖추지 못하여 부적법하다(헌재 2016.10.27. 2014헌바380).

2) 아동의 신체건강 및 발달을 해치는 신체적 학대행위를 금지하는 아동복지법(2014. 1. 28. 법률 제12361호로 개정된 것) 제17조 제3호 및 이를 위반하는 경우 처벌하도록 하는 같은 법 제71조 제1항 제2호 중 해당 부분과 관련하여, 당해사건에서 아동복지법 상 신체적 학대행위에 대하여는 무죄판결이 선고되어 확정되었으므로, 신체적 학대 조항에 대한 위헌 여부는 당해사건 재판의 결론이나 주문에 영향을 미치지 않는다. 따라서 이 부분에 대한 심판청구는 재판의 전제성이 없으므로 부적법하다(헌재 2016.3.31. 2015헌바264).

3) 대학교 사회학과 시간강사인 청구인이 2012년 9월~10월까지 '현대대중문화의 이해'라는 강좌의 수업 시간에 대통령후보자가 되려는 자에 관하여 불리한 기사를 게재한 신문기사를 복사하여 배부하는 등 교육적 기관 내에서의 직무상 행위를 이용하여 선거운동을 하였다는 공소사실로 기소된 후 1심에서 유죄판결을 받고 항소하여 항소심 계속중 공직선거법의 해당조항들(선거운동의 정의를 규정한 공직선거법 제58조, 지위를 이용한 선거운동의 금지를 정한 공직선거법 제85조, 이를 위반한 경우의 처벌을 정한 같은 법 제255조, 신문잡지 등의 통상방법 외의 배부 등을 금지하는 제95조 제1항, 이를 위반한 경우의

처벌을 정한 제254조의 각 해당 부분)에 대하여 위헌제청신청을 하였으나 기각되자 헌법소원심판을 청구한 후, 당해사건의 상고심에서 '청구인의 공소사실 기재 행위가 공직선거법상 선거운동에 해당한다고 볼 수 없고, 청구인이 신문기사를 복사하여 수강생들에게 강의자료로 배부한 행위가 공직선거법에서 금지하고 있는 '통상방법외의 방법에 의한 배부'에 해당한다고 볼 수도 없다는 취지로 파기환송된 후 환송 후 법원이 무죄판결을 선고하고 그 무죄판결이 확정된 경우에는 더 이상 재판의 전제성이 인정되지 아니한다(헌재 2019.4.11. 2014헌바182).

4) 당해사건이 약물치료명령 부과처분 취소의 소인데, 이 약물치료명령 부과처분에 대한 취소 판결이 확정된 경우에는 헌법재판소가 이 사건 법률조항에 대해 위헌결정을 선고하더라도 당해사건 재판의 결론이나 주문에 영향을 미칠 수 없으므로, 이 사건 법률조항에 대한 심판청구는 재판의 전제성이 인정되지 아니한다(헌재 2017.4.27. 2015헌바187).

⑶ 재판의 전제성이 부정된 사례

㈎ 당해사건이 명백하게 부적법한 경우

당해 사건이 심판대상조항의 위헌 여부와 관계없이 부적법한 경우에는 다른 내용의 재판을 하게 되는 경우가 아니므로 재판의 전제성이 부정된다. 가령 헌법소원심판이 청구된 이후 당해사건이 상고심 계속중 행정청이 문제된 처분을 직권 취소하였고, 대법원은 문제된 처분의 취소를 구하는 소는 이미 소멸하고 없는 처분의 취소를 구하는 것으로서 소의 이익이 없어 부적법하다는 이유로 원심판결을 파기하고 1심 판결을 취소하면서 소를 각하하여, 당해사건은 이미 각하되었으므로 헌법소원심판청구는 재판의 전제성이 없어 부적법하다(헌재 2019.2.28. 2017헌바417).

앞의 [생각해보기] 사안에서 이행강제금 부과처분의 당부는 비송사건절차에서 판단되므로, 그에 대한 행정소송은 명백하게 부적법한 당해사건인바, 그 근거규정인 농지법 제62조 제1항은 재판의 전제성이 없다.

[최근결정]

1) ○○건설이 청구인의 배우자를 상대로 일정 부동산에 관한 매도청구권을 행사하는 내용의 소를 제기하자, 청구인의 배우자가 그 부동산 중 토지에 관한 매매대금의 지급을 구하는 내용의 반소를 제기하여, 청구인이 이 소송에 승계참가신청을 하고 관련 법률조항에 대하여 위헌제청신청을 하고 그 신청이 기각, 각하되자 헌법소원심판을 청구하였는데, 법원이 당해사건에서 청구인의 승계참가신청이 요건을

갖추지 못하였다는 이유로 이를 각하하고 그 판결이 확정되었으므로 심판대상조항은 당해사건에서 적용될 여지가 없어 헌법소원심판청구는 재판의 전제성 요건을 갖추지 못하여 부적법하다(헌재 2019.2.28. 2017헌바349).

2) 조세범처벌법 조항은 부가가치세 및 종합소득세 부과처분취소청구 부분에 적용되는 법률이 아니고, 과태료부과처분 무효확인청구 부분의 경우, 과태료부과는 질서위반행위규제법 제2조 제1항 제1호의 질서위반행위에 대한 제재로서 그 당부는 같은 법 제20조 제1항에 정한 이의제기절차를 거쳐 같은 법 제25조 이하의 과태료 재판에 의하여 판단되어야 하므로, 행정소송의 대상이 되는 행정처분이라고 볼 수 없어 부적법하다(헌재 2016.10.11. 2016헌바350).

3) 당해사건의 상고심에서 청구인 학교법인 ○○학원 개방이사추천위원회는 당사자능력이 없다는 이유로 위 청구인의 상고가 기각되었는바, 이는 당해사건이 법률의 위헌 여부를 따져 볼 필요조차 없이 각하를 면할 수 없는 경우에 해당하므로, 위 청구인의 심판청구는 재판의 전제성을 흠결한 것으로서 부적법하다(헌재 2015.11.26. 2012헌바300).

㈏ 당해사건에 적용되는 법률이 아닌 경우

당해사건에 적용되지 않는 경우에는 재판의 전제성이 인정되지 않는 것이 당연하지만 실무상으로는 당해사건이 본안사건인지 신청사건인지 등을 구별하여 당해사건의 구체적인 법률관계에 관련되는 법령 등을 확정하고 나아가 유효하게 시행된 법률조항의 연혁도 명확히 할 필요가 있다. 가령 도시개발사업에서 수용 또는 사용되는 토지의 보상금 기준에 관한 법률조항은 도시개발사업 실시계획 인가·고시의 위법성을 다투는 당해 사건에 적용되지 않고(헌재 2017.7.27. 2016헌바41), 변호사의 결격사유를 정한 조항은 변호사법 위반의 당해 형사사건 재판이 확정된 뒤 그 결과에 따라 비로소 적용 여부가 결정되는 조항으로 당해 형사사건 재판에 적용되는 법률조항이 아니다(헌재 2018.7.26. 2018헌바112). 유사하게, 일정한 성범죄로 유죄판결이 확정된 자 등은 신상정보 등록대상자가 된다고 규정한 '성폭력범죄의 처벌 등에 관한 특례법' 조항이 당해 형사사건에서 적용되는 것은 아니다(헌재 2016.12.29. 2016헌바153).

의사면허가 취소된 경우 보건복지부장관이 그 취소된 날부터 3년 이내에 면허를 재교부하지 못한다는 규정은 의사면허 취소 처분의 취소를 구하는 당해사건에 적용되는 조항이 아니다(헌재 2017.6.29. 2016헌바394). 제1회 공판기일 전에 증거보전을 청구할 수 있도록 하고 그 후에는 증거보전을 청구할 수 없도록 한 조항은 증거보전청구사건에 적용되므로 당해사건인 공무집행방해 형사사건에서 청구인의 유무죄 등에는 아무런 영향을 미치지 못한다고 할 것이다(헌재 2016.10.25. 2016헌바365)

앞의 [생각해보기] 사안에서 농지법 제11조 제3항은 처분명령을 받은 농지 소유자가 한국농어촌공사에 소유 농지의 매수를 청구하는 경우 한국농어촌공사가 해당 농지를 매수할 수 있다는 규정이고, 갑의 당해사건은 이행강제금부과처분의 취소 또는 무효를 다투고 있으므로 당해사건에 적용되지 않는다.

[최근결정]

1) 심판대상조항은 약식명령이 청구된 사건에서 피고인이 정식재판을 청구한 경우에 적용되는 법률인데, 당해사건은 법원이 약식명령으로 하는 것이 적당하지 아니하다고 인정하여 공판절차에 회부한 사건이고(형사소송법 제450조), 피고인인 청구인이 정식재판을 청구한 사건이 아니므로, 심판대상조항은 당해사건에 적용되지 않는다(헌재 2019.4.16. 2019헌바122).

2) 공직선거법에는 당내경선운동을 정하고 있는 규정과 일반 선거운동에서의 확성장치의 사용을 원칙적으로 금지하고 이를 위반하여 확성장치를 사용한 자를 처벌하는 규정들이 있고 일반 선거운동에서의 확성장치사용 조항들은 청구인이 당내경선에서 공직선거법상 허용되는 경선운동방법을 위반하여 확성장치인 마이크를 사용해 경선운동을 하였다는 범죄사실로 유죄판결을 받은 당해사건에 적용되지 아니하였다(헌재 2019.4.11. 2016헌바458등).

3) 직접생산 확인을 취소하는 처분을 받은 중소기업자에 대하여 직접생산 확인이 취소된 날부터 6개월 간 그 중소기업자가 생산하는 모든 제품에 대하여 직접생산 여부의 확인을 신청하지 못하도록 제한을 가하는 구 '중소기업제품 구매촉진 및 판로지원에 관한 법률'상의 '확인신청 기간제한 조항'은 직접생산 확인 취소 처분을 다투는 당해사건의 재판에 적용되지 아니한다(헌재 2018.11.29. 2016헌바353).

4) 국민건강보험공단으로부터 요양급여비용 지급 보류처분을 받은 청구인이 그 보류처분의 취소를 구하는 소를 제기하는 한편, 이 보류처분의 집행정지신청을 하였으나 그 신청이 기각되자 이 기각결정에 대하여 항고. 재항고하여 재항고심인 대법원에서 요양급여비용의 지급을 보류할 수 있도록 규정한 국민건강보험법 제47조의2 제1항에 대하여 위헌제청신청을 하였다가 기각되고 같은 조항에 대하여 헌법소원심판을 청구하였으므로, 당해사건은 위 요양급여 비용 지급보류처분에 대한 집행정지신청사건이고, 위 심판대상조항은 당해사건의 본안사건인 위 보류처분취

소소송에서 근거법률이 되는 것이지 당해사건에 직접 적용된다고 보기 어려운바 이 사건 심판청구는 재판의 전제성 요건을 갖추지 못하였다(헌재 2018.2.20. 2018헌바91).

5) 청구인과 ○○화물 운수회사는 화물자동차 지입계약의 당사자들인데 ○○화물이 2017.4.5. 청구인에게 계약 갱신 거절의 의사표시를 하자 청구인이 이에 대해 지입계약 연장거부 무효확인의 소를 제기하였다. 이 소송의 제2심에서 청구인은 이러한 지입계약의 갱신 등을 정하고 있는 화물자동차법 제40조의2 제1항 단서에 대하여 위헌법률심판제청신청을 하였으나 이 신청이 기각되자 헌법소원심판을 청구하였다.

민법상 위임계약은 그것이 유상계약이든 무상계약이든 당사자 쌍방의 특별한 대인적 신뢰관계를 기초로 하는 위임계약의 본질상 각 당사자는 언제든지 이를 해지할 수 있는데(대법원 2008.2.14. 선고 2006다12572 판결 등 참조), 화물자동차 소유자와 화물자동차 운송사업자가 체결하는 지입계약은 그 성질상 명의신탁과 위임의 요소가 혼합된 형태의 계약에 해당하므로(대법원 2011.3.10. 선고 2010다78586 판결 등 참조), 존속기간의 정함이 없는 지입계약은 특별한 사정이 없는 한 각 당사자가 언제든지 이를 해지할 수 있다(대법원 2013.4.26. 선고 2013다737 판결 등 참조).

이에 의하면 청구인과 위 운수회사가 체결한 지입계약은 존속기간의 정함이 없는 지입계약이므로, 이에 관하여 존속기간의 만료를 전제로 한 계약의 갱신이 문제 될 여지가 없다. 따라서 ○○화물이 청구인에게 한 계약 갱신 거절의 의사표시는 임의해지의 의사를 표시한 것이라고 보는 것이 옳으므로, 계약을 갱신하는 경우에 적용되는 심판대상조항은 위 지입계약에는 적용될 여지가 없다(헌재 2018.1.30. 2018헌바86).

6) 허가어업과 관련하여 허가구역 외에서의 조업행위를 기소한 당해 형사재판에서 처벌의 근거조항은 수산업법 제97조 제1항 제2호 중 제41조 제2항 부분이며, 해상경계에 대한 행정관습법은 청구인의 조업구역을 확인하는 고려요소에 불과하므로, 위 행정관습법은 당해 사건에서 적용되는 법률이라고 보기 어렵다(헌재 2016.12.29. 2013헌바436).

7) 구치소 내에서 접견인들을 이용하여 필로폰을 수입 및 판매하였다는 범죄사실로 기소된 마약류관리에관한법률위반(향정)죄의 형사사건(당해사건)과 관련하여, 접견내용의 녹음 녹화에 관하여 필요한 사항은 대통령령으로 정한다고 한 '형의 집행 및 수용자의 처우에 관한 법률(형집행법)' 상의 위임조항은 교정시설의 장이 관계기관에 '접견기록물'을 '범죄의 수사와 공소의 제기 및 유지에 필요한 때' 제공할 수 있도록 규정한 형집행법 시행령 조항의 수권규정이 될 수 없다. 따라서 □□구치소장이 녹음파일을 검사장에게 제공한 행위는 위 위임조항에 근거한 것이 아니므로

위 위임조항은 당해사건에 적용되는 법률조항이라고 볼 수 없다(헌재 2016.11.24. 2014헌바401).

8) 당해사건에서 다투어지는 전자서명은 공인전자서명이므로, 공인전자서명 외의 전자서명의 효력에 관한 규정인 전자서명법 제3조 제3항은 당해사건의 재판에 직접 적용되지 아니한다(헌재 2016.6.28. 2016헌바246).

9) 당해사건은 청구 외 김○현에 대한 검찰의 불기소처분에 대한 법원에서의 재정신청 사건인바, 형사소송법 제307조, 제308조는 법원의 범죄사실의 인정과 증거의 증명력 판단에 관한 조항이지 검사의 불기소처분에 대한 재정신청이 이유가 있는지 여부를 판단하는 것과는 무관한 조항이므로 당해 재정신청 사건에 적용되는 법률로 보기 어렵다(헌재 2016.6.21. 2016헌바213).

10) 도시정비법(2013. 12. 24. 법률 제12116호로 개정된 것) 제47조 제1항('심판대상조항')의 위헌확인을 구하고 있는 사안에서, 도시정비법 부칙(2013. 12. 24. 법률 제12116호) 제4조는 "제47조 제1항의 개정규정은 이 법 시행 후 최초로 조합설립인가를 신청하는 분부터 적용한다."라고 규정하고 있는바, 문제된 조합은 2007.10.22. 설립인가를 받았으므로, 이에 대하여는 구 도시정비법(2012.2.1. 법률 제11293호로 개정되고, 2013. 12. 24. 법률 제12116호로 개정되기 전의 것) 제47조 제1항이 적용되어야 하므로 심판대상조항은 위 조합에 적용되는 조항이 아니다(헌재 2016.6.21. 2016헌바218).

11) 청구인들은 모두 2009.11.28. 이전에 개인택시운송사업면허를 받은 자들로서 개인택시운송사업의 양도·양수의 제한에 관하여는 구 '여객자동차 운수사업법'(2008. 3. 21. 법률 제8980호로 전부개정되고, 2009. 5. 27. 법률 제9733호로 개정되기 전의 것) 제14조 제2항의 적용을 받는다. 왜냐하면 개인택시운송사업의 양도·양수의 금지조항은 '여객자동차 운수사업법' 부칙 제3항에 개정법 시행일인 2009.11.28. 이전에 종전의 규정에 따라 여객자동차운송사업의 면허를 받은 경우 그 양도·양수의 제한에 관하여는 종전의 규정에 따르도록 하였기 때문이다. 따라서 문제된 양도금지조항(2009. 5. 27. 법률 제9733호로 개정되고, 2009.11.28. 시행된 것)은 당해사건 재판에 적용될 법조항이 아니다(헌재 2015.5.28. 2013헌바29등).

㈐ 다른 내용의 재판을 하는 것이 아닌 경우

재판의 전제성이 인정되기 위해서는 위헌 여부가 문제되는 심판대상 법률조항의 위헌 여부에 따라 당해사건 재판의 결론이나 주문에 어떠한 영향을 주는 것뿐만 아니라, 문제된 법률의 위헌 여부가 비록 재판의 주문 자체에는 아무런 영향을 주지 않는다고 하더라도 재판의 결론을 이끌어내는 이유를 달리 하는데 관련되어 있거나 또는 재판의 내용과 효력에 관한 법률적 의미가 전혀 달라지는 경우도 포함한다 할 것이다. 그런데 대상 법률조항의 위헌 여부가 당해 사건의 재판의 주문이나, 이유 또는 그 법률적 의미 등에 있어서, 즉 당해사건 재판의 내용에 아무런 영향을 주지 못한다면 그 법률조항의 위헌 여부가 당해사건 재판의 전제성을 갖지 못하게 된다.

앞에서 제시된 [생각해보기] 사안에서 갑은 농지처분명령이 있은 날부터 취소소송의 제소기간 1년이 경과한 후인 2016.11.1. 그 무효확인을 구하는 소를 제기하였으므로, 위 농지처분명령의 근거가 된 위 법률조항의 위헌 여부에 따라 당해사건 재판의 주문이 달라지거나 재판의 내용과 효력에 관한 법률적 의미가 달라지는 것이 아니다.

[최근결정]

1) 소년법 적용 대상인 청구인이 모욕혐의(형법 제311조)로 보호자의 감호 위탁(소년법 제32조 제1항 제1호), 사회봉사(같은 조 제1항 제3호) 및 1년의 단기 보호관찰(같은 조 제1항 제4호, 제33조 제2항)을 명하는 보호처분을 받고 청소년상담복지센터에서 상담을 받을 것을 명하는 부가처분(제32조의2 제1항)을 받은 후 항고, 재항고하여 재항고심에서 형법 제311조에 대하여 위헌제청신청을 하고 그 신청이 기각되자 헌법소원심판을 청구하였다.

한편 소년법에 따르면, 보호처분결정은 소년부 판사의 고지와 동시에 집행력이 생기며, 항고가 있더라도 그 집행이 정지되지 아니하고, 확정된 보호처분결정의 효력을 다투는 재심 또는 준재심의 규정은 없이 다만 보호처분의 변경에 대한 절차가 있다. 소년부 판사는 위의 보호자의 감호 위탁과 부가처분에 대하여는 직권으로 변경할 수 있으나, 사회봉사와 단기 보호관찰 처분은 위탁받은 자나 보호처분을 집행하는 자의 신청에 의하여만 변경할 수 있다. 그런데 청구인은 위탁받은 자나 보호처분을 집행하는 자에 해당하지 아니하고 헌법소원이 인용된 경우가 보호처분의 변경을 신청할 수 있는 사유에도 해당하지 아니하므로 보호처분의 변경을 신청할 수 없다. 다만 헌법소원 인용결정은 소년부 판사가 보호처분을 직권으로 변경하도록 촉구하는 사유가 될 뿐이다.

이와 같이 헌법소원이 인용된다고 하더라도 해당 헌법소원과 관련된 소년보호사건이 확정된 때 위 사건의 효력을 다툴 수 있는 재심 등의 절차가 마련되어 있지 아니하고, 다만 보호결정의 집행이 개시된 이후 소년부 판사의 직권발동을 촉구하는 사유가 되는 것에 불과하므로, 이 사건 법률조항의 위헌 여부에 따라 당해사건 재판의 주문이 달라지거나 재판의 내용과 효력에 관한 법률적 의미가 달라진다고 보기 어렵다. 따라서 이 사건 심판청구는 재판의 전제성이 인정되지 아니하므로 부적법하다(헌재 2017.5.10. 2017헌바171).

2) 부동산에 대한 점유취득시효가 인정되기 위해서는 부동산을 소유의 의사로 평온·공연하게 점유하여야 하고(민법 제245조 제1항), 점유자의 점유가 소유의 의사 있는 자주점유인지 아니면 소유의 의사 없는 타주점유인지의 여부는 점유자의 내심의 의사에 의하여 결정되는 것이 아니라 점유 취득의 원인이 된 권원의 성질이나 점유와 관계가 있는 모든 사정에 의하여 외형적·객관적으로 결정되어야 하는데(대법원 2002.2.26. 선고 99다72743 판결), 청구인들이 이 사건 토지부분을 소유의 의사로 평온·공연하게 점유하였다고 볼 수 없다는 위 항소심 법원의 판단이 파기될 개연성이 없어 보이는 상황이라면, 심판대상조항의 위헌 여부와 관계 없이 청구인들은 문제의 토지를 시효취득하지 못하므로, 심판대상조항의 위헌 여부에 따라 재판의 주문이 달라지거나 재판의 내용과 효력에 관한 법률적 의미가 달라진다고 볼 수 없으므로, 이 사건 심판청구는 재판의 전제성을 갖추지 못하였다(헌재 2015.10.13. 2015헌바303).

3) 학교법인이 사립학교법 제16조 제1항에 의한 이사회의 심의·의결 없이 학교법인 재산의 취득·처분행위를 하거나, 같은 법 제28조 제1항의 규정에 의하여 관할청의 허가 없이 의무부담행위를 한 경우에 그 행위는 효력이 없는데(대법원 2000.9.5. 선고 2000다2344 판결), 문제된 도급계약은 사립학교법 제16조 제1항 제1호에 의한 이사회의 심의·의결도 거치지 않았고, 심판대상조항에 의한 관할청의 허가도 받지 아니하였다. 따라서 심판대상조항에 대해 위헌결정이 선고되어 학교법인이 관할청의 허가 없이 의무부담행위를 할 수 있게 된다 하더라도, 이사회의 심의·의결을 거치지 아니한 이 사건 도급계약은 여전히 효력이 없으므로, 심판대상조항의 위헌 여부에 따라 재판의 주문이 달라지거나 재판의 내용과 효력에 관한 법률적 의미가 달라진다고 볼 수 없다. 그러므로 이 사건 심판청구는 재판의 전제성을 갖추지 못하였다(헌재 2015.9.15. 2015헌바287).

4) 전소와 후소의 소송물이 동일하지 아니하여도 전소의 기판력 있는 법률관계가 후소의 선결적 법률관계가 되는 경우에는 전소의 기판력이 후소에 미쳐 후소의 법원은 전에 한 판단과 모순되는 판단을 할 수 없다(대법원 2000.2.25. 선고 99다55472 판결 참조). 당해사건은 증여세부과처분취소 사건이고 본세 부과처분과 가산세부과처분으로 구성되어 있으며 가산세 부과처분 부분은 본세 부과처분의 확정판결의 기판력에 의해 이에 모순되는 판단을 할 수 없는바, 상속세 및 증여세법의 해당조항에 대하여 위헌을 선언하더라도 가산세 부과처분의 취소를 구하는 당해사건의 주문이 달라지지 아니한다(헌재 2015.4.30. 2013헌바138).

5) 대법원은 도시계획결정 및 사업시행인가단계와 수용재결 단계(대법원 1990.1.23. 선고 87누947 판결), 택지개발예정지구지정과 시행자에 대한 택지개발계획의 승인(대법원 1996.3.22. 선고 95누10075 판결), 택지개발예정지구의 지정과 택지개발계획의 승인, 그리고 이에 기한 수용재결(대법원 1996.12.6. 선고 95누8409 판결), 사업시행자지정처분과 도로구역결정처분(대법원 2009.4.23. 선고 2007두13159 판결) 등의 사례에서 각각 하자의 승계를 부정하고 있다(헌재 2010.12.28. 2009헌바429 참조).

한편 행정처분의 근거 법률이 헌법에 위반된다는 사정은 헌법재판소의 위헌결정이 있기 전에는 객관적으로 명백한 것이라고 할 수는 없으므로 특별한 사정이 없는 한 그러한 하자는 행정처분의 취소사유에 해당할 뿐 당연무효사유는 아니고, 제소기간이 경과한 뒤에는 행정처분의 근거 법률이 위헌임을 이유로 무효확인소송 등을 제기하더라도 행정처분의 효력에는 영향이 없음이 원칙이다. 당해사건은 정비구역 지정결정, 설립인가처분, 사업시행인가처분, 관리처분계획이 각 무효임의 확인을 구하는 소인바, 정비구역 지정결정에 대한 제소기간이 경과하여 불가쟁력이 발생한 후에 제기되었다. 따라서 설령 정비구역 지정결정의 근거 법률인 심판대상조항이 위헌이라 하더라도 다른 특별한 사정이 없는 한 정비구역 지정결정의 효력에는 영향이 없어 이 부분에 관하여는 재판의 전제성이 인정되지 아니한다.

또한 문제된 주택재개발사업에 있어서 선행처분인 정비구역 지정결정과 후행처분인 설립인가처분, 사업시행인가처분, 관리처분계획은 각기 그 성질이 날라서 난계적으로 서로 독립하여 각각 별개의 법률효과를 목적으로 하는 독립한 행정처분이라고 할 것이고, 앞서 본 바와 같이 정비구역 지정 결정의 근거 법률조항에 대하여 위헌결정이 선고되더라도 그 하자가 중대하고 명백하여 당연무효라고 볼 수 없으므로, 정비구역 지정결정에 불가쟁력이 생겨 그 효력을 다툴 수 없게 된 이상 선행처분의 하자가 후행처분에 승계되는 것은 아니어서 재판의 전제성을 인정할 수 없다(헌재 2015.1.29. 2013헌바136).

6) 선행처분인 사업시행자지정처분에 불가쟁력이 발생한 이상 후행처분인 실시계획인가처분에까지 하자가 승계되는 것은 아닌바, 심판대상조항이 위헌으로 결정된다 하더라도 당해사건 재판에서 이 사건 실시계획인가처분의 무효 부분의 주문이 달라지거나 재판의 내용과 효력에 관한 법률적 의미가 달라진다고 할 수 없다(헌재 2018.12.18. 2018헌바464).

7) 행정행위의 효력이 민사소송에서 선결문제가 되는 경우, 행정행위의 하자가 단지 취소할 수 있는 정도에 불과한 때에는 항고소송절차에 의하여 위 처분이 취소되거나 행정청이 위 처분을 스스로 취소하지 않는 이상, 민사법원은 선결문제가 된

행정처분의 효력을 부인할 수 없다(대법원 2001.1.16. 선고 98다58511 판결; 헌재 2010.11.25. 2006헌바103등 참조). 또한 행정처분의 근거법률이 헌법에 위반된다는 사정은 헌법재판소의 위헌결정이 있기 전에는 객관적으로 명백한 것이라고 할 수 없으므로, 특별한 사정이 없는 한 그러한 하자는 행정처분의 취소사유에 해당할 뿐 당연무효사유는 아니다. 따라서 행정처분의 효력이 민사소송에서 선결문제가 되는 경우 위 행정처분의 근거가 된 법률조항이 위헌으로 결정되더라도 당해 민사법원은 위 행정처분의 효력을 부인할 수 없으므로, 위 행정처분의 근거가 된 법률조항의 위헌 여부에 따라 당해 민사소송의 주문이 달라지거나 재판의 내용과 효력에 관한 법률적 의미가 달라지는 것은 아니어서 재판의 전제성이 인정되지 않는다(헌재 2016.11.24. 2015헌바207등). 이에 대하여는 3인 재판관의 반대의견이 있다. 반대의견의 요지는 행정처분의 효력 유무를 선결문제로 하는 민사소송에서 행정처분의 효과를 규율한 법률이 위헌이 될 경우, 그 행정처분의 효력이 상실되거나 변경될 가능성이 상존하므로, 그 처분에 대한 취소소송의 제소기간이 지났는지 여부와는 상관없이 당해사건 재판의 주문이 달라지거나 그 내용과 효력에 관한 법률적 의미가 달라질 여지가 없음이 명백하다고 볼 수는 없다는 것이다.

예컨대 한국의료분쟁조정중재원이 청구인에 대하여 한 2014년도 및 2016년도 각 분담금 부과처분은 적법하게 취소된 바 없고, 설령 위 각 분담금 부과처분의 근거 법률이 위헌으로 결정되더라고 하더라도 특별한 사정이 없는 한 그러한 하자는 행정처분의 취소사유일 뿐 당연무효사유는 아니어서 당해사건 법원은 위 각 분담금 부과처분의 효력 및 그에 따른 한국의료분쟁조정중재원의 청구인에 대한 분담금 지급 청구권을 부인할 수 없다. 따라서 심판대상조항의 위헌 여부에 따라 당해사건 재판의 주문이 달라지거나 재판의 내용과 효력에 관한 법률적 의미가 달라진다고 볼 수 없으므로, 이 사건 심판청구는 재판의 전제성이 없어 부적법하다(헌재 2018.10.23. 2018헌바396).

8) 청구인은 2014.4.7. ○○구치소장의 금치처분, 전자영상장비(CCTV)가 있는 거실에 수용한 행위, 청구인의 형사사건에 금치처분을 받은 사실 등을 양형 참고자료로 제출한 행위가 위법하다고 주장하면서 대한민국을 피고로 손해배상청구의 소를 제기하고(부산지방법원 2014가소50913) 같은 날 소송구조신청을 하였다(부산지방법원 2014카구216). 위 소송구조신청사건 계속 중 소송구조의 요건 등을 규정하고 있는 민사소송법 제128조에 대하여 위헌법률심판제청신청을 하였으나 이 신청이 기각되자 헌법소원심판을 청구하였다. 청구인은 "소송구조에 대한 재판은 소송기록을 보관하고 있는 법원이 한다."라고 규정하고 있는 민사소송법 제128조 제3항이 실질적으로 본안사건 재판부가 소송구조 재판도 담당하도록 하고 독립적인 제3의 재

판부가 소송구조 재판을 하는 것을 막아서 자신의 재판청구권을 침해한다고 주장하였다. 그런데 위 민사소송법 제128조 제3항은 “기록을 보관하고 있는 법원”에게 관할을 부여한 것일 뿐, 본안재판부가 소송구조 사무를 담당한다고 규정한 것이 아니다. 관할법원 내의 여러 재판부 중 어느 재판부가 소송구조 사건을 담당할 것인지는 사무분담의 문제로서 민사소송법 제128조 제3항과 직접적인 관련이 없다. 이러한 사무분담에 관하여는 ‘법원재판사무 처리규칙’(대법원규칙) 제4조에서 ‘각급 법원의 재판사무 등에 관한 사무분담은 해당법원의 장이 정한다.’라고 규정하고 있을 뿐이다. 그렇다면 민사소송법 제128조 제3항의 위헌여부에 따라서 사무분담이 달라지는 등의 이유로 당해사건 재판의 주문이 달라지거나 재판의 내용과 효력에 관한 법률적 의미가 달라지는 경우에 해당한다고 볼 수 없으므로, 결국 이 부분 심판청구는 재판의 전제성이 인정되지 아니하여 부적법하다(헌재 2016.7.28. 2014헌바242등).

9) 헌법재판소는, 자동차 배출가스저감장치를 제조·공급 또는 판매하는 회사인 청구인이, 차량소유자들과 배출가스저감장치 중 매연여과장치를 차량소유자들의 특정경유자동차에 부착하는 계약을 체결할 때 차량소유자가 본인부담금을 지급하지 않는 대신 차량소유자가 추후 위 장치를 청구인에게 반환하면 청구인이 위 장치로부터 추출한 백금 등을 현금화한 금액과 차량소유자의 본인부담금을 상계하여 본인부담금 상당액을 충당하기로 약정하는 방식을 이용해왔다. 그런데 ‘구 수도권 대기환경개선에 관한 특별법’ 제26조의4 제3항 중 ‘배출가스저감장치’에 관한 부분이, 보조금 지원을 받아 배출가스저감장치를 부착한 자동차소유자가 자동차 등록을 말소하려면 배출가스저감장치 등을 서울특별시장등에게 반납하여야 한다고 하여, 서울특별시 등은 심판대상조항에 근거하여 해당 배출가스저감장치를 회수하자 서울특별시 등을 상대로 위 장치의 소유권이 청구인에게 있다는 전제 하에, 서울특별시 등이 처분한 장치의 매각대금 상당액의 지급을 구하는 소를 제기하고, 이 민사소송에서 위 조항등에 대하여 위헌법률심판제청신청을 하고 그 신청이 기각되자 헌법소원심판을 청구한 사안에서, 심판대상조항이 위헌으로 선언되는 경우 서울특별시 등이 해당 배출가스저감장치를 회수할 정당한 권리가 있는지에 관한 판단이 달라져 당해 사건 재판의 내용과 효력이 달라지는 경우에 해당한다 하여 재판의 전제성을 인정하였다(헌재 2019. 12. 27. 2015헌바45).

㈑ 당해사건이 재심사건인 경우의 문제

당해사건이 재심사건인 경우, 심판대상조항이 ‘재심청구 자체의 적법 여부에 대한 재판’에 적용되는 법률조항이 아니라 ‘본안 사건에 대한 재판’에 적용될 법률조항이라면 ‘재심청구가 적법하고, 재심의 사유가 인정되는 경우’에 한하여 재판의 전제성이 인정될 수 있다(헌재 2011.4.28. 2009헌바169 참조). 심판대상조항이 '본안 사건에 대한 재판'에 적용될 법률조항인 경우 당해사건의 재심청구가 부적법하거나 재심사유가 인정되지 않으면 본안 판단에 나아갈 수가 없고, 이 경우 심판대상조항은 본안 재판에 적용될 수 없으므로 그 위헌 여부가 당해 사건 재판의 주문을 달라지게 하거나 재판의 내용이나 효력에 관한 법률적 의미가 달라지게 하는데 아무런 영향을 미치지 못하기 때문이다(헌재 2007.12.27. 2006헌바73). 이는 준재심에 있어서도 그대로 적용된다(헌재 2019.2.19. 2019헌바51).

따라서 심판대상조항들이 재심개시결정 후 본안사건에서 적용되는 법률조항이 될 뿐 그 원판결에 대한 재심절차 중 '재심의 청구에 대한 심판'에 적용되는 법률조항이라고 할 수는 없으므로, 재판의 전제성이 인정되지 아니한다(헌재 2015.12.29. 2015헌바419).

> **[최근결정]**
>
> 1) 위헌이라고 주장되는 형법 제156조는 '본안사건에 대한 재판'에 적용될 법률조항이다. 그런데 당해 재심사건에서 재심사유가 인정되지 아니하여 재심청구가 기각되었으므로, 위 조항은 재판의 전제성을 갖추지 못하였다(헌재 2018.8.14. 2018헌바275).
>
> 2) 청구인이 위헌이라고 주장하는 수산업법 제61조 제1항 제2호는 '본안사건에 대한 재판'에 적용될 법률조항이다. 그런데 당해 재심청구는 재심사유가 인정되지 아니한다는 이유로 기각되었으므로, 이 사건 심판청구는 재판의 전제성을 갖추지 못하였다(헌재 2019.1.8. 2018헌바507).

(4) 재판의 전제성이 인정된 사례

부진정입법부작위는 헌법소원심판의 대상이 되고 이 경우 심판대상조항은 흠 있는 입법 그 자체, 즉 그 법률조항이 되며 이 경우에는, 일반적으로는, 흠결 있는 법률조항의 위헌성이 인정되어 개선입법이 이루어지고 당해사건에 그 개선입법이 적용되면 당해사건 재판의 내용이 달라질 수 있으므로 재판의 전제성이 인정될 수 있다는 논리구조를 갖게 된다.

예를 들면, 구 사립학교법 제25조 제3항 후문은 개별 임시이사의 임기를 정하고 있을 뿐이어서 전체 임시이사의 임기가 종료되었음을 다투는 당해사건에 직접 적용되는 법률규정이라 할 수는 없으나, 만일 교육인적자원부장관이 임시이사를 선임할 수 있는 기간을 제한하고 있지 않은 부진정입법부작위로서 흠결있는 규정의 위헌성이 인정되어 헌법불합치 결정이 내려지고, 입법자가 그 결정 취지에 따라 개선입법을 행함으로써 장관이 임시이사를 선임할 수 있는 기간을 새로이 규정하게 되면, 당해사건의 재판에 영향을 미칠 가능성이 있으므로, 재판의 전제성을 인정할 수 있다(헌재 2009.4.30. 2005헌바101).

> **[최근결정]**
>
> 현역, 예비역, 보충역, 병역준비역, 전시근로역의 다섯 가지로 한정하여 병역의 종류를 정하고 있는 조항이 양심적 병역거부자에 대한 대체복무제를 포함하고 있지 않다는 이유로 위헌으로 결정된다면, 양심적 병역거부자가 현역입영 또는 소집통지서를 받은 후 3일 내에 입영하지 아니하거나 소집에 불응하더라도 대체복무의 기회를 부여받지 않는 한 당해 형사사건을 담당하는 법원이 무죄를 선고할 가능성이 있으므로, 위와 같은 병역종류조항은 병역법위반 형사재판의 전제성이 인정된다(헌재 2018.6.28. 2011헌바379등).

(5) 소결

앞의 [생각해보기] 사안에서 갑이 농지법 시행령 제75조 제3항에 대하여 헌법소원심판을 청구하고자 하는 부분은 규범통제형 헌법소원심판의 대상이 될 수 없는 것에 대한 것이고, 농지법 제11조 제3항은 당해사건에 적용되지 않으며, 농지법 제62조 제4항, 제7항은 위헌법률심판제정신청의 대상이 아니어서 그에 대한 법원의 기각결정이 없고 달리 묵시적인 법원의 기각결정이 있다고 볼 사정이 없으며, 이행강제금 부과처분의 근거법령인 농지법 제62조 제1항은 이행강제금 부과처분의 당부는 비송사건절차로 판단되고, 행정소송의 대상이 되는 처분이라 보기 어려워 명백히 부적법한 당해사건에 관련된 것이어서 이 부분에 대한 재판의 전제성을 인정하기 어렵고, 나머지 농지법 제11조 제1항은, 갑이 농지처분명령에 대한 제소기간 경과 후 그 무효확인을 구하였으므로, 그 위헌 여부에 따라 위 무효확인소송의 주문이 달라지거나 재판의 내용과 효력에 관한 법률적 의미가 달라지지 않는다. 요컨대 갑이 하고자 하는 헌법소원심판청구는 재판의 전제성이 없어 부적합하다.

4. 심사기준

이 헌법소원은 본질적으로 규범통제이므로 그 심사기준은 헌법규범이고, 위헌법률심판의 심사기준과 같다. 심사기준에 관한 구체적인 내용은 제2장 위헌법률심판 제6절을 참조하기 바란다.

5. 결정의 형식 및 효력

이에 관하여는 제2장 위헌법률심판 제7절을 참조하기 바란다.

가. 결정의 형식

이 헌법소원의 종국결정의 형식은 각하결정, 합헌결정, 위헌결정, 심판절차 종료선언 등이 있으며, 그 결정의 형식은 위헌법률심판의 결정의 형식과 동일하게 "○○법 제○○조는 헌법에 위반된다"라거나 "○○법 제○○조는 헌법에 위반되지 않는다"라는 주문 형태를 취한다.

나. 결정의 효력

(1) 일반적 효력

법은 이 헌법소원을 인용하는 경우에는 위헌법률심판절차의 위헌결정의 범위 및 효력에 관한 규정을 준용하도록 하고 있다(법 제75조 제6항). 따라서 이 헌법소원에서 내려진 위헌결정은 기속력을 가지며, 위헌으로 결정된 법률은 형벌에 관한 조항이 아닌 한 결정이 있는 날부터 장래를 향하여 효력을 상실하며, 형벌에 관한 조항에 관한 위헌결정은 소급하여 그 효력을 상실한다. 다만 그 법률조항에 대하여 종전에 헌법재판소가 헌법에 위반되지 않는다고 결정한 경우에는 그 합헌결정이 있는 날의 다음 날로 소급하여 효력을 상실한다. 이 경우 위헌결정된 법률에 근거한 유죄의 확정판결에 대하여는 재심을 청구할 수 있다.

이 헌법소원에서 내려진 결정에 대하여는 재심이 허용되지 않는다(헌재 1992.6.26. 90헌아1).

(2) 당해사건에 대한 재심청구 및 그 범위

이 헌법소원이 인용된 경우에 당해사건이 이미 확정된 때에는 당사자는 재심을 청구할 수 있다(법 제75조 제7항). 여기서 '인용된 경우'라 함은 단순위헌결정은 물론 헌법불합치결정도 여기에 포함된다.[108] 그러나 대법원은 한정위헌결정은 법문의 변화를 가져오지 않는 단순 해석이라 보고 법원에 대하여 기속력이 없다고 한다(대법원 2001.4.27. 95재다1). 다만 법원으로서도 위헌결정이 법원 이외의 국가기관을 기속하는 점까지 부인하기 어려울 것이다.

양 기관이 이렇게 평행선을 달리는 동안 불이익을 당하는 사람은 실제 소송의 당사

108) 김하열, 앞의 책, 407면

자인 국민이다. 통치기구는 기본권을 보장하는 방향으로 구성되어야 하는바, 양 기관의 이와 같은 대립은 모쪼록 기본권을 보장하는 방향으로 해결되어야 할 것이고, 필요하다면 입법적으로 해결이 되어야 할 것이다.[109)]

109) 이에 대한 해결의 노력이 전혀 없던 것은 아니다. 실제로 국회에는 2018.11.9. 의안번호 16459호로 헌법재판소법 일부개정법률안이 접수되었다. 헌법재판소법 제68조 제1항 '법원의 재판을 제외하고는' 부분에 대하여 한정위헌결정이 선고되었음에도 불구하고 한정위헌결정의 기속력 인정 여부에 대하여 헌법재판소와 대법원의 견해차가 지속되어 있어 '위헌으로 결정한 법령을 적용하거나 위헌결정을 뒷받침하는 핵심적인 이유의 논리를 부인함으로써 국민의 기본권을 침해한 재판'은 헌법소원심판의 청구대상임을 법률에 명확히 규정하여 국민의 기본권을 보장하기 위해서라는 이유에서 제안되었다. 물론 개정안 상태로 있고 아직 법률이 개정된 것은 아니다. 개정법률안의 해당 부분 신·구 조문대비표는 다음과 같다.

현행	개정안
제68조(청구 사유) ① 공권력의 행사 또는 불행사(不行使)로 인하여 헌법상 보장된 기본권을 침해받은 자는 법원의 재판을 제외하고는 헌법재판소에 헌법소원심판을 청구할 수 있다. 다만, 다른 법률에 구제절차가 있는 경우에는 그 절차를 모두 거친 후에 청구할 수 있다.	제68조(청구 사유) ① ---------------------------- --- --------------- 다만, 다음 각 호의 어느 하나에 해당하는 법원의 재판으로 국민의 기본권을 침해한 경우에는 헌법소원심판을 청구할 수 있다. 1. 헌법재판소가 위헌으로 결정한 법령을 적용한 재판 2. 헌법재판소의 위헌결정을 뒷받침하는 핵심적인 이유의 논리를 부인하는 재판 ② 제1항에 따른 헌법소원심판은 다른 법률에 구제절차가 있는 경우에는 그 절차를 모두 거친 후에 청구할 수 있다. ③ (현행 제2항과 같음)

제4절 헌법소원의 심판절차와 종국결정

1. 헌법소원심판의 청구

가. 심판청구서의 제출

헌법소원심판은 그 형식이 무엇이든 심판청구서를 헌법재판소에 제출함으로써 시작된다. 심판청구서의 제출은 직접 방문하여 즉 지참하여 제출하거나, 우편으로 가능하며, 전자문서로도 할 수 있다(법 제76조[110]). 우편으로 접수하는 경우에 심판청구일은 헌법재판소에 도착하여 접수된 일자이며, 이 일자를 놓고 청구기간 준수 여부를 판단하게 된다. 다만 심판청구서의 제출 이전에 국선대리인선임신청을 하고 헌법재판소가 그 신청을 받아들여 국선대리인 선정 결정을 한 경우에는 국선대리인 선임 신청서가 접수된 일자를 놓고 청구기간을 계산한다.

나. 심판청구서의 기재사항

(1) 필수 기재사항

심판청구서의 기재사항에 관하여는 헌법재판소법 제71조, 제43조와 헌법재판소 심판규칙 제2조, 제68조에서 정하고 있다.[111]

---

110) 제76조(전자문서의 접수) ① 각종 심판절차의 당사자나 관계인은 청구서 또는 이 법에 따라 제출할 그 밖의 서면을 전자문서(컴퓨터 등 정보처리능력을 갖춘 장치에 의하여 전자적인 형태로 작성되어 송수신되거나 저장된 정보를 말한다. 이하 같다)화하고 이를 정보통신망을 이용하여 헌법재판소에서 지정·운영하는 전자정보처리조직(심판절차에 필요한 전자문서를 작성·제출·송달하는 데에 필요한 정보처리능력을 갖춘 전자적 장치를 말한다. 이하 같다)을 통하여 제출할 수 있다.

② 제1항에 따라 제출된 전자문서는 이 법에 따라 제출된 서면과 같은 효력을 가진다.

③ 전자정보처리조직을 이용하여 제출된 전자문서는 전자정보처리조직에 전자적으로 기록된 때에 접수된 것으로 본다.

④ 제3항에 따라 전자문서가 접수된 경우에 헌법재판소는 헌법재판소규칙으로 정하는 바에 따라 당사자나 관계인에게 전자적 방식으로 그 접수 사실을 즉시 알려야 한다.

111) 헌법재판소법

제71조(청구서의 기재사항) ① 제68조 제1항에 따른 헌법소원의 심판청구서에는 다음 각 호의 사항을 적어야 한다.

1. 청구인 및 대리인의 표시
2. 침해된 권리
3. 침해의 원인이 되는 공권력의 행사 또는 불행사
4. 청구 이유
5. 그 밖에 필요한 사항

② 제68조 제2항에 따른 헌법소원의 심판청구서의 기재사항에 관하여는 제43조를 준용한다. 이 경우

제43조 제1호 중 "제청법원의 표시"는 "청구인 및 대리인의 표시"로 본다.

③ 헌법소원의 심판청구서에는 대리인의 선임을 증명하는 서류 또는 국선대리인 선임통지서를 첨부하여야 한다.

제43조(제청서의 기재사항) 법원이 법률의 위헌 여부 심판을 헌법재판소에 제청할 때에는 제청서에 다음 각 호의 사항을 적어야 한다.

1. 제청법원의 표시
2. 사건 및 당사자의 표시
3. 위헌이라고 해석되는 법률 또는 법률의 조항
4. 위헌이라고 해석되는 이유
5. 그 밖에 필요한 사항

헌법재판소 심판규칙

제2조(헌법재판소에 제출하는 서면 또는 전자문서의 기재사항) ① 헌법재판소에 제출하는 서면 또는 전자문서에는 특별한 규정이 없으면 다음 각 호의 사항을 기재하고 기명날인하거나 서명하여야 한다.

1. 사건의 표시
2. 서면을 제출하는 사람의 이름, 주소, 연락처(전화번호, 팩시밀리번호, 전자우편주소 등을 말한다. 다음부터 같다)
3. 덧붙인 서류의 표시
4. 작성한 날짜

② 제출한 서면에 기재한 주소 또는 연락처에 변동사항이 없으면 그 후에 제출하는 서면에는 이를 기재하지 아니하여도 된다.

③ 심판서류는 「헌법재판소 심판절차에서의 전자문서 이용 등에 관한 규칙」에 따라 전자헌법재판시스템을 통하여 전자문서로 제출할 수 있다.

제68조(헌법소원심판청구서의 기재사항) ① 법 제68조 제1항에 따른 헌법소원심판의 청구서에는 다음 각 호의 사항을 기재하여야 한다.

1. 청구인 및 대리인의 표시
2. 피청구인(다만, 법령에 대한 헌법소원의 경우에는 그러하지 아니하다)
3. 침해된 권리
4. 침해의 원인이 되는 공권력의 행사 또는 불 행사
5. 청구이유
6. 다른 법률에 따른 구제 절차의 경유에 관한 사항
7. 청구기간의 준수에 관한 사항

② 법 제68조 제2항에 따른 헌법소원심판의 청구서에는 다음 각 호의 사항을 기재하여야 한다.

1. 청구인 및 대리인의 표시
2. 사건 및 당사자의 표시
3. 위헌이라고 해석되는 법률 또는 법률 조항
4. 위헌이라고 해석되는 이유
5. 법률이나 법률 조항의 위헌 여부가 재판의 전제가 되는 이유
6. 청구기간의 준수에 관한 사항

㈎ 기재사항은 아래 표와 같다.

헌마 헌법소원	헌바 헌법소원
1. 청구인 및 대리인의 표시	
2. 침해된 권리	2. 당해사건 및 당사자의 표시
3. 침해의 원인이 되는 공권력의 행사 또는 불행사	3. 위헌이라고 해석되는 법률 또는 법률의 조항
4. 청구 이유	4. 위헌이라고 해석되는 이유
5. 그 밖에 필요한 사항	
6. 청구인 및 대리인의 연락처(전화번호, 팩시밀리번호, 전자우편주소 등), 덧붙인 서류의 표시, 작성한 날짜, 작성자의 기명날인이나 서명	
7. 피청구인(법령에 대한 헌법소원이 아닌 경우)	

본장의 제1절에서 두 헌법소원의 성질과 특징을 비교한 데서도 언급하였지만, 심판청구서의 기재사항 또한 두 헌법소원의 성질에 따라 정해지고 있음을 볼 수 있다. 동일하게 요청되는 부분을 제외하고 보면 헌마 헌법소원이 기본권 침해를 다투는 절차라는 점을, 헌바 헌법소원이 법원에 일반 소송이 계속되어 있을 것이 각 본질적 요소로 되어 있는 것을 기재사항으로 정리한 것이고, 헌마 헌법소원의 '공권력의 행사·불행사'의 헌바 헌법소원에서의 등가물이 심판대상 법률조항이므로 그것을 기재하도록 하고 있으며 청구이유와 위헌이라고 보는 이유 또한 마찬가지이다.

㈏ 구체적인 사항

① 침해된 권리(헌마 헌법소원)를 표시할 경우

헌법상 보장된 기본권을 기재하여야 하므로 통상은 '헌법 제15조 직업선택의 자유'와 같이 헌법조항과 기본권을 같이 기재한다. 여기서는 문제되는 기본권의 근거 헌법조항만을 기재할 것이 아니라 반드시 기본권 명칭도 같이 기재해야 한다. 왜냐하면 헌법의 특정 기본권 조항이 오로지 하나의 기본권만을 지칭하지 않기 때문이다. 예를 들면 헌법 제21조는 언론·출판의 자유, 집회·결사의 자유 등을 모두 포괄하는 바, 사안이 명백하게 언론의 자유이거나 결사 또는 집회의 자유 등으로 분별될 수 있으면 그 기본권으로 특정한다.

② 침해의 원인이 되는 공권력의 행사 또는 불행사

이 항목에서는 기본권 제한의 원인이 되는 공권력 주체의 작위 또는 부작위를 구체적으로 특정하여 기재하여 공권력의 행사·불행사를 명확히 한다. 법률의 경우에는 법률의 명칭과 제 개정일자, 법률번호, 법률조항은 조, 항, 목, 별표 등으로 특정될 수 있는 최소단위로 특정, 행정처분의 경우에는 행정청의 명칭과 처분일시, 처분 내용, 권력적 사실행위의 경우에는 사실행위의 주체, 행위 일시, 행위내용(행위장소, 행위방법, 행위대상, 행위자체) 등을 기재한다.112)

③ 피청구인(헌마 헌법소원)

법령에 대한 헌법소원인 경우를 제외하고는, 문제삼고 있는 공권력을 행사한 기관이나, 공권력을 행사할 의무가 있다고 주장되는 기관을 기재한다. 실무상 피청구인이 잘못 지목되는 경우가 종종 있고 이때는 헌법재판소는 직권으로 이를 정정하여 판단한다.113)

④ 청구이유

심판청구에 이르게 된 경위를 먼저 기재하고, 당해 공권력의 행사 또는 불행사가 청구인의 기본권을 침해하는 이유를 상세히 기재한다. 여기에는 사실관계에 대한 것뿐만 아니라 법적 상황에 대한 주장이나 설명도 요구된다. 주장된 사실과 기본권 제한 사이에 어느 정도 관련성이 있을 것, 특히 기본권 침해의 가능성을 납득할 수 있을 정도로 구체적으로 주장하여야 한다.114)

본안에 대한 주장뿐만 아니라 청구가 적법하다는 주장을 뒷받침하는 사항도 기재하여야 한다.115)

⑤ 심판대상 법률조항이 위헌이라고 생각되는 이유(헌바 헌법소원)

위헌제청서의 기재사항과 같다. 다만 재판의 전제성에 관한 사항을 기재하여 적법한 심판청구임을 주장하고, 본안에 대한 이유, 즉 위헌 주장을 구성한다.

⑥ 그 밖의 필요한 사항 중 헌마와 헌바 헌법소원 모두 공통적으로 요구되는 사항

청구기간의 준수 여부에 관한 사항 등이 될 수 있고, 이밖에 헌마 헌법소원의 경우에 다른 구제절차를 거친 여부, 헌바 헌법소원의 경우 재판의 전제성 충족에 관한 사항 등을 기재할 수 있는데, 이들 내용은 청구이유나 위헌의 이유를 기재하는 중에 심판청구의 적법성을 주장할 때 기재될 것이다. 또한 실무상으로는 공통적으로 청구취지를 기재하도록 하고 있다.

---

112) 실무제요, 220-221면 참조

113) 실무제요, 219면 참조

114) 실무제요, 221면 참조

115) 김하열, 위의 책, 557면 참조

⑦ 청구취지란

청구인이 심판청구의 목적으로 삼고 있는 바를 잘 드러나도록 심판청구서의 가장 앞에 내세우도록 하는데, 청구인이 헌법재판소로부터 받고 싶은 결정의 내용을 구한다는 취지로 기재한다. 예를 들어 법령소원의 경우에는 『"○○법 (2017. 12. 29. 법률 제 ○○○○○호로 개정된 것) 제○○조 제○항 제○호는 헌법에 위반된다."라는 결정을 구합니다.』,[116] 권력적 사실행위인 경우에는 『"피청구인이 청구인을 ○○부터 ○○까지 ○○구치소 13동 하층 ○○실에 수용한 행위는 청구인의 인간의 존엄과 가치를 침해한 것으로 위헌임을 확인한다."라는 결정을 구합니다.』[117] 등이 될 것이다. 일반적으로 행정행위인 경우에는 청구취지에서 문제의 행정행위의 취소를 구한다고 구성할 수도 있다, 다만 권력적 사실행위의 사례에서는 문제된 사실행위는 이미 종료한 경우가 많은데 이와 같이 이미 종료된 경우에는 '취소'는 더 이상 가능하지 않지만 문제된 공권력작용이 기본권을 침해하였음을 확인하기 위하여 '기본권을 침해하므로 헌법에 위반됨을 확인한다.'라고 구성하게 된다.

(2) 필수 기재사항 누락

헌법재판소 심판규칙에 의하면, 헌법재판소는 청구서의 필수 기재사항이 누락되거나 명확하지 아니한 경우에 적당한 기간을 정하여 이를 보정하도록 명할 수 있고(제70조 제1항), 이 보정기간까지 보정하지 아니한 경우에는 심판청구를 각하할 수 있다(제70조 제2항). <아래 헌법소원심판청구서(법 제68조 제2항) 서식례, 헌법소원심판청구서 서식례, 헌법소원심판청구서(기소유예) 서식례 참조>

다. 국선대리인의 선임

(1) 변호사 강제주의

법 제25조 제3항은 "각종 심판절차에서 당사자인 사인(私人)은 변호사를 대리인으로 선임하지 아니하면 심판청구를 하거나 심판 수행을 하지 못한다. 다만, 그가 변호사의 자격이 있는 경우에는 그러하지 아니하다."라고 정하여 변호사 강제주의를 정하고 있다.

---

116) 실무제요, 224면 참조

117) 헌재 2016.12.29. 2013헌마142

<헌법소원심판청구서(법 제68조 제2항) 서식례>118)

헌 법 소 원 심 판 청 구 서

청구인 ○ ○ ○

서울 성북구 ○○로 ○○, ○○○호(○○동)

대리인 변호사 ○ ○ ○

서울 서초구 ○○로 ○○, ○○○호(○○동)

청 구 취 지

"구 ○○법((2004.12.31. 법률 제7291호로 개정되고, 2011.4.5. 법률 제10551호로 개정되기 전의 것) 제○○조 제○항 제○호는 헌법에 위반된다."라는 결정을 구합니다.

당 해 사 건

서울고등법원 2006구000호 퇴직처분 무효확인

원고 ○○○, 피고 ○○○

위헌이라고 판단되는 법률조항

구 ○○법 (2004. 12. 31. 법률 제7291호로 개정되고, 2011. 4. 5. 법률 제10551호로 개정되기 전의 것) 제○○조 제○항 제○호

청 구 이 유

1. 사건개요
2. 재판의 전제성
3. 위헌이라고 판단(해석)되는 이유
4. 심판청구에 이르게 된 경위(청구기간의 준수 여부 등)

첨 부 서 류

1. 위헌제청신청서
2. 위헌제청신청기각 결정문 및 동 결정의 송달증명서
3. 당해사건의 판결문 등 기타 부속서류
4. 소송위임장(소속변호사회 경유)

20 . . .

청구인 대리인 변호사 ○ ○ ○ (인)

헌법재판소 귀중

118) 실무제요, 228면

<헌법소원심판청구서 서식례>[119)]

헌 법 소 원 심 판 청 구 서

청구인 ○ ○ ○

서울 성북구 ○○로 ○○, ○○○호(○○동)

대리인 변호사 ○ ○ ○

서울 서초구 ○○로 ○○, ○○○호(○○동)

피청구인 공정거래위원회

청 구 취 지

"피청구인이 20 . . . ○○회사에 대하여 한 무혐의결정은 청구인의 직업선택의 자유를 침해한 것이므로 이를 취소한다."라는 결정을 구합니다.

침 해 된 권 리

헌법 제11조 제1항 평등권

헌법 제27조 제5항 재판절차에서의 진술권

침 해 의 원 인

피청구인의 20 . . .자 ○○회사에 대한 무혐의결정

청 구 이 유

1. 사건개요
2. 위 처분의 위헌성
3. 심판청구에 이르게 된 경위
4. 청구기간의 준수 여부 등

첨 부 서 류

1. 각종 입증서류
2. 소송위임장(소속변호사회 경유)

20 . . .

청구인 대리인 변호사 ○ ○ ○ (인)

헌법재판소 귀중

---

119) 실무제요, 226면

<헌법소원심판청구서(기소유예) 서식례>[120)]

헌 법 소 원 심 판 청 구 서

청구인 ○ ○ ○
서울 성북구 ○○로 ○○, ○○○호(○○동)
대리인 변호사 ○ ○ ○
서울 서초구 ○○로 ○○, ○○○호(○○동)
피청구인 ○○지방검찰청 ○○지청 검사

청 구 취 지

"피청구인이 20 . . . ○○지방검찰청 ○○지청 2014년 형제0000호 사건에 있어서 청구인에 대하여 한 기소유예처분은 청구인의 평등권 및 행복추구권을 침해한 것이므로 이를 취소한다."라는 결정을 구합니다.

침 해 된 권 리

헌법 제11조 제1항 평등권
헌법 제10조 행복추구권

침 해 의 원 인

피청구인의 20 . . . ○○지방검찰청 ○○지청 2014년 형제0000호 사건의 청구인에 대한 기소유예처분

청 구 이 유

1. 사건개요
2. 위 불기소처분의 위헌성
3. 심판청구에 이르게 된 경위(기소유예처분 등 약술)
4. 청구기간의 준수 여부 등

첨 부 서 류

1. 각종 입증서류
2. 소송위임장(소속변호사회 경유)

20 . . .
청구인 대리인 변호사 ○ ○ ○ (인)

헌법재판소 귀중

120) 실무제요, 225면

헌법재판소는 이와 같이 변호사 강제주의를 채택하고 있는 이유는, 재판업무에 분업화원리의 도입, 헌법재판의 원활한 운영과 질적 개선, 재판심리의 부담 경감 및 효율화 등이 제도의 정당화 근거로 제시하였다(헌재 1990.9.3. 89헌마120).

그런데 변호사 강제주의는 변호사를 선임할 자력이 부족한 국민에게는 헌법소원심판청구에 중대한 제약이 될 수 있는바, 이러한 제약을 해소하기 위한 방법으로 법 제70조[121]에 의거하여 국선대리인제도가 채용되어 있다. 헌법재판소는 변호사 강제주의가 헌법에 위반되지 않는다고 일관되게 결정해오고 있는데(헌재 2004.4.29. 2003헌마783; 헌재 2010.3.25. 2008헌마439), 여기에는 헌법소원의 국선대리인제도가 그 합헌성을 뒷받침해주고 있는 부분이 크다 할 것이다.

대리인 없이 헌법소원심판을 청구하는 경우에 문제가 되는데, 이런 경우에 헌법재판소의 실무는 일단 지정재판부의 사전심사단계에서 일정 기간을 정하여 대리인을 선임하도록 보정명령을 내리지만 이 보정명령에 따르지 않을 경우에는 각하될 수밖에 없다(법 제72조 제3항 제3호).

또한 대리인과 청구인이 심판청구에 대하여 다른 내용을 기술할 때 문제가 된다. 이런 문제 상황은 청구인이 먼저 헌법소원심판청구서를 제출하면서 국선대리인 선임신청을 한 이후에 선임된 국선대리인이 청구인의 종전의 청구 내용과 다른 내용을 제출할 때 야기되기도 하지만, 이따금은 대리인과 별도로 청구인이 대리인과 다른 내용을 직접 제출하는 경우에 발생하기도 한다.

변호사의 자격이 없는 사인인 청구인이 한 헌법소원심판청구나 각종 주장 등 심판수행은 변호사인 대리인이 묵시적으로라도 추인한 경우에 한하여 적법한 헌법소원심판청구와 소송수행으로서 효력이 있고(헌재 1995.2.23. 94헌마105), 이러한 법리는 국선대리

---

121) 제70조(국선대리인) ① 헌법소원심판을 청구하려는 자가 변호사를 대리인으로 선임할 자력(資力)이 없는 경우에는 헌법재판소에 국선대리인을 선임하여 줄 것을 신청할 수 있다. 이 경우 제69조에 따른 청구기간은 국선대리인의 선임신청이 있는 날을 기준으로 정한다.

② 제1항에도 불구하고 헌법재판소가 공익상 필요하다고 인정할 때에는 국선대리인을 선임할 수 있다.

③ 헌법재판소는 제1항의 신청이 있는 경우 또는 제2항의 경우에는 헌법재판소규칙으로 정하는 바에 따라 변호사 중에서 국선대리인을 선정한다. 다만, 그 심판청구가 명백히 부적법하거나 이유 없는 경우 또는 권리의 남용이라고 인정되는 경우에는 국선대리인을 선정하지 아니할 수 있다.

④ 헌법재판소가 국선대리인을 선정하지 아니한다는 결정을 한 때에는 지체 없이 그 사실을 신청인에게 통지하여야 한다. 이 경우 신청인이 선임신청을 한 날부터 그 통지를 받은 날까지의 기간은 제69조의 청구기간에 산입하지 아니한다.

⑤ 제3항에 따라 선정된 국선대리인은 선정된 날부터 60일 이내에 제71조에 규정된 사항을 적은 심판청구서를 헌법재판소에 제출하여야 한다.

⑥ 제3항에 따라 선정한 국선대리인에게는 헌법재판소규칙으로 정하는 바에 따라 국고에서 그 보수를 지급한다.

인인 경우에도 그대로 적용된다.

따라서 당사자인 청구인의 심판청구 내용을 변호사인 대리인이 추인하였다고 볼 사정이 없는데 대리인인 변호사의 심판청구 내용과 다른 경우에는 대리인의 심판청구 내용을 기준으로 심판대상을 확정하여야 한다(헌재 2016.2.25. 2013헌바260; 헌재 2016.2.25. 2015헌마846; 헌재 2016.5.26. 2014헌바68등; 헌재 2016.7.28. 2016헌마109등 참조).

(2) 국선대리인 선임 요건

헌법소원심판에서 국선대리인제도를 규정한 것은 한편으로 변호사 강제주의의 장점을 유지하면서도 변호사를 대리인으로 선임할 자력이 부족한 일반 국민에게 헌법소원을 청구할 기회를 실질적으로 보장하기 위한 것이다.[122]

헌법소원심판을 청구하려는 자가 변호사를 대리인으로 선임할 자력(資力)이 없는 경우에는 헌법재판소에 국선대리인을 선임하여 줄 것을 신청할 수 있다(법 제70조 제1항 본문). 헌법재판소가 공익상 필요하다고 인정할 때에도 국선대리인을 선임할 수 있다(같은 조 제2항). 다만, 심판청구가 명백히 부적법하거나 이유 없는 경우 또는 권리의 남용이라고 인정되는 경우에는 국선대리인을 선정하지 아니할 수 있다(같은 조 제3항 단서). <아래 국선대리인 선임신청서 참조>

(3) 국선대리인 선임 절차

국선대리인의 선임신청을 하고자 하는 자는 헌법소원사유를 명시하고, 헌법재판소 규칙이 정하고 있는 무자력자의 기준[123]에 해당함을 소명하는 서면을 제출하여야 한다('헌법재판소국선대리인의 선임 및 보수에 관한 규칙' 제4조 제2항.[124])

---

122) 실무제요, 494면

123) 헌법재판소국선대리인의 선임 및 보수에 관한 규칙(2019.6.19. 헌법재판소규칙 제407호로 개정된 것)

제4조 ① 법 제70조 제1항에서 규정한 변호사를 대리인으로 선임할 자력이 없는 자의 기준은 다음 각 호의 1에 의한다.

1. 월평균수입이 300만 원 미만인 자
2. 삭제
3. 「국민기초생활보장법」에 따른 수급자 및 차상위계층
4. 「국가유공자 등 예우 및 지원에 관한 법률」에 의한 국가유공자와 그 유족 또는 가족
5. 「한부모가족지원법」에 따른 지원대상자
6. 「기초연금법」에 따른 기초연금 수급자
7. 「장애인연금법」에 따른 수급자
8. 「북한이탈주민의 보호 및 정착지원에 관한 법률」에 따른 보호대상자
9. 위 각 호에는 해당하지 아니하나, 청구인이 시각·청각·언어·정신 등 신체적·정신적 장애가 있는지 여부 또는 청구인이나 그 가족의 경제능력 등 제반사정에 비추어 보아 변호사를 대리인으로 선임하는 것을 기대하기 어려운 경우

<국선대리인 선임신청서>125)

국선대리인 선임신청서

사　　건 :
신 청 인 : (성 명)
(주 소)
(전 화)

신청인은 변호사를 대리인으로 선임할 자력이 없으므로 아래와 같이 국선대리인의 선임을 신청합니다.

1. 무자력 내역(해당란에 V표 하십시오)

□ 월 평균수입이 300만원 미만인 자
□ 국민기초생활보장법에 따른 수급자 및 차상위계층
□ 국가유공자 등 예우 및 지원에 관한 법률에 의한 국가유공자와 그 유족 또는 가족
□ 한부모가족지원법에 따른 지원대상자
□ 기초연금법에 따른 기초연금 수급자
□ 장애인연금법에 따른 수급자
□ 북한이탈주민의 보호 및 정착지원에 관한 법률에 따른 보호대상자
□ 위 각 호에는 해당하지 아니하나, 청구인의 시각·청각·언어·정신 등 신체적·정신적 장애 여부 또는 청구인이나 그 가족의 경제능력 등 제반사정에 비추어 보아 변호사를 대리인으로 선임하는 것을 기대하기 어려운 경우

2. 소명자료(해당란에 V표 하고 소명자료를 신청서에 첨부하십시오. 해당란이 없는 경우에는 '기타'에 V표 하신 뒤 소명자료의 명칭을 기재하고 소명자료를 신청서에 첨부하십시오)

□ 월 평균수입이 300만원 미만 : 봉급액확인서, 근로소득원천징수영수증 등

124) 헌법재판소국선대리인의 선임 및 보수에 관한 규칙 제4조 ②국선대리인의 선임신청을 하고자 하는 자는 헌법소원사유를 명시하고 제1항 각 호의 1에 해당하는 자임을 소명하는 서면을 제출하여야 한다.

125) 실무제요, 389-390면

□ 국민기초생활보장법에 따른 수급자 및 차상위계층 : 수급사 증명서, 차상위계층 확인서 등

□ 국가유공자 등 예우 및 지원에 관한 법률에 의한 국가유공자 등 : 국가유공자와 그 유족 또는 가족증명서

□ 한부모가족지원법에 따른 지원대상자 : 한부모가족증명서 등

□ 기초연금법에 따른 기초연금 수급자 : 기초연금 수급자 확인서 등

□ 장애인연금법에 따른 수급자 : 장애인연금 수급자 확인서 등

□ 북한이탈주민의 보호 및 정착지원에 관한 법률에 따른 보호대상자 : 북한이탈주민등록확인서 등

□ 기타(장애인증명서, 지방세 세목별 과세증명서 등)

3. 국선대리인 선정 희망지역(해당란에 V표를 하십시오)

□ 서울	□ 부산	□ 대구	□ 인천	□ 광주
□ 대전	□ 울산	□ 의정부	□ 수원	□ 강원
□ 충북	□ 전북	□ 경남	□ 제주	

※ 다만, 신청인의 희망에도 불구하고 신청인과 대리인의 상담 편의나 신청인의 소재지 등 제반 상황을 고려하여 다른 지역이 선정될 수도 있습니다.

4. 헌법소원심판청구사유(헌법재판소법 제71조에 규정된 침해된 권리, 침해의 원인이 되는 공권력의 행사 또는 불행사, 청구이유 및 그 밖에 필요한 사항을 간단 명료하게 별지에 기재하여 신청서에 첨부하십시오. 다만, 이 사건과 관련하여 이미 헌법소원심판청구를 한 경우에는 첨부하지 아니하여도 무방합니다.)

20 . . .

신 청 인 (인)

헌법재판소 귀중

국선대리인의 선임신청이 있으면 헌법소원의 청구기간은 국선대리인 선임신청이 있는 날을 놓고 판단한다(법 제70조 제1항 제2문). 가령 법령소원의 경우라면 법령에 해당하는 사유가 발생한 날(법령이 시행된 날)부터 1년, 법령에 해당하는 사유가 발생하였음을 안 날(법령이 시행됨을 안 날)부터 90일 이내에 국선대리인선임신청을 하였다면 청구기간은 준수한 것이다. 헌바 헌법소원의 경우라면 당해사건 법원으로부터 위헌제청신청기각결정문을 송달받은 날부터 30일 이내에 국선대리인선임신청을 하였다면 청구기간이 준수된 것이다.

헌법재판소가 국선대리인을 선정하지 않는다는 결정을 한 때에는 지체 없이 그 사실을 신청인에게 통지하여야 하고, 이 경우 신청인이 선임신청을 한 날부터 그 통지를 받은 날까지의 기간은 법 제69조의 청구기간에 산입하지 아니한다(법 제70조 제4항). 헌법재판소가 국선대리인의 선정에 관한 결정을 한 때에는 지체 없이 그 사실을 국선대리인과 신청인에게 서면으로 통지하여야 하므로(위 규칙 제5조[126]), 국선대리인의 선정을 결정을 한 경우에도 지체 없이 통지하여야 한다.

국선대리인으로 선임되면 선정된 날부터 60일 이내에 심판청구서의 필수 기재사항을 적은 심판청구서를 헌법재판소에 제출하여야 한다(법 제70조 제5항). 국선대리인이 심판청구서를 준비하는 이 기간 60일은 청구인의 청구기간의 준수 여부와는 관계가 없다.

2. 사전심사

가. 지정재판부의 심사

심판청구서가 제출되면 사건번호와 사건명이 부여되고 사건이 배당된 후 지정재판부의 사전심사를 받게 된다(법 제72조 제1항[127]). 헌바 헌법소원사건도 헌마 헌법소원사건과 마찬가지로 사전심사를 받는다. 이러한 사전심사는 심판청구의 본안에 대한 판단이 아니라 단지 적법요건의 구비 여부만을 심사하는 것이다.[128]

나. 보정명령

지정재판부의 재판장은 심판청구가 부접법하나 보정할 수 있다고 인정하는 경우에

126) 제5조(통지) 헌법재판소가 국선대리인의 선정에 관한 결정을 한 때에는 지체 없이 그 사실을 당해 국선대리인과 신청인에게 서면으로 통지하여야 한다.

127) 제72조(사전심사) ① 헌법재판소장은 헌법재판소에 재판관 3명으로 구성되는 지정재판부를 두어 헌법소원심판의 사전심사를 담당하게 할 수 있다.

128) 실무제요, 229면 참조

는 상당한 기간을 정하여 보정을 요구하여야 한다(법 제72조 제5항, 제28조).[129]

다. 지정재판부의 각하결정

지정재판부는 다른 구제절차를 모두 거치지 않거나, 법원의 재판에 대한 헌법소원의 경우, 청구기간이 경과한 경우, 변호사를 대리인으로 선임하지 않은 경우, 그 밖에 헌법소원심판의 청구가 부적법하고 그 흠결을 보정할 수 없는 경우에는 지정재판부 재판관 전원의 일치된 의견으로 심판청구를 각하한다(법 제72조 제3항[130]).

심판청구에 부수한 가처분에 대하여 보면, 가처분은 본안재판에 부수적인 성격을 가지므로 사전심사에서 헌법소원을 각하할 경우 가처분신청을 기각하는 결정도 함께 할 수 있다.[131] 실무에서는 지정재판부가 가처분 인용결정을 한 사례는 없으며, 적법요건 흠결 등을 이유로 헌법소원을 각하하는 경우 그에 부수된 가처분 신청에 대해서 함께 기각결정을 하고 있으며 상당한 사례가 있다.[132]

라. 전원재판부로의 회부

지정재판부는 전원의 일치된 의견으로 제3항의 각하결정을 하지 아니하는 경우에는 결정으로 헌법소원을 재판부의 심판에 회부하여야 한다. 헌법소원심판의 청구 후 30일이 지날 때까지 각하결정이 없는 때에는 심판에 회부하는 결정(이하 "심판회부결정"이라 한다)이 있는 것으로 본다(법 제72조 제4항).

지정재판부 재판장이 심판청구의 보정을 요구하면서 정한 보정기간은 지정재판부의 사전심사기간에서 제외되므로 위 30일의 기간에 산입하지 아니한다.

---

129) 第72조(사전심사) ⑤ 지정재판부의 심리에 관하여는 제28조, 제31조, 제32조 및 제35조를 준용한다.

第28조(심판청구의 보정) ① 재판장은 심판청구가 부적법하나 보정(補正)할 수 있다고 인정되는 경우에는 상당한 기간을 정하여 보정을 요구하여야 한다.

③ 제1항에 따른 보정이 있는 경우에는 처음부터 적법한 심판청구가 있은 것으로 본다.

④ 제1항에 따른 보정기간은 제38조의 심판기간에 산입하지 아니한다.

130) 第72조(사전심사) ③ 지정재판부는 다음 각 호의 어느 하나에 해당되는 경우에는 지정재판부 재판관 전원의 일치된 의견에 의한 결정으로 헌법소원의 심판청구를 각하한다. <개정 2011. 4. 5.>

1. 다른 법률에 따른 구제절차가 있는 경우 그 절차를 모두 거치지 아니하거나 또는 법원의 재판에 대하여 헌법소원의 심판이 청구된 경우
2. 제69조의 청구기간이 지난 후 헌법소원심판이 청구된 경우
3. 제25조에 따른 대리인의 선임 없이 청구된 경우
4. 그 밖에 헌법소원심판의 청구가 부적법하고 그 흠결을 보정할 수 없는 경우

131) 실무제요, 229-230면

132) 실무제요, 230면

마. 지정재판부 결정의 통지

지정재판부가 각하결정이나 심판회부결정이나 심판회부로 간주된 때에 지정재판부는 그 결정일부터 14일 이내에 청구인 또는 그 대리인 및 피청구인에게 그 사실을 통지해야 한다(법 제73조 제1항[133]). 사전심사 결과 이 헌법소원이 전원재판부의 심판에 회부되면, 법무부장관 및 청구인이 아닌 당해사건의 당사자에게 지체 없이 통지되고(법 제73조 제2항 제2호), 법무부장관 및 당해사건의 당사자에게 청구서의 등본이 송달되고(법 제74조 제2항, 제27조 제2항, 제44조), 당해 소송사건의 당사자 및 법무부장관은 헌법재판소에 법률의 위헌 여부에 대한 의견서를 제출할 수 있다.

3. 본안심사

가. 서면 심사

헌법소원심판은 서면심리가 원칙이고 재판부가 필요하다고 인정하는 경우에는 구두변론에 의한 심리를 할 수 있다. 재판부는 헌법소원 사건의 심리를 위해 필요하다고 인정하는 경우에는 직권 또는 당사자의 신청에 의해 증거조사를 할 수 있다(법 제31조 제1항[134]). 나아가 재판부는 결정으로 다른 국가기관 또는 공공단체의 기관에 심판에 필요한 사실을 조회하거나, 기록의 송부나 자료의 제출을 요구할 수 있다. 다만, 재판·소추 또는 범죄수사가 진행 중인 사건의 기록에 대하여는 송부를 요구할 수 없다(법 제32조).

나. 이해관계인의 의견 제출

헌법소원의 심판에 이해관계가 있는 국가기관 또는 공공단체와 법무부장관은 헌법재판소에 그 심판에 관한 의견서를 제출할 수 있고(법 제74조 제1항), 특히 헌바 헌법소원의 경우에는 법무부장관 및 당해사건의 당사자는 심판청구된 법률의 위헌 여부에 관한 의견서를 제출할 수 있다(법 제74조 제2항, 제44조).

---

133) 第73조(각하 및 심판회부 결정의 통지) ① 지정재판부는 헌법소원을 각하하거나 심판회부결정을 한 때에는 그 결정일부터 14일 이내에 청구인 또는 그 대리인 및 피청구인에게 그 사실을 통지하여야 한다. 제72조 제4항 후단의 경우에도 또한 같다.

134) 제31조(증거조사) ① 재판부는 사건의 심리를 위하여 필요하다고 인정하는 경우에는 직권 또는 당사자의 신청에 의하여 다음 각 호의 증거조사를 할 수 있다.

1. 당사자 또는 증인을 신문(訊問)하는 일
2. 당사자 또는 관계인이 소지하는 문서·장부·물건 또는 그 밖의 증거자료의 제출을 요구하고 영치(領置)하는 일
3. 특별한 학식과 경험을 가진 자에게 감정을 명하는 일
4. 필요한 물건·사람·장소 또는 그 밖의 사물의 성상(性狀)이나 상황을 검증하는 일

헌바 헌법소원이 '인용된 경우'라 함은 단순위헌결정은 물론 헌법불합치결정도 포함된다.[135] 그러나 대법원은 한정위헌결정은 법문의 변화를 가져오지 않는 단순해석이라 보고 법원에 대하여 기속력이 없다고 한다(대법원 2001.4.27. 선고 95재다1 판결). 다만 법원으로서도 위헌결정이 법원 이외의 국가기관을 기속하는 점까지 부인하기는 어려울 것이다.

다. 심사기준

헌마 헌법소원의 본안 심사기준은 그 소송물이 기본권 침해 여부인 만큼 헌법의 기본권 규범이다. <이에 관하여는 제3장 제2절 9. 참조>

이에 반하여 헌바 헌법소원의 심사기준은 위헌법률심판에서의 심사기준과 같이 모든 헌법규범이 심사기준이 된다. <이에 관하여는 제2장 위헌법률심판 제6절 참조>

4. 종국결정

재판부가 심리를 마친 때에는 종국결정을 한다(법 제36조 제1항). 재판부는 종국심리(終局審理)에 관여한 재판관 과반수의 찬성으로 사건에 관한 결정을 하는데, 다만, 법률의 위헌결정, 헌법소원에 관한 인용결정을 하는 경우 및 종전에 헌법재판소가 판시한 헌법 또는 법률의 해석 적용에 관한 의견을 변경하는 경우에는 재판관 6명 이상의 찬성이 있어야 한다(법 제23조 제2항[136]). <결정의 형식 및 효력에 대하여는 제3장 제2절 10, 제3장 제3절 5. 및 제2장 제7절 참조>

---

135) 김하열, 앞의 책, 345면

136) 제23조(심판정족수) ② 재판부는 종국심리(終局審理)에 관여한 재판관 과반수의 찬성으로 사건에 관한 결정을 한다. 다만, 다음 각 호의 어느 하나에 해당하는 경우에는 재판관 6명 이상의 찬성이 있어야 한다.
1. 법률의 위헌결정, 탄핵의 결정, 정당해산의 결정 또는 헌법소원에 관한 인용결정(認容決定)을 하는 경우
2. 종전에 헌법재판소가 판시한 헌법 또는 법률의 해석 적용에 관한 의견을 변경하는 경우

제4장 권한쟁의심판

제1절 개관

1. 권한쟁의심판의 의의

우리 헌법은 헌법재판소의 관장사항 중 하나로 "국가기관 상호간, 국가기관과 지방자치단체간 및 지방자치단체 상호간의 권한쟁의에 관한 심판"을 정하고 있다(헌법 제111조 제1항 제4호).

우리 헌법상 권한쟁의심판제도는 1960년 헌법에서 최초로 규정된 바 있으나 당시의 헌법에서는 국가기관 간의 권한쟁의만을 정하고 있었다. 그 후 현행 헌법에 이르기 전까지는 헌법에서 권한쟁의심판제도를 정하고 있지 않았다가 현행 헌법에서 권한쟁의심판을 다시 불러오면서 그 대상을 확대하였다.

권한쟁의심판제도는 국가기관 상호간 또는 국가기관과 지방자치단체 간 그리고 지방자치단체 상호간에 헌법과 법률에 의한 권한과 의무의 존부와 범위에 관하여 다툼이 발생한 경우에 헌법소송을 통하여 이를 유권적으로 심판함으로써 각 기관에게 주어진 권한을 보호함과 동시에 객관적 권한질서의 유지를 통해서 국가기능의 수행을 원활히 하고, 국가기관 및 지방자치단체라는 수평적 및 수직적 권력 상호간의 견제와 균형을 유지시켜 헌법이 정한 권능질서의 규범적 효력을 보호하기 위한 제도이다(헌재 2011.8.30. 2011헌라1).

권한쟁의심판을 통해 다투어지는 '권한'이란 주관적 권리의무가 아니라 국가나 지방자치단체 등 공법인 또는 그 기관이 헌법 또는 법률에 의하여 부여되어 법적으로 유효한 행위를 할 수 있는 능력 또는 그 범위를 말한다(헌재 2010.12.28. 2009헌라2).

연혁적으로는 정부와 의회 간의 다툼을 중립적 헌법수호자인 헌법재판소가 권력분립제도의 취지에 따라 해결하는 것에서 시작되었다고 한다. 즉 국가의 최고 기관들 사이의 의견 차이로 인한 다툼에 대하여 헌법해석을 통하여 분쟁을 해결함으로써 평화적으로 정치적 통일을 이루어나가는 기능을 하였던 것이다. 그런데 정부와 의회 다수당이 융합되어가는 정당국가화 경향에서 의회의 대정부 통제기능이 약화되고 의회와 정부라는 대립보다는 여당과 야당의 대립이 중심적이 되자 권한쟁의심판제도는 정치과정

에서 다수파가 행하는 월권적 행위를 헌법재판의 메카니즘으로 통제할 수 있는 수단이 되었다고 한다.[1)]

2. 우리 권한쟁의심판제도의 특징

우리나라의 현행 권한쟁의심판제도는, 앞에서 잠깐 언급했듯이, 국가기관 사이의 권한분쟁 뿐만 아니라 국가기관과 지방자치단체 간, 지방자치단체 상호간의 권한분쟁을 포함하고 있다는 점이 큰 특징이다.

다음, 법은 권한쟁의심판의 청구는 피청구인의 처분 또는 부작위(不作爲)가 헌법 또는 법률에 의하여 부여받은 청구인의 권한을 침해하였거나 침해할 현저한 위험이 있는 경우에만 할 수 있다고 규정하고 있는바(법 제61조 제2항), 법률에 의하여 부여받은 권한의 침해도 대상으로 한다.

행정소송법에 정해진 기관소송은 국가 또는 공공단체의 기관 상호 간에 있어서의 권한의 존부 또는 그 행사에 관한 다툼이 있을 때에 이에 대하여 제기하는 소송인데, 다만, 헌법재판소법 제2조의 규정에 의하여 헌법재판소의 관장사항으로 되는 소송은 제외되므로(행정소송법 제3조 제4호), 국가 공공단체 기관 상호간의 분쟁에 있어서 헌법재판소가 원칙적이고 포괄적인 관할권을 갖는다.[2)]

권한쟁의는 청구인과 피청구인 간에 대립적인 소송구조를 취하고 있어 주관적 쟁송의 성격을 갖기는 하나, 그렇다 하더라도 수평적 또는 수직적 권력분립주의에 입각해 헌법과 법률이 정한 객관적 권한질서를 유지하는 법적 수단이 된다(헌재 2010.12.28. 2009헌라2).

권한쟁의심판은 필요적 변론을 거치고(법 제30조 제1항[3)]), 정당해산심판처럼(법 제57조) 가처분에 대한 명문의 규정이 있다(법 제65조[4)]).

---

1) 실무제요, 396-397면 참조

2) 실무제요, 398면 참조

3) 제30조(심리의 방식) ① 탄핵의 심판, 정당해산의 심판 및 권한쟁의의 심판은 구두변론에 의한다.

4) 제65조(가처분) 헌법재판소가 권한쟁의심판의 청구를 받았을 때에는 직권 또는 청구인의 신청에 의하여 종국결정의 선고 시까지 심판 대상이 된 피청구인의 처분의 효력을 정지하는 결정을 할 수 있다.

제57조(가처분) 헌법재판소는 정당해산심판의 청구를 받은 때에는 직권 또는 청구인의 신청에 의하여 종국결정의 선고 시까지 피청구인의 활동을 정지하는 결정을 할 수 있다.

제2절 권한쟁의심판의 종류와 당사자

1. 국가기관 상호간의 권한쟁의

가. 의의

법은 국가기관 상호간의 권한쟁의심판으로 '국회, 정부, 법원 및 중앙선거관리위원회 상호간의 권한쟁의심판'을 정하고 있다(법 제62조 제1항 제1호).

헌법재판소는 국가기관 간의 권한쟁의심판에 대하여 '헌법상의 국가기관 간의 권한분쟁을 해결함으로써 국가기능의 원활한 수행을 도모하고 국가권력 간의 균형을 유지하여 헌법질서를 수호 유지하고자 하는 제도'라고 하였다(헌재 1997.7.16. 96헌라2).

나. '국가기관'

앞서 보았듯이 법은 제62조 제1항 제1호에서 국가기관으로 국회, 정부, 법원 및 중앙선거관리위원회를 지칭하고 있는바, 이 규정을 열거적으로 볼 것인지 아니면 예시적으로 볼 것인지가 문제된다.

더욱이 법은 국가기관과 지방자치단체 간의 권한쟁의심판으로는 '정부와 특별시·광역시·특별자치시·도 또는 특별자치도 간의 권한쟁의심판', '정부와 시·군 또는 지방자치단체인 구(이하 "자치구"라 한다) 간의 권한쟁의심판'이라고 정하여(법 제62조 제1항 제2호), '국가기관'과 정부를 같게 보이게 정하고 있어서 문언상으로는 제1호와도 부합하지 않는 점이 있다.

헌법재판소는 1997.7.16. 96헌라2결정 이후로 법 제62조 제1항 제1호를 예시적인 조항으로 해석하는 것이 합헌적이라고 판시하여 종전의 입장을 변경하고 당사자의 범위를 넓혔다. 헌법재판소는 국가기관의 인정 요건 문제는 기본적으로 헌법의 해석의 문제라고 하면서 몇가지 기준을 제시했다. 첫째, 헌법에 의하여 설치되고, 둘째 헌법과 법률에 의하여 독자적인 권한을 부여받고 있는지, 셋째 헌법에 의하여 설치된 국가기관 상호간의 권한쟁의를 해결할 수 있는 적당한 기관이나 방법이 있는지 여부등을 종합적으로 고려하여 헌법 제111조 제1항 제4호 소정의 국가기관에 해당하는지 여부를 판단하여야 한다고 하였다(헌재 1997.7.16. 96헌라2).

다. 구체적인 검토

(1) 국회

전체기관으로서의 국회, 국회의장(헌법 제48조), 국회의원(헌법 제41조 제1항), 국회의 각

위원회(헌법 제62조), 국회 상임위원회 위원장, 국회 원내교섭단체(헌법 제41조, 제8조) 등이 독립한 헌법기관으로서 당사자능력을 가진다.

(2) 정부

전체로서의 정부, 대통령(헌법 제66조), 국무총리(헌법 제86조), 국무위원(헌법 제87조), 행정각부의 장(헌법 제94조), 감사원(헌법 제97조) 등이 헌법과 정부조직법에 의하여 독자적인 권한을 부여받은 독립한 헌법기관으로서 당사자 능력을 가질 수 있다. 전체로서의 정부가 당사자가 되는 경우에는 법무부장관이 정부를 대표한다(법 제25조 제1항).[5] 이 기관들이 권한쟁의를 제기할 수 있는 경우로는 대체로 국회나 지방자치단체 등과의 대외적 관계에서 권한 다툼이 발생할 때일 것이다.

(3) 법원

법관은 독립하여 심판하는 헌법기관으로서(헌법 제103조), 이론상으로는 각급 법원이나 대법원뿐만 아니라 법원으로서의 개별 법관도 모두 당사자가 될 수 있다.

국회의원이 서울남부지방법원 제51민사부를 피청구인으로 하여 권한쟁의심판을 청구한 사례가 있다. 이 사안은 국회의원이 교원들의 교원단체 가입현황을 자신의 인터넷 홈페이지에 게시하여 공개하려 하였으나, 법원이 그 공개로 인한 기본권 침해를 주장하는 교원들의 신청을 받아들여 그 공개의 금지를 명하는 가처분 및 그 가처분에 따른 의무이행을 위한 간접강제 결정을 한 것에 대해 국회의원이 법원을 상대로 권한쟁의심판을 청구한 것인데, 헌법재판소는 당사자능력은 문제삼지 않고 문제된 권한이 국회의원으로서의 권한이 아니라고 하여, 즉 국가기관의 행위라 할지라도 헌법과 법률에 의해 그 국가기관에게 부여된 독자적인 권능을 행사하는 경우가 아닌 때에는 비록 그 행위가 제한을 받더라도 권한쟁의심판에서 말하는 권한이 침해될 가능성은 없는바, 특정 정보를 인터넷 홈페이지에 게시하거나 언론에 알리는 것과 같은 행위는 헌법과 법률이 특별히 국회의원에게 부여한 국회의원의 독자적인 권능이라고 할 수 없고 국회의원 이외의 다른 국가기관은 물론 일반 개인들도 누구든지 할 수 있는 행위로서, 그러한 행위가 제한된다고 해서 국회의원의 권한이 침해될 가능성은 없다고 하여 각하하였다(헌재 2010.7.29. 2010헌라1).

(4) 중앙선거관리위원회

법의 명문 규정상 중앙선거관리위원회가 당사가자 될 수 있음은 분명하다.

---

5) 실무제요, 400-401면

(5) 오로지 법률에 그 설치근거를 둔 기관의 당사자능력 부정

오로지 법률에 그 설치근거를 둔 기관은 국가기관에 해당하기 위한 요건 가운데 '헌법에 의하여 설치되고 헌법과 법률에 의하여 독자적인 권한을 부여받은' 것이라고 볼 수 없으므로 권한쟁의심판에서의 국가기관에 해당하지 않는다. 헌법재판소에 의하면, 국가인권위원회는 국가인권위원회법에 의하여 설립된 기관이어서 권한쟁의 심판의 국가기관에 해당하지 않는다(헌재 2010.10.28. 2009헌라6).

국민 개인이 국가기관으로서의 지위를 갖는다며 대법원장을 상대로 제기한 국가기관 간의 권한쟁의심판에 대하여, '국민'인 청구인은 그 자체로는 헌법에 의하여 설치되고 헌법과 법률에 의하여 독자적인 권한을 부여받은 기관이라고 할 수 없으므로, 권한쟁의심판의 당사자가 되는 '국가기관'이 아니라고 하였다(헌재 2017.5.25. 2016헌라2).

2. 국가기관과 지방자치단체 간의 권한쟁의

가. 의의와 기능

이 종류의 권한쟁의는 국가와 지방자치단체 사이의 수직적 권력분립관계에서 헌법상 보장되는 지방자치권을 보호한다는 측면 이외에 통일적 국가사무의 수행에 있어서 국가기관과 지방자치단체 간의 권한의 분배에 관한 다툼을 조정하는 의미를 갖는다.[6]

나. 당사자

앞에서 본 바와 같이 법은 이 종류의 권한쟁의심판의 당사자인 국가기관을 정부로 지칭하고 있는바, 이에 대하여도 국가기관의 예시로 정부를 규정한 것으로 볼 것이다. 따라서 정부뿐만 아니라 그 부분기관, 국회, 법원 등 다른 국가기관도 당사자가 될 수 있다.

(1) 정부

대통령, 안전행정부장관(헌재 2009.5.28. 2006헌라6), 건설교통부장관(헌재 2007.3.29. 2006헌라7), 국토해양부장관(헌재 2011.8.30. 2011헌라1), 교육과학기술부장관(헌재 2012.7.26. 2010헌라3; 헌재 2011.8.30. 2010헌라4) 등이 당사자로 인정된 사례가 있다.

그러나 부산지방해양수산청은 해양수산부장관의 일부 사무를 관장할 뿐 독자적인 권한을 가지고 있지 못하므로 권한쟁의심판의 당사자가 될 수 없다(헌재 2008.3.27. 2006헌라1).

---

6) 실무제요, 404면 참조

(2) 국회

국회도 국가기관으로서 지방자치단체와의 사이에 권한쟁의심판의 당사자가 될 수 있다(헌재 2008.6.26. 2005헌라7).

(3) 감사원

감사원도 지방자치단체와의 권한쟁의심판을 한 사례가 있다(헌재 2008.5.29. 2005헌라3).

(4) 선거관리위원회

중앙선거관리위원회 외에 각급 구·시·군 선거관리위원회도 헌법에 의하여 설치된 기관으로서 헌법과 법률에 의하여 독자적인 권한을 부여받은 기관에 해당하고, 따라서 강남구선거관리위원회도 당사자 능력이 인정된다(헌재 2008.6.26. 2005헌라7).

3. 지방자치단체 상호간의 권한쟁의

가. 의의와 기능

지방자치단체 상호간의 권한쟁의심판은 지방자치단체 간의 분쟁과 갈등을 사법적 유권적 판단으로 해결하여 분쟁을 종식시킴으로써 지방자치의 원활한 실현을 도와주는 기능을 한다.[7)]

법은 지방자치단체 상호간의 권한쟁의로 '특별시·광역시·특별자치시·도 또는 특별자치도 상호간의 권한쟁의심판', '시·군 또는 자치구 상호간의 권한쟁의심판', '특별시·광역시·특별자치시·도 또는 특별자치도와 시·군 또는 자치구 간의 권한쟁의심판'을 정하고 있다(법 제62조 제1항 제3호).

나. 당사자

(1) 법에 열거된 자

헌법은 지방자치단체의 경우에는 그 종류를 법률로 정하도록 규정하고 있고(헌법 제117조 제2항), 지방자치법이 지방자치단체의 종류를 정하고 있으며(지방자치법 제2조 제1항), 법은 지방지치법의 규정을 고려하여 권한쟁의심판의 종류를 정하고 있으므로 특별히 해석을 통하여 권한쟁의심판의 당사자가 될 지방자치단체를 정하거나 예시적으로 볼 필요성이 거의 없다(헌재 2010.4.29. 2009헌라11 참조).

---

7) 실무제요, 406면

(2) 교육감의 경우

법은 권한쟁의가 '지방교육자치에 관한 법률' 제2조에 따른 교육·학예에 관한 지방자치단체의 사무에 관한 것인 경우에는 교육감이 당사자가 된다고 정하고 있지만(법 제62조 제2항), 그 의미는 교육감이 지방자치단체를 대표한다는 취지라고 할 것이다. 헌법재판소는 권한쟁의심판의 청구인 또는 피청구인으로 예컨대 '전라북도 대표자 교육감 ○○○'으로 기재한다(헌재 2013.12.26. 2012헌라3등).

(3) 상이한 권리주체 상호간의 쟁의일 것

지방자치단체 '상호간'의 의미는 '서로 상이한 권리주체 사이'를 의미하므로, 가령 부산광역시 강서구와 진해시(헌재 2006.8.31. 2004헌라2) 사이의 권한쟁의심판에서는 당사자능력의 문제가 없으나, 동일한 지방자치단체 내에서 그 의결기관을 구성하는 지방의회 의원과 의결기관의 대표자인 지방의회의장 사이의 권한쟁의 심판청구는 지방자치단체 상호간의 권한쟁의에 해당하지 아니한다(헌재 2010.4.29. 2009헌라11[8]). 또한 '지방교육자치에 관한 법률'은 교육감을 시·도의 교육·학예에 관한 사무의 '집행기관'으로 규정하고 있으므로, 교육감과 해당 지방자치단체 상호간의 권한쟁의심판은 '서로 상이한 권리주체간'의 권한쟁의심판청구로 볼 수 없는바, 시·도의 교육·학예에 관한 집행기관인 교육감(경상남도 교육감)과 해당 지방자치단체(경상남도) 사이의 내부적 분쟁과 관련된 심판청구는 헌법재판소가 관장하는 권한쟁의심판에 속하지 아니한다(헌재 2016.6.30. 2014헌라1).

(4) 지방자치단체의 장

헌법 제111조 제1항 제4호와 헌법재판소법 제62조 제1항 제3호가 정하고 있는바, 이에 의하면 지방자치단체의 장은 원칙적으로 권한쟁의 심판청구의 당사자가 될 수 없다. 다만 지방자치단체의 장이 국가위임 사무에 대해 국가기관의 지위에서 처분을 행한 경우에는 권한쟁의 심판청구의 당사자가 될 수 있으나, 그 외의 경우에는 자치단체 사무의 집행기관에 불과하므로 지방자치단체 상호간의 권한쟁의심판의 당사자능력이 없다(헌재 2006.8.31. 2003헌라1).

---

8) 이에 대하여는 지방의회 의원도 지방의회나 위원회의 의결절차가 위법하게 자신의 심의표결권을 침해하는 경우에는 지방의회나 위원회 또는 그 의장을 상대로 권한쟁의심판을 청구할 수 있어야 한다는 재판관 2인의 반대의견이 있다.

제3절 권한쟁의심판의 범위

1. 소극적 권한쟁의

가. 문제의 소재

법은 국가기관 또는 지방자치단체의 권한의 '유무 또는 범위'에 관하여 다툼이 있는 경우에 권한쟁의심판을 청구할 수 있도록 하고(제61조 제1항), 그 청구요건으로서 '피청구인의 처분 또는 부작위'가 '청구인의 권한'을 침해하였거나 침해할 현저한 위험이 있어야 한다고 규정하고 있어서(제61조 제2항), 특정 사안에 대해서 상호 권한이 없다고 주장하는 소극적 권한쟁의가 인정될 수 있는가가 문제된다.

나. 학설 및 결정

적극설은 헌법 제111조 제1항 제4호의 취지는 모든 권한쟁의를 모두 포괄하는 것이고, 법에서 정하고 있는 권한의 '유무 또는 범위'에 관한 다툼에는 소극적 권한쟁의가 당연히 포함된다고 보는 견해이다.

소극설은 헌법 규정이 반드시 소극적 권한쟁의의 인정근거가 되어야 할 이유는 없고 법에서는 청구인의 권한을 침해하였거나 침해할 현저한 위험이 있어야 한다고 규정하고 있기도 한 소극적 권한쟁의는 이 요건을 충족할 수 없다는 견해이다.

헌법재판소는 어업면허의 유효기간연장 불허가처분에 따른 손실보상금의 지급사무가 포항시(청구인)와 정부(피청구인) 중 누구에게 속하는지를 확정해달라는 권한쟁의사건에서 문제된 어업면허 유효기간연장 불허가처분은 손실보상금 지급권한의 존부 및 범위에 관한 다툼이 아니라 손실보상금 채무를 둘러싼 단순한 채권채무관계의 분쟁으로 볼 것이라고 하여 각하하였고(헌재 1998.6.25. 94헌라1), 서울시(청구인)가 도로에 대한 긴급복구 및 안전시설공사를 한 후 기획재정부장관(피청구인)에게 그 비용 상당의 예산배정을 요청하였으나 거부당하자 권한쟁의심판을 청구한 사건에서 이는 국유지 관리비용을 둘러싼 단순한 채권채무관계에 불과하다고 하여 각하하였다(헌재 2010.12.28. 2009헌라2).

이에 반하여 시흥시(청구인)가 정부를 상대로 시화공업단지 내의 공공시설에 관하여 정부가 그 관리권자임에도 불구하고 관리를 하지 않고 있어서 자신의 권한이 침해된다고 권한쟁의심판을 청구한 사안에서는 정부의 부작위로 인하여 청구인의 권한이 침해될 여지가 없다고 하여 심판청구를 기각하였다(헌재 1998.8.27. 96헌라1).

이 96헌라1 결정에 대하여는 소극적 권한쟁의를 인정하였다고 보는 견해[9]도 있고, 소극적 권한쟁의를 인정한 것이 아니라는 견해[10]도 있다.

살펴보면, 위 헌법재판소 사례에서 보이는 위험은 국가나 지방자치단체가 자의적으로 법집행기능을 행사하지 않는 경우 국민들이 피해를 입게되는 상황을 타개하는 방안으로 소극적 권한쟁의심판이 매우 유용할 것으로 보인다. 그러나 현행의 법의 규정하에서는 '권한을 침해하였거나 침해할 현저한 위험이 있어야 한다'고 규정되어 있어 소극적 권한쟁의를 인정하고 있다고 보기 어려운 듯하다.

2. 권한쟁의심판과 행정재판

앞서 우리 권한쟁의심판의 특징으로 법률상 권한의 침해의 다툼을 포함한다고 하였는바, 이러한 특징으로 인하여 국가, 지방자치단체에 관한 법률적 분쟁의 성질을 갖게 되어 행정소송과의 관할 경합의 문제가 제기된다.

가. 권한쟁의심판과 기관소송

기관소송은 국가 또는 공공단체의 기관 상호간에 있어서의 권한의 존부 또는 그 행사에 관한 다툼이 있을 때에 이에 대하여 제기하는 소송인데, 다만, 헌법재판소법 제2조의 규정에 의하여 헌법재판소의 관장사항으로 되는 소송은 제외되므로(행정소송법 제3조 제4호), 행정소송법에 의거한 기관소송에는 공공단체의 기관 상호간의 권한분쟁의 경우만 포함된다.

따라서 국가기관 상호간의 권한쟁의심판과 행정소송법상의 기관소송 사이에는 관할충돌의 문제가 발생하지 않는다.

현행법에 의하여 인정되는 기관소송은 지방자치단체 내에서 지방자치단체의 장과 지방의회 사이의 기관소송(지방자치법 제107조 제3항, 제172조 제3항; 지방교육자치에관한법률 제28조 제3항)이 인정되고 있다.

나. 권한쟁의심판과 지방자치법상의 소송

(1) 지방자치법 제169조의 소송(위법·부당한 명령·처분의 취소)

지방자치단체의 사무에 관한 그 장의 명령이나 처분이 법령에 위반되거나 현저히 부당하여 공익을 해친다고 인정되면 시·도에 대하여는 주무부장관이, 시·군 및 자치구

9) 김하열, "권한분쟁에 관한 헌법재판소와 법원의 관할", 헌법실무연구 제4권(2003), 478면
10) 최희수, 헌법소송법 요론, 대명출판사, 2015. 279면

에 대하여는 시·도지사가 기간을 정하여 서면으로 시정할 것을 명하고, 그 기간에 이행하지 아니하면 이를 취소하거나 정지할 수 있다. 이 경우 자치사무에 관한 명령이나 처분에 대하여는 법령을 위반하는 것에 한한다(지방자치법 제169조 제1항).

지방자치단체의 장은 제1항에 따른 자치사무에 관한 명령이나 처분의 취소 또는 정지에 대하여 이의가 있으면 그 취소처분 또는 정지처분을 통보받은 날부터 15일 이내에 대법원에 소(訴)를 제기할 수 있다(지방자치법 제169조 제2항).

그런데 국가의 지방자치사무에 관한 감독처분은 대부분 지방자치단체의 지방자치권을 침해할 소지가 있으므로 이와 관련한 다툼의 경우 국가기관과 지방자치단체 간의 권한 분쟁으로서 헌법재판소의 권한쟁의심판의 대상에 해당한다고 할 수 있다. 이 점에서 대법원과 헌법재판소 사이에 관할권의 경합이 발생할 가능성이 있다. 이때 지방자치법 제169조 제2항이 권한쟁의심판을 배제하는 취지라면 이는 헌법 제111조 제1항 제4호에 위배된다고 볼 것이다.[11)]

(2) 지방자치법 제170조의 소송(지방자치단체의 장에 대한 직무명령)

지방자치단체의 장이 법령의 규정에 따라 그 의무에 속하는 국가위임사무나 시·도위임사무의 관리와 집행을 명백히 게을리하고 있다고 인정되면 시·도에 대하여는 주무부장관이, 시·군 및 자치구에 대하여는 시·도지사가 기간을 정하여 서면으로 이행할 사항을 명령할 수 있다(지방자치법 제170조 제1항). 지방자치단체의 장은 제1항의 이행명령에 이의가 있으면 이행명령서를 접수한 날부터 15일 이내에 대법원에 소를 제기할 수 있다.

이러한 제소는 지방자치단체의 장이 하위기관의 지위에서 상급 감독기관을 상대로 제기하는 것이므로 기관소송의 성격을 가진다.

헌법재판소는 국가사무로서 지방자치단체장에게 위임된 기관위임사무는 지방자치단체의 권한에 속하지 않으므로 지방자치단체가 그 집행권한에 관하여 다투는 권한쟁의심판청구는 부적법하다고 본다(헌재 1999.7.22. 98헌라4; 헌재 2013.12.26. 2012헌라3).

(3) 지방자치법 제4조 제8항의 소송

지방자치단체의 명칭과 구역은 종전과 같이 하고, 명칭과 구역을 바꾸거나 지방자치단체를 폐지하거나 설치하거나 나누거나 합칠 때에는 법률로 정한다. 다만, 지방자치단체의 관할 구역 경계변경과 한자 명칭의 변경은 대통령령으로 정한다(지방자치법 제4조

11) 실무제요, 411-412면 참조

제1항). 다만 '공유수면관리및매립에 관한 법률'에 따른 매립지, '공간정보의 구축 및 관리등에 관한 법률'상의 지적공부 등록누락지 등에 대하여는 법정의 절차에 따라 행정안정부장관이 결정한다(같은 조 제3항). 관계 지방자치단체의 장은 이 행정안전부장관의 결정에 이의가 있으면 그 결과를 통보받은 날부터 15일 이내에 대법원에 소송을 제기할 수 있다(같은 조 제8항).

지방자치단체 사이의 관할구역에 관한 분쟁은 국회의원의 심의 표결권, 중앙정부와 지방자치단체 간의 권한분쟁과 더불어 헌법재판소가 본안에 관하여 가장 많은 판단을 내린 사안이다.[12]

그런데 지방자치법이 2009.4.1. 위와 같은 내용으로 개정되었다. 지방자치법 제4조 제8항의 명시적 규정에도 불구하고 공유수면 매립지, 지적공부 등록누락지의 귀속문제는 지방자치단체의 관할구역에 관한 문제로서 이에 대한 행정안전부장관의 결정이나 다른 지방자치단체의 관할권 행사가 다른 지방자치단체의 자치권을 침해할 가능성이 있고, 해상의 어업면허나 공유수면의 해상경계 등을 둘러싼 지방자치단체 간의 분쟁은 여전히 헌법재판소의 권한쟁의심판의 대상이 된다.[13]

[최근결정]

1) 청구인(경상남도 사천시)이 피청구인(경상남도 고성군)을 상대로, 청구인과 피청구인 사이의 공유수면에 대하여, 삼천포화력발전소의 건축과 동 화력발전소에서 배출되는 부산물(유연탄이 연소되고 남은 재)의 처리시설의 건립을 위하여 1978년부터 매립사업이 진행되어 오면서 매립지 일부가 피청구인의 소재로 지적등록되고 현재도 여전히 부산물 처리시설의 건립을 위한 매립사업이 진행되고 있는데, 청구인은 관할의 다툼이 되고 있는 매립지('계쟁 매립지')에 대한 권한이 자신에게 속하고, 피청구인이 장래 계쟁 매립지에 대하여 할 부과처분 등이 자신의 자치권한을 침해할 위험이 있다고 권한쟁의심판을 청구한 사안에서, 매립지에 대한 지방자치단체의 관할구역 경계 및 그 기준을 제시하고, 매립 전 공유수면의 해상경계선을 매립지의 관할구역 경계선으로 보아온 선례를 변경하면서, 매립사업의 목적 등 제반 사정을 종합적으로 고려하여 형평의 원리에 따라 청구인의 심판청구를 기각하였다(헌재 2019.4.11. 2015헌라2). 구체적인 내용은 다음과 같다.

『매립지에 대한 지방자치단체의 관할구역 경계 및 그 기준에 관하여, 대규모 공유수면의 매립사업으로 새로이 확보된 매립지는 본래 사업목적에 적합하도록 최선

12) 실무제요, 412면

13) 실무제요, 413면

의 활용계획을 세워 잘 이용될 수 있도록 하여야 할 것이어서, 매립지의 귀속 주체 내지 행정관할 등을 획정함에 있어서도 사업목적의 효과적 달성이 우선적으로 고려되어야 하는바, 매립 전 공유수면을 청구인이 관할하였다 하여 매립지에 대한 관할권한을 인정하여야 한다고 볼 수는 없고, 공유수면의 매립 목적, 그 사업목적의 효과적 달성, 매립지와 인근 지방자치단체의 교통관계나 외부로부터의 접근성 등 지리상의 조건, 행정권한의 행사 내용, 사무 처리의 실상, 매립 전 공유수면에 대한 행정권한의 행사 연혁이나 주민들의 사회적·경제적 편익 등을 모두 종합하여 형평의 원칙에 따라 합리적이고 공평하게 그 경계를 획정할 수밖에 없다.

이미 소멸되어 사라진 종전의 해상경계선을 매립지의 관할경계선으로 인정해온 종전 결정은 위 견해와 저촉되는 범위에서 변경한다.

당해 사안에서, 계쟁 매립지는 삼천포화력발전소 부지조성, 진입도로 및 부산물 처리시설 축조사업의 일환으로 매립, 형성되었고, 다른 목적으로는 사용되지 않고 있으며, 향후에도 위 발전소가 폐쇄되지 않는 한 그러한 사정이 달라질 가능성은 없다. 그런데 청구인 관할 구역에서 피청구인 관할 구역을 거치지 않고는 쟁송매립지로의 접근이 어렵다. 특히 매립지 내 각 구획과 인접 지역과의 연접관계, 기반시설의 설치 관리, 행정서비스의 제공 등 여러 요소를 고려하여 행정의 효율성이 보장되어야 하는데, 계쟁 매립지를 청구인 관할로 인정하게 된다면, 행정업무가 청구인과 피칭구인으로 분산되이 결국 행징의 비효율화만 빌생할 우러가 매우 크다. 청구인이나 피청구인에게 매립 전 공유수면에 대한 행정권한의 행사연혁이 있었다고 볼 만한 자료가 없고 쟁송매립지의 용도는 회처리장과 진입도로이므로, 거주하는 주민도 존재하지 않는바, 이러한 사정들을 종합하면, 계쟁 매립지에 대한 관할권한이 청구인에게 귀속된다고 볼 수 없다.』

2) 고창군과 부안군은 전라북도 내에서 서해안을 해안선으로 하여 남북으로 위치하고 있는 지방자치단체인데, 정부가 2016년 고창군 부안군 해역 일대에 관하여 '서남해 해상풍력 실증단지 건설사업'을 위한 전원개발사업 실시계획을 승인 고시하였고 사업구역의 위치가 "해상: 전북 부안군 및 고창군 해역 일원", "육상: 전북 고창군 상하면 ○○○"으로, 특히 발전시설의 위치는 "부안군 소재 공유수면"으로 기재되어 있고, 부안군은 위 전원개발사업 시행자에게 공유수면 점용·사용료 부과처분을 하였다. 이에 고창군은 부안군을 상대로 공유수면 점용·사용료 부과처분으로 인하여 청구인의 자치권한이 침해되었다고 하여 권한쟁의심판을 청구하였고, 이에 대하여 부안군은 고창군에 대하여 공유 수면 중 일정 해역이 자신의 관할인데도 고창군이 어업면처 등 처분을 하여 자신의 자치권을 침해하였다고 권한쟁의심판을 청구한 사안에서, 공유수면에 대한 지방자치단체의 관할구역 경계획정 원리

> 를 제기하면서 고창군의 관할권한의 침해를 인정하는 인용결정을 하였다(헌재 2019.4.11. 2016헌라8등). 구체적인 내용은 다음과 같다.
>
> 『공유수면에 대한 지방자치단체의 관할구역 경계획정은 이에 관한 명시적인 법령상의 규정이 존재한다면 그에 따르고, 명시적인 법령상의 규정이 존재하지 않는다면 불문법상 해상경계에 따라야 한다. 그리고 이에 관한 불문법상 해상경계마저 존재하지 않는다면, 주민·구역·자치권을 구성요소로 하는 지방자치단체의 본질에 비추어 지방자치단체의 관할구역에 경계가 없는 부분이 있다는 것은 상정할 수 없으므로, 권한쟁의심판권을 가지고 있는 헌법재판소가 형평의 원칙에 따라 합리적이고 공평하게 해상경계선을 획정할 수밖에 없다.
>
> 지방자치단체 사이의 불문법상 해상경계가 성립하기 위해서는 관계 지방자치단체·주민들 사이에 해상경계에 관한 일정한 관행이 존재하고, 그 해상경계에 관한 관행이 장기간 반복되어야 하며, 그 해상경계에 관한 관행을 법규범이라고 인식하는 관계 지방자치단체·주민들의 법적 확신이 있어야 한다.
>
> 고창군과 부안군 사이의 공유수면에는 불문법상 해상경계가 존재하지 않으므로 쟁송해역을 둘러싼 지리상의 자연적 조건, 관련 법령의 현황, 연혁적인 상황, 행정권한 행사 내용, 사무처리의 실상, 주민들의 사회·경제적 편익 등을 종합하여 일정 경계선을 정하고 그 남쪽은 고창군의, 그 북쪽은 부안군의 관할권을 인정하였다.』

다. 권한쟁의심판과 항고소송 및 당사자소송

지방자치단체도 항고소송의 원고적격을 가진다는 것이 학설[14]과 법원[15]의 태도이다. 가령, 하급 지방자치단체가 원고가 되어 상급지방자치단체를 피고로 하여 항고소송을 제기하는 경우, 외형만으로는 지방자치단체 상호간의 권한쟁의심판의 당사자에 해당할 수도 있게 되어 법원과 헌법재판소 사이에 관할의 경합이 발생할 수 있다.

학설로는 상급지방자치단체와 하급지방자치단체, 또는 국가기관과 지방자치단체 사이의 이러한 갈등의 본질은 상호간의 권한분쟁이므로 헌법재판소의 전속관할에 속해야 한다는 견해[16]와, 권한의 존부 또는 범위에 대한 다툼이 아니라 처분의 위법성만이 문제되는 경우에는 지방자치단체의 항고소송 원고적격을 인정하더라도 무방하다는 견해[17]가 있다.

---

14) 박현정, 국가와 지방자치단체의 항고소송에서의 원고적격, 행정법연구 제30호, 2011.8.
15) 대법원 2013. 2. 28. 선고 2012두22904 판결
16) 김하열, 앞의 글, 462면 참조
17) 박현정, 앞의 글, 161면 참조

또한 앞서 본 소극적 권한쟁의심판이 인정되는 경우에는 소극적 권한쟁의심판과 행정소송법상 당사자소송 사이에 관할의 경합이 발생할 수 있다. 예를 들면, 앞서 본 96헌라1 결정의 사안과 같이, 지방자치단체가 특정 하천에서 발생한 오염물질을 급박하게 제거하면서 지출한 비용의 상환을 국가에게 요청하였으나, 국가가 해당 하천의 관리권한이 자신에게 없다고 주장하며 이를 지급하지 않는 경우에 지방자치단체는 국가를 상대로 공법상의 비용상환청구를 할 수 있고 이 경우 법원은 선결문제로서 하천의 관리권한이 누구에게 있는지를 판단하여야 한다.

한편 동일한 사안에서 지방자치단체가 특정 하천의 관리권한이 국가에게 존재한다고 주장하며 권한쟁의심판을 청구하는 것도 예상할 수 있는데, 즉 자신에게 하천의 관리권한이 없다는 소극적 권한쟁의를 인정한다면 당사자소송과의 관할 중복이 발생할 수 있다. 현재로서는 헌법재판소가 소극적 권한쟁의 허용 여부에 대하여 소극적인 태도를 보이고 있으므로 관할 중복의 문제가 현실화될 위험은 크지 않다고 할 것이다.[18)]

18) 실무제요, 415면 참조

제4절 권한쟁의심판의 적법요건

1. 당사자

가. 당사자능력

제2절 권한쟁의심판의 종류와 당사자 참조.

나. 당사자적격

권한쟁의심판의 청구는 피청구인의 처분 또는 부작위(不作爲)가 헌법 또는 법률에 의하여 부여받은 청구인의 권한을 침해하였거나 침해할 현저한 위험이 있는 경우에만 할 수 있으므로(법 제61조 제2항), '헌법과 법률에 의하여 부여받은 권한'을 가진 자만이 그 권한의 침해를 다투며 권한쟁의심판을 청구할 수 있다.

자신의 권한이 침해당하였다고 주장할 수 있는 청구인적격을 갖기 위해서는 주장되는 권한과의 적절한 관련성이 있어야 하고, 이러한 권한 관련성이 인정되는 기관이 당사자적격을 갖는다.

마찬가지로 처분 또는 부작위를 야기한 기관으로서 법적 책임을 지는 기관만이 피청구인적격을 가진다.

권한관련성의 인정 여부는 헌법과 법률에 의거할 때 당사자에게 문제된 권한이 부여되어 있는지 등을 판단하여야 하지만 적법성 판단의 단계에서는 추상적 권한질서의 기준에서 권한과 관련되어 있다면 일응은 인정될 것이다.

헌법재판소에 의하면, 국회부의장이 법률안들에 대한 표결절차 등을 진행하였다 하더라도 국회부의장은 국회의장의 위임에 따라 그 직무를 대리하여 법률안 가결·선포행위를 할 수 있을 뿐(국회법 제12조 제1항 참조), 법률안 가결·선포행위에 따른 법적 책임을 지는 주체가 될 수 없다. 헌법 제48조에 따라 국회에서 선출되는 헌법상의 국가기관으로서 헌법과 법률에 의하여 국회를 대표하고 의사를 정리하며, 질서를 유지하고 사무를 감독할 지위에서 의안의 상정, 가결·선포 등의 권한(국회법 제10조, 제110조, 제113조 등 참조)을 갖는 국회의장만이 피청구인 적격을 갖고, 국회부의장이 실제로 회의를 진행하였다 하더라도 피청구인 적격을 갖지 않는다(헌재 2011.8.30. 2009헌라7). 또한 국회 상임위원회가 그 소관의 의안, 청원 등을 심사하는 권한은 위원회의 고유권한이므로, 국회 상임위원회 위원장이 위원회를 대표해서 의안을 심사하는 권한이 국회의장으로부터 비롯되었다는 전제로 상임위원회 위원이 국회의장을 상대로 권한쟁의심판을 청구하는 것은 피청구인적격이 없는 자를 상대로 한 청구이다(헌재 2010.12.28. 2008헌라6등).

지방자치단체에 위임된 기관위임사무는 국가사무이지, 지방자치단체의 권한에 속하지 아니하므로 지방자치단체가 제기한 그러한 사무에 관한 권한의 침해를 다투는 심판청구는 부적법하다.

조약의 체결·비준에 대한 동의권은 국회의 권한이므로 국회의 조약 체결·비준에 대한 동의권이 침해되었음을 다투는 권한쟁의 심판청구에 있어 국회의원은 청구인 적격이 없다(헌재 2007.7.26. 2005헌라8). 예산 외에 국가의 부담이 될 계약의 체결에 대한 동의권 역시 국회의 권한이므로 국회의원은 청구인 적격이 없고(헌재 2008.1.17. 2005헌라10), 국회의 구성원인 국회의원이 국회의 입법권 침해를 주장하는 권한쟁의심판에서 청구인 적격을 갖지 아니한다고 하였다(헌재 2016.4.28. 2015헌라5).

부산지방해양수산청장은 해양수산부장관의 명을 받아 소관사무를 통할하고 소속 공무원을 지휘·감독하는 자로서 항만에 관한 독자적인 권한을 가지고 있지 못하므로 항만구역의 명칭 결정에 관한 권한쟁의심판의 당사자가 될 수 없고 당사자적격도 인정되지 않는다(헌재 2008.3.27. 2006헌라1).

[최근결정]

법률의 제·개정 행위를 다투는 권한쟁의심판의 경우에는 국회가 피청구인적격을 가지므로, 국회법 개정행위에 대한 권한쟁의심판청구에 있어서 국회의장 및 국회 기획재정위원회 위원장은 피청구인적격이 없다(헌재 2016.5.26. 2015헌라1).

다. 제3자 소송담당

'제3자 소송담당'이란 권리주체가 아닌 제3자가 자신의 이름으로 권리주체를 위하여 소송을 수행하는 것을 말한다. 권한쟁의심판에서는 부분기관이 자신의 이름으로 소속기관의 권한을 주장할 수 있는지가 문제된다.

법은 이에 관하여 명문의 규정이 없고, 헌법재판소는 제3자의 소송담당을 인정하지 않았다. 예를 들면, 헌법재판소는, 교섭단체를 결성하지 못한 정당 소속의 국회의원들이 국회를 위하여 국회의 조약에 대한 체결비준 동의권한의 침해를 다투는 권한쟁의심판을 청구할 수 있는지가 문제된 사안에서, 다수결의 원리와 의회주의의 본질, 남용가능성을 들어 제3자 소송담당은 법률의 규정이 있는 경우에 인정할 수 있는데 그런 규정이 없으므로 청구인적격이 부정된다고 하였다(헌재 2008.1.17. 2005헌라10).

이에 대하여는 헌법의 권력분립원칙과 소수자보호의 이념으로부터 제3자 소송담당을 직접 도출할 수 있으며, 적어도 국회의 교섭단체 또는 그에 준하는 정도의 실체를 갖춘 의원 집단에게는 제3자 소송담당의 방식으로 권한쟁의심판을 청구할 수 있는 지위를 인정하여야 한다는 반대의견이 있다.[19]

2. 피청구인의 처분 또는 부작위의 존재

가. 처분

권한쟁의심판청구의 대상이 되는 '처분'은 법적 중요성을 지닌 것에 한하는 것으로, 청구인의 법적 지위에 구체적으로 영향을 미칠 가능성이 있어야 하고 이러한 처분에는 입법부, 행정부, 사법부의 작용들이 포함된다(헌재 2006.5.25. 2005헌라4).

(1) 입법영역에서의 처분

입법영역에서의 처분은 '법률'이 아니라 법률을 '제·개정하는 행위'가 처분의 개념에 해당한다. 법률의 '제·개정하는 행위'를 다투는 경우에 피청구인은 국회가 된다.

국회의장의 법률안 가결·선포 행위(헌재 1997.7.16. 96헌라2; 헌재 2006.2.2. 2005헌라6), 국회의장의 국회상임위원 사·보임 결재행위(헌재 2003.10.30. 2002헌라1), 국회 상임위원회 위원장이 자유무역협정 비준동의안을 상임위원회 전체회의에 상정한 행위 및 이 동의안을 법안심사소위원회에 회부한 행위(헌재 2010.12.28. 2008헌라7등) 등이 해당된다.

(2) 행정영역에서의 처분

행정영역에서의 처분은 행정소송법에서 정하고 있는 처분 개념보다 넓어 대통령령 제정행위(헌재 2002.9.23. 2001헌라1), 조례개정행위(헌재 2004.9.23. 2003헌라)와 같은 법규 제·개정 행위는 물론 사실행위나 내부적인 행위도 청구인의 권한에 부정적인 영향을 주어 법적으로 문제되는 경우에는 권한쟁의심판의 처분에 해당한다(헌재 2006.3.30. 2003헌라2).

예컨대, 고속철도역 명칭 결정행위(헌재 2006.3.30. 2003헌라2), 지방자치단체를 상대로 한 감사원의 감사행위(헌재 2008.5.29. 2005헌라3)는 처분에 해당한다.

이에 반하여, 정부의 법률안 제출행위(헌재 2005.12.22. 2004헌라3), 지방선거관리위원회의 지방의회에 대한 지방선거비용 예산편성 통보행위(헌재 2008.6.26. 2005헌라7), 행정자치부장관이 지방자치단체에게 한 단순한 업무협조 요청(헌재 2006.3.30. 2005헌라1) 등은 권한쟁의 심판의 처분에 해당하지 않는다.

---

19) 실무제요, 435면 참조

피청구인의 장래처분을 대상으로 하는 권한쟁의심판청구는 원칙적으로는 허용되지 아니하나, 다만 피청구인의 장래처분이 확실하게 예정되어 있고, 피청구인의 장래처분에 의해서 청구인의 권한이 침해될 위험성이 있어서 청구인의 권한을 사전에 보호해 주어야 할 필요성이 매우 큰 예외적인 경우에는 피청구인의 장래처분에 대해서도 권한쟁의 심판을 청구할 수 있다(헌재 2009.7.30. 2005헌라2).

나. 부작위

권한쟁의심판청구의 대상이 되는 부작위는 단순한 사실상의 부작위가 아니고 헌법상 또는 법률상 작위의무가 있는데도 이를 이행하지 아니하는 것을 말한다(헌재 1998.7.14. 98헌라3).

예를 들어, 지방자치단체의 관할구역을 정하는 법률의 제정으로 관할이 변경되었음에도 불구하고 관할의 변경으로 관할이 없어진 지방자치단체가 같은 지역에 관한 사무 및 재산의 인계를 하지 아니한 부작위는 권한쟁의심판청구의 대상이 된다(헌재 2006.8.31. 2004헌라2).

이에 반하여 국회의장이 국무총리 임명동의안에 대한 투표결과를 선포하지 아니한 부작위(헌재 1998.7.14. 98헌라3), 국회의장이 국회 상임위원회 의안심사와 관련하여 질서유지조치를 취하지 않은 부작위(헌재 2010.12.28. 2008헌라6등)은 작위의무가 인정되지 않으므로 권한쟁의심판의 대상이 되는 부작위라고 할 수 없다.

3. 권한의 침해 또는 현저한 침해위험의 가능성

권한쟁의심판을 통해 다투어지는 '권한'이란 주관적 권리의무가 아니라 국가나 지방자치단체 등 공법인 또는 그 기관이 헌법 또는 법률에 의하여 부여되어 법적으로 유효한 행위를 할 수 있는 능력 또는 그 범위를 말한다(헌재 2010.12.28. 2009헌라2). 따라서 국가기관의 행위라 할지라도 헌법과 법률에 의하여 부여받은 독자적인 권능을 행사하는 것이 아닌 때에는 권한이 침해될 가능성은 없다(헌재 2010.7.29. 2010헌라1). 또한 권한행사의 기간이 정하여져 있는 경우에 그 기간이 경과한 후에는 해당 권한에 대한 침해가 발생할 수 없다(헌재 2013.9.26. 2012헌라1).

'권한의 침해'란 피청구인의 처분 또는 부작위로 인한 청구인의 권한침해가 과거에 발생하였거나 현재까지 계속되는 경우를 의미하며, '현저한 침해의 위험성'이란 아직 침해라고는 할 수 없으나 조만간 권한침해에 이르게 될 개연성이 상당히 높은 상황을 의미한다(헌재 2009.11.26. 2008헌라4).

적법요건 단계에서의 권한의 침해란 청구인의 권한이 구체적으로 관련되어 침해가능성이 인정되면 족하다.

헌법재판소는, 국가정책에 참고하기 위하여 행정자치부장관의 요구에 의해 실시되는 주민투표법 제8조의 주민투표 실시와 관련하여, 이를 요구받지 않은 지방자치단체에게는 주민투표 실시에 관한 권한이 발생하지 않았으므로 그 권한의 침해될 가능성이 없고(헌재 2005.12.12. 2005헌라5), 국회의원의 심의·표결권은 국회의 대내적인 관계에서 행사되고 침해될 수 있으므로 대통령이 국회의 동의 없이 조약을 체결·비준하였다 하더라도 위 권한이 침해될 가능성이 없다고 하였다(헌재 2008.1.17. 2005헌라10).

[최근결정]

1) 국회 기획재정위원회('기재위') 위원장이 2015.1.29. 서비스산업발전기본법안에 대한 신속처리대상안건 지정 요청에 대해 기재위 재적위원 과반수가 서명한 신속처리안건 지정동의가 아니라는 이유로 표결실시를 거부한 행위는 소속 위원의 신속처리안건 지정동의에 대한 표결권을 침해하거나 침해할 위험성이 없고, 국회의장이 2014.12.17. 북한인권법안을 포함한 11건의 법률안에 대한 심사기간 지정 요청을 거부한 행위 및 2016.1.6. 서비스산업발전기본법안을 포함한 10건의 법률안에 대한 심사기간 지정 요청을 거부한 행위는 국회의원인 청구인들의 법률안 심의·표결권을 침해하거나 침해할 위험성이 없다(헌재 2016.5.26. 2015헌라1).

2) 국회의원들이 국민안전처 등을 이전대상 제외 기관으로 명시할 것인지에 관한 법률안에 대하여 심의를 하던 중에 행정자치부장관이 국민안전처 등을 세종시로 이전하는 내용의 처분을 하였다고 하더라도 국회의원인 청구인들의 위 법률안에 대한 심의·표결권이 침해될 가능성은 없다(헌재 2016.4.28. 2015헌라5).

3) 교육과학기술부장관의 수도권 사립대학 정원규제 역시 지방자치단체의 사무가 아닌 국가사무이므로 지방자치단체의 권한을 침해할 현저한 위험이 없고(헌재 2012.7.26. 2010헌라3), 국회의원이 특정 정보를 인터넷 홈페이지에 게시하거나 언론에 알리는 것과 같은 행위는 헌법과 법률이 특별히 국회의원에게 부여한 국회의원의 독자적인 권능이라고 할 수 없으므로 권한침해의 가능성이 없다(헌재 2010.7.29. 2010헌라1).

4) 화성시와 수원시 관할 구역에 걸쳐 있는 수원 군 공항에 대해, 국방부장관이 수원시장의 이전건의에만 기초하여 '군 공항 이전 및 지원에 관한 특별법'의 해당 조항에 따라 2017.2.16. 화성시 소재의 특정 지구 일대를 위 공항의 예비이전후보

지로 선정한 처분에 관하여 보면, 군 공항의 예비이전후보지 선정사업은 국방에 관한 사무로서 그 성격상 국가사무임이 분명하므로, 국가사무인 군 공항 이전사업이 청구인 화성시의 의사를 고려하지 않고 진행된다고 하더라도 이로써 지방자치단체인 청구인의 자치권한을 침해하였다거나 침해할 현저한 위험이 있다고 보기 어렵다(헌재 2017.12.28. 2017헌라2).

5) 국무총리 소속기관인 사회보장위원회가 2015.8.11. '지방자치단체 유사·중복 사회보장사업 정비 추진방안'을 의결한 행위는 보건복지부장관이 광역지방자치단체의 장에게 통보한 '지방자치단체 유사·중복 사회보장사업 정비지침'의 근거가 되는 방안을 내부적으로 의결한 행위에 불과하므로 권한쟁의심판의 대상이 되는 '처분'이라고 볼 수 없다(헌재 2018.7.26. 2015헌라4).

6) 보건복지부장관이 2015.8.13. 광역지방자치단체의 장에게 '지방자치단체 유사·중복 사회보장사업 정비지침'에 따라 정비를 추진하고 정비계획(실적) 등을 제출해주기 바란다는 취지의 통보를 한 행위에 관하여 보면, 이 통보행위상 정비계획 제출은 각 지방자치단체가 정비가 필요하고 가능하다고 판단한 사업에 대하여만 정비계획 및 결과를 제출하라는 의미이며, 실제로 각 지방자치단체들은 자율적으로 사회보장사업의 정비를 추진하였으며, 위 통보행위를 강제하기 위한 권력적·규제적인 후속조치가 예정되어 있지 않고, 위 통보행위에 따르지 않은 지방자치단체에 대하여 이를 강제하거나 불이익을 준 사례도 없으므로, 위 통보행위는 권한쟁의심판의 대상이 되는 '처분'이라고 볼 수 없다(헌재 2018.7.26. 2015헌라4).

7) 서울특별시가 이른바 청년수당 지급의 청년지원사업을 준비하여온 상황에서, 대통령이 지방자치단체가 사회보장기본법상의 협의·조정을 거치지 아니하거나 그 결과를 따르지 아니하고 사회보장제도를 신설 또는 변경하여 경비를 지출한 경우 행정안전부장관이 교부세를 감액하거나 반환을 명할 수 있도록 대통령령을 개정하였는데, 이 대통령령 개정 행위에 관하여 보면, 위 시행령조항 및 모법인 지방교부세법 해당 조항은 '지방자치단체가 협의·조정을 거치지 않거나 그 결과를 따르지 아니하고 경비를 지출한 경우 지방교부세를 감액하거나 반환하도록 명할 수 있다.'는 것에 불과하므로 실제로 지방교부세가 감액되거나 반환되지 않는 이상 권한침해가 현실화되었다고 보기는 어렵고, 그 전에는 조건 성립 자체가 유동적이어서 위 개정행위 자체로써 지방자치단체의 자치권한의 침해가 확정적으로 현실화되었다거나 자치권한을 침해할 현저한 위험이 인정된다고 보기는 어렵다(헌재 2019.4.11. 2016헌라3).

8) 쟁송이 된 공유수면 일부를 산업통상자원부장관이 피청구인의 관할구역으로 보아 '서남해 해상풍력 실증단지 건설사업'을 위한 전원개발사업 실시계획을 승인함에 따라 그 법적 효과로 그 사업시행자에게 공유수면 점용·사용 허가가 의제된 상태에서 사업시행자가 피청구인에게 형식적으로 점용·사용을 신고하고 피청구인이 이 신고를 수리한 것은 형식적 요건을 갖추었는지 여부만 확인하는 사실행위에 불과하므로, 권한쟁의심판의 대상이 되는 '처분'에 해당하지 않는다(헌재 2019.4.11. 2016헌라8등).

4. 청구기간

권한쟁의의 심판은 그 사유가 있음을 안 날부터 60일 이내에, 그 사유가 있은 날부터 180일 이내에 청구하여야 한다(법 제63조 제1항).

여기서 그 사유가 있음을 안 날은 다른 국가기관 등의 처분에 의하여 자신의 권한이 침해되었다는 사실을 특정할 수 있을 정도로 현실적으로 인지하고 이에 대하여 심판청구를 할 수 있게 된 때를 의미하는 것이지, 그 처분이 확정적으로 변경될 수 없게 된 것까지를 요하는 것은 아니다(헌재 2007.3.29. 2006헌라7).

헌법재판소는 중앙행정기관의 지방자치단체에 대한 업무처리요령의 통보의 경우에는 지방자치단체가 그 통보를 받은 무렵부터(헌재 2001.10.25. 2000헌라3), 감사원의 지방자치단체에 대한 감사의 경우에는 감사통보의 날이 아니라 실제 감사가 이루어진 날을 기준으로(헌재 2009.5.28. 2006헌라6), 국회의 법률제정행위의 경우에는 법률이 공포되거나 유사한 방법으로 일반 국민에게 알려진 것으로 보이는 때(헌재 2006.5.25. 2005헌라4), 시행령 개정으로 지방자치단체의 권한이 침해되었다고 다퉈지는 경우에는 그 시행령의 시행일(헌재 2010.6.24. 2005헌라9등), 지방자치권한을 침해할 가능성이 있다고 주장되는 공직선거법 조항이 여러 차례 개정되었다면 청구인에게 적용된 개정행위를 기준으로(헌재 2008.6.26. 2005헌라7), 각 청구기간을 기산한다.

부작위의 경우에는 부작위가 계속되는 한 기간의 제약 없이 적법하게 청구할 수 있고(헌재 2006.8.31. 2004헌라2), 예외적으로 장래의 처분에 의한 권한침해를 다투는 경우에도 청구기간의 제한이 없다(헌재 2004.9.23. 2000헌라2).

권한쟁의심판 청구 이후 청구취지 변경이 이루어진 경우의 청구기간의 계산은 청구취지 변경신청서가 제출된 시점에 대하여 판단한다(헌재 2010.6.24. 2005헌라9등).

청구기간은 불변기간으로 하기 때문에(법 제63조 제2항), 헌법재판소는 이를 늘이거나 줄일 수 없으나, 주소 또는 거소가 멀리 떨어져 있는 곳에 있는 사람을 위하여 부가기간을 정할 수 있다(법 제40조; 민사소송법 제172조 제1항 단서, 제2항). 청구인이 책임질 수 없는 사유로 불변기간을 지킬 수 없는 경우에도 그 사유가 없어진 날부터 2주일 내에 소송행위를 보완할 수 있다(법 제40조; 민사소송법 제173조 제1항).

청구기간 경과에 정당한 사유가 있는 경우에는 기간 경과 후에 권한쟁의심판이 청구되더라도 적법한 것으로 받아들여질 것이다. 여기서 정당한 사유는 지연된 심판청구를 허용하는 것이 사회통념상 상당한 경우를 뜻한다. 피청구인(건설교통부장관)이 부산광역시 동래구가 소유·관리하는 도로를 국민임대주택 건설사업계획의 사업시행자에게 무상귀속하는 처분을 관보에 게재하여 고시하였다면, 동 처분을 다투는 청구인(동래구청장)으로서는 그 게재일에 동 처분으로 인한 자신의 권한 침해의 사실을 알았다고 볼 것이므로, 그로부터 60일이 지나 청구된 권한쟁의심판은 청구기간이 경과되었고 청구인이 피청구인에게 위 사업계획의 승인 내용을 변경해 줄 것을 요청하였다는 것만으로는 권한쟁의심판청구가 지연될 만큼의 상당한 사정이 있었다고 볼 수 없다(헌재 2007.3.29. 2006헌라7등).

2012.5.2.에 발생한 국회법 일부개정법률안에 대한 수정안의 가결선포행위에 대하여 2016.1.11. 심판청구를 한 것은 위 가결선포행위가 있은 날부터 180일이 경과한 후에 이루어진 심판청구로서 청구기간을 도과하였음이 명백하다(헌재 2016.5.26. 2015헌라1).

5. 심판의 이익

권한쟁의심판은 비록 객관소송이라 하더라도 당사자 간에 권한쟁의로써 해결해야 할 구체적인 보호이익이 있어야 하고, 청구인에 대한 권한침해 상태가 종료된 경우에는 권리보호이익이 없다(헌재 2011.8.30. 2010헌라4).

헌법재판소는 피청구인(교육과학기술부장관)이 2010.8.23.과 2010.9.12. 청구인(전라북도교육감)에 대하여 한 각 '자율형 사립고 지정·고시 취소 시정명령'으로 청구인의 권한행사에 진지한 장애가 초래되거나 법적 지위가 불리하게 되었다고 볼 수는 있으나, 법원에 계속되었던 위 '자율형 사립고 지정·고시 취소처분'의 취소소송에서 위 지정·고시 취소처분을 취소하는 판결이 확정되었으므로, 이로써 위 각 지정·고시 취소처분의 효력이 소멸되었는바, 이 지정·고시 취소처분에 대한 위 각 시정명령 또한 그 효력을 상실하였다고 보아야 하고, 그렇다면, 청구인은 더이상 위 각 시정명령에 따를 법적 의무, 즉 위 각 취소처분을 시정할 의무나 위 각 시정명령에 불응할 경우 위 각 취소처분이 취소·정지될 위험을 부담하지 않게 되었으므로 권리보호이익을 인정할 수 없으며, 나아가 지방자치단체가 자율형 사립고등학교 지정·고시처분을 취소하고 이에 대하여 국가기관이 재량권의 일탈·남용을 이유로 시정명령을 하는 경우의 반복가능성이 있다고 보기 어렵고 설령 그러한 종류의 사건이 발생하더라도 구체적인 사안마다 국가기관과 지방자치단체 간 권한침해의 사실관계, 즉, 각 자율형 사립고등학교 지정·고시처분 및 그 취소처분의 경위와 사유 등이 모두 다를 것이어서 재량권의 일탈·남용 여부에 대한 판단 역시 동일하게 이루어질 수 없으므로, 일반적으로도 다시 반복될 수 있는 사안으로서 헌법적 해명의 필요성이 있는 경우라고 볼 수 없어 심판의 이익도 인정하기 어렵다고 하였다(헌재 2011.8.30. 2010헌라4).

이에 반하여, 국회의장인 피청구인이 국회의원인 청구인을 그 의사에 반하여 국회보건복지위원회에서 사임시키고 환경노동위원회로 보임한 행위에 대하여 권한쟁의심판을 청구한 사안에서, 청구인이 임기 후반기에 다시 보건복지위원회에 배정되었으므로 권한쟁의심판청구에 의하여 달성하고자 하는 목적은 이미 이루어져 권리보호이익은 소멸하였으나, 상임위원회 위원의 개선, 즉 사·보임행위는 법률의 근거 하에 국회 관행상 빈번하게 행해지고 있고 그 과정에서 당해 위원의 의사에 반하는 사·보임이 이루어지는 경우도 얼마든지 예상할 수 있으므로 일반적으로도 다시 반복될 수 있는 사안이어서 헌법적 해명의 필요성이 있어 심판의 이익이 있다고 하였다(헌재 2003.10.30. 2002헌라1).

제5절 심판절차와 종국결정

1. 심판절차

가. 심판청구

(1) 심판청구서의 제출

권한쟁의심판의 청구는 청구서를 지참하여, 우편으로 그리고 전자문서의 형태로 제출할 수 있다.

(2) 심판청구서 기재사항

권한쟁의심판의 청구서에는 ① 청구인 또는 청구인이 속한 기관 및 심판수행자 또는 대리인의 표시 ② 피청구인의 표시 ③ 심판 대상이 되는 피청구인의 처분 또는 부작위 ④ 청구 이유 ⑤ 그 밖에 필요한 사항을 기재하여야 한다(법 제64조).

(가) 청구인 또는 청구인이 속한 기관 및 심판수행자 또는 대리인의 표시

청구인 또는 청구인이 속한 기관의 표시란 청구인 또는 청구인이 속한 기관의 명칭, 대표자 성명 등을 뜻하고, 심판수행자 또는 대리인의 표시란 선임된 변호사인 대리인의 성명, 주소의 기재를 뜻하며, 변호사의 자격이 있는 소속직원이 심판을 수행하는 경우에는 그 성명, 직위 등의 기재를 의미한다.[20]

(나) 피청구인의 표시

피청구인의 명칭, 대표자 성명 등을 표시하여야 한다.[21] 청구인이 피청구인을 잘못 지정한 때에는 청구인의 신청에 의하여 결정으로써 피청구인의 경정을 허가할 수 있다(법 제40조 제1항, 행정소송법 제14조[22]).

---

20) 실무제요, 416면

21) 실무제요, 416면

22) 제14조(피고경정) ① 원고가 피고를 잘못 지정한 때에는 법원은 원고의 신청에 의하여 결정으로써 피고의 경정을 허가할 수 있다.

② 법원은 제1항의 규정에 의한 결정의 정본을 새로운 피고에게 송달하여야 한다.

③ 제1항의 규정에 의한 신청을 각하하는 결정에 대하여는 즉시항고할 수 있다.

④ 제1항의 규정에 의한 결정이 있은 때에는 새로운 피고에 대한 소송은 처음에 소를 제기한 때에 제기된 것으로 본다.

⑤ 제1항의 규정에 의한 결정이 있은 때에는 종전의 피고에 대한 소송은 취하된 것으로 본다.

⑥ 취소소송이 제기된 후에 제13조제1항 단서 또는 제13조제2항에 해당하는 사유가 생긴 때에는 법원은 당사자의 신청 또는 직권에 의하여 피고를 경정한다. 이 경우에는 제4항 및 제5항의 규정을 준용한다.

㈐ 심판대상이 되는 피청구인의 처분 또는 부작위

피청구인의 처분이나 부작위를 그 내용을 특정하여 기재하여야 한다.[23)]

㈑ 청구이유

청구이유에서는 청구인과 피청구인의 권한분배를 다루는 헌법 및 법률의 규정을 들어 권한의 소재 및 범위를 설명하고, 문제되는 권한의 유무 또는 범위에 관한 다툼이 발생하게 된 경위와 피청구인의 처분 또는 부작위에 의해서 헌법 및 법률에 의하여 청구인에게 부여된 특정한 권한이 침해받았거나 침해받을 현저한 위험이 있다는 이유와 함께, 피청구인의 처분 등이 헌법이나 법률에 위배되어 취소되거나 무효임이 확인되어야 할 이유를 기재한다.[24)]

㈒ 그 밖에 필요한 사항

청구기간의 준수 등을 기재한다. 권한쟁의심판청구서에는 필요한 증거서류 또는 참고자료를 첨부할 수 있다(법 제26조 제2항).

㈓ 청구취지

실무상은 심판청구서에 청구취지를 기재한다. 이는 청구인이 권한쟁의심판청구에 의하여 달성하려는 목적을 분명히 하기 위함이다.[25)]

예를 들면, "피청구인이 20××.×.×. 국회 본회의에서 ○○○ 법률안을 가결·선포한 행위가 헌법 및 국회법에 의하여 부여된 청구인의 법률안 심의·표결권한을 침해한 것이라는 확인을 구하며, 또한 피청구인의 위 행위가 무효임을 확인하여 줄 것을 청구합니다."[26)]라든가, "피청구인이 20××.×.×.자 업무처리지침 중에서 … 라고 규정한 것은 헌법 및 국회법에 의하여 부여된 청구인의 ○○에 대한 예산편성 및 집행의 권한을 침해한 것이라는 확인을 구하며, 또한 피청구인의 위 행위가 무효임을 확인하여 줄 것을 구합니다."라는 기재가 될 것이다.[27)] <아래 권한쟁의심판청구서 서식례 참조>

⑶ 사건의 접수 및 통지

심판청구서가 제출되면, 사건번호와 사건명을 부여하여 사건을 특정한다.

23) 실무제요, 417면
24) 실무제요, 418면 참조
25) 실무제요, 417면 참조
26) 실무제요, 423면
27) 실무제요, 424면

권한쟁의심판이 청구되면 헌법재판소장은 법무부장관, 지방자치단체를 당사자로 하는 경우에는 행정자치부장관(교육·학예에 관한 지방자치단체의 사무에 관한 것일 때에는 여기에 덧붙여 교육부장관), 시·군·자치구를 당사자로 하는 경우에는 권한쟁의심판인 경우에는 그 지방자치단체가 소속된 특별시·광역시 또는 도, 그 밖에 권한쟁의심판에 이해관계가 있다고 인정되는 국가기관 또는 지방자치단체 등에게 그 사실을 바로 통지하여야 한다[심판규칙(2017.5.30. 개정된 것) 제67조].

정부조직법이 2017.7.26. 법률 제14839호로 개정될 때, 종전 행정자치부의 명칭이 행정안전부로 변경되었으므로 행정안전부장관에게 통지하여야 할 것이다.

나. 대표자 및 대리인

권한쟁의심판절차에서 정부가 당사자(참가인을 포함한다. 이하 같다)인 경우에는 법무부장관이 이를 대표한다(법 제25조 제1항). 지방자치단체는 지방자치단체의 장이 대표자가 된다(지방자치법 제101조).

권한쟁의심판에서 당사자인 국가기관 또는 지방자치단체는 변호사 또는 변호사의 자격이 있는 소속 직원을 대리인으로 선임하여 심판을 수행하게 할 수 있다(법 제25조 제2항).

다. 변론과 소송참가

(1) 변론

권한쟁의의 심판은 구두변론에 의하고(법 제30조 제1항), 재판부가 변론을 열 때에는 기일을 정하여 당사자와 관계인을 소환하여야 한다(법 제30조 제3항).

권한쟁의심판청구가 부적법하고 그 흠을 보정할 수 없는 경우에는 변론 없이 하는 소의 각하를 정한 민사소송법 제219조를 준용하여 변론 없이 심판청구를 각하하는 결정을 할 수 있다.

(2) 소송참가

권한쟁의심판의 결정은 당사자뿐만 아니라 헌법 및 법률상의 권한질서에 영향을 미치므로 그 절차에 이해관계있는 국가기관 등이 참여할 기회가 제공될 필요가 있다.

권한쟁의심판에 소송참가가 가능한지 여부 및 그 구체적인 절차는 행정소송법이 우선적으로 준용되므로(법 제40조 제1항, 행정소송법 제17조[28]), 헌법재판소는 다른 국가기관

---

28) 제17조(행정청의 소송참가) ① 법원은 다른 행정청을 소송에 참가시킬 필요가 있다고 인정할 때에는 당사자 또는 당해 행정청의 신청 또는 직권에 의하여 결정으로써 그 행정청을 소송에 참가시킬 수 있다.

등을 소송에 참가시킬 필요가 있다고 인정될 때에는 당사자의 신청 또는 직권에 의한 결정으로 그 기관을 권한쟁의심판에 참가시킬 수 있고, 헌법재판소가 참가의 허부에 관한 결정을 할 때는 당사자 및 참가하고자 하는 기관 등의 의견을 들어야 한다.

헌법재판소의 결정으로 참가가 허용된 기관 등은 참가할 때의 소송의 진행정도에 따라 할 수 없는 소송행위를 제외하고 심판에 관하여 공격, 방어, 그 밖의 모든 소송행위를 할 수 있다(행정소송법 제17조 제3항, 민사소송법 제76조).

라. 가처분

헌법재판소가 권한쟁의심판의 청구를 받았을 때에는 직권 또는 청구인의 신청에 의하여 종국결정의 선고 시까지 심판 대상이 된 피청구인의 처분의 효력을 정지하는 결정을 할 수 있다(법 제65조).

가처분결정에는 행정소송법과 민사집행법상의 가처분 관련 규정이 준용되므로, 권한쟁의심판에서의 가처분결정은 피청구인의 처분이 그 집행 또는 절차의 속행으로 인하여 회복하기 어려운 손해발생을 예방할 필요가 있거나 기타 공공복리상의 중대한 사유가 있어야 하고, 그 처분의 효력을 정지시켜야 할 긴급한 필요가 있어야 한다(행정소송법 제23조 제2항, 제3항; 민사집행법 제300조 제2항).

가처분 신청에 대하여는 본안사건이 부적법하거나 명백하게 이유 없는 경우가 아니어야 하며, 가처분을 인용한 뒤 본안사건이 종국결정에서 청구가 기각되었을 때 발생할 수 있는 불이익과 가처분을 기각한 뒤 본안사건에서 청구가 인용되었을 때 발생하게 될 불이익을 비교형량하여 후자의 불이익이 더 큰 때에 신청을 인용하는 결정을 할 수 있다.

---

② 법원은 제1항의 규정에 의한 결정을 하고자 할 때에는 당사자 및 당해 행정청의 의견을 들어야 한다.

③ 제1항의 규정에 의하여 소송에 참가한 행정청에 대하여는 민사소송법 제76조의 규정을 준용한다.

<권한쟁의심판청구서 서식례>[29)]

권 한 쟁 의 심 판 청 구 서

청 구 인 국회의원 ○ ○ ○

대리인 변호사 ○ ○ ○

피청구인 국회의장

심판대상이 되는 피청구인의 처분 또는 부작위

피청구인이 20 . . . 국회 본회의에서 ○○○ 법률안을 가결처리한 행위

침해된 청구인의 권한

헌법 및 국회법에 의하여 부여된 청구인의 법률안 심의·표결권

청 구 취 지

피청구인이 20 . . . 국회 본회의에서 ○○○법률안을 가결선포한 행위가 헌법 및 국회법에 의하여 부여된 청구인의 법률안 심의·표결의 권한을 침해한 것이라는 확인을 구하며, 또한 피청구인의 위 행위가 무효임을 확인하여 줄 것을 청구합니다.

청 구 이 유

1. 헌법 또는 법률에 의하여 부여된 청구인의 권한의 유무 또는 범위
2. 권한다툼이 발생하여 심판청구에 이르게 된 경위
3. 피청구인의 행위에 의한 청구인의 권한의 침해
4. 피청구인의 처분이 취소 또는 무효로 되어야 하는 이유
5. 청구기간의 준수 여부 등

첨 부 서 류

1. 각종 입증서류
2. 소송위임장

20 . . .

청구인 대리인 변호사 ○ ○ ○ (인)

헌법재판소 귀중

29) 실무제요, 423면

2. 종국결정

가. 심판정족수

권한쟁의심판은 재판관 7명 이상의 출석으로 사건을 심리하고(법 제23조 제1항), 종국심리에 관여한 재판관 과반수의 찬성으로 사건에 관한 결정을 한다(같은 조 제2항 본문).

나. 결정의 내용 및 주문

(1) 각하결정

권한쟁의심판청구가 부적법한 경우, 가령 당사자능력·당사자적격 흠결, 청구기간의 경과, 권한의 침해가능성 없음 등의 경우에 "이 사건 심판청구를 각하한다."라는 결정을 한다.

(2) 기각결정

심판청구가 이유가 없을 때 "청구인의 심판청구를 기각한다."라는 결정을 한다.

(3) 인용결정

헌법재판소는 심판의 대상이 된 국가기관 또는 지방자치단체의 권한의 유무 또는 범위에 관하여 판단한다(법 제66조 제1항).

헌법재판소 결정에서 청구인의 권한범위를 확인한 결정은 주로 지방자치단체의 지역적 관할범위에 관한 권한쟁의심판의 경우에 많다. 이 때 주문의 사례를 본다. "별지 도면 표시 "가, 나, 다, 라, 마, 바, 사, 아, 자, 차, 카, 타, 가" 각 점을 순차적으로 연결한 선내 부분에 해당하는 면적 32,834.8㎡의 제방에 대한 관할권한은 청구인에게 있음을 확인한다."(헌재 2004.9.23. 2000헌라2).

또한 헌법재판소는 권한침해의 원인이 된 피청구인의 처분을 취소하거나 그 무효를 확인할 수 있다(법 제66조 제2항 전단). 헌법재판소가 부작위에 대한 심판청구를 인용하는 결정을 한 때에는 피청구인은 결정 취지에 따른 처분을 하여야 한다. 이에 의하면 헌법재판소는 재량으로 처분에 대한 취소 또는 무효확인을 결정할 수 있으나, 헌법재판소 결정에서는 적극적으로 처분의 취소나 무효확인에 나아간 사례가 드물다.

헌법재판소는, 국회의장이 2009.7.22. 15:35경 개의된 제283회 국회임시회 제2차 본회의에서 '신문 등의 자유와 기능보장에 관한 법률('신문법') 전부 개정법률안'의 가결을 선포한 행위 및 '방송법 일부개정법률안'의 가결을 선포한 행위는 청구인들의 법률안 심의·표결권을 침해하였다고 인정하면서도 위 신문법 개정법률안, 방송법 개정법률안의 각 가결선포행위에 대한 무효확인청구는 기각하였다(헌재 2009.10.29. 2009헌라8등). 또한, 한미FTA 비준동의안 상임위원회 상정행위 및 소위원회 회부행위와 관련하여, 국회 상임위원회 위원장이 위원회 전체회의 개의 직전부터 회의가 종료될 때까지 회의장 출입문을 폐쇄하여 회의의 주체인 소수당 소속 상임위원회 위원들의 출입을 봉쇄한 상태에서 상임위원회 전체회의를 개의하여 안건을 상정한 행위 및 소위원회로 안건심사를 회부한 행위가 회의에 참석하지 못한 소수당 소속 상임위원회 위원들의 조약비준동의안에 대한 심의권을 침해한 것으로 인정하면서도, 위 안건을 위와 같이 상정한 행위 및 회부한 행위에 대한 무효확인청구는 기각하였다(헌재 2010. 12. 28. 2008헌라7등).

헌법재판소가 부작위에 대한 심판청구를 인용하는 결정을 한 때에는 피청구인은 결정 취지에 따른 처분을 하여야 한다(법 제66조 제2항 후단).

(4) 심판절차종료선언

청구인이 심판청구 후 사망하거나, 당사자능력을 상실하거나, 심판청구를 취하하는 경우 심판절차종료선언을 한다.

헌법재판소는 국회의원인 청구인이 국회의장을 상대로 권한쟁의심판을 청구한 후 사망한 경우에(헌재 2010.11.25. 2009헌라12), 권한쟁의심판절차 계속 중에 국회의원직을 상실한 경우에(헌재 2016.4.28. 2015헌라5), 각 소송절차종료선언을 한 바 있고, 그 주문은 "청구인 ○○○의 이 사건 권한쟁의심판절차는 2010.○○.○○. 위 청구인의 사망으로 종료되었다.", "청구인 박○은의 이 사건 권한쟁의심판절차는 2015.○○.○○. 위 청구인의 국회의원직 상실로 종료되었다."라는 것이었다.

다. 결정의 효력

헌법재판소의 권한쟁의심판의 결정은 모든 국가기관과 지방자치단체를 기속한다(법 제67조 제1항). 위헌법률심판의 위헌결정, 헌법소원의 인용결정만 기속력이 인정되는 데 반해(법 제47조 제1항, 제75조 제1항), 권한쟁의심판의 경우에는 모든 결정에 기속력이 있다. 따라서 다른 국가기관 등은 헌법재판소의 결정에 저촉되는 다른 판단이나 행위를 할 수 없고, 헌법재판소 결정의 내용을 자신의 판단 및 조치의 기초로 삼아야 한다.[30]

또한 피청구인은 위헌위법성이 확인된 행위를 반복하여서는 아니되고, 나아가 자신이 야기한 위헌위법상태를 제거하여 합헌 합법적 상태를 회복할 의무를 부담한다.[31]

30) 실무제요, 443면

31) 실무제요, 443면

부작위에 대한 인용결정의 경우 피청구인은 결정취지에 따는 처분을 하여야 한다(법 제66조 제2항).

헌법재판소가 2009.10.29. 국회의장이 2009.7.22. 15 : 35경 개의된 제283회 국회 임시회 제2차 본회의에서 신문 등의 자유와 기능보장에 관한 법률 전부개정법률안(이하 '신문법안'이라 한다), 방송법 일부개정법률안(이하 '방송법안'이라 한다)의 각 가결선포행위가 청구인들(국회의원)의 위 각 법률안 심의·표결권을 침해한 것임을 확인하고(주문 제2항), 위 각 법률안 가결선포행위의 무효확인청구를 기각하는(주문 제4항) 결정을 선고한(헌재 2009.10.29. 2009헌라8등) 後, 위 청구인들 중 일부 국회의원들이 2009.11.6. 신문법 폐지 법률안과 방송법 폐지법률안 등을 발의하였는데 이 폐지법률안들이 국회 본회의에 보고되고 소속 상임위원회인 국회 문화체육관광방송통신위원회('문방위')에 회부되었으나, 의안상정이 이루어지지 않은 상태로 현재 문방위에 계류되어 있다. 청구인들은 헌법재판소가 2009헌라8등 사건에서 피청구인의 위 법률안 가결선포행위가 청구인들의 심의·표결권을 침해한 것이라고 결정한 이상, 위 주문의 기속력에 따라 피청구인은 청구인들에게 이 사건 각 법률안에 대한 심의·표결권을 행사할 수 있는 조치를 취하여야 함에도 불구하고 피청구인이 아무런 조치를 취하지 않고 있고, 피청구인의 위와 같은 부작위는 청구인들의 이 사건 각 법률안 심의·표결권을 침해하는 것이라고 주장하며 2009.12.18. 권한쟁의심판을 청구하였다. 이 사안에서 헌법재판소는 각하 4, 기각 1, 인용 4의 의견으로 기각결정을 선고하였다(헌재 2010.11.25. 2009헌라12). 4인 재판관의 인용의견은 헌법재판소가 청구인들의 심의·표결권의 침해를 확인하였음에도 불구하고, 국회가 그 위법성을 바로잡아 침해된 청구인들의 권한을 회복시킬 의무를 이행하지 않는 것은 헌법재판소 2009헌라8 결정의 기속력을 부인하고 청구인들의 권한침해상태를 존속시키는 것이므로 그 청구를 받아들여야 한다는 것이었다.

국가기관 또는 지방자치단체의 처분을 취소하는 결정은 그 처분의 상대방에 대하여 이미 생긴 효력에 영향을 미치지 아니한다(법 제67조 제2항). 이 조항은 처분의 유효성을 신뢰한 제3자의 법적 안정성을 보호하기 위하여 처분의 상대방에 대한 관계에서 취소결정의 소급효를 제한하기 위한 것이므로, 처분의 상대방이 곧 청구인이어서 제3자의 법적 지위에 영향을 미칠 수 없는 경우에는 이 조항이 적용되지 않는다.[32)]

32) 실무제요, 443-444면 참조

제5장 탄핵심판

제1절 개관

1. 의의 및 연혁

가. 의의

탄핵이란 통상적인 사법절차나 징계절차에 따라 소추하거나 징계하기가 곤란한 행정부의 고위직 공무원이나 법관 등과 같이 신분이 보장된 공무원 등이 위헌, 위법행위 등 중대한 비위를 범한 경우에 이를 의회가 소추하여 면직하는 등의 절차를 말한다(헌재 1996.2.29. 93헌마186 참조). 탄핵심판은 신탁권력을 행사하는 고위 공직자에 대하여 더 이상 통치권력을 계속 맡기는 것이 부당한 경우에 국민의 대표자인 국회의 책임추궁을 통하여 그 재직 도중에 신탁을 철회함으로써 통치의 정당성을 거두어들인다는 의미를 내포하고 있다.[1]

우리나라와 독일과 같이 탄핵소추와 탄핵심판의 권한을 분리하여 후자의 권한을 의회가 아닌 사법기관에 부여하는 유형이라 하더라도 전체로서의 탄핵과정은 의회권력과 집행권력 간의 대결구도로 짜여져 있고, 사법기관은 그 가운데에서 공정한 판정을 내리는 제3자에 불과하므로 탄핵소추와 탄핵심판의 권한과 절차를 어떻게 분배하던, 탄핵의 사유를 어떻게 설정하든 전체로서의 탄핵절차의 핵심적 주체는 의회이다.[2]

탄핵심판제도는 이념상 고위공직자에 의한 하향식 헌법 침해로부터 헌법을 보호하기 위한 중요한 헌법보호제도의 하나이다.[3]

나. 연혁

(1) 근대적 탄핵제도의 시작

근대적 의미의 탄핵심판제도가 영국에서 시작되었다고 보는 데에는 이의가 없다.[4]

영국에서 발전한 탄핵심판제도는 미국에 전파되어 1787년에 제정된 미국 연방헌법

---

1) 김하열, 헌법소송법 제3판, 박영사, 2018, 675면 참조
2) 위의 책, 675면
3) 허영, 한국헌법론, 박영사, 2001, 812면
4) 헌법재판소, 탄핵심판제도에 관한 연구, 헌법재판연구 제12권, 2001, 4-5면 참조

에서[5] 최초로 실정헌법화 되었고, 그 후 다시 유럽대륙으로 전파되었음은 물론이고 기타의 아시아와 아프리카 국가들에게도 영향을 미쳐 오늘에 이르고 있다.

(2) 우리나라의 연혁

우리나라는 1948년 제헌헌법 이래 일관되게 탄핵심판제도를 두고 있다. 임시정부 하의 헌법에서도 탄핵심판제도를 두고 있었고, 이승만 대통령에 대한 탄핵심판도 경험했다(이에 대하여는 제1장 참조). 제헌헌법 이래 여러 차례 탄핵의 대상, 소추기관, 소추와 의결의 정족수 및 심판기관에 변화가 있어 왔지만 탄핵의 사유만큼은 동일하게 유지되어 왔다. 그간의 변화를 정리해보면 아래 표와 같다.

	대상	사유	소추발의와 의결	심판
제헌헌법 (1948.7.17.)	대통령, 부통령, 국무총리, 국무위원, 심계원장, 법관 기타 법률이 정하는 공무원	그 직무수행에 관하여 헌법 또는 법률에 위배한 때	발의: 의원 50인 이상 연서 의결:재적 2/3 출석, 출석 2/3	탄핵 재판소
1공화국 헌법 (1952.7.7.) -제1차 개정	〃	〃	발의: 민의원 50인 이상 의결: 양원합동회의 각 원의 재적 2/3 출석, 출석 2/3	〃
1공화국 헌법 (1954.11.29.) -제2차 개정	대통령, 부통령, 국무위원, 심계원장, 법관 기타 법률이 정하는 공무원	〃	발의: 민의원 30인 이상 의결: 양원 각각 재적 과반수	〃
2공화국 헌법 (1960.6.15.; 1960.11.29.) -제3,4차 개정	대통령, 헌법재판소심판관, 법관, 중앙선거위원회위원, 심계원장 기타 법률이 정하는 공무원	〃	〃	헌법 재판소
3공화국 헌법 (1963.12.17.) -제5차 개정	대통령·국무총리·국무위원·행정각부의 장·법관·중앙선거관리위원회위원·감사위원 기타 법률에 정한 공무원	그 직무집행에 있어서 헌법이나 법률을 위배한 때	발의: 의원 30인 이상 의결: 재적 과반수	탄핵 심판 위원회

5) 제2조 제4항: 대통령, 부통령 그리고 합중국의 모든 공무원(civil officers)은 반역죄, 수뢰죄, 또는 그 밖의 중대한 범죄 및 비행(misdemeanor)으로 탄핵을 받거나 유죄판결을 받는 경우 그 직에서 면직된다.

3공화국 헌법 (1969.10.21.) -제6차 개정	〃	〃	발의: 의원 30인 이상 의결: 재적 과반수 다만, 대통령 탄핵 발의: 50인 이상 의결: 재적 2/3	〃
유신헌법 (1972.12.27.) -제7차 개정 5공화국 헌법 (1980.10.27.) -제8차 개정	대통령·국무총리·국무위원·행정각부의 장·헌법위원회위원·법관·중앙선거관리위원회위원·감사위원 기타 법률에 정한 공무원	〃	발의: 재적 1/3 의결: 재적 과반수 다만, 대통령 탄핵 발의: 재적 과반수 의결: 재적 2/3	헌법 위원회
현행 헌법 (1988.2.25.) -제9차 개정	대통령·국무총리·국무위원·행정각부의 장·헌법재판소 재판관·법관·중앙선거관리위원회 위원·감사원장·감사위원 기타 법률이 정한 공무원 법률이 정한 공무원: 각급 선거관리위원회 위원,[6] 검사,[7] 경찰청장,[8] 특별검사와 특별검사보,[9] 방송통신위원회위원장,[10] 원자력안전위원회위원장[11]	〃	〃	헌법 재판소

6) 원자력안전위원회의 설치 및 운영에 관한 법률 제6조(위원장) ⑤ 국회는 위원장이 그 직무를 집행함에 있어 헌법이나 법률을 위반한 때에는 탄핵의 소추를 의결할 수 있다.

7) 방송통신위원회의 설치 및 운영에 관한 법률 제6조(위원장) ⑤ 국회는 위원장이 그 직무집행에 있어서 헌법이나 법률을 위배한 때에는 탄핵의 소추를 의결할 수 있다.

8) 특별검사의 임명 등에 관한 법률 제16조(신분보장) 특별검사 및 특별검사보는 탄핵 또는 금고 이상의 형을 선고받지 아니하고는 파면되지 아니한다; 박근혜 정부의 최순실 등 민간인에 의한 국정농단 의혹 사건 규명을 위한 특별검사의 임명 등에 관한 법률 제16조(신분보장) 특별검사와 특별검사보는 탄핵 또는 금고 이상의 형을 선고받지 아니하고는 파면되지 아니한다; 드루킹의 인터넷상 불법 댓글 조작 사건과 관련된 진상규명을 위한 특별검사의 임명 등에 관한 법률 제16조(신분보장) 특별검사와 특별검사보는 탄핵 또는 금고 이상의 형을 선고받지 아니하고는 파면되지 아니한다.

9) 경찰법 제11조(경찰청장) ⑥ 경찰청장이 직무를 집행하면서 헌법이나 법률을 위배하였을 때에는 국회는 탄핵 소추를 의결할 수 있다.

10) 검찰청법 제37조(신분보장) 검사는 탄핵이나 금고 이상의 형을 선고받은 경우를 제외하고는 파면되지 아니하며, 징계처분이나 적격심사에 의하지 아니하고는 해임·면직·정직·감봉·견책 또는 퇴직의 처분을 받지 아니한다.

11) 선거관리위원회법 제9조(위원의 해임사유) 각급선거관리위원회의 위원은 다음 각 호의 1에 해당할 때가

이러한 연혁에서, 탄핵의 대상과 관련하여, 헌법이 직접 대상을 정한 외에 '기타 법률이 정하는 공무원'을 두어 입법자에게 탄핵의 대상 중 일정 부분을 정하도록 하고 있다. 또한 제2공화국 헌법의 탄핵의 대상에서 국무위원은 빠져 있는데, 이에 대하여는 국무위원에 대하여는 국회의 불신임결의권을 활용하기 위함이라고 해석되었다.[12)]

소추발의와 의결에 있어서 정족수의 변화로 제6차 개정헌법(1969년 헌법)부터 대통령 탄핵소추에 대하여 가중된 정족수를 적용하기 시작하였다.

심판기관으로는 제1공화국 헌법은 탄핵재판소, 제2공화국 헌법은 헌법재판소, 제3공화국 헌법은 탄핵심판위원회, 유신헌법과 제5공화국 헌법은 헌법위원회, 현행 헌법은 헌법재판소이다.

(3) 우리나라 탄핵소추와 심판의 실제

제헌 헌법 이후 우리 역사상 탄핵소추안이 발의된 것은 2019.8. 현재까지 모두 15건인데, 본회의에서 처리된 것은 5건이고 나머지는 폐기되었다. 탄핵소추 발의건수를 대상자별로 나눠보면 대통령 2건, 대법원장 1건, 대법관 1건, 검찰총장 6건, 검사 4건, 장관 1건인데, 그 중 검찰총장에 대한 발의는 1인이 2회 이상 발의된 경우(3명)가 별건으로 포함되었으므로, 탄핵소추의 발의를 받아본 사람은 총 12명이다. 이 가운데 국회에서 탄핵이 의결되어 탄핵심판으로까지 진행된 것은 대통령 노무현, 대통령 박근혜에 대한 2건이다. 상세한 사항은 아패 표와 같다.

<탄핵소추 발의 일람표[13)]>

	발의일 (의안번호)	의안명	이유	의결	심판
1	1985.10.18. (120102)	대법원장(유태흥)에 대한 탄핵소추에 관한 결의안(박용만 외 101)	법관인사 불공정 문제	부결	
2	1994.12.16.	검찰총장(김도언)에 대한 탄	12·12 군사쿠데타 관련자 불	부결	

아니면 해임·해촉 또는 파면되지 아니한다. 2. 탄핵결정으로 파면된 때 각급 선거관리위원회 위원이 탄핵의 대상이 된다는 견해로, 헌법재판소, 탄핵심판제도에 관한 연구,2001, 149면 참조

12) 윤세창, 신헌법, 일신사, 1960, 274면; 헌법재판소, 앞의 책(각주 4), 142면에서 재인용.

13) 대한민국국회 누리집 의안정보시스템 페이지(http://likms.assembly.go.kr/bill/main.do); https://news.mt.co.kr/mtview.php?no=2016112916257645658&outlink=1&ref=%3A%2F%2F (구경민 기자, 2016. 12. 1.자 머니투데이 기사) 참조

	(140992)	핵소추안(신기하 외 100)	기소 등		
3	1998.5.26. (151078)	검찰총장(김태정)에 대한 탄핵소추안(하순봉 외 149)	피의사실공표, 야당 편파·표적수사, 검찰중립성 훼손	폐기	
4	1999.2.4. (151804)	검찰총장(김태정)에 대한 탄핵소추안(이부영 외 149)	〃	부결	
5	1999.8.26. (152068)	검찰총장(박순용)에 대한 탄핵소추안(이부영 외 131)	자료제출 거부, 선거사범불공정 처리	임기만료폐기	
6	2000.10.13. (160205)	검찰총장(박순용) 탄핵소추안(정창화 외 132)	〃	폐기	
7	2000.10.13. (160206)	대검찰청차장검사(신승남) 탄핵소추안(정창화 외 132)	선거사범 불공정 처리,검찰중립성 훼손	〃	
8	2001.12.5. (161276)	검찰총장(신승남) 탄핵소추안	〃	〃	
9	2004.3.9. (163171)	대통령(노무현)탄핵소추안(유용태 등2인 외 157)	선거중립의무 위반	가결	기각
10	2007.12.10. (177996)	검사(최재경) 탄핵소추안(김효석 외 140)	'BBK사건' 수사관련 직권남용, 증거조작, 사실은폐 등 검찰청법 위반	폐기	
11	2007.12.10. (177997)	검사(김기동) 탄핵소추안(김효석 외 140)	〃	〃	
12	2007.12.10. (177998)	검사(김홍일) 탄핵소추안(김효석 외 140)	〃	〃	
13	2009.11.6. (1806489)	대법관(신영철) 탄핵소추안(이강래등 4인 외 102)	재판 독립성 침해	〃	
14	2015.9.14. (1916839)	행정자치부장관(정종섭) 탄핵소추안 (이종걸 외 128)	헌법·공직선거법상 공무원의 선거중립의무 위반	〃	
15	2016.12.9 (2004092)	대통령(박근혜) 탄핵소추안(노회찬·우상호·박지원 등 171)		가결	인용

2. 탄핵심판의 목적과 기능

가. 목적과 기능

(1) 의회의 권력통제수단

연혁적으로 탄핵심판제도는 권력통제의 메카니즘으로 시작되었다.[14] 의원내각제 정부형태를 채택하고 있던 영국의 경우, 의회는 내각 불신임권과 주요 내각구성원에 대한 임명동의권을 통하여 행정부를 통제할 수 있었으나, 이러한 권력통제에는 예외영역이 있었다. 즉 국왕과 법관의 경우 의회에 대해서는 물론이고 어느 헌법기관에 대해서도 책임을 지는 방법이 없었던 것이고, 따라서 국왕의 보호를 받는 고위공직자(왕의 신하)와 법관에 대한 권력통제의 필요성에서 탄핵심판제도가 창안된 것이다.[15] 그리고 의회에 대해 정치적 책임을 지우기에 적합하지 않은 국왕과 법관에 대한 책임추궁의 방법은 법적 책임이 될 수밖에 없었고,[16] 이와 같이 의회가 행정부와 사법부를 견제하고 통제하기 위한 수단으로 발전된 것이 탄핵심판제도인 것이다.[17]

미국의 경우에는 헌법상 엄격한 3권분립을 전제로 하여 행정부와 사법부에 속하는 공직자의 부정행위를 처벌하는 특별한 권한을 이들 두 기관으로부터 독립되어 있고 선거를 통해 국민에게 직접 책임을 지는 기관인 의회가 행사하는 탄핵제도를 고안해 낸 것이다.[18]

정부형태를 불문하고 탄핵심판제도는 제도적 의의가 있다는 것을 의미한다. 즉 국민의 대표적 대의기관인 의회에 대해 정치적 책임을 지지 않는 고위공직자가 존재하는 한 탄핵심판제도의 유용성은 인정될 수밖에 없다는 결론에 이른다.[19]

(2) 헌법보호기능

탄핵심판제도는 이념상 고위공직자에 의한 하향식 헌법침해로부터 헌법을 보호하기 위한 중요한 헌법보호제도의 하나이다.[20] 대통령, 최고집행권력자, 법관 등과 같이 일반 사법기관에 의한 통상의 사법절차로는 이들 권력자의 반규범적 위헌 위법행위가

14) 헌법재판소, 앞의 책(각주 4), 5면 참조

15) 위의 책, 5-6면 참조

16) 위의 책, 6면 참조

17) 위의 책, 7면 참조

18) Michael J. Gerhardt, The Federal Impeachment Process: A Constitutional and Historical Analysis, 2nd ed. (University of Chicago Press, 2000), p.3

19) 헌법재판소, 앞의 책(각주 4), 12면 참조

20) 허영, 앞의 책(각주 3), 812면

제어되기 어려울 때 의회에 의한 탄핵은 통상의 사법절차를 보충함으로써 법치주의의 특별한 보장자 역할을 하게 되고 이러한 법치주의원리의 지평의 확대로서 헌법보호기능을 한다.[21]

헌법재판소도, 헌법은 대통령을 탄핵대상에 포함시킴으로써 비록 국민에 의하여 선출되어 직접적으로 민주적 정당성을 부여받은 대통령이라 하더라도 헌법질서의 수호를 위해서는 파면될 수 있으며, 파면결정으로 인하여 발생하는 상당한 정치적 혼란조차도 국가공동체가 자유민주적 기본질서를 수호하기 위하여 불가피하게 치러야 하는 민주주의 비용으로 간주하고, 대통령에 대한 탄핵제도는 누구든지 법 아래에 있고, 아무리 강한 국가권력의 소유자라도 법 위에 있지 않다는 법의 지배 내지 법치국가원리를 구현하고자 하는 것이라고 하였다(헌재 2004.5.14. 2004헌나1).

또한 헌법재판소는, 탄핵심판절차가 행정부와 사법부의 고위공직자에 의한 헌법침해로부터 헌법을 수호하고 유지하기 위한 제도이며, 그 목적과 기능에 대하여, '헌법 제65조는 행정부와 사법부의 고위공직자에 의한 헌법 위반이나 법률 위반에 대하여 탄핵소추의 가능성을 규정함으로써, 그들에 의한 헌법 위반을 경고하고 사전에 방지하는 기능을 하며, 국민에 의하여 국가권력을 위임받은 국가기관이 그 권한을 남용하여 헌법이나 법률에 위반하는 경우에는 다시 그 권한을 박탈하는 기능을 한다. 즉, 공직자가 직무수행에 있어서 헌법에 위반한 경우 그에 대한 법적 책임을 추궁함으로써, 헌법의 규범력을 확보하고자 하는 것'이라고 하였다(헌재 2004.5.14. 2004헌나1).

나. 탄핵제도의 효용

오늘날 대부분의 국가에 있어서 정당국가현상 때문에 탄핵심판제도가 약화되고 있는 것을 알 수 있다. 즉 그 정부형태가 의원내각제이건 아니면 대통령제이건 모두 정당에 의해 행정부와 의회다수파가 장악되고 있기 때문에 의회의 의결을 통해 소추가 이뤄지는 탄핵심판이 쉽게 이뤄질 수 없음은 의심의 여지가 없다.[22]

그러나 탄핵심판제도는 제도의 존재 자체로 경고와 예방의 기능을 하며, 종국결정에 이르지 않더라도 탄핵소추의 발의와 의결 과정에서 대외적 통제가 상당 부분 활성화될 수 있다.[23]

---

21) 김하열, 앞의 책 676면 참조

22) 헌법재판소, 앞의 책(각주 4), 167면

23) 김하열, 앞의 책, 686면 참조

제2절 탄핵대상과 탄핵사유

헌법은 제65조 제1항에서 탄핵대상자를 '대통령·국무총리·국무위원·행정각부의 장·헌법재판소 재판관·법관·중앙선거관리위원회 위원·감사원장·감사위원 기타 법률이 정한 공무원'으로 정하고 있고, 이를 법 제48조에서는 1. 대통령, 국무총리, 국무위원 및 행정각부(行政各部)의 장 2. 헌법재판소 재판관, 법관 및 중앙선거관리위원회 위원 3. 감사원장 및 감사위원 4. 그 밖에 법률에서 정한 공무원으로 분류해서 정하고 있다.

1. 헌법규정에 의한 탄핵대상자

가. 대통령

대통령은 탄핵심판의 전형적인 대상이며, 특히 우리 탄핵심판의 역사에서는 절대적으로 중요한 경험으로 자리잡고 있다.

대통령중심제인 한국에서 대통령에 대한 탄핵과 그 외이 공직자를 대상으로 하는 탄핵은 구별해서 이해할 필요가 있다. 국민에 의한 직선으로 임기가 보장된 대통령을 국회의 소추와 헌법재판소의 결정으로 임기 전에 파면하는 것은 선거를 통한 국민의 심판을 미리 국회와 헌법재판소가 대신하는 셈이라는 점에서, 또한 국회의 소추가 국민 다수의 여론을 따라 이뤄지는 것을 전제로 한다면 대통령에 대한 탄핵은 사실상 아래로부터의 국민적 저항을 기초로 하여 헌법질서 안에서 헌법이 정한 절차에 따라 책임을 추궁할 수 있다는 의미를 갖는다고 하겠다.[24)]

대통령이 궐위되거나 사고로 인하여 직무를 수행하지 못함으로써 권한을 대행하는 경우, 그 대행자가 탄핵의 대상이 되어야 함을 물론이다. 현행 헌법상 대통령권한대행은 제1차적으로는 국무총리가, 제2차적으로는 법률(정부조직법)이 정하는 순서대로 국무위원이 담당하게 되어 있는데(헌법 제71조), 이들 모두 탄핵의 대상자로 규정되어 있기 때문에 해석상 별다른 문제점은 없다. 단 이들은 대통령권한대행자로서의 지위를 갖기 때문에 이들에 대한 탄핵소추 및 심판결정의 정족수는 대통령의 경우에 준하여 판단하여야 할 것이다.[25)]

---

24) 헌법재판소, 앞의 책(각주 4), 146면 참조

25) 위의 책, 148-149면

나. 국무총리, 국무위원 및 행정각부(行政各部)의 장

대통령에 의하여 임면되는 국무총리·국무위원·행정각부의 장 등 고위공무원이 위헌 위법 행위를 하였으나 대통령에 의하여 책임추궁이 이뤄지지 않는 경우에 탄핵에 의하여 이들을 파면함으로써 임명된 공직자들의 직무집행에 관하여 법적 책임을 추궁할 수 있다. 또한 이러한 탄핵에 의하여 대통령의 공무원 임면권의 행사가 보다 엄정해지고 또한 신중해지리라고 본다.[26)]

현행 헌법상 국회의원이 국무총리나 국무위원을 겸직할 수 있는데, 국회의원이 국무총리나 국무위원을 겸하는 경우 국회의원으로서 직무상 행위를 사유로 그를 국무총리나 국무위원직으로부터 파면하도록 탄핵소추를 할 수 있는가가 문제될 수 있다. 비록 동일인이 국회의원과 국무총리 또는 국무위원을 겸한다 하더라도 직책이 구별되는 만큼 국회의원으로서 행한 직무행위를 이유로 탄핵을 소추할 수 없다고 보아야 한다는 의견이 있다.[27)]

우리 국회도 2015년에 행정자치부장관의 공직선거법위반행위에 대한 탄핵소추를 발의한 적은 있으나 본회의 보고 후 표결시한을 넘겨 자동폐기된 적이 있다.

다. 헌법재판소 재판관, 법관 및 중앙선거관리위원회 위원

중립적인 입장에서 직무를 불편부당하게 집행하여야 하는 법관, 헌법재판소 재판관, 중앙선거관리위원회 위원, 감사원장, 감사위원 등에 대한 탄핵은 헌법과 법률에 충실한 직무집행을 강요함으로써 혹시 있을 수 있는 임명권자를 향한 의식적 또는 무의식적 편향에 대한 견제력으로 작용할 수 있다고 본다. 그러한 점에서 이들에 대한 탄핵은 헌법의 규범력 확보의 차원에서 매우 필요하고 또한 바람직하다고 본다.[28)]

여기의 법관은 법원조직법상의 대법원장, 대법관, 판사를 말한다(법원조직법 제5조 제1항[29)]). 국방부 또는 각 군 본부에 소속되고, 각 군 참모총장이 영관급 이상의 소속 군법무관 중에서 임명하는 군판사는 여기의 법관에 해당되지 않는다.[30)]

---

26) 위의 책, 147면 참조

27) 위의 책, 149면 참조

28) 위의 책, 147면

29) 법원조직법 제5조(판사) ① 대법원장과 대법관이 아닌 법관은 판사로 한다.

30) 군사법원법 제23조(군판사의 임명 및 소속) ① 군판사는 각 군 참모총장이 영관급 이상의 소속 군법무관 중에서 임명한다. 다만, 국방부 및 국방부직할통합부대의 군판사는 국방부장관이 영관급 이상의 소속 군법무관 중에서 임명한다. ③ 군판사의 소속은 국방부 또는 각 군 본부로 하고, 군판사의 파견·겸임·순회재판 등의 기준은 재판의 공정성 확보 및 군판사의 인력수급 사정 등을 고려하여 대통령령으로 정한다.

헌법재판소 재판관에 대한 탄핵은 헌법재판소의 자기사건 재판이라는 곤란한 문제를 일으키는바, 입법적인 해결이 필요해 보인다.[31]

2. 법률규정에 의한 탄핵대상자

우리 헌법은 탄핵의 대상을 한정적으로 규정하고 있는 독일,[32] 프랑스,[33] 일본[34] 등과는 달리 개방적으로 규정하고 있는데, 개방적으로 규정하였다는 점에서는 탄핵의 대상자를 대통령, 부통령을 비롯한 모든 문관공무원(all civil officer)으로 광범위하게 규정한 미국과 같다. 그렇지만 우리는 헌법 제65조 제1항이 규정하고 있는 탄핵의 대상을 제외하고 법률에 의하여 탄핵대상자를 정하기 때문에 해석에 의하여 대상자를 확정해야 하는 미국보다는 훨씬 명확하게 정해져 있고, 법률에 의하여 탄핵대상자를 추가적으로 정할 수 있게 한 것은 탄핵소추권자인 국회의 탄핵소추 여부의 판단재량을 존중한 것으로 볼 수 있다.[35] 또한 입법례에 따라서는 의원을 탄핵의 대상으로 삼는 경우도 있으나,[36] 우리는 국회의원을 탄핵의 대상으로 포함시키지 않고 있다.

탄핵에 대한 일반 법률은 없기 때문에, 그 구체적인 대상 여부는 개별 법률이 정하는 바에 의한다. 개별 법률에 의해서 탄핵대상자로 정해진 대상자를 본다. 흔히 언급되는 대상자로 검사와 경찰청장이 있다. 검찰청법에는 '검사는 탄핵이나 금고 이상의 형을 선고받은 경우를 제외하고는 파면되지 아니하며'라고 정하여 검사가 탄핵소추될 수 있음을 정하고 있고(제37조[37]), 경찰법에는 "경찰청장이 직무를 집행하면서 헌법이나 법률을 위배하였을 때에는 국회는 탄핵소추를 의결할 수 있다."라고 정하고 있다(제11조[38]).

이와 유사하게 특별검사와 특별검사보는 그 직을 설치하게 하는 근거 법률에 "탄핵 또는 금고 이상의 형을 선고받지 아니하고는 파면되지 아니한다."라고 정하여 이들이

---

31) 김하열, 앞의 책, 692면 참조

32) 연방대통령과 연방 주 법관

33) 대통령과 정부구성원

34) 재판관

35) 헌법재판소, 앞의 책(각주 4), 168면

36) 영국

37) 검찰청법 제37조(신분보장) 검사는 탄핵이나 금고 이상의 형을 선고받은 경우를 제외하고는 파면되지 아니하며, 징계처분이나 적격심사에 의하지 아니하고는 해임·면직·정직·감봉·견책 또는 퇴직의 처분을 받지 아니한다.

38) 경찰법 제11조(경찰청장) ⑥ 경찰청장이 직무를 집행하면서 헌법이나 법률을 위배하였을 때에는 국회는 탄핵 소추를 의결할 수 있다.

탄핵의 대상이 될 수 있음을 정하고 있으며,[39] 각급 선거관리위원회 위원은 '탄핵결정으로 파면된 때가 아니면 해임 해촉 또는 파면되지 아니한다.'라고 정한 규정에[40] 의거할 때 탄핵대상자가 될 수 있다고 할 수 있다.[41]

이 외에 방송통신위원회위원장과,[42] 원자력안전위원회위원장[43]은 각 그 위원회의 설치근거 법률에 공히 "국회는 위원장이 그 직무집행에 있어서 헌법이나 법률을 위배한 때에는 탄핵의 소추를 의결할 수 있다."라고 정하여, 탄핵의 대상자가 될 수 있음을 명확히 알리고 있다.

3. 탄핵사유

헌법과 헌법재판소법은 공히 탄핵의 사유를 '그 직무집행에 있어서 헌법이나 법률을 위배한 때'라고 정하고 있다(헌법 제65조 제1항; 헌법재판소법 제48조).

가. '그 직무집행에 있어서'

헌법재판소는, '직무집행에 있어서'의 '직무'란, 법제상 소관 직무에 속하는 고유 업무 및 통념상 이와 관련된 업무를 말한다. 따라서 직무상의 행위란, 법령·조례 또는 행정관행·관례에 의하여 그 지위의 성질상 필요로 하거나 수반되는 모든 행위나 활동을 의미한다고 하였다(헌재 2004.5.14. 2004헌나1). 따라서 그 지위의 성질상 필요로 되지 않거나 수반되지 않는 행위나 활동은 직무에 해당하지 않으므로 이와 같이 성질상 무관한 행위는 탄핵의 사유가 될 수 없다.

또한 직무의 '집행에' 있어야 하므로, 직무취임 전이나 퇴직 후의 행위는 탄핵의 사

---

39) 특별검사의 임명 등에 관한 법률 제16조(신분보장) 특별검사 및 특별검사보는 탄핵 또는 금고 이상의 형을 선고받지 아니하고는 파면되지 아니한다; 박근혜 정부의 최순실 등 민간인에 의한 국정농단 의혹 사건 규명을 위한 특별검사의 임명 등에 관한 법률 제16조(신분보장) 특별검사와 특별검사보는 탄핵 또는 금고 이상의 형을 선고받지 아니하고는 파면되지 아니한다; 드루킹의 인터넷상 불법 댓글 조작 사건과 관련된 진상규명을 위한 특별검사의 임명 등에 관한 법률 제16조(신분보장) 특별검사와 특별검사보는 탄핵 또는 금고 이상의 형을 선고받지 아니하고는 파면되지 아니한다.

40) 선거관리위원회법 제9조(위원의 해임사유) 각급선거관리위원회의 위원은 다음 각 호의 1에 해당할 때가 아니면 해임·해촉 또는 파면되지 아니한다. 2. 탄핵결정으로 파면된 때

각급 선거관리위원회 위원이 탄핵의 대상이 된다는 견해로, 헌법재판소, 앞의 책(각주 4), 149면 참조

41) 김하열, 앞의 책 693면

42) 방송통신위원회의 설치 및 운영에 관한 법률 제6조(위원장) ⑤ 국회는 위원장이 그 직무집행에 있어서 헌법이나 법률을 위배한 때에는 탄핵의 소추를 의결할 수 있다.

43) 원자력안전위원회의 설치 및 운영에 관한 법률 제6조(위원장) ⑤ 국회는 위원장이 그 직무를 집행함에 있어 헌법이나 법률을 위반한 때에는 탄핵의 소추를 의결할 수 있다.

유가 되지 아니한다. 헌법재판소도, 대통령(노무현) 탄핵사건에서, 탄핵사유의 요건을 '직무' 집행으로 한정하고 있으므로, 위 규정의 해석상 대통령의 직위를 보유하고 있는 상태에서 범한 법위반행위만이 소추사유가 될 수 있다고 보아야 한다. 따라서 당선 후 취임 시까지의 기간에 이루어진 대통령의 행위도 소추사유가 될 수 없고, 대통령당선자의 지위와 권한은 대통령의 직무와는 근본적인 차이가 있고, 이 시기 동안의 불법정치자금 수수 등의 위법행위는 형사소추의 대상이 되므로, 헌법상 탄핵사유에 대한 해석을 달리할 근거가 없다고 하였다(헌재 2004.5.14. 2004헌나1).

나. 헌법이나 법률를 위배한 때

(1) 헌법, 법률

여기의 헌법에는 명문의 헌법규정뿐만 아니라 헌법재판소의 결정에 의하여 형성되어 확립된 불문헌법도 포함된다(헌재 2004.5.14. 2004헌나1). 그러나 탄핵제도의 취지에 비추어 성문헌법과 달리 법적 명확성과 안정성이 없는 관습헌법을 위반하였다는 이유로 공직에서 파면하는 것은 법치주의원리에 비추어 허용되기 어렵다는 견해가 있다.[44]

그리고 법률에는 형식적 의미의 법률뿐만 아니라 법률과 동등한 효력을 가지는 국제조약, 일반적으로 승인된 국제법규 그리고 긴급명령 긴급재정경제명령 등도 포함된다.[45]

(2) 헌법과 법률에 의한 대통령의 공익실현의무

헌법 제7조 제1항은 국민주권주의와 대의민주주의를 바탕으로 공무원을 '국민 전체에 대한 봉사자'로 규정하고 공무원의 공익실현의무를 천명하고 있고, 헌법 제69조는 대통령의 공익실현의무를 다시 한 번 강조하고 있다. 대통령은 '국민 전체'에 대한 봉사자이므로 특정 정당, 자신이 속한 계급·종교·지역·사회단체, 자신과 친분 있는 세력의 특수한 이익 등으로부터 독립하여 국민 전체를 위하여 공정하고 균형 있게 업무를 수행할 의무가 있다. 대통령의 공익실현의무는 국가공무원법 제59조, 공직자윤리법 제2조의2 제3항, '부패방지 및 국민권익위원회의 설치와 운영에 관한 법률'(다음부터 '부패방지권익위법'이라 한다) 제2조 제4호 가목, 제7조 등 법률을 통해 구체화되고 있다(헌재 2017.3.10. 2016헌나1).

---

44) 실무제요, 447면

45) 실무제요, 447면

(3) 부당한 정책결정 또는 정치적 무능

헌법이나 법률을 위반한 경우로 국한되기 때문에 부당한 정책결정이나 정치적 무능으로 야기되는 행위 등은 탄핵의 사유가 되지 아니한다.[46] 헌법재판소는, 대통령의 '직책을 성실히 수행할 의무'는 헌법적 의무에 해당하지만, '헌법을 수호해야 할 의무'와는 달리 규범적으로 그 이행이 관철될 수 있는 성격의 의무가 아니므로 원칙적으로 사법적 판단의 대상이 되기는 어렵다고 하면서, 가령 세월호 참사 당일 피청구인이 직책을 성실히 수행하였는지 여부는 그 자체로 소추사유가 될 수 없어, 탄핵심판절차의 판단대상이 되지 아니한다고 하였다(헌재 2017.3.10. 2016헌나1).

(4) 위배

헌법과 법률을 위반하는 경우란 주로 직무집행에 있어서 헌법 및 법률상의 권한을 유월하거나 작위 또는 부작위 의무를 이행하지 않는 것을 의미한다. 헌법이나 법률을 위반한 행위를 명시적으로 예시한 입법례도 있으나, 우리 헌법은 이를 구체적으로 적시하지 않고[47] 단지 포괄적으로 규정해 둠으로써 해석론에 맡겨두고 있다.

(5) 탄핵사유의 제한 여부

법은 '탄핵심판청구가 이유 있는 경우'에 헌법재판소는 피청구인을 해당 공직에서 파면하는 결정을 선고한다(법 제53조 제1항)고 규정하고 있다. 이와 관련하여 헌법이나 법률을 위반한 모든 경우에 탄핵사유가 있다고 볼 것인지 아니면 헌법이나 법률을 위반하였다 하더라도 탄핵사유를 다시 정리해야 하는지에 대한 논의가 있다.[48]

탄핵사유 무제한설의 입장은 헌법 제65조 제1항은 탄핵사유에 아무런 제한을 두지 않으므로 대상자의 직무관련 위헌 위법행위에 대하여 탄핵소추를 할 것인지는 국회의 판단 몫이고, 헌법재판소는 위헌 위법한지 여부에 대해서만 법리적으로 판단하면 된다는 견해이다.[49]

이에 반하여 탄핵사유 제한설에는 그 제한의 방법에 따라 세 가지로 나뉜다. 첫째, 탄핵소추의결이 이루어지면 그 효과로 바로 권한행사가 정지되고 탄핵결정의 효과는 파면이라는 일도양단적인 것이므로 위헌 위법행위의 경중을 나누어 헌법과 법률에 대

---

46) 실무제요, 447면

47) 실무제요, 447면

48) 실무제요, 448면

49) 김하열, 앞의 책, 698면 참조

한 ‘중대한’ 위반의 경우로 탄핵사유를 제한적으로 해석하여야 한다는 견해,[50] 둘째, 법에서 탄핵심판청구가 이유 있는 때 파면을 한다고 정하였으므로, 여기의 ‘이유’를 파면을 정당화할 정도로 중대한 위반사유가 있는 때로 보는 견해, 즉 탄핵소추사유와 탄핵심판인용사유를 분리해서 보는 견해,[51] 셋째, 이와 달리 탄핵소추건 탄핵결정이건 헌법이나 법률을 위배한 때를 동일하게 보면서 그 내용으로 ‘파면할 만한 헌법이나 법률의 위배가 있는 때’로 제한하여 해석하는 견해가 있다.[52]

이 가운데 헌법재판소는, 헌법재판소는 대통령(노무현) 사건에서, 두 번째 견해를 취한 것으로 보인다. 헌법재판소는, 헌법 제65조 제1항의 탄핵사유(그 직무를 집행함에 있어서 헌법이나 법률을 위반한 때)가 인정되는 모든 경우에 자동적으로 파면결정을 하도록 한다는 것은 모든 사소한 법위반을 이유로 파면을 하여야 하고, 이는 책임에 상응하는 징벌의 요청, 즉 법익형량의 원칙에 위반된다고 하면서, 법 제53조 제1항의 탄핵심판청구가 이유 있는 때란 공직자의 파면을 정당화할 정도로 중대한 법위반의 경우를 말한다고 하면서, 법위반의 중대성 즉 파면결정을 할 것인지의 여부는 공직자의 헌법질서 수호의 관점에서 본 법위반행위의 중대성과 파면결정으로 인한 효과 사이의 형량을 통하여 결정된다고 하였다(헌재 2004.5.14. 2004헌나1).

50) 실무제요, 448면 참조; 김하열, 위의 책, 698면 참조
51) 실무제요, 448면 참조; 김하열, 위의 책, 699면 참조
52) 실무제요, 448면 참조; 김하열, 위의 책, 700면 참조

제3절 탄핵소추의 발의와 의결

1. 탄핵소추의 발의

가. 탄핵소추발의의 정족수, 방법, 절차

탄핵소추의 발의는 국회 재적의원 1/3 이상으로 한다. 다만 대통령에 대한 소추의 발의는 재적의원 과반수의 발의가 있어야 한다(헌법 제65조 제2항).

탄핵소추의 발의에는 피소추자의 성명·지위와 탄핵소추의 사유·증거, 기타 조사상 참고가 될 만한 자료를 제시하여야 한다(국회법 제130조 제3항). 탄핵소추의 발의가 있는 때에는 국회의장은 발의된 후 처음 개의하는 본회의에 보고하고 본회의는 의결로 법제사법위원회에 회부하여 조사하게 할 수 있다(같은 법 제130조 제1항). 법제사법위원회가 탄핵소추의 발의를 회부받았을 때에는 지체 없이 조사·보고하여야 하고 그 조사에 있어서는 '국정감사 및 조사에 관한 법률'이 규정하는 조사의 방법 빛 조사상의 주의의무규정이 준용된다(국회법 제131조 제1항, 제2항).

본회의가 위와 같이 탄핵소추안을 법제사법위원회에 회부하기로 하지 아니한 경우에는 본회의에 보고된 때부터 24시간 이후 72시간 이내에 탄핵소추 여부를 무기명투표로 표결한다. 이 기산 내에 표결하지 아니한 탄핵소추안은 폐기된 것으로 본다(같은 법 제130조 제2항).

탄핵소추발의에는 기간이나 시효를 규정하고 있지 않으므로 국회는 탄핵대상자가 공직에 있는 한 탄핵소추를 발의할 수 있다, 그러나 탄핵심판에도 일사부재리의 원칙(법 제39조)의 원칙이 적용되기 때문에, 한법 헌법재판소가 탄핵심판 여부를 결정한 후에 국회는 동일한 사람에 대해 동일한 사유로 다시 탄핵소추의 발의를 할 수 없다.[53]

2. 탄핵소추의 의결

가. 의결

(1) 정족수

탄핵소추의 의결은 국회 재적의원 과반수의 찬성이 있어야 한다. 다만 대통령에 대한 탄핵소추 의결은 국회 재적의원 3분의 2 이상의 찬성이 있어야 한다(헌법 제65조 제2항). 본회의의 탄핵소추의 의결은 피소추자의 성명·직위 및 탄핵소추의 사유를 표시한

---

53) 실무제요, 450면

문서(소추의결서)로 하여야 한다(국회법 제133조). 탄핵소추의 의결이 있는 때에는 국회의 장은 지체 없이 소추의결서의 정본을 소추위원인 법제사법위원장에게 송달하고, 그 등본을 헌법재판소·피소추자와 그 소속 기관의 장에게 송달한다(국회법 제134조 제1항).

⑵ 의결방법

탄핵소추 의결에서 개별 소추사유별로 표결할 것인지,[54] 여러 소추사유들을 하나의 안건으로 표결할 것인지는 기본적으로 국회법 제110조에 따라 표결할 안건의 제목 설정권을 가진 국회의장에게 달려 있다(헌재 2004.5.14. 2004헌나1). 나아가 국회 재적의원 과반수에 해당하는 171명의 의원이 여러 개 탄핵사유가 포함된 하나의 탄핵소추안을 마련한 다음 이를 발의하고 안건 수정 없이 그대로 본회의에 상정된 경우에는 그 탄핵소추안에 대하여 찬반 표결을 하게 된다. 그리고 본회의에 상정된 의안에 대하여 표결절차에 들어갈 때 국회의장에게는 '표결할 안건의 제목을 선포'할 권한만 있는 것이지(국회법 제110조 제1항[55]), 직권으로 이 사건 탄핵소추안에 포함된 개개 소추사유를 분리하여 여러 개의 탄핵소추안으로 만든 다음 이를 각각 표결에 부칠 수는 없다고 하였다(헌재 2017.3.10. 2016헌나1).

⑶ 국회의 조사

국회가 탄핵소추를 발의하고 의결로 나아가는 과정에서 법제사법위원회의 조사에 대하여 헌법재판소는 위와 같이 '본회의가 법제사법위원회에 회부하여 조사하게 할 수 있다'고 하여 국회의 재량으로 규정한 것으로 보았고(헌재 2004.5.14. 2004헌나1), 국회가 탄핵소추사유에 대하여 별도의 조사를 하지 않았다거나 국정조사결과나 특별검사의 수사결과를 기다리지 않고 탄핵소추안을 의결하였다고 하여 그 의결이 헌법이나 법률을 위반한 것이라고 볼 수 없다고 하였다(헌재 2017.3.10. 2016헌나1).

피소추인에 대한 의견진술의 기회 부여 등 적법절차원칙의 적용에 대하여는 탄핵소추절차는 국회와 대통령이라는 헌법기관 사이의 문제이고 국회의 탄핵소추의결에 의하여 사인으로서의 기본권이 침해되는 것이 아니며, 국가기관이 국민과의 관계에서 공권력을 행사함에 있어서 준수해야 하는 법원칙으로서 형성된 적법절차원칙을 국가기관에 대하여 직접 적용할 수 없다고 하였다(헌재 2004.5.14. 2004헌나1).

이에 대하여는 오늘날 적법절차원칙은 모든 국가작용, 즉 입법절차적 적법성의 보장원리는 물론이고 행정절차적 적법성의 보장원리로까지 발전한 것으로서 여기에서 입

54) 미국 하원에서 탄핵을 소추하는 경우에는 각 소추사유별로 나누어 표결한다.

55) 제110조(표결의 선포) ① 표결할 때에는 의장이 표결할 안건의 제목을 의장석에서 선포하여야 한다.

법절차는 국회의 모든 의결절차를 의미하기 때문에 헌법재판소의 위 판시는 문제점이 있다는 비판이 강하다.[56)]

(4) 표결절차

탄핵소추 의결에 있어서 국회법 제93조[57)]에 따라 질의 토론을 거쳐서 표결해야 하는지에 관하여, 헌법재판소는 탄핵소추가 발의되었는데 본회의가 탄핵소추안을 법제사법위원회에 회부하기로 하지 아니한 때에는 본회의에 보고된 때부터 24시간 이후 72시간 이내에 탄핵소추 여부를 무기명투표로 표결한다고 정한 국회법 제130조 조항을 위 제93조의 특별규정으로 보아 '탄핵소추의 경우에는 질의와 토론 없이 표결할 것을 규정한 것'으로 해석할 여지가 있기 때문에, 국회의 자율권과 법해석을 존중한다면, 이러한 법해석이 자의적이거나 잘못되었다고 볼 수 없다고 하여(헌재 2004.5.14. 2004헌나1), 국회의 자율권에 따라 탄핵소추의결에서는 질문 토론 없이 표결할 수 있음을 인정하였다. 헌법재판소의 이러한 판시는 대통령 박근혜 탄핵사건(2016헌나1)에서도 유지되었는바, "국회법에 탄핵소추안에 대하여 표결 전에 반드시 토론을 거쳐야 한다는 명문 규정은 없다. 또 본회의에 상정된 안건에 대하여 토론하고자 하는 의원은 국회법 제106조에 따라 미리 찬성 또는 반대의 뜻을 의장에게 통지하고 얼마든지 토론할 수 있는데, 이 사건 소추의결 당시 토론을 희망한 의원이 없었기 때문에 탄핵소추안에 대한 제안 설명만 듣고 토론 없이 표결이 이루어졌을 뿐, 의장이 토론을 희망하는 의원이 있었는데도 고의로 토론을 못하게 하거나 방해한 사실은 없다."라고 하여 탄핵소추의결이 토론 없이 진행되어 부적법하다는 피청구인 측의 주장을 받아들이지 않았다(헌재 2017.3.10. 2016헌나1).

나. 탄핵소추의결의 효과

국회에서 탄핵소추가 의결되어 소추의결서가 송달된 때에는 피소추자는 헌법재판소의 심판이 있을 때까지 그 권한행사가 정지된다(헌법 제65조 제3항; 법 제50조; 국회법 제134조 제2항). 권한행사 정지의 시점은 소추의결서가 송달된 때이다. 권한행사 정지의 효력이 종료하는 시점은 헌법재판소의 탄핵심판에 대한 종국결정의 선고 시이고 결정문의 송달 시가 아니다.[58)]

---

56) 이승우, '대통령 노무현애 대한 탄핵심판결정의 평석", 헌법판례연구(6), 박영사, 2004, 269면

57) 제93조(안건 심의) 본회의는 안건을 심의할 때 그 안건을 심사한 위원장의 심사보고를 듣고 질의·토론을 거쳐 표결한다. 다만, 위원회의 심사를 거치지 아니한 안건에 대해서는 제안자가 그 취지를 설명하여야 하고, 위원회의 심사를 거친 안건에 대해서는 의결로 질의와 토론을 모두 생략하거나 그 중 하나를 생략할 수 있다.

58) 실무제요, 451면 참조

권한행사가 정지된 상태에서 임명권자는 피소추자의 사직원을 접수하거나 해임할 수 없다(국회법 제134조 제2항).

그런데 국회가 탄핵심판절차가 개시된 이후에 자신의 의결로 탄핵의 소추를 철회할 수 있다고 볼 것인가가 문제될 수 있다. 독일과는 달리, 우리는 이를 명문으로 규정하고 있지 않기 때문에 해석상 논란[59]이 있을 수 있으나, 제1심 판결의 선고 전까지 공소를 취소할 수 있다는 형사소송법 제255조를 준용해서 헌법재판소의 결정 선고 이전에까지 국회는 탄핵소추를 철회할 수 있다고 볼 것이다(헌법재판소법 제40조 제1항; 형사소송법 제255조).[60]

---

59) 헌법재판소, 앞의 책(각주 4), 160면

60) 헌법재판소, 위의 책, 161면. 독일연방헌법재판소법 제52조는, 판결이 선고가 있을 때까지 소추기관의 의결로 그 탄핵의 소추를 철회할 수 있다. 이러한 의결은 연방의회 재적의원 과반수의 찬성 또는 연방참사원의 투표의 과반수를 요한다(제1항), 소추기관의 의장은 소추기관의 의결의 정본을 연방헌법재판소에 발송함으로써 탄핵소추를 철회할 수 있다(제2항), 탄핵소추의 철회는 연방대통령이 1월 이내에 이의를 제기하면 효력을 상실한다(제3항)(실무제요, 160면).

제4절 탄핵심판절차와 종국결정

1. 탄핵심판의 개시

탄핵심판은 국회 법제사법위원장이 소추위원이 되어 소추의결서의 정본을 헌법재판소에 제출함으로써 개시된다(법 제49조). 소추의결서의 정본이 탄핵심판청구서로 쓰이게 되는 것이다. 이때 필요한 증거서류 또는 참고자료를 첨부할 수 있다(법 제26조).

소추의결서를 언제까지 헌법재판소에 제출하여야 하는지를 정하는 명문의 규정이 없으나, 권한행사정지 기간을 최소화하고 탄핵을 둘러싼 정치적 불안정을 신속히 해결하기 위하여 탄핵소추 의결 후 지체 없이 소추의결서를 제출하도록 하여야 할 것이다.[61)]

국회 법제사법위원장이 소추의결서 정본을 제출하면 헌법재판소는 이를 사건으로 접수하여 사건기록을 편성하고, 사건번호와 사건명을 부여하여 사건을 특정한다. 헌법재판소가 소추의결서를 접수한 때에는 지체 없이 그 등본을 피소추자에게 송달한다(법 제27조 제1항). 송달을 받은 피소추자는 헌법재판소에 답변서를 제출할 수 있다(법 제29조).

탄핵심판이 청구된 후 국회의 입법기가 종료하고 선거에 의해 새로운 국회가 구성되었다 하더라도 기존의 탄핵심판청구는 그대로 유효하다.[62)] 다만, 소추위원인 국회 법제사법위원회의 위원장이 그 자격을 잃은 때에는 탄핵심판절차는 중단된다. 이 경우 새로 국회 법제사법위원회의 위원장이 된 사람이 탄핵심판절차를 수계하여야 한다(심판규칙 제58조 제1항). 이 경우에도 소추위원의 대리인이 있는 경우에는 탄핵심판절차는 중단되지 아니한다(같은 조 제2항).

2. 탄핵심판의 절차

가. 탄핵심판절차의 성격

(1) 형사소송절차의 우선 준용

법은 헌법재판소의 심판절차에 관하여 법에 특별한 규정이 있는 경우를 제외하고는 재판의 성질에 반하지 아니하는 한도에서 민사소송에 관한 법령을 준용하되, 탄핵심판의 경우에는 형사소송에 관한 법령을 준용하고(제40조 제1항), 형사소송에 관한 법령

---

61) 실무제요, 452면

62) 실무제요, 452면

이 민사소송에 관한 법령에 저촉될 때에는 민사소송에 관한 법령은 준용하지 아니한다고 정하고 있다(제40조 제2항).

탄핵심판절차에는 모든 재판절차에 보편적인 요소, 헌법재판절차에 공통적인 요소, 형사재판적인 요소, 징계절차적인 요소가 모두 혼재되어 있어, 상이한 여러 절차적 요소들을 적절히 배분하고 조화시키는 것이 중요하다. 다만 형사소송에 관한 법령을 우선적으로 준용하도록 한 입법의 취지(법 제40조), 탄핵심판절차는 피소추자를 공직에서 파면하는 중대한 결과를 초래하는 절차라는 점, 형사소송절차를 통하여 소추사실을 밝히는 것이 피소추자의 절차적 기본권을 충실히 보장하게 된다는 점에 비추어볼 때, 1차적으로 형사소송에 관한 법리를 적용하는 것이 원칙이라 할 것이다.[63]

(2) 소추사유의 법적 구성 및 판단 대상

헌법재판소는 원칙적으로 국회의 소추의결서에 기재된 소추사유에 의하여 구속을 받고, 소추의결서에 기재되지 아니한 소추사유를 판단의 대상으로 삼을 수 없다. 그러나 소추의결서에서 그 위반을 주장하는 '법규정의 판단'에 관하여 헌법재판소는 원칙적으로 구속을 받지 않으므로, 청구인이 그 위반을 주장한 법규정 외에 다른 관련 법규정에 근거하여 탄핵의 원인이 된 사실관계를 판단할 수 있다. 또 헌법재판소는 소추사유를 판단할 때 국회의 소추의결서에서 분류된 소추사유의 체계에 구속되지 않으므로, 소추사유를 어떤 연관관계에서 법적으로 고려할 것인가 하는 것은 전적으로 헌법재판소의 판단에 달려 있다(헌재 2004.5.14. 2004헌나1; 헌재 2017.3.10. 2016헌나1). 또한 국회가 탄핵심판을 청구한 뒤 별도의 의결절차 없이 소추사유를 추가하거나 기존의 소추사유와 동일성이 인정되지 않는 정도로 소추사유를 변경하는 것은 허용되지 아니한다(헌재 2017.3.10. 2016헌나1).

나. 구두변론

탄핵의 심판은 구두변론에 의한다(법 제30조 제1항). 재판부가 변론을 열 때에는 기일을 정하여 당사자와 관계인을 소환하여야 한다(법 제30조 제3항). 당사자가 변론기일에 출석하지 아니하면 다시 기일을 정하여야 하고(법 제52조 제1항), 다시 정한 기일에도 당사자가 출석하지 아니하면 그의 출석 없이 심리할 수 있다(법 제52조 제2항). 소추위원은 변론에서 피청구인을 신문할 수 있다(법 제49조 제2항 제2문).

여기서 탄핵심판에서 그 심판을 청구한 당사자가 국회인지 소추위원인지 의문이

63) 실무제요, 453면

있을 수 있으나, 헌법재판소는 소추위원(국회 법제사법위원장)은 국회를 대표하여 소송을 수행하는 지위를 갖는 것이고, 탄핵심판의 당사자는 국회라고 보아야 한다고 하였다. 할 것이다. 헌법재판소도 대통령(노무현)탄핵사건(2004헌나1), 대통령(박근혜)탄핵사건(2016헌나1)에서 각 청구인을 국회로 표시하고, 그 밑에 소추위원 국회 법제사법위원회 위원장이라고 기재하고 있다.

다. 증거조사

재판부는 사건의 심리를 위하여 필요하다고 인정하는 경우에는 직권 또는 당사자의 신청에 의하여 증거조사를 할 수 있다(법 제31조 제1항). 또한 재판부는 결정으로 다른 국가기관 또는 공공단체의 기관에 심판에 필요한 사실을 조회하거나, 기록의 송부나 자료의 제출을 요구할 수 있다. 다만, 재판·소추 또는 범죄수사가 진행 중인 사건의 기록에 대하여는 송부를 요구할 수 없다(법 제32조).

모든 증거조사가 끝나면 소추위원은 탄핵소추에 관하여 의견을 진술할 수 있으며, 소추위원이 출석하지 아니한 경우에는 소추의결서 정본의 기재사항에 의하여 의견을 진술한 것으로 본다(심판규칙 제63조 제1항). 재판장은 피청구인에게 최종 의견을 진술할 기회를 주어야 한다(심판규칙 제63조 제2항). 재판장은 심리의 적절한 진행을 위하여 필요한 경우 위 소추위원과 피청구인의 의견진술 시간을 제한할 수 있다(심판규칙 제63조 제3항).

라. 동일한 사유의 형사소송 병행 여부

피청구인에 대한 탄핵심판청구와 동일한 사유로 형사소송이 진행되고 있는 경우에는 재판부는 심판절차를 정지할 수 있다(법 제51조). 심판절차의 정지기간 및 재개시기 등에 관한 규정은 없으나, 재판부의 재량사항으로 볼 수 있다.[64)]

3. 탄핵심판결정

가. 탄핵심판의 결정과 주문형식

헌법재판소는 재판관 6인 이상의 찬성으로 탄핵의 결정을 할 수 있다(헌법 제113조 제1항; 법 제23조 제2항 제1호). 탄핵심판청구가 이유 있는 경우에는 헌법재판소는 피청구인을 당해 공직에서 파면하는 결정을 선고한다(법 제53조 제1항).

피청구인이 결정 선고 전에 해당 공직에서 파면되었을 때에는 헌법재판소는 심판

64) 실무제요, 454면

청구를 기각하여야 한다(법 제53조 제2항). 당사자가 출석하지 아니한 경우에도 종국결정을 선고할 수 있다(심판규칙 제64조).

탄핵심판 결정의 주문은, 청구가 이유 있을 때는 "피청구인 대통령 박근혜를 파면한다."(2016헌나1), 이유가 없는 경우에는 "이 사건 심판청구를 기각한다."(2004헌나1)라는 형식이다.

나. 탄핵심판결정의 효력

탄핵심판결정의 효력발생시점을 정하고 있는 직접적인 명문규정은 없으나, 탄핵심판에 별도의 이의절차가 없으므로 결정 선고 시부터 결정의 효력이 발생한다고 보아야 할 것이다.[65] 헌법재판소의 탄핵결정은 다음과 같은 효력을 갖는다.

첫째, 피청구인은 그 공직에서 파면된다. 그러나 이에 의하여 민사상이나 형사상의 책임이 면제되는 것은 아니다(헌법 제65조 제4항; 법 제54조 제1항).

둘째, 탄핵결정에 의하여 파면된 사람은 결정 선고가 있은 날부터 5년이 지나지 아니하면 공무원이 될 수 없다(법 제54조 제2항). 공직취임 제한은 1980년 헌법 하의 헌법위원회법[66]에서는 3년의 기간으로 정하고 있었으나, 현행헌법과 헌법재판소법에서 5년으로 확대하였다. 그리고 탄핵의 결정으로 파면된 사람은 변호사 등 전문자격의 취득에 있어서도 일정 기간 제한을 받는다(변호사법 제5조; 변리사법 제4조; 세무사법 제4조; 공인회계사법 제4조; 공증인법 제13조 참조).

셋째, 탄핵결정을 받은 사람에 대하여는 대통령의 사면권 행사가 제한된다고 보아야 할 것이다. 이에 관하여는 견해의 대립이 있으나, 명문의 규정이 없더라도 탄핵제도의 취지에 비추어 대통령의 사면은 허용되지 않는다고 할 것이다.[67]

미국 연방헌법은 제2조 제2항에서 "대통령은 탄핵의 경우를 제외하고 미합중국에 대해 저질러진 범법행위에 대하여 … 사면할 권한을 갖는다."라고 정하여 탄핵결정을 받은 자에 대해서는 사면할 수 없음을 분명히 하고 있다.

다. 소수의견의 공표

개정 전의 법 제35조 제3항은 "법률의 위헌심판, 권한쟁의심판 및 헌법소원심판에

---

65) 실무제요, 455면 참조

66) 헌법위원회법(1982.4.2. 법률 제3551호로 개정되고, 1988.8.5. 법률 제4017호로 폐지되기 전의 것), 제31조(자격회복) 탄핵결정을 받은 자는 탄핵결정의 선고를 받은 날로부터 3년이 경과하지 아니하면 헌법 제101조제1항에 규정된 공무원이 될 수 없다.

67) 실무제요, 455면 참조

관여한 재판관은 결정서에 의견을 표시하여야 한다."라고 정하고 있었다. 헌법재판소는 대통령(노무현) 탄핵사건에서 위 조항으로 인하여 재판관들의 개별적 의견 및 그 의견의 수를 결정문에 표시할 수 없다고 하였고, 단지 위 조항의 해석에 관하여 소수의견의 재량적 표시를 막는 것으로 볼 수 없다는 견해도 있었음을 밝혔다(2004헌나1).

이를 계기로 탄핵심판결정에서 소수의견을 표시하는 것에 관하여 논의가 뒤따랐고 국회는 2004.7.29. 법 제36조 제3항을 "심판을 관여한 재판관은 결정서에 의견을 표시하여야 한다."라고 개정하였다.

이에 따라 탄핵심판에서 재판에 관여한 재판관은 결정서에 의견을 표시하여야 하므로 소수의견을 피력한 재판관도 그 의견을 표시할 의무를 지게 되었고, 법 개정 후인 대통령(박근혜) 탄핵사건에서는 관여한 재판관 8인의 전원일치 외에 보충의견이 표명되었다(2016헌나1).

제6장 정당해산심판

제1절 개관

1. 의의 및 기능

가. 의의 및 헌법에의 도입

헌법 제8조 제4항은 “정당의 목적이나 활동이 민주적 기본질서에 위배될 때에는 정부는 헌법재판소에 그 해산을 제소할 수 있고, 정당은 헌법재판소의 심판에 의하여 해산된다.”라고 정하고 있고, 실제 헌법 제111조에서는 정당해산심판을 헌법재판소의 관장 하에 두고 있다.

우리 헌법상의 정당해산심판제도는 헌법재판소의 심판을 통하여 정당을 해산하는 제도로서 강제해산의 일종이다(헌재 2014.2.27. 2014헌마7).

나. 정당 및 정당해산심판제도의 우리 헌법에의 도입

(1) 정당조항

세계적으로 보아 헌법에 직접적으로 정당에 관한 명문규정을 두는 국가들이 나타나게 된 것은 제2차 세계대전 이후의 일이다.[1)]

우리의 경우, 해방 후 최초의 정당에 관한 규제법으로는 1946.11.23. 공포된 미군정령 제55호 정당에 관한 규칙이 있다. 이것은 해방 후 수많은 정당이 출현되는 과정에서 특히 군소정당 및 좌익정당의 난립 등에 대한 정당 규율의 필요성에서 정당설립을 억제하고 정당을 통제하기 위한 것이었고, 이 규칙에서 정당의 등록을 규정하고 비밀정당을 금지하였으며, 각 도에 거주하는 당원명부를 도지사에 제출하도록 하였다.[2)]

제헌헌법은 정당에 관하여 아무런 규정을 두지 않았고, 정당을 일반 결사에 포함시켜 취급하였으며 정당에 대하여 다른 결사와는 상이한 특별한 지위를 인정하지 않았다. 다만, 국회법상 인정된 교섭단체 및 교섭단체에 입각한 위원회의 구성은 사실상 정당의 존립을 전제로 한 것이었다.[3)] 이러한 법체계 하에서 1958년 ‘진보당’이 정부 공보

---

1) 정만희, “제8조”, 헌법주석서 제I권, 법제처, 2010, 191면

2) 위의 글, 213면 참조

3) 위의 글, 213면 참조

실장의 등록취소라는 일반행정처분에 의해 강제해산되었고 이것이 제2공화국 헌법으로 하여금 정당에 대한 명문규정을 두게 한 직접적인 계기가 되었다.[4)]

그 후 제2공화국 헌법(1960년 제3차 개정헌법) 제13조에서 "모든 국민은 언론, 출판의 자유와 집회, 결사의 자유를 제한받지 아니한다. 정당은 법률의 정하는 바에 의하여 국가의 보호를 받는다. 단, 정당의 목적이나 활동이 헌법의 민주적 기본질서에 위배될 때에는 정부가 대통령의 승인을 얻어 소추하고 헌법재판소가 판결로써 그 정당의 해산을 명한다."라고 정하였다. 이와 같이 우리 헌법 최초의 정당규정은 언론·출판·집회·결사의 자유와 같은 조항에서 정하고 있는데, 이 조항은 크게 두 가지 점에서 특기할 만하다. 우선은 언론 출판 집회 결사의 자유를 종전까지 정하던 법률유보 없이 보장하였다는 점이다. 다음으로 정당의 보호를 명시하면서 그 해산에 관하여 정하고 있는 점이다.

(2) 정당해산심판제도

이와 같이 1960년 제3차 개정헌법인 제2공화국 헌법에서 정당해산심판제도가 우리 헌법상 처음으로 도입되었는데, 헌법재판소를 신설하면서 정당해산의 심판을 헌법재판소의 판결로 하도록 하였다.[5)]

제3차 개정헌법(1960. 6. 15.)에서 정당해산심판제도를 도입한 것은 자유당 정부 하에서 정당이 정부의 일방적인 행정처분에 의해 등록취소되었던 데 대한 반성으로 이루어졌던 것으로, 행정기관에 의한 일방적인 조치만으로도 정당의 설립이 위험해지는 것을 방어하려는 것으로 정당을 보호하기 위한 절차를 신설하였다는 의미를 갖는다.[6)]

그러나 정당해산심판제도가 비록 정당을 보호하기 위한 취지에서 도입된 것이라 하더라도 이는 정당의 강제적 해산가능성을 헌법적으로 허용하는 것이므로, 그 운영 여하에 따라 민주주의에 대한 해악이 될 수 있다. 따라서 정치적 비판자들을 탄압하기 위한 용도로 남용되는 일이 생기지 않도록 정당해산심판제도는 매우 엄격하고 제한적으로 운용되어야 한다(헌재 2014.12.19. 2013헌다1).

참고로 위헌정당해산제도가 우리 헌법에 도입된 위와 같은 배경은 독일과 상당히 다르다고 한다. 독일의 경우 정당해산제도는 제2차 세계대전 후의 독일 기본법에 새로이 제정되었다. 기본법의 제정과정에 결정적인 영향을 미친 요소로는 점령국들의 영향, 독일 역사상 최초의 민주공화국인 바이마르공화국의 급속한 몰락, 국가사회주의의 전

4) 헌법재판소, 정당해산심판제도에 관한 연구, 헌법재판연구 15권, 2004, 24면 참조
5) 제83조의3 헌법재판소는 다음 각 호의 사항을 관장한다. 4. 정당의 해산
6) 실무제요, 457면 참조

체주의적 지배 하에 놓이게 되었던 것에 대한 반성 등이 있었고, 이러한 요소들에 기초하여 인간존엄의 불가침선언 규정(독일 기본법 제1조) 등이 새로이 도입되었는바,[7] 정당해산조항도 이런 규정들과 아울러 새로 두게 되었다고 한다. 이러한 역사적 배경에서 볼 때 독일기본법의 정당해산규정(제21조 제2항)이 갖는 근본적인 의의는 민주주의를 원용하여 민주주의를 파괴하려는 의도로 활동하는 헌법 적대적 정당에 대하여 헌법의 핵심적 근본가치인 자유민주주의의 보호를 위해 더 이상의 관용을 베풀지 않겠다는 헌법제정자의 방어적·전투적 의지의 표현이라고 할 수 있을 것이다.[8]

요컨대 정당해산제도의 도입 배경에 관하여 독일의 경우에는 민주주의를 파괴하려는 정당까지도 관용되었던 것에 대한 반성이 있었던 데 반해, 우리의 경우에는 정부에 의한 등록취소라는 방식으로 지나치게 용이하게 정당의 존립이 부정되는 것에 대한 문제의식이 있었다고 할 수 있다.

다만 이러한 도입배경 때문에 우리 헌법상의 위헌정당해산제도가 민주주의의 방어적 측면과 전혀 무관한 것이라는 결론이 도출되는 것은 아니다. 제2차 세계대전을 통해 가치상대주의적 민주주의가 민주주의와 인간을 얼마나 파멸에 몰아넣는지를 전 세계가 목도한 이상 그 이후에는 민주주의 파괴적인 가치상대주의를 지양하고 민주주의 방어가 필요하다는 목표를 가지게 되었는바, 우리 헌법도 이와 같은 민주주의의 방어적 성격을 전제하고 있다. 우리 헌법이 제8조 제4항을 도입한 것은 우리 헌법에 전제되어 있던 민주주의의 방어적 성격을 헌법상에 명문규정으로 재확인함과 동시에 그 요건을 분명하게 규정함으로써 방어적 민주주의의 남용을 막고 방어의 한계를 확정한 것이라고 평가할 수 있다.

다. 정당해산심판제도의 기능

정당해산제도는 정당에 대하여 일반 결사와 달리 엄격한 요건과 절차에 의해서만 해산되도록 한다는 정당보호의 기능과, 정당이 정당 활동의 자유라는 미명으로 헌법을 공격하여 파괴하는 것을 방지한다는 헌법보호의 기능을 한다.[9] 따라서 정당해산제도는 정당 존립의 특권을 보장함(정당의 보호)과 동시에, 정당 활동의 자유에 관한 한계(헌법의 보호)를 설정한다(헌재 2014.2.27. 2014헌마7 참조).

---

7) 예컨대 제1조의 인간존엄의 불가침선언규정, 제19조 제2항의 기본권의 본질내용침해금지규정, 제18조의 기본권실효규정, 제79조 제3항의 헌법개정의 한계규정 들이 새로 도입되었다(위 정당해산심판제도 연구, 23면).

8) 헌법재판소, 앞의 책(각주 4), 23면 참조

9) 송석윤, "정당해산심판의 실체적 요건", 서울대학교 법학 제51권 제1호, 2010, 43면 참조

2. 위헌정당의 해산 및 정당의 등록취소와 자진해산

위헌정당의 해산 외에도 정당법은 정당의 소멸의 사유로 정당의 등록취소와 자진해산을 정하고 있다.

가. 위헌정당의 해산

위헌정당의 해산은 정당의 목적이나 활동이 민주적 기본질서에 위배될 때 헌법재판소의 심판에 의하여 해산되는 것을 뜻한다.

나. 정당의 등록취소

정당의 등록제도는 정당임을 자처하는 정치적 결사가 일정한 법률상의 요건을 갖추어 관할 행정기관에 등록을 신청하고, 이 요건이 충족된 경우 정당등록부에 등록하여 비로소 그 결사가 정당임을 법적으로 확인시켜주는 제도이다. 즉 정당의 등록제도는 어떤 정치적 결사가 정당에 해당되는지의 여부를 쉽게 확인할 수 있게 해주며, 이에 따라 정당에게 부여되는 법률상의 권리·의무관계도 비교적 명확하게 판단할 수 있게 해준다. 이러한 점에서 정당등록제는 법적 안정성과 확실성에 기여한다고 평가할 수 있다(헌재 2006.3.30. 2004헌마246).

정당법에 따르면, 정당은 5 이상의 시·도당을 가져야 하고(제17조), 해당 시·도당의 관할구역 안에 주소를 둔 1천 인 이상의 당원을 가져야 한다(제18조). 그리고 헌법재판소는 이 등록요건 조항에 대하여 정당설립의 자유를 침해하지 않는다고 결정한 바 있다(헌재 2006.3.30. 2004헌마246).

또한 정당법은 만일 정당이 위와 같은 시·도당의 요건을 구비하지 못하면 원칙적으로, 그리고 최근 4년 간 임기만료에 의한 국회의원선거 또는 임기만료에 의한 지방자치단체의 장 선거나 시·도의회의원선거에 참여하지 아니한 때(제44조 제1항 제2호) 당해 선거관리위원회가 정당의 등록을 취소한다고 정하고 있다(제44조 제1항).

한편 종전에는 정당의 등록취소 규정에 '임기만료에 의한 국회의원선거에 참여하여 의석을 얻지 못하고 유효투표총수의 100분의 2 이상을 득표하지 못한 때'(구 정당법 제44조 제1항 제3호)도 포함되어 있었으나, 이 구 정당법 조항은 헌법재판소의 2012헌마431등의 사건에서 위헌결정되었으므로 그 선고일인 2014.1.28. 이후로 그 효력이 상실되었다.

이와 같이 정당의 등록취소는 정당법에 의한 제도로서 법률에 정한 취소요건이 갖추어졌을 때 해당 선거관리위원회가 정당의 등록을 취소하는 것으로, 정치적 결사체가 법적으로 정당으로 인정받을 수 있는 형식적 요건들을 갖추지 못하여 정당으로 존립하지 못한다는 것을 뜻하게 된다.

다만, 현행 정당법의 정당의 등록 및 등록취소에 관한 규정들이 정당설립의 자유를 침해하는 것은 아닌가 하는 강력한 의문을 제기하는 견해들이 있다.[10)]

다. 정당의 자진해산

정당법에 의하면, 정당은 그 대의기관의 결의로써 해산할 수 있으며(제45조 제1항), 이렇게 해산한 때에는 그 대표자는 지체 없이 그 뜻을 관할 선거관리위원회에 신고하여야 한다(제45조 제2항).

정당의 자진해산은 정당의 대의기관의 결의를 통해 구성원들이 임의적으로 해산하는 것을 뜻한다.

라. 정당의 '해산'에 관한 규율 방식

위에서 본 바와 같이 위헌정당의 해산결정에 의한 해산과 정당의 자진해산은 완전히 다른 것임에도 불구하고, 정당법과 공직선거법에서는 정당의 '해산'이라고만 정하여 두 경우를 구별하지 않는 조항들이 적지 않다. 반면에 정당법과 공직선거법에는 정당의 자진해산에만 관련된 사항의 규정에는 '자진해산'이라고 특정하고 해산결정에 의한 해산에만 관련된 사항의 경우에는 '헌법재판소에 의하여 해산결정된 경우'라고 특정하고 있다. 그렇다면 정당법과 공직선거법에서 '자진해산'이나 '헌법재판소의 결정에 의하여 해산'이라고 명시되지 않고 그저 '해산'이라고만 기술된 부분들은 자진해산과 해산결정에 의한 해산을 구별하지 않고 모두 포괄하는 규정들이라고 해석함이 합리적일 것이다.

예를 들면 정당법에서는 위에서 본 정당의 자진해산을 정하는 규정의 경우에는 "제45조(자진해산)"라고 하여 명백하게 자진해산에만 관한 것인 경우에는 '자진해산'이라고 표제를 붙이고 있다. 이에 반하여, 정당법 "제47조(해산공고 등)"는 자진해산의 신고나 헌법재판소의 위헌정당해산결정의 통지가 있을 때 당해 선거관리위원회가 취할 조치를 정하고 있는데, 여기서는 자진해산과 해산결정에 의한 해산을 모두 포함하여 '해산'으로 정하고 있는데, 이는 제48조(해산된 경우 등의 잔여재산 처분)에서도 마찬가지이다.

---

10) 김하열, 헌법소송법 제3판, 박영사, 2018, 733-734면 참조; 헌법재판소, 앞의 책(각주 4), 119-122면 참조; 이종수, "정당제민주주의의 현안문제의 검토 -현행 정당등록제도 및 정당등록취소제도와 정치자금제도를 중심으로", 헌법학연구 제13권 제2호, 2007, 103면 이하 참조

공직선거법의 후보자등록 규정에서는 “정당의 당원인 자는 무소속후보자로 등록할 수 없으며, 후보자등록기간 중(候補者登錄申請 시를 포함한다) 당적을 이탈·변경하거나 2 이상의 당적을 가지고 있는 때에는 당해 선거에 후보자로 등록될 수 없다. 소속정당의 해산이나 그 등록의 취소 또는 중앙당의 시·도당창당승인취소로 인하여 당원자격이 상실된 경우에도 또한 같다”라고 정하여(제49조 제6항), 자진해산과 해산결정에 의한 해산을 구별하지 않고 있다. 또한 후보자 등록을 한 후에 ‘정당추천후보자가 당적을 이탈·변경하거나 2 이상의 당적을 가지고 있는 때(候補者登錄申請 시에 2 이상의 黨籍을 가진 경우를 포함한다), 소속정당의 해산이나 그 등록의 취소 또는 중앙당의 시·도당창당승인취소가 있는 때’에 후보자 등록이 무효가 되는데(제52조 제1항 제6호) 여기에서도 자진해산과 해산결정에 의한 해산을 구별하지 않고 있다.

또한 ‘비례대표국회의원 또는 비례대표지방의회의원의 당선인이 임기 개시 전에 소속정당의 합당·해산 또는 제명 외의 사유로 당적을 이탈·변경하거나 2 이상의 당적을 가지고 있는 때’에는 그 당선을 무효로 하도록 규정하고 있으므로(제192조 제3항 제3호) 당선인이 소속정당이 해산된 경우에 당적의 변경이 되는 경우에는 당선이 무효가 되지 않는다고 해석될 수 있다. 나아가 “비례대표국회의원 또는 비례대표지방의회의원이 소속 정당의 합당·해산 또는 제명 외의 사유로 당적을 이탈·변경하거나 2 이상의 당적을 가지고 있는 때에는 국회법 제136조(退職) 또는 지방자치법의 관련 규정에 불구하고 퇴직된다.”라고 정하고 있으므로(제192조 제4항), 비례대표국회의원은 소속정당이 해산되는 사유로 당적이 변경되는 경우에 의원직에서 퇴직되지 않는다고 해석될 수 있다.[11)]

비례대표국회의원 및 비례대표지방의회의원의 궐원이 생긴 경우 그 의석이 승계되지만 다만, 그 정당이 해산되거나 임기만료일 전 120일 이내에 궐원이 생긴 때에는 승계되지 아니한다고 정한 공직선거법 규정(제200조)도 자진해산과 해산결정에 의한 해산을 구별하지 않음은 마찬가지이다.

제3공화국 헌법(1962)이 “국회의원 임기 중 당적을 이탈하거나 변경한 때 또는 소속정당이 해산된 때에는 그 자격이 상실된다. 다만, 합당 또는 제명으로 소속이 달라지는 경우에는 예외로 한다.”라고 규정한 것(제38조)에 대해서도, 여기서의 해산은 강제해산뿐만 아니라 자진해산도 포함하는 것으로 해석되기도 한다.[12)]

11) 신평, 헌법재판법 전면개정판, 법문사, 2011, 520면
12) 위의 책, 520면

제2절 정당해산심판의 대상과 해산의 사유

1. 정당해산심판의 대상

정당해산심판의 대상이 되는 정당은 원칙적으로 정당법에서 정하는 요건을 갖추고 중앙선거관리위원회에 등록을 마친 정당이다. 정당법에 따라 중앙당과 법정 시·도당을 창당하고 정당법에 따른 등록절차만을 남겨둔 이른바 '등록 중의 정당'도 실질적으로 법적 요건을 충족하고 있으므로 여기의 정당에 해당한다고 할 것이다.[13)]

다만, 정당으로부터 법적으로 독립되어 있는 정당의 방계조직은 정당이 아닌 일반단체에 불과하기 때문에 정당해산심판의 대상이 아니다.[14)]

2. 정당해산의 사유

헌법 제8조 제4항에 의하면, 정당의 '목적이나 활동이' '민주적 기본질서'에 위배될 때 정당해산심판에 제소될 수 있고 심판될 수 있다.

가. 정당의 목적이나 활동

정당의 목적이란, 어떤 정당이 추구하는 정치적 방향이나 지향점 혹은 현실 속에서 구현하고자 하는 정치적 계획 등을 통칭한다. 이는 주로 정당의 공식적인 강령이나 당헌의 내용을 통해 드러나겠지만, 그 밖에 정당대표나 주요 당직자 및 정당관계자(국회의원 등)의 공식적 발언, 정당의 기관지나 선전자료와 같은 간행물, 정당의 의사결정과정에서 일정한 영향력을 가지거나 정당의 이념으로부터 영향을 받은 당원들의 행위 등도 정당의 목적을 파악하는 데에 도움이 될 수 있다. 만약 정당의 진정한 목적이 숨겨진 상태라면 강령 이외의 자료를 통해 진정한 목적을 파악해야 한다(헌재 2014.12.19. 2013헌다1).[15)]

정당의 활동이란, 정당 기관의 행위나 주요 정당관계자, 당원 등의 행위로서 그 정당에 귀속시킬 수 있는 활동 일반을 의미한다. 여기에서는 정당에게 귀속시킬 수 있는 활동의 범위, 즉 정당과 관련한 활동 중 어느 범위까지를 그 정당의 활동으로 볼 수 있는지가 문제된다. 구체적으로 살펴보면, 당대표의 활동, 대의기구인 당대회와 중앙위원회의 활동, 집행기구인 최고위원회의 활동, 원내기구인 원내의원총회와 원내대표의

---

13) 실무제요, 463면 참조
14) 실무제요, 463면
15) 실무제요, 465면

활동 등 정당 기관의 활동은 정당 자신의 활동이므로 원칙적으로 정당의 활동으로 볼 수 있고, 정당의 최고위원 등 주요 당직자의 공개된 정치활동은 일반적으로 그 지위에 기하여 한 것으로 볼 수 있으므로 원칙적으로 정당에 귀속시킬 수 있을 것으로 보인다. 정당 소속의 국회의원 등은 비록 정당과 밀접한 관련성을 가지지만 헌법상으로는 정당의 대표자가 아닌 국민 전체의 대표자이므로 그들의 행위를 곧바로 정당의 활동으로 귀속시킬 수는 없겠으나, 가령 그들의 활동 중에서도 국민의 대표자의 지위가 아니라 그 정당에 속한 유력한 정치인의 지위에서 행한 활동으로서 정당과 밀접하게 관련되어 있는 행위들은 정당의 활동이 될 수도 있을 것이다. 그 밖에 정당에 속한 개인이나 단체의 활동은 그러한 활동이 이루어진 구체적인 경위를 살펴서 그것을 정당의 활동으로 볼 수 있는 사정이 있는지를 판단해야 한다(헌재 2014.12.19. 2013헌다1).[16]

나. '민주적 기본질서'의 의미

현행 헌법 제8조 제4항은 정당해산의 요건으로 '민주적 기본질서에 위배'될 것을 규정한다. 한편 현행 헌법 전문에는 '자유민주적 기본질서를 더욱 확고히 하여'라는 기술과 제4조에는 '자유민주적 기본질서에 입각한 평화적 통일정책을 수립하고'라는 기술을 두어 '자유민주적 기본질서'라는 표현을 사용한다. 이에 헌법 제8조 제4항의 '민주적 기본질서'가 '자유민주적 기본질서'를 뜻하는 것인지에 대하여 긍정론과 부정론의 견해 대립이 있어왔으나, 근자에는 '민주적 기본질서'를 '자유민주적 기본질서'와 동일하게 이해하는 것이 다수의 입장인 듯하다.[17]

헌법 제8조 제4항이 의미하는 '민주적 기본질서'는, 개인의 자율적 이성을 신뢰하고 모든 정치적 견해들이 각각 상대적 진리성과 합리성을 지닌다고 전제하는 다원적 세계관에 입각한 것으로서, 모든 폭력적·자의적 지배를 배제하고, 다수를 존중하면서도 소수를 배려하는 민주적 의사결정과 자유·평등을 기본원리로 하여 구성되고 운영되는 정치적 질서를 말하며, 구체적으로는 국민주권의 원리, 기본적 인권의 존중, 권력분립제도, 복수정당제도 등이 현행 헌법상 주요한 요소라고 볼 수 있다(헌재 2014.12.19. 2013헌다1).

정당해산심판제도가 수호하고자 하는 민주적 기본질서는 우리가 오늘날의 입헌적 민주주의 체제를 구성하고 운영하는 데에 필요한 가장 핵심적인 내용이나 요소를 의미한다. 민주적이고 자율적인 정치적 절차를 통해 국민적 의사를 형성 실현하기 위한 요

16) 실무제요, 465-466면
17) 김하열, 앞의 책, 742면 참조

소, 즉 민주주의 원리에 입각한 요소들과 이러한 정치적 절차를 운영하고 보호하는 데에 필요한 기본적인 요소, 즉 법치주의원리에 입각한 요소들 중에서 필요불가결한 부분이 그 중심이다. 이것이 보장되지 않으면 우리의 입헌적 민주주의 체제가 유지될 수 없다고 평가되는 최소한의 내용인 것이다.[18]

이러한 헌법 제8조 제4항의 민주적 기본질서 개념은 정당해산결정의 가능성과 긴밀히 결부되어 있다. 이 민주적 기본질서의 외연이 확장될수록 정당해산결정의 가능성은 확대되고, 이와 동시에 정당활동의 자유는 축소될 것이다. 민주사회에서 정당의 자유가 지니는 중대한 함의나 정당해산심판제도의 남용 가능성 등을 감안한다면, 헌법 제8조 제4항의 민주적 기본질서는 최대한 엄격하고 협소한 의미로 이해해야 한다.[19]

따라서 민주적 기본질서를 현행 헌법이 채택한 민주주의의 구체적 모습과 동일하게 보아서는 안 된다. 정당이 위에서 본 바와 같은 민주적 기본질서, 즉 민주적 의사결정을 위해서 필요한 불가결한 요소들과 이를 운영하고 보호하는 데 필요한 최소한의 요소들일 수용한다면, 현행 헌법이 규정한 민주주의제도의 세부적 내용에 관해서는 얼마든지 그와 상이한 주장을 개진할 수 있는 것이다.[20]

마찬가지로, 민주적 기본질서를 부정하지 않는 한 정당은 각자가 옳다고 믿는 다양한 이념적 지향을 자유롭게 추구할 수 있다. 오늘날 정당은 자유민주주의 이념을 추구하는 정당에서부터 공산주의 이념을 추구하는 정당에 이르기까지 그 이념적 지향점이 매우 다양하므로, 어떤 정당이 특정 이념을 표방한다 하더라도 그 정당의 목적이나 활동이 앞서 본 민주적 기본질서의 내용들을 침해하는 것이 아닌 한 그 특정 이념의 표방 그 자체만으로 곧바로 위헌적인 정당으로 볼 수는 없다(헌재 2014.12.19. 2013헌다1).[21]

다. 목적·활동의 민주적 기본질서 위배

헌법 제8조 제4항은 "정당의 목적이나 활동이 민주적 기본질서에 위배될 때"로 규정하고 있는바, 이 "위배될 때"의 해석 여하에 따라서는 정당의 목적이나 활동이 민주적 기본질서에 단순히 저촉되는 때에도 그 정당이 해산될 수 있다고 볼 수도 있을 것이다. 그러나 이러한 해석에 의하면 극단적인 경우 정당의 목적이나 활동이 민주적 기본질서와 부합하지 않는 부분이 경미하게라도 존재하기만 한다면 해산을 면할 수 없다는

---

18) 실무제요, 463면
19) 실무제요, 464면
20) 실무제요, 464면
21) 실무제요, 464-465면

결론도 가능한데, 정당에 대한 해산결정은 민주주의 원리와 정당의 존립과 활동에 대한 중대한 제약이라는 점에서, 정당의 목적과 활동에 관련된 모든 사소한 위헌성까지도 문제 삼아 정당을 해산하는 것은 적절하지 않다. 특정 정당을 해산하는 결정은 해산되는 정당의 이념을 우리 사회의 정치적 공론의 장에서 영구적으로 추방시키는 것이므로, 매우 제한된 상황 속에서만 활용되어야 한다.

그렇다면 헌법 제8조 제4항에서 말하는 민주적 기본질서의 위배란, 민주적 기본질서에 대한 단순한 위반이나 저촉을 의미하는 것이 아니라, 민주 사회의 불가결한 요소인 정당의 존립을 제약해야 할 만큼 그 정당의 목적이나 활동이 우리 사회의 민주적 기본질서에 대하여 실질적인 해악을 끼칠 수 있는 구체적 위험성을 초래하는 경우를 가리킨다(헌재 2014.12.19. 2013헌다1).[22]

라. 정당해산결정의 헌법적 정당화 사유로서 비례원칙

정당해산심판제도는 헌법을 보장하는 최후수단이지만 오남용의 경우에는 오히려 민주주의에 해악이 될 수도 있으며 현실적으로 효용성이 크지 않을 수도 있다. 따라서 '정당의 목적이나 활동이 민주적 기본질서에 위배'된 경우라고 하여도 그 위배의 정도를 고려하고 민주적 기본질서에 대한 위협의 정도를 감안할 필요가 있다.[23]

헌법재판소가 정당해산 결정을 내리기 위해서는 그 해산결정이 비례원칙에 부합하는지를 고려해야 한다. 이 경우 비례원칙의 준수 여부는 그것이 통상적으로 기능하는 위헌심사의 척도가 아니라 헌법재판소의 정당해산결정이 충족해야 할 일종의 헌법적 요건 혹은 헌법적 정당화 사유에 해당한다. 따라서 헌법 제8조 제4항의 명문규정상 요건이 구비된 경우에도 해당 정당의 위헌적 문제성을 해결할 수 있는 다른 대안적 수단이 없고, 정당해산결정을 통하여 얻을 수 있는 사회적 이익이 정당해산결정으로 초래되는 정당활동 자유 제한으로 인한 불이익과 민주주의 사회에 대한 중대한 제약이라는 사회적 불이익을 초과할 수 있을 정도로 큰 경우에 한하여 정당해산결정이 헌법적으로 정당화될 수 있다(헌재 2014.12.19. 2013헌다1).

22) 실무제요, 466면

23) 송석윤, 앞의 글, 60면 참조

제3절 정당해산심판의 절차

1 정당해산심판청구

가. 심판청구의 주체

정부는 정당의 목적이나 활동이 민주적 기본질서에 위배될 때에는 국무회의의 심의를 거쳐 헌법재판소에 그 해산을 제소할 수 있다(헌법 제8조 제4항; 법 제55조). 여기서의 정부는 행정부를 일컫는바, 정부의 정당해산 제소는 국무회의의 필요적 심의사항이다(헌법 제89조 제14호). 따라서 국무회의의 심의를 거치지 않은 정당해산심판청구는 부적법하다.

다만, 대통령이 직무를 수행할 수 없는 경우에는 국무총리가 그 직무를 대행하므로 대통령이 해외순방 중인 경우와 같이 일시적으로 직무를 수행할 수 없는 경우에는, 국무총리가 주재한 국무회의에서 한 정당해산심판청구서 제출안의 의결도 적법하다(2013헌다1).

독일 연방헌법재판소의 판례와 다수의 견해에 의하면 정부의 정당해산심판청구권 행사는 정치적 재량에 속하는 것으로 정부의 기속적 의무는 아니라고 한다.[24]

나. 심판청구의 절차

국무회의가 위헌정당제소를 의결하면 법무부장관이 정부를 대표하여 정당해산의 심판청구서를 헌법재판소에 제출하여야 한다(법 제25조 제1항, 제26조 제1항). <아래 정당해산심판청구서 서식례 참조>

정당해산심판청구 후 피청구인 정당이 자진해산, 분당·합당을 할 수 있는지 여부에 관하여 학설이 나뉘고 있다. 자진해산 등을 허용하면 잔여재산의 국고귀속 및 대체정당의 창당 금지 등 정당해산결정의 효력을 관철할 수 없으므로 이를 허용하여서는 안 된다는 견해와 정당해산심판은 미래적으로 헌법을 보호하는 것이므로 정당이 스스로 해산할 것인지를 결정할 수 있게 하여야 한다는 견해가 있다.[25]

정부가 정당해산심판을 청구한 후 심판청구를 유지할 만한 사정이나 필요가 없다고 판단할 경우에 심판청구를 취하할 수 있는지에 대해서도 견해가 나뉜다. 다만 취하할 수 있다는 견해는 정당해산심판을 청구할 때와 마찬가지로 국무회의의 심의를 거쳐야 한다고 본다.[26]

---

24) 실무제요, 458-459면

25) 실무제요, 459면

26) 실무제요, 459면

<정당해산심판청구서 서식례>[27]

정 당 해 산 심 판 청 구 서

청 구 인 : 대한민국 정부
법률상 대표자 법무부장관 ○ ○ ○

피청구인 : ○ ○ 정당
주소(중앙당 소재지) : 서울 영등포구 국회대로 00
대표자 ○ ○ ○

청구취지 : ○ ○ 정당의 해산결정을 구합니다.

청구이유 :
가. 사건개요
나. 정당의 목적, 활동의 민주적 기본질서 위배 내용
다. 기타 필요사항

첨부서류 : 각종 입증서류

20 . . .

대한민국 정부
법률상 대표자 법무부장관 ○ ○ ○(인)

헌법재판소 귀중

27) 실무제요, 462면

정당해산심판에도 일사부재리의 원칙이 적용되기 때문에(법 제39조), 헌법재판소가 정당해산 여부를 결정한 후에 정부는 동일한 정당을 동일한 사유로 재차 제소할 수 없다.[28]

2 정당해산심판의 절차

가. 사건의 접수 및 통지

법무부장관이 정당해산심판의 청구서를 제출하면 접수공무원은 이를 사건으로 접수하여 사건기록을 편성하고, 사건번호와 사건명을 부여하여 사건을 특정한다.

헌법재판소가 정당해산심판의 청구를 받은 때에는 그 청구서의 등본을 피청구인에게 송달하여야 한다(법 제72조). 송달받은 피청구인은 헌법재판소에 답변서를 제출할 수 있다(법 제29조). 정당해산심판의 청구 또는 청구의 취하가 있는 때에는 헌법재판소장은 국회와 중앙선거관리위원회에 청구서 부본 또는 취하서 부본을 붙여 그 사실을 통지하여야 한다(법 제58조 제1항; 심판규칙 제66조 제1항).

나. 가처분

헌법재판소는 정당해산심판의 청구를 받은 때에는 직권 또는 청구인의 신청에 의하여 종국결정의 선고 시까지 피청구인의 활동을 정지하는 가처분결정을 할 수 있다(법 제57조).

정당해산심판이 갖는 헌법보호라는 측면에 비추어 헌법질서의 유지·수호를 위해 일정한 요건 아래에서 정당의 활동을 임시로 정지할 필요성이 있기 때문이다. 다만, 가처분 인용결정을 하기 위해서는 정당해산의 요건이 소명되었는지 여부 등에 대한 엄격한 심사가 이루어져야 하고, 인용 범위도 가처분의 목적인 종국결정의 실효성을 확보하고 헌법질서를 보호하기 위해 필요한 범위 내로 한정하여야 한다(헌재 2014.2.27. 2014헌마7).

가처분결정을 한 때에는 헌법재판소장은 가처분결정서 등본을 붙여 그 사실을 국회와 중앙선거관리위원회에 통지하여야 한다(법 제58조 제1항; 심판규칙 제66조 제1항).

법 제57조의 법문은 가장 대표적인 가처분결정의 내용을 예시한 것으로 해석되므로 헌법재판소는 피청구인의 활동을 정지하는 가처분 이외의 다른 내용의 가처분도 할 수 있다.[29]

---

28) 실무제요, 459면

29) 실무제요, 461면

다. 정당해산심판의 심리

정당해산심판의 심리는 구두변론에 의한다(법 제30조 제1항). 재판부가 변론을 열 때에는 기일을 정하여 당사자와 관계인을 소환하여야 한다(법 제30조 제3항). 당사자 중 청구인은 정부가 되고, 피청구인은 제소된 정당이 된다. 재판부는 정당해산심판의 심리를 위하여 필요하다고 인정하는 경우에는 직권 또는 당사자의 신청에 의하여 증거조사를 할 수 있다(법 제31조). 또한 재판부는 다른 국가기관 또는 공공단체의 기관에 대하여 심판에 필요한 사실을 조회하거나, 기록의 송부나 자료의 제출을 요구할 수 있다(법 제32조).

정당해산심판의 심리에 관하여 법에 특별한 규정이 있는 경우를 제외하고는 헌법재판의 성질에 반하지 아니하는 한도에서 민사소송에 관한 법령을 준용한다(법 제40조). 여기서 '헌법재판의 성질에 반하지 않는 경우란 다른 절차법의 준용이 헌법재판의 고유한 성질을 훼손하지 않는 경우로 해석할 수 있고, 구체적인 절차에서 특정한 법령의 준용 여부가 헌법재판의 성질에 반하는지 여부에 대한 판단은 헌법에 따라 정당해산에 관한 독자적인 심판권을 부여받은 헌법재판소의 고유 권한에 속한다(헌재 2014.2.27. 2014헌마7).

제4절 종국결정

1. 정당해산심판의 결정과 주문형식

헌법재판소에서 정당해산의 결정을 할 때에는, 재판관 6명 이상의 찬성이 있어야 한다(헌법 제113조 제1항; 법 제23조 제2항 제1호). 정당해산심판청구가 이유 있는 때에는 헌법재판소는 피청구인 정당의 해산을 명하는 결정을 선고한다(법 제59조). 해산결정은 정당의 해산 및 소속 정당 의원의 자격상실도 함께 결정할 수 있다. 예컨대 "1. 피청구인 통합진보당을 해산한다. 2. 피청구인 소속 국회의원 김○희, 김○연, 오○윤, 이○규, 이○기는 의원직을 상실한다."라는 형식이 된다(헌재 2014.12.19. 2013헌다1). 정당해산심판에서 소수의견을 피력한 재판관도 결정서에 의견을 표시하여야 하고(법 제36조 제3항), 통합진보당 해산사건에서는 반대의견과 보충의견이 표명되었다(2013헌다1).

2. 정당해산결정의 효력

가. 정당의 해산

헌법재판소의 정당해산결정으로 그 정당은 해산된다(법 제59조). 정당해산의 효과는 헌법재판소의 결정에 의하여 비로소 발생하고(창설적 효력), 중앙선거관리위원회가 헌법재판소의 통지를 받아 정당법에 따라 그 정당의 등록을 말소하고 이를 공고하는 행위는 사후적 행정조치에 불과하다.

정당의 조직의 일부를 구성하는 부분조직이나 정당의 부분으로서 특수한 과제를 담당하는 특별조직도 해산되는 정당과 운명을 같이한다.

해산결정에 의하여 해산된 정당의 잔여재산은 국고에 귀속된다(정당법 제48조 제2항).

정당의 일부에 대하여만 해산결정을 하는 것이 가능한가에 대하여 독일 연방헌법재판소법은 법적으로 또는 조직상으로 정당의 독립적인 부분에 대해서 해산할 수 있다고 명문으로 규정하고 있으나(제46조 제2항, 제3항), 명문의 규정이 없는 우리의 경우에는 논란이 있다.

나. 대체정당, 동일 명칭, 집회시위의 금지

해산된 정당과 유사한 목적을 가진 이른바 '대체정당'의 창설이 금지된다. 따라서 해산된 정당의 강령 또는 기본정책과 동일하거나 유사한 것으로 정당을 창당할 수 없고(정당법 제40조), 해산된 정당의 명칭과 동일한 명칭은 다시는 정당의 이름으로 사용하지 못한다(같은 법 제41조 제2항). 해산된 정당의 대체정당 내지 일반 결사형태의 대체조직으로 확인되면 불법결사가 되므로 행정처분으로 그 존립과 활동을 금지할 수 있다.[30)]

헌법재판소의 결정에 의하여 해산된 정당의 목적을 달성하기 위한 집회 또는 시위는 금지되고 집회 또는 시위를 할 것을 선전하거나 선동하여서도 아니 된다(집회및시위에관한법률 제5조 제1항 제1호[31)]).

다. 해산결정된 정당 소속 의원의 지위

정당해산결정에 따라 정당이 해산된 경우 해산된 정당에 소속되어 있던 국회의원의 지위는 어떻게 되는지에 관하여 우리 법에는 명문의 규정이 없다.

헌법재판소는 정당해산이 이루어지는 상황에서는 국회의원의 국민대표성이 부득이 희생될 수밖에 없다고 보면서, 헌법재판소의 해산결정으로 해산되는 정당 소속 국회의원의 의원직 상실은 정당해산심판제도의 본질로부터 인정되는 기본적 효력이므로 지역구에서 당선된 국회의원이든 비례대표로 당선된 국회의원이든 모두 명문의 규정 없이도 의원직을 상실시킬 수 있다고 하였다(헌재 2014.12.19. 2013헌다1).

학설은 정당해산심판제도가 가지고 있는 헌법보호의 취지나 방어적 민주주의의 이념상 정당이 위헌으로 해산되면 그 정당에 소속되어 있던 국회의원의 자격은 당연히 상실된다는 견해[32)]와 명시적 규정이 없는 상태에서 국회의원의 자격유지 문제는 국회의 자율적 결정사항이므로 국회의 자격심사나 제명처분에 의해서만 국회의원의 자격을 상실하고 그렇지 않으면 그대로 국회의원의 자격을 유지한다는 견해[33)]가 대립되고 있다. 이외에, 위헌정당의 목적이나 활동과 객관적으로 관련되었는지를 기준으로 의원 각자에 대해 개별적으로 판단해야 한다는 견해,[34)] 지역구국회의원보다 정당대표성이 보다 강한 비례대표국회의원의 경우에도 정당의 해산으로 의원직이 상실되지 않는데(공직선거법 제192조 제4항), 지역구국회의원의 경우 정당해산결정으로 의원직을 상실한다고 하는 것은 지나치게 무리한 해석이라는 견해[35)] 등이 있다.

---

30) 실무제요, 468면

31) 제5조(집회 및 시위의 금지) ①누구든지 다음 각 호의 어느 하나에 해당하는 집회나 시위를 주최하여서는 아니 된다.

1. 헌법재판소의 결정에 따라 해산된 정당의 목적을 달성하기 위한 집회 또는 시위

32) 허영, 헌법소송법론 제13판, 박영사, 2018, 305-306면 참조

33) 헌법재판소, 앞의 책(각주 4), 254-256면 참조

34) 최희수, "위헌정당해산제도에 관한 연구", 정당과 헌법질서(심천 계희열 박사 화갑기념논문집), 박영사, 1995,473면

35) 신평, 앞의 책, 520면 참조

참고로 우리 제3공화국 헌법(1962년 개정되고 1963년 시행)은 국회의원은 '소속 정당이 해산된 때에는 그 자격이 상실된다.'는 규정을 두었었다.[36] 독일 연방헌법재판소는 사회주의제국당에 대한 해산판결(1952년)에서 '정당의 위헌성이 확인되면 해당 정당 소속의원의 연방의회 주의회 의원직은 상실된다.', '의원직 상실로 이미 행한 의회에서의 의결의 효력에는 영향이 없다'고 판시한 바 있었다. 그 후 연방선거법에서 위헌정당해산 시 의원직을 상실한다는 명문규정을 두어 이 문제를 입법적으로 해결하였다(제46조, 제47조).

생각건대, 헌법재판소의 해산 결정에 의해 해산된 정당 소속의 국회의원 의원직의 향방에 관한 명시적 규정이 없는 것은 사실이지만, 우리 제3공화국의 헌법 규정에 비하면 현행제도는 정당국가 경향이 완화되었다고 볼 수 있는 점, 정당의 해산과 관련하여 공직선거 후보자 등록의 효력, 비례대표 의원의 당선의 효력 및 의원직 유지 여부 등에 대하여 앞서 본 바와 같은 공직선거법의 규정들이 존재하는 점 등을 고려할 때, 헌법재판소가 이러한 사항들에 대한 종합적인 검토 없이 정당해산심판제도의 본질상 국회의원직이 상실된다고 결정한 것은 충실한 논증이 뒷받침되었다고 하기는 어려워 보인다.

3. 결정서의 송달 및 집행

정당해산심판에서 종국결정이 선고되면 헌법재판소는 지체 없이 결정서 정본을 당사자에게 송달하여야 한다(법 제36조 제4항). 따라서 법무부장관과 피청구인에게 정당해산결정서 정본을 송달하여야 한다. 또한 당사자 외에 국회와 중앙선거관리위원회에 종국결정 등본을 붙여 그 사실을 통지하여야 한다(법 제58조 제1항; 심판규칙 제66조 제1항).

정당의 해산을 명하는 헌법재판소의 결정은 중앙선거관리위원회가 정당법에 따라 이를 집행한다(법 제60조 제1항).

헌법재판소의 해산결정의 통지가 있는 때에는 당해 선거관리위원회는 그 정당의 등록을 말소하고 지체 없이 그 뜻을 공고하여야 한다(정당법 제47조 중 해당 부분). 정당이 헌법재판소의 결정으로 해산된 때에는 해산된 정당의 강령(또는 기본정책)과 동일하거나 유사한 것으로 정당을 창당하지 못한다(정당법 제40조). 또한 헌법재판소의 결정에 의하여 해산된 정당의 명칭과 같은 명칭은 정당의 명칭으로 다시 사용하지 못한다(정당법 제41조 제2항). 헌법재판소의 해산결정에 의하여 해산된 정당의 잔여재산은 국고에 귀속

---

36) 대한민국헌법(1962.12.26., 전부개정되고, 1963.12.17. 시행된 것)

제38조 국회의원은 임기 중 당적을 이탈하거나 변경한 때 또는 소속정당이 해산된 때에는 그 자격이 상실된다. 다만, 합당 또는 제명으로 소속이 달라지는 경우에는 예외로 한다.

한다(정당법 제48조 제2항 후단).

정당설립의 자유와 복수정당제의 보장은 헌법상 자유민주적 기본질서의 핵심적 구성요소를 의미한다. 오늘날의 정당국가적 민주주의에 있어서 정당설립의 자유와 복수정당제는 민주주의의 초석이며 헌법의 기본질서를 구성하므로 이에 대한 침해는 독재정치를 강요하는 것이 되므로 허용될 수 없다. 따라서 정당설립의 자유와 복수정당제 보장에 관한 규정은 헌법개정절차에 의해서도 개정할 수 없는 헌법개정의 한계를 의미한다.[37)]

37) 김철수, 헌법학개론, 박영사, 2007, 215-216면; 정만희, 앞의 글, 193면

부록

1 대한민국헌법

[시행 1988. 2. 25.]
[헌법 제10호, 1987. 10. 29., 전부개정]

유구한 역사와 전통에 빛나는 우리 대한국민은 3·1운동으로 건립된 대한민국임시정부의 법통과 불의에 항거한 4·19민주이념을 계승하고, 조국의 민주개혁과 평화적 통일의 사명에 입각하여 정의·인도와 동포애로써 민족의 단결을 공고히 하고, 모든 사회적 폐습과 불의를 타파하며, 자율과 조화를 바탕으로 자유민주적 기본질서를 더욱 확고히 하여 정치·경제·사회·문화의 모든 영역에 있어서 각인의 기회를 균등히 하고, 능력을 최고도로 발휘하게 하며, 자유와 권리에 따르는 책임과 의무를 완수하게 하여, 안으로는 국민생활의 균등한 향상을 기하고 밖으로는 항구적인 세계평화와 인류공영에 이바지함으로써 우리들과 우리들의 자손의 안전과 자유와 행복을 영원히 확보할 것을 다짐하면서 1948년 7월 12일에 제정되고 8차에 걸쳐 개정된 헌법을 이제 국회의 의결을 거쳐 국민투표에 의하여 개정한다.

제1장 총강

제1조 ① 대한민국은 민주공화국이다.
② 대한민국의 주권은 국민에게 있고, 모든 권력은 국민으로부터 나온다.

제2조 ① 대한민국의 국민이 되는 요건은 법률로 정한다.
② 국가는 법률이 정하는 바에 의하여 재외국민을 보호할 의무를 진다.

제3조 대한민국의 영토는 한반도와 그 부속도서로 한다.

제4조 대한민국은 통일을 지향하며, 자유민주적 기본질서에 입각한 평화적 통일 정책을 수립하고 이를 추진한다.

제5조 ① 대한민국은 국제평화의 유지에 노력하고 침략적 전쟁을 부인한다.
② 국군은 국가의 안전보장과 국토방위의 신성한 의무를 수행함을 사명으로 하며, 그 정치적 중립성은 준수된다.

제6조 ① 헌법에 의하여 체결·공포된 조약과 일반적으로 승인된 국제법규는 국내법과 같은 효력을 가진다.
② 외국인은 국제법과 조약이 정하는 바에 의하여 그 지위가 보장된다.

제7조 ① 공무원은 국민전체에 대한 봉사자이며, 국민에 대하여 책임을 진다.
② 공무원의 신분과 정치적 중립성은 법률이 정하는 바에 의하여 보장된다.

제8조 ① 정당의 설립은 자유이며, 복수정당제는 보장된다.
② 정당은 그 목적·조직과 활동이 민주적이어야 하며, 국민의 정치적 의사형성에 참여하는데 필요한 조직을 가져야 한다.

③ 정당은 법률이 정하는 바에 의하여 국가의 보호를 받으며, 국가는 법률이 정하는 바에 의하여 정당운영에 필요한 자금을 보조할 수 있다.
④ 정당의 목적이나 활동이 민주적 기본질서에 위배될 때에는 정부는 헌법재판소에 그 해산을 제소할 수 있고, 정당은 헌법재판소의 심판에 의하여 해산된다.

제9조 국가는 전통문화의 계승·발전과 민족문화의 창달에 노력하여야 한다.

제2장 국민의 권리와 의무

제10조 모든 국민은 인간으로서의 존엄과 가치를 가지며, 행복을 추구할 권리를 가진다. 국가는 개인이 가지는 불가침의 기본적 인권을 확인하고 이를 보장할 의무를 진다.

제11조 ① 모든 국민은 법 앞에 평등하다. 누구든지 성별·종교 또는 사회적 신분에 의하여 정치적·경제적·사회적·문화적 생활의 모든 영역에 있어서 차별을 받지 아니한다.
② 사회적 특수계급의 제도는 인정되지 아니하며, 어떠한 형태로도 이를 창설할 수 없다.
③ 훈장등의 영전은 이를 받은 자에게만 효력이 있고, 어떠한 특권도 이에 따르지 아니한다.

제12조 ① 모든 국민은 신체의 자유를 가진다. 누구든지 법률에 의하지 아니하고는 체포·구속·압수·수색 또는 심문을 받지 아니하며, 법률과 적법한 절차에 의하지 아니하고는 처벌·보안처분 또는 강제노역을 받지 아니한다.
② 모든 국민은 고문을 받지 아니하며, 형사상 자기에게 불리한 진술을 강요당하지 아니한다.
③ 체포·구속·압수 또는 수색을 할 때에는 적법한 절차에 따라 검사의 신청에 의하여 법관이 발부한 영장을 제시하여야 한다. 다만, 현행범인인 경우와 장기 3년 이상의 형에 해당하는 죄를 범하고 도피 또는 증거인멸의 염려가 있을 때에는 사후에 영장을 청구할 수 있다.
④ 누구든지 체포 또는 구속을 당한 때에는 즉시 변호인의 조력을 받을 권리를 가진다. 다만, 형사피고인이 스스로 변호인을 구할 수 없을 때에는 법률이 정하는 바에 의하여 국가가 변호인을 붙인다.
⑤ 누구든지 체포 또는 구속의 이유와 변호인의 조력을 받을 권리가 있음을 고지받지 아니하고는 체포 또는 구속을 당하지 아니한다. 체포 또는 구속을 당한 자의 가족등 법률이 정하는 자에게는 그 이유와 일시·장소가 지체없이 통지되어야 한다.
⑥ 누구든지 체포 또는 구속을 당한 때에는 적부의 심사를 법원에 청구할 권리를 가진다.
⑦ 피고인의 자백이 고문·폭행·협박·구속의 부당한 장기화 또는 기망 기타의 방법에 의하여 자의로 진술된 것이 아니라고 인정될 때 또는 정식재판에 있어서 피고인의 자백이 그에게 불리한 유일한 증거일 때에는 이를 유죄의 증거로 삼거나 이를 이유로 처벌할 수 없다.

제13조 ① 모든 국민은 행위시의 법률에 의하여 범죄를 구성하지 아니하는 행위로 소추되지 아니하며, 동일한 범죄에 대하여 거듭 처벌받지 아니한다.

② 모든 국민은 소급입법에 의하여 참정권의 제한을 받거나 재산권을 박탈당하지 아니한다.
③ 모든 국민은 자기의 행위가 아닌 친족의 행위로 인하여 불이익한 처우를 받지 아니한다.

제14조 모든 국민은 거주·이전의 자유를 가진다.

제15조 모든 국민은 직업선택의 자유를 가진다.

제16조 모든 국민은 주거의 자유를 침해받지 아니한다. 주거에 대한 압수나 수색을 할 때에는 검사의 신청에 의하여 법관이 발부한 영장을 제시하여야 한다.

제17조 모든 국민은 사생활의 비밀과 자유를 침해받지 아니한다.

제18조 모든 국민은 통신의 비밀을 침해받지 아니한다.

제19조 모든 국민은 양심의 자유를 가진다.

제20조 ① 모든 국민은 종교의 자유를 가진다.
② 국교는 인정되지 아니하며, 종교와 정치는 분리된다.

제21조 ① 모든 국민은 언론·출판의 자유와 집회·결사의 자유를 가진다.
② 언론·출판에 대한 허가나 검열과 집회·결사에 대한 허가는 인정되지 아니한다.
③ 통신·방송의 시설기준과 신문의 기능을 보장하기 위하여 필요한 사항은 법률로 정한다.
④ 언론·출판은 타인의 명예나 권리 또는 공중도덕이나 사회윤리를 침해하여서는 아니된다. 언론·출판이 타인의 명예나 권리를 침해한 때에는 피해자는 이에 대한 피해의 배상을 청구할 수 있다.

제22조 ① 모든 국민은 학문과 예술의 자유를 가진다.
② 저작자·발명가·과학기술자와 예술가의 권리는 법률로써 보호한다.

제23조 ① 모든 국민의 재산권은 보장된다. 그 내용과 한계는 법률로 정한다.
② 재산권의 행사는 공공복리에 적합하도록 하여야 한다.
③ 공공필요에 의한 재산권의 수용·사용 또는 제한 및 그에 대한 보상은 법률로써 하되, 정당한 보상을 지급하여야 한다.

제24조 모든 국민은 법률이 정하는 바에 의하여 선거권을 가진다.

제25조 모든 국민은 법률이 정하는 바에 의하여 공무담임권을 가진다.

제26조 ① 모든 국민은 법률이 정하는 바에 의하여 국가기관에 문서로 청원할 권리를 가진다.
② 국가는 청원에 대하여 심사할 의무를 진다.

제27조 ① 모든 국민은 헌법과 법률이 정한 법관에 의하여 법률에 의한 재판을 받을 권리를 가진다.
② 군인 또는 군무원이 아닌 국민은 대한

민국의 영역안에서는 중대한 군사상 기밀·초병·초소·유독음식물공급·포로·군용물에 관한 죄중 법률이 정한 경우와 비상계엄이 선포된 경우를 제외하고는 군사법원의 재판을 받지 아니한다.
③ 모든 국민은 신속한 재판을 받을 권리를 가진다. 형사피고인은 상당한 이유가 없는 한 지체없이 공개재판을 받을 권리를 가진다.
④ 형사피고인은 유죄의 판결이 확정될 때까지는 무죄로 추정된다.
⑤ 형사피해자는 법률이 정하는 바에 의하여 당해 사건의 재판절차에서 진술할 수 있다.

제28조 형사피의자 또는 형사피고인으로서 구금되었던 자가 법률이 정하는 불기소처분을 받거나 무죄판결을 받은 때에는 법률이 정하는 바에 의하여 국가에 정당한 보상을 청구할 수 있다.

제29조 ① 공무원의 직무상 불법행위로 손해를 받은 국민은 법률이 정하는 바에 의하여 국가 또는 공공단체에 정당한 배상을 청구할 수 있다. 이 경우 공무원 자신의 책임은 면제되지 아니한다.
② 군인·군무원·경찰공무원 기타 법률이 정하는 자가 전투·훈련등 직무집행과 관련하여 받은 손해에 대하여는 법률이 정하는 보상외에 국가 또는 공공단체에 공무원의 직무상 불법행위로 인한 배상은 청구할 수 없다.

제30조 타인의 범죄행위로 인하여 생명·신체에 대한 피해를 받은 국민은 법률이 정하는 바에 의하여 국가로부터 구조를 받을 수 있다.

제31조 ① 모든 국민은 능력에 따라 균등하게 교육을 받을 권리를 가진다.
② 모든 국민은 그 보호하는 자녀에게 적어도 초등교육과 법률이 정하는 교육을 받게 할 의무를 진다.
③ 의무교육은 무상으로 한다.
④ 교육의 자주성·전문성·정치적 중립성 및 대학의 자율성은 법률이 정하는 바에 의하여 보장된다.
⑤ 국가는 평생교육을 진흥하여야 한다.
⑥ 학교교육 및 평생교육을 포함한 교육제도와 그 운영, 교육재정 및 교원의 지위에 관한 기본적인 사항은 법률로 정한다.

제32조 ① 모든 국민은 근로의 권리를 가진다. 국가는 사회적·경제적 방법으로 근로자의 고용의 증진과 적정임금의 보장에 노력하여야 하며, 법률이 정하는 바에 의하여 최저임금제를 시행하여야 한다.
② 모든 국민은 근로의 의무를 진다. 국가는 근로의 의무의 내용과 조건을 민주주의원칙에 따라 법률로 정한다.
③ 근로조건의 기준은 인간의 존엄성을 보장하도록 법률로 정한다.
④ 여자의 근로는 특별한 보호를 받으며, 고용·임금 및 근로조건에 있어서 부당한 차별을 받지 아니한다.
⑤ 연소자의 근로는 특별한 보호를 받는다.
⑥ 국가유공자·상이군경 및 전몰군경의 유가족은 법률이 정하는 바에 의하여 우선적으로 근로의 기회를 부여받는다.

제33조 ① 근로자는 근로조건의 향상을 위하여 자주적인 단결권·단체교섭권 및 단체행동권을 가진다.
② 공무원인 근로자는 법률이 정하는 자에 한하여 단결권·단체교섭권 및 단체행동권

을 가진다.
③ 법률이 정하는 주요방위산업체에 종사하는 근로자의 단체행동권은 법률이 정하는 바에 의하여 이를 제한하거나 인정하지 아니할 수 있다.

제34조 ① 모든 국민은 인간다운 생활을 할 권리를 가진다.
② 국가는 사회보장·사회복지의 증진에 노력할 의무를 진다.
③ 국가는 여자의 복지와 권익의 향상을 위하여 노력하여야 한다.
④ 국가는 노인과 청소년의 복지향상을 위한 정책을 실시할 의무를 진다.
⑤ 신체장애자 및 질병·노령 기타의 사유로 생활능력이 없는 국민은 법률이 정하는 바에 의하여 국가의 보호를 받는다.
⑥ 국가는 재해를 예방하고 그 위험으로부터 국민을 보호하기 위하여 노력하여야 한다.

제35조 ① 모든 국민은 건강하고 쾌적한 환경에서 생활할 권리를 가지며, 국가와 국민은 환경보전을 위하여 노력하여야 한다.
② 환경권의 내용과 행사에 관하여는 법률로 정한다.
③ 국가는 주택개발정책등을 통하여 모든 국민이 쾌적한 주거생활을 할 수 있도록 노력하여야 한다.

제36조 ① 혼인과 가족생활은 개인의 존엄과 양성의 평등을 기초로 성립되고 유지되어야 하며, 국가는 이를 보장한다.
② 국가는 모성의 보호를 위하여 노력하여야 한다.
③ 모든 국민은 보건에 관하여 국가의 보호를 받는다.

제37조 ① 국민의 자유와 권리는 헌법에 열거되지 아니한 이유로 경시되지 아니한다.
② 국민의 모든 자유와 권리는 국가안전보장·질서유지 또는 공공복리를 위하여 필요한 경우에 한하여 법률로써 제한할 수 있으며, 제한하는 경우에도 자유와 권리의 본질적인 내용을 침해할 수 없다.

제38조 모든 국민은 법률이 정하는 바에 의하여 납세의 의무를 진다.

제39조 ① 모든 국민은 법률이 정하는 바에 의하여 국방의 의무를 진다.
② 누구든지 병역의무의 이행으로 인하여 불이익한 처우를 받지 아니한다.

제3장 국회

제40조 입법권은 국회에 속한다.

제41조 ① 국회는 국민의 보통·평등·직접·비밀선거에 의하여 선출된 국회의원으로 구성한다.
② 국회의원의 수는 법률로 정하되, 200인 이상으로 한다.
③ 국회의원의 선거구와 비례대표제 기타 선거에 관한 사항은 법률로 정한다.

제42조 국회의원의 임기는 4년으로 한다.

제43조 국회의원은 법률이 정하는 직을 겸할 수 없다.

제44조 ① 국회의원은 현행범인인 경우를 제외하고는 회기중 국회의 동의없이 체포 또는 구금되지 아니한다.

② 국회의원이 회기전에 체포 또는 구금된 때에는 현행범인이 아닌 한 국회의 요구가 있으면 회기중 석방된다.

제45조 국회의원은 국회에서 직무상 행한 발언과 표결에 관하여 국회외에서 책임을 지지 아니한다.

제46조 ① 국회의원은 청렴의 의무가 있다.
② 국회의원은 국가이익을 우선하여 양심에 따라 직무를 행한다.
③ 국회의원은 그 지위를 남용하여 국가·공공단체 또는 기업체와의 계약이나 그 처분에 의하여 재산상의 권리·이익 또는 직위를 취득하거나 타인을 위하여 그 취득을 알선할 수 없다.

제47조 ① 국회의 정기회는 법률이 정하는 바에 의하여 매년 1회 집회되며, 국회의 임시회는 대통령 또는 국회재적의원 4분의 1 이상의 요구에 의하여 집회된다.
② 정기회의 회기는 100일을, 임시회의 회기는 30일을 초과할 수 없다.
③ 대통령이 임시회의 집회를 요구할 때에는 기간과 집회요구의 이유를 명시하여야 한다.

제48조 국회는 의장 1인과 부의장 2인을 선출한다.

제49조 국회는 헌법 또는 법률에 특별한 규정이 없는 한 재적의원 과반수의 출석과 출석의원 과반수의 찬성으로 의결한다. 가부동수인 때에는 부결된 것으로 본다.

제50조 ① 국회의 회의는 공개한다. 다만, 출석의원 과반수의 찬성이 있거나 의장이 국가의 안전보장을 위하여 필요하다고 인정할 때에는 공개하지 아니할 수 있다.
② 공개하지 아니한 회의내용의 공표에 관하여는 법률이 정하는 바에 의한다.

제51조 국회에 제출된 법률안 기타의 의안은 회기중에 의결되지 못한 이유로 폐기되지 아니한다. 다만, 국회의원의 임기가 만료된 때에는 그러하지 아니하다.

제52조 국회의원과 정부는 법률안을 제출할 수 있다.

제53조 ① 국회에서 의결된 법률안은 정부에 이송되어 15일 이내에 대통령이 공포한다.
② 법률안에 이의가 있을 때에는 대통령은 제1항의 기간내에 이의서를 붙여 국회로 환부하고, 그 재의를 요구할 수 있다. 국회의 폐회중에도 또한 같다.
③ 대통령은 법률안의 일부에 대하여 또는 법률안을 수정하여 재의를 요구할 수 없다.
④ 재의의 요구가 있을 때에는 국회는 재의에 붙이고, 재적의원과반수의 출석과 출석의원 3분의 2 이상의 찬성으로 전과 같은 의결을 하면 그 법률안은 법률로서 확정된다.
⑤ 대통령이 제1항의 기간내에 공포나 재의의 요구를 하지 아니한 때에도 그 법률안은 법률로서 확정된다.
⑥ 대통령은 제4항과 제5항의 규정에 의하여 확정된 법률을 지체없이 공포하여야 한다. 제5항에 의하여 법률이 확정된 후 또는 제4항에 의한 확정법률이 정부에 이송된 후 5일 이내에 대통령이 공포하지 아니할 때에는 국회의장이 이를 공포한다.
⑦ 법률은 특별한 규정이 없는 한 공포한

날로부터 20일을 경과함으로써 효력을 발생한다.

제54조 ① 국회는 국가의 예산안을 심의·확정한다.
② 정부는 회계연도마다 예산안을 편성하여 회계연도 개시 90일전까지 국회에 제출하고, 국회는 회계연도 개시 30일전까지 이를 의결하여야 한다.
③ 새로운 회계연도가 개시될 때까지 예산안이 의결되지 못한 때에는 정부는 국회에서 예산안이 의결될 때까지 다음의 목적을 위한 경비는 전년도 예산에 준하여 집행할 수 있다.
1. 헌법이나 법률에 의하여 설치된 기관 또는 시설의 유지·운영
2. 법률상 지출의무의 이행
3. 이미 예산으로 승인된 사업의 계속

제55조 ① 한 회계연도를 넘어 계속하여 지출할 필요가 있을 때에는 정부는 연한을 정하여 계속비로서 국회의 의결을 얻어야 한다.
② 예비비는 총액으로 국회의 의결을 얻어야 한다. 예비비의 지출은 차기국회의 승인을 얻어야 한다.

제56조 정부는 예산에 변경을 가할 필요가 있을 때에는 추가경정예산안을 편성하여 국회에 제출할 수 있다.

제57조 국회는 정부의 동의없이 정부가 제출한 지출예산 각항의 금액을 증가하거나 새 비목을 설치할 수 없다.

제58조 국채를 모집하거나 예산외에 국가의 부담이 될 계약을 체결하려 할 때에는 정부는 미리 국회의 의결을 얻어야 한다.

제59조 조세의 종목과 세율은 법률로 정한다.

제60조 ① 국회는 상호원조 또는 안전보장에 관한 조약, 중요한 국제조직에 관한 조약, 우호통상항해조약, 주권의 제약에 관한 조약, 강화조약, 국가나 국민에게 중대한 재정적 부담을 지우는 조약 또는 입법사항에 관한 조약의 체결·비준에 대한 동의권을 가진다.
② 국회는 선전포고, 국군의 외국에의 파견 또는 외국군대의 대한민국 영역안에서의 주류에 대한 동의권을 가진다.

제61조 ① 국회는 국정을 감사하거나 특정한 국정사안에 대하여 조사할 수 있으며, 이에 필요한 서류의 제출 또는 증인의 출석과 증언이나 의견의 진술을 요구할 수 있다.
② 국정감사 및 조사에 관한 절차 기타 필요한 사항은 법률로 정한다.

제62조 ① 국무총리·국무위원 또는 정부위원은 국회나 그 위원회에 출석하여 국정처리상황을 보고하거나 의견을 진술하고 질문에 응답할 수 있다.
② 국회나 그 위원회의 요구가 있을 때에는 국무총리·국무위원 또는 정부위원은 출석·답변하여야 하며, 국무총리 또는 국무위원이 출석요구를 받은 때에는 국무위원 또는 정부위원으로 하여금 출석·답변하게 할 수 있다.

제63조 ① 국회는 국무총리 또는 국무위원의 해임을 대통령에게 건의할 수 있다.
② 제1항의 해임건의는 국회재적의원 3분의 1 이상의 발의에 의하여 국회재적의원

과반수의 찬성이 있어야 한다.

제64조 ① 국회는 법률에 저촉되지 아니하는 범위안에서 의사와 내부규율에 관한 규칙을 제정할 수 있다.
② 국회는 의원의 자격을 심사하며, 의원을 징계할 수 있다.
③ 의원을 제명하려면 국회재적의원 3분의 2 이상의 찬성이 있어야 한다.
④ 제2항과 제3항의 처분에 대하여는 법원에 제소할 수 없다.

제65조 ① 대통령·국무총리·국무위원·행정각부의 장·헌법재판소 재판관·법관·중앙선거관리위원회 위원·감사원장·감사위원 기타 법률이 정한 공무원이 그 직무집행에 있어서 헌법이나 법률을 위배한 때에는 국회는 탄핵의 소추를 의결할 수 있다.
② 제1항의 탄핵소추는 국회재적의원 3분의 1 이상의 발의가 있어야 하며, 그 의결은 국회재적의원 과반수의 찬성이 있어야 한다. 다만, 대통령에 대한 탄핵소추는 국회재적의원 과반수의 발의와 국회재적의원 3분의 2 이상의 찬성이 있어야 한다.
③ 탄핵소추의 의결을 받은 자는 탄핵심판이 있을 때까지 그 권한행사가 정지된다.
④ 탄핵결정은 공직으로부터 파면함에 그친다. 그러나, 이에 의하여 민사상이나 형사상의 책임이 면제되지는 아니한다.

제4장 정부

제1절 대통령

제66조 ① 대통령은 국가의 원수이며, 외국에 대하여 국가를 대표한다.
② 대통령은 국가의 독립·영토의 보전·국가의 계속성과 헌법을 수호할 책무를 진다.
③ 대통령은 조국의 평화적 통일을 위한 성실한 의무를 진다.
④ 행정권은 대통령을 수반으로 하는 정부에 속한다.

제67조 ① 대통령은 국민의 보통·평등·직접·비밀선거에 의하여 선출한다.
② 제1항의 선거에 있어서 최고득표자가 2인 이상인 때에는 국회의 재적의원 과반수가 출석한 공개회의에서 다수표를 얻은 자를 당선자로 한다.
③ 대통령후보자가 1인일 때에는 그 득표수가 선거권자 총수의 3분의 1 이상이 아니면 대통령으로 당선될 수 없다.
④ 대통령으로 선거될 수 있는 자는 국회의원의 피선거권이 있고 선거일 현재 40세에 달하여야 한다.
⑤ 대통령의 선거에 관한 사항은 법률로 정한다.

제68조 ① 대통령의 임기가 만료되는 때에는 임기만료 70일 내지 40일전에 후임자를 선거한다.
② 대통령이 궐위된 때 또는 대통령 당선자가 사망하거나 판결 기타의 사유로 그 자격을 상실한 때에는 60일 이내에 후임자를 선거한다.

제69조 대통령은 취임에 즈음하여 다음의 선서를 한다.
"나는 헌법을 준수하고 국가를 보위하며 조국의 평화적 통일과 국민의 자유와 복리의 증진 및 민족문화의 창달에 노력하여 대통령으로서의 직책을 성실히 수행할 것을 국민 앞에 엄숙히 선서합니다."

제70조 대통령의 임기는 5년으로 하며, 중임할 수 없다.

제71조 대통령이 궐위되거나 사고로 인하여 직무를 수행할 수 없을 때에는 국무총리, 법률이 정한 국무위원의 순서로 그 권한을 대행한다.

제72조 대통령은 필요하다고 인정할 때에는 외교·국방·통일 기타 국가안위에 관한 중요정책을 국민투표에 붙일 수 있다.

제73조 대통령은 조약을 체결·비준하고, 외교사절을 신임·접수 또는 파견하며, 선전포고와 강화를 한다.

제74조 ① 대통령은 헌법과 법률이 정하는 바에 의하여 국군을 통수한다.
② 국군의 조직과 편성은 법률로 정한다.

제75조 대통령은 법률에서 구체적으로 범위를 정하여 위임받은 사항과 법률을 집행하기 위하여 필요한 사항에 관하여 대통령령을 발할 수 있다.

제76조 ① 대통령은 내우·외환·천재·지변 또는 중대한 재정·경제상의 위기에 있어서 국가의 안전보장 또는 공공의 안녕질서를 유지하기 위하여 긴급한 조치가 필요하고 국회의 집회를 기다릴 여유가 없을 때에 한하여 최소한으로 필요한 재정·경제상의 처분을 하거나 이에 관하여 법률의 효력을 가지는 명령을 발할 수 있다.
② 대통령은 국가의 안위에 관계되는 중대한 교전상태에 있어서 국가를 보위하기 위하여 긴급한 조치가 필요하고 국회의 집회가 불가능한 때에 한하여 법률의 효력을 가지는 명령을 발할 수 있다.
③ 대통령은 제1항과 제2항의 처분 또는 명령을 한 때에는 지체없이 국회에 보고하여 그 승인을 얻어야 한다.
④ 제3항의 승인을 얻지 못한 때에는 그 처분 또는 명령은 그때부터 효력을 상실한다. 이 경우 그 명령에 의하여 개정 또는 폐지되었던 법률은 그 명령이 승인을 얻지 못한 때부터 당연히 효력을 회복한다.
⑤ 대통령은 제3항과 제4항의 사유를 지체없이 공포하여야 한다.

제77조 ① 대통령은 전시·사변 또는 이에 준하는 국가비상사태에 있어서 병력으로써 군사상의 필요에 응하거나 공공의 안녕질서를 유지할 필요가 있을 때에는 법률이 정하는 바에 의하여 계엄을 선포할 수 있다.
② 계엄은 비상계엄과 경비계엄으로 한다.
③ 비상계엄이 선포된 때에는 법률이 정하는 바에 의하여 영장제도, 언론·출판·집회·결사의 자유, 정부나 법원의 권한에 관하여 특별한 조치를 할 수 있다.
④ 계엄을 선포한 때에는 대통령은 지체없이 국회에 통고하여야 한다.
⑤ 국회가 재적의원 과반수의 찬성으로 계엄의 해제를 요구한 때에는 대통령은 이를 해제하여야 한다.

제78조 대통령은 헌법과 법률이 정하는 바에 의하여 공무원을 임면한다.

제79조 ① 대통령은 법률이 정하는 바에 의하여 사면·감형 또는 복권을 명할 수 있다.
② 일반사면을 명하려면 국회의 동의를 얻어야 한다.
③ 사면·감형 및 복권에 관한 사항은 법률로 정한다.

제80조 대통령은 법률이 정하는 바에 의하여 훈장 기타의 영전을 수여한다.

제81조 대통령은 국회에 출석하여 발언하거나 서한으로 의견을 표시할 수 있다.

제82조 대통령의 국법상 행위는 문서로써 하며, 이 문서에는 국무총리와 관계 국무위원이 부서한다. 군사에 관한 것도 또한 같다.

제83조 대통령은 국무총리·국무위원·행정각부의 장 기타 법률이 정하는 공사의 직을 겸할 수 없다.

제84조 대통령은 내란 또는 외환의 죄를 범한 경우를 제외하고는 재직중 형사상의 소추를 받지 아니한다.

제85조 전직대통령의 신분과 예우에 관하여는 법률로 정한다.

제2절 행정부

제1관 국무총리와 국무위원

제86조 ① 국무총리는 국회의 동의를 얻어 대통령이 임명한다.

② 국무총리는 대통령을 보좌하며, 행정에 관하여 대통령의 명을 받아 행정각부를 통할한다.

③ 군인은 현역을 면한 후가 아니면 국무총리로 임명될 수 없다.

제87조 ① 국무위원은 국무총리의 제청으로 대통령이 임명한다.

② 국무위원은 국정에 관하여 대통령을 보좌하며, 국무회의의 구성원으로서 국정을 심의한다.

③ 국무총리는 국무위원의 해임을 대통령에게 건의할 수 있다.

④ 군인은 현역을 면한 후가 아니면 국무위원으로 임명될 수 없다.

제2관 국무회의

제88조 ① 국무회의는 정부의 권한에 속하는 중요한 정책을 심의한다.

② 국무회의는 대통령·국무총리와 15인 이상 30인 이하의 국무위원으로 구성한다.

③ 대통령은 국무회의의 의장이 되고, 국무총리는 부의장이 된다.

제89조 다음 사항은 국무회의의 심의를 거쳐야 한다.

1. 국정의 기본계획과 정부의 일반정책
2. 선전·강화 기타 중요한 대외정책
3. 헌법개정안·국민투표안·조약안·법률안 및 대통령령안
4. 예산안·결산·국유재산처분의 기본계획·국가의 부담이 될 계약 기타 재정에 관한 중요사항
5. 대통령의 긴급명령·긴급재정경제처분 및 명령 또는 계엄과 그 해제
6. 군사에 관한 중요사항
7. 국회의 임시회 집회의 요구
8. 영전수여
9. 사면·감형과 복권
10. 행정각부간의 권한의 획정
11. 정부안의 권한의 위임 또는 배정에 관한 기본계획
12. 국정처리상황의 평가·분석
13. 행정각부의 중요한 정책의 수립과 조정
14. 정당해산의 제소
15. 정부에 제출 또는 회부된 정부의 정책에 관계되는 청원의 심사

16. 검찰총장·합동참모의장·각군참모총장·국립대학교총장·대사 기타 법률이 정한 공무원과 국영기업체관리자의 임명
17. 기타 대통령·국무총리 또는 국무위원이 제출한 사항

제90조 ① 국정의 중요한 사항에 관한 대통령의 자문에 응하기 위하여 국가원로로 구성되는 국가원로자문회의를 둘 수 있다.
② 국가원로자문회의의 의장은 직전대통령이 된다. 다만, 직전대통령이 없을 때에는 대통령이 지명한다.
③ 국가원로자문회의의 조직·직무범위 기타 필요한 사항은 법률로 정한다.

제91조 ① 국가안전보장에 관련되는 대외정책·군사정책과 국내정책의 수립에 관하여 국무회의의 심의에 앞서 대통령의 자문에 응하기 위하여 국가안전보장회의를 둔다.
② 국가안전보장회의는 대통령이 주재한다.
③ 국가안전보장회의의 조직·직무범위 기타 필요한 사항은 법률로 정한다.

제92조 ① 평화통일정책의 수립에 관한 대통령의 자문에 응하기 위하여 민주평화통일자문회의를 둘 수 있다.
② 민주평화통일자문회의의 조직·직무범위 기타 필요한 사항은 법률로 정한다.

제93조 ① 국민경제의 발전을 위한 중요정책의 수립에 관하여 대통령의 자문에 응하기 위하여 국민경제자문회의를 둘 수 있다.
② 국민경제자문회의의 조직·직무범위 기타 필요한 사항은 법률로 정한다.

제3관 행정각부

제94조 행정각부의 장은 국무위원 중에서 국무총리의 제청으로 대통령이 임명한다.

제95조 국무총리 또는 행정각부의 장은 소관사무에 관하여 법률이나 대통령령의 위임 또는 직권으로 총리령 또는 부령을 발할 수 있다.

제96조 행정각부의 설치·조직과 직무범위는 법률로 정한다.

제4관 감사원

제97조 국가의 세입·세출의 결산, 국가 및 법률이 정한 단체의 회계검사와 행정기관 및 공무원의 직무에 관한 감찰을 하기 위하여 대통령 소속하에 감사원을 둔다.

제98조 ① 감사원은 원장을 포함한 5인 이상 11인 이하의 감사위원으로 구성한다.
② 원장은 국회의 동의를 얻어 대통령이 임명하고, 그 임기는 4년으로 하며, 1차에 한하여 중임할 수 있다.
③ 감사위원은 원장의 제청으로 대통령이 임명하고, 그 임기는 4년으로 하며, 1차에 한하여 중임할 수 있다.

제99조 감사원은 세입·세출의 결산을 매년 검사하여 대통령과 차년도국회에 그 결과를 보고하여야 한다.

제100조 감사원의 조직·직무범위·감사위원의 자격·감사대상공무원의 범위 기타 필요한 사항은 법률로 정한다.

제5장 법원

제101조 ① 사법권은 법관으로 구성된 법원

에 속한다.
② 법원은 최고법원인 대법원과 각급법원으로 조직된다.
③ 법관의 자격은 법률로 정한다.

제102조 ① 대법원에 부를 둘 수 있다.
② 대법원에 대법관을 둔다. 다만, 법률이 정하는 바에 의하여 대법관이 아닌 법관을 둘 수 있다.
③ 대법원과 각급법원의 조직은 법률로 정한다.

제103조 법관은 헌법과 법률에 의하여 그 양심에 따라 독립하여 심판한다.

제104조 ① 대법원장은 국회의 동의를 얻어 대통령이 임명한다.
② 대법관은 대법원장의 제청으로 국회의 동의를 얻어 대통령이 임명한다.
③ 대법원장과 대법관이 아닌 법관은 대법관회의의 동의를 얻어 대법원장이 임명한다.

제105조 ① 대법원장의 임기는 6년으로 하며, 중임할 수 없다.
② 대법관의 임기는 6년으로 하며, 법률이 정하는 바에 의하여 연임할 수 있다.
③ 대법원장과 대법관이 아닌 법관의 임기는 10년으로 하며, 법률이 정하는 바에 의하여 연임할 수 있다.
④ 법관의 정년은 법률로 정한다.

제106조 ① 법관은 탄핵 또는 금고 이상의 형의 선고에 의하지 아니하고는 파면되지 아니하며, 징계처분에 의하지 아니하고는 정직·감봉 기타 불리한 처분을 받지 아니한다.
② 법관이 중대한 심신상의 장해로 직무를 수행할 수 없을 때에는 법률이 정하는 바에 의하여 퇴직하게 할 수 있다.

제107조 ① 법률이 헌법에 위반되는 여부가 재판의 전제가 된 경우에는 법원은 헌법재판소에 제청하여 그 심판에 의하여 재판한다.
② 명령·규칙 또는 처분이 헌법이나 법률에 위반되는 여부가 재판의 전제가 된 경우에는 대법원은 이를 최종적으로 심사할 권한을 가진다.
③ 재판의 전심절차로서 행정심판을 할 수 있다. 행정심판의 절차는 법률로 정하되, 사법절차가 준용되어야 한다.

제108조 대법원은 법률에 저촉되지 아니하는 범위안에서 소송에 관한 절차, 법원의 내부규율과 사무처리에 관한 규칙을 제정할 수 있다.

제109조 재판의 심리와 판결은 공개한다. 다만, 심리는 국가의 안전보장 또는 안녕질서를 방해하거나 선량한 풍속을 해할 염려가 있을 때에는 법원의 결정으로 공개하지 아니할 수 있다.

제110조 ① 군사재판을 관할하기 위하여 특별법원으로서 군사법원을 둘 수 있다.
② 군사법원의 상고심은 대법원에서 관할한다.
③ 군사법원의 조직·권한 및 재판관의 자격은 법률로 정한다.
④ 비상계엄하의 군사재판은 군인·군무원의 범죄나 군사에 관한 간첩죄의 경우와 초병·초소·유독음식물공급·포로에 관한 죄중 법률이 정한 경우에 한하여 단심으로

할 수 있다. 다만, 사형을 선고한 경우에는 그러하지 아니하다.

제6장 헌법재판소

제111조 ① 헌법재판소는 다음 사항을 관장한다.

1. 법원의 제청에 의한 법률의 위헌여부 심판
2. 탄핵의 심판
3. 정당의 해산 심판
4. 국가기관 상호간, 국가기관과 지방자치단체간 및 지방자치단체 상호간의 권한쟁의에 관한 심판
5. 법률이 정하는 헌법소원에 관한 심판

② 헌법재판소는 법관의 자격을 가진 9인의 재판관으로 구성하며, 재판관은 대통령이 임명한다.

③ 제2항의 재판관중 3인은 국회에서 선출하는 자를, 3인은 대법원장이 지명하는 자를 임명한다.

④ 헌법재판소의 장은 국회의 동의를 얻어 재판관중에서 대통령이 임명한다.

제112조 ① 헌법재판소 재판관의 임기는 6년으로 하며, 법률이 정하는 바에 의하여 연임할 수 있다.

② 헌법재판소 재판관은 정당에 가입하거나 정치에 관여할 수 없다.

③ 헌법재판소 재판관은 탄핵 또는 금고 이상의 형의 선고에 의하지 아니하고는 파면되지 아니한다.

제113조 ① 헌법재판소에서 법률의 위헌결정, 탄핵의 결정, 정당해산의 결정 또는 헌법소원에 관한 인용결정을 할 때에는 재판관 6인 이상의 찬성이 있어야 한다.

② 헌법재판소는 법률에 저촉되지 아니하는 범위안에서 심판에 관한 절차, 내부규율과 사무처리에 관한 규칙을 제정할 수 있다.

③ 헌법재판소의 조직과 운영 기타 필요한 사항은 법률로 정한다.

제7장 선거관리

제114조 ① 선거와 국민투표의 공정한 관리 및 정당에 관한 사무를 처리하기 위하여 선거관리위원회를 둔다.

② 중앙선거관리위원회는 대통령이 임명하는 3인, 국회에서 선출하는 3인과 대법원장이 지명하는 3인의 위원으로 구성한다. 위원장은 위원중에서 호선한다.

③ 위원의 임기는 6년으로 한다.

④ 위원은 정당에 가입하거나 정치에 관여할 수 없다.

⑤ 위원은 탄핵 또는 금고 이상의 형의 선고에 의하지 아니하고는 파면되지 아니한다.

⑥ 중앙선거관리위원회는 법령의 범위안에서 선거관리·국민투표관리 또는 정당사무에 관한 규칙을 제정할 수 있으며, 법률에 저촉되지 아니하는 범위안에서 내부규율에 관한 규칙을 제정할 수 있다.

⑦ 각급 선거관리위원회의 조직·직무범위 기타 필요한 사항은 법률로 정한다.

제115조 ① 각급 선거관리위원회는 선거인명부의 작성등 선거사무와 국민투표사무에 관하여 관계 행정기관에 필요한 지시를 할 수 있다.

② 제1항의 지시를 받은 당해 행정기관은 이에 응하여야 한다.

제116조 ① 선거운동은 각급 선거관리위원회의 관리하에 법률이 정하는 범위안에서 하되, 균등한 기회가 보장되어야 한다.
② 선거에 관한 경비는 법률이 정하는 경우를 제외하고는 정당 또는 후보자에게 부담시킬 수 없다.

제8장 지방자치

제117조 ① 지방자치단체는 주민의 복리에 관한 사무를 처리하고 재산을 관리하며, 법령의 범위안에서 자치에 관한 규정을 제정할 수 있다.
② 지방자치단체의 종류는 법률로 정한다.

제118조 ① 지방자치단체에 의회를 둔다.
② 지방의회의 조직·권한·의원선거와 지방자치단체의 장의 선임방법 기타 지방자치단체의 조직과 운영에 관한 사항은 법률로 정한다.

제9장 경제

제119조 ① 대한민국의 경제질서는 개인과 기업의 경제상의 자유와 창의를 존중함을 기본으로 한다.
② 국가는 균형있는 국민경제의 성장 및 안정과 적정한 소득의 분배를 유지하고, 시장의 지배와 경제력의 남용을 방지하며, 경제주체간의 조화를 통한 경제의 민주화를 위하여 경제에 관한 규제와 조정을 할 수 있다.

제120조 ① 광물 기타 중요한 지하자원·수산자원·수력과 경제상 이용할 수 있는 자연력은 법률이 정하는 바에 의하여 일정한 기간 그 채취·개발 또는 이용을 특허할 수 있다.
② 국토와 자원은 국가의 보호를 받으며, 국가는 그 균형있는 개발과 이용을 위하여 필요한 계획을 수립한다.

제121조 ① 국가는 농지에 관하여 경자유전의 원칙이 달성될 수 있도록 노력하여야 하며, 농지의 소작제도는 금지된다.
② 농업생산성의 제고와 농지의 합리적인 이용을 위하거나 불가피한 사정으로 발생하는 농지의 임대차와 위탁경영은 법률이 정하는 바에 의하여 인정된다.

제122조 국가는 국민 모두의 생산 및 생활의 기반이 되는 국토의 효율적이고 균형있는 이용·개발과 보전을 위하여 법률이 정하는 바에 의하여 그에 관한 필요한 제한과 의무를 과할 수 있다.

제123조 ① 국가는 농업 및 어업을 보호·육성하기 위하여 농·어촌종합개발과 그 지원 등 필요한 계획을 수립·시행하여야 한다.
② 국가는 지역간의 균형있는 발전을 위하여 지역경제를 육성할 의무를 진다.
③ 국가는 중소기업을 보호·육성하여야 한다.
④ 국가는 농수산물의 수급균형과 유통구조의 개선에 노력하여 가격안정을 도모함으로써 농·어민의 이익을 보호한다.
⑤ 국가는 농·어민과 중소기업의 자조조직을 육성하여야 하며, 그 자율적 활동과 발전을 보장한다.

제124조 국가는 건전한 소비행위를 계도하고 생산품의 품질향상을 촉구하기 위한 소

비자보호운동을 법률이 정하는 바에 의하여 보장한다.

제125조 국가는 대외무역을 육성하며, 이를 규제·조정할 수 있다.

제126조 국방상 또는 국민경제상 긴절한 필요로 인하여 법률이 정하는 경우를 제외하고는, 사영기업을 국유 또는 공유로 이전하거나 그 경영을 통제 또는 관리할 수 없다.

제127조 ① 국가는 과학기술의 혁신과 정보 및 인력의 개발을 통하여 국민경제의 발전에 노력하여야 한다.
② 국가는 국가표준제도를 확립한다.
③ 대통령은 제1항의 목적을 달성하기 위하여 필요한 자문기구를 둘 수 있다.

제10상 헌법개정

제128조 ① 헌법개정은 국회재적의원 과반수 또는 대통령의 발의로 제안된다.
② 대통령의 임기연장 또는 중임변경을 위한 헌법개정은 그 헌법개정 제안 당시의 대통령에 대하여는 효력이 없다.

제129조 제안된 헌법개정안은 대통령이 20일 이상의 기간 이를 공고하여야 한다.

제130조 ① 국회는 헌법개정안이 공고된 날로부터 60일 이내에 의결하여야 하며, 국회의 의결은 재적의원 3분의 2 이상의 찬성을 얻어야 한다.
② 헌법개정안은 국회가 의결한 후 30일 이내에 국민투표에 붙여 국회의원선거권자 과반수의 투표와 투표자 과반수의 찬성을 얻어야 한다.
③ 헌법개정안이 제2항의 찬성을 얻은 때에는 헌법개정은 확정되며, 대통령은 즉시 이를 공포하여야 한다.

부칙 〈제10호, 1987.10.29.〉

제1조 이 헌법은 1988년 2월 25일부터 시행한다. 다만, 이 헌법을 시행하기 위하여 필요한 법률의 제정·개정과 이 헌법에 의한 대통령 및 국회의원의 선거 기타 이 헌법시행에 관한 준비는 이 헌법시행 전에 할 수 있다.

제2조 ① 이 헌법에 의한 최초의 대통령선거는 이 헌법시행일 40일 전까지 실시한다.
② 이 헌법에 의한 최초의 대통령의 임기는 이 헌법시행일로부터 개시한다.

제3조 ① 이 헌법에 의한 최초의 국회의원선거는 이 헌법공포일로부터 6월 이내에 실시하며, 이 헌법에 의하여 선출된 최초의 국회의원의 임기는 국회의원선거후 이 헌법에 의한 국회의 최초의 집회일로부터 개시한다.
② 이 헌법공포 당시의 국회의원의 임기는 제1항에 의한 국회의 최초의 집회일 전일까지로 한다.

제4조 ① 이 헌법시행 당시의 공무원과 정부가 임명한 기업체의 임원은 이 헌법에 의하여 임명된 것으로 본다. 다만, 이 헌법에 의하여 선임방법이나 임명권자가 변경된 공무원과 대법원장 및 감사원장은 이 헌법에 의하여 후임자가 선임될 때까지 그 직무를 행하며, 이 경우 전임자인 공무원의 임기는 후임자가 선임되는 전일까지로 한다.

② 이 헌법시행 당시의 대법원장과 대법원 판사가 아닌 법관은 제1항 단서의 규정에 불구하고 이 헌법에 의하여 임명된 것으로 본다.

③ 이 헌법중 공무원의 임기 또는 중임제한에 관한 규정은 이 헌법에 의하여 그 공무원이 최초로 선출 또는 임명된 때로부터 적용한다.

제5조 이 헌법시행 당시의 법령과 조약은 이 헌법에 위배되지 아니하는 한 그 효력을 지속한다.

제6조 이 헌법시행 당시에 이 헌법에 의하여 새로 설치될 기관의 권한에 속하는 직무를 행하고 있는 기관은 이 헌법에 의하여 새로운 기관이 설치될 때까지 존속하며 그 직무를 행한다.

2 헌법재판소법

[시행 2018. 3. 20.]
[법률 제15495호, 2018. 3. 20., 일부개정]

제1장 총칙 〈개정 2011. 4. 5.〉

제1조(목적) 이 법은 헌법재판소의 조직 및 운영과 그 심판절차에 관하여 필요한 사항을 정함을 목적으로 한다.
[전문개정 2011. 4. 5.]

제2조(관장사항) 헌법재판소는 다음 각 호의 사항을 관장한다.
1. 법원의 제청(提請)에 의한 법률의 위헌(違憲) 여부 심판
2. 탄핵(彈劾)의 심판
3. 정당의 해산심판
4. 국가기관 상호간, 국가기관과 지방자치단체 간 및 지방자치단체 상호간의 권한쟁의(權限爭議)에 관한 심판
5. 헌법소원(憲法訴願)에 관한 심판

[전문개정 2011. 4. 5.]

제3조(구성) 헌법재판소는 9명의 재판관으로 구성한다.
[전문개정 2011. 4. 5.]

제4조(재판관의 독립) 재판관은 헌법과 법률에 의하여 양심에 따라 독립하여 심판한다.
[전문개정 2011. 4. 5.]

제5조(재판관의 자격) ① 재판관은 다음 각 호의 어느 하나에 해당하는 직(職)에 15년 이상 있던 40세 이상인 사람 중에서 임명한다. 다만, 다음 각 호 중 둘 이상의 직에 있던 사람의 재직기간은 합산한다.
1. 판사, 검사, 변호사
2. 변호사 자격이 있는 사람으로서 국가기관, 국영·공영 기업체, 「공공기관의 운영에 관한 법률」 제4조에 따른 공공기관 또는 그 밖의 법인에서 법률에 관한 사무에 종사한 사람
3. 변호사 자격이 있는 사람으로서 공인된 대학의 법률학 조교수 이상의 직에 있던 사람

② 다음 각 호의 어느 하나에 해당하는 사람은 재판관으로 임명할 수 없다.
1. 다른 법령에 따라 공무원으로 임용하지 못하는 사람
2. 금고 이상의 형을 선고받은 사람
3. 탄핵에 의하여 파면된 후 5년이 지나지 아니한 사람

[전문개정 2011. 4. 5.]

제6조(재판관의 임명) ① 재판관은 대통령이 임명한다. 이 경우 재판관 중 3명은 국회에서 선출하는 사람을, 3명은 대법원장이 지명하는 사람을 임명한다.
② 재판관은 국회의 인사청문을 거쳐 임명·선출 또는 지명하여야 한다. 이 경우 대통령은 재판관(국회에서 선출하거나 대법원장이 지명하는 사람은 제외한다)을 임명하기 전에, 대법원장은 재판관을 지명하기 전에 인사청문을 요청한다.
③ 재판관의 임기가 만료되거나 정년이 도

래하는 경우에는 임기만료일 또는 정년도래일까지 후임자를 임명하여야 한다.
④ 임기 중 재판관이 결원된 경우에는 결원된 날부터 30일 이내에 후임자를 임명하여야 한다.
⑤ 제3항 및 제4항에도 불구하고 국회에서 선출한 재판관이 국회의 폐회 또는 휴회 중에 그 임기가 만료되거나 정년이 도래한 경우 또는 결원된 경우에는 국회는 다음 집회가 개시된 후 30일 이내에 후임자를 선출하여야 한다.
[전문개정 2011. 4. 5.]

제7조(재판관의 임기) ① 재판관의 임기는 6년으로 하며, 연임할 수 있다.
② 재판관의 정년은 70세로 한다. <개정 2014. 12. 30.>
[전문개정 2011. 4. 5.]

제8조(재판관의 신분 보장) 재판관은 다음 각 호의 어느 하나에 해당하는 경우가 아니면 그 의사에 반하여 해임되지 아니한다.
1. 탄핵결정이 된 경우
2. 금고 이상의 형을 선고받은 경우
[전문개정 2011. 4. 5.]

제9조(재판관의 정치 관여 금지) 재판관은 정당에 가입하거나 정치에 관여할 수 없다.
[전문개정 2011. 4. 5.]

제10조(규칙 제정권) ① 헌법재판소는 이 법과 다른 법률에 저촉되지 아니하는 범위에서 심판에 관한 절차, 내부 규율과 사무처리에 관한 규칙을 제정할 수 있다.
② 헌법재판소규칙은 관보에 게재하여 공포한다.
[전문개정 2011. 4. 5.]

제10조의2(입법 의견의 제출) 헌법재판소장은 헌법재판소의 조직, 인사, 운영, 심판절차와 그 밖에 헌법재판소의 업무와 관련된 법률의 제정 또는 개정이 필요하다고 인정하는 경우에는 국회에 서면으로 그 의견을 제출할 수 있다.
[전문개정 2011. 4. 5.]

제11조(경비) ① 헌법재판소의 경비는 독립하여 국가의 예산에 계상(計上)하여야 한다.
② 제1항의 경비 중에는 예비금을 둔다.
[전문개정 2011. 4. 5.]

제2장 조직 〈개정 2011. 4. 5.〉

제12조(헌법재판소장) ① 헌법재판소에 헌법재판소장을 둔다.
② 헌법재판소장은 국회의 동의를 받아 재판관 중에서 대통령이 임명한다.
③ 헌법재판소장은 헌법재판소를 대표하고, 헌법재판소의 사무를 총괄하며, 소속 공무원을 지휘·감독한다.
④ 헌법재판소장이 궐위(闕位)되거나 부득이한 사유로 직무를 수행할 수 없을 때에는 다른 재판관이 헌법재판소규칙으로 정하는 순서에 따라 그 권한을 대행한다.
[전문개정 2011. 4. 5.]

제13조 삭제 <1991. 11. 30.>

제14조(재판관의 겸직 금지) 재판관은 다음 각 호의 어느 하나에 해당하는 직을 겸하거나 영리를 목적으로 하는 사업을 할 수 없다.
1. 국회 또는 지방의회의 의원의 직
2. 국회·정부 또는 법원의 공무원의 직

3. 법인 · 단체 등의 고문 · 임원 또는 직원의 직

[전문개정 2011. 4. 5.]

제15조(헌법재판소장 등의 대우) 헌법재판소장의 대우와 보수는 대법원장의 예에 따르며, 재판관은 정무직(政務職)으로 하고 그 대우와 보수는 대법관의 예에 따른다.

[전문개정 2011. 4. 5.]

제16조(재판관회의) ① 재판관회의는 재판관 전원으로 구성하며, 헌법재판소장이 의장이 된다.

② 재판관회의는 재판관 7명 이상의 출석과 출석인원 과반수의 찬성으로 의결한다.

③ 의장은 의결에서 표결권을 가진다.

④ 다음 각 호의 사항은 재판관회의의 의결을 거쳐야 한다.

1. 헌법재판소규칙의 제정과 개정, 제10조의2에 따른 입법 의견의 제출에 관한 사항
2. 예산 요구, 예비금 지출과 결산에 관한 사항
3. 사무처장, 사무차장, 헌법재판연구원장, 헌법연구관 및 3급 이상 공무원의 임면(任免)에 관한 사항
4. 특히 중요하다고 인정되는 사항으로서 헌법재판소장이 재판관회의에 부치는 사항

⑤ 재판관회의의 운영에 필요한 사항은 헌법재판소규칙으로 정한다.

[전문개정 2011. 4. 5.]

제17조(사무처) ① 헌법재판소의 행정사무를 처리하기 위하여 헌법재판소에 사무처를 둔다.

② 사무처에 사무처장과 사무차장을 둔다.

③ 사무처장은 헌법재판소장의 지휘를 받아 사무처의 사무를 관장하며, 소속 공무원을 지휘 · 감독한다.

④ 사무처장은 국회 또는 국무회의에 출석하여 헌법재판소의 행정에 관하여 발언할 수 있다.

⑤ 헌법재판소장이 한 처분에 대한 행정소송의 피고는 헌법재판소 사무처장으로 한다.

⑥ 사무차장은 사무처장을 보좌하며, 사무처장이 부득이한 사유로 직무를 수행할 수 없을 때에는 그 직무를 대행한다.

⑦ 사무처에 실, 국, 과를 둔다.

⑧ 실에는 실장, 국에는 국장, 과에는 과장을 두며, 사무처장 · 사무차장 · 실장 또는 국장 밑에 정책의 기획, 계획의 입안, 연구 · 조사, 심사 · 평가 및 홍보업무를 보좌하는 심의관 또는 담당관을 둘 수 있다.

⑨ 이 법에 규정되지 아니한 사항으로서 사무처의 조직, 직무 범위, 사무처에 두는 공무원의 정원, 그 밖에 필요한 사항은 헌법재판소규칙으로 정한다.

[전문개정 2011. 4. 5.]

제18조(사무처 공무원) ① 사무처장은 정무직으로 하고, 보수는 국무위원의 보수와 같은 금액으로 한다.

② 사무차장은 정무직으로 하고, 보수는 차관의 보수와 같은 금액으로 한다.

③ 실장은 1급 또는 2급, 국장은 2급 또는 3급, 심의관 및 담당관은 2급부터 4급까지, 과장은 3급 또는 4급의 일반직국가공무원으로 임명한다. 다만, 담당관 중 1명은 3급 상당 또는 4급 상당의 별정직국가공무원으로 임명할 수 있다.

④ 사무처 공무원은 헌법재판소장이 임면한다. 다만, 3급 이상의 공무원의 경우에는

재판관회의의 의결을 거쳐야 한다.
⑤ 헌법재판소장은 다른 국가기관에 대하여 그 소속 공무원을 사무처 공무원으로 근무하게 하기 위하여 헌법재판소에의 파견근무를 요청할 수 있다.
[전문개정 2011. 4. 5.]

제19조(헌법연구관) ① 헌법재판소에 헌법재판소규칙으로 정하는 수의 헌법연구관을 둔다. <개정 2011. 4. 5.>
② 헌법연구관은 특정직국가공무원으로 한다. <개정 2011. 4. 5.>
③ 헌법연구관은 헌법재판소장의 명을 받아 사건의 심리(審理) 및 심판에 관한 조사·연구에 종사한다. <개정 2011. 4. 5.>
④ 헌법연구관은 다음 각 호의 어느 하나에 해당하는 사람 중에서 헌법재판소장이 재판관회의의 의결을 거쳐 임용한다. <개정 2011. 4. 5.>

1. 판사·검사 또는 변호사의 자격이 있는 사람
2. 공인된 대학의 법률학 조교수 이상의 직에 있던 사람
3. 국회, 정부 또는 법원 등 국가기관에서 4급 이상의 공무원으로서 5년 이상 법률에 관한 사무에 종사한 사람
4. 법률학에 관한 박사학위 소지자로서 국회, 정부, 법원 또는 헌법재판소 등 국가기관에서 5년 이상 법률에 관한 사무에 종사한 사람
5. 법률학에 관한 박사학위 소지자로서 헌법재판소규칙으로 정하는 대학 등 공인된 연구기관에서 5년 이상 법률에 관한 사무에 종사한 사람

⑤ 삭제 <2003. 3. 12.>
⑥ 다음 각 호의 어느 하나에 해당하는 사람은 헌법연구관으로 임용될 수 없다. <개정 2011. 4. 5.>

1. 「국가공무원법」 제33조 각 호의 어느 하나에 해당하는 사람
2. 금고 이상의 형을 선고받은 사람
3. 탄핵결정에 의하여 파면된 후 5년이 지나지 아니한 사람

⑦ 헌법연구관의 임기는 10년으로 하되, 연임할 수 있고, 정년은 60세로 한다. <개정 2011. 4. 5.>
⑧ 헌법연구관이 제6항 각 호의 어느 하나에 해당할 때에는 당연히 퇴직한다. 다만, 「국가공무원법」 제33조제5호에 해당할 때에는 그러하지 아니하다. <개정 2011. 4. 5.>
⑨ 헌법재판소장은 다른 국가기관에 대하여 그 소속 공무원을 헌법연구관으로 근무하게 하기 위하여 헌법재판소에의 파견근무를 요청할 수 있다. <개정 2011. 4. 5.>
⑩ 사무차장은 헌법연구관의 직을 겸할 수 있다. <개정 2011. 4. 5.>
⑪ 헌법재판소장은 헌법연구관을 사건의 심리 및 심판에 관한 조사·연구업무 외의 직에 임명하거나 그 직을 겸임하게 할 수 있다. 이 경우 헌법연구관의 수는 헌법재판소규칙으로 정하며, 보수는 그 중 고액의 것을 지급한다. <개정 2011. 4. 5., 2014. 12. 30.>
[제목개정 2011. 4. 5.]

제19조의2(헌법연구관보) ① 헌법연구관을 신규임용하는 경우에는 3년간 헌법연구관보(憲法硏究官補)로 임용하여 근무하게 한 후 그 근무성적을 고려하여 헌법연구관으로 임용한다. 다만, 경력 및 업무능력 등을 고려하여 헌법재판소규칙으로 정하는 바에 따라 헌법연구관보 임용을 면제하거나 그 기간을 단축할 수 있다.

② 헌법연구관보는 헌법재판소장이 재판관회의의 의결을 거쳐 임용한다.
③ 헌법연구관보는 별정직국가공무원으로 하고, 그 보수와 승급기준은 헌법연구관의 예에 따른다.
④ 헌법연구관보가 근무성적이 불량한 경우에는 재판관회의의 의결을 거쳐 면직시킬 수 있다.
⑤ 헌법연구관보의 근무기간은 이 법 및 다른 법령에 규정된 헌법연구관의 재직기간에 산입한다.
[전문개정 2011. 4. 5.]

제19조의3(헌법연구위원) ① 헌법재판소에 헌법연구위원을 둘 수 있다. 헌법연구위원은 사건의 심리 및 심판에 관한 전문적인 조사·연구에 종사한다.
② 헌법연구위원은 3년 이내의 범위에서 기간을 정하여 임명한다.
③ 헌법연구위원은 2급 또는 3급 상당의 별정직공무원이나 「국가공무원법」 제26조의5에 따른 임기제공무원으로 하고, 그 직제 및 자격 등에 관하여는 헌법재판소규칙으로 정한다. <개정 2012. 12. 11.>
[본조신설 2007. 12. 21.]

제19조의4(헌법재판연구원) ① 헌법 및 헌법재판 연구와 헌법연구관, 사무처 공무원 등의 교육을 위하여 헌법재판소에 헌법재판연구원을 둔다.
② 헌법재판연구원의 정원은 원장 1명을 포함하여 40명 이내로 하고, 원장 밑에 부장, 팀장, 연구관 및 연구원을 둔다. <개정 2014. 12. 30.>
③ 원장은 헌법재판소장이 재판관회의의 의결을 거쳐 헌법연구관으로 보하거나 1급인 일반직국가공무원으로 임명한다. <신설 2014. 12. 30.>
④ 부장은 헌법연구관이나 2급 또는 3급 일반직공무원으로, 팀장은 헌법연구관이나 3급 또는 4급 일반직공무원으로 임명하고, 연구관 및 연구원은 헌법연구관 또는 일반직공무원으로 임명한다. <개정 2014. 12. 30.>
⑤ 연구관 및 연구원은 다음 각 호의 어느 하나에 해당하는 사람 중에서 헌법재판소장이 보하거나 헌법재판연구원장의 제청을 받아 헌법재판소장이 임명한다. <신설 2014. 12. 30.>
1. 헌법연구관
2. 변호사의 자격이 있는 사람(외국의 변호사 자격을 포함한다)
3. 학사 또는 석사학위를 취득한 사람으로서 헌법재판소규칙으로 정하는 실적 또는 경력이 있는 사람
4. 박사학위를 취득한 사람
⑥ 그 밖에 헌법재판연구원의 조직과 운영에 필요한 사항은 헌법재판소규칙으로 정한다. <신설 2014. 12. 30.>
[전문개정 2011. 4. 5.]

제20조(헌법재판소장 비서실 등) ① 헌법재판소에 헌법재판소장 비서실을 둔다.
② 헌법재판소장 비서실에 비서실장 1명을 두되, 비서실장은 1급 상당의 별정직국가공무원으로 임명하고, 헌법재판소장의 명을 받아 기밀에 관한 사무를 관장한다.
③ 제2항에 규정되지 아니한 사항으로서 헌법재판소장 비서실의 조직과 운영에 필요한 사항은 헌법재판소규칙으로 정한다.
④ 헌법재판소에 재판관 비서관을 둔다.
⑤ 재판관 비서관은 4급의 일반직국가공무원 또는 4급 상당의 별정직국가공무원으로 임명하며, 재판관의 명을 받아 기밀

에 관한 사무를 관장한다.
[전문개정 2011. 4. 5.]

제21조(서기 및 정리) ① 헌법재판소에 서기(書記) 및 정리(廷吏)를 둔다.
② 헌법재판소장은 사무처 직원 중에서 서기 및 정리를 지명한다.
③ 서기는 재판장의 명을 받아 사건에 관한 서류의 작성·보관 또는 송달에 관한 사무를 담당한다.
④ 정리는 심판정(審判廷)의 질서유지와 그 밖에 재판장이 명하는 사무를 집행한다.
[전문개정 2011. 4. 5.]

제3장 일반심판절차 〈개정 2011. 4. 5.〉

제22조(재판부) ① 이 법에 특별한 규정이 있는 경우를 제외하고는 헌법재판소의 심판은 재판관 전원으로 구성되는 재판부에서 관장한다.
② 재판부의 재판장은 헌법재판소장이 된다.
[전문개정 2011. 4. 5.]

제23조(심판정족수) ① 재판부는 재판관 7명 이상의 출석으로 사건을 심리한다.
② 재판부는 종국심리(終局審理)에 관여한 재판관 과반수의 찬성으로 사건에 관한 결정을 한다. 다만, 다음 각 호의 어느 하나에 해당하는 경우에는 재판관 6명 이상의 찬성이 있어야 한다.
1. 법률의 위헌결정, 탄핵의 결정, 정당해산의 결정 또는 헌법소원에 관한 인용결정(認容決定)을 하는 경우
2. 종전에 헌법재판소가 판시한 헌법 또는 법률의 해석 적용에 관한 의견을 변경하는 경우

[전문개정 2011. 4. 5.]

제24조(제척·기피 및 회피) ① 재판관이 다음 각 호의 어느 하나에 해당하는 경우에는 그 직무집행에서 제척(除斥)된다.
1. 재판관이 당사자이거나 당사자의 배우자 또는 배우자였던 경우
2. 재판관과 당사자가 친족관계이거나 친족관계였던 경우
3. 재판관이 사건에 관하여 증언이나 감정(鑑定)을 하는 경우
4. 재판관이 사건에 관하여 당사자의 대리인이 되거나 되었던 경우
5. 그 밖에 재판관이 헌법재판소 외에서 직무상 또는 직업상의 이유로 사건에 관여한 경우

② 재판부는 직권 또는 당사자의 신청에 의하여 제척의 결정을 한다.
③ 재판관에게 공정한 심판을 기대하기 어려운 사정이 있는 경우 당사자는 기피(忌避)신청을 할 수 있다. 다만, 변론기일(辯論期日)에 출석하여 본안(本案)에 관한 진술을 한 때에는 그러하지 아니하다.
④ 당사자는 동일한 사건에 대하여 2명 이상의 재판관을 기피할 수 없다.
⑤ 재판관은 제1항 또는 제3항의 사유가 있는 경우에는 재판장의 허가를 받아 회피(回避)할 수 있다.
⑥ 당사자의 제척 및 기피신청에 관한 심판에는 「민사소송법」 제44조, 제45조, 제46조제1항·제2항 및 제48조를 준용한다.
[전문개정 2011. 4. 5.]

제25조(대표자·대리인) ① 각종 심판절차에서 정부가 당사자(참가인을 포함한다. 이하 같다)인 경우에는 법무부장관이 이를

대표한다.
② 각종 심판절차에서 당사자인 국가기관 또는 지방자치단체는 변호사 또는 변호사의 자격이 있는 소속 직원을 대리인으로 선임하여 심판을 수행하게 할 수 있다.
③ 각종 심판절차에서 당사자인 사인(私人)은 변호사를 대리인으로 선임하지 아니하면 심판청구를 하거나 심판 수행을 하지 못한다. 다만, 그가 변호사의 자격이 있는 경우에는 그러하지 아니하다.
[전문개정 2011. 4. 5.]

제26조(심판청구의 방식) ① 헌법재판소에의 심판청구는 심판절차별로 정하여진 청구서를 헌법재판소에 제출함으로써 한다. 다만, 위헌법률심판에서는 법원의 제청서, 탄핵심판에서는 국회의 소추의결서(訴追議決書)의 정본(正本)으로 청구서를 갈음한다.
② 청구서에는 필요한 증거서류 또는 참고자료를 첨부할 수 있다.
[전문개정 2011. 4. 5.]

제27조(청구서의 송달) ① 헌법재판소가 청구서를 접수한 때에는 지체 없이 그 등본을 피청구기관 또는 피청구인(이하 "피청구인"이라 한다)에게 송달하여야 한다.
② 위헌법률심판의 제청이 있으면 법무부장관 및 당해 소송사건의 당사자에게 그 제청서의 등본을 송달한다.
[전문개정 2011. 4. 5.]

제28조(심판청구의 보정) ① 재판장은 심판청구가 부적법하나 보정(補正)할 수 있다고 인정되는 경우에는 상당한 기간을 정하여 보정을 요구하여야 한다.
② 제1항에 따른 보정 서면에 관하여는 제27조제1항을 준용한다.
③ 제1항에 따른 보정이 있는 경우에는 처음부터 적법한 심판청구가 있은 것으로 본다.
④ 제1항에 따른 보정기간은 제38조의 심판기간에 산입하지 아니한다.
⑤ 재판장은 필요하다고 인정하는 경우에는 재판관 중 1명에게 제1항의 보정요구를 할 수 있는 권한을 부여할 수 있다.
[전문개정 2011. 4. 5.]

제29조(답변서의 제출) ① 청구서 또는 보정서면을 송달받은 피청구인은 헌법재판소에 답변서를 제출할 수 있다.
② 답변서에는 심판청구의 취지와 이유에 대응하는 답변을 적는다.
[전문개정 2011. 4. 5.]

제30조(심리의 방식) ① 탄핵의 심판, 정당해산의 심판 및 권한쟁의의 심판은 구두변론에 의한다.
② 위헌법률의 심판과 헌법소원에 관한 심판은 서면심리에 의한다. 다만, 재판부는 필요하다고 인정하는 경우에는 변론을 열어 당사자, 이해관계인, 그 밖의 참고인의 진술을 들을 수 있다.
③ 재판부가 변론을 열 때에는 기일을 정하여 당사자와 관계인을 소환하여야 한다.
[전문개정 2011. 4. 5.]

제31조(증거조사) ① 재판부는 사건의 심리를 위하여 필요하다고 인정하는 경우에는 직권 또는 당사자의 신청에 의하여 다음 각 호의 증거조사를 할 수 있다.
1. 당사자 또는 증인을 신문(訊問)하는 일
2. 당사자 또는 관계인이 소지하는 문서 · 장부 · 물건 또는 그 밖의 증거자료의 제출을 요구하고 영치(領置)하는 일

3. 특별한 학식과 경험을 가진 자에게 감정을 명하는 일
4. 필요한 물건 · 사람 · 장소 또는 그 밖의 사물의 성상(性狀)이나 상황을 검증하는 일

② 재판장은 필요하다고 인정하는 경우에는 재판관 중 1명을 지정하여 제1항의 증거조사를 하게 할 수 있다.
[전문개정 2011. 4. 5.]

第32條(자료제출 요구 등) 재판부는 결정으로 다른 국가기관 또는 공공단체의 기관에 심판에 필요한 사실을 조회하거나, 기록의 송부나 자료의 제출을 요구할 수 있다. 다만, 재판 · 소추 또는 범죄수사가 진행 중인 사건의 기록에 대하여는 송부를 요구할 수 없다.
[전문개정 2011. 4. 5.]

第33條(심판의 장소) 심판의 변론과 종국결정의 선고는 심판정에서 한다. 다만, 헌법재판소장이 필요하다고 인정하는 경우에는 심판정 외의 장소에서 변론 또는 종국결정의 선고를 할 수 있다.
[전문개정 2011. 4. 5.]

第34條(심판의 공개) ① 심판의 변론과 결정의 선고는 공개한다. 다만, 서면심리와 평의(評議)는 공개하지 아니한다.
② 헌법재판소의 심판에 관하여는 「법원조직법」 제57조제1항 단서와 같은 조 제2항 및 제3항을 준용한다.
[전문개정 2011. 4. 5.]

第35條(심판의 지휘와 법정경찰권) ① 재판장은 심판정의 질서와 변론의 지휘 및 평의의 정리(整理)를 담당한다.
② 헌법재판소 심판정의 질서유지와 용어의 사용에 관하여는 「법원조직법」 제58조부터 제63조까지의 규정을 준용한다.
[전문개정 2011. 4. 5.]

第36條(종국결정) ① 재판부가 심리를 마쳤을 때에는 종국결정을 한다.
② 종국결정을 할 때에는 다음 각 호의 사항을 적은 결정서를 작성하고 심판에 관여한 재판관 전원이 이에 서명날인하여야 한다.
1. 사건번호와 사건명
2. 당사자와 심판수행자 또는 대리인의 표시
3. 주문(主文)
4. 이유
5. 결정일

③ 심판에 관여한 재판관은 결정서에 의견을 표시하여야 한다.
④ 종국결정이 선고되면 서기는 지체 없이 결정서 정본을 작성하여 당사자에게 송달하여야 한다.
⑤ 종국결정은 헌법재판소규칙으로 정하는 바에 따라 관보에 게재하거나 그 밖의 방법으로 공시한다.
[전문개정 2011. 4. 5.]

第37條(심판비용 등) ① 헌법재판소의 심판비용은 국가부담으로 한다. 다만, 당사자의 신청에 의한 증거조사의 비용은 헌법재판소규칙으로 정하는 바에 따라 그 신청인에게 부담시킬 수 있다.
② 헌법재판소는 헌법소원심판의 청구인에 대하여 헌법재판소규칙으로 정하는 공탁금의 납부를 명할 수 있다.
③ 헌법재판소는 다음 각 호의 어느 하나에 해당하는 경우에는 헌법재판소규칙으

로 정하는 바에 따라 공탁금의 전부 또는 일부의 국고 귀속을 명할 수 있다.

1. 헌법소원의 심판청구를 각하하는 경우
2. 헌법소원의 심판청구를 기각하는 경우에 그 심판청구가 권리의 남용이라고 인정되는 경우

[전문개정 2011. 4. 5.]

제38조(심판기간) 헌법재판소는 심판사건을 접수한 날부터 180일 이내에 종국결정의 선고를 하여야 한다. 다만, 재판관의 궐위로 7명의 출석이 불가능한 경우에는 그 궐위된 기간은 심판기간에 산입하지 아니한다.
[전문개정 2011. 4. 5.]

제39조(일사부재리) 헌법재판소는 이미 심판을 거친 동일한 사건에 대하여는 다시 심판할 수 없다.
[전문개정 2011. 4. 5.]

제39조의2(심판확정기록의 열람 · 복사) ① 누구든지 권리구제, 학술연구 또는 공익 목적으로 심판이 확정된 사건기록의 열람 또는 복사를 신청할 수 있다. 다만, 헌법재판소장은 다음 각 호의 어느 하나에 해당하는 경우에는 사건기록을 열람하거나 복사하는 것을 제한할 수 있다.

1. 변론이 비공개로 진행된 경우
2. 사건기록의 공개로 인하여 국가의 안전보장, 선량한 풍속, 공공의 질서유지나 공공복리를 현저히 침해할 우려가 있는 경우
3. 사건기록의 공개로 인하여 관계인의 명예, 사생활의 비밀, 영업비밀(「부정경쟁방지 및 영업비밀보호에 관한 법률」 제2조제2호에 규정된 영업비밀을 말한다) 또는 생명 · 신체의 안전이나 생활의 평온을 현저히 침해할 우려가 있는 경우

② 헌법재판소장은 제1항 단서에 따라 사건기록의 열람 또는 복사를 제한하는 경우에는 신청인에게 그 사유를 명시하여 통지하여야 한다.
③ 제1항에 따른 사건기록의 열람 또는 복사 등에 관하여 필요한 사항은 헌법재판소 규칙으로 정한다.
④ 사건기록을 열람하거나 복사한 자는 열람 또는 복사를 통하여 알게 된 사항을 이용하여 공공의 질서 또는 선량한 풍속을 침해하거나 관계인의 명예 또는 생활의 평온을 훼손하는 행위를 하여서는 아니 된다.
[전문개정 2011. 4. 5.]

제40조(준용규정) ① 헌법재판소의 심판절차에 관하여는 이 법에 특별한 규정이 있는 경우를 제외하고는 헌법재판의 성질에 반하지 아니하는 한도에서 민사소송에 관한 법령을 준용한다. 이 경우 탄핵심판의 경우에는 형사소송에 관한 법령을 준용하고, 권한쟁의심판 및 헌법소원심판의 경우에는 「행정소송법」을 함께 준용한다.
② 제1항 후단의 경우에 형사소송에 관한 법령 또는 「행정소송법」이 민사소송에 관한 법령에 저촉될 때에는 민사소송에 관한 법령은 준용하지 아니한다.
[전문개정 2011. 4. 5.]

제4장 특별심판절차 〈개정 2011. 4. 5.〉

제1절 위헌법률심판 〈개정 2011. 4. 5.〉

제41조(위헌 여부 심판의 제청) ① 법률이 헌법에 위반되는지 여부가 재판의 전제가 된

경우에는 당해 사건을 담당하는 법원(군사법원을 포함한다. 이하 같다)은 직권 또는 당사자의 신청에 의한 결정으로 헌법재판소에 위헌 여부 심판을 제청한다.
② 제1항의 당사자의 신청은 제43조제2호부터 제4호까지의 사항을 적은 서면으로 한다.
③ 제2항의 신청서면의 심사에 관하여는 「민사소송법」 제254조를 준용한다.
④ 위헌 여부 심판의 제청에 관한 결정에 대하여는 항고할 수 없다.
⑤ 대법원 외의 법원이 제1항의 제청을 할 때에는 대법원을 거쳐야 한다.
[전문개정 2011. 4. 5.]

제42조(재판의 정지 등) ① 법원이 법률의 위헌 여부 심판을 헌법재판소에 제청한 때에는 당해 소송사건의 재판은 헌법재판소의 위헌 여부의 결정이 있을 때까지 정지된다. 다만, 법원이 긴급하다고 인정하는 경우에는 종국재판 외의 소송절차를 진행할 수 있다.
② 제1항 본문에 따른 재판정지기간은 「형사소송법」 제92조제1항·제2항 및 「군사법원법」 제132조제1항·제2항의 구속기간과 「민사소송법」 제199조의 판결 선고기간에 산입하지 아니한다.
[전문개정 2011. 4. 5.]

제43조(제청서의 기재사항) 법원이 법률의 위헌 여부 심판을 헌법재판소에 제청할 때에는 제청서에 다음 각 호의 사항을 적어야 한다.
1. 제청법원의 표시
2. 사건 및 당사자의 표시
3. 위헌이라고 해석되는 법률 또는 법률의 조항
4. 위헌이라고 해석되는 이유
5. 그 밖에 필요한 사항
[전문개정 2011. 4. 5.]

제44조(소송사건 당사자 등의 의견) 당해 소송사건의 당사자 및 법무부장관은 헌법재판소에 법률의 위헌 여부에 대한 의견서를 제출할 수 있다.
[전문개정 2011. 4. 5.]

제45조(위헌결정) 헌법재판소는 제청된 법률 또는 법률 조항의 위헌 여부만을 결정한다. 다만, 법률 조항의 위헌결정으로 인하여 해당 법률 전부를 시행할 수 없다고 인정될 때에는 그 전부에 대하여 위헌결정을 할 수 있다.
[전문개정 2011. 4. 5.]

제46조(결정서의 송달) 헌법재판소는 결정일부터 14일 이내에 결정서 정본을 제청한 법원에 송달한다. 이 경우 제청한 법원이 대법원이 아닌 경우에는 대법원을 거쳐야 한다.
[전문개정 2011. 4. 5.]

제47조(위헌결정의 효력) ① 법률의 위헌결정은 법원과 그 밖의 국가기관 및 지방자치단체를 기속(羈束)한다.
② 위헌으로 결정된 법률 또는 법률의 조항은 그 결정이 있는 날부터 효력을 상실한다. <개정 2014. 5. 20.>
③ 제2항에도 불구하고 형벌에 관한 법률 또는 법률의 조항은 소급하여 그 효력을 상실한다. 다만, 해당 법률 또는 법률의 조항에 대하여 종전에 합헌으로 결정한 사건이 있는 경우에는 그 결정이 있는 날의 다음 날로 소급하여 효력을 상실한다. <신설 2014. 5. 20.>

④ 제3항의 경우에 위헌으로 결정된 법률 또는 법률의 조항에 근거한 유죄의 확정판결에 대하여는 재심을 청구할 수 있다. <개정 2014. 5. 20.>
⑤ 제4항의 재심에 대하여는 「형사소송법」을 준용한다. <개정 2014. 5. 20.>
[전문개정 2011. 4. 5.]

제2절 탄핵심판 〈개정 2011. 4. 5.〉

第48條(탄핵소추) 다음 각 호의 어느 하나에 해당하는 공무원이 그 직무집행에서 헌법이나 법률을 위반한 경우에는 국회는 헌법 및 「국회법」에 따라 탄핵의 소추를 의결할 수 있다.
1. 대통령, 국무총리, 국무위원 및 행정각부(行政各部)의 장
2. 헌법재판소 재판관, 법관 및 중앙선거관리위원회 위원
3. 감사원장 및 감사위원
4. 그 밖에 법률에서 정한 공무원

[전문개정 2011. 4. 5.]

第49條(소추위원) ① 탄핵심판에서는 국회 법제사법위원회의 위원장이 소추위원이 된다.
② 소추위원은 헌법재판소에 소추의결서의 정본을 제출하여 탄핵심판을 청구하며, 심판의 변론에서 피청구인을 신문할 수 있다.
[전문개정 2011. 4. 5.]

第50條(권한 행사의 정지) 탄핵소추의 의결을 받은 사람은 헌법재판소의 심판이 있을 때까지 그 권한 행사가 정지된다.
[전문개정 2011. 4. 5.]

第51條(심판절차의 정지) 피청구인에 대한 탄핵심판 청구와 동일한 사유로 형사소송이 진행되고 있는 경우에는 재판부는 심판절차를 정지할 수 있다.
[전문개정 2011. 4. 5.]

第52條(당사자의 불출석) ① 당사자가 변론기일에 출석하지 아니하면 다시 기일을 정하여야 한다.
② 다시 정한 기일에도 당사자가 출석하지 아니하면 그의 출석 없이 심리할 수 있다.
[전문개정 2011. 4. 5.]

第53條(결정의 내용) ① 탄핵심판 청구가 이유 있는 경우에는 헌법재판소는 피청구인을 해당 공직에서 파면하는 결정을 선고한다.
② 피청구인이 결정 선고 전에 해당 공직에서 파면되었을 때에는 헌법재판소는 심판청구를 기각하여야 한다.
[전문개정 2011. 4. 5.]

第54條(결정의 효력) ① 탄핵결정은 피청구인의 민사상 또는 형사상의 책임을 면제하지 아니한다.
② 탄핵결정에 의하여 파면된 사람은 결정 선고가 있은 날부터 5년이 지나지 아니하면 공무원이 될 수 없다.
[전문개정 2011. 4. 5.]

제3절 정당해산심판 〈개정 2011. 4. 5.〉

第55條(정당해산심판의 청구) 정당의 목적이나 활동이 민주적 기본질서에 위배될 때에는 정부는 국무회의의 심의를 거쳐 헌법재판소에 정당해산심판을 청구할 수 있다.
[전문개정 2011. 4. 5.]

第56條(청구서의 기재사항) 정당해산심판의 청구서에는 다음 각 호의 사항을 적어야

한다.
1. 해산을 요구하는 정당의 표시
2. 청구 이유
[전문개정 2011. 4. 5.]

第57조(가처분) 헌법재판소는 정당해산심판의 청구를 받은 때에는 직권 또는 청구인의 신청에 의하여 종국결정의 선고 시까지 피청구인의 활동을 정지하는 결정을 할 수 있다.
[전문개정 2011. 4. 5.]

第58조(청구 등의 통지) ① 헌법재판소장은 정당해산심판의 청구가 있는 때, 가처분결정을 한 때 및 그 심판이 종료한 때에는 그 사실을 국회와 중앙선거관리위원회에 통지하여야 한다.
② 정당해산을 명하는 결정서는 피청구인 외에 국회, 정부 및 중앙선거관리위원회에도 송달하여야 한다.
[전문개정 2011. 4. 5.]

第59조(결정의 효력) 정당의 해산을 명하는 결정이 선고된 때에는 그 정당은 해산된다.
[전문개정 2011. 4. 5.]

第60조(결정의 집행) 정당의 해산을 명하는 헌법재판소의 결정은 중앙선거관리위원회가 「정당법」에 따라 집행한다.
[전문개정 2011. 4. 5.]

제4절 권한쟁의심판 〈개정 2011. 4. 5.〉

第61조(청구 사유) ① 국가기관 상호간, 국가기관과 지방자치단체 간 및 지방자치단체 상호간에 권한의 유무 또는 범위에 관하여 다툼이 있을 때에는 해당 국가기관 또는 지방자치단체는 헌법재판소에 권한쟁의심판을 청구할 수 있다.
② 제1항의 심판청구는 피청구인의 처분 또는 부작위(不作爲)가 헌법 또는 법률에 의하여 부여받은 청구인의 권한을 침해하였거나 침해할 현저한 위험이 있는 경우에만 할 수 있다.
[전문개정 2011. 4. 5.]

第62조(권한쟁의심판의 종류) ① 권한쟁의심판의 종류는 다음 각 호와 같다. <개정 2018. 3. 20.>
1. 국가기관 상호간의 권한쟁의심판
국회, 정부, 법원 및 중앙선거관리위원회 상호간의 권한쟁의심판
2. 국가기관과 지방자치단체 간의 권한쟁의심판
가. 정부와 특별시·광역시·특별자치시·도 또는 특별자치도 간의 권한쟁의심판
나. 정부와 시·군 또는 지방자치단체인 구(이하 "자치구"라 한다) 간의 권한쟁의심판
3. 지방자치단체 상호간의 권한쟁의심판
가. 특별시·광역시·특별자치시·도 또는 특별자치도 상호간의 권한쟁의심판
나. 시·군 또는 자치구 상호간의 권한쟁의심판
다. 특별시·광역시·특별자치시·도 또는 특별자치도와 시·군 또는 자치구 간의 권한쟁의심판
② 권한쟁의가 「지방교육자치에 관한 법률」 제2조에 따른 교육·학예에 관한 지방자치단체의 사무에 관한 것인 경우에는 교육감이 제1항제2호 및 제3호의 당사자가 된다.

[전문개정 2011. 4. 5.]

제63조(청구기간) ① 권한쟁의의 심판은 그 사유가 있음을 안 날부터 60일 이내에, 그 사유가 있은 날부터 180일 이내에 청구하여야 한다.
② 제1항의 기간은 불변기간으로 한다.
[전문개정 2011. 4. 5.]

제64조(청구서의 기재사항) 권한쟁의심판의 청구서에는 다음 각 호의 사항을 적어야 한다.
1. 청구인 또는 청구인이 속한 기관 및 심판수행자 또는 대리인의 표시
2. 피청구인의 표시
3. 심판 대상이 되는 피청구인의 처분 또는 부작위
4. 청구 이유
5. 그 밖에 필요한 사항

[전문개정 2011. 4. 5.]

제65조(가처분) 헌법재판소가 권한쟁의심판의 청구를 받았을 때에는 직권 또는 청구인의 신청에 의하여 종국결정의 선고 시까지 심판 대상이 된 피청구인의 처분의 효력을 정지하는 결정을 할 수 있다.
[전문개정 2011. 4. 5.]

제66조(결정의 내용) ① 헌법재판소는 심판의 대상이 된 국가기관 또는 지방자치단체의 권한의 유무 또는 범위에 관하여 판단한다.
② 제1항의 경우에 헌법재판소는 권한침해의 원인이 된 피청구인의 처분을 취소하거나 그 무효를 확인할 수 있고, 헌법재판소가 부작위에 대한 심판청구를 인용하는 결정을 한 때에는 피청구인은 결정 취지에 따른 처분을 하여야 한다.
[전문개정 2011. 4. 5.]

제67조(결정의 효력) ① 헌법재판소의 권한쟁의심판의 결정은 모든 국가기관과 지방자치단체를 기속한다.
② 국가기관 또는 지방자치단체의 처분을 취소하는 결정은 그 처분의 상대방에 대하여 이미 생긴 효력에 영향을 미치지 아니한다.
[전문개정 2011. 4. 5.]

제5절 헌법소원심판 〈개정 2011. 4. 5.〉

제68조(청구 사유) ① 공권력의 행사 또는 불행사(不行使)로 인하여 헌법상 보장된 기본권을 침해받은 자는 법원의 재판을 제외하고는 헌법재판소에 헌법소원심판을 청구할 수 있다. 다만, 다른 법률에 구제절차가 있는 경우에는 그 절차를 모두 거친 후에 청구할 수 있다.
② 제41조제1항에 따른 법률의 위헌 여부 심판의 제청신청이 기각된 때에는 그 신청을 한 당사자는 헌법재판소에 헌법소원심판을 청구할 수 있다. 이 경우 그 당사자는 당해 사건의 소송절차에서 동일한 사유를 이유로 다시 위헌 여부 심판의 제청을 신청할 수 없다.
[전문개정 2011. 4. 5.]

제69조(청구기간) ① 제68조제1항에 따른 헌법소원의 심판은 그 사유가 있음을 안 날부터 90일 이내에, 그 사유가 있는 날부터 1년 이내에 청구하여야 한다. 다만, 다른 법률에 따른 구제절차를 거친 헌법소원의 심판은 그 최종결정을 통지받은 날부터 30일 이내에 청구하여야 한다.

② 제68조제2항에 따른 헌법소원심판은 위헌 여부 심판의 제청신청을 기각하는 결정을 통지받은 날부터 30일 이내에 청구하여야 한다.
[전문개정 2011. 4. 5.]

제70조(국선대리인) ① 헌법소원심판을 청구하려는 자가 변호사를 대리인으로 선임할 자력(資力)이 없는 경우에는 헌법재판소에 국선대리인을 선임하여 줄 것을 신청할 수 있다. 이 경우 제69조에 따른 청구기간은 국선대리인의 선임신청이 있는 날을 기준으로 정한다.
② 제1항에도 불구하고 헌법재판소가 공익상 필요하다고 인정할 때에는 국선대리인을 선임할 수 있다.
③ 헌법재판소는 제1항의 신청이 있는 경우 또는 제2항의 경우에는 헌법재판소규칙으로 정하는 바에 따라 변호사 중에서 국선대리인을 선정한다. 다만, 그 심판청구가 명백히 부적법하거나 이유 없는 경우 또는 권리의 남용이라고 인정되는 경우에는 국선대리인을 선정하지 아니할 수 있다.
④ 헌법재판소가 국선대리인을 선정하지 아니한다는 결정을 한 때에는 지체 없이 그 사실을 신청인에게 통지하여야 한다. 이 경우 신청인이 선임신청을 한 날부터 그 통지를 받은 날까지의 기간은 제69조의 청구기간에 산입하지 아니한다.
⑤ 제3항에 따라 선정된 국선대리인은 선정된 날부터 60일 이내에 제71조에 규정된 사항을 적은 심판청구서를 헌법재판소에 제출하여야 한다.
⑥ 제3항에 따라 선정한 국선대리인에게는 헌법재판소규칙으로 정하는 바에 따라 국고에서 그 보수를 지급한다.
[전문개정 2011. 4. 5.]

제71조(청구서의 기재사항) ① 제68조제1항에 따른 헌법소원의 심판청구서에는 다음 각 호의 사항을 적어야 한다.
1. 청구인 및 대리인의 표시
2. 침해된 권리
3. 침해의 원인이 되는 공권력의 행사 또는 불행사
4. 청구 이유
5. 그 밖에 필요한 사항

② 제68조제2항에 따른 헌법소원의 심판청구서의 기재사항에 관하여는 제43조를 준용한다. 이 경우 제43조제1호 중 "제청법원의 표시"는 "청구인 및 대리인의 표시"로 본다.
③ 헌법소원의 심판청구서에는 대리인의 선임을 증명하는 서류 또는 국선대리인 선임통지서를 첨부하여야 한다.
[전문개정 2011. 4. 5.]

제72조(사전심사) ① 헌법재판소장은 헌법재판소에 재판관 3명으로 구성되는 지정재판부를 두어 헌법소원심판의 사전심사를 담당하게 할 수 있다. <개정 2011. 4. 5.>
② 삭제 <1991. 11. 30.>
③ 지정재판부는 다음 각 호의 어느 하나에 해당되는 경우에는 지정재판부 재판관 전원의 일치된 의견에 의한 결정으로 헌법소원의 심판청구를 각하한다. <개정 2011. 4. 5.>
1. 다른 법률에 따른 구제절차가 있는 경우 그 절차를 모두 거치지 아니하거나 또는 법원의 재판에 대하여 헌법소원의 심판이 청구된 경우
2. 제69조의 청구기간이 지난 후 헌법소원심판이 청구된 경우
3. 제25조에 따른 대리인의 선임 없이 청구된 경우

4. 그 밖에 헌법소원심판의 청구가 부적법하고 그 흠결을 보정할 수 없는 경우
④ 지정재판부는 전원의 일치된 의견으로 제3항의 각하결정을 하지 아니하는 경우에는 결정으로 헌법소원을 재판부의 심판에 회부하여야 한다. 헌법소원심판의 청구 후 30일이 지날 때까지 각하결정이 없는 때에는 심판에 회부하는 결정(이하 "심판회부결정"이라 한다)이 있는 것으로 본다. <개정 2011. 4. 5.>
⑤ 지정재판부의 심리에 관하여는 제28조, 제31조, 제32조 및 제35조를 준용한다. <개정 2011. 4. 5.>
⑥ 지정재판부의 구성과 운영에 필요한 사항은 헌법재판소규칙으로 정한다. <개정 2011. 4. 5.>
[제목개정 2011. 4. 5.]

제73조(각하 및 심판회부 결정의 통지) ① 지정재판부는 헌법소원을 각하하거나 심판회부결정을 한 때에는 그 결정일부터 14일 이내에 청구인 또는 그 대리인 및 피청구인에게 그 사실을 통지하여야 한다. 제72조 제4항 후단의 경우에도 또한 같다.
② 헌법재판소장은 헌법소원이 제72조 제4항에 따라 재판부의 심판에 회부된 때에는 다음 각 호의 자에게 지체 없이 그 사실을 통지하여야 한다.
1. 법무부장관
2. 제68조 제2항에 따른 헌법소원심판에서는 청구인이 아닌 당해 사건의 당사자
[전문개정 2011. 4. 5.]

제74조(이해관계기관 등의 의견 제출) ① 헌법소원의 심판에 이해관계가 있는 국가기관 또는 공공단체와 법무부장관은 헌법재판소에 그 심판에 관한 의견서를 제출할 수 있다.
② 제68조 제2항에 따른 헌법소원이 재판부에 심판 회부된 경우에는 제27조 제2항 및 제44조를 준용한다.
[전문개정 2011. 4. 5.]

제75조(인용결정) ① 헌법소원의 인용결정은 모든 국가기관과 지방자치단체를 기속한다.
② 제68조 제1항에 따른 헌법소원을 인용할 때에는 인용결정서의 주문에 침해된 기본권과 침해의 원인이 된 공권력의 행사 또는 불행사를 특정하여야 한다.
③ 제2항의 경우에 헌법재판소는 기본권 침해의 원인이 된 공권력의 행사를 취소하거나 그 불행사가 위헌임을 확인할 수 있다.
④ 헌법재판소가 공권력의 불행사에 대한 헌법소원을 인용하는 결정을 한 때에는 피청구인은 결정 취지에 따라 새로운 처분을 하여야 한다.
⑤ 제2항의 경우에 헌법재판소는 공권력의 행사 또는 불행사가 위헌인 법률 또는 법률의 조항에 기인한 것이라고 인정될 때에는 인용결정에서 해당 법률 또는 법률의 조항이 위헌임을 선고할 수 있다.
⑥ 제5항의 경우 및 제68조제2항에 따른 헌법소원을 인용하는 경우에는 제45조 및 제47조를 준용한다.
⑦ 제68조 제2항에 따른 헌법소원이 인용된 경우에 해당 헌법소원과 관련된 소송사건이 이미 확정된 때에는 당사자는 재심을 청구할 수 있다.
⑧ 제7항에 따른 재심에서 형사사건에 대하여는 「형사소송법」을 준용하고, 그 외의 사건에 대하여는 「민사소송법」을 준용한다.
[전문개정 2011. 4. 5.]

제5장 전자정보처리조직을 통한 심판절차의 수행 〈신설 2009. 12. 29.〉

제76조(전자문서의 접수) ① 각종 심판절차의 당사자나 관계인은 청구서 또는 이 법에 따라 제출할 그 밖의 서면을 전자문서(컴퓨터 등 정보처리능력을 갖춘 장치에 의하여 전자적인 형태로 작성되어 송수신되거나 저장된 정보를 말한다. 이하 같다)화하고 이를 정보통신망을 이용하여 헌법재판소에서 지정·운영하는 전자정보처리조직(심판절차에 필요한 전자문서를 작성·제출·송달하는 데에 필요한 정보처리능력을 갖춘 전자적 장치를 말한다. 이하 같다)을 통하여 제출할 수 있다.

② 제1항에 따라 제출된 전자문서는 이 법에 따라 제출된 서면과 같은 효력을 가진다.

③ 전자정보처리조직을 이용하여 제출된 전자문서는 전자정보처리조직에 전자적으로 기록된 때에 접수된 것으로 본다.

④ 제3항에 따라 전자문서가 접수된 경우에 헌법재판소는 헌법재판소규칙으로 정하는 바에 따라 당사자나 관계인에게 전자적 방식으로 그 접수 사실을 즉시 알려야 한다.

[전문개정 2011. 4. 5.]

제77조(전자서명 등) ① 당사자나 관계인은 헌법재판소에 제출하는 전자문서에 헌법재판소규칙으로 정하는 바에 따라 본인임을 확인할 수 있는 전자서명을 하여야 한다.

② 재판관이나 서기는 심판사건에 관한 서류를 전자문서로 작성하는 경우에 「전자정부법」 제2조제6호에 따른 행정전자서명(이하 "행정전자서명"이라 한다)을 하여야 한다.

③ 제1항의 전자서명과 제2항의 행정전자서명은 헌법재판소의 심판절차에 관한 법령에서 정하는 서명·서명날인 또는 기명날인으로 본다.

[본조신설 2009. 12. 29.]

제78조(전자적 송달 등) ① 헌법재판소는 당사자나 관계인에게 전자정보처리조직과 그와 연계된 정보통신망을 이용하여 결정서나 이 법에 따른 각종 서류를 송달할 수 있다. 다만, 당사자나 관계인이 동의하지 아니하는 경우에는 그러하지 아니하다.

② 헌법재판소는 당사자나 관계인에게 송달하여야 할 결정서 등의 서류를 전자정보처리조직에 입력하여 등재한 다음 그 등재 사실을 헌법재판소규칙으로 정하는 바에 따라 전자적 방식으로 알려야 한다.

③ 제1항에 따른 전자정보처리조직을 이용한 서류 송달은 서면으로 한 것과 같은 효력을 가진다.

④ 제2항의 경우 송달받을 자가 등재된 전자문서를 헌법재판소규칙으로 정하는 바에 따라 확인한 때에 송달된 것으로 본다. 다만, 그 등재 사실을 통지한 날부터 2주 이내에 확인하지 아니하였을 때에는 등재 사실을 통지한 날부터 2주가 지난 날에 송달된 것으로 본다.

⑤ 제1항에도 불구하고 전자정보처리조직의 장애로 인하여 전자적 송달이 불가능하거나 그 밖에 헌법재판소규칙으로 정하는 사유가 있는 경우에는 「민사소송법」에 따라 송달할 수 있다.

[전문개정 2011. 4. 5.]

제6장 벌칙 〈개정 2011. 4. 5.〉

제79조(벌칙) 다음 각 호의 어느 하나에 해당하는 자는 1년 이하의 징역 또는 100만

원 이하의 벌금에 처한다.

1. 헌법재판소로부터 증인, 감정인, 통역인 또는 번역인으로서 소환 또는 위촉을 받고 정당한 사유 없이 출석하지 아니한 자
2. 헌법재판소로부터 증거물의 제출요구 또는 제출명령을 받고 정당한 사유 없이 이를 제출하지 아니한 자
3. 헌법재판소의 조사 또는 검사를 정당한 사유 없이 거부·방해 또는 기피한 자

[전문개정 2011. 4. 5.]

부칙 〈법률 제4017호, 1988. 8. 5.〉

제1조(시행일) 이 법은 1988년 9월 1일부터 시행한다. 다만, 이 법에 의한 헌법재판소장·상임재판관 및 재판관의 임명 기타 이 법 시행에 관한 준비는 이 법 시행 전에 할 수 있다.

제2조(폐지법률) 법률 제2530호 헌법위원회법은 이를 폐지한다.

제3조(계속사건에 대한 경과조치) 이 법 시행당시 헌법위원회에 계속중인 사건은 헌법재판소에 이관한다. 이 경우 이미 행하여진 심판행위의 효력에 대하여는 영향을 미치지 아니한다.

제4조(종전의 사항에 관한 경과조치) 이 법은 이 법 시행 전에 생긴 사항에 관하여도 적용한다. 다만, 이 법 시행 전에 헌법위원회법에 의하여 이미 생긴 효력에는 영향을 미치지 아니한다.

제5조(종전 직원에 관한 경과조치) 이 법 시행당시 헌법위원회 사무국공무원은 헌법재판소사무처 소속 공무원으로 임용된 것으로 본다.

제6조(예산에 관한 경과조치) 이 법 시행당시 헌법위원회의 소관예산은 헌법재판소의 소관예산으로 본다.

제7조(권리의무의 승계) 이 법 시행당시 헌법위원회가 가지는 권리 및 의무는 헌법재판소가 이를 승계한다.

제8조(다른 법률의 개정) ①법원조직법 중 다음과 같이 개정한다.

제7조 제1항 제4호를 삭제한다.

② 행정소송법 중 다음과 같이 개정한다.

제3조 제4호에 단서를 다음과 같이 신설한다.

다만, 헌법재판소법 제2조의 규정에 의하여 헌법재판소의 관장사항으로 되는 소송은 제외한다.

③ 국가공무원법 중 다음과 같이 개정한다.

제2조 제3항 제1호 나목 중 "헌법위원회의 상임위원"을 "헌법재판소의 상임재판관 및 사무처장"으로 한다.

④ 정당법 중 다음과 같이 개정한다.

제40조, 제41조 제3항, 제42조 및 제43조 제2항 중 "헌법위원회"를 각각 "헌법재판소"로 한다.

⑤ 행정심판법 중 다음과 같이 개정한다.

제5조 제2항 제2호 중 "헌법위원회"를 "헌법재판소"로 한다.

⑥ 예산회계법 중 다음과 같이 개정한다.

제22조 중 "헌법위원회"를 "헌법재판소"로 한다.

⑦ 공무원연금법 중 다음과 같이 개정한다.

제77조 중 "헌법위원회"를 "헌법재판소"로 한다.

⑧ 집회및시위에관한법률 중 다음과 같이 개정한다.
제3조 제1항 제1호 중 "헌법위원회"를 "헌법재판소"로 한다.
⑨ 민방위기본법 중 다음과 같이 개정한다.
제2조 제2호 중 "헌법위원회 사무국장"을 "헌법재판소 사무처장"으로 한다.
⑩ 상훈법 중 다음과 같이 개정한다.
제5조 제1항 중 "법원행정처장"을 "법원행정처장 · 헌법재판소사무처장"으로 한다.
⑪ 공직자윤리법 중 다음과 같이 개정한다.
제5조 제1항 제4호 중 "제3호외의"를 "제4호외의"로 하여 이를 동조 동항 제5호로 하고, 동조동항 제4호를 다음과 같이 신설한다.

4. 헌법재판소장·상임재판관 및 헌법재판소소속공무원은 헌법재판소사무처

부칙 〈법률 제4408호, 1991. 11. 30.〉

제1조(시행일) 이 법은 공포한 날부터 시행한다.

제2조(경과조치) 이 법 시행 당시 상임재판관 및 상임재판관이 아닌 재판관은 이 법에 의하여 재판관으로 임명된 것으로 보며, 그 임기는 이 법 시행 전의 상임재판관 또는 재판관으로 임명된 때부터 기산한다.

제3조(다른 법률의 개정) ①행정심판법 중 다음과 같이 개정한다.
제5조 제2항 제2호 중 "헌법재판소"를 "헌법재판소사무처장"으로 한다.
제6조 제3항 단서 중 "대법원규칙으로" 다음에 ",헌법재판소사무처장의 경우에는 헌법재판소규칙으로"를 삽입한다.
② 국가공무원법 중 다음과 같이 개정한다.
제2조 제3항 제1호 나목 중 "헌법재판소의 상임재판관 및 사무처장"을 "헌법재판소의 재판관 및 사무처장"으로 한다.
③ 공직자윤리법 중 다음과 같이 개정한다.
제5조 제1항 제4호 중 "상임재판관"을 "헌법재판소재판관"으로 한다.
제9조 제1항 본문 중 "대법원"다음에 " · 헌법재판소"를 삽입하고, 동조 제2항 제3호 중 "제1호 및 제2호"를 "제1호 내지 제3호"로 하여 이를 동항 제4호로 하며, 동항에 제3호를 다음과 같이 신설하고, 동조 제3항 중 "대법원규칙"다음에 "·헌법재판소규칙"을 삽입한다.

3. 헌법재판소공직자윤리위원회는 헌법재판소재판관 기타 헌법재판소소속공무원과 그 퇴직공직자에 관한 사항

제17조 제2항 중 "대법원규칙" 다음에 " · 헌법재판소규칙"을 삽입한다.
제18조 중 "대법원규칙" 다음에 " · 헌법재판소규칙"을 삽입한다.
제19조 제1항 중 "법원행정처장" 다음에 ",헌법재판소에 있어서는 헌법재판소사무처장"을 삽입한다.
제21조 중 "대법원규칙" 다음에 " · 헌법재판소규칙"을 삽입한다.
④ 민사소송법 중 다음과 같이 개정한다.
제275조 제2항 중 "국회의 의장과 대법원장"을 "국회의장·대법원장 및 헌법재판소장"으로 한다.
⑤ 집회및시위에관한법률 중 다음과 같이 개정한다.
제11조 제1호 중 "각급법원" 다음에 ",헌법재판소"를 삽입하고, 동조 제2호 중 "대법원장공관" 다음에 ",헌법재판소장공관"을 삽입한다.
⑥ 예산회계법 중 다음과 같이 개정한다.
제14조 제2항 전단 중 "국회의장과 대법원

장"을 "국회의장·대법원장 및 헌법재판소장"으로, "국회의 사무총장과 대법원의 법원행정처장"을 "국회의 사무총장·대법원의 법원행정처장 및 헌법재판소의 사무처장"으로 하고, 동항 후단중 "국회의 사무총장과 대법원의 법원행정처장"을 "국회의 사무총장·대법원의 법원행정처장 및 헌법재판소의 사무처장"으로 하며, 동조 제3항 중 "국회의장과 대법원장"을 "국회의장 · 대법원장 및 헌법재판소장"으로 한다.
⑦ 물품관리법 중 다음과 같이 개정한다.
제16조 제1항 단서 중 "국회와 대법원"을 "국회·대법원 및 헌법재판소"로 한다.
⑧ 국가채권관리법 중 다음과 같이 개정한다.
제2조 제2항 중 "대법원장" 다음에 ", 헌법재판소장"을 삽입한다.

부칙 〈법률 제4815호, 1994. 12. 22.〉
이 법은 공포한 날부터 시행한다.

부칙 〈법률 제4963호, 1995. 8. 4.〉
이 법은 공포한 날부터 시행한다.

부칙 〈법률 제5454호, 1997. 12. 13.〉
(정부부처명칭등의변경에따른건축법등의정비에관한법률)
이 법은 1998년 1월 1일부터 시행한다. <단서 생략>

부칙 〈법률 제6622호, 2002. 1. 19.〉
(국가공무원법)

제1조 (시행일) 이 법은 공포한 날부터 시행한다. <단서 생략>

제2조 생략

제3조 (다른 법률의 개정) ① 및 ②생략
③ 헌법재판소법 중 다음과 같이 개정한다.
제15조 제1항 중 "대법원장의 예에, 재판관의 대우와 보수"를 "대법원장의 예에 의하며, 재판관은 정무직으로 하고 그 대우와 보수"로 한다.
④ 내지 ⑥생략

부칙 〈법률 제6626호, 2002. 1. 26.〉
(민사소송법)

제1조 (시행일) 이 법은 2002년 7월 1일부터 시행한다.

제2조 내지 제5조 생략

제6조 (다른 법률의 개정) ① 내지 ㉕생략
㉖헌법재판소법 중 다음과 같이 개정한다.
제24조 제6항 중 "민사소송법 제40조, 제41조, 제42조제1항 · 제2항 및 제44조"를 "민사소송법 제44조, 제45조, 제46조제1항·제2항 및 제48조"로 한다.
제41조 제3항 중 "민사소송법 제231조"를 "민사소송법 제254조"로 한다.
제42조 제2항 중 "민사소송법 제184조"를 "민사소송법 제199조"로 한다.㉗ 내지 ㉙ 생략

제7조 생략

부칙 〈법률 제6861호, 2003. 3. 12.〉

① (시행일) 이 법은 공포후 3월이 경과한 날부터 시행한다.
② (경과조치) 이 법 시행 당시 일반직국가공무원 또는 별정직국가공무원인 헌법

연구관 및 헌법연구관보는 이 법에 의하여 각각 특정직국가공무원인 헌법연구관과 별정직국가공무원인 헌법연구관보로 임용된 것으로 본다. 다만, 이 법 시행 전에 헌법연구관 및 헌법연구관보로 근무한 기간은 이 법 및 다른 법령에 규정된 헌법연구관 및 헌법연구관보의 재직기간에 산입하고, 국가기관에서 4급공무원으로 근무한 기간은 호봉획정 시 헌법연구관보로 근무한 기간으로 본다.

③ (다른 법률의 개정) 공직자윤리법중 다음과 같이 개정한다.

제3조 제1항에 제5호의2를 다음과 같이 신설한다.

5의2. 헌법재판소 헌법연구관

부칙 〈법률 제7427호, 2005. 3. 31.〉 (민법)

제1조 (시행일) 이 법은 공포한 날부터 시행한다. 다만, …생략… 부칙 제7조(제2항 및 제29항을 제외한다)의 규정은 2008년 1월 1일부터 시행한다.

제2조 내지 제6조 생략

제7조 (다른 법률의 개정) ① 내지 ㉕생략

㉖헌법재판소법 일부를 다음과 같이 개정한다.

제24조 제1항 제2호 중 "친족·호주·가족"을 "친족"으로 한다.

㉗ 내지 ㉙생략

부칙 〈법률 제7622호, 2005. 7. 29.〉

이 법은 공포한 날부터 시행한다.

부칙 〈법률 제8729호, 2007. 12. 21.〉

이 법은 2008년 1월 1일부터 시행한다.

부칙 〈법률 제8893호, 2008. 3. 14.〉

이 법은 공포 후 3개월이 경과한 날부터 시행한다.

부칙 〈법률 제9839호, 2009. 12. 29.〉

이 법은 2010년 3월 1일부터 시행한다. 다만, 제28조제5항의 개정규정은 공포한 날부터 시행한다.

부칙 〈법률 제10278호, 2010. 5. 4.〉

이 법은 공포한 날부터 시행한다. 다만, 제19조의4의 개정규정은 공포 후 6개월이 경과한 날부터 시행한다.

부칙 〈법률 제10546호, 2011. 4. 5.〉

이 법은 공포한 날부터 시행한다.

부칙 〈법률 제11530호, 2012. 12. 11.〉 (국가공무원법)

제1조(시행일) 이 법은 공포 후 1년이 경과한 날부터 시행한다. <단서 생략>

제2조부터 제5조까지 생략

제6조(다른 법률의 개정) ①부터 ㉖까지 생략

㉗ 헌법재판소법 일부를 다음과 같이 개정한다.

제19조의3 제3항 중 "계약직공무원"을 「국가공무원법」 제26조의5에 따른 임기제공무원"으로 한다.

제19조의4 제3항을 삭제한다.

제7조 생략

부칙 〈법률 제12597호, 2014. 5. 20.〉
이 법은 공포한 날부터 시행한다.

부칙 〈법률 제12897호, 2014. 12. 30.〉
이 법은 공포 후 6개월이 경과한 날부터 시행한다. 다만, 제7조제2항의 개정규정은 공포한 날부터 시행한다.

부칙 〈법률 제15495호, 2018. 3. 20.〉
이 법은 공포한 날부터 시행한다.

3 헌법재판소 심판 규칙

[시행 2018. 6. 15.]
[헌법재판소규칙 제399호, 2018. 6. 15., 일부개정]

제1장 총칙

제1조(목적) 이 규칙은「대한민국헌법」제113조제2항과「헌법재판소법」 제10조제1항에 따라 헌법재판소의 심판절차에 관하여 필요한 사항을 규정함을 목적으로 한다.

제2조(헌법재판소에 제출하는 서면 또는 전자문서의 기재사항) ① 헌법재판소에 제출하는 서면 또는 전자문서에는 특별한 규정이 없으면 다음 각 호의 사항을 기재하고 기명날인하거나 서명하여야 한다. <개정 2010. 2. 26.>

1. 사건의 표시
2. 서면을 제출하는 사람의 이름, 주소, 연락처(전화번호, 팩시밀리번호, 전자우편주소 등을 말한다. 다음부터 같다)
3. 덧붙인 서류의 표시
4. 작성한 날짜

② 제출한 서면에 기재한 주소 또는 연락처에 변동사항이 없으면 그 후에 제출하는 서면에는 이를 기재하지 아니하여도 된다.
③ 심판서류는「헌법재판소 심판절차에서의 전자문서 이용 등에 관한 규칙」에 따라 전자헌법재판시스템을 통하여 전자문서로 제출할 수 있다. <신설 2010. 2. 26.>
[제목개정 2010. 2. 26.]

제2조의2(민감정보 등의 처리) ① 헌법재판소는 심판업무 수행을 위하여 필요한 범위 내에서「개인정보 보호법」제23조의 민감정보, 제24조의 고유식별정보 및 그 밖의 개인정보를 처리할 수 있다.
② 헌법재판소는「헌법재판소법」(다음부터 "법"이라 한다) 제32조에 따라 국가기관 또는 공공단체의 기관에 제1항의 민감정보, 고유식별정보 및 그 밖의 개인정보가 포함된 자료의 제출 요구 등을 할 수 있다.
[본조신설 2012. 11. 26.]

제3조(심판서류의 작성방법) ① 심판서류는 간결한 문장으로 분명하게 작성하여야 한다.
② 심판서류의 용지크기는 특별한 사유가 없으면 가로 210mm·세로 297mm(A4 용지)로 한다.

제4조(번역문의 첨부) 외국어나 부호로 작성된 문서에는 국어로 된 번역문을 붙인다.

제5조(심판서류의 접수와 보정권고 등) ① 심판서류를 접수한 공무원은 심판서류를 제출한 사람이 요청하면 바로 접수증을 교부하여야 한다.
② 제1항의 공무원은 제출된 심판서류의 흠결을 보완하기 위하여 필요한 보정을 권고할 수 있다.
③ 헌법재판소는 필요하다고 인정하면 심판서류를 제출한 사람에게 그 문서의 전자파일을 전자우편이나 그 밖에 적당한 방법으로 헌법재판소에 보내도록 요청할 수 있다.

제2장 일반심판절차

제1절 당사자

제6조(법정대리권 등의 증명) 법정대리권이 있는 사실, 법인이나 법인이 아닌 사단 또는 재단의 대표자나 관리인이라는 사실, 소송행위를 위한 권한을 받은 사실은 서면으로 증명하여야 한다.

제7조(법인이 아닌 사단 또는 재단의 당사자 능력을 판단하는 자료의 제출) 헌법재판소는 법인이 아닌 사단 또는 재단이 당사자일 때에는 정관이나 규약, 그 밖에 그 당사자의 당사자능력을 판단하기 위하여 필요한 자료를 제출하게 할 수 있다.

제8조(대표대리인) ① 재판장은 복수의 대리인이 있을 때에는 당사자나 대리인의 신청 또는 재판장의 직권에 의하여 대표대리인을 지정하거나 그 지정을 철회 또는 변경할 수 있다.
② 대표대리인은 3명을 초과할 수 없다.
③ 대표대리인 1명에 대한 통지 또는 서류의 송달은 대리인 전원에 대하여 효력이 있다.

제2절 심판의 청구

제9조(심판용 부본의 제출) 법 제26조에 따라 헌법재판소에 청구서를 제출하는 사람은 9통의 심판용 부본을 함께 제출하여야 한다. 이 경우 제23조에 따른 송달용 부본은 따로 제출하여야 한다. <개정 2012. 11. 26.>

제10조(이해관계기관 등의 의견서 제출 등) ① 헌법재판소의 심판에 이해관계가 있는 국가기관 또는 공공단체와 법무부장관은 헌법재판소에 의견서를 제출할 수 있고, 헌법재판소는 이들에게 의견서를 제출할 것을 요청할 수 있다.
② 헌법재판소는 필요하다고 인정하면 당해심판에 이해관계가 있는 사람에게 의견서를 제출할 수 있음을 통지할 수 있다.
③ 헌법재판소는 제1항 후단 및 제2항의 경우에 당해심판의 제청서 또는 청구서의 등본을 송달한다.

제3절 변론 및 참고인 진술

제11조(심판준비절차의 실시) ① 헌법재판소는 심판절차를 효율적이고 집중적으로 진행하기 위하여 당사자의 주장과 증거를 정리할 필요가 있을 때에는 심판준비절차를 실시할 수 있다.
② 헌법재판소는 재판부에 속한 재판관을 수명재판관으로 지정하여 심판준비절차를 담당하게 할 수 있다. <개정 2017. 5. 30.>

제11조의2(헌법연구관의 사건의 심리 및 심판에 관한 조사) 헌법연구관은 주장의 정리나 자료의 제출을 요구하거나, 조사기일을 여는 방법 등으로 사건의 심리 및 심판에 관한 조사를 할 수 있다.
[본조신설 2018. 6. 15.]

제12조(구두변론의 방식 등) ① 구두변론은 사전에 제출한 준비서면을 읽는 방식으로 하여서는 아니되고, 쟁점을 요약·정리하고 이를 명확히 하는 것이어야 한다.
② 재판관은 언제든지 당사자에게 질문할 수 있다.
③ 재판장은 필요에 따라 각 당사자의 구두변론시간을 제한할 수 있고, 이 경우에

각 당사자는 그 제한된 시간 내에 구두변론을 마쳐야 한다. 다만, 재판장은 필요하다고 인정하는 경우에 제한한 구두변론시간을 연장할 수 있다.

④ 각 당사자를 위하여 복수의 대리인이 있는 경우에 재판장은 그 중 구두변론을 할 수 있는 대리인의 수를 제한할 수 있다.

⑤ 재판장은 심판절차의 원활한 진행과 적정한 심리를 도모하기 위하여 필요한 한도에서 진행중인 구두변론을 제한할 수 있다.

⑥ 이해관계인이나 참가인이 구두변론을 하는 경우에는 제1항부터 제5항까지의 규정을 준용한다.

⑦ 조서에는 서면, 사진, 속기록, 녹음물, 영상녹화물, 녹취서 등 헌법재판소가 적당하다고 인정한 것을 인용하고 소송기록에 첨부하거나 전자적 형태로 보관하여 조서의 일부로 할 수 있다. <신설 2017. 5. 30.>

⑧ 제7항에 따라 속기록, 녹음물, 영상녹화물, 녹취서를 조서의 일부로 한 경우라도 재판장은 서기로 지명된 서기관, 사무관(다음부터 "사무관등"이라 한다)으로 하여금 당사자, 증인, 그 밖의 심판관계인의 진술 중 중요한 사항을 요약하여 조서의 일부로 기재하게 할 수 있다. <신설 2017. 5. 30.>

제13조(참고인의 지정 등) ① 헌법재판소는 전문적인 지식을 가진 사람을 참고인으로 지정하여 그 진술을 듣거나 의견서를 제출하게 할 수 있다.

② 헌법재판소는 참고인을 지정하기에 앞서 그 지정에 관하여 당사자, 이해관계인 또는 관련 학회나 전문가 단체의 의견을 들을 수 있다.

제14조(지정결정 등본 등의 송달) ① 사무관등은 참고인 지정결정 등본이나 참고인 지정결정이 기재된 변론조서 등본을 참고인과 당사자에게 송달하여야 한다. 다만, 변론기일에서 참고인 지정결정을 고지 받은 당사자에게는 이를 송달하지 아니한다. <개정 2017. 5. 30.>

② 참고인에게는 다음 각 호의 서류가 첨부된 의견요청서를 송달하여야 한다.

1. 위헌법률심판제청서 또는 심판청구서 사본
2. 피청구인의 답변서 사본
3. 이해관계인의 의견서 사본
4. 의견서 작성에 관한 안내문

제15조(참고인 의견서) ① 참고인은 의견요청을 받은 사항에 대하여 재판부가 정한 기한까지 의견서를 제출하여야 한다.

② 사무관등은 제1항의 의견서 사본을 당사자에게 바로 송달하여야 한다.

제16조(참고인 진술) ① 참고인의 의견진술은 사전에 제출한 의견서의 내용을 요약·정리하고 이를 명확히 하는 것이어야 한다.

② 재판장은 참고인 진술시간을 합리적인 범위 내에서 제한할 수 있다.

③ 재판관은 언제든지 참고인에게 질문할 수 있다.

④ 당사자는 참고인의 진술이 끝난 후 그에 관한 의견을 진술할 수 있다.

제17조(헌법재판소의 석명처분) ① 헌법재판소는 심판관계를 분명하게 하기 위하여 다음 각 호의 처분을 할 수 있다.

1. 당사자 본인이나 그 법정대리인에게 출석하도록 명하는 일
2. 심판서류 또는 심판에 인용한 문서, 그

밖의 물건으로서 당사자가 가지고 있는 것을 제출하게 하는 일
3. 당사자 또는 제3자가 제출한 문서, 그 밖의 물건을 헌법재판소에 유치하는 일
4. 검증을 하거나 감정을 명하는 일
5. 필요한 조사를 촉탁하는 일

② 제1항의 검증·감정과 조사의 촉탁에는 법 및 이 규칙, 민사소송법 및 민사소송규칙의 증거조사에 관한 규정을 준용한다.

제18조(통역) ① 심판정에서는 우리말을 사용한다.
② 심판관계인이 우리말을 하지 못하거나 듣거나 말하는 데에 장애가 있으면 통역인으로 하여금 통역하게 하거나 그 밖에 의사소통을 도울 수 있는 방법을 사용하여야 한다.

제19조(녹화 등의 금지) 누구든지 심판정에서는 재판장의 허가 없이 녹화 · 촬영 · 중계방송 등의 행위를 하지 못한다.

제19조의2(변론영상 등의 공개) 헌법재판소는 변론 및 선고에 대한 녹음 · 녹화의 결과물을 홈페이지 등을 통해 공개할 수 있다.
[본조신설 2017. 5. 30.]

제4절 기일

제20조(기일의 지정과 변경) ① 재판장은 재판부의 협의를 거쳐 기일을 지정한다. 다만, 수명재판관이 신문하거나 심문하는 기일은 그 수명재판관이 지정한다.
② 이미 지정된 기일을 변경하는 경우에도 제1항과 같다.
③ 기일을 변경하거나 변론을 연기 또는 속행하는 경우에는 심판절차의 중단 또는 중지, 그 밖에 다른 특별한 사정이 없으면 다음 기일을 바로 지정하여야 한다.

제21조(기일의 통지) ① 기일은 기일통지서 또는 출석요구서를 송달하여 통지한다. 다만, 그 사건으로 출석한 사람에게는 기일을 직접 고지하면 된다.
② 기일의 간이통지는 전화·팩시밀리·보통우편 또는 전자우편으로 하거나 그 밖에 적절하다고 인정되는 방법으로 할 수 있다.
③ 제2항의 규정에 따라 기일을 통지한 때에는 사무관등은 그 방법과 날짜를 심판기록에 표시하여야 한다.

제5절 송달

제22조(전자헌법재판시스템·전화 등을 이용한 송달) ① 사무관등은「헌법재판소 심판절차에서의 전자문서 이용 등에 관한 규칙」에 따라 전자헌법재판시스템을 이용하여 송달하거나 전화 · 팩시밀리 · 전자우편 또는 휴대전화 문자전송을 이용하여 송달할 수 있다. <개정 2010. 2. 26.>
② 양쪽 당사자가 변호사를 대리인으로 선임한 경우에 한쪽 당사자의 대리인인 변호사가 상대방 대리인인 변호사에게 송달될 심판서류의 부본을 교부하거나 팩시밀리 또는 전자우편으로 보내고 그 사실을 헌법재판소에 증명하면 송달의 효력이 있다. 다만, 그 심판서류가 당사자 본인에게 교부되어야 할 경우에는 그러하지 아니하다.
<개정 2008. 12. 22. 2010. 2. 26.>
[제목개정 2010. 2. 26.]

제22조의2(공시송달의 방법) 「민사소송법」제194조제1항 및 제3항에 따라 공시송달을 실시하는 경우에는 사무관등은 송달할 서

류를 보관하고 다음 각 호 가운데 어느 하나의 방법으로 그 사유를 공시하여야 한다. <개정 2015. 7. 22.>
1. 헌법재판소게시판 게시
2. 헌법재판소홈페이지 전자헌법재판센터의 공시송달란 게시
[본조신설 2010. 2. 26.]

제22조의3(송달기관) 헌법재판소는 우편이나 재판장이 지명하는 사무처 직원에 의하여 심판서류를 송달한다.
[본조신설 2017. 5. 30.]

제23조(부본제출의무) 송달을 하여야 하는 심판서류를 제출할 때에는 특별한 규정이 없으면 송달에 필요한 수만큼 부본을 함께 제출하여야 한다.

제24조(공동대리인에게 할 송달) 「민사소송법」제180조에 따라 송달을 하는 경우에 그 공동대리인들이 송달을 받을 대리인 한 사람을 지정하여 신고한 때에는 지정된 대리인에게 송달하여야 한다.

제6절 증거

제25조(증거의 신청) 증거를 신청할 때에는 증거와 증명할 사실의 관계를 구체적으로 밝혀야 한다.

제26조(증인신문과 당사자신문의 신청) ① 증인신문은 부득이한 사정이 없으면 일괄하여 신청하여야 한다. 당사자신문을 신청하는 경우에도 마찬가지이다.
② 증인신문을 신청할 때에는 증인의 이름·주소·연락처·직업, 증인과 당사자의 관계, 증인이 사건에 관여하거나 내용을 알게 된 경위를 밝혀야 한다.

제27조(증인신문사항의 제출 등) ① 증인신문을 신청한 당사자는 헌법재판소가 정한 기한까지 상대방의 수에 12를 더한 수의 증인신문사항을 기재한 서면을 함께 제출하여야 한다.
② 사무관등은 제1항의 서면 1통을 증인신문기일 전에 상대방에게 송달하여야 한다.
③ 증인신문사항은 개별적이고 구체적이어야 한다.

제28조(증인 출석요구서의 기재사항 등) ① 증인의 출석요구서에는 다음 각 호의 사항을 기재하고 재판장이 서명 또는 기명날인하여야 한다.
1. 출석일시 및 장소
2. 당사자의 표시
3. 신문사항의 요지
4. 출석하지 아니하는 경우의 법률상 제재
5. 출석하지 아니하는 경우에는 그 사유를 밝혀 신고하여야 한다는 취지
6. 제5호의 신고를 하지 아니하는 경우에는 정당한 사유 없이 출석하지 아니한 것으로 인정되어 법률상 제재를 받을 수 있다는 취지

② 증인에 대한 출석요구서는 늦어도 출석할 날보다 7일 전에 송달되어야 한다. 다만, 부득이한 사정이 있으면 그러하지 아니하다.

제29조(불출석의 신고) 증인이 출석요구를 받고 기일에 출석할 수 없으면 바로 그 사유를 밝혀 신고하여야 한다.

제30조(증인이 출석하지 아니한 경우 등) ① 정당한 사유 없이 출석하지 아니한 증인의

구인에 관하여는 「형사소송규칙」중 구인에 관한 규정을 준용한다.

② 증언거부나 선서거부에 성당한 이유가 없다고 한 결정이 있은 뒤에 증언거부나 선서거부를 한 증인에 대한 과태료재판절차에 관하여는 「비송사건절차법」제248조, 제250조의 규정(다만, 검사, 항고, 과태료 재판절차의 비용에 관한 부분을 제외한다)을 준용한다.

제31조(증인신문의 방법) ① 신문은 개별적이고 구체적으로 하여야 한다.

② 당사자의 신문이 다음 각 호의 어느 하나에 해당하는 때에는 재판장은 직권 또는 당사자의 신청에 따라 이를 제한할 수 있다. 다만, 제2호 내지 제6호에 규정된 신문에 관하여 정당한 사유가 있으면 그러하지 아니하다.

1. 증인을 모욕하거나 증인의 명예를 해치는 내용의 신문
2. 「민사소송규칙」 제91조 내지 제94조의 규정에 어긋나는 신문
3. 이미 한 신문과 중복되는 신문
4. 쟁점과 관계없는 신문
5. 의견의 진술을 구하는 신문
6. 증인이 직접 경험하지 아니한 사항에 관하여 진술을 구하는 신문

제32조(이의신청) ① 증인신문에 관한 재판장의 명령 또는 조치에 대한 이의신청은 그 명령 또는 조치가 있은 후 바로 하여야 하며, 그 이유를 구체적으로 밝혀야 한다.

② 재판부는 제1항에 따른 이의신청에 대하여 바로 결정하여야 한다.

제33조(증인의 증인신문조서 열람 등) 증인은 자신에 대한 증인신문조서의 열람 또는 복사를 청구할 수 있다.

제34조(서증신청의 방식) 당사자가 서증을 신청하려는 경우에는 문서를 제출하는 방식 또는 문서를 가진 사람에게 그것을 제출하도록 명할 것을 신청하는 방식으로 한다.

제35조(문서를 제출하는 방식에 의한 서증신청) ① 문서를 제출하면서 서증을 신청할 때에는 문서의 제목·작성자 및 작성일을 밝혀야 한다. 다만, 문서의 내용상 명백한 경우에는 그러하지 아니하다.

② 서증을 제출할 때에는 상대방의 수에 1을 더한 수의 사본을 함께 제출하여야 한다. 다만, 상당한 이유가 있으면 헌법재판소는 기간을 정하여 나중에 사본을 제출하게 할 수 있다.

③ 제2항의 사본은 명확한 것이어야 하며 재판장은 사본이 명확하지 아니한 경우에는 사본을 다시 제출하도록 명할 수 있다.

④ 문서의 일부를 증거로 할 때에도 문서의 전부를 제출하여야 한다. 다만, 그 사본은 재판장의 허가를 받아 증거로 원용할 부분의 초본만을 제출할 수 있다.

⑤ 헌법재판소는 서증에 대한 증거조사가 끝난 후에도 서증 원본을 다시 제출할 것을 명할 수 있다.

제36조(증거설명서의 제출 등) ① 재판장은 서증의 내용을 이해하기 어렵거나 서증의 수가 너무 많은 경우 또는 서증의 입증취지가 명확하지 아니한 경우에는 당사자에게 서증과 증명할 사실의 관계를 구체적으로 밝힌 설명서를 제출하도록 명할 수 있다.

② 서증이 국어 아닌 문자 또는 부호로 되어 있으면 그 문서의 번역문을 붙여야 한

다. 다만, 문서의 일부를 증거로 할 때에는 재판장의 허가를 받아 그 부분의 번역문만을 붙일 수 있다.

제37조(서증에 대한 증거결정) 당사자가 서증을 신청한 경우에 다음 각 호의 어느 하나에 해당하는 사유가 있으면 헌법재판소는 그 서증을 채택하지 아니하거나 채택결정을 취소할 수 있다.

1. 서증과 증명할 사실 사이에 관련성이 인정되지 아니하는 경우
2. 이미 제출된 증거와 같거나 비슷한 취지의 문서로서 별도의 증거가치가 있음을 당사자가 밝히지 못한 경우
3. 국어 아닌 문자 또는 부호로 되어 있는 문서로서 그 번역문을 붙이지 아니하거나 재판장의 번역문 제출명령에 따르지 아니한 경우
4. 제36조에 따른 재판장의 증거설명서 제출명령에 따르지 아니한 경우
5. 문서의 작성자나 그 작성일이 분명하지 아니하여 이를 명확히 하도록 한 재판장의 명령에 따르지 아니한 경우

제38조(문서제출신청의 방식 등) ① 문서를 가진 사람에게 그것을 제출하도록 명하는 방법으로 서증을 신청하려는 경우에는 다음 각 호의 사항을 기재한 서면으로 하여야 한다.

1. 문서의 표시
2. 문서의 취지
3. 문서를 가진 사람
4. 증명할 사실
5. 문서를 제출하여야 하는 의무의 원인

② 상대방은 제1항의 신청에 관하여 의견이 있으면 의견을 기재한 서면을 헌법재판소에 제출할 수 있다.

제39조(문서송부의 촉탁) ① 서증의 신청은 제34조의 규정에 불구하고 문서를 가지고 있는 사람에게 그 문서를 보내도록 촉탁할 것을 신청하는 방법으로 할 수도 있다. 다만, 당사자가 법령에 따라 문서의 정본이나 등본을 청구할 수 있는 경우에는 그러하지 아니하다. <개정 2017. 5. 30.>
② 헌법재판소는 법 제32조에 따라 기록의 송부나 자료의 제출을 요구하는 경우로서 국가기관 또는 공공단체의 기관이 원본을 제출하기 곤란한 사정이 있는 때에는 그 인증등본을 요구할 수 있다. <신설 2017. 5. 30.>

제40조(기록 가운데 일부문서에 대한 송부촉탁) ① 법원, 검찰청, 그 밖의 공공기관(다음부터 이 조문에서 이 모두를 "법원등"이라 한다)이 보관하고 있는 기록 가운데 불특정한 일부에 대하여도 문서송부의 촉탁을 신청할 수 있다.
② 헌법재판소가 제1항의 신청을 채택한 경우에는 기록을 보관하고 있는 법원등에 대하여 그 기록 가운데 신청인이 지정하는 부분의 인증등본을 보내 줄 것을 촉탁하여야 한다.
③ 제2항에 따른 촉탁을 받은 법원등은 그 문서를 보관하고 있지 아니하거나 그 밖에 송부촉탁에 따를 수 없는 특별한 사정이 없으면 문서송부촉탁 신청인에게 그 기록을 열람하게 하여 필요한 부분을 지정할 수 있도록 하여야 한다.

제41조(문서가 있는 장소에서의 서증조사 등) ① 제3자가 가지고 있는 문서를 문서제출신청 또는 문서송부촉탁의 방법에 따라 서증으로 신청할 수 없거나 신청하기 어려운 사정이 있으면 헌법재판소는 당사자의 신

청 또는 직권에 의하여 그 문서가 있는 장소에서 서증조사를 할 수 있다.
② 제1항의 경우 신청인은 서증으로 신청한 문서의 사본을 헌법재판소에 제출하여야 한다.

제42조(협력의무) ① 헌법재판소로부터 문서의 전부 또는 일부의 송부를 촉탁 받은 사람 또는 문서가 있는 장소에서의 서증조사 대상인 문서를 가지고 있는 사람은 정당한 이유 없이 문서의 송부나 서증조사에 대한 협력을 거절하지 못한다.
② 문서의 송부촉탁을 받은 사람이 그 문서를 보관하고 있지 아니하거나 그 밖에 송부촉탁에 따를 수 없는 사정이 있으면 그 사유를 헌법재판소에 통지하여야 한다.

제43조(문서제출방법 등) ① 헌법재판소에 문서를 제출하거나 보낼 때에는 원본, 정본 또는 인증이 있는 등본으로 하여야 한다.
② 헌법재판소는 필요하다고 인정하면 원본을 제출하도록 명하거나 원본을 보내도록 촉탁할 수 있다.
③ 헌법재판소는 당사자로 하여금 그 인용한 문서의 등본 또는 초본을 제출하게 할 수 있다.
④ 헌법재판소는 문서가 증거로 채택되지 아니한 경우에 당사자의 의견을 들어 제출된 문서의 원본·정본·등본·초본 등을 돌려주거나 폐기할 수 있다.

제44조(감정의 신청 등) ① 감정을 신청할 때에는 감정을 구하는 사항을 적은 서면을 함께 제출하여야 한다.
② 제1항의 서면은 상대방에게 송달하여야 한다.

제45조(감정의 촉탁) 헌법재판소는 필요하다고 인정하면 공공기관, 학교, 그 밖에 상당한 설비가 있는 단체 또는 외국의 공공기관에 감정을 촉탁할 수 있다. 이 경우 선서에 관한 규정은 적용하지 아니한다.

제46조(검증의 신청) 당사자가 검증을 신청할 때에는 검증의 목적을 표시하여 신청하여야 한다.

제47조(검증할 때의 감정 등) 수명재판관은 검증에 필요하다고 인정하면 감정을 명하거나 증인을 신문할 수 있다.

제7절 그 밖의 절차

제48조(선고의 방식) 결정을 선고할 경우에는 재판장이 결정서 원본에 따라 주문을 읽고 이유의 요지를 설명하되, 필요한 때에는 다른 재판관으로 하여금 이유의 요지를 설명하게 할 수 있다. 다만, 법정의견과 다른 의견이 제출된 경우에는 재판장은 선고 시 이를 공개하고 그 의견을 제출한 재판관으로 하여금 이유의 요지를 설명하게 할 수 있다.

제49조(결정서 등본의 송달) 헌법재판소의 종국 결정이 법률의 제정 또는 개정과 관련이 있으면 그 결정서 등본을 국회 및 이해관계가 있는 국가기관에게 송부하여야 한다.

제49조의2(종국결정의 공시) ① 다음 각 호의 종국결정은 관보에, 그 밖의 종국결정은 헌법재판소의 인터넷 홈페이지에 각 게재함으로써 공시한다.
1. 법률의 위헌결정
2. 탄핵심판에 관한 결정

3. 정당해산심판에 관한 결정
4. 권한쟁의심판에 관한 본안결정
5. 헌법소원의 인용결정
6. 기타 헌법재판소가 필요하다고 인정한 결정

② 관보에 게재함으로써 공시하는 종국결정은 헌법재판소의 인터넷 홈페이지에도 게재한다.

[본조신설 2011. 7. 8.]

제50조(가처분의 신청과 취하) ① 가처분의 신청 및 가처분신청의 취하는 서면으로 하여야 한다. 다만, 변론기일 또는 심문기일에서는 가처분신청의 취하를 말로 할 수 있다.

② 가처분신청서에는 신청의 취지와 이유를 기재하여야 하며, 주장을 소명하기 위한 증거나 자료를 첨부하여야 한다.

③ 가처분의 신청이 있는 때에는 신청서의 등본을 피신청인에게 바로 송달하여야 한다. 다만, 본안사건이 헌법소원심판사건인 경우로서 그 심판청구가 명백히 부적법하거나 권리의 남용이라고 인정되는 경우에는 송달하지 아니할 수 있다. <개정 2014. 6. 9.>

제51조(신청에 대한 결정서 정본의 송달) ① 가처분신청에 대한 결정을 한 때에는 결정서 정본을 신청인에게 바로 송달하여야 한다. 가처분신청에 대하여 답변서를 제출한 피신청인, 의견서를 제출한 이해관계기관이 있을 때에는 이들에게도 결정서 정본을 송달하여야 한다.

② 재판관에 대한 제척 또는 기피의 신청에 대한 결정, 국선대리인 선임신청에 대한 결정을 한 때에는 결정서 정본을 신청인에게 바로 송달하여야 한다. 국선대리인을 선정하는 결정을 한 때에는 국선대리인에게도 결정서 정본을 송달하여야 한다.

제52조(재심의 심판절차) 재심의 심판절차에는 그 성질에 어긋나지 아니하는 범위 내에서 재심 전 심판절차에 관한 규정을 준용한다.

제53조(재심청구서의 기재사항) ① 재심청구서에는 다음 각 호의 사항을 기재하여야 한다.

1. 재심청구인 및 대리인의 표시
2. 재심할 결정의 표시와 그 결정에 대하여 재심을 청구하는 취지
3. 재심의 이유

② 재심청구서에는 재심의 대상이 되는 결정의 사본을 붙여야 한다.

제3장 특별심판절차

제1절 위헌법률심판

제54조(제청서의 기재사항) 제청서에는 법 제43조의 기재사항 외에 다음 각 호의 사항을 기재하여야 한다.

1. 당해사건이 형사사건인 경우 피고인의 구속여부 및 그 기간
2. 당해사건이 행정사건인 경우 행정처분의 집행정지 여부

제55조(제청법원의 의견서 등 제출) 제청법원은 위헌법률심판을 제청한 후에도 심판에 필요한 의견서나 자료 등을 헌법재판소에 제출할 수 있다.

제56조(당해사건 참가인의 의견서 제출) 당해사건의 참가인은 헌법재판소에 법률이나

법률조항의 위헌 여부에 관한 의견서를 제출할 수 있다.

제2절 탄핵심판

제57조(소추위원의 대리인 선임) 소추위원은 변호사를 대리인으로 선임하여 탄핵심판을 수행하게 할 수 있다.

제58조(소추위원의 자격상실과 심판절차의 중지) ① 소추위원인 국회법제사법위원회의 위원장이 그 자격을 잃은 때에는 탄핵심판절차는 중단된다. 이 경우 새로 국회법제사법위원회의 위원장이 된 사람이 탄핵심판절차를 수계하여야 한다.
② 소추위원의 대리인이 있는 경우에는 탄핵심판절차는 중단되지 아니한다.

제59조(변론기일의 시작) 변론기일은 사건과 당사자의 이름을 부름으로써 시작한다.

제60조(소추의결서의 낭독) ① 소추위원은 먼저 소추의결서를 낭독하여야 한다.
② 제1항의 경우에 재판장은 원활한 심리를 위하여 필요하다고 인정하면 소추사실의 요지만을 진술하게 할 수 있다.

제61조(피청구인의 의견진술) 재판장은 피청구인에게 소추에 대한 의견을 진술할 기회를 주어야 한다.

제62조(증거에 대한 의견진술) 소추위원 또는 피청구인은 증거로 제출된 서류나 물건 등을 증거로 하는 것에 동의하는지 여부에 관한 의견을 진술하여야 한다. <개정 2017. 5. 30.>
[제목개정 2017. 5. 30.]

제62조의2(피청구인에 대한 신문) ① 재판장은 피청구인이 변론기일에 출석한 경우 피청구인을 신문하거나 소추위원과 그 대리인 또는 피청구인의 대리인으로 하여금 신문하게 할 수 있다.
② 피청구인은 진술하지 아니하거나 개개의 질문에 대하여 진술을 거부할 수 있다.
③ 재판장은 피청구인에 대한 신문 전에 피청구인에게 제2항과 같이 진술을 거부할 수 있음을 고지하여야 한다.
④ 제1항에 따른 피청구인에 대한 신문은 소추위원과 피청구인의 최종 의견진술 전에 한다. 다만, 재판장이 필요하다고 인정한 때에는 피청구인의 최종 의견진술 후에도 피청구인을 신문할 수 있다.
[본조신설 2017. 5. 30.]

제63조(최종 의견진술) ① 소추위원은 탄핵소추에 관하여 최종 의견을 진술할 수 있다. 다만, 소추위원이 출석하지 아니한 경우에는 소추의결서 정본의 기재사항에 의하여 의견을 진술한 것으로 본다. <개정 2017. 5. 30.>
② 재판장은 피청구인에게 최종 의견을 진술할 기회를 주어야 한다.
③ 재판장은 심리의 적절한 진행을 위하여 필요한 경우 제1항과 제2항에 따른 의견진술 시간을 제한할 수 있다.
[제목개정 2017. 5. 30.]

제64조(당사자의 불출석과 선고) 당사자가 출석하지 아니한 경우에도 종국결정을 선고할 수 있다.

제3절 정당해산심판

제65조(정당해산심판청구서의 첨부서류) ① 정당해산심판의 청구서에는 정당해산의 제소에 관하여 국무회의의 심의를 거쳤음을 증명하는 서류를 붙여야 한다.

② 정당해산심판의 청구서에는 중앙당등록대장등본 등 피청구인이 정당해산심판의 대상이 되는 정당임을 증명할 수 있는 자료를 붙여야 한다.

제66조(청구 등의 통지방법) ① 정당해산심판의 청구 또는 청구의 취하가 있는 때, 가처분결정을 한 때 및 그 심판을 종료한 때에는 헌법재판소장은 국회와 중앙선거관리위원회에 정당해산심판청구서 부본 또는 취하서 부본, 가처분결정서 등본, 종국결정 등본을 붙여 그 사실을 통지하여야 한다.

② 법 제58조제2항에 따라 정당해산을 명하는 결정서를 정부에 송달할 경우에는 법무부장관에게 송달하여야 한다.

제4절 권한쟁의심판

제67조(권한쟁의심판청구의 통지) 헌법재판소장은 권한쟁의심판이 청구된 경우에는 다음 각 호의 국가기관 또는 지방자치단체에게 그 사실을 바로 통지하여야 한다. <개정 2011. 7. 8., 2017. 5. 30.>

1. 법무부장관
2. 지방자치단체를 당사자로 하는 권한쟁의심판인 경우에는 행정자치부장관. 다만, 법 제62조제2항에 의한 교육·학예에 관한 지방자치단체의 사무에 관한 것일 때에는 행정자치부장관 및 교육부장관
3. 시·군 또는 지방자치단체인 구를 당사자로 하는 권한쟁의심판인 경우에는 그 지방자치단체가 소속된 특별시·광역시 또는 도
4. 그 밖에 권한쟁의심판에 이해관계가 있다고 인정되는 국가기관 또는 지방자치단체

제5절 헌법소원심판

제68조(헌법소원심판청구서의 기재사항) ① 법제68조제1항에 따른 헌법소원심판의 청구서에는 다음 각 호의 사항을 기재하여야 한다.

1. 청구인 및 대리인의 표시
2. 피청구인(다만, 법령에 대한 헌법소원의 경우에는 그러하지 아니하다)
3. 침해된 권리
4. 침해의 원인이 되는 공권력의 행사 또는 불 행사
5. 청구이유
6. 다른 법률에 따른 구제 절차의 경유에 관한 사항
7. 청구기간의 준수에 관한 사항

② 법 제68조제2항에 따른 헌법소원심판의 청구서에는 다음 각 호의 사항을 기재하여야 한다.

1. 청구인 및 대리인의 표시
2. 사건 및 당사자의 표시
3. 위헌이라고 해석되는 법률 또는 법률 조항
4. 위헌이라고 해석되는 이유
5. 법률이나 법률 조항의 위헌 여부가 재판의 전제가 되는 이유
6. 청구기간의 준수에 관한 사항

제69조(헌법소원심판청구서의 첨부서류) ① 헌법소원심판의 청구서에는 대리인의 선임을 증명하는 서류를 붙여야 한다. 다만, 심판청구와 동시에 국선대리인선임신청을 하는 경우에는 그러하지 아니하다.

② 법 제68조제2항에 따른 헌법소원심판의 청구서를 제출할 때에는 다음 각 호의 서류도 함께 제출하여야 한다.

1. 위헌법률심판제청신청서 사본
2. 위헌법률심판제청신청 기각결정서 사본
3. 위헌법률심판제청신청 기각결정서 송달증명원
4. 당해사건의 재판서를 송달받은 경우에는 그 재판서 사본

제70조(보정명령) ① 헌법재판소는 청구서의 필수 기재사항이 누락되거나 명확하지 아니한 경우에 적당한 기간을 정하여 이를 보정하도록 명할 수 있다.

② 제1항에 따른 보정기간까지 보정하지 아니한 경우에는 심판청구를 각하할 수 있다.

부칙 〈헌법재판소규칙 제201호, 2007. 12. 7.〉

제1조 (시행일) 이 규칙은 공포 후 30일이 경과한 날부터 시행한다.

제2조 (계속사건에 관한 경과조치) 이 규칙은 특별한 규정이 없으면 이 규칙 시행 당시 헌법재판소에 계속 중인 사건에도 적용한다. 다만, 이 규칙 시행 전에 생긴 효력에는 영향을 미치지 아니한다.

부칙 〈헌법재판소규칙 제233호, 2008. 12. 22.〉

이 규칙은 2009년 1월 1일부터 시행한다.

부칙 〈헌법재판소규칙 제251호, 2010. 2. 26.〉

이 규칙은 2010년 3월 1일부터 시행한다.

부칙 〈헌법재판소규칙 제265호, 2011. 7. 8.〉

이 규칙은 공포한 날부터 시행한다.

부칙 〈헌법재판소규칙 제299호, 2012. 11. 26.〉

이 규칙은 공포한 날부터 시행한다.

부칙 〈헌법재판소규칙 제324호, 2014. 6. 9.〉

이 규칙은 공포한 날부터 시행한다.

부칙 〈헌법재판소규칙 제369호, 2015. 7. 22.〉

이 규칙은 공포한 날부터 시행하되, 2015년 7월 1일부터 적용한다.

부칙 〈헌법재판소규칙 제389호, 2017. 5. 30.〉

이 규칙은 공포한 날부터 시행한다.

부칙 〈헌법재판소규칙 제399호, 2018. 6. 15.〉

이 규칙은 공포한 날부터 시행한다.

사항색인

신미용

서울대학교 자연대 수학과 졸업
제41회 사법시험 합격(연수원 31기)
헌법재판소 헌법연구관보
헌법재판소 헌법연구관
George Washington Law Schoo LLM
Georgetown Law Center Visiting Researcher
사법시험 출제위원
법학전문대학원협의회 변호사시험모의시험 출제위원
서울대학교 법과대학 박사과정 수료
전북대학교 법학전문대학원 전 겸임교수
신미용 법률사무소 변호사

헌법실무강의

2020년 3월 30일 초 판 제1쇄인쇄
2020년 4월 10일 초 판 제1쇄발행

저자와 협의하여 인지첩부를 생략함

저 자 신미용
발행인 이명재 · 이종은
발행처 **신 조 사**
서울특별시 마포구 독막로 295 삼부골든타워 212호
전화 (02) 713-0402 FAX (02) 713-0403
등록 1994. 7. 4. 제17-179호(倫)
E-mail: sinjosa@sinjosa.co.kr http: //www.sinjosa.co.kr

파본은 바꿔드립니다.

정가 33,000원 **ISBN 979-11-86377-38-3**